DALIDA

DU MÊME AUTEUR

Portrait de Gabriel, roman, Gallimard, 1977.

Le Bal des débutantes, roman, Gallimard, 1978.

Histoire de Jeanne, transsexuelle, Mazarine, 1979.

Les Abîmes du cœur, roman, Gallimard, 1980.

Les Petites Annonces, roman, Gallimard, 1981.

La Favorite, roman, Gallimard, 1982.

La Nuit de Varennes, Ramsay, 1982.

Tentation, Denoël, 1983.

Triomphe de l'amour, roman, Gallimard, 1983.

Regards de femmes, Presses de la Cité, 1984.

Kidnapping, théâtre, Gallimard, 1984.

Soleil, roman, Gallimard, 1984.

Brigitte Bardot, un mythe français, Orban, 1986.

Retour à Cythère, roman, Gallimard, 1988.

La Petite Princesse de Dieu, récit, Plon, 1992.

Le Plus Beau Jour de votre vie, nouvelles, Ecriture, 1994.

CATHERINE RIHOIT
avec la collaboration de
ORLANDO

DALIDA

PLON
76, rue Bonaparte
PARIS

ISBN 2-259-00083-5

AVANT-PROPOS

par Orlando

Ce livre n'est pas une biographie de Dalida : c'est la vie de Dalida racontée par moi, son frère. Dalida m'avait dit : « Tu écriras mes mémoires. » Tout ce qui est raconté dans ce livre, c'est ce que Dalida voulait que je raconte.

Pendant sept ans, j'ai gardé tous les documents, tous les écrits, notes, journaux et correspondances laissés par ma sœur dans des enveloppes cachetées, dans un coffre. Après sept ans, parce que j'avais trouvé en Catherine Rihoit la personne juste, j'ai ouvert le coffre et les enveloppes et j'ai relaté tout ce que Dalida m'avait autorisé à dire et tout ce que je savais, depuis nos ancêtres jusqu'à son départ. La vie de ma sœur avait été tellement riche qu'il fallait que les gens la connaissent. Je n'avais pas le droit de garder cela pour moi. Je devais en faire profiter les autres pour qu'on la connaisse vraiment, au-delà du strass.

Dalida a vécu plusieurs vies en une seule. Chaque épisode de sa vie représenterait une vie entière pour le commun des mortels. Elle a eu la chance — et la difficulté — de pouvoir assumer toutes ses vies à la fois. Ce récit met en lumière la véritable personnalité d'une femme qui s'est toujours engagée à fond. Dalida réfléchissait et analysait beaucoup, elle s'est prise elle-même comme champ d'expérience. Tout ce travail effectué sur elle-même doit pouvoir éclairer d'autres chemins et servir d'exemple.

Dalida disait : « Des mémoires, c'est l'histoire d'une vie, or une vie n'est complète que lorsqu'on la quitte. » Elle disait aussi en plaisantant : « Moi, je n'ai pas de mémoire, mais mon frère en aura pour deux. Il écrira mes mémoires car il est mon double. Il a fait le même chemin que moi par osmose et me connaît tellement bien. »

Si j'ai attendu pour faire ce livre, c'est que je voulais prendre le recul nécessaire, sans passion ni regret, pour être sûr de ne pas trahir ma sœur. J'ai été pour elle un témoin et un miroir. Comme un buvard, j'absorbais tout.

Depuis l'âge de deux ou trois ans, le travail de Dalida, son répertoire et sa vie ont été la préparation de son départ. Elle a travaillé toute son existence pour inscrire son nom dans l'éternité. Elle ne pouvait pas aller contre son destin, au contraire elle l'a aidé à s'accomplir. Elle était une légende de son vivant, elle est aujourd'hui un mythe. J'espère avoir été digne de sa confiance.

ORLANDO.

PREMIÈRE PARTIE

NÉE AU SOLEIL LEVANT

L'arc de triomphe de Serrastretta

« C'est elle, c'est Dalida ! »

En ce début d'année 1962, une grosse voiture noire grimpe la minuscule route escarpée qui mène à Serrastretta. Proche de Catanzaro en Calabre, le village de trois mille habitants perche au sommet d'une colline desséchée par le soleil et ravinée par les intempéries. Une végétation rabougrie s'accroche à la terre pelée où la roche affleure. Les maisons s'agrippent aux pentes, serrées les unes contre les autres comme des brebis apeurées. Les hauts murs au crépi délabré, percés d'étroites fenêtres, agrémentés de petits balcons de fer forgé, gardent une allure de forteresse. Entre les habitations serpentent d'étroites rues pierreuses. Seule passe une femme vêtue de noir, prématurément usée, portant sur la tête deux gros sacs de grain. La nature, l'architecture, les visages sombres et fiers des habitants disent l'austérité de cette contrée de séismes, où l'on semble encore attendre le retour d'antiques envahisseurs.

Pourtant, pirates, brigands, Normands, Espagnols ou Sarrasins ne reviendront plus. Au contraire, ce sont les jeunes du cru qui s'en vont. Comme leurs pères avant eux, ils fuient cette terre de pauvreté.

Serrastretta signifie l'« étroite campagne ». L'émigration commença en masse dans la deuxième partie du dix-neuvième siècle. Les hommes partaient à pied, le cœur douloureux : les Calabrais sont très attachés à leur lieu de naissance. En 1962, l'émigration continuait. D'autres se décidaient encore à abandonner le maigre métier d'éleveur ou de berger, ou celui d'artisan menuisier. Car Serrastretta est connue pour la fabrication des chaises.

Dans les années soixante, le miracle économique commence dans le nord de la péninsule, et ceux qui quittent encore Serrastretta ne partent plus à pied. Une automotrice antédiluvienne relie maintenant le village à Catanzaro. Mais la gare est à cinq kilomètres, et, pour monter jusqu'aux hautes maisons qui de loin se confondent avec la roche, il faut parcourir ce chemin de pierraille qui retourne par endroits à l'état sauvage. Les bas-côtés sont mangés par la broussaille et, chaque année, de fortes pluies saisonnières le ravinent encore plus. Dans cette pluie qui tombe aujourd'hui, la belle jeune femme abritée par la limousine voit les larmes des exilés. Car bien peu de ceux qui sont partis chercher fortune dans le vaste monde l'ont trouvée. Plus rares encore sont ceux qui sont revenus, pour partager avec les vieux qui attendent, assis au seuil des maisons, et avec les enfants qui courent dans les ruelles, une prospérité durement gagnée.

Sur la place, devant les villageois assemblés, attend un petit vieillard de quatre-vingt-cinq ans. Maigre, sec, courbé, mais le cœur gonflé de fierté. Enfin, la luxueuse voiture s'arrête. Une beauté brune en sort. Sous le manteau ouvert, elle balance sa taille fine, ses hanches voluptueuses. Elle a les traits accusés, le port altier. Quelque chose de noble et de sauvage, le nez droit des statues antiques, les yeux en amande et les sourcils bien fournis des filles de là-bas. S'y ajoute une sensualité de gitane qui dit la voyageuse, l'enfant de la balle, les sortilèges de l'Orient. Ses cheveux noirs aux reflets bleutés retombent sur ses épaules rondes. Elle se tient très droite et elle sourit, découvrant des dents éblouissantes et régulières. Il émane d'elle un rayonnement solaire. La pluie en oublierait presque de tomber. Oui, c'est elle...

Massés sur la place du village, les habitants de Serrastretta regardent avec émerveillement cette stupéfiante créature. C'est bien une fille de chez eux ! D'ailleurs, Eugenio Gigliotti, le petit vieux, la serre dans ses bras ! Le tonton est le frère du grand-père de la revenante. Il vit dans la maison voisine de celle où le grand-père est né, d'où il est parti un jour, le balluchon sur l'épaule. Déjà, il explique cela à sa petite-nièce, qu'il mourait d'envie de rencontrer. Les larmes aux yeux, elle reconnaît l'épaisse chevelure des Gigliotti, blanchie par le temps. Il presse les mains fines aux ongles laqués de rouge dans ses mains épaisses de paysan, constate qu'elle le dépasse d'une tête, elle qui pourtant n'est pas très grande...

Les villageois se poussent, se bousculent. Les enfants grimpent sur les épaules, s'élancent des bras pour mieux voir. Les balcons débordent de monde comme au passage d'une procession de la Vierge. On n'ose pas encore toucher la revenante : une revenante qui arrive de très loin, puisqu'en fait ni elle ni ses parents n'avaient encore mis les pieds au pays... Mais dans les regards timides et audacieux qu'elle jette autour d'elle, dans les mouvements nobles de la tête et du cou, dans ce visage au masque de tragédie qui pourtant sourit, on reconnaît cette fierté qui a toujours caractérisé les Gigliotti. « Elle ressemble à son nom », s'écrie quelqu'un. Car Gigliotti signifie « petits lis ».

Les femmes détaillent l'héroïne avec un mélange d'envie et de désapprobation. Sous le manteau de laine claire à col châle, la taille est sanglée par d'amples jupons. Le pied se cambre dans des escarpins d'une hauteur impossible, sortis d'une boutique hors de prix de Rome ou de Milan. Les seins respirent dans un décolleté qui ici, à l'extrême Sud, paraît une insulte à la vertu. Sans compter ces mèches trop libres qu'aucune attache ne dompte ! Et ce maquillage !

Hai visto ? « Tu as vu ça ? » souffle une gamine à une autre en la poussant du coude.

Une ligne sinueuse d'eye-liner noir, épaisse de plusieurs millimètres, souligne un regard de biche, remonte au coin extérieur de l'œil comme pour rejoindre le sourcil, accentuant chez l'Italienne d'Egypte l'appartenance à la terre des pharaons.

Et la bouche ! Carminée, ourlée, luisante, c'est celle de Gilda, la vamp au fourreau fatal, la dévoreuse aux gants interminables. Cette Rita Hayworth au charme hispano-américain dont Dalida fut la doublure pour ses débuts à l'écran.

« Ces " oriundi " — Italiens nés à l'étranger —, ils sont d'ici et pas d'ici, chuchote une femme en fichu noir. Auprès d'eux, on se sent un peu minables. »

Tout le monde n'est pas de cet avis. Monsieur le maire est un petit homme chauve à l'étroite moustache dont l'écharpe tricolore souligne le confortable bedon. Il sourit béatement sous son grand parapluie noir. Pendant des mois, il a bombardé Dalida de lettres de félicitations. Il l'a suppliée de venir, pour qu'il puisse la nommer citoyenne d'honneur. C'est en entendant vanter à la télévision ses origines calabraises qu'il a appris que la nouvelle star de la chanson se prénommait à l'origine Gigliotti.

« Des Gigliotti, ça ne manque pas à Serrastretta. Et si cette Yolanda, c'était... »

Dès le lendemain, le maire a bousculé la routine de l'employé aux archives.

« Nous devons immédiatement faire des recherches pour éviter qu'une autre commune de Calabre ne nous vole Dalida. Désormais nous ne serons pas connus seulement pour nos chaises, mais aussi pour une star de renommée internationale. »

Dans la petite pièce sombre où les dossiers sommeillaient sous la poussière, tout a été bouleversé. On a fini par trouver la preuve que la belle incendiaire était bien la nièce du vieil Eugenio. Désormais, on y conserve jalousement la fiche où le nom de Dalida s'inscrit en rouge. On a dessiné un bel arbre généalogique remontant à la troisième génération et on l'a envoyé à la chanteuse. Elle y a appris beaucoup de choses qu'elle ignorait, et elle en a été très émue. Elle s'est dit qu'elle pourrait ainsi couper court aux insinuations de la presse transalpine :

« Dalida, *macchè italiana !* On ne lui connaît pas de famille chez nous ! Elle n'a quitté l'Egypte que pour s'installer en France ! »

Elle a dû, lors d'une émission télévisée, agiter sous le nez des téléspectateurs son passeport italien, délivré par le consulat du Caire. C'est pourquoi on a jugé judicieux de lui faire commencer à Serrastretta sa tournée.

Il suffit qu'elle se montre au pays pour qu'on l'adopte. Les chanteurs les plus connus dans le monde sont alors presque tous italiens, se rengorge la presse locale : Frank Sinatra, Yves Montand, Vic Damone, Connie Francis, Frankie Avalon, Caterina Valente...

« Notre Dalida à nous, c'est autre chose ! »

En effet, non seulement elle chante mais en plus c'est une reine de beauté ! Elue miss Egypte au Caire !

Une femme à l'honneur, à Serrastretta, on n'avait jamais vu ça. Sauf la Madone lors des processions.

« Quand on pense que sa première chanson s'appelait Madonna, c'est un signe, hein ? » s'écrie une femme dans la foule.

Et justement, pour la recevoir dignement, on a ressorti l'arc de triomphe de verdure inauguré lors de l'arrivée au village d'une statue de la Vierge... Quand Dalida est passée dessous tout à l'heure, elle n'a pas pensé à l'effort que cela représentait de le garnir dans ce pays où les frondaisons sont rares...

Soudain, bravos et exclamations s'arrêtent. Le maire va prononcer son discours :

« Vos triomphes répétés, affirme-t-il d'une voix vibrante d'émotion, nous ont emplis d'une joie profonde. Il n'est pas un coin de Calabre ou d'Italie où l'on ne parle de vous, où l'on ne chante les refrains de la grande chanteuse, Dalida la Calabraise. »

Jamais le professeur Mancuso n'a eu l'occasion de telles fleurs de rhétorique. Emporté par son élan, il semble suggérer que si on n'étudie pas Dalida dans les manuels scolaires, ça pourrait venir... Ce qui lui vaudra quelques ricanements journalistiques locaux...

Le discours fini, la foule, n'y tenant plus, se précipite. Tout le monde ou presque s'est découvert un lien de parenté avec l'héroïne du jour. On veut toucher sa robe, ses cheveux, lui dire deux mots, profiter de son sourire. Une mère ambitieuse pousse devant elle une gamine de deux ans. Elle est apeurée dans sa robe blanche empesée, ses cheveux s'ornent d'un énorme nœud. La maman l'a prénommée Dalida : le nom magique sera le sésame d'un bel avenir... Pour l'instant, émotionnée, la petite, à qui on a appris une chanson, a perdu la voix...

Tous s'émerveillent du naturel de Dalida, d'une sensibilité qu'elle ne cherche pas à cacher. Comme une enfant à son premier Noël, elle n'arrête pas de sourire. Lors du banquet, elle fait preuve d'un solide appétit et n'hésite pas ensuite à danser une tarentelle avec le groupe folklorique local. N'est-elle pas d'ailleurs devenue la marraine de l'équipe de football, n'a-t-elle pas donné de l'argent pour les orphelins ? Et elle répond de bonne grâce à toutes les questions, même celles qui concernent son mariage.

D'habitude, les émigrés reviennent se marier au pays. Avant que Dalida ne convole, les garçons s'étaient mis à rêver aussi. Et quand l'un d'eux oubliait de faire la cour aux donzelles, celles-ci se moquaient.

« Tu t'imagines que tu vas épouser Dalida ? »

Calabre et bikini

La revenante éblouit les Calabrais par son sourire éclatant de santé, mais ceux qui ont eux-même connu l'exil ne s'y trompent pas. Le velours sombre de la prunelle se voile de mélancolie, le blanc s'irise de larmes contenues. Là, sur cette place de Serrastretta, elle mesure le chemin parcouru, elle comprend qui elle est devenue.

Lorsqu'on lui montre la maison ancestrale avec ses pièces primitives et sombres, elle est grave. Des bribes d'enfance ressurgissent. Les récits des grands-mères ne sont plus des contes, ils prennent le poids de la chair. La maison du Caire non plus n'était pas luxueuse. Il y avait comme un relent de Calabre dans le quartier de Choubra avec ses étroites rues de terre. D'ailleurs, dans le Nord prospère de l'Italie, on appelle parfois avec mépris *terroni,* « culs-terreux », les gens du Sud. Et, à l'extrême bout de la péninsule, au loin sur la mer, le Sud profond tend la main à l'Orient. Au Caire, les Gigliotti étaient des Européens dans un monde colonisé : malgré leur condition modeste, c'étaient déjà de petits bourgeois. Mieux qu'à Serrastretta...

L'endroit lui paraît à la fois étrange et familier. *La Domenica,* journal de Syracuse, joue sur l'amertume de ceux qui sont restés à l'égard de ceux qui sont partis. Il insiste sur la particularité de la situation de la chanteuse, « née sur les rives du Nil », résidant dans un « aristocratique appartement parisien » et possédant un document qui lui garantit la citoyenneté italienne bien que son père lui-même ne soit pas né dans le pays... C'est la gloire qui vaudrait à « la chanteuse la mieux payée de France » cette italianité abusive...

La presse italienne publie à la même période un reportage photo montrant Dalida chez elle en pantalon moulant. Vêtement sacrilège ! Assise par terre sur un tapis d'Orient à côté d'un secrétaire de style, elle rit de bonheur en écoutant les Platters sur un Teppaz dernier cri. Ce qui la met en joie, c'est son dernier succès, adapté d'une chanson américaine : le fameux chacha du petit bikini à pois... L'histoire d'une fille qui s'enferme dans une cabine de bain, tant elle a honte de se montrer si peu vêtue... Solution temporaire, elle s'enveloppe dans un drap de bain pour aller dans l'eau. Mais ensuite elle n'ose plus revenir sur la terre ferme... Ce récit souriant du conflit entre la pudeur traditionnelle et la nouvelle séduction du corps affiché est la rengaine fétiche d'une époque qui change, le début de ces sixties qui se termineront dans tous les excès.

Comme toutes les stars, Dalida incarne son époque et ses contradictions. Pourtant, lorsqu'elle apparaît sur les écrans de la télévision italienne, dansant dans quelques centimètres de coton rouge à pois blancs, elle semble avoir clairement choisi la liberté. Comment les Calabrais pourraient-ils reconnaître alors en elle la petite-fille de ce Giuseppe

Gigliotti, cadet de cinq frères, qui eut en 1893, à l'âge de seize ans, le courage de quitter les siens ?

S'il part alors pour Le Caire, Giuseppe, comme d'autres pour l'Amérique, c'est que, de Serrastretta, l'Egypte c'est moins loin. Le passage en bateau est meilleur marché. Et on dit que là-bas se trouve un nouvel Eldorado. Ces terres d'Orient au sous-sol riche ne demandent qu'à être exploitées : lorsqu'elles le seront, l'or jaillira. Sans compter la culture du coton...

Et l'Italie vient de traverser des années difficiles. Une grave crise économique a entraîné des émeutes de la faim. Le prix du pain a augmenté, le chômage est terrible. On pille les boulangeries. Dans les grandes villes du Nord, où le peuple s'organise pour manifester, l'armée tire, les morts sont nombreux. Le poète d'Annunzio parle de « printemps du sang ».

Les répercussions dureront plusieurs années. Giuseppe est assez grand pour en être marqué, assez effrayé pour tenter le tout pour le tout. Il rumine longuement son départ. Pour un paysan, seize ans, c'est déjà l'âge d'homme... L'Egypte est alors sous protectorat anglais. Grâce aux soldats de l'empire sur lequel le soleil ne se couche jamais, le rêve pharaonique pourra peut-être renaître. Le rêve de mille et une nuits n'était pas faux : il y avait seulement une erreur sur les dates et les lieux précis. Pour les Gigliotti, l'Egypte, terre des mythes fondateurs, ne serait qu'une étape sur la route de la fortune...

C'est la petite-fille de Giuseppe qui gagne maintenant beaucoup d'argent grâce à son talent et sa beauté, comme le proclame le titre de son dernier film, une aimable comédie policière tournée à Rome : *Che femmina... e che dollari !* Pour celle qui réalise un rêve vieux de deux générations, les rapports avec la terre des ancêtres resteront ambivalents. On continuera à lui reprocher d'avoir connu la gloire par la France. Mais, en même temps, on la sait et on la veut italienne. Le traumatisme familial du déracinement ne s'effacera jamais. Fêlure originelle. Celle qui triomphe en chantant *Les Gitans* se sentira toujours, partout, la perpétuelle exilée.

Rêve d'Orient

Enfant, au Caire, Dalida savait peu de chose de ses racines. Chez les exilés, le présent est difficile, l'avenir la justification du départ. Au temps du grand-père Giuseppe, on ne téléphonait pas et on n'écrivait guère plus. Tout contact avec le reste de la famille, dont une partie s'éparpilla, se perdit. Dalida retrouvera plus tard un oncle en Amérique du Sud...

Elle n'a jamais connu Giuseppe, grand-père paternel et premier voyageur. Au Caire, il devint tailleur et mourut à quarante ans, usé par les efforts et le climat. Sa force de Mère Courage, Dalida la tient de sa grand-mère maternelle, Elena. Native des Pouilles, Elena eut une jeunesse difficile. Un grand amour pour un séducteur de village, un homme « très riche » qui chantait la sérénade sous ses fenêtres, la laisse enceinte. Elle est pauvre : l'amant ne tient pas sa promesse, refuse de « réparer » et conclut un mariage d'intérêt avec une autre.

Elena fuit les regards qui jugent. Sa honte lui donne le courage de partir. Elle se jure de s'en sortir. Un jour, elle reviendra montrer au traître le bébé, une fille superbe et qui aura réussi... Elle se rend d'abord en Calabre, à Serrastretta. Elle a mis son bébé en nourrice et personne ne sait. Elle travaille dur puis cède elle aussi au mirage oriental. Elle arrive au Caire avec sa petite fille, jeune mère illettrée ne connaissant pas un mot d'arabe. Du père de son enfant, elle dit qu'il est mort. Elle devient la gouvernante de Nahas Pacha, homme politique à la forte personnalité. Premier ministre, il ose tenir tête au roi Farouk. Nahas Pacha prend la tête du Wafd, le parti de la nouvelle bourgeoisie d'affaires, aux aspirations modernistes. Le Wafd s'oppose à l'arbitraire royal. Nahas Pacha court aux ennuis. Pendant la Seconde Guerre mondiale, les Anglais le soutiendront à cause de ses opinions antinazies, puis ils laisseront le roi congédier cette forte tête en octobre 44, lorsqu'ils n'auront plus besoin de lui. En 1951, Nahas Pacha prendra sa revanche. Il mènera contre les Anglais une guérilla qui précipitera la chute de Farouk.

Elena prend en main les affaires domestiques de Nahas Pacha. Elle gagne sa confiance et finit par devenir sa conseillère. L'amoureuse ardente est devenue une femme austère. De ses épreuves précoces elle a gardé une peur du plaisir. Ce qu'elle en a connu, elle l'a payé trop cher. Rigueur morale et travail gouvernent sa vie.

Elle gagne le respect de son employeur, transforme sa malchance en réussite. Dalida héritera d'elle une énergie à faire trembler la terre. Imaginons ce que cela représentait pour une jeune femme dans sa situation de partir pour l'Egypte un enfant dans les bras, au dix-neuvième siècle ! Le sens de la décision s'accompagne chez elle de souplesse. C'est une diplomate, elle sait persuader, d'où son rôle d'éminence grise, le plus élevé qu'elle pouvait penser atteindre...

Elena ne regardera jamais un autre homme. Elle s'enracine au Caire, abandonne son rêve de retour triomphant. Ce n'est pas sans quelque appréhension qu'elle verra sa fille épouser plus tard un musicien. Il y a là comme le début d'une fatalité : elle-même a eu la tête tournée par une sérénade.

Elena élève sa fille Giuseppina dans le respect de la religion et des valeurs familiales. Heureusement, Giuseppina est d'un tempérament doux, aimant, fidèle, travailleur. Sa mère est passée par des moments très durs, Giuseppina doit les effacer par un comportement irréprochable. Ruse du destin, elle tombe à son tour amoureuse d'un violoniste...

Pietro est pourtant un jeune homme sérieux, désireux de fonder une famille. Il choisit Giuseppina parce qu'elle est l'inverse de sa propre mère, Rosa. On ne saurait imaginer deux femmes plus différentes que les deux grand-mères de Dalida, Elena et Rosa. Rosa, la grand-mère paternelle, est fantaisiste et un peu fofolle. Elle aussi a un tempérament d'artiste. Sa jolie voix lui vaut bien des succès dans les fêtes. Elle adore chanter les *stornellate,* refrains du pays. Parvenue à un âge avancé, elle chante et danse encore de bon cœur chaque fois que l'occasion s'en présente. Elle n'est pas très belle mais les applaudissements lui tournent la tête. Elena léguera à Dalida le courage, le sens de la décision et de la persuasion. De Rosa, elle tiendra le goût de chanter et de danser, l'appétit de vivre, la fantaisie, l'impulsivité. Les deux femmes lui donneront la passion. Même si, de Rosa, Dalida ne se sentira jamais proche. Plus tard, en Italie, dans sa maison de retraite, Rosa se plaindra que sa petite-fille ne vient pas la voir. C'est qu'elle n'a pas eu la fibre maternelle : à ses enfants, elle faisait sentir qu'ils gênaient.

Rien ne saurait faire perdre à Rosa le goût de séduire, et certainement pas ses fils. L'aîné, Pietro, a hérité le tempérament artistique de sa mère. Mais il est travailleur et, chez lui, le goût de la musique fructifiera. Dès l'âge de quatre ans, il apprend le violon.

Pietro a seize ans lorsque son père meurt. C'est un désastre : Rosa est partie courir le guilledou, elle a quitté son mari et ses trois jeunes enfants. Pietro va trouver sa mère chez l'homme pour qui elle a perdu la tête.

« Maman, il est temps que tu rentres à la maison maintenant. »

Rosa obtempère : elle aime quand même ses enfants. Mais Pietro, traumatisé par la peur du lendemain, restera marqué par l'expérience de l'abandon. Une expérience qu'il transmettra, bien malgré lui, à sa fille...

La Duse

Devenu, par la force des choses, père de famille, Pietro sait qu'il ne peut pas compter sur sa mère, trop égoïste. Il continue pourtant ses études au conservatoire. Encouragé par la légende familiale, il croit à son destin artistique. Une sœur de Rosa a épousé Ruggiero Duse, cousin germain d'Eleonora Duse, grande tragédienne, rivale de Sarah Bernhardt. L'Italienne surpassait la Française dans le rôle de la Dame aux camélias. Plus moderne, elle se maquillait à peine, et son jeu était moins emphatique.

Ruggiero Duse parlait sans cesse de son illustre cousine. Celle-ci avait pourtant toujours ignoré sa parentèle. Lorsqu'elle se produisit, une seule et unique fois, à l'opéra du Caire, Ruggiero se précipita. Les yeux chargés de mélancolie d'Eleonora le fixèrent un instant. La voix céleste lâcha :

« Je n'ai pas de famille... »

Pourtant, Dalida entendrait parler très tôt de la Duse, dont un portrait trônait chez Ruggiero. Avant elle, Pietro en connaissait la légende. C'était la réussite éclatante. La première. Décidément, le destin se trouvait du côté de la scène... Devenant chanteuse, Dalida fera la synthèse des talents artistiques familiaux. Musicienne comme Pietro, elle dansera comme Rosa. Et, souvenir d'une cousine lointaine et célèbre, elle fera de ses chansons de véritables pièces de théâtre, des drames en miniature.

Le violon de Pietro

Pour payer ses cours et aider à faire vivre sa famille, Pietro, très jeune, commence à se produire en public et donne des leçons à des enfants. Le deuil précoce, le fait de se sentir responsable de sa mère et de ses frères pèsent lourdement sur ses épaules. Sa volonté farouche et sa passion pour la grande musique le soutiennent. Le violon est un instrument très difficile, mais il permet de trouver une place dans un orchestre. Le talent de Pietro s'affirme. Il joue d'abord où il peut et finalement décroche une place de premier violon à l'opéra du Caire. Il ne sera jamais un virtuose que le monde entier se déplace pour écouter : à l'opéra, les vedettes sont sur la scène, et non dans la fosse d'orchestre. Mais pour un Italien de sa génération, le « bel canto » est la musique par excellence, adorée du peuple comme de la bourgeoisie. Seul le cinéma détrônera l'opéra comme divertissement national.

En entrant à l'opéra du Caire, Pietro cessait d'être un saltimbanque pour devenir un homme respecté et respectable. Après le métier de tailleur exercé par Giuseppe, le violon de Pietro assurait un bon niveau social, mais non la richesse. Le boom du coton fut éphémère et l'Egypte retomba dans la pauvreté dont elle n'était jamais sortie. De surcroît, la poussée démographique limita l'influence occidentale.

Comment Pietro et Giuseppina se rencontrent-ils ? Elle, c'est une femme de poche, petite et pulpeuse, avec un beau visage aux traits doux. Eduquée chez les religieuses franciscaines, elle y a appris l'art de l'aiguille. Elle est douée pour la couture et s'habille d'un rien. De tempérament soumis, élevée sans père, elle craint et espère à la fois un homme. Fidèle comme le lierre, elle s'attachera indéfectiblement à

Pietro. Il y a de la place dans sa vie pour un homme et pour un seul. Avec ses hanches généreuses, son tempérament aimant tempéré par la dignité et la force morale, elle fera une bonne mère, c'est certain.

C'est Elena qui vante à Rosa les qualités de sa fille. Car les deux femmes se connaissent. Dans la petite communauté italienne du Caire on se fréquente, et seules ces deux familles viennent de Serrastretta. En Italie du Sud comme en Orient, on arrange encore les mariages.

Rosa n'a de son côté aucun mal à pousser son Pietro. C'est un très beau garçon, viril et volontaire, avec une épaisse chevelure brune, des yeux en amande. Et une telle sensibilité ! De toute façon, Elena avait déjà repéré le garçon. Elle lui pardonne son métier, car elle le sait sérieux, ambitieux, travailleur, avec un tel besoin d'affection ! Jamais Pietro n'abandonnera son foyer...

Grâce au rôle qu'elle tient chez Nahas Pacha, et à force d'austères économies, Elena a acquis une certaine aisance. Elle offre une maison en dot à sa fille, qui devient la première propriétaire de la famille. Le jeune couple s'installe dans la maison blanche de Choubra, à deux pas de chez Rosa et non chez elle comme le voudrait la coutume.

« Ma fille aura sa propre maison et sera maîtresse chez elle », a dit Elena. Elle connaît l'égoïsme de Rosa et ne veut pas que Giuseppina, avec son caractère en or, tombe sous son emprise. Et la vie lui a appris qu'une femme doit pouvoir subvenir à ses propres besoins. L'expérience et peut-être, aussi, l'intuition...

Pietro gagne assez bien sa vie et Giuseppina est excellente ménagère. A Choubra, la vie est douce. Les rues sont étroites mais les maisons, peintes en blanc, ocre, rose ou vert, sont encore peu nombreuses. On ne s'y sent pas écrasé par la foule. Arabes et Occidentaux plutôt modestes y cohabitent en bonne entente. On y entend parler l'arabe, le français, mais aussi l'italien, l'anglais, le grec. A l'heure des repas, des parfums variés s'échappent des cuisines. La nourriture permet d'exprimer l'esprit de camaraderie et de solidarité encouragé par l'hospitalité arabe. Lorsqu'une ménagère prépare une spécialité, elle en prévoit toujours plus pour la faire goûter aux voisins... Hautes et étroites, les maisons s'ouvrent sur des balcons et des terrasses. La Méditerranée et l'Orient s'accordent pour vivre beaucoup dehors. D'une maison à l'autre, on entend ce qui se passe. Les femmes chantent en étendant le linge sur les toits, papotent dans l'ombre fraîche des petites cours de terre battue. Le son du violon de Pietro berce la rue.

La maison blanche avec sa porte de bois sculpté, son fer forgé Arts-Déco, c'est celle du musicien et de ses enfants : deux garçons et, au milieu, une fille. L'aîné au prénom d'épopée, Orlando, est un grand garçon sérieux et réaliste. Trois ans après, le 17 janvier 1933, vient la fille, Yolanda. Quelques années plus tard, c'est le tour du deuxième garçon, Bruno. Malgré son prénom, c'est un blond à la peau claire, comme le grand-père.

Une aube difficile

Contrairement à celle de ses frères, la naissance de Yolanda est très difficile. On doit avoir recours aux forceps. L'enfant vient au monde presque bleue. On l'ondoie immédiatement, de crainte qu'elle ne meure. Plus tard, la crainte de l'étouffement encouragera chez elle la solitude, et elle vivra dans la tentation de la mort. Elle interrogera sa mère à ce propos : et si, à sa naissance, quelque chose d'anormal s'était produit ? Comme une empreinte noire dans son cerveau...

Heureusement, née sous le signe du Capricorne, elle est tenace, elle veut vivre. Les chemins escarpés ne lui font pas peur. Cristina Yolanda est une petite fille aux joues à fossettes, aux cheveux épais et noirs. Tout de suite, elle est la préférée de son père. Les harmonies puissantes qu'il tire de son instrument l'effarouchent et l'attirent à la fois. Mais Pietro est soupe au lait : il crie trop. Elle ne l'appréciera que beaucoup plus tard. Elle dira alors de lui :

« C'était un homme d'une haute valeur morale et d'une érudition rare. A cause de son souvenir, je me suis consacrée à la musique. »

Yolanda préfère sa mère, si douce. Elle a pour elle un attachement presque excessif, ne supporte pas de la partager. Lorsque son petit frère naîtra, elle en sera furieuse et blessée.

L'enfant s'accroche à sa mère avec une énergie farouche. Giuseppina ne parvient pas à la sevrer. Des heures entières, la petite fille réclame le sein. Cette voix qu'elle reproche à son père, elle en a hérité.

« Yolanda criait plus fort que les autres, se rappellera plus tard une voisine. On distinguait sa voix de celle des autres gosses du quartier. »

A bout de ressources, Giuseppina, sur le conseil du pharmacien, enduit ses seins d'un produit amer. L'enfant hurle puis se résigne. Adulte, dépressive, elle fera parler sa mère, se demandera quel rapport au plaisir une telle expérience a pu induire. « Le dégoût du corps, le refus de la sexualité ? » notera-t-elle dans ses carnets.

La vie, une fois de plus, est la plus forte. L'enfant oublie. Tout va bien dans la maison de Choubra. La radio est très souvent allumée. Un programme en italien permet de garder le contact avec l'Europe. Des rumeurs de guerre filtrent. Mussolini, la mâchoire tendue, l'œil visionnaire, la diction emphatique et hachée, parle aux Italiens pauvres et humiliés d'un retour aux splendeurs de la Rome antique et de la gloire d'un empire retrouvé. Il lorgne vers le continent africain.

Mais l'Europe est si loin ! L'Egypte sera protégée de la guerre, pensent Pietro et Giuseppina. L'exil a du bon.

Une si longue nuit

Brune et souriante, le bébé Yolanda possède un charme indéfinissable qui fait fondre son père, et Giuseppina — Peppina pour les intimes — la couve. La chaleur et une méconnaissance de l'hygiène chez les paysans qui fournissent les légumes, le lait, la viande, sont dangereuses pour les bébés. On craint la déshydratation, la dysenterie, les fièvres. Mais lorsque à l'âge de dix mois les yeux de la petite fille s'infectent, on ne s'inquiète pas trop. C'est fréquent et ça se soigne : « Une simple ophtalmie », dit le médecin de quartier. Les mouches, le vent du désert, un excès de soleil ? Il conseille de bander les yeux de l'enfant pendant quarante jours. Une mesure radicale. Ainsi protégés, ils guériront à coup sûr.

La petite fille ne comprend pas cette nuit qui descend sur elle, ce bandeau noir qui la comprime et l'irrite. Elle l'arrache. Giuseppina le remet. Inlassablement, Yolanda l'arrache à nouveau. On doit lui lier les mains. Elle crie à perdre haleine, à en suffoquer. Elle en redevient presque bleue, comme à sa naissance. Ses hurlements de terreur et de rage déchirent le cœur des parents. Quand elle est à bout de forces, ses geignements empreints d'une résignation désespérée sont plus douloureux encore. Enfin, vaincue, elle s'endort. Les parents contemplent, navrés, le petit visage trempé de salive et de larmes, les traits encore convulsés. Ils se retiennent d'arracher le bandeau pour mettre fin au supplice de leur enfant. Mais, chez des gens simples, à cette époque où la maladie, la mort sont encore si redoutables, on ne conteste pas les ordres du médecin.

Privée de regard, l'enfant se concentre sur les sons. Peppina l'a remarqué : lorsque sonnent les cloches de l'église voisine ou que retentit l'appel du muezzin, l'enfant se tait, tourne la tête dans cette direction. Apaisée, elle écoute.

Peppina se met à lui chanter des chansons. Sur son violon, Pietro invente des berceuses. L'effet est magique. Yolanda, libérée, se promène dans le jardin merveilleux de la musique. Ravi, le père s'écrie qu'elle est bien sa fille. Comme nul autre art, la musique parle à la solitude de l'âme. Pour celle qui l'a compris, tout devient mélodie. Même le braiment des petits ânes pelés se fait refrain. Le désespoir lui ouvre les portes du royaume dont elle sera plus tard reine.

Yolanda ne peut s'empêcher de chercher la lumière. La nuit, les bruits de la rue et de la maison se taisent. Seuls, parfois, les aboiements d'un chien troublent la surface obscure du silence. Pour l'enfant aux yeux bandés il n'y a plus ni jour ni nuit. Dehors, le pas hésitant ou pressé d'un ivrogne ou d'un retardataire semble ricocher contre les murs. Le bruit de la porte qui s'ouvre annonce le retour tant attendu de Pietro. A nouveau, l'enfant geint. Le père vient dire quelques mots apaisants, penché au-dessus du petit lit :

« C'est pour que tu sois belle. Pour que tu aies des yeux magnifiques. Des yeux de pharaonne. Les yeux de Néfertiti. »

L'enfant ne comprend pas encore ces mots mais ils restent avec elle. Des mots amis. Pour toujours.

Le père s'en va. Ses pas s'éloignent. Il se couche. Le monde redevient muet. Le silence a la couleur du désert. Grain par grain, les secondes s'écoulent, versent dans le jamais plus. Le désert est interminable, imperturbable. Son œuvre de mort s'accompagne de l'impitoyable musique du vent. Cette musique est elle-même le fracas du néant.

Pour celle qui ne peut rien faire qu'écouter, tout au long des heures de la nuit, le silence devient obsédant. Un bruit blanc qui noie la tête.

Le jour revient, aussi obscur que la nuit mais annoncé par les bruits familiers. Et les odeurs : celle du café, celle de l'eau de Cologne de Giuseppina qui se penche sur sa fille. Elle la nourrit dans le noir, vérifie que le bandeau n'a pas été déplacé. Puis elle s'éloigne. Plus tard, Dalida combattra le retour de la nuit, traîtresse dont on n'est jamais sûre qu'elle laissera sa place à l'aube. Elle la combattra par des flots de lumière, des flots de musique. Elle séduira l'obscurité comme la conteuse inlassable des *Mille et Une Nuits*.

Quatr'z'yeux

Le quarantième jour, on ôte le bandeau. L'épreuve est terminée. La mère tremble de joie en dénouant l'étoffe. Et c'est l'horreur. Au lieu de guérir, l'infection s'est aggravée. L'œil est noyé de pus. Le nerf optique, dévié par l'effort de chercher la lumière au coin du nez, provoque un strabisme convergent. L'enfant est défigurée.

Fou de douleur, Pietro sort dans la rue en courant. Il hurle le nom du médecin criminel. Il veut le tuer. Giuseppina, atterrée, serre contre elle sa fille qui sanglote. Car la lumière tant espérée la blesse désormais.

Quelques jours plus tard, un œil revient à la position normale. L'autre reste instable. De violents maux de tête martèlent par moment le crâne de l'enfant. Le médecin de quartier avoue son impuissance. Les parents consultent un spécialiste. Celui-ci se montre rassurant. On pourra opérer à dix-huit mois. A cet âge, les yeux sont neufs et réagissent bien.

Pratiquée à la date prévue, l'intervention ne réussit qu'en partie. Régulièrement, les céphalées reviennent. Dès que l'enfant est fatiguée ou émue, à nouveau la prunelle voyage, cherche le coin de l'œil. Les exercices de rééducation sont fastidieux et pénibles. Une photo représente Yolanda à cet âge, les cheveux courts, vêtue d'une robe-tablier à carreaux. Ses chaussettes blanches montent aux genoux, mais ses chaussures à bride sont couvertes de la poussière rouge du Caire. Vêtu de l'uniforme sombre des écoliers, son frère aîné la tient par la main. Les deux enfants sont dans la cour de la maison. Orlando a l'air un peu contraint du grand frère responsable. Il serre le poignet de sa sœur dans un geste de protection. Dans un sourire douloureux, la bouche de Yolanda remonte nerveusement du côté de l'œil fragile qui cligne, ne supportant pas le grand soleil.

Sur un autre cliché, Yolanda a trois ans. Elle porte une robe de coton clair ornée d'une collerette. Dans des coupons bon marché, Giuseppina taille des merveilles pour sa petite. Ses cheveux ont poussé, ils sont bien épais, coupés à la Jeanne d'Arc, avec une frange drue. L'enfant est assise sur un muret, une jambe partiellement repliée, un bras prenant appui en arrière. Si elle était adulte, ce serait déjà une pose de pin-up.

Quand cette photo est prise, elle a été opérée une première fois, mais elle ne porte pas encore de lunettes. La tête penchée coquettement de côté a toujours ce demi-sourire énigmatique. Le strabisme se remarque moins, mais les yeux semblent plongés dans l'ombre.

A quatre ans, deuxième opération. Celle-ci fixe un peu plus le regard. Mais le succès n'est toujours pas total. Elle doit maintenant subir de longues heures de rééducation. Elle s'y prête avec docilité. Elle a très vite compris que ce problème la mettait à part. Parfois, on la dévisage avec une curiosité un peu appuyée. « Pauvre petite ». Le médecin prescrit de grosses lunettes à verres très épais. Yolanda ne s'aime pas. Saisir son reflet dans une glace ou une vitrine est chaque fois un choc. A la maison, devant le miroir de la chambre, elle ôte les lunettes. Son visage flou se perd dans le brouillard.

Le soir, elle ne s'endort qu'avec une veilleuse. Lorsque sa mère l'envoie à la cave chercher le beurre, elle chante pour se donner du courage. Sa voix sait déjà éclairer la nuit.

Elle entre à l'école des sœurs de Maria Ausiliatrice. Des Italiennes. L'école est un bâtiment blanc aux volets verts, aux murs couverts de lierre. Des murs solides qui mettent l'endroit hors du monde, le protègent du tumulte de la rue. Mais la cour aux platanes poussiéreux retentit de cris enfantins. Yolanda en aime un coin tranquille où une madone aux yeux de pierre, dans une grotte baroque, veille pour l'éternité. Les sœurs garnissent de fleurs l'offertoire. Yolanda reste plantée devant, l'admiration au cœur. Giuseppina lui a appris la piété. Le visage de la Madone voit toutes les douleurs. Pourtant, une sérénité infinie imprègne les plis de sa robe. Sous son regard, l'enfant n'est plus un laideron à lunettes.

Comme toutes les petites filles, on joue à la marelle, on saute : un pied, l'autre, croisé, plus haut. Les lunettes gênent Yolanda qui craint de les casser. Elle sait qu'elles ont coûté cher à ses parents. D'ailleurs on ne l'invite guère : elle est différente. Elle le restera toujours, ne parviendra qu'à transformer l'infériorité en supériorité. Pour l'instant, son air d'indépendance et d'orgueil la sépare encore plus des autres, qui ne comprennent pas. Les gamines, impitoyables, l'appellent « Quatr'z'yeux ».

Heureusement, les sœurs l'aiment. Pour elles, chaque souffrance est celle du Christ. Et elles constatent, chez cette fillette rêveuse, un grand désir de bien faire. Yolanda apprend volontiers à lire. Elle devine là un moyen d'évasion. Pourtant, elle ne peut lire longtemps, car alors son œil malade lui fait mal. Cela freine en elle un goût de l'étude qu'elle ne retrouvera que beaucoup plus tard. Et elle n'ose pas se plaindre.

A la sortie de l'école, son frère l'attend pour la ramener à la maison. Elle rejoint Giuseppina à la cuisine. Celle-ci a préparé un copieux goûter :

« Mangia. »

Elle trouve sa fille maigre comme un chat écorché.

Et toujours, à la radio, ces belles chansons. Qui parlent de chauds légionnaires, de vie en rose, d'attente de l'amour. Giuseppina feuillette un magazine. Montre à sa fille un patron de robette :

« Tu seras jolie avec ça ! »

Yolanda pleure. Giuseppina la serre dans ses bras. Elle sent bon le savon et la lessive. Elle parle très doucement à Yolanda :

« Quand tu seras grande, tu seras belle.

— La plus belle ?

— Oui, la plus belle.

— Mais en attendant ? » se lamente l'enfant.

Garçon manqué

Il ne manque pas de légendes enfantines pour symboliser le dilemme de Yolanda. Les fillettes différentes s'identifient au vilain petit canard qui devient un jour un beau cygne. Ou à Cendrillon avec son carrosse. Peppina, complice, tente de jouer le rôle de la fée. Sa baguette magique est très petite : c'est une aiguille. Le cliquetis rythmé et apaisant de la machine à coudre retentit tard dans la nuit. Elle sait sa fille coquette. A sept ans, Yolanda se voit déjà fiancée. Un garçon aux genoux couronnés, aux ongles noirs, la trouve « pas si moche que ça ». Instants de répit. Les compliments d'un gamin, pas plus que les robes les plus ravissantes, les volants les plus coquins, les smocks les plus innocents ne peuvent longtemps faire oublier les lunettes. Mieux vêtue que les autres, elle se sent encore plus à part. Coupée en deux. Le corps ça va ; la tête, rien à faire.

Yolanda en vient à prendre en grippe ces chiffons dérisoires. Elle enrage des contraintes de la féminité. Toutes les femmes lui semblent entravées. Sa mère par le culte du foyer : vraie mamma à l'italienne, elle va de la marmite à spaghettis à la machine à coudre. Les sœurs, si pâles sous leur voile, sont recluses pour prier Dieu. Les femmes arabes, voilées aussi, au nom de la tradition. Elle a horreur de l'enfermement, une dévorante soif de liberté. L'enfermement, c'est le bandeau sur les yeux, les mains attachées, la nuit en plein jour. « Il faut souffrir pour être belle », lui dit-on. Elle a souffert, elle ne se trouve pas belle. Elle ne veut plus souffrir.

Le soir, son père, lui, met son habit, il rejoint les lumières de l'Opéra, ses dorures, ses profonds velours, ses scintillants candélabres. Les femmes, là-bas, portent des toilettes magnifiques, hors de portée de Peppina et de ses coupons. Les divas des opéras que son père aime tant ensorcellent des foules entières ; nul ne résiste à leur charme. Ces femmes-là ne s'enferment pas, elles s'exhibent. A la radio, les courageuses héroïnes de feuilleton aiment et se lamentent sans retenue. Les amoureuses de chansonnettes, qui ont leur homme dans la peau, désirent, soupirent, osent. Et l'oncle raconte une fois de plus la Duse, partie de rien, arrivée à tout, courant les vivats de théâtre en théâtre.

Bientôt, c'est le cinéma ! Un oncle est projectionniste, dans un établissement de plein air. Grâce à lui, la famille s'y rend gratis. Se gave de films. C'est la grande époque de Hollywood. Et Le Caire, c'est Hollywood au Moyen-Orient. Les studios produisent à la chaîne des comédies musicales. Des vamps aux yeux cernés de khôl, aux lourds bijoux, dansent la danse des Sept Voiles pour des émules de Valentino. Ces femmes-là ne se laissent pas faire non plus : elles règnent sur les hommes.

Le goût du spectacle, Yolanda l'acquiert dès l'âge de trois ou quatre ans. Elle s'identifie à ces artistes mythiques et triomphantes. Elle n'a encore pour public que Giuseppina, qui comprend que sa fille a besoin d'être sous un regard aimant. Elle aurait peut-être freiné, chez une enfant « comme les autres », ce goût de se rendre intéressante. Là, elle l'encourage.

Yolanda se met en scène avec une indomptable énergie. En rentrant de l'école, elle campe un décor avec des chaises de cuisine et reconstitue pour sa mère sa journée de classe, jouant tous les rôles à la fois. Giuseppina rit aux larmes : l'enfant est irrésistible, un rayon de gaieté dans sa journée de ménagère industrieuse.

A l'âge de quatre ans, Yolanda invente le play-back. Elle doit chanter pour la fête de fin d'année à l'école. Elle a répété, répété, répété. Finalement, elle tombe malade de trac. A l'instant crucial, elle est aphone. Etre privée de son grand moment la plonge dans le désespoir. Touchée par cette détresse, sœur Felicina imagine un stratagème : Yolanda accomplira les gestes prévus et fera semblant de chanter. La sœur lui prêtera sa voix depuis les coulisses. Cette ingéniosité déclenche les applaudissements. Yolanda en tire une leçon précoce : quoi qu'il arrive, on monte sur scène quand le public vous attend.

Ses modèles, Yolanda les trouve sur l'écran, quand la magie s'épanouit dans la douceur de la nuit cairote. Ses préférées sont Ava Gardner et, surtout, Rita Hayworth. La rousse incendiaire aux fourreaux moulants, l'inoubliable interprète de *Gilda* mêle la séduction fatale de la vamp à une réelle gentillesse. Comme Rita, Yolanda est une bonne fille. Elle veut séduire pour exister.

La seule féminité à laquelle Yolanda puisse s'identifier appartient au rêve. Aucune métamorphose ne sera trop éclatante pour venger les années passées dans l'ombre.

A l'école, sa matière préférée est l'histoire sainte. Là aussi, elle trouve des héroïnes à la mesure de ses rêves. Une surtout la captive. Pas sainte Blandine et ses lions : non, Dalila, vamp de l'Ancien Testament. Une femme à qui l'homme le plus fort ne résiste pas.

Quand Yolanda jeune fille se lancera dans la carrière artistique, elle choisira d'abord Dalila comme pseudonyme. Au Moyen-Orient, il n'est pas rare qu'on prénomme une fille ainsi. Et, dans la Bible, ce que Dalila demande à Samson, c'est de lui apprendre à être forte comme un homme — et même plus forte que le plus fort d'entre eux. Vamp biblique, Dalila se joue des interdits. La Bible célèbre ses exploits à travers les siècles.

Mais si l'enfant Yolanda s'identifie à l'héroïne de l'histoire, elle s'identifie aussi au héros. Plongé dans la nuit, Samson ne possède plus que son courage, sa conviction d'être un élu, et son intelligence. Ainsi il se venge, au prix de sa vie, de ceux dont il est devenu la risée.

Les qualités masculines fascinent d'autant plus Yolanda qu'elle a deux frères. Les garçons s'entendent comme larrons en foire et adorent leur sœur. Soupe au lait comme son père, Yolanda se dispute beaucoup avec eux mais se réconcilie plus encore. Son frère aîné connaît le détail de ses souffrances et la protège. La voyant malheureuse au milieu de petites chipies, il lui propose de se mêler à leurs jeux, et l'introduit dans leur bande de garnements. Enfin Yolanda respire : pour être acceptée par des garçons de cet âge, point n'est besoin d'être belle. Au contraire, ce serait un handicap. Avec eux, les interdits de la féminité n'ont plus cours. En Orient, le mâle est roi. Si elle ne peut être une fille réussie, Yolanda fait un excellent garçon manqué.

Seul Orlando, l'aîné, possède une bicyclette, mais elle sert aux trois. On prend des tours. C'est un vélo de garçon, la jupe de Yolanda remonte, elle s'en fiche. L'exercice physique est une excellente façon de défouler son énergie. Son frère s'en aperçoit et l'inscrit dans l'équipe de foot. Elle devient une excellente joueuse. Et en avant les coups de pied ! Les robes à smocks de Peppina reviennent crasseuses et déchirées. Au moins la gamine, en sueur et décoiffée, a le sourire. Yolanda refuse tout ce qui fait fille, jette par la fenêtre la poupée qu'une amie de sa mère lui a offerte. Elle préfère mettre en scène, avec les soldats de plomb de ses frères, de magistrales batailles. Son langage pittoresque effarouche Giuseppina, qui ne prononce jamais de gros mots. Si on tente de la retenir à la maison, Yolanda pique des colères magistrales, crie et tape du pied.

« Elle tient de moi ! » s'écrie Pietro plutôt fier.

Elle vénère Orlando. Mais le plus proche d'elle est Bruno, le plus jeune. Depuis toujours, il voue un véritable culte à sa sœur. S'il l'entraîne dans ses jeux, ses apparences de garçon manqué ne l'abusent pas. Pour lui, Yolanda est un soleil. Il est convaincu que, plus tard, elle sera célèbre. La petite « quatr'z'yeux » possède une qualité exceptionnelle, dont son vocabulaire enfantin ignore le nom : le charisme. Il pressent en elle une grande force cachée qui se révélera un jour, mais aussi une vulnérabilité extrême.

« Tout la blessait, raconte-t-il aujourd'hui. Mon frère et moi, quand on se souvenait de notre enfance, c'étaient des souvenirs heureux. Pour elle, c'était un cauchemar. »

Il se jure de la protéger, de l'aider, de lui consacrer sa vie, pour que son rayonnement s'exprime. Sa sœur est son idole. Avec Giuseppina, l'autre pôle de l'amour.

La guerre !

En 1936, l'armée italienne annexe l'Abyssinie. Mussolini mène en Egypte une campagne de propagande antibritannique. Lassé des Anglais, le pays n'est pas hostile aux forces de l'Axe. Le roi Farouk lui-même est tenté. Les Anglais favorisent alors le Wafd, parti de la bourgeoisie d'affaires, nettement antinazi. Ce Wafd dont Nahas Pacha, l'employeur d'Elena, est la tête pensante. Mais les Italiens d'Egypte sont *a priori* suspects. On parle de mesures d'internement. La plupart n'y croient pas : qu'ont-ils fait de mal ? Ils se contentent de vaquer à leurs affaires, membres respectés de la communauté. Pour l'instant, l'Egypte n'est pas entrée en guerre, et, vue du Caire, l'Europe semble si lointaine...

A Choubra, bien sûr, il y a aussi des Anglais. Ce sont les maîtres. D'ailleurs, toutes les tantes de Yolanda ont épousé des Anglais. Mais la population arabe du quartier, affairée à survivre de petits métiers, y côtoie toujours Italiens, Français et Grecs, dans la joyeuse fraternité des humbles.

Dans la rue, Yolanda apprend l'arabe, au contact d'autres enfants. La civilisation orientale, si étrangère et si familière, la fascine. Elle aime la mélopée du muezzin et aussi l'architecture, rigoureuse et pure, des mosquées. Dans ces lieux à la fois ouverts et secrets, dans la fraîcheur de l'ombre, les hommes vont se recueillir.

Giuseppina, elle, a une dévotion particulière pour la Madone. Elle offre à sa fille, pour la protéger, une médaille de la Vierge que celle-ci doit toujours garder au cou. Yolanda se sent surtout proche de la Petite Fleur de Lisieux dont la statue orne l'église Sainte-Thérèse voisine. C'est là que la famille fait ses dévotions. Yolanda y prie souvent.

Le passé pharaonique de l'Egypte la fascine. Le désert est aux portes de la ville. Une autoroute conduit aux pyramides, lieu des sorties en famille et des pique-niques. Des chameaux flegmatiques y baladent les enfants. Ces pyramides, Yolanda les voit depuis le toit en terrasse de la maison. Elle vient parfois rêver à ce monde splendide de dieux et de rois, englouti par le sable et érodé par le vent. Elle y prend le goût du grandiose.

Ce monde paraît immuable, le temps n'y compte pas. Les traditions sont immémoriales. L'occidentalisation n'est qu'une pellicule de surface. Tôt ou tard, le sable du désert recouvre tout d'une fine poussière rougeâtre.

L'entrée en guerre de l'Egypte fait l'effet d'un coup de tonnerre dans un ciel serein. En 1940, le roi Farouk, poussé par les Anglais, se décide à y entraîner son pays. Là-bas, en Italie, Benito Mussolini, emporté par le goût du pouvoir, est aussi en demande de l'amour de la foule. Une foule, comme une femme, qu'il faut séduire par tous les moyens. Le rêve fasciste — travail, ordre, justice dans l'obéissance — se réalise dans la violence. Depuis des années, des bandes de chemises noires sillonnent villes et campagnes, pourchassant les « rouges », soumettant les récalcitrants au supplice de l'huile de ricin. La guerre civile y a précédé la guerre tout court.

Yolanda ignore tout cela. La guerre, pour elle, se manifeste un soir sous la forme d'un coup de sonnette. Déjà, depuis quelque temps, l'angoisse règne dans la communauté italienne. Parfois, les femmes parlent entre elles à voix basse. On dit que, cette fois, ça y est : les Anglais arrêtent les hommes. Ils viennent dans l'obscurité. On ne peut prévoir quand.

La nuit fatidique, deux individus en imperméable et en chapeau se présentent à la porte. Tout va très vite. Pietro ne peut emporter que le strict minimum. Il ne sait pas où on l'emmène. Une semaine après seulement, la famille a des nouvelles. Il est interné dans un camp situé à Fayed, dans le désert, pas très loin de la ville. Giuseppina peut lui apporter quelques affaires, les seules que le règlement permet.

Du jour au lendemain, la vie change du tout au tout. Pour Yolanda, c'est la rencontre avec le déchirement de l'absence. Les yeux bandés, ceux qui l'aimaient étaient au moins autour d'elle. La nuit paraît maintenant doublement dangereuse. Elle engloutit qui elle veut et comme elle veut. Le sommeil devient une petite mort, un abandon.

La vie familiale se reconstitue autour de l'absence fondamentale. L'oncle Eugenio, troisième frère de Pietro, a été interné lui aussi. Sa femme vient vivre chez Giuseppina. Ça coûte moins cher et la compagnie rend moins triste. Ensemble, les deux femmes font de la couture pour faire vivre leur petit monde. La maison de confection Cicurel leur confie la fabrication de barboteuses pour enfants.

Une solidarité s'organise entre les Italiennes dont les maris ont été emmenés. A tour de rôle, elles rendent visite à Giuseppina. On n'en veut pas aux filles de l'oncle Duse d'avoir épousé des Anglais. Puissance occupante, on est habitués à eux. Ils habitent de belles villas coloniales à Guizeh, là où vivent aussi les Egyptiens très riches. Ils sont un peu dédaigneux mais toujours élégants. Ils se mêlent aux Européens d'Egypte en épousant des femmes de la communauté, souvent des Allemandes.

A Choubra, leur présence se signale par la caserne, située à deux pas de la maison. Le soir est le moment le plus triste, celui où on a emmené les hommes. Pour conjurer l'angoisse, les femmes de la famille rient entre elles. Pour s'amuser, elles sortent en robe de chambre dans la rue déserte. Quand elles passent devant la caserne, les Anglais sifflent. Elles s'enfuient comme une volée de passereaux, riant de plus belle. Elles ont, à leur manière, défié leur pouvoir.

Le jour venu, avec le soleil, la joie de vivre reprend le dessus. Dans le quartier, l'entraide continue. Chaque ménagère accroche un panier au bout d'une corde qu'elle descend pour le marchand ambulant ou fait passer d'une fenêtre à l'autre, à travers la rue étroite, pour partager les bonnes choses. Tout le monde se contente facilement du peu qu'il a. Le drame est recouvert par les rires et les chansons.

Une fois par mois, Giuseppina et ses enfants vont rendre visite au père dans le camp. Dans le désert, derrière les barbelés, Pietro essaie de faire bonne figure. Mais il est impossible de ne pas voir la réalité. La chaleur implacable, le manque d'eau, la mauvaise nourriture, une certaine brutalité, la promiscuité, les maladies. Pietro a le sentiment d'une injustice. Il ne faisait pas de politique : seulement de la musique. Sans son violon, il est perdu. Il a toujours eu les nerfs à fleur de peau, les conditions de détention le démolissent. Il se sent inutile, réduit à rien. Une rage couve en lui.

Giuseppina fait ce qu'elle peut : les enfants sont impeccables et elle aussi. Mais Pietro a connu très tôt la pauvreté digne, celle qu'on dissimule. Rien ne lui échappe. Il voit l'anxiété sur le visage de ses enfants et la fatigue sur celui de sa femme. Lui-même est méconnaissable. Yolanda a du mal à croire que cet homme amaigri, mal rasé, aux yeux hantés, soit son père.

Sitôt rentrée chez elle, Giuseppina se remet à la confection des barboteuses. Tant de tissu par pièce. C'est compté très juste, mais centimètre par centimètre elle parvient à économiser un peu d'étoffe pour habiller sa couvée. Pour la nourriture, elle réalise des prodiges. Aux plats italiens s'ajoutent les spécialités égyptiennes apprises des voisines. Yolanda raffole d'un bouillon d'herbes typiques et du foul, plat de fèves écrasées. Le dîner terminé, à nouveau, la machine ronronne jusqu'à trois ou quatre heures du matin.

Le petit frère

Enceinte pour la troisième fois, Giuseppina avait pourtant préparé sa fille à l'événement. Elle sait l'enfant jalouse de tous ceux qui approchent sa mère. Sa maladie l'a habituée à être le centre de son attention. Pour essayer de compenser, la mère a donné de l'amour en plus, et la petite fille a toujours peur qu'on lui vole ce trésor. Sa vie durant, jamais elle ne se sentira suffisamment aimée. Toujours quelque chose manquera.

Lorsqu'on a emmené Giuseppina à l'hôpital, Yolanda a voulu l'accompagner. Les médecins la terrifient. Elle s'accroche à sa mère en criant. Elle craint qu'elle ne meure. Finalement, sa grand-mère l'emmène avec elle, lui montre la chambre et le lit. Yolanda accepte de rentrer à la maison, mais elle n'en dort pas de la nuit. Au matin, apprenant que Giuseppina a accouché d'un petit garçon, elle pousse un soupir de soulagement. Tous les muscles de son corps, tétanisés par l'angoisse, se détendent.

A nouveau, sa grand-mère l'emmène à l'hôpital. Giuseppina, très fière, tend à sa fille le poupon emmailloté, rouge et chiffonné. Réplique immédiate :

Ma che brutto ! (« Qu'il est laid ! »)

Giuseppina éclate de rire. Pourtant, lorsque la mère et le bébé sont rentrés à la maison, Yolanda refuse de regarder cet intrus qui ne sait que crier, manger et se salir, et qui lui enlève une bonne partie de l'attention à laquelle elle estime avoir droit. Giuseppina lui explique que l'amour d'une mère est infini. Ce qu'elle donne à l'un n'est pas retiré à l'autre. Rien n'y fait. Yolanda n'admet pas le partage. Pour elle, c'est tout ou rien.

Pourtant, un jour, Giuseppina surprend Yolanda devant le berceau. Elle n'a pas entendu venir sa mère et celle-ci, émue, observe en silence. Yolanda contemple le bébé avec de grands yeux. La scène se renouvelle plusieurs fois. Chaque fois qu'elle ne se croit pas repérée, Yolanda retourne près du berceau. Giuseppina laisse faire mais continue à épier sa fille qu'elle sent partagée entre l'amour et le dépit.

Les jours passant, Yolanda vient de plus en plus souvent monter la garde auprès du berceau. Elle reste là des heures entières. Un étrange dialogue s'établit entre la fillette et le bébé, fait de mots mystérieux, de sourires et de gestes esquissés. Désormais, lorsque Bruno se met à pleurer, Yolanda court chercher sa mère. Elle ne supporte plus de voir le petit malheureux. Maintenant, c'est elle qui veut que Peppina s'en occupe. Peu à peu, elle prend le relais, n'hésite pas à tenir Bruno sur ses genoux. Elle n'a jamais aimé les poupées de chiffon, désormais elle en a une bien plus belle, vivante, qui rit et qui pleure. Sa jalousie s'est muée en protection et amour.

Bruno grandissant, cette protection, cet amour deviennent réciproques. Surtout une fois que le père est parti. Giuseppina a parlé à ses garçons : ils doivent veiller sur leur sœur. Dans un pays oriental, plus encore qu'en Méditerranée, une fille doit être sous tutelle masculine. Sa liberté de garçon manqué, Yolanda ne la doit qu'à la présence de ses frères. Comme ils font tout ensemble, ils se rendent au cinéma du quartier où les films, en cette époque d'innocence, sont « pour tous publics ». C'est là que Bruno reçoit une révélation. Aux créatures splendides qui évoluent sur l'écran, ensorcelant les mâles, il prête tout de suite les traits de sa sœur. Dans la petite fille aux chaussettes tire-bouchonnées, aux grosses lunettes, il voit une future star. Il devient son plus fidèle spectateur. A son tour il se passionne pour le spectacle et il sent que son avenir, comme celui de Yolanda, est de ce côté. Elle, il l'imagine en pleine lumière, et lui dans l'ombre, à conseiller, encourager. Lorsque dans la salle de cinéma la nuit se fait et que brille l'écran d'argent, il voit, à la place du nom de la vedette, s'inscrire en lettres énormes celui de Yolanda Gigliotti !

S'imaginer dans cette seconde position ne gêne pas Bruno. De toute façon, il est le petit frère. Orlando, l'aîné, n'a pas sa place dans ce rêve à deux. Pas plus que Giuseppina, il ne partage la passion du spectacle des deux jeunes enfants. Et Yolanda veut être la première. La deuxième place ne l'intéresse pas. De leur père, elle dit toujours qu'il est premier violon, en soulignant le mot « premier ».

Ses passions conjuguées pour le spectacle et les jeux de garçon ne l'empêchent pas de continuer à bien travailler en classe. A son goût de l'histoire sainte elle ajoute celui de l'histoire tout court et aussi de l'orthographe. Perfectionniste, elle aime le travail impeccable. Elle a de bonnes notes en écriture, soigne sa signature, à laquelle elle s'exerce inlassablement. Pense-t-elle à de futurs autographes ?

Sa signature calligraphiée, datée du troisième trimestre 1948, marque le coin d'un dessin représentant une branche chargée de cerises. Elle est alors en troisième. Un bulletin scolaire de cette même année révèle de bonnes notes presque partout, sauf en couture où elle a zéro. La couture, il y en a déjà trop à la maison. Conduite : neuf sur dix. Elle apprend l'arabe littéraire, l'anglais, le français et l'italien. Cette formation linguistique lui sera utile plus tard. En chant, rien, la matière ne lui est pas enseignée. Ses résultats sont moyens en comptabilité et sténographie. C'est pourtant dans cette voie qu'elle se dirige : on l'a orientée vers le technique. A cette époque, dans ce pays, pour une fille, il n'y a guère d'autres métiers qu'infirmière, institutrice ou secrétaire. Le troisième est le plus facile et le plus rapide. Yolanda avait rêvé de devenir écrivain, médecin et même religieuse. Ça lui a passé. Elle garde secret l'autre rêve, celui du spectacle. Aux yeux de la famille, c'est impensable. Sauf pour le petit frère qui lui aussi se tait et attend.

Le retour

Le 16 août 1943, le débarquement des alliés en Sicile est couronné de succès avec la prise de Messine. Le régime fasciste est démantelé. Victor-Emmanuel II charge le maréchal Badoglio de négocier l'armistice. Le reste de l'Europe se libère. Pour l'Egypte aussi la guerre se termine. En 1944, les Anglais relâchent les Italiens.

Quand Pietro revient à la maison, il trouve sa fille bien changée. Elle a dix ans. Les difficultés l'ont mûrie. Les jeux de garçon lui ont donné de l'assurance. Elle porte toujours des lunettes, mais elle sait ce qu'elle veut.

Elle s'est fait une fête du retour du père. Mais le père, lui aussi, a bien changé. C'est un homme vaincu, détruit, qui revient après quatre ans de détention dans le désert. Sa santé est altérée, et la bonne cuisine de Giuseppina ne suffit pas à le remettre d'aplomb. D'autant que l'argent continue à manquer. L'Opéra n'a pas repris ses activités. Pietro doit se résoudre à accompagner, dans les cabarets et les boîtes de nuit, les chanteuses qui ressassent les scies à la mode et plaisent aux riches noceurs. Il a horreur de ça, c'est pour lui une déchéance qui s'ajoute à celle de l'emprisonnement. Les efforts d'une vie sont anéantis. Il a perdu sa confiance en lui, se voit comme un homme fichu, se dit qu'il ne s'en sortira jamais.

Son caractère s'est aigri. De violents maux de tête lui martèlent le crâne. Il ne peut plus supporter le bruit. Il crie plus fort qu'avant contre les enfants de la rue. Il crie aussi contre ses propres enfants, qui se figent de peur, et même contre la douce Giuseppina, qui encaisse, les larmes aux yeux. Il devient violent, tape quand il ne se contrôle plus. Les fessées pleuvent. Cela, malgré sa patience, Giuseppina ne peut l'accepter. Après, Pietro regrette, s'effondre, mais le mal est fait.

La maisonnée marche sur des œufs. Yolanda regrette maintenant la vie d'avant. Malgré tout c'était plus gai, on ne se surveillait pas. Et puis son père, encore un qui lui prend un morceau de sa mère.

Lui aussi libéré, l'oncle Eugenio a retrouvé son travail de projectionniste. Sa femme est rentrée chez elle avec Rosy, la petite cousine, celle que Yolanda appelle son « petit bébé ». Bruno ayant grandi, Rosy a hérité du rôle de poupée vivante. A trois ans, elle n'a pas beaucoup d'appétit. Dans la famille on ne plaisante pas avec la nourriture. Rosy doit rester à table et finir son assiette. Ses larmes tombent dans sa soupe. Yolanda l'amuse pour détourner son attention, et à l'occasion prend sa défense. Rosy deviendra, après Bruno, le deuxième membre du fan-club de la jeune Yolanda Gigliotti.

Parfois, maintenant, à la sortie de l'école, c'est Pietro qui vient chercher sa fille. Elle guette ; quand elle voit son père, elle se cache. Les religieuses la cherchent partout. Elles devinent les problèmes familiaux. Elles aiment beaucoup cette enfant si soigneuse, surtout sœur Felicina.

Plus tard, quand les enfants sont couchés, des éclats de voix retentissent. Malgré l'affection qui les lie toujours, rien ne va plus entre les parents. L'harmonie est rompue. Dans les cris de son père Yolanda entend la rage et la haine, une haine qui semble dirigée contre le monde entier. Malgré sa violence il est resté très affectueux, mais sa fille le repousse. L'incompréhension grandit. Pietro se sent rejeté par une famille qui a appris à se débrouiller sans lui. Yolanda a peur de lui et elle lui en veut. A mort, dira-t-elle plus tard, et ce vœu d'enfant pèsera très lourd sur son avenir. La soumission de sa mère lui fait mal. Elle se dit :

« Moi, ça, jamais ! »

Elle s'arrangera toujours pour ne pas dépendre d'un homme. Elle est trop jeune pour comprendre ce qui rend son père à moitié fou. Longtemps après, elle saura que cette haine n'était que l'autre face de l'amour, et, comme elle le dira, « plus que l'amour même ». Pietro enrage d'avoir laissé les siens et de ne pouvoir leur donner tout ce qu'il voudrait. Ses années de silence forcé l'ont rendu inapte à communiquer, à parler aux autres autrement qu'on s'est adressé à lui, en hurlant, en donnant des ordres brutaux qui ne souffrent aucune résistance.

Yolanda serre les dents. Se répète qu'elle hait son père. Et c'est l'horreur. Ce qui n'était qu'un souhait d'enfant, formulé dans la colère, s'accomplit. Deux ans après la libération, Pietro meurt brutalement, miné par la tension, l'anxiété et les soucis. Le médecin diagnostique une congestion cérébrale. Il a quarante et un ans à peine.

Yolanda ne comprendra les angoisses de son père que lorsqu'elle débutera dans le métier d'artiste. Mais, à sa mort, sa rancune s'accroît, rendant plus amère sa douleur. A douze ans et demi, elle n'est pas mûre comme Orlando, l'aîné, qui assume la position de chef de famille. Ni petite comme Bruno, qui a à peine connu son père. Au seuil de l'adolescence, à ce moment crucial de sa vie où elle commence à prendre conscience de sa féminité, la perte paraît d'autant plus cruelle. En elle, c'est une tempête de sentiments. Dans ce grand désordre le deuil ne peut s'accomplir, ni le choc se surmonter. Parce que le père est défaillant au moment où elle en a le plus besoin, elle l'imagine plus terrible qu'il n'était. Mais l'ogre imaginaire compense mal l'absence. Ses relations avec les hommes se placeront sous le signe de ces malentendus, de ces contradictions.

Elle s'interdit de pleurer celui qui, croit-elle, ne le mérite pas. En elle se forme à son insu un lac de larmes rentrées. Une partie d'elle-même devient ce père qu'elle n'a plus. Un surmoi cruel se forme, elle ne se pardonnera aucune défaillance, exigera d'elle toujours davantage. Elle doit se montrer indifférente et forte. L'enfance est fauchée d'un coup en apparence, mais la petite fille qui pleure restera là, cachée au plus profond. Sa maîtrise d'elle-même est comme un pansement sur une blessure qui ne peut cicatriser. Ce qui a été enfoui ressurgira de manière incontrôlée, volcanique, aux moments d'extrême tension. Le deuil impossible va la condamner à rechercher toujours le père parmi les hommes qu'elle rencontrera.

Elle ne peut compter que sur elle-même. Elle n'est plus la bigleuse, la fille du proscrit, mais l'orpheline dans un univers patriarcal, où une femme n'existe que par un homme. Elle va tout faire pour exister par elle-même, et le plus fort possible. Sans jamais cesser d'espérer que, un jour, son prince viendra...

La plus belle

A cette époque, l'école est un refuge. L'univers des sœurs en cornette et des petites filles en tablier est immuable et rassurant. Elle a onze ans quand une excursion à Alexandrie est organisée. Le départ a lieu à cinq heures du matin. Pour être sûre d'être à l'heure, Yolanda passe la nuit au pensionnat. Des soldats américains sont cantonnés à côté. Un haut mur les sépare des fillettes. S'ils ne les voient pas, ils les entendent. Les grandes sont très excitées. Nourrie de films, Yolanda imagine un régiment entier de Gary Cooper. Ils jettent des tablettes de chocolat par-dessus le mur, ce chocolat Hershey qui, pour les enfants en guerre, symbolise la magnificence de l'Amérique.

Lorsque pour la première fois elle aperçoit la mer, Yolanda est émerveillée. Là-bas, dans le scintillement des vagues, ne voit-on pas frétiller une de ces sirènes du port d'Alexandrie que chantera si bien, plus tard, un compatriote nommé Claude François ? Mais elle doit vite détourner les yeux du mouvement rythmé des vagues. Le chocolat ingurgité lui donne horriblement mal au cœur. Le souvenir de ce lieu si poétique restera associé à celui de sa première indigestion...

A l'école, sous les platanes de la cour, les sœurs tiennent conciliabule. Comment aider cette écorchée vive, lui redonner confiance en elle ? Sœur Felicina, ancienne complice de l'enfantin play-back, la pousse vers ce qui la passionne : le spectacle. Elle l'encourage à jouer dans les pièces de fin d'année, drames pharaonico-bibliques dans lesquels les apparitions de Yolanda surprennent, tant elle y met de conviction. A treize ans, elle triomphe dans son premier grand rôle, celui de la déesse Isis. Maquillée pour la première fois, l'œil charbonneux, le geste emphatique, elle a tout de la star de cinéma muet.

Car Yolanda commence à s'intéresser à son apparence. Au seuil de la puberté, elle entreprend un travail de réparation narcissique. Elle décide d'éduquer son œil malade. Elle se souvient des exercices de rééducation autrefois prescrits et en invente d'autres. Pour se forcer à regarder droit, elle dépose une goutte d'huile sur sa tempe. L'œil convergent est ainsi attiré dans l'autre sens. Cette discipline donne des résultats, mais, sous l'effet de la fatigue ou de l'émotion, un léger strabisme réapparaît. Ses efforts n'ont fait que l'inverser ; de convergent, il devient légèrement divergent. C'est quand même un progrès. Plus tard, lorsque de nouvelles opérations auront stabilisé l'œil encore davantage, elle acquerra ce « regard de Vénus », signature de son charme.

Son corps change très vite. A quatorze ans, c'est déjà celui d'une femme. Dans la rue, sur son passage, les hommes sifflent, murmurent de flatteurs commentaires. Au début, elle a peine à croire qu'il s'agit bien d'elle. Son visage, toujours dissimulé derrière les lunettes, n'est pas ce qui attire leur attention. La blouse d'écolière, par contre, ne parvient plus à cacher les seins orgueilleux, les hanches sculpturales, les longues jambes. Dans le miroir, stupéfaite, elle rencontre une autre Yolanda. La prophétie de Giuseppina est en passe de se réaliser : « Plus tard, tu seras la plus belle. » Elle aime les hommages. Le moindre signe d'attention la ravit. Il lui confirme qu'elle n'est pas laide. Son corps est une revanche sur son visage. Elle en est très fière.

« Mon corps est ma carte de visite, se dit-elle. Grâce à lui, un jour, je partirai. »

Car elle songe déjà à partir. L'idée lui vient à treize ans, peu après la mort de Pietro. Elle rêve de quitter la maison de Choubra, devenue lieu de tristesse et de deuil. Pour s'évader, au moment de la sieste, elle lit pendant des heures, dans sa chambre bleue d'adolescente. Elle aime la littérature fantastique, les romans de science-fiction dont les héros se déplacent d'une planète à l'autre à la vitesse de l'éclair. Le livre fini, elle regarde autour d'elle : le vaisseau intergalactique a disparu. A nouveau, les murs l'enserrent.

« C'est trop petit ici, se dit-elle, on étouffe. »

Comme une princesse de légende, elle monte à sa tour. Un escalier étroit conduit à la terrasse. Au loin les triangles des pyramides, rongés par le sable et le vent. Au-dessus, le bleu implacable du ciel. Au-delà, le désert, contrée de mirages où se perdent de mythiques caravanes. Elle reste là des heures, fascinée par les lointains. Mais, sur la route poudreuse, aucun prince ne chemine.

« Il faudra que j'aille le chercher moi-même. »

Giuseppina s'inquiète de la disparition de sa fille.

« Va voir là-haut ! » dit-elle au petit frère.

Immobile, la fille de Barbe-Bleue attend toujours. Bruno la tire par la main.

Sa vie entière, quand elle se perd dans l'absence, ou quand la douleur la fige, il la tirera par la main.

Elle suit son guide miniature. A nouveau, elle est à Choubra. Par l'escalier montent des odeurs délicieuses.

« Maman a préparé la *moloeia* [soupe arabe] comme tu l'aimes ! » s'écrie Bruno.

La princesse est à nouveau une gamine. Elle descend les dernières marches en courant, l'appétit dans les talons. Juste avant, elle dit à Bruno :

« Un jour, je partirai. »

Il a compris qu'elle ne plaisantait pas. Une autre fois, elle a dit, parce qu'on s'était encore moqué d'elle à l'école :

« Un jour, je serai quelqu'un. »

L'éveil

Quelqu'un, oui, mais qui ? Etre quelqu'un, c'est être libre... Elle fait preuve d'un sens farouche de l'indépendance, se cabre sous la contrainte. Elle la supporte en pensant : « Un jour... » Au cinéma, les gens vivent leurs rêves. Il y a toujours un bateau, un train. On n'hésite pas. Elle n'hésitera pas non plus le moment venu. Son attente est très active.

A quinze ans, elle a abandonné les jeux de garçon. Ils lui ont façonné un corps athlétique qu'elle continuera à entretenir toute sa vie. Elle ne rejette plus les efforts de Giuseppina à la machine à coudre. Elle est toujours bien habillée, avec les moyens du bord, sa mère y veille. Selon la mode d'alors, elle aime porter des vêtements très ajustés, qui mettent en valeur sa silhouette. Elle est si bien faite que le moindre chiffon, sur elle, prend de l'allure. Ses cheveux sont longs, noirs, brillants, épais : une luxueuse crinière.

Comme toutes les adolescentes, elle a une amie de cœur, Miranda. Elles échangent journaux féminins et recettes de beauté. Pendant des heures, elles parlent des garçons, cette espèce mystérieuse. Car les garçons, ce n'est pas comme les frères, même si la fréquentation de ceux-ci lui donne une longueur d'avance dans la course à la séduction. Grâce à eux, elle connaît bien la psychologie masculine et se sent à l'aise en compagnie des hommes.

Miranda est très jolie ; Yolanda l'admire. Coquette avec ingénuité, elle se cache à peine pour sourire en coin aux jeunes gens. Elle leur lance des œillades qu'elle croit langoureuses, longuement étudiées devant le miroir en imitation d'une photo de magazine. Miranda sait tout de la vie des vedettes, et leurs amours sur papier glacé n'ont pour elle aucun secret. A côté d'elle, Yolanda se trouve toujours « vilain petit canard ».

« De toute façon, avec mes lunettes, c'est cuit d'avance.

— Enlève-les ! »

Yolanda les enlève. Autour d'elle, le monde est flou.

« Tu vas t'habituer ! assure l'amie. Tu as vu ce type, les regards qu'il te jetait ! Il n'était pas mal, d'ailleurs !

— Oui, j'ai vu », dit Yolanda qui chausse avec soulagement les verres détestés.

Soudain, une pensée la foudroie. Elle a vu ! Elle a vu, donc elle voit ! Sans les lunettes !

Elle court à la fenêtre, l'ouvre, et jette la monture, comme autrefois la poupée haïe.

« Jamais je ne les remettrai ! »

Elle dit vrai. Jamais elle ne les remettra. Sauf en cas de fatigue ou de stress. Pour ça, elle a une paire de lunettes noires dans son sac. En cas de besoin, elle les chausse. Ça fait star. Elle commence à acquérir une noblesse de comtesse aux pieds nus...

Premier flirt

Elle ne souhaite pas seulement être regardée par les hommes : elle les regarde. Lorsqu'elle a treize ans, chacune autour d'elle a son petit amoureux. « Tous les garçons et les filles de son âge... » Alors, elle aussi. Et, sans en avoir l'air, elle choisit. Elle choisira toujours. « L'homme propose, la femme dispose. » Ah bon ? Suffit de leur donner l'illusion de proposer...

L'élu est un garçon à lunettes : elle n'a pas encore jeté les siennes. Ainsi, il ne pourra pas lui reprocher son défaut. Mais, dans cette atmosphère italo-orientale, le rapport entre les sexes est tabou. Le péché est partout : regarder un garçon, c'est déjà le mal, lui tenir la main, pire encore. Sans parler du reste...

Trente ans plus tard, revenant sur les lieux de son enfance, elle retrouvera les sœurs de son école. Elles lui demanderont si elle va toujours à la messe. Elle répondra oui, pour leur faire plaisir. Mais ensuite, elle commentera :

« Il y a eu beaucoup trop de religion. Certains tabous finissent par créer des traumatismes, un complexe de culpabilité. J'ai dû me libérer de tout ça. Ça n'a pas été facile... »

Elle ne perdra sa virginité qu'à vingt-trois ans.

Pas question pour autant de renoncer à Carlo. Il a quinze ans, et pour elle c'est presque un homme. Il fait quand même très gamin, ne ressemble guère à Tyrone Power ou à Errol Flynn, les héros de cinéma auxquels elle pense en s'endormant. Quand même, derrière ses verres, il a des yeux bleus. Au Caire, c'est rare.

« C'est le coup de foudre ! » se dit Yolanda.

Sa vie change du jour au lendemain. Pour Carlo, elle renonce à passer des journées entières dans les rues, à vivre sans contrainte, à jouer aux billes et aux soldats de plomb, à donner des coups de pied aux copines...

Giuseppina est stupéfaite. Sa fille ne veut plus entendre parler du ballon de ses frères ! Elle reste à la maison, sage comme une image, à rêver, allongée sur le lit étroit de sa chambre bleue.

Elle déteste le jeudi, autrefois son jour préféré. Ce jour-là, elle ne peut pas voir Carlo à la sortie. Comme ses frères, il va à l'école des garçons, située à côté de celle des filles. A midi et à quatre heures, les garçons attendent les filles sur le trottoir d'en face. La grille franchie, Yolanda ne voit plus que deux yeux bleus. Pourtant, ils osent à peine se parler. Une histoire sérieuse ne s'étale pas au grand jour. C'est leur secret.

Le dimanche, avant la messe, Yolanda passe une heure à se coiffer. Dix fois, elle demande à sa mère si sa robe est bien mise. Giuseppina, qui ne soupçonne rien, se réjouit. Enfin sa fille en devient une !

Dans la pénombre de l'église Sainte-Thérèse, Carlo et Yolanda osent échanger des billets naïfs et brûlants. Parfois, Carlo glisse la déclaration dans sa main, mais s'il ne parvient pas à l'approcher, il la cache derrière le bénitier. Yolanda, l'air sage et les yeux baissés, va prendre de l'eau bénite, passe la main derrière le récipient, puis se faufile parmi la foule endimanchée pour lire sa missive dans un coin tranquille. Elle la relit jusqu'à la savoir par cœur. Elle arrive en retard au déjeuner dominical, sa robe salie par la poussière de l'endroit où elle s'était réfugiée. Giuseppina déplore son repas brûlé. Mais cette enfant est d'une telle piété !

En mangeant, Yolanda est distraite, chipote le contenu de son assiette. Sans doute pense-t-elle encore à Jésus ? Pas du tout, elle rêve à Carlo ! Ses missives la mettent dans des états seconds. Elle y pense toute la semaine et imagine des réponses. Les sœurs trouvent qu'elle fait des progrès en rédaction.

Conséquence inattendue, l'amour lui donne de la voix. En poussant la romance, elle peut parler de son amour sans que sa mère s'en doute. Le balcon de la maison devient sa première scène. Quand elle y roucoule, le quartier applaudit. A nouveau, il y a de la musique au foyer. Elle a déjà pris le relais de Pietro. Il lui arrive de regretter que son père soit mort avant de savoir qu'elle aime la musique. Elle a demandé à son oncle Giorgio de lui apprendre le piano, mais ne s'est pas révélée très douée. A elle si physique il faut le chant, son instrument c'est elle-même.

Se sentant aimée elle s'épanouit. A l'école, elle est à nouveau choisie pour la pièce de fin d'année. Elle a le rôle principal dans un mélodrame pieux intitulé *Lumière et Ténèbres*. Dans cette histoire de martyrs chrétiens, elle joue le rôle d'une mère qui se sacrifie pour que sa fille soit heureuse. Les cheveux dénoués, drapée dans une longue tunique de satin foncé, évoluant dans un décor de carton-pâte, elle dévoile un talent de tragédienne. Les sœurs sont impressionnées et effrayées par la force des sentiments qu'elle exprime.

« Cette Yolanda, c'est une gentille fille, mais pas si facile à contrôler. »

Une photo immortalise sa prestation. Malgré le flou du costume, elle a une maturité de femme accomplie. Son air de tristesse ineffable semble directement inspiré de la Duse.

Le flirt avec Carlo n'a pas duré. Son frère aîné craint qu'elle ne revienne à ses vieilles habitudes. Il est temps maintenant qu'elle devienne une demoiselle ! Invité à une soirée chez un camarade d'une famille aisée, il décide d'y emmener sa sœur. Giuseppina confectionne une robe de tulle rose avec un gros nœud à la ceinture. Premier bal. En arrivant, Yolanda est émerveillée par la villa si belle et si riche, par les flots de musique. Un monde qui l'enivre, qu'elle voudrait sien.

Tout se passe très bien jusqu'à minuit. Comme pour Cendrillon. Et là, ses yeux commencent à la faire souffrir. Elle voit flou. Elle s'enfuit en larmes. Son frère la console :

« Ce n'est rien... C'est la fatigue, trop de lumières... »

Sa mère décide de consacrer ses maigres économies à payer une nouvelle opération.

Difficile, après cette expérience troublante, de reprendre le chemin du clavier pour percer les mystères de la sténo. Ces études techniques l'assomment, mais elle ne se plaint pas. Une secrétaire doit être soignée et même élégante. Quand elle travaillera, elle aura la panoplie : sac à main, escarpins, large ceinture pour mettre en valeur sa taille. Elle prend son mal en patience...

Lorsqu'elle se promène avec Miranda, ce sont deux beautés. Mais Yolanda sort toujours du lot. Quelque chose d'inexplicable fait qu'on la remarque.

Reine de beauté

Miranda a découpé un article dans le *Journal d'Egypte.* On demande des candidates pour participer au concours de la *Bathing Beauty,* ou « Miss Ondine ». Miranda a l'intention de se présenter.

« Tu devrais m'accompagner, ce serait sympa.

— Je n'ai rien à me mettre ! »

Justement. Certes, les candidates doivent défiler en costume de bain. En cette année 1951, il s'agit de promouvoir la nouvelle mode des maillots en latex. Une matière révolutionnaire qui moule le corps comme une seconde peau et sur laquelle l'eau n'a pas de prise. Les premiers viennent d'arriver au Caire. Les élégantes les arborent au bord des piscines des hôtels chics. Une boutique de beachwear, « La Petite

Reine », en fournit à celles qui défileront. Toutes garderont le maillot, ainsi qu'une paire de chaussures dorées, de vraies pantoufles de Cendrillon un soir de bal...

« Qu'est-ce que j'ai à perdre ? se dit Yolanda. Au moins j'aurai un maillot... »

Les deux filles s'inscrivent en cachette. Le jour du concours, elles inventent un gros mensonge : chacune dit qu'elle se rend chez l'autre. Au fond de leurs poches, elles ont caché bâton de rouge et fard à paupières. Elles ont roulé leur plus belle robe dans un sac en papier. Elles se déshabillent sous une porte cochère, l'une dissimulant l'autre, mourant de peur d'être repérées. Elles se fardent à l'aide d'un miroir de poche et s'inondent d'un parfum volé à leurs mères.

Yolanda regrette de ne pas avoir les yeux verts. Pour se venger, elle force sur le crayon gras, dessine son visage comme un tableau.

« Tu es superbe ! » déclare Miranda.

Le concours a lieu un dimanche soir à l'Auberge des Pyramides. Un endroit chic comme Yolanda n'en a encore jamais vu. Elle dévore tout des yeux : le jury, le décor, le public ; photographie chaque détail pour en meubler ses rêves avant d'y revenir un jour en triomphatrice. Sûre d'elle, à l'aise, elle s'assiéra dans un de ces fauteuils luxueux et commandera un drink au garçon courbé en deux.

Pour l'instant, elle a l'impression d'être entrée à la resquille. Durant la semaine, elle a répété devant le miroir de l'armoire des poses de star inspirées des magazines. Maintenant, elle se sent gourde et n'ose pas regarder le jury en face. Pour elle, c'est l'épreuve de force, l'examen de passage. Elle ne pense pas à gagner : être là lui suffit. Miranda est tellement plus jolie qu'elle ! Juste avant d'entrer en scène, elle a voulu s'enfuir.

« Si maman savait ça... »

L'idée lui a pris, soudain, de s'enlaidir, de détruire ce reflet flatteur d'elle-même. Miranda l'en a empêchée en la traitant de tous les noms. Puis c'est Miranda qui a voulu filer, et Yolanda qui l'a retenue.

Devant le jury, elles défilent plus mortes que vives, raides comme des piquets. Yolanda est stupéfaite d'apprendre qu'elle a remporté le deuxième prix. Elle retrouve son sourire quand on lui remet sa première paire de hauts talons, emblème magique de son charme. A sa grande joie, Miranda est deuxième dauphine.

Les deux complices, ravies de l'escapade, s'apprêtent à rentrer chez elles. Mais on les retient :

« Mesdemoiselles, la photo ! »

Pour la première fois de sa vie, Yolanda voit des photographes qui la guettent comme des chasseurs leur proie.

« Non, non, pas de photo !

— Mais si, voyons, un petit sourire ! C'est pour le journal ! »

Le journal ! Et Giuseppina qui adore le lire en buvant son café !

« Ma mère n'est pas au courant ! Si elle me voit comme ça, elle me tue ! »

Soudain, elle abandonne ses allures de vamp pour ressembler à nouveau à une gamine. Mais rien à faire : elle doit prendre la pose. Un cliché la montre le dos au mur, les mains plaquées à la paroi comme sous l'effet de la peur. Tête baissée, le regard coulé. Mais elle a replié légèrement la jambe de devant, un genou sur l'autre, comme ses pin-up préférées. Son expression boudeuse et effarouchée lui donne l'air d'un petit animal sauvage. Sur le front, une mèche tombante souligne ce regard détesté et qui pourtant fait l'unanimité : « Si étrange, si original ! »

Sur une autre photo, elle pose avec Miranda. A deux, elles tiennent une boîte géante de crème Nivéa. Cette fois, Yolanda sourit. Aux hommes, à l'avenir, au succès. Elle a gagné !

Les deux filles rentrent chez elles sans encombre. La famille ne s'est aperçue de rien. Naïvement, Yolanda a demandé aux photographes de ne pas faire paraître les clichés. Elle dissimule les chaussures dorées au fond de l'armoire de sa chambre.

Scandale !

Le lendemain, catastrophe ! Giuseppina brandit le *Journal d'Egypte* et *Le Progrès égyptien.* Yolanda se rend compte alors de ce qu'elle a fait dans une famille calabraise du Caire. Là, en noir et blanc, cette fille dénaturée montre ses cuisses !

Evidemment, le quartier est au courant. Ce n'est pas tous les jours qu'un natif de Choubra a les honneurs de la presse. Au café du coin, les hommes se repassent la page en sifflant d'admiration.

En fait, la famille est divisée. Question de génération. Les deux plus jeunes, Bruno et Rosy, sont fous de joie. Ils le savaient, qu'il y avait une star dans la famille ! Aucun doute, elle vaut bien Martine Carol ou Silvana Mangano ! Et ce n'est que le premier pas sur la route de la gloire !

Orlando, l'aîné, est d'accord avec sa mère. Le chef de famille, maintenant, c'est lui. Une fille sans père, il faut la surveiller deux fois plus. Yolanda ne doit pas oublier qu'elle appartient à une famille honnête et craignant Dieu. En elle, qu'on croyait sérieuse, réapparaît quelque chose de la grand-mère Rosa et de ses lubies gênantes !

Giuseppina se culpabilise. Penchée sur son éternelle couture, elle qui se donne tant de mal pour élever ses enfants n'a pas su bien veiller sur sa fille...

Yolanda mérite une punition, décident Orlando et Giuseppina. Si on ne marque pas le coup, qui sait ce qu'elle va encore inventer ! Elle est trop grande pour qu'on l'enferme dans sa chambre. Mais, dans son désarroi, Peppina a une idée. La coupable, ce n'est pas Yolanda, c'est sa chevelure ! Une tignasse à tenter le diable ! L'emblème de la sensualité.

En hâte, on fait venir un coiffeur. Malgré les supplications de Yolanda, il lui coupe les cheveux au carré. Orlando et Giuseppina, le regard sévère, surveillent l'opération. Quand c'est fini, Peppina est soulagée. Sa fille a retrouvé sa coiffure de gamine. Pour un peu, elle lui remettrait ses lunettes...

Yolanda, elle, sanglote. Elle se sent dénudée, castrée. Ses cheveux, c'était le secret de sa séduction. Comme Samson, on l'a réduite à merci.

Une heure ou deux plus tard, Giuseppina, horrifiée, comprend qu'elle a commis une faute en voulant en réparer une autre. Elle partage la douleur de sa fille et pleure avec elle. Si elle pouvait, elle recollerait ses cheveux un par un !

Heureusement, vigoureux, ils repousseront vite. Et Giuseppina, désormais, sera l'alliée de Yolanda dans sa course à la gloire. Une alliée souvent réticente, inquiète, mais sur qui on peut toujours compter. Quand un canard se transforme en cygne, impossible d'empêcher la métamorphose. Pour sa fille, Giuseppina voyait un avenir tranquille et sûr : un bon métier, un mariage paisible, des enfants dont elle serait la grand-mère gâteau. A vrai dire, elle espère toujours que le fameux concours n'est qu'un accident de parcours et que les choses vont se calmer. Il faut bien que jeunesse se passe. Le tout est de ne pas braquer Yolanda : ce serait pire !

Elle mise sur l'amour de sa fille pour elle. Depuis la mort de Pietro, il a pris une tournure encore plus excessive : c'est une véritable adoration. Le temps n'est pas si loin où Yolanda s'accrochait à sa mère quand celle-ci devait aller livrer sa couture chez Cicurel. Elle criait :

« Ne me laisse pas ! »

C'était devenu une obsession. Et si sa mère, elle aussi, disparaissait pour ne plus revenir ? Giuseppina, désolée, s'arrachait à l'enfant. Alors Yolanda se mettait en faction sur le balcon. De là, on voyait les rails du tram dont Giuseppina descendrait à son retour. Elle restait plantée, petite sentinelle. Parfois, quand l'angoisse était encore plus forte, elle prenait Bruno par la main et ils allaient attendre à la station.

Soudain, au bout de la rue, la silhouette de Giuseppina se hâte de revenir ! Alors le visage de Yolanda s'éclaire d'un sourire. L'angoisse qui lui glaçait le sang et qui la figeait sur place s'enfuit. Elle saute de joie. A ces manifestations, Giuseppina a compris combien sa fille est fragile malgré ses airs bravaches. Sous la vamp en herbe se cache toujours la fillette perdue. Yolanda comble ses lacunes avec la violence des timides et des insécures.

Le frère aîné continue à ne pas comprendre. Mais chez lui aussi l'amour est là. Pour Yolanda il est la bonté, la discrétion, l'autorité, la dignité, la modestie. Si besoin est, il la défendra. Lui aussi, la mort du père l'a empêché de continuer ses études. Il bûche d'arrache-pied et parviendra à devenir ingénieur, spécialiste de la coloration des tissus.

Après le concours, Yolanda déchire les photos sur lesquelles elle apparaît avec des lunettes. Maintenant, elle est une autre.

Premier amour

Le soir, dans son lit, Yolanda repasse dans sa tête le film de son moment de gloire. En un instant, elle a changé de monde.

D'ailleurs, fini les sœurs, les salles de classe au goût d'enfance et d'ennui. Elle est maintenant secrétaire. Chaque matin, elle se rend à son travail tirée à quatre épingles. Son patron, M. Matouk, dirige une entreprise d'import-export de produits pharmaceutiques. Elle donne une partie de son salaire à sa mère, mais, avec ce qui lui reste, elle se débrouille pour faire de l'effet. Elle garde les chaussures dorées de Miss Ondine pour aller danser, et dans la journée elle porte des escarpins blancs ou noirs. Les chaussures resteront toujours sa folie. Elle aime également les jupes serrées à pli Dior derrière et s'arrêtant sous le genou, les pulls moulants et les chemisiers amidonnés, les larges ceintures et les boucles d'oreilles. Le new-look est encore à la pointe de la mode.

Devant sa machine, elle bâille autant que pendant les cours de sténo. La tête ailleurs, elle fait des fautes.

« Ce 18 courant, nous vous informons que votre commande... »

Passionnant ! Seules les adresses, dans ce métier, la font rêver. Rome, Rio, Londres, Paris ! Surtout Paris ! Léchant ses enveloppes, elle voyage par la pensée. Dans sa tête court toujours son vieux refain :

« Un jour, je partirai... »

Elle chante, chante, chante de plus en plus. Dès que le patron s'absente, le bureau est au spectacle. Elle connaît par cœur les romances à la mode et régale ses collègues d'interprétations de son cru. Gestuelle à l'appui. Quand le chat n'est pas là, les souris dansent ! Un jour, revenu sans crier gare, le patron trouve ses locaux métamorphosés en night-club. Yolanda imite Rita Hayworth dans Gilda, ôte un gant imaginaire.

Déjà, voyant sa secrétaire en maillot de bain dans le journal, M. Matouk avait froncé le sourcil. Cette fois, c'en est trop :

« Ce bureau n'est pas une salle de spectacle. Vous déconcentrez tout le monde et vous semez la zizanie. Vos talents seraient mieux appréciés ailleurs. Je vous conseille de démissionner et de vous consacrer à une carrière cinématographique. »

Yolanda part dans un dernier éclat de rire. Elle a déjà commencé à travailler comme mannequin. Elle croit en sa bonne étoile.

Mais elle n'a toujours pour scène que le balcon de la maison du Caire. Elle y reste des heures dans la nuit si douce. Parfois même, elle y dort, pour la fraîcheur. Le soir, quand elle chante, les fenêtres s'ouvrent dans l'obscurité. Sa voix porte loin. On l'applaudit. Les nuits du Caire sont les plus belles du monde. Bruno l'écoute, yeux écarquillés. Il dit :

« Tu es mon étoile. »

De plus en plus, Bruno, passionné de cinéma et d'actrices, rêve de devenir metteur en scène. Les premiers succès de Yolanda l'encouragent. Soudain, tout ça ne paraît plus si fou.

Ensemble, Bruno et Yolanda écoutent à la radio leur émission préférée : « Les refrains que vous aimez ». Une heure de chansons italiennes et françaises. Ils adorent les chansons de Nilla Pizzi : *Cœur ingrat, Cœur et âme, Le Lierre.* Yolanda chante en même temps. Elle apprend peu à peu les paroles. Elle doit attendre que la chanson repasse pour compléter le texte. Plus que d'autres, à cette période, les chansons de Nilla Pizzi traduisent ce qu'elle vit. Elle aime pour la première fois.

Fini le temps des flirts : son premier amour, Armando, est déjà un homme. Il a vingt-quatre ans et il est ingénieur architecte. Pendant ses loisirs, il joue du piano. Avec des copains, il a monté un orchestre amateur. Ils se produisent dans les fêtes de patronage italiennes. Dalida, elle, y chante. C'est là qu'ils se rencontrent. Il l'accompagne au piano. Il trouve sa voix jolie mais il lui reproche de manquer de technique. C'est vrai qu'elle n'a jamais pris de leçons, c'est vrai aussi qu'Armando la trouble et que, parfois, elle pense surtout au corps du jeune homme, là, si proche d'elle. Ses yeux bleus magnifiques, ses cheveux châtains très épais... Quand il joue, elle regarde son dos et ça lui suffit. Elle découvre un désir qui la paralyse. Elle est très timide. Pour rien au monde elle n'oserait un geste.

Heureusement, le coup de foudre se révèle partagé. Ils sont loin les billets de Carlo derrière le bénitier, les regards d'enfants volés à la pénombre de l'église ! Avec Carlo, elle partageait le calvaire des lunettes. Armando, lui, est comme elle orphelin de père. Tous deux éprouvent une mélancolie.

Yolanda se jette dans l'amour avec violence. Elle traverserait le feu pour Armando, et d'ailleurs elle manque le faire. Le soir du 26 janvier 1952, elle a rendez-vous avec le jeune homme à l'autre bout de la ville. Le centre de la ville est en flammes. De terribles émeutes se sont déclarées. Les maisons des riches brûlent. La censure minimise les événements, mais le vent apporte l'écho des cris, attise le brasier qui fait rougeoyer le ciel. En courant, Yolanda traverse Le Caire. Des cendres brûlantes collent à son visage, à ses cheveux. Rien ne l'empêchera de retrouver Armando.

Essoufflée, elle se jette dans ses bras. Il est très froid.

« Tu es folle ! »

Yolanda ne comprend pas : elle l'a rejoint, c'est tout ce qui compte...

« Et ta mère ? » dit Armando.

Revenant sur terre, Yolanda appelle Peppina. Celle-ci, terrifiée, lui conseille de rester dormir chez une copine qui habite dans cette partie de la ville.

Armando, lui, réfléchit. Ce tempérament de feu l'effraie quelque peu.

« C'est une gentille épouse qu'il te faut pour adoucir ta vie, lui dit sa mère. Pas une qui se prend pour une héroïne d'opéra. »

Comme Yolanda, Armando est très attaché à sa mère. Dominatrice, elle voit Yolanda d'un mauvais œil :

« Une fille qui se donne en spectacle et qui court les concours de beauté... Ça ne fera pas une mère pour tes enfants...

— Je l'aime, je veux l'épouser, proteste le jeune homme. Pour moi, elle abandonnera toute ambition de carrière. Elle me l'a dit ! »

La famille d'Armando a une petite aisance. Mais les Gigliotti sont modestes. Ce n'est pas du goût de la belle-mère putative. Elle continue à s'opposer au projet.

« Elle veut s'amuser, se faire remarquer. »

Pris entre deux feux, Armando choisit la fuite. Il part travailler en Arabie Saoudite. Yolanda l'accompagne à la gare. Elle a un affreux pressentiment. Il promet qu'il lui écrira bientôt. Elle dira plus tard que, depuis ce jour-là, elle n'a jamais pu prendre un train sans se sentir triste.

Elle continue pourtant à espérer. Mais la lettre n'arrive pas. Enfermée dans sa chambre, vautrée sur son lit, Yolanda pleure toutes les larmes de son corps. L'oreiller ne suffit pas à étouffer ses sanglots. Blotti derrière la porte de la chambre, Bruno écoute pendant des heures ce bruit d'eau qui coule. Lui, pourtant, il l'aime tellement. Et puis il est toujours là. Est-ce que ça ne suffit pas ?

Non : Yolanda est en train de vivre son premier chagrin d'amour. Elle aura sa revanche sept ans plus tard. A ce moment-là, elle sera célèbre, et Armando, revenu au Caire, marié. Sa femme ignore sa première passion. Elle se demande pourquoi, chaque fois que son mari entend à la radio cette voix venue de France, ses yeux se remplissent de larmes et son visage s'imprègne de nostalgie.

Taille mannequin

« Moi aussi, je partirai. Très vite », se dit maintenant Yolanda. Par fierté, elle ravale bientôt ses sanglots. Un deuil de plus qu'elle renferme au fond d'elle-même. Cette déception la marque. Sa confiance en les hommes, ébranlée par la mort de Pietro, est atteinte plus encore.

« Puisqu'on me reproche de vouloir faire carrière, je ferai tout pour réussir. »

Ses débuts prendront l'aspect d'une revanche sur l'amour, presque d'une vengeance. Sur les photos, les lèvres vont se faire boudeuses, le regard dangereux. Elle semble dire :

« Vous ne faites pas ce qu'il faut. Aucun homme ne me résiste, aucun ne me mérite. »

C'est l'attitude de la vamp. Yolanda est toujours innocente, toujours bonne fille, mais elle se dit :

« Mieux vaut blesser que d'être blessée. »

Après avoir quitté la firme Matouk, elle a été engagée chez Donna, l'une des deux maisons de couture du Caire. Son existence est désormais transformée. Son corps est devenu son capital. Le corps avant la voix. C'est par lui qu'elle existe d'abord.

Chez Donna, elle apprend le métier de mannequin. Elle ne l'exercera pas longtemps, mais il lui servira toute sa vie. Elle sait que c'est un tremplin. Elle se fait bel objet, bel animal. Elle apprend à marcher, à sourire, à s'habiller, à être impeccable, à paraître à l'aise en toutes circonstances. Un peu hautaine, ça plaît beaucoup. Elle reconnaît les belles matières, les coupes raffinées, repère ce qui va. Elle a le goût de la séduction orientale, elle aime les drapés, les étoffes riches, un peu lourdes, tout ce qui scintille. Elle ne se sent plus invisible : on ne voit qu'elle. Elle sait donner vie à un vêtement. Aussitôt, la cliente le veut. Mais, sur elle, il ne produira pas le même effet.

Yolanda développe son style. Grâce de panthère. Elle est sauvage, prête à griffer. Menton baissé — elle trouve le bas de son visage un peu lourd —, regard oblique — elle ne veut pas regarder en face de peur que son défaut n'apparaisse. Elle a été si surprise d'apprendre que le jury de Miss Ondine trouvait son regard troublant...

Elle se méfie. Elle n'a pas confiance en elle. L'amour blesse, le sexe est une guerre. Elle ne veut plus perdre. Pour gagner, il faut avoir l'air indifférente. Invulnérable. On ne doit plus lire l'attente sur son visage.

Elle doit mettre tous les atouts de son côté. Déjà, un metteur en scène l'a remarquée ; il est question d'un petit rôle dans un film égyptien. Mais elle craint que, dans la lumière violente des sunlights, son œil ne la trahisse.

Elle décide d'aller voir le Dr Sobhy, le plus grand spécialiste des yeux du Caire. Il l'opère pour stabiliser l'œil davantage. L'intervention fait revenir de pénibles souvenirs. Mais elle sent monter en elle une indomptable énergie.

Après l'opération, elle doit rester de longues journées dans le noir. Sa conscience est tendue vers la lumière qui viendra. Ses frères se relaient à son chevet. Ils lui lisent ses livres préférés, lui racontent les films qu'ils ont vus. Leur patience est inlassable. Elle se jure :

« Un jour, ils seront fiers de moi. »

Plus question de donner son cœur sans garanties. Elle a maintenant trois soupirants. Elle alterne, c'est moins dangereux. Elle a promis à sa mère de rester vierge jusqu'au mariage. Une couche de neige recouvre ce volcan. Ses amoureux transis sont nantis : ils ont leurs entrées partout. Ils l'emmènent dans les soirées de la jeunesse dorée. Sur les terrasses d'immenses villas Arts-Déco, on danse le tango et la rumba. Yolanda refuse les baisers sous les palmiers, elle se méfie des couleurs suaves des cocktails si traîtres. Les amoureux ont de belles voitures, des décapotables puissantes qui ronronnent comme de gros chats, épatent tout Choubra du barrissement de leurs avertisseurs et dévorent les kilomètres jusqu'au Casino des Pyramides. C'est là qu'ont lieu les défilés de mannequins « high class » — on ne parle pas encore de « top-models ». On se rend aussi au Ghézira Sporting Club, où se produisent des chanteurs étrangers, et au Helmia Palace, où chantent les meilleurs artistes françaises : Jacqueline François, Renée Lebas, Juliette Gréco.

La route des Pyramides commence au cœur de la ville par la plus grande avenue du Caire, les Champs-Elysées locaux. Au rond-point, voilà la pâtisserie-salon de thé « Chez Groppi », où se retrouve le samedi après-midi la jeunesse des colonies française, italienne, grecque, arménienne. Peu d'Egyptiens de bonne famille fréquentent ce cercle. On boit de la citronnade et du sirop d'orgeat, on se cotise pour préparer la soirée. Le Caire, c'est la douceur de vivre. Tout ce monde se comprend, parle français et anglais avec souvent des accents étranges.

Très jeune, Yolanda se vieillit tant qu'elle peut, pour paraître sûre d'elle, afficher « attention danger » de peur qu'on la touche. Malgré le style un peu extrême, elle n'est jamais vulgaire. Pile c'est la femme fatale et face la bonne fille, un peu naïve, puritaine sous ses airs affranchis. L'enseignement des bonnes sœurs profondément incrusté en elle, elle est bardée de tabous. Le mélange feu et glace est détonant, d'autant plus qu'elle ne le fait pas exprès.

Giuseppina a trop vu Yolanda souffrir. L'épisode Armando l'a désolée. Sa fille si belle, si sage, si gentille... Yolanda peut maintenant s'offrir tous les magazines de mode européens qu'elle veut. Elle les feuillette devant sa mère, dit « ça », « ça ». Giuseppina copie les modèles. Même si le tissu est moins bon, sur sa fille un chiffon aurait de l'allure. Elle la voit partir le soir comme un paquet-cadeau. Elle a confiance. Elle sait que Yolanda n'est pas légère : ce serait même plutôt le contraire, elle a le cœur trop lourd. Mais, aux hommes qui la sortent, elle ne donne rien en échange de leur admiration.

« J'espérais bien qu'il m'arriverait un jour quelque chose, dira-t-elle plus tard. Mais je ne savais pas ce que j'attendais. »

Miss Egypte

Elle se présente au concours de Miss Egypte, dans les stucs et les ors de l'Auberge des Pyramides. Les applaudissements, les regards des hommes, la jalousie des autres filles l'enivrent. Cette fois, Giuseppina est d'accord. Le frère aîné lui-même ne proteste plus. Il commence à admettre que sa sœur est différente.

Au premier défilé, elle arbore une robe du soir prêtée par Donna. Dans l'assistance, Giuseppina jubile : sa fille est la plus belle ! Elle a quelque chose d'indéfinissable qui manque aux autres : la classe. Elle est faite pour un autre monde. Il faut l'aider à y entrer. Qu'elle soit chez elle. Qu'on la reconnaisse.

Le deuxième défilé, en maillot, fait la différence. Yolanda défile avec les dernières finalistes. Leurs costumes de bain une-pièce se ressemblent tous. A son arrivée, Yolanda fait sensation. La salle retient son souffle. Elle porte un deux-pièces imprimé panthère. Très nouveau, très audacieux. On appelle ça « bikini » parce que, dans l'île du même nom, les Américains ont fait exploser la première bombe à hydrogène, la bombe H. L'industriel Louis Réard l'a lancé le 5 juillet 1946 à la piscine Molitor, pour annoncer l'insouciance de l'après-guerre. Il a mis quelques années à se faire accepter. En 1952, Brigitte Bardot pose en bikini sur la plage à Cannes... Celui que porte Yolanda a une culotte montante et un soutien-gorge bustier. Sa peau, à peine dorée, a le velours de l'abricot. Ce qui pourrait passer pour de l'indécence est corrigé par une cape en tissu assorti. Un côté, déjà, « reine du music-hall ». La cape, elle l'a fait faire chez Donna, sur ses instructions. Aux pieds, des socques panthère ; elle est à la fois plus dénudée et plus habillée que les autres.

En arrivant sur l'estrade, elle porte devant elle son numéro, inscrit sur une grosse pastille. Le chiffre sept, censé porter chance mais qui marquera les dates fatidiques de sa vie. Elle donne la pastille au présentateur, fait trois pas et laisse tomber la cape. Contrairement aux autres, elle a le sens de la démesure, qui est aussi celui du spectacle. Un corps ne suffit pas : des belles filles, il y en a tant ! Elle doit le mettre en scène, lui donner sens.

Seule elle a osé se présenter de face. Elle regarde le jury droit dans les yeux : la gaucherie de Miss Ondine a disparu. Elle reprend sa fameuse pose, une jambe légèrement repliée devant l'autre. Elle est à la fois le toréador et la bête à vaincre, le dompteur et son fauve. Ses cheveux lui font un casque de nuit. Aux oreilles, les anneaux évoquent à la fois la liberté de la gitane et la marque de l'esclavage. Les lèvres pleines s'entrouvrent sur des dents étincelantes. Elle paraît mordre, mais non, elle sourit.

Evidemment, elle remporte le premier prix. Dans la salle, trois hommes savent qu'il vient de se passer quelque chose d'important. Niazi

Mostafa est un cinéaste égyptien en vogue. Pour son prochain film, une comédie avec intermèdes chantés, il cherche une très belle fille pour jouer le rôle d'une infirmière européenne qui séduit un médecin égyptien. Il s'interroge. Avec ce mélange de réserve et de sensualité, la nouvelle Miss Egypte devrait passer sans problème de la blouse d'infirmière au fourreau de la vamp.

Le Français Marc de Gastyne, lui aussi, se pose des questions. Il a derrière lui quelques beaux succès, dont un film sur Jeanne d'Arc qui mérite les honneurs des ciné-clubs. Il est venu tourner un film sur l'Egypte ancienne, *Le Masque de Toutankhamon.* Très vite, il décide d'ajouter à son scénario un personnage d'espionne. Un rôle très court dans lequel Yolanda en Mata-Hari cairote vampera le jeune premier, Gil Vidal, au cours d'une danse des Sept Voiles. Drapée de soie sombre brodée d'or, elle tournoiera devant une assemblée d'Arabes enthousiastes.

« Vous savez danser, mademoiselle ?

— Pas vraiment...

— Chanter ?

— Un peu... »

Ça ne gêne ni Marc de Gastyne, ni Niazi Mostafa qui décide à son tour de l'engager pour *Sigara wa kass,* « Un verre, une cigarette ».

Ce sera la première expérience cinématographique de Yolanda. Elle est la vedette, face au jeune premier Nabil El Alfi. L'affiche indiquera : « Avec Miss Egypte pour l'année 1954, Dalila ». Car elle compte bien ébranler, par la force de sa seule volonté, les colonnes du palais... Or, pendant le tournage d'*Un verre, une cigarette,* un film remporte en Egypte un grand succès : c'est *Samson et Dalila,* de Cecil B. de Mille, avec Hedy Lamarr... Tout le monde trouve à Yolanda une ressemblance avec Hedy Lamarr, l'héroïne passionnée d'*Extase,* le premier film où une femme apparaît nue. Parfois, on l'arrête dans la rue pour le lui dire. La mode est aux pseudonymes. Niazi Mostafa suggère : « Pourquoi pas Dalila ? » Pour Yolanda, qui se souvient de ses cours d'histoire sainte, c'est tout trouvé...

Dans ce film, elle incarne la vamp occidentale. L'infirmière étrangère à l'œil de braise séduit son patron, un moustachu aux œillades hypnotiques. Femme altruiste et dévouée dans une scène, elle se transforme en créature fatale dans la suivante. Son fourreau noir à bustier est fendu jusqu'au haut de la cuisse. Elle montre ainsi les deux faces de son caractère. Les premiers journalistes qui l'interviewеront s'étonneront de trouver une gentille fille toute simple, loin de la sophistication ténébreuse de son personnage. Elle a besoin de ce masque qui la protège. Longue sera la route pour apprendre à être elle-même, en toute sérénité.

Elle chante en s'accompagnant au piano, avec une maîtrise singulière, une rengaine nostalgique à la Marlène, *Desiderio di un'ora.* Le décor est luxueux, fauteuils Louis-Quinze, piano à queue, acajous profonds, bouquets somptueux, lampes à franges. Avec conviction, Yolanda danse et chante le désir éphémère. Elle a inventé la chorégraphie, inspirée d'un film avec Rita Hayworth sorti cette année-là.

Une partie du tournage du film de Gastyne a lieu en Haute-Egypte. Gastyne trouve que Yolanda a le visage d'une femme de l'Antiquité. Il veut la filmer devant une fresque. Pour tromper l'ennui pendant les longues heures d'attente, elle chante. Sous les voûtes des tombeaux de la Vallée des Rois, sa voix prend une profondeur inattendue. Marc de Gastyne est conquis. Cette fille a quelque chose en plus. Il propose :

« Vous devriez venir à Paris. Je suis sûr qu'on vous donnerait du travail là-bas. »

Paris, Yolanda en rêve depuis si longtemps ! Mais elle a un peu peur. Et elle doit convaincre Giuseppina. Celle-ci se méfie de ce monde du cinéma tout en trompe l'œil, où règnent, croit-elle, stupre et dépravation. Pendant le tournage, elle est là. Assise sur un pliant, elle tricote, un œil sur son ouvrage, l'autre sur sa fille. Quand elle doit s'absenter, elle délègue Bruno qui se précipite. Il est très jeune mais sait profiter de l'occasion. Il porte les projecteurs et les caisses de pellicule. Il voit tout, apprend beaucoup, encourage sa sœur et, déjà, la conseille.

Yolanda s'épanouit. Elle adore qu'on la regarde. Un peu plus tard, dans *Cinémonde,* une photo promotionnelle la montre vêtue du fameux maillot panthère. Derrière elle, son partenaire, Gil Vidal, jeune premier aux traits de statue, dont le charme bon genre fait des ravages à Paris. Les mains de Yolanda reposent sur les cuisses musclées de Vidal dont les lèvres cherchent les siennes dans une ébauche de baiser. Une main du jeune homme fouille les cheveux de sa partenaire, l'autre recouvre un bras, s'approche du sein. Bien que posée, la photo suggère beaucoup. Yolanda aime les hommes et les hommes aiment ça.

Pendant ce tournage, Yolanda découvre la Haute-Egypte. Louxor, Karnak, Abou Simbel : devant cette beauté, les larmes lui viennent aux yeux. Elle s'émerveille en descendant le Nil majestueux aux eaux limoneuses, apprécie le charme tranquille des petits villages au bord du fleuve, s'étonne de la patience souriante des fellahs, si pauvres, si durs à la peine. De la majesté des monuments et des tombeaux, de la grandiosité de l'histoire de ce pays, elle gardera le goût de la démesure, de la stylisation, le sens cérémoniel de la mort.

L'Egypte possède une bombe sexuelle dont le tic-tac a commencé à se faire entendre : c'est ce qu'a pensé le troisième homme qui s'intéressait, le soir du concours de Miss Egypte, à Yolanda. Décidément, pour l'instant, dans sa vie, les hommes marchent par trois... Celui-là représente une grande compagnie cinématographique américaine. Il cherche une doublure pour... Rita Hayworth, dans un film intitulé *Terre des pharaons.*

Les Américains convoquent Yolanda, la font bouger et marcher. Elle sera la doublure de Rita dans tous les plans tournés au Caire lorsqu'elle en est absente. Yolanda rencontre alors Yul Brynner, à qui elle demande un autographe. Ils se retrouveront en... 1978 ! Yolanda chante alors à Carnegie Hall, lui joue à Broadway son grand succès, *Le Roi et moi,*

The King and I. Après la pièce, on les photographiera ensemble, elle lui rappellera en riant l'autographe donné en 1954.

Yolanda rencontre également Omar Sharif, un débutant aux yeux de braise enfoncés dans les orbites, aux cheveux noirs savamment ondulés, au charme suave et ténébreux, au sourire éclatant. Entre eux, pas d'idylle, mais un jeu qui se transformera en amitié. Plus tard, il affirmera lui avoir volé un baiser, elle le niera. Il dira aussi :

« L'Egypte a eu une influence importante sur nos deux caractères, sur la façon dont nous ressentons l'amitié, cette amitié très orientale, très méditerranéenne, très profonde, qui dure toute la vie. »

Ce travail de doublure n'est nullement anodin : Yolanda y apprend les gestes de Rita, la démarche de Rita, l'habillement de Rita. La leçon servira...

Partir

Le tournage du film de Gastyne terminé, Yolanda s'interroge. Elle attendait depuis si longtemps et soudain, en quelques mois, tout s'est déclenché, dans un tourbillon d'activité. Elle qui se croyait dans l'ombre s'est trouvée projetée en pleine lumière...

Elle s'est jetée à corps perdu dans ce qui se présentait. Elle doit maintenant réfléchir car son avenir est en train de se décider. Cette même année 1954, la firme Zarpanelli, la plus grosse maison de production égyptienne, cherche de nouveaux talents. S'y trouvent sous contrat la grande vedette féminine Samia Gamal et Omar Charif, qu'un premier film sous la direction de Youssef Chahine rend déjà célèbre : *Duel dans le ciel.* Mais Omar Sharif va écouter l'appel de l'étranger... il deviendra la coqueluche des Américains.

Dans *Sigara wa kass,* Yolanda plaît beaucoup. Elle pourrait devenir une grande star du cinéma égyptien, lui dit le producteur. Les studios sont en continuelle activité, on y tourne sans cesse des films destinés à un très large public, car ils sont diffusés à travers le monde arabe. Elle pourrait devenir la partenaire de Farid el Atrache, le grand acteur et chanteur de charme. Un duo chantant, pourquoi pas ? Mais Yolanda trouve que ce cinéma n'est pas pour elle. Elle ne se voit pas jouer éternellement le même personnage de tentatrice aux yeux charbonneux et aux bracelets cliquetants, face à des partenaires moustachus que leurs œillades impérieuses et langoureuses font ressembler au père de Rudolph Valentino...

Non, elle souhaite incarner un type de femme plus moderne. Et, en vérité, l'Europe l'attire. Elle n'oublie pas l'invitation de Marc de Gastyne. Un mot scintille dans sa tête : Paris... Pendant le tournage, elle s'est liée d'amitié avec le metteur en scène français et sa femme. Celui-ci doit revenir en Egypte avant Noël 1954 pour recommencer le tournage de certaines scènes dont il n'est pas satisfait. En attendant, ils se sont écrit.

A la stupéfaction de la maison Zarpanelli, elle refuse le contrat de cinq ans qu'on lui propose. Elle préfère repartir de zéro, tenter sa chance. A Paris, croit-elle, le destin l'attend.

Giuseppina est de plus en plus inquiète. Laisser Yolanda partir seule pour la Babylone française est hors de question. Sa fille est une innocente sous ses airs de vamp. Là-bas, qui veillera sur elle ?

Justement, l'orpheline a éveillé chez Marc de Gastyne un instinct paternel. Un de ses amis, Vidal, colonel en retraite qui s'est illustré dans la Résistance, souhaite devenir imprésario. Le colonel Vidal rêve de cinéma et de belles filles. Marc de Gastyne lui montre les rushes. Vidal s'engage à s'occuper de la carrière de cette Dalila et à payer son billet aller-retour Le Caire-Paris.

De retour au Caire en décembre comme prévu, Marc de Gastyne apporte une lettre du colonel et propose de ramener Yolanda avec lui en France pour Noël.

Yolanda saute de joie, Giuseppina pleure. Elle ne connaît de Paris que son folklore international : les petites femmes de Pigalle, les Folies-Bergère et la tour Eiffel, plus haute que les pyramides mais dont l'armature métallique, de loin, n'inspire pas confiance. La France, vue du Caire, ça paraît aussi loin que l'Australie... Et il paraît que là-bas les filles deviennent toutes de joie... La Ville lumière n'est-elle pas la mère de tous les vices ?

Chez les Gigliotti, on se couche plus tard que d'habitude, car les discussions n'en finissent pas. La famille se divise toujours en deux camps : côté « contre », Giuseppina, Orlando l'aîné et l'oncle Eugenio, celui qui, il y a peu encore, confisquait à Yolanda ses bâtons de rouge. Côté « pour », bien sûr, Bruno et Rosy. Ils sont deux contre trois, ils sont jeunes mais ils y croient à fond et leur fièvre est communicative.

Yolanda, elle, ne doute plus. Désormais, elle est très calme. Le 17 janvier 1955, elle aura vingt et un ans : la majorité. Personne ne pourra plus l'empêcher de partir. Alors, à trois semaines près...

Marc de Gastyne vient dans la maison de Choubra. Son comportement de gentleman impressionne Giuseppina. Il l'assure qu'il ne s'agit pas de traite des blanches... D'ailleurs, jusqu'à ce que Yolanda ait le pied à l'étrier, il s'engage à la prendre chez lui, sous l'aile de sa femme. Elle mènera une vie de famille. Et le colonel ne paie-t-il pas son billet de retour ? S'il y a le moindre problème, elle rentrera.

Giuseppina comprend que la détermination de sa fille est inébranlable. De son côté, Yolanda ne veut plus partir sans la bénédiction maternelle. Giuseppina se laisse fléchir. Bruno se frotte les mains : le rêve se réalise. Seul Orlando, le frère aîné, reste sombre. Il est fier du succès remporté par sa sœur au Caire, mais il voudrait la garder sous la main. Il trouve le risque énorme, et il n'a pas tort. En fait, Yolanda a de la chance : elle est tombée sur des gens honnêtes, comme ce sera très souvent le cas au long de sa vie. Sa droiture attire les êtres droits, sa naïveté se double de lucidité. Mais c'est un peu tôt pour en être sûr.

Orlando ne se trompe pas tout à fait : Marc de Gastyne ne pourra pas tenir toutes ses promesses. Il s'est un peu avancé. Quand au colonel Vidal, il va bientôt s'avérer qu'il ne connaît pas grand-chose à son nouveau métier. Pourtant, ils auront donné le déclic. La fusée Yolanda s'apprête à décoller et, malgré quelques ratés, rien ne l'arrêtera.

DEUXIÈME PARTIE

L'ORCHIDÉE NOIRE DE LA CHANSON

Constellation

Yolanda passe la veille de Noël en famille. L'ambiance n'est pas à la fête. Paris est le plus beau cadeau, mais elle en mesure déjà le prix. Pour les autres, c'est l'abandon. Son succès faisait entrer l'air frais du dehors dans la maison un peu étouffante ; son départ va laisser un grand vide.

La famille au complet accompagne l'enfant prodigue et prodige à l'aéroport. Aucun d'entre eux n'a jamais pris l'avion.

« Est-ce que ça tient bien en l'air, ces oiseaux-là ? » se demande Giuseppina. Elle s'accroche désespérément à sa fille, si élégante dans son manteau pastel à col châle.

« Couvre-toi bien, il paraît qu'il fait très froid là-bas », implore-t-elle.

Une dernière fois, Yolanda embrasse sa mère. Elle se dirige vers la passerelle du Constellation d'Air France, dont le nom lui paraît déjà tout un programme. Elle ne se retourne pas, elle a trop peur de craquer. Soudain, elle tremble. Elle est en train d'accomplir un saut vertigineux dans l'inconnu. Tous ses souvenirs, tout son amour la tirent en arrière, mais quelque chose d'encore plus puissant la pousse en avant : la force du destin...

Une fois assise dans l'avion, malgré une tape paternelle sur la main que lui donne Marc de Gastyne, sa panique augmente. Elle mobilise sa volonté pour regarder droit devant elle, ne jette même pas un coup d'œil à travers le hublot. Voir s'éloigner les masses ocre des pyramides et les ondulations blondes du désert serait insupportable. Sur ses genoux, elle serre son sac à main. Il contient sa fortune : deux cents francs ! Dans la soute à bagages, sa valise est vide et pleine de rêve.

Elle a vingt et un ans, mesure 1,68 m, mais sa prestance la fait paraître plus grande. 95 cm de tour de poitrine et de hanches, 52 cm de tour de taille : une belle fille, vraiment. Sous le manteau de laine elle porte un pull blanc à col roulé et un tailleur imprimé léopard confectionné par sa mère. Nerveusement, elle tripote la médaille en or de la Madone qu'elle porte au cou.

« Porte-la toujours, elle te protégera », a dit Giuseppina.

Elle se répète sa nouvelle devise, qu'elle gardera toujours : « Quand on désire vraiment quelque chose, on finit par l'obtenir. »

Pour l'instant, il ne s'agit pas de finir mais de commencer. Elle doit réussir très vite. Bien sûr, sa mère lui a répété :

« Si tu n'es pas heureuse, si tu as le mal du pays, reviens. »

Elle touche, dans son sac, un talisman : son billet de retour. Ça la rassure un peu, pourtant elle est sûre qu'elle ne reviendra pas. Pas avant d'avoir gagné. Rentrer l'oreille basse, décevoir la famille, pas question. A sa mère et à ses frères, elle a promis que, dès qu'elle pourra, elle les fera venir. La tribu des Gigliotti, soudée par le déracinement, les difficultés, le deuil, ne saurait rester longtemps séparée.

Et puis, il y a autre chose. Malgré le soulagement de la paix revenue, une sourde inquiétude mine les Européens d'Egypte en ce début des années cinquante. Les milliers d'ouvriers que l'armée britannique employait ont perdu leur emploi. Inflation, hausse des prix, chômage : les grèves se succèdent. Le mouvement des « Frères musulmans » prend de l'essor. Il prêche la haine des Anglais, l'amour de la patrie, le retour à l'Islam comme fondement de l'identité arabe.

On reproche au roi Farouk d'être débauché, glouton, épris de luxe. On lui pardonne mal aussi la défaite dans la guerre contre Israël. En 1945, l'Egypte a parrainé la naissance de la Ligue arabe. L'Etat d'Israël naît le 14 mai 1948. Le lendemain, l'armée égyptienne pénètre en Palestine. C'est la guerre : les soldats, partis fiers et confiants, repassent la frontière en fuyards, hâves, haillonneux, défaits. L'armistice est signée honteusement le 24 février 1949. Les achats d'armes ont ruiné le pays. D'où les émeutes violentes du 26 janvier 1952, l'incendie du Caire. Le roi part le 26 juillet. La république est bientôt proclamée. Gamal Abdel Nasser est le nouvel homme fort de l'Egypte. Démagogue génial, cet homme à la bouche volontaire, au menton carré, au regard d'une tristesse insondable prône le nationalisme et l'unité arabe. Sa voix est envoûtante, inlassable, et ses discours galvanisent les masses.

1954 est donc pour les Européens du Caire l'année de l'alerte. Jusque-là, ils s'accommodaient des troubles qui agitaient le pays. Leur statut n'en était pas affecté. Le goût de la monarchie pour le luxe à l'occidentale était pour eux une sorte de protection. Certains continuent à vivre dans l'Egypte des romans de Lawrence Durrell. Nasser, lui, est beaucoup plus inquiétant. Il pousse à la révolte les masses opprimées dont il se veut le porte-parole. L'Européen dominateur et riche semble le bouc émissaire de leur misère. « Un jour, il faudra qu'ils partent... »

Or Yolanda garde un œil sur la politique. A travers sa grand-mère, elle est informée.

« Il n'y a plus d'avenir pour nous ici », a-t-elle dit à sa famille avant de partir. Malgré son amour pour ce pays, elle s'en arrache. Il le faut. C'est terrible de se déraciner une fois de plus. Mais c'est toujours le plus ambitieux de la communauté qui s'en va le premier... Elle sait qu'elle porte les espoirs de tous les siens. Elle part en éclaireuse. C'est pourquoi elle ne peut pas se permettre de se tromper. C'est pourquoi elle a dit à sa mère, à l'aéroport :

« Maman, je ne t'oublierai pas. Je veux que tu sois heureuse. Bientôt, à Paris, je te ferai vivre comme une reine... »

Ses oncles songent déjà à revenir en Italie, réfléchissent à des moyens possibles. L'Italie, Yolanda l'aime aussi, mais ses ascendants y ont trop souffert. Le retour en arrière serait pour elle une défaite. Lieu de la misère, de la douleur et de la trahison, c'est aussi le pays d'origine d'un père avec lequel elle ne s'est pas encore réconciliée.

Elle ne laisse pas sa famille dans le besoin. Giuseppina touche, du consulat italien, une modeste pension de veuve. Son frère aîné, toujours aussi sérieux et responsable, réussit dans son métier d'ingénieur. Bruno, le plus jeune, poursuit au collège des études de technicien. Il y met encore moins d'enthousiasme que Yolanda devant sa machine à écrire. C'est l'aîné qui a décidé pour lui. Rêvant de cinéma, il est très mauvais élève mais s'en sort toujours au dernier moment, comme par miracle. Doué d'une mémoire d'éléphant, il réussit à terminer ses études sans travailler, en apprenant ses leçons une demi-heure avant les contrôles. Il ronge son frein. Dans sa tête aussi, le mot « Paris » s'est allumé.

Noël à Paris

Parti le matin à dix heures, l'avion se pose au Bourget dans l'après-midi de Noël.

« Mesdames, messieurs, nous arrivons à Paris », vient d'annoncer la voix suave de l'hôtesse. Yolanda range son stylo. Pendant le voyage, elle s'est exercée à rédiger sa nouvelle signature : « Dalila », avec un D immense, grand comme l'espoir. Par le hublot, elle voit pour la première fois Paris : beaucoup de maisons minuscules noyées dans la brume d'hiver.

Débarquée, elle grelotte, serre le col de son manteau d'une main frileuse. Par les fenêtres du taxi, la banlieue défile. Tout est terne et gris. Heureusement, ça ne dure pas : la neige se met à tomber pour un Noël blanc comme une féerie. Elle n'en avait jamais vu qu'au cinéma.

Les Gastyne habitent un appartement confortable dans une rue tranquille proche des Champs-Elysées. Yolanda prend à peine le temps de poser sa valise et se précipite pour voir « la plus belle avenue du monde ». En cette saison, la nuit est déjà tombée. Les lumières, les décorations de Noël l'éblouissent. Tout paraît immense. Comme les magasins sont luxueux, spacieux, hauts de plafond ! Tout est fermé en ce jour de fête — et, de toute façon, elle n'a pas d'argent. Alors, elle s'offre une bonne partie de lèche-vitrines. Plaisir des yeux... Puis elle observe les passants qui déambulent, admire l'élégance légère des femmes, la désinvolture classique des hommes. Animation des cafés, des cinémas...

« Ici, je suis chez moi. Je ne repartirai jamais », se dit-elle.

Elle pense à ceux de Choubra, dans la petite maison, aux lumières du Caire qu'elle regardait de sa terrasse.

En une demi-heure, de l'Arc de triomphe à la Concorde, elle a l'impression d'avoir fait un chemin immense. Elle rit toute seule ; elle ne sent plus le froid.

Le colonel

Le colonel Vidal fait très gentleman, très ancienne école. Il l'est d'ailleurs un peu trop mais elle ne le sait pas encore. Le colonel aime les girls, les chanteuses, les actrices. Les pouliches d'écurie de course et les oiseaux de paradis. Il se rince l'œil mais discrètement. Marc de Gastyne lui a expliqué que sa Miss Egypte était une jeune fille très bien élevée, tout ce qu'il y a de plus catholique. Il regarde avec nostalgie, entre les seins de sa protégée, la médaille de la Vierge qui se balance. Parfois, elle la touche d'un doigt rapide, comme pour conjurer le mauvais sort.

Elle ne peut pas s'incruster chez les Gastyne. D'ailleurs, elle rêve de voler de ses propres ailes. Le colonel possède un immeuble au 67 de la rue de Ponthieu. Un mois après son arrivée, il installe Yolanda au huitième étage, dans une petite chambre de bonne sous les toits. Mansardée, glaciale l'hiver, étouffante l'été. Tant pis : par la lucarne, elle voit le ciel de Paris. Ses amis les pigeons viennent lui dire bonjour. Enfin, elle a cette indépendance dont elle a toujours rêvé. Une révolution !

Ça, pour être indépendante, elle l'est ! A Paris, contrairement à ce qu'elle croyait, personne ne l'attend. Les promesses de Gastyne ne se réalisent pas. Quant au colonel, il s'agite mais n'obtient pas de résultats. Yolanda comprend vite qu'elle va devoir se débrouiller. D'ailleurs, elle a l'habitude. Pour l'instant, au moins, le colonel paie ses dépenses. Il lui a fait signer un contrat : quand elle travaillera, il récupérera ce qu'il a avancé.

Le temps des œufs durs

Elle apprend la solitude : pour la première fois de sa vie, plus d'entourage. Plus de Giuseppina pour lui faire ses robes, de frère pour imaginer l'avenir, plus de Rosy pour lui brosser les cheveux. D'ailleurs, l'avenir, c'est maintenant, et il lui paraît très vide.

En souvenir de l'église où elles se rendaient ensemble, sa mère lui a envoyé une image de sainte Thérèse de Lisieux. Elle a écrit dessus : *Ti bacio forte forte, Mamma.* Yolanda l'a posée sur sa commode. Quand elle la regarde, ça la réconforte. Elle aussi écrit chaque semaine à la maison :

« J'habite près des Champs-Elysées, la plus belle avenue du monde, dans un quartier élégant, rempli de vitrines... »

Dans ses lettres, tout va bien. Dans la réalité, c'est autre chose. Les lettres de recommandation apportées d'Egypte se révèlent inutiles. Si au Caire elle était un espoir, ici elle n'existe pas. Rien qu'une Miss de plus. Elle va frapper elle-même aux portes des producteurs mais se fond dans la foule des comédiennes au chômage. Paris regorge de belles filles. Une belle fille ne peut donner que ce qu'elle a, et cela, rien à faire, Yolanda ne le donnera pas. Elle se garde pour l'amour. Le vrai. L'homme qui en vaudra la peine.

Giuseppina, de son côté, se doute que la vie à Paris n'est pas si rose. Les membres de la famille Gigliotti sont reliés par une sorte de télépathie. Chaque jour, discrètement, elle se rend à la petite église Sainte-Thérèse. Elle s'agenouille et elle revoit Yolanda lors de son baptême, puis dans sa robe de communion. Souvenirs heureux. Dans la petite chapelle, devant la statue de la sainte, elle a beaucoup prié autrefois. Elle y a déposé des yeux moulés dorés en ex-voto pour réclamer la grâce de la vue de sa fille. Maintenant, elle va demander à Thérèse de protéger Yolanda des mauvaises rencontres.

Les largesses du colonel Vidal rétrécissent à vue d'œil. Elle déménage de la rue de Ponthieu pour une chambre de bonne encore plus petite rue Jean-Mermoz. Elle s'y fait au moins un premier ami. Il habite la chambre d'en face, il est brun, très beau, un peu sauvage. Parfois, un sourire illumine son visage timide.

« Je rentre d'Indochine », lui dit-il dans une rare confidence.

Lui aussi veut être acteur, mais il n'a encore jamais tourné. Ils se disent bonjour-bonsoir, échangent un renseignement, partagent à l'occasion un œuf dur. Moins nouveau qu'elle, moins perdu, il lui signale à l'occasion une audition. Il est beau, elle est belle, mais ils sont si préoccupés par leur carrière qu'ils ne nouent qu'une amitié. Elle sera indéfectible. Il s'appelle Alain Delon. Il dira plus tard :

« Je l'aimais beaucoup parce que c'était une femme exceptionnelle. Comme chanteuse, elle n'a pas fait l'unanimité, parce que l'unanimité dans l'art n'existe pas, mais je crois pouvoir dire que comme Femme, avec un grand F, elle a fait l'unanimité. »

Cours de chant

Elle dîne souvent de l'air du temps. Se réjouit de perdre ses rondeurs, un peu trop orientales. Giuseppina écrit :

« Est-ce que tu manges bien ? » Sa fille, elle l'aime potelée.

Yolanda est déçue, mais elle ne perd jamais confiance en elle. Elle pense :

« Ça durera six mois. Il faut tenir jusque-là. »

Chaque jour qui passe est une bataille perdue et gagnée. Elle ne parle pas très bien le français, connaît mal Paris, se perd en se rendant aux auditions.

En quittant Le Caire, elle était sûre, absolument sûre, que la chance l'attendait à Paris. Elle croit à la chance. Elle y croira toujours. La chance passe. Elle passe une fois, rarement deux. Il faut savoir la saisir au vol. Elle ne se posera la question que beaucoup plus tard : qu'est-ce qui se serait passé si elle avait écouté les craintes de sa mère et si elle était restée au Caire ? Mais elle n'a pas écouté : la chance lui avait donné rendez-vous, elle est venue, et maintenant, voilà que la chance lui pose un lapin...

Là-bas, tout s'était fait si facilement ! Va-t-elle rejoindre la cohorte des ex-starlettes, espoirs d'une saison si vite oubliées qui se cramponnent à tout ce qui passe ?

« Six mois, se répète-t-elle, six mois. » Le soir, elle pleure dans son lit. Le jour, elle mange de moins en moins, économise sur tout. Un café-croissant à une terrasse, c'est un luxe. L'humiliation, elle s'y habitue moins facilement. « On vous écrira » : évidemment, on n'écrit jamais. La fatigue de sillonner Paris. Une seule robe à se mettre et il faut être chic pour se faire remarquer dans les boîtes à la mode. Sourire à en avoir mal aux joues et dissimuler sa déception, car les postulantes n'ont pas droit aux états d'âme. Et le pire de tout : rentrer le soir dans la chambre froide et vide.

Pourtant, elle ne perd pas son temps. Elle écoute, elle observe. Son français s'améliore. Elle perd une partie de son accent, mais continue à rouler les r. C'est plus fort qu'elle et tant mieux : toute star doit avoir un défaut reconnaissable, qui devient son image de marque. Elle apprend la société française. Pour ceux qui n'ont rien, Paris est un grand spectacle.

Le colonel Vidal fait au moins une chose pour elle. Marc de Gastyne lui a parlé de la voix de Yolanda. Le colonel constate que c'est vrai et lui conseille de la travailler. Il lui fait rencontrer deux ou trois professeurs de chant. Elle se rend volontiers aux leçons car les journées sont longues à meubler. Sa beauté ne suffit pas, elle a besoin d'une autre corde à son arc. On lui fait faire des vocalises et travailler sa diction, elle voit que c'est bon pour sa technique mais elle souffre, se sent mal à l'aise. On lui indique un autre professeur, Roland Berger. Un fou génial, un ours, un difficile qui ne fait travailler que les artistes auxquels il croit. Sa réputation ne l'a pas enrichi. Tant pis, ce qui l'intéresse, c'est de faire éclore un talent.

Justement, il ne croit pas à la nouvelle venue. On la lui a présentée ainsi :

« Elle arrive d'Egypte, une très belle fille. Aucun talent, mais il y a de l'argent à se faire. »

Pourtant, dès qu'elle entre, il a un choc. Il est frappé par son énergie, son enthousiasme.

« Elle était magnifiquement roulée, dira-t-il. Et lumineuse, un rayon de soleil dans l'atelier. »

Ses cheveux comme des vagues de nuit, ses anneaux de bohémienne, sa robe rouge comme la passion qui l'anime... Il se met au piano et elle chantonne. Il se dit qu'elle ne sait pas chanter. Quand même, ce timbre...

Elle ne sait pas poser sa voix, mais son naturel, c'est un atout. Quelque chose souffle à Roland Berger de ne pas renvoyer la nouvelle venue. Il se dit qu'il a un diamant brut entre les mains.

Cabaret

Roland Berger s'attache à Yolanda. Comme elle n'a pas d'argent pour payer ses cours, il lui fait un prix. En contrepartie, il exige obéissance et soumission. Il est tyrannique, violent, nerveux. Il a mauvais caractère et elle aussi. Sa méthode consiste à bousculer les gens pour les faire sortir de leur coquille. Libérer ce qui se trouve au fond d'eux, cette sensibilité, cette blessure intérieure qu'ils protègent et qui est la source de l'art.

Quand il crie, c'est Pietro qui revit en elle. Depuis quelque temps, elle pense à Pietro. Depuis qu'elle fait de la musique. La musique, l'émotion à l'état pur. Elle commence à comprendre ce qu'il a pu souffrir. Elle se jure de lui prouver, à Pietro, qu'elle est quelqu'un.

« Là où tu es, tu m'entendras bien... »

Elle n'a pas encore pardonné à son père. Elle veut sa revanche sur l'humiliation. Etre aimée malgré tout, malgré la mort. Elle chante. La voix sort et prend de l'ampleur. Elle s'étonne de cet oiseau qui s'échappe de sa poitrine. Comme son père, Roland Berger n'est jamais content. Il la traite de tous les noms. Elle lui répond. Les portes claquent. Ça l'énerve qu'elle lui tienne tête, mais en même temps ça lui plaît. Il se reconnaît, il aime les tempéraments. Il lui apprend à trouver sa voix plus bas, dans le coffre, pour la rendre plus solide, plus profonde, la fait travailler au niveau du diaphragme. Il lui enseigne à se servir de sa personnalité, à se chercher elle-même, sans essayer d'imiter. A comprendre ce qu'elle chante, à porter attention au texte.

Elle va chez lui pendant quelques mois. Le semestre fatidique s'est écoulé. Un jour, ils se disputent plus violemment. Il lui reproche de se cantonner dans la chansonnette. Elle claque la porte plus fort que d'habitude.

La brouille est réelle mais pas totale. Elle reviendra épisodiquement. Elle dira plus tard qu'il a été le seul à lui apprendre quelque chose. Louera sa bonté, sa patience, sa charité.

Roland Berger lui a rendu un dernier service : il l'a envoyée tenter sa chance au « Drap d'Or ». Un club chic des Champs-Elysées, qui s'appellera plus tard le « Raspoutine », et où se produisent des vedettes de la chanson. Gina Gardel y chante des tangos. Le patron pense à l'avenir et sait aussi donner leur chance à de jeunes talents. A Paris, c'est la grande époque des cabarets. Le spectacle y est varié. Jongleurs, amuseurs et fantaisistes précèdent les chanteurs en première partie de soirée.

Le patron du Drap d'Or n'est pas emballé. Cette débutante à l'air emprunté ne possède ni répertoire personnel ni même de tenue de scène. Pourtant, elle a un atout, qu'elle prend d'abord pour un handicap : son air d'ailleurs. Une nouvelle gloire règne sur Paris : Gloria Lasso. Cette Espagnole au faux air d'exilée de la pampa fait un malheur en roucoulant la scie à la mode : *Etrangère au paradis.* Un air nostalgique à souhait. Gloria détrône ainsi Rina Ketty, presque oubliée depuis la guerre, mais qui avait obtenu un joli succès en 1938 avec *J'attendrai.* Yolanda s'occupera de Rina plus tard, elle va d'abord emprunter son *Etrangère* à Gloria. Rien là de choquant : à cette époque, l'un lance une chanson, les autres la reprennent.

Yolanda fait un essai devant le patron du Drap d'Or. Il s'éclaire en entendant les roulements magiques de cette voix de soleil. Jusque-là, pourtant, ça jouait contre elle. On lui disait que Gloria Lasso était déjà là, qu'elle rappelait Rina Ketty sans l'être.

« Et c'est une belle fille ! » se dit le patron. Autre chose que Gloria qui, il faut l'avouer, n'a rien d'un prix de beauté. Les autres non plus d'ailleurs, pas plus Piaf que Jacqueline François. La mode est encore aux filles toutes simples, en robe noire passe-partout, immobiles derrière leur volumineux micro, dont seules les mains bougent. Mais celle-là déménage ; à la voir on se sent ragaillardi.

Sur l'étroite scène du Drap d'Or, aucun décor, rien qu'elle et le pianiste. Et là, tout près, c'est le public. Pas facile de chanter dans un cabaret quand on n'est pas une vedette. Mais le public, pour Yolanda, ne se compose pas d'inconnus d'un soir. Elle et lui, immédiatement, se reconnaissent, *Strangers in the night.* Elle le sent dès le premier instant, mais elle le chantera un jour :

Bravo, donnez-moi un bravo
Côté cœur, côté cour c'est mon seul mot d'amour
Donnez-moi un bravo que je puisse partir, que je puisse dormir.

Oui, on l'applaudit. Distraitement.

« C'est qui celle-là ? Pas mal... Passe-moi mon briquet... »

Ça ne fait rien. Elle est apaisée. Le baume des claquements de mains sur sa tristesse si profonde.

Elle ne s'attarde pas. Dès qu'elle a quitté la scène, ceux qui tout à l'heure étaient si proches d'elle l'effraient. Elle ne sait les dompter qu'avec sa voix. Elle file dans les rues très noires.

« Hep, mademoiselle ! »

Elle ne se retourne pas. Ne pas écouter les hommes. Penser à maman. Sa chambre est toujours aussi vide. Sur la carte postale, la petite Thérèse sourit. Yolanda lui dit merci. Ce soir, elle s'endort sans avoir pleuré. Puisqu'il l'a applaudie. Le public, son seul amour.

Dalida

Le lendemain, au réveil, tout a changé. Elle a cessé d'attendre. C'est le public, maintenant, qui l'attendra. Elle fouille dans son sac, y trouve son cachet de la veille. Cinquante francs. Là-dessus elle doit payer le pianiste. Elle calcule et se dit que la période des œufs durs n'est pas terminée. Et elle a absolument besoin d'une tenue de scène. Lors des longues attentes des auditions, dans l'antichambre des producteurs, on échange pour tuer le temps des trucs de survie avec une parfaite inconnue assise à vos côtés et qui peut-être aura le rôle à votre place. Yolanda a ainsi obtenu le nom d'une couturière. Ce n'est pas encore le règne du prêt-à-porter. La « petite couturière » aux mains de fée recopie un modèle trouvé dans un magazine. Yolanda achète deux coupons de tissu, un blanc, un noir. Elle se fait faire deux robes de cocktail, courtes, très simples. Elle ajoute seulement des boucles d'oreilles. Un style qu'elle gardera longtemps.

Un coup de chance n'arrivant jamais seul, elle est remarquée par Jacques Paoli, le patron d'un autre club élégant des Champs, la « Villa d'Este ». A l'époque, pour s'en sortir, les chanteurs « font » deux ou trois cabarets, elle se produira donc dans les deux clubs. La Villa d'Este a adopté la formule dîner-spectacle.

Pour la qualité, c'est le niveau au-dessus. Gréco, Aznavour s'y produisent en vedettes.

Au début, elle passe en lever de rideau. Elle chante devant des rangées de tables joliment parées mais vides. Alors elle imagine des spectateurs. Et quand c'est fini, elle va pleurer dans sa loge, en serrant les poings. Se demande si son père a souffert autant. Et se jure d'être si bonne demain que les gens le sentiront et viendront comme par magie. C'est vrai qu'elle a des progrès à faire. Le trac fait encore trembler sa voix, les gestes sont raides. Mais la chanson, très vite elle ne l'emprunte plus, c'est la sienne. Toujours elle vivra ses chansons et chantera sa vie, avec une vérité d'émotion qui transcende le cliché le plus éculé, illumine la plus banale chansonnette.

A la Villa d'Este, elle rencontre un écrivain et scénariste en vogue, Albert Machard. Il a écrit le scénario d'un film de De Sica, *Demain il sera trop tard,* qui a lancé la jeune actrice Pier Angeli. Au cours d'un dîner, ils sympathisent. Machard la plaisante sur son pseudonyme biblique.

« Un nom pareil, c'est lourd à porter. Si tu deviens célèbre, tu auras toujours droit à Samson.

— Si tous les hommes qui viennent me voir gardent leur chapeau, ça sera gênant », reconnaît-elle.

Il lui conseille de changer la dernière consonne. Au lieu de deux l, ça lui fera deux d.

« D, comme Dieu le père », ajoute-t-il dans un éclat de rire.

Il ne sait pas à quel point il tombe juste. Le changement est adopté. Yolanda roule le nouveau nom sur sa langue.

« C'est fait pour moi ! Personne d'autre que moi ! »

Elle qui s'est voulue exceptionnelle s'est trouvé un nom unique.

Néons

Et bientôt, un soir, en arrivant à la Villa d'Este, elle voit pour la première fois son nouveau nom se détacher dans le feu du néon, au fronton du club : « Dalida, la révélation de la chanson ». Le colonel Vidal a au moins obtenu ça pour elle.

Cela suscite immédiatement la jalousie de ses collègues.

« Pourquoi elle et pas moi ? » marmonnent-elles.

Mais c'est qu'elle a déjà fait du chemin, la petite. Excellent homme d'affaires, Jacques Paoli a remarqué que le public venait pour elle. Pour un artiste inconnu, la formule du dîner-spectacle est encore plus délicate que le cabaret. Le « truc » de Dalida a marché, la salle est pleine, mais les gens font plus attention à leur assiette qu'à la scène et ne posent leur fourchette qu'à l'arrivée de la vedette. Il faut s'imposer malgré le tintement des couverts et le brouhaha des conversations. A tout moment des clients entrent, déplaçant des chaises. Yolanda ne se laisse pas désarçonner. Devenue Dalida, elle est dans un monde à part, le monde de sa musique. La force de son imaginaire s'impose à la salle. Paoli sent la vedette et la prolonge sur quatre programmes de suite.

Un des deux frères patrons du Drap d'Or est fou d'elle. Dalida ne s'en aperçoit pas. A cette époque, elle n'est pas sensible au regard des hommes sur elle. Une seule idée l'obsède : réussir. Or, une autre chanteuse est la maîtresse de ce patron qui n'a plus d'yeux que pour la nouvelle venue. Un soir, avant de « passer », Dalida vient prendre sa robe qu'elle a laissée au vestiaire. Elle est inmettable : celle qui se croit sa rivale l'a découpée de haut en bas, pour l'empêcher de chanter.

Peu après, Dalida, sur scène, en jupe et en pull, fait un triomphe. L'existentialisme règne alors à Saint-Germain-des-Prés, ses disciples méprisent les conventions vestimentaires et dansent dans les caves en col roulé et pantalon étroit. Mais Dalida n'a rien d'une chanteuse engagée. Ou plutôt si : son engagement à elle, ce qu'elle chantera et pour quoi elle se battra toute sa vie, c'est l'amour.

Que le public l'accepte, qu'il soit au rendez-vous, elle sait que c'est déjà un miracle.

Un soir, le roi Farouk se rend à la Villa d'Este. Apprenant que Dalida vient d'Egypte, il demande qu'elle veuille bien s'asseoir à sa table après son tour de chant. Pour éviter ce genre de situation, elle a pris l'habitude de partir très vite, juste après avoir chanté. Mais, ce soir-là, sa nostalgie du pays natal l'emporte et elle accepte, ravie de rencontrer le roi. Ils échangent quelques mots. Dalida reste cependant sur ses gardes car le roi a une réputation de coureur et de débauché. Soudain, sans crier gare, il se permet un geste, pose une main sur la cuisse de sa chère compatriote. Dalida, très impulsive, se lève d'un coup, gifle le monarque et quitte la table. Heureusement, il le prend avec le sourire, et dit au patron inquiet :

« C'est ça, les filles de chez nous ! Elles ont du caractère ! »

Paoli est rassuré, d'autant que sa maison a une réputation de sérieux. Dalida et lui resteront en bons termes : deux ou trois ans plus tard, quand elle éclatera et ne fera plus de cabaret, il lui demandera de venir chanter chez lui un soir, en souvenir du temps des œufs durs. Elle acceptera, par amitié.

Dalida se plaît dans ce club où elle n'a pas que des rivales. Elle noue une amitié avec une jeune collègue, Gisèle Colline. Celle-ci, connaissant sa solitude, l'invite à passer des week-ends chez ses parents. Ah, le bonheur des petits plats maison, après tant de sandwiches ! Elles resteront amies très longtemps, même quand Gisèle aura arrêté de chanter.

C'est aussi à la Villa d'Este qu'elle rencontre un soir le grand chanteur égyptien Farid el Atrache : celui avec qui Zarpanelli voulait qu'elle forme un duo chantant... Là aussi, c'est la naissance d'une grande amitié. Il reviendra la voir à chacun de ses séjours à Paris, lui téléphonant et lui envoyant des fleurs. Sur la carte il écrit en égyptien des bêtises très grossières, qu'elle seule peut comprendre. Elle rit : « Il est fou ! » Autour d'elle, on se demande ce qui l'amuse ainsi.

Bien malgré elle, la collègue jalouse lui a rendu service en déchirant sa robe de cocktail. Elle s'en fait faire une autre, osant cette fois la robe longue, blanche, en drapé à l'antique, avec une épaule nue, en souvenir du fourreau de vamp de son premier film. Elle a trouvé son style. Elle aime les tuniques gréco-romaines comme dans le péplum de ses débuts, et le jeu mystérieux des voiles à l'orientale.

Malgré son nom sur la façade, elle ne passe pas encore en vedette. Son cachet a augmenté, il est maintenant de cent cinquante à deux cents francs. Une somme qui lui semble énorme, mais le colonel Vidal a décidé qu'elle doit désormais régler elle-même ses dépenses. Lorsqu'elle a payé son loyer en plus du pianiste, il ne lui reste pas grand-chose. Les œufs durs tiennent toujours une grande place dans sa vie...

L'attente des soirs

La rencontre avec le public la sort de sa solitude. Elle chantera bien plus tard cette invocation à la mort dans *Mourir sur scène :*

« Viens, mais ne viens pas quand je serai seule... »

A cette abandonnique, il faut la foule pour la rassurer. Dans la foule, si un visage ne répond pas, il y en a tant d'autres à séduire, tant d'autres prêts à l'« aimer follement »...

Ses jours ne sont plus qu'une attente des soirs. La lettre hebdomadaire à sa famille a cessé d'être un moment difficile. Les premières critiques sortent, elle jubile d'envoyer cet extrait :

« Actuellement, les trois artistes les plus spectaculaires du Paris by night sont respectivement new-yorkaise, brésilienne et italienne, blonde, rousse et brune. Dalida, l'Italienne, chante à la Villa d'Este. »

Des hommes vont s'intéresser à elle. Au départ pour sa beauté, mais elle est toujours aussi fière et réservée. Sa personnalité et son talent les retiennent dans un second temps. Cette orpheline suscite l'instinct de protection.

Elle rencontre un personnage étonnant. Il dirige une salle de jeux proche de la rue Balzac, le Club de l'Aviation. Il a remarqué cette brune volcanique dans un petit bar du passage du Lido. Le premier à droite, où les artistes se retrouvent, partageant café au lait, saucisses et cornichons russes. Il a remarqué son appétit de loup, compris qu'elle ne mange pas toujours à sa faim. Alors, il l'invite à son club. Les femmes y sont interdites, mais il est très amoureux. Il la fait entrer par les cuisines et il la nourrit. Il la traite comme sa fille et la protégera toujours. Ils resteront amis jusqu'à la fin, il sera présent dans les moments durs. Lorsque Dalida fera venir en France son frère aîné, il l'embauchera.

Elle a maintenant une petite cour d'admirateurs. Aucun d'eux n'imagine quelle carrière l'attend. Mais elle, elle le sait. En acceptant leurs hommages tout en se préservant, elle prend ce qu'on lui doit... Elle pourrait se faire entretenir. Elle n'a que l'embarras du choix. Mais elle ne veut pas de cette réussite-là.

« Pas question de me marier, je veux d'abord réussir dans ma carrière », écrit-elle à sa mère. Elle se démarque des starlettes pour qui se montrer sur une scène ou un écran n'est qu'une arme dans la chasse au riche mari. C'est d'ailleurs une des raisons qui la font abandonner le cinéma pour se tourner vers la chanson. En courant les productions, elle a remarqué que la promotion passe souvent par le canapé.

Elle a sous les yeux le spectacle de ce qui attend les filles trop faciles. Chaque jour à la même heure, en rentrant chez elle, elle passe devant deux tapineuses, qui la prennent d'abord pour une irrégulière. Un soir, l'une d'elles l'apostrophe un peu rudement rue de Ponthieu. Mais l'autre a vu sa photo dans la vitrine du cabaret :

« Non, voyons, c'est la petite chanteuse ! »

Après cela, elles lui disent bonsoir chaque fois. Elles ont compris que Dalida n'est pas une concurrente. Ça l'amuse, mais en même temps, elle a un peu froid au cœur pour ces filles et elle se rappelle les craintes de Giuseppina.

« Moi, je ne tomberai pas... »

La vache enragée va durer un an et demi. Encouragée par ses premiers succès, elle passe des auditions dans les maisons de disques. Elle est sur le point de signer avec Vega. Mais ça traîne, et elle s'en félicitera bientôt. Un soir Jacques Paoli parle à Bruno Coquatrix :

« J'ai une jeune chanteuse intéressante, tu devrais passer l'écouter. »

Coquatrix, ce petit homme rond comme un œuf, aux allures de père tranquille mais à l'œil madré, est fou de spectacles. La chanson est sa vie. C'est un des meilleurs compositeurs du moment : *Clopin-Clopant, Les Cheveux dans le vent.* Il se sent une âme de découvreur et il a rendu Bécaud célèbre. Il a repris un ancien cinéma, l'Olympia, et il a la ferme intention d'en faire le music-hall le plus illustre du monde... Il cherche de nouveaux talents et crée pour cela une émission sur Europe 1, la jeune station qui monte : « Les numéros un de demain ».

Coquatrix et son directeur artistique René Valéry proposent à Dalida d'interpréter une chanson dans l'émission. Ils l'inscrivent pour avril. Elle se prépare en tremblant : elle sait que le métier sera dans la salle. En attendant, elle trouve un engagement supplémentaire au Carol's, qui deviendra le Saint-Hilaire. Elle ne touche toujours que de petits cachets, mais, en se privant, elle économise assez pour s'offrir un aller-retour au Caire juste après les fêtes. Elle a passé Noël seule, c'était triste, elle a très envie de revoir sa mère qui s'inquiète toujours. Les journaux du Caire triomphent :

« La nouvelle vedette, Miss Egypte, réussit dans la chanson à Paris. »

« Dans le célèbre établissement la Villa d'Este où son nom brille de mille éclats lumineux, la Reine du Désert remporte un énorme succès. »

Oui, la petite sœur a grandi. Dans ses valises elle apporte, en cadeau pour ses frères, Vétiver de Guerlain. Emerveillés, ils découvrent la finesse enivrante d'une véritable eau de toilette française. Rien de comparable avec ces « parfums de Paris » trop lourds dont on s'inonde sur place...

Ils ont encore du mal à l'appeler Dalida. Ils découvrent une autre Yolanda, une Parisienne aux cheveux plus longs et plus lisses, au maquillage plus discret, aux boucles d'oreilles plus petites. La Villa d'Este lui a appris la sophistication. Pour sortir le soir, elle se fait un chignon qui lui donne beaucoup de classe, pensent Bruno et Rosy.

Elle a même réussi à économiser un peu d'argent pour le donner à Giuseppina qui ne se doute pas des sacrifices de sa fille. Elle s'amuse, on l'invite partout ; ses copines, admiratives, se pressent pour la voir. Autour des gâteaux au miel et aux amandes et du café à la cardamone, elle raconte inlassablement une vie qu'elle embellit : Paris et son ciel changeant, les croissants à la terrasse des cafés, la vitrine de chez Dior et ce jeune comédien dont tout le monde parle, Gérard Philipe... Pour ces filles, déjà elle appartient à un autre monde. Et c'est vrai que tout lui paraît si petit, si pauvre, quand tout était si grand dans son souvenir ! La rue Soliman-Pacha, les fameux « Champs-Elysées du Caire », comme elle lui paraît étroite et sombre avec ses boutiques poussiéreuses, ses cafés maures où les hommes semblent ne pas avoir bougé depuis son départ...

Elle repart le sourire épanoui mais le cœur serré. Elle n'a que de vagues espoirs. Elle n'est pas allée se recueillir sur la tombe de son père : elle sait qu'elle n'a pas encore vraiment réussi.

Le temps des copains

Arrive le jour fatidique des « Numéros un de demain ». En coulisse, elle attend son tour dans la longue tunique de satin de la Villa d'Este. Son visage est presque aussi blanc que sa robe. Elle doit chanter une chanson. Elle a pris un risque en présentant *Etrangère au paradis.* Elle sait bien que, entre Gloria et elle, on fera la comparaison, mais puisqu'elle en a un, autant profiter de cette vogue des chanteurs latins « à accent », dont l'exotisme titille un public un peu lassé de la simplicité sans concession des chanteurs de cabaret français. Le pays se reconstruit, la grisaille de l'après-guerre fait place à l'euphorie du boom économique, la Normandie se démode au profit de la Côte d'Azur, et, comme le chante Trenet dans *Nationale 7* :

Paris n'est plus qu'un petit faubourg d'Valence,
Et la banlieue de Saint-Paul-de-Vence.

Pour se refaire une santé, les Français ont besoin d'un coup de soleil, et Dalida c'est justement ça : un coup de soleil. Et elle va le montrer.

Prends ma main...

Justement, un homme est présent, ce soir, dans la salle, qui va lui prendre la main, à l'étrangère, pour l'emmener au paradis.

Elle sent que son avenir va se jouer ce soir-là, mais pas qu'il se joue au 421. Car pendant qu'elle tremble, deux hommes sont attablés au Bar Romain, à côté de l'Olympia, rue Caumartin. Eddie Barclay est plutôt méridional d'allure, avec un visage rond aux traits fins, l'œil conquérant et la moustache fringante, un front que la calvitie n'agrandit pas encore. Une élégance sportive, à l'américaine, des gestes lents — on ne dit pas encore *cool* —, qui imaginerait, en voyant ce play-boy, l'homme d'affaires redoutable ?

L'autre, Lucien Morisse, est un blond dégingandé au nez irrégulier, aux ondulations de crooner et à l'air timide et doux. L'œil encore plus bleu que son camarade révèle l'intelligence très vive, la voix traînante indique le Parigot, malgré la nonchalance anglo-saxonne du vêtement. Et pourtant, dans ce visage maigre, presque laid, quelque chose du charme slave...

Les deux hommes aiment la musique, et le jeu. Ils sont amis, ce qui n'empêche pas les affaires, bien au contraire. D'autant que leurs talents se complètent. Après avoir joué du piano la nuit dans un club, Eddie Barclay a décidé de fabriquer des disques. Il démarre avec un capital de cinquante mille francs. Sa femme et lui font tout eux-mêmes dans leur studio de la rue Pergolèse. Ils étiquettent, emballent, stockent dans la baignoire et livrent en triporteur.

Nicole Barclay est aussi un personnage. Astucieuse et énergique, elle comprend comme Eddie que l'avenir est au microsillon. Ils sont fous de jazz et Nicole aime les voyages. Elle ramène d'Amérique cent kilos de matrices de bronze : Dizzie Gillespie, Charlie Parker... Les fabricants de disques français refusent d'y croire. Pathé Marconi acceptera finalement de fabriquer pour Barclay, sans toutefois adopter le procédé. Les techniciens n'y connaissent rien, les matrices éclatent. Mais c'est comme ça qu'Eddie va bientôt devenir « le roi du microsillon [1] »...

1. Cf. Paul Giannoli, *Paris-Presse.*

Lucien Morisse a eu la vie moins facile. Il naît en 1929, fils unique d'un père fourreur d'origine polonaise. La guerre est pour le jeune garçon un traumatisme ineffaçable. Ses parents sont emmenés direction « Nuit et brouillard », et son père n'en reviendra pas. A treize ans, Lucien doit gagner sa vie. Le certificat d'études à peine passé, il coud des ballons de foot pour un magasin de sport. A la Libération, il entre à la discothèque de la radio. Embauché pour sa belle écriture, il fait du classement, des étiquettes... L'orphelin maigrichon qui gardera toujours, au-dessus d'un large sourire, un regard agrandi d'angoisse, a — comme Dalida — une revanche à prendre, l'acharnement de ceux que la vie n'a pas réussi à casser. A la radio, il observe et comprend tout. A dix-sept ans, il devient le plus jeune producteur de France. Il défend une idée nouvelle qui fait sensation : la musique classique adaptée en moderne. Pierre Sabbagh l'a repéré et attire Lucien à Europe 1, la station de Louis Merlin, qui vient de naître. Il en deviendra le directeur artistique. Europe 1 est installée dans un quartier riche, rue François-Ier. En fait, elle n'a de grand que les ondes : 1 847 m, bientôt tout le monde saura ce chiffre-là par cœur... Mais, pour l'instant, Europe 1, personne n'y croit ou presque. Dans le milieu du journalisme on ricane :

« Ce Merlin, c'est un fou ! Dans deux mois il se cassera la figure... »

La ressource d'Europe 1, c'est la publicité, ce qui semble invraisemblable. Sa spécialité, c'est l'information plus la chanson — beaucoup de chansons. Lucien Morisse a du nez. Il bombarde sur ses ondes Gloria Lasso, l'Espagnole au sang chaud, puis bientôt Marie-José Neuville, la jeune fille rêveuse aux nattes et à la guitare, sans compter Sacha Distel et ses scoubidous... Il a quelques problèmes avec Gloria dont le style lui paraît un peu passé, et il cherche un nom pour faire connaître la station. Il veut pouvoir dire : « lancée par Europe 1 »...

Barclay croit au nouveau disque, le 45 tours avec quatre chansons. Morisse croit à la nouvelle radio et à sa technique de matraquage publicitaire sur les ondes. Coquatrix, lui, croit à une nouvelle race de chanteurs. La civilisation de l'image a commencé. Le cinéma règne sur l'imaginaire des gens et la télévision va prendre le relais. On entre dans une époque de transition. Les chanteurs doivent avoir de la voix mais jouer sur l'émotion, la beauté, le mouvement, le rythme...

Ces hommes d'une nouvelle génération ont besoin, pour concrétiser leurs rêves, d'artistes nouveaux. Mais, à une époque où tout semble possible, ils croient aussi à l'amitié et à la belle vie. Le temps des copains... Réussir en s'amusant... Comme tout cela paraît loin aujourd'hui...

421

Qui, au Bar Romain, a décidé d'aller faire un tour chez Coquatrix : Eddie ou Lucien ? Eddie Barclay raconte ses souvenirs [1].

« La grande passion de ma vie, c'est de dénicher des chanteurs — et des chansons — dans les lieux les plus insoupçonnés, dans des occasions subites, là où je m'y attendais le moins. Dalida, c'est le fruit d'une *lazy afternoon,* d'un de ces après-midi de printemps où on a la flemme. Le repas et les vins étaient généreux, dehors le soleil brillait, on n'avait plus envie d'aller travailler. On a joué au 421 ce qu'on allait faire cet après-midi-là. »

Car si Eddie penche pour le cinéma — western ou Bing Crosby —, Lucien, bourreau de travail, qui bosse même quand il s'amuse et qui ne s'amuse jamais tant qu'à travailler, veut aller à l'Olympia pour auditionner les débutants. Il cherche toujours une concurrente pour Gloria Lasso. Les dés tombent et c'est Lucien qui gagne.

Les voilà tous les trois dans la salle. Ils assistent à deux numéros sans intérêt. Lucien bâille, pense à partir : après tout, le cinéma... Soudain, il se dresse sur son siège : une créature sculpturale entre en scène.

« Une brunette soucieuse, à la chevelure très noire tombant sur les épaules, qui s'avançait apeurée », raconte Eddie.

Dalida est vraiment très mal à l'aise. Le véritable trac, elle le rencontre ce jour-là. Il sera le fidèle compagnon d'une vie, l'ennemi intime qui ne la lâchera jamais et dont elle dira qu'il est le symbole de son profond désir de la scène. Elle citera alors Sarah Bernhardt. A une débutante qui se vantait : « Je n'ai pas le trac », Sarah répondait : « Ça ne fait rien, ça viendra avec le talent. » Elle saura alors que le trac est positif, mais, pour l'instant, il lui enlève la moitié de ses possibilités. Ses jambes semblent vouloir se dérober, elle a envie de fuir, se demande ce qu'elle fait là, doute de tout. La gorge serrée, la voix pas tout à fait juste... A la fin de la première chanson, ça va mieux. Mais les applaudissements polis lui confirment qu'il ne faut rien attendre. Revenue en coulisse, la main crispée sur le médaillon offert par sa mère, elle attend le verdict. A nouveau, elle se sent seule. L'envers du théâtre, le côté un peu dérisoire et défraîchi, lui paraît d'autant plus attachant qu'elle s'en croit rejetée. Une fois de plus, « l'étrangère au paradis »...

C'est alors que deux garçons souriants l'abordent. Eddie et Lucien, bien sûr... Elle croit d'abord qu'ils quêtent un autographe.

« Mais ce n'est pas possible, je rêve... »

Ils la dévisagent, hésitent, semblent l'évaluer. Pourtant, ils ont l'air convenable. Elle leur trouve un visage ouvert et sympathique, chacun dans un genre différent, le brun avec son air d'été à la plage, le blond comme un ciel légèrement nuageux.

1. *Le Soir de Bruxelles,* 1966.

Finalement, c'est Lucien qui se décide.
« Mademoiselle Dalida ? »
Le ton est d'une grande courtoisie. Timidement, ils lui tendent leur carte. Elle n'en croit pas ses yeux. Ce n'est pas l'idée qu'elle se faisait d'un producteur et d'un directeur artistique d'Europe 1...
« Je voudrais vous entendre à nouveau dans mon bureau... »
Il semble encore hésitant. Elle s'interroge puis, tout d'un coup, ses yeux plongent dans ceux de Lucien. Droit dans le bleu. Et là, soudain, elle tend la main, prend les cartes.
Cette nuit-là, elle ne peut pas fermer l'œil. Elle tourne et se retourne dans son lit de pensionnaire. Et si ce n'était pas sérieux ? Et si, le lendemain, cet homme important, en butte aux sollicitations d'innombrables aspirantes chanteuses, avait oublié le rendez-vous ?
Pourtant, elle se lève en avance et se prépare plus soigneusement que d'habitude. Elle brosse ses cheveux — ils sont le symbole de sa vitalité, de sa sensualité, elle les veut à la fois libres et disciplinés, ils doivent dire ce qu'elle n'ose pas dire — tout en chantonnant à nouveau :

Prends ma main, car je suis étrangère ici,
Perdue dans le pays bleu...

Et elle voit soudain, comme s'il était devant elle, le regard bleu de l'inconnu de la veille, comme un ciel de nostalgie où l'on se perdrait...
Alors, avec cette certitude violente des prémonitions qui la traversent et qu'elle laisse gouverner sa conduite, elle sait que la chance a les yeux bleus et, aujourd'hui, elle lui fera confiance.

L'amour, le hasard

Angoisse ou réalité, le couloir qui mène au bureau de Lucien Morisse lui paraît interminable. La pièce, par contre, la surprend par son exiguïté. Assis derrière son bureau, il la regarde arriver. Il a cette phrase anodine :
« Je vous attendais. »
Et elle répond, sans bien se rendre compte non plus de ce qu'elle dit :
« Moi aussi, je vous attendais ! »
Elle vient de replonger dans ses yeux bleus... Elle dira bientôt : « Bruno Coquatrix, c'est mon succès. Eddie Barclay, c'est mon argent. Lucien Morisse, c'est mon cœur. »
A nouveau, elle est frappée par sa timidité. Il a déjà baissé les yeux,

il regarde son bureau. Il dira plus tard avoir été choqué, à ce moment-là, par sa façon de s'habiller : trop de bijoux, trop de couleurs... Les fameux anneaux de gitane n'ont pas sa faveur. Lucien Morisse est un homme discret, presque austère et, sur le chapitre du vêtement, Dalida et lui resteront en désaccord. Il veut la transformer en vraie Parisienne. Et puis, il faut lui choisir un répertoire. Il se dit qu'il va y avoir du boulot...

Dalida a suscité chez ce drogué du travail, qui bosse comme un fou pour ne pas penser à autre chose, semble se punir d'être réchappé de la guerre, des camps, l'instinct de Pygmalion. Le désir de modeler sa créature pour mieux la posséder est logique chez cet homme de pouvoir doublé d'un inquiet...

En même temps, derrière cette vitalité, cette gaieté, il sent autre chose, devine l'orpheline, l'humiliée... Trouver chez l'autre ce dont on manque soi-même, y rencontrer en même temps le plus secret de soi, le plus vulnérable : cela s'appelle la passion.

Lucien ne le sait pas encore. Cette réticence qu'il sent en lui, c'est la peur d'être entraîné, de perdre le contrôle. Quant à elle, elle a peur aussi, mais elle a des raisons objectives, et cette peur-là masque l'autre.

Il lui tend une partition mais il ne la regarde toujours pas. Elle la connaît : c'est *Barco Negro.* Un très beau fado où s'exprime toute la mélancolie portugaise. Elle la chante a cappella, debout devant Lucien assis. Difficile de soutenir la comparaison avec la grande Amalia Rodriguez. Elle s'aide en tapant le rythme du bout des doigts sur le bord de la table.

Elle a fini. Il ne lève toujours pas les yeux. Il s'efforce de prendre un ton indifférent :

« Travaillez ça. Quand vous serez prête, je vous emmènerai le chanter devant Eddie Barclay. »

Elle est folle de joie. Il va lui donner sa chance ! Elle le regarde encore, en vain. Le nez dans ses papiers, il marmonne, à peine aimable :

« Au revoir, mademoiselle. »

Elle sort. Le couloir, dans l'autre sens, lui paraît trop court. Quelque chose s'est passé entre cet homme et elle. Le coup de foudre ? Elle n'y croit pas. Plus... Les hommes sont des pièges. Elle se veut forte, à l'abri des émotions du cœur. Elle les réserve pour la scène, ne veut plus aimer que son public. Lui, il paie, et après, il s'en va. Il vous touche mais toujours à distance.

L'idée l'a quand même effleurée. Elle réfléchit. Elle se dit :

« C'est un coup de foudre professionnel. Ça va marcher. »

L'instinct de séduction

Le milieu dans lequel Lucien évolue ne l'empêche pas de mener une existence rangée. Il aime beaucoup les femmes, mais il est marié, père d'une petite fille. Il a sept ans de plus que Dalida, ce qui, quand on en a vingt, paraît beaucoup... Son sérieux saute aux yeux. La réticence de Lucien n'est pas calculée, mais, s'il avait voulu plaire à Dalida, il n'aurait pu trouver mieux que de la choquer par sa retenue, comme elle par ses excès.

« Comment, un qui s'en fiche, qui ne me voit même pas, qui ne pense qu'au boulot ? »

Ainsi vont les jeux de l'amour...

Elle travaille sa chanson en suivant les conseils de Lucien. Ils se sont reparlé. Il l'a convaincue du sérieux d'Eddie. Alors, elle l'appelle. Le futur « roi du microsillon » lui donne rendez-vous, et là, il lui signe un contrat d'un an, avec 4 pour cent du gros. C'est une misère, mais pour les débutants, ça se fait. Le colonel Vidal est un peu dépassé par les événements. Lucien et Eddie, qui travaillent dans une entente parfaite, cherchent des chansons pour leur protégée. Lucien prend en main la carrière de Dalida, Eddie lui fait confiance. Ils ne cachent plus leur enthousiasme : ils pensent avoir trouvé la vedette qui les fera connaître.

Coquatrix est directeur du casino de Cabourg. La station normande chère à Proust réunit l'été un public exigeant, habitué à des artistes de classe. A cette époque, un chanteur doit faire ses preuves sur scène avant d'enregistrer un disque. C'est le secret d'une carrière durable : on ne voit pas alors des idoles s'effondrer d'un coup quand le public les réclame à la scène. Coquatrix signe à Dalida un contrat pour qu'elle se rode, apprenne son métier dans une salle plus grande qu'un cabaret.

Elle vient d'abord en supplément de programme. Elle chante deux chansons. Deux mille personnes lui font un triomphe. Avec Piaf en vedette, ce n'est pas rien. Elle est habituée à des cachets minuscules. A l'entracte se présente un organisateur de spectacles de la banlieue parisienne. Il propose de l'engager.

« Je n'ai pas beaucoup d'argent, dit-il avec l'air de s'excuser. Je ne peux vous donner que cent mille francs. »

Coquatrix lui en donnait trois mille. Elle est d'abord affolée : l'homme est-il sérieux ?

« C'était bien une femme, racontera Coquatrix. Au bout de la journée, elle était habituée aux cent mille francs.

En bon homme d'affaires, il ne peut qu'apprécier. Peu à peu, il acquiert de l'estime pour elle, puis du respect. Elle sait écouter les conseils de ceux qu'elle appellera bientôt « mon tiercé gagnant ». Mais elle sait aussi se battre pour ses idées. Coquatrix la voit s'obstiner à défendre une chanson qui ne marche pas. Personne n'y croit, sauf elle. Et, au bout d'un an d'insuccès, soudain, ça se déclenche...

Elle doit maintenant enregistrer très vite un disque. Lucien en a besoin pour tester la technique publicitaire qu'il vient d'inventer : le matraquage sur les ondes. Eddie a besoin d'une vedette pour lancer enfin le 45 tours et susciter une frénésie suffisante pour faire acheter des Teppaz aux jeunes. Car sans le Teppaz, la petite boîte à musique rigolote, la valisette recouverte de plastique qui deviendra le must de toute chambre d'adolescent, les jeunes n'achètent pas de 45 tours...

Eddie a encore une idée de génie. La télévision ne fait que commencer, aux mains de quelques fous inspirés — Lucien y a fait un passage auprès de Pierre Sabbagh —, les places de spectacle sont chères. Les jeunes ne connaissent pas les visages des chanteurs que seule popularise la presse spécialisée, pour laquelle Dalida a d'ailleurs commencé à poser. Eddie se souvient que l'arrivée sur scène de l'ex-Miss Egypte avait sorti Lucien de sa torpeur, le dressant sur son siège. Et Coquatrix qui n'arrête pas de répéter que la nouvelle chanteuse sera sexy ou ne sera pas...

Jusque-là, les pochettes de disque sont en papier blanc. Peu attirant. Eurêka : Eddie lance la photo sur la pochette !

« Avec la tête qu'elle a, approuve Lucien, ils vont se battre pour les acheter ! »

Avec cette tête-là...

Cette tête, Lucien la connaît de mieux en mieux. Très vite, ils se voient tous les jours. Puisqu'il y a tellement de travail...

Nicole Barclay prend en main le côté « parisienne » de Dalida. Elle l'emmène chez les couturiers, dans les boutiques à la mode. Elle lui apprend à mieux s'exprimer, à se conduire dans le monde. Elle est formidable et restera pour Dalida comme une grande sœur attentive. Les réceptions de Nicole seront d'ailleurs bientôt parmi les plus chics de la capitale : la réputation d'Eddie, hôte hors pair, commence alors.

Lucien s'occupe du métier proprement dit. Il présente Dalida à des journalistes et à ce que le show-business compte de gens importants. Finalement, il lui fait enregistrer *Madonna,* dont elle adore l'accompagnement de guitare flamenco. Sur le disque figure également *Mon cœur va,* qu'elle aime et qui est l'œuvre d'un inconnu, Charles Dumont. Elle le chante donc avant Piaf... Dès le début, selon la politique qui sera toujours la sienne, elle inclut sur les quatre chansons d'un 45 tours un titre d'un grand auteur. Elle sait qu'elle n'est pas encore prête à faire carrière à ce niveau. Elle se souvient de Roland Berger l'accusant de se complaire dans la chansonnette. Mais son goût est plus raffiné qu'on ne croit. Elle reconnaît la valeur des vraies chansons à texte, même si ce ne sont pas des succès.

C'est une grande émotion quand elle touche « son disque » pour la première fois, et qu'elle voit sa photo apparaître en couverture. Elle s'inquiète :

« Est-ce que je suis bien ? »

Elle doute toujours d'elle-même. Lucien laisse tomber son ronchonnement de Pygmalion qui critique son maquillage, ses robes, sa façon de parler, obsédé par l'idée de façonner la créature parfaite.

« Dès le premier coup d'œil, il avait pu déceler le papillon dans la chrysalide. Comment faisait-il pour y voir clair ? » se demandera François Chalais. Pardi, il l'aimait, tout simplement...

Il laisse parler son instinct profond :

« Sois toi-même ! »

Elle ne se le fait pas dire deux fois. Elle met à la mode la robe courte, dont le haut découvre les épaules, à taille serrée, à jupe bouffante, dite « abat-jour ». Elle lâche ses cheveux qu'elle avait assagis, se fait une coiffure sauvage avec déjà un début de « choucroute ». A nouveau, elle épaissit le rimmel sur la paupière. Elle ose, malgré Lucien toujours un peu choqué, même si finalement il adore. « Le « mauvais genre », avec aux USA Elvis et James Dean, avec en France Bardot en passe de remplacer Martine Carol aux accroche-cœur si convenables, à la permanente si bien laquée, le mauvais genre est en train de devenir, tout simplement, « le » genre.

Les premiers journalistes qui l'interviewent découvrent la gentillesse de celle qu'on appelle déjà « l'Orchidée noire » et qui déclare d'une voix enfantine :

« On me reproche l'énorme couche de rimmel dont je couvre mes paupières supérieures comme une faute de goût. C'est peut-être atroce mais c'est ainsi. Je suis comme je suis. Si ça ne vous plaît pas, je suis désolée. Parce que moi, c'est ça. »

Un matin, Lucien la réveille au téléphone :

« Dans un quart d'heure, tu passes à la radio ! »

Elle allume fébrilement son poste, découvre une voix puissante, grave, qui « prend aux tripes ». Elle ne la reconnaît pas. C'est la sienne.

Lucien ne met pas encore en pratique la technique du matraquage radio. Selon ce système, plusieurs fois par jour, le même disque passe, à des heures différentes pour s'assurer que les diverses parties du public — ménagères, adolescents, familles, travailleurs — l'ont entendu au moins une fois dans la journée. Certes, il est content de *Madonna ;* le disque est bien fait. Mais il sait que Dalida n'y a pas encore « sa » chanson. Celle que la France fredonnera en disant : « C'est la chanson de Dalida ! » même lorsque d'autres artistes la reprennent...

Dès le lendemain de l'enregistrement de ce premier disque, Eddie confirme l'intuition de Lucien. C'est vrai, la chanson n'y est pas — mais Dalida, elle, est née. Il prolonge son contrat à quatre ans. Sait-il qu'il gagnera avec elle assez d'argent pour signer tous les grands noms qu'il voudra : Aznavour, Ferrat... ?

Une fois que Dalida a admis que c'est bien sa voix qu'elle entend ainsi, elle est frappée par ses résonances graves. Les gens commencent d'ailleurs à téléphoner à la station : « Qui est-ce ? » Souvent, ils demandent aussi s'il s'agit d'un homme ou d'une femme. Cette ambiguïté lui fait une place à part. On la retrouvera chez d'autres stars de la chanson : Presley, Mick Jagger, Prince, Michael Jackson et même Madonna ou Barbara Streisand jouent chacun à leur façon d'une certaine androgynie qui a déjà fait le succès de Dietrich ou de Garbo au cinéma. C'est typique de la chanson car c'est le son qui prime et non l'image. Le son permet de rêver davantage. En faisant appel au désir secret du masculin chez les femmes, du féminin chez les hommes, il suscite le fantasme d'une sexualité globale, qui ne connaît pas de limites, ni le déchirement d'un choix, ni l'angoisse de la séparation. Les deux moitiés de pomme en une seule... La voix représente le tout de l'être humain.

Chaque fois que ces coups de téléphone arrivent, le présentateur en profite pour dire :

« Comment, vous n'avez pas sa photo ? Mais qu'est-ce qu'elle est belle ! »

Lucien ne veut pas laisser refroidir l'ardeur montante du public. Deux mois après le premier disque, les deux compères lui en font enregistrer un deuxième : *Le Torrent*. Musique italienne pour gitane mélancolique. Ainsi, elle restera présente. Mais ce disque non plus ne va pas « casser la baraque ». Il faut trouver « la » chanson. Ils cherchent...

Teppaz

Le transistor n'a pas encore remplacé le gros poste de TSF au lourd habillage de bois veiné. Son cadran chiffré brille jusque dans la nuit. Pour Dalida, c'est un ami. Un miroir sonore. Plusieurs fois par jour, il lui renvoie son écho. Elle n'en revient pas. Au même moment, dans le pays, des gens sont assis dans leur fauteuil tourné vers le poste et ils le regardent — car, avant la télévision, on regarde le poste de radio —, et, surtout, ils l'écoutent. Dalida écrit au Caire :

« Maman, j'ai réussi ! On m'entend à la radio ! »

Elle envoie ses deux premiers disques en un seul colis. Bruno court les porter à la station qui diffuse l'émission si populaire : « Les refrains que vous aimez ». Ces refrains, Bruno et Yolanda les ont si souvent écoutés ensemble... et maintenant, elle va en faire partie !

L'Egypte se montre fidèle et fait de Dalida une vedette avant la

France. Bruno triomphe : on entend sa sœur du Caire jusqu'à Beyrouth. Ça ne lui suffit pas, il voudrait l'entendre toute la journée. La famille ne possède qu'un tourne-disque à l'ancienne, pour les 78 tours. Il court acheter un Teppaz — preuve qu'Eddie Barclay avait raison ! Pour l'argent, Bruno s'est débrouillé. Ça a été juste, mais il y est arrivé. Le matraquage publicitaire commence chez les Gigliotti. Cinquante fois le disque passe. La famille et les amis défilent. Tout le monde pleure.

A Paris, Lucien et Dalida se voient sans cesse. Rapidement, leur lien se révèle plus que professionnel. Dalida s'en est aperçue un soir à Cabourg. Ils marchaient tous les deux sur la jetée. La plage était immense et presque déserte en cette heure de crépuscule. Soudain, le ton de Lucien change. Il se met à parler de lui. Ce timide ne se confie pas facilement et elle le sait. Elle aussi se met à parler d'elle, d'une autre façon, sans masque, et sans chercher à l'impressionner. Il lui a demandé d'être elle-même et, en cet instant, elle peut enfin l'être devant lui. Elle pense, à ce moment-là, qu'elle n'a jamais pu se dévoiler à un homme de cette manière. Elle se sent comprise. A dater de ce jour, une barrière est tombée.

Le visage de Lucien devient un paysage familier. L'anxiété hantée de son regard, les yeux enfoncés à l'ombre des orbites, les cheveux ondulés, les oreilles à la Gainsbourg. Mince, pas très grand, blond, nerveux. En fait, pas son type. Elle s'était toujours imaginée avec un grand brun athlétique. Mais, peu à peu, la réalité supplante le rêve.

Après les rendez-vous professionnels, les sorties, ils ont de plus en plus de mal à se séparer. Ils ont d'interminables conversations téléphoniques. Lucien ne se déclare pas, n'a pas un geste. Pourtant ses attentions, ses réactions sont celles d'un homme épris. Mais sa situation de famille et même la profondeur de ses sentiments l'empêchent de sauter le pas. Ils se regardent longuement, comme seuls des amoureux peuvent le faire. Elle se perd de plus en plus souvent dans son regard. Elle ne force pas les choses. Elle aussi hésite à sauter le pas.

Alors il fait pour elle une chose inoubliable, lui offre un cadeau si grand que tout va éclater entre eux. Et d'abord, c'est la bombe qui éclate. La bombe *Bambino.*

Bambino

Dalida vient de sortir son deuxième disque quand se déroule à Naples le festival de la chanson napolitaine. L'éditeur musical de Barclay, Philippe Boutet, est présent. A l'époque, les festivals sont très importants : ils lancent vraiment les chansons. Philippe Boutet est frappé par une ritournelle, *Guaglione.* Marino Marini la chante sur une musique de Fanciulli. En napolitain, *guaglione* signifie « gamin ». Philippe Boutet ramène la chanson pour l'éditer en France. La version hexagonale est confiée au parolier à succès Jacques Larue, auteur de *Cerisier rose et pommier blanc.* On trouve un titre italien compréhensible pour des Français, *Bambino.*

Boutet pense d'abord confier cette chanson à une vedette confirmée. Pourquoi pas Gloria Lasso ? Cette fameuse Gloria avec laquelle Dalida, si elle veut réussir, va devoir se mesurer. Mais Lucien demande à écouter ce que Boutet a ramené. Dès qu'il entend les premières notes à la mandoline, il bondit. La voilà, « la » chanson !

Boutet se fait tirer l'oreille. Ça lui semble un peu trop bien pour une débutante. Après l'avoir écoutée à son tour, Eddie, comme d'habitude, est de l'avis de Lucien. Boutet cède le titre à contrecœur.

A son tour, Dalida est convoquée pour entendre la merveille. Sa réaction est immédiate. Ce Bambino-là, c'est le sien ! Elle l'aime d'amour ! Cette fois-là comme chaque fois qu'elle écoutera une première fois une chanson, elle réagit au quart de tour à la manière du public. Comme si elle l'écoutait à la radio. Si elle lui fait battre le cœur, elle l'adopte.

Lucien lui conseille de répéter *Bambino* avec son professeur de chant. Quand elle lui présente la partition, Roland Berger s'arrête après les premières mesures :

« Qu'est-ce que c'est que cette merde, tu n'as pas honte ? »

Il n'aime que les grandes chansons. Cet air-là lui tape sur les nerfs. Dalida l'engueule à son tour :

« On voit bien que tu n'y comprends rien ! »

La porte claque derrière elle une dernière fois. Il n'y aura plus d'autre leçon. Elle sort furieuse, mais pas ébranlée.

A cette époque, une même chanson peut être chantée par soixante artistes. Pas question de se faire doubler cette fois-ci ! L'enregistrement a lieu le soir en grand secret. Tout se passe au mieux. Eddie sourit sous sa moustache, Lucien se frotte les mains. Dalida, elle, pleure de joie. C'est son troisième 45 tours en trois mois ! Elle ne se doute pourtant pas de ce qui va se passer.

A peine enregistré, *Bambino* est lâché sur les ondes d'Europe 1. Lucien matraque et ça réussit. La réaction du public est immédiate. Le titre tombe à pic. De Gaulle reproche à la France de ne pas faire assez d'enfants. Les allocations familiales poussent les couples à procréer. La croissance économique aussi. La morosité, le manque d'espoir des années trente et quarante laissent place à un optimisme qui repose sur l'idée de progrès. La société de consommation s'annonce. On va produire toujours plus et toujours mieux, pour une vie toujours plus facile, croit-on. On a donc besoin de beaucoup de clients. La France entière se met à bambiner. Combien de chérubins conçus au son du Teppaz — le fameux Teppaz qui commence à s'arracher —, avec, sur le tapis, la pochette de disque à l'effigie de l'orchidée noire de la chanson ?

Car l'idée de pochette d'Eddie est un grand succès. Les jeunes qui ne possèdent pas encore d'électrophone achètent quand même le disque, pour la photo. Ils font le siège des parents qui promettent d'acheter l'indispensable appareil si les résultats scolaires sont bons. L'industrie du disque se trouve révolutionnée. Eddie Barclay connaît de grands succès grâce au « sentimental » Eddie Constantine *(L'Homme et l'Enfant),* et aux Platters avec leur fumée dans les yeux. Mais Dalida, elle, devient « Miss 45 tours ».

En quelques semaines, elle détrône Jacqueline François qui se taillait une belle réussite avec *Que sera sera* classée première. *Bambino* restera dans les vingt premières places du hit-parade pendant une année entière, et Dalida sera la première femme Disque d'or : il est créé pour elle. La presse l'appelle maintenant « la Bardot de la chanson », opposant volontiers la brune et la blonde. Toutes deux balancent des hanches dans leur large jupe fleurie, pigeonnent du buste dans leur décolleté de broderie anglaise et vont d'un pas dansant grâce à leurs ballerines. Leurs coiffures montent, montent, échafaudages de mèches de sauvageonne et de chignons choucroute. Les filles imitent l'une ou l'autre, car si les ingrédients de base sont à peu près les mêmes, le style de femme est très différent. Bardot est femme-enfant, Dalida femme-femme. Mais, à l'encontre de Bardot qui a dû tourner plusieurs films avant d'éclater dans *Et Dieu créa la femme,* Dalida connaît un début de carrière météorique.

Coquatrix, lui aussi, est aux anges. La chanson, qui se languissait, reprend vie avec l'arrivée du premier sex-symbol du music-hall français. Dalida est aussi la première chanteuse à avoir son fan-club, privilège jusqu'alors réservé aux hommes — Gilbert Bécaud *(Monsieur 100 000 volts),* Luis Mariano avec sa *Belle de Cadix,* sans compter Tino Rossi, immortel *Petit Papa Noël* corsico-hexagonal.

La tornade venue du Caire

Dans un article sur les disques des années cinquante, Patrice Delbourg se souviendra de « cette longue fille sensuelle qui sait bouger sur scène » : « La tornade venue du Caire balaie tout sur son passage [1]. »

Comme pour tester son assurance toute neuve, Dalida en rajoute encore sur le rimmel : elle invente le « maquillage pharaonique » ! Le trait continue sur la tempe, allongeant exagérément le regard comme sur les fresques de l'Ancienne Egypte. Revanche éclatante de la petite

1. *L'Evénement du jeudi,* 1985.

« Quatr'z'yeux » de Choubra. Comme si ça ne suffisait pas, le sourcil est lui aussi nettement accentué pour encadrer l'œil. On voit des pharaonnes dans les rues de Paris. Dans les collèges, les professeurs envoient les filles se débarbouiller dans les vestiaires. On n'a jamais vendu tant de rimmel.

Dalida, qui a commencé en chantant *Madonna,* est la Madonna des années cinquante. La Madonna américaine s'intéressera d'ailleurs beaucoup à elle lorsqu'elle sera obscure choriste de Patrick Hernandez à Paris. Elle demandera à rencontrer Dalida et, parvenue à la célébrité, continuera à répéter qu'elle l'aime beaucoup... Car Madonna, comme d'autres, suivra la voie que Dalida a ouverte. Avant elle, la grande presse ne s'intéresse guère aux chanteuses, seulement aux mannequins, aux princesses et aux actrices. Mais *Jours de France, Cinémonde,* font rêver les midinettes. Pourquoi ne pas en profiter pour exploiter au maximum le physique de Dalida, se dit Eddie Barclay ?

En 1955, Dalida fait la couverture de *Cinémonde,* pâmée à la Marilyn sur du velours rouge, les yeux mi-clos sous les cils épais, les sourcils très dessinés, la bouche écarlate, dans les bras du « jeune premier qui monte », Gil Vidal — toujours lui. Le cliché est de Sam Levin, le photographe des stars, dont le travail avec Bardot est célèbre. En 1956, Dalida est définie ainsi dans *Barclay Actualités :* « Mystérieuse Sensuelle Fascinante Etrange Secrète Troublante Gourmande Charnelle ». N'en jetez plus ! Comme si c'était trop, elle fait la moue. BB aussi, dont c'est le signe distinctif. La moue fait partie du « mauvais genre », le sourire est gnan-gnan. La femme s'affirme. La moue de Bardot est plutôt passive — « laissez-moi tranquille » —, celle de Dalida plus active — « on ne m'imposera rien, je fais ce qui me plaît ».

Le style napolitain de *Bambino* l'amène à poser souvent dans des attitudes et des décors néo-réalistes. *Ciné-Regard* la montre parlant à un peintre sur les quais de la Seine, tout en lui trouvant « les grands yeux des créatures de Baudelaire ». La couverture du disque est un petit chef-d'œuvre du genre. Appuyée à un mur lépreux, elle tient par l'épaule un guaglione admiratif. La belle a l'air lointain des désoccupés. La photo semble aujourd'hui très actuelle. Agé d'une dizaine d'années, décoiffé, débraillé, lui semble porter le pantalon retaillé de son grand frère. Elle, cheveux aux épaules et mèches rebelles, porte un chemisier blanc très simple, un jupon coloré, des escarpins. N'importe quelle fille bien faite peut copier ce style. Elle est « Mademoiselle tout-le-monde » en mieux. Les midinettes se disent « moi aussi ». Les hommes s'identifient au guaglione. Dalida n'est pas seulement une vamp inaccessible, c'est aussi la sœur chic fille qui vous comprend. Le cocktail est excitant.

Dans la chanson, le guaglione est amoureux, jusqu'aux oreilles et au-dessus de ses moyens. Il se plaint à une autre femme — Dalida dédoublée — de la belle indifférente. Maternelle, elle le calme :

Les yeux battus, la mine triste et les joues blêmes,
Tu ne dors plus, tu n'es que l'ombre de toi-même

Seul dans la rue, tu traînes comme une âme en peine,
Et tous les soirs sous sa fenêtre on peut te voir...

La cause de son adoration l'entoure affectueusement de son bras tout en regardant ailleurs. Celle qui dit non et qui console parce qu'on a dit non, cette mère, cette sœur, c'est l'objet interdit du désir, frappé du tabou de l'inceste. Tous deux sont tristes de cet interdit. N'avait-elle d'ailleurs pas commencé en chantant *Madonna,* l'intouchable ? Et Dalida, l'éternelle abandonnée, c'est aussi le guaglione, l'enfant dont elle dira plus tard qu'il pleure toujours au fond d'elle. Pour son premier succès, celle qui chantera toujours les grands thèmes populaires de l'amour et de la mort, de la fusion et de l'abandon, de l'extase et du chagrin, a choisi le plus éternel : l'Œdipe.

En 1956, Bardot épate dans *Et Dieu créa la femme,* et Grace Kelly joue son plus grand rôle : celui de princesse de Monaco. Mais on a peine à imaginer ce qu'a pu être *Bambino.* On l'entend partout. Quand on monte l'escalier des immeubles, *Bambino* passe à travers les portes. Dans les cours, il s'échappe des fenêtres ouvertes. Les vendeuses des quatre-saisons le fredonnent sur les marchés, et dans les rues, les peintres le sifflent du haut de leurs échafaudages. *Bambino* est, comme on dirait aujourd'hui, incontournable. Il fait partie de la culture populaire.

Cette ubiquité n'est pourtant pas du goût de tout le monde. Trop de succès agace. Certains critiques font la fine bouche. *Music-Hall* fait de l'humour bon enfant :

« Son nom évoque une certaine vamp astucieuse de la Bible et une marque de jambon. Tout cela convient assez bien au personnage car Dalida est à la fois fraîche et capiteuse, apparemment dangereuse (pour un homme, s'entend) avec un œil noir, des cheveux aile de corbeau et un grain de beauté sur la joue gauche qui invite à la consommation. »

Paul Giannoli, lui, grince carrément des dents :

« La première agression de Nasser contre la France, ce n'est pas le canal de Suez, c'est Dalida ! »

Mais le public en redemande. Les hommes adorent ce mélange de la vamp et de la bonne fille — n'est-ce pas ce dont ils rêvent tous ? Contrairement à Bardot, Dalida plaît aussi aux femmes dont elle n'excite pas la jalousie. Son côté intouchable la leur rend inoffensive. Et elle chante si bien le chagrin qu'elle doit le connaître. La solidarité féminine du malheur fonctionne à plein.

Elle ne divise pas non plus les générations : si le côté glamour plaît surtout aux hommes plus âgés, l'aspect « chic fille » est apprécié par les jeunes. Gamines et mères de famille perçoivent l'amie, bonne, généreuse et simple. Elle possède la caractéristique nécessaire des stars de la fin d'un vingtième siècle qui se veut planétaire : la capacité d'universalisation.

Même les autres chanteurs ne peuvent la haïr quand ils la rencontrent. Ils comprennent qu'elle n'a pas calculé, que cette gentille bosseuse est stupéfaite d'un succès qui la dépasse. Dans cette époque très riche pour la chanson française, les talents, de Piaf à Brel, ne manquent pourtant pas. D'ailleurs elle chantera bientôt les mêmes chansons.

Il reste quand même une rivale à vaincre et qui, ça se comprend, ne la porte pas dans son cœur. Entre Gloria Lasso et Dalida, le torchon brûle. Dalida jure qu'elle n'a pas voulu ça, qu'elle aime bien Gloria et qu'il y a de la place pour deux. Ça lui coûte peu puisqu'elle occupe la première... Gloria défend sa peau et monte au créneau. La presse adore mettre de l'huile sur le feu. Ce crêpage de chignon amuse. Gloria s'y prête car elle espère ainsi reprendre le dessus. Elle croit que sa rivale ne durera pas. Mais Dalida a un registre plus étendu, davantage de sex-appeal. Sa voix s'installe et devient la « voix de l'amour ».

Aime-moi

Sur le même disque figure une autre chanson, *Aime-moi.* C'est Lucien qui l'a choisie. Il lui parle ainsi, par musique interposée. Il reste suspendu au bord d'une déclaration comme au bord d'un abîme. Sans doute craint-il en plongeant d'être emporté par *Le Torrent* (autre chanson). Le torrent de sa passion pour cette femme passionnée en qui il pressent des remous, des tourbillons qu'elle-même ignore encore. Où tout cela l'entraînera-t-il ? Doit-il bouleverser sa vie, blesser deux êtres qui l'aiment ? Plus il fait barrage, plus montent les eaux du désir. Et puis, la donne a changé. Cette jeune fille solitaire et démunie était comme un jouet entre ses mains. Maintenant, comme dans le conte d'Hoffmann, la poupée Dalida s'anime, vit sa propre vie et risque d'échapper à son créateur. Avec le succès, les admirateurs se font nombreux. Et elle pourrait bien se lasser d'attendre...

Un jour, il l'emmène chez des amis aux environs de Paris. Dans la voiture, il lui dit :

« Tu sais, un homme est très embarrassé dans certaines circonstances...

— Pas toi, tu es toujours si sûr de toi, répond-elle.

— Ah bon ? » répond Lucien.

Et ça s'arrête là...

Ils déjeunent, jouent aux boules dans une joyeuse ambiance. Lucien la raccompagne en voiture. Ce soir-là, il pleut, pourtant le cœur de Dalida est en fête. Elle sent que quelque chose va lui arriver. Quelque chose de formidable. Elle ne sait pas quoi. Elle chantonne. Il adore ça. Il sourit.

La voiture s'arrête devant chez elle. Elle habite un petit deux pièces meublé rue Balzac. Devant la porte, ils ne se serrent pas la main comme d'habitude. Ils restent plantés l'un en face de l'autre. Ils se regardent sans trouver un mot à se dire. Ceux qui viendraient seraient trop lourds, trop graves. Comprenant qu'il ne parlera pas, Dalida monte chez elle. La porte fermée, elle éclate en sanglots. Elle se couche. On sonne. Elle ouvre, c'est Lucien, dans un affreux embarras. Il lui tend un recueil de mots croisés. Il sait qu'elle adore ça.

« On en fait un ?

— Tu sais l'heure qu'il est ? »

A nouveau, ils se regardent.

« Alors ? » dit Dalida.

Elle se tend vers lui. Enfin, il l'embrasse. Puis lui déclare son amour.

« Tu sais, dit-elle doucement, j'avais compris... »

Mais comprendre ne suffit pas. Les mots sont nécessaires, ces mots qu'elle a attendus longtemps. Elle a trouvé un port, un abri. Elle se dit qu'elle n'aura plus jamais froid. Les bras de Lucien lui font un manteau de tendresse. Ses mains sont dans ses cheveux, sa bouche sur la sienne. Il tremble de passion. Elle se laisse faire, elle se prête. Pour elle, le désir est-il au rendez-vous ? Elle ne se pose pas la question. Elle est très jeune et sait peu de chose de l'amour. Lucien, c'est l'Homme. Le miracle. Il lui a tout donné, tout appris. Quand il est arrivé dans sa vie, elle craignait de lâcher prise. Tout devenait trop dur. Il lui a rendu le goût de la lutte, lui a permis d'oser réussir, d'oser déployer ses possibilités de séduction. Il lui apprend aussi à dominer ses excès, à contrôler son caractère ombrageux. Il lui a surtout donné la gloire. Elle attend maintenant qu'il lui apprenne à devenir une femme. Qui d'autre pourrait le faire ?

A pas chavirés, ils se dirigent vers la chambre, et la nuit se referme sur eux.

L'année de tous les succès

1956 est pour Dalida l'année de tous les succès. C'est aussi celle de tous les dangers. La crise de Suez éclate en Egypte. Les derniers soldats anglais s'en vont le 18 juin. Le 26 juillet, à Alexandrie, devant une foule en délire, Nasser annonce la nationalisation du canal. C'est la fin de la colonisation. Ce qu'on n'appelle pas encore le « tiers monde » défie l'Occident. Israël attaque le 29 octobre. Le 5 novembre, les soldats anglais et français débarquent à Port-Saïd. Le canal, nécessaire au passage des pétroliers, est hors d'usage. Nasser prêche l'union des pays arabes. Une nouvelle ère commence.

Dalida se dit qu'en France elle pourra enfin développer sans crainte ses racines. Son histoire avec Lucien le confirme : les déracinés ont pour leur pays l'amour de ceux qui connaissent le prix d'un chez-soi. L'Egypte, c'est la terre d'enfance, celle qu'on n'oublie jamais. Mais cette fois, le temps des Européens est terminé. L'identité arabe remise en question par la colonisation se cherche à nouveau ; l'Occidental apparaît comme l'empêcheur de ces retrouvailles. Sur place, certains sont déjà partis, d'autres préparent leur départ. Dalida se souvient de la promesse donnée à sa mère. Le succès, ce n'est pas seulement la gloire, c'est aussi l'argent. Avec cet argent, elle la fera venir. Cette idée en tête, elle travaille encore plus dur.

Elle ne s'interroge pas à propos de son amour. Lucien lui a fait un cadeau de plus : il lui a donné la paix du cœur. Le sentiment de la sécurité qui lui faisait défaut depuis la mort de Pietro. Elle regarde son bon sourire, ses yeux tristes, son air un peu chien battu. Comme elle, il compense sa part d'ombre par une énergie indéfectible. D'un côté ils sont très différents : ses colères à elle rebondissent sur son mutisme à lui, un calme qu'elle sent trompeur. D'un autre côté, ils sont pareils. L'envie de vivre à cent à l'heure, le goût du succès comme un alcool.

Dalida s'installe dans un appartement meublé, avenue Paul-Doumer. Encore une fois, elle y a pour voisin Alain Delon. Lucien et elle s'étourdissent, sortent beaucoup — c'est professionnellement nécessaire. Parfois ensemble et, de plus en plus souvent, chacun de son côté. Le reste du temps, ils travaillent. Elle avait imaginé qu'ils seraient toujours ensemble, mais justement, quand le reste est en abondance, c'est le temps qui manque. Lucien le nie. Il répète :

« Nous avons tout le temps. Toute la vie devant nous. »

Elle est jeune et naïve. Elle ne voit jamais le mal chez les gens. Lucien la protège contre les médisances, les rivalités. Il l'aime innocente. D'ailleurs, comme ça, elle a toujours besoin de lui.

Mais il se dit aussi que l'histoire d'amour avec la critique et le public ne durera pas toujours. Dans une carrière il y a des hauts et des bas, et quand il y a plusieurs hauts, c'est l'exception. La plupart des chanteurs n'ont pas droit à un second acte. Le music-hall aime la chair fraîche.

Il dit :

« Plus tard, quand ça se calmera un peu, on partira en vacances... Tu te feras oublier un temps... »

Elle pense qu'il met un frein à leur amour. Le temps, c'est maintenant qu'il leur en faut. Toujours ces calculs professionnels... Mais il est Lucien Morisse. Il sait. Il dit encore :

« Plus tard, tu comprendras que j'ai raison. »

Et c'est vrai. Mais c'est le début de quelque chose de terrible. D'un dédoublement meurtrier entre Dalida et Yolanda. Où la première dévorera la seconde, morceau par morceau...

L'Olympia

Lucien continue :

« Il faut savoir ce qu'on veut. Faire des sacrifices... »

Et les sacrifices, ça la connaît. D'ailleurs, c'est vrai que ce n'est pas le moment de se relâcher. Coquatrix veut la faire passer à l'Olympia. Il l'inscrit en supplément au programme, après l'ouverture, avant la vedette anglaise. Une fois de plus, elle sera la « révélation ». En première partie on trouve des numéros visuels, des acrobates et des chansonniers. La deuxième partie, après l'entracte, revient à la vedette, Georges Guétary. A l'époque, un talent n'éclate pas en une fois. On se prépare et on apprend son métier.

Comme beaucoup d'autres, Guétary a enregistré *Bambino.* Il n'a pas l'intention de laisser la « révélation » chanter à sa place le grand succès du moment. Dans un de ces coups de théâtre auxquels on ne s'est pas encore habitué, Dalida refuse.

« Si on me prend *Bambino,* qu'est-ce qui me reste ? »

Coquatrix est à la fois épaté et amusé. C'est la première fois qu'une débutante a ce culot. On ne refuse pas l'Olympia. Elle, si.

Il la déplace au programme suivant, un mois plus tard, avec Aznavour. Un chanteur qu'elle aime. Elle partagera la première partie avec « les Hoppers, danseurs et sauteurs sur échasses », les clowns Tom et Jerry, et les Peter Sisters que la presse qualifie de « chanteuses grasses en robes mauves »...

Le public lui fait un triomphe. Elle n'a que quatre chansons à son répertoire : *Miguel Miguel, Madonna, Les Chemins de l'éternité* écrit pour elle par Aznavour dans le style negro spiritual, et la dernière, *Bambino.* Elle doit la trisser faute d'autre chose au programme... Ça ne fait rien, le public veut du *Bambino* et encore du *Bambino.* Le soir de la première, Coquatrix, ravi, lui signe un contrat en américaine pour le passage de Gilbert Bécaud en septembre et un autre en vedette un an plus tard.

La presse est partagée. *Le Figaro,* tout en reconnaissant qu'elle prend la place de Gloria Lasso, la traite de sous-produit falot d'Amalia Rodriguez. Mais le critique Henry Jacques, lui, affirme :

« Dalida est de celles qu'il suffit d'écouter une seule fois pour désirer en faire la compagne invisible et présente des heures du jour et du soir. »

Ce n'est pas Lucien qui dira le contraire. Il la regarde, sur cette scène célèbre, dans sa robe de mousseline turquoise. Ses lèvres rouges, ses dents très blanches, ses cheveux et ses sourcils très noirs. Toute en contrastes. Ses gestes sont sobres, elle n'a pas encore appris à bouger. Elle se tient les poings sur les hanches, puis ses bras s'ouvrent dans un geste qui implore et ses mains reviennent se poser sur son cœur. Elle a le sens du pathétique comme personne et rend vraies les paroles banales. *La Discographie française* écrit :

« Sa voix caresse et fait rêver. Elle bâtit un monde factice peut-être, mais nécessaire, un monde en forme de châteaux en Espagne, d'amour merveilleusement éternel, et de conte de fées réalisé en trois minutes, le temps d'une chanson. »

Mais, comme dit Lucien, « il y a encore du travail ». Avant son retour à l'Olympia, Coquatrix décide de la faire passer en vedette américaine à Bobino. C'est la coutume. Bobino, c'est le music-hall de la rive gauche, une bonbonnière charmante de douze cents places. Puis, en août, une tournée avec Annie Cordy. Et déjà septembre est là. Elle doit repasser à l'Olympia, cette fois en américaine. Elle n'a pas le temps de se préparer. Lucien ne la sent pas prête pour terminer la première partie. On gravit les marches du music-hall une à une et il est très difficile, à l'Olympia, de conquérir la place de choix.

Lucien se demande si ça ne va pas un peu vite. Certes, elle a acquis souplesse et assurance et elle habille ses chansons. « Quand elle chante *La Violetera,* écrit un journaliste, on sent les violettes. » Elle met en scène chaque chanson comme un minidrame, utilisant sa courte expérience d'actrice.

« Elle démodera tout le monde », se réjouit Lucien.

Mais le succès de *Bambino* doit être confirmé. Combien de chanteurs-feux de paille, propulsés vers la gloire par un succès unique, retombent aussi vite dans l'obscurité ?

Pas Dalida : en 1957 *Le Ranch de Maria* et *Tu n'as pas très bon caractère* la maintiennent dans les dix premières places.

Lorsqu'elle repasse à l'Olympia en septembre, elle n'a pas encore trouvé ce deuxième succès dont elle a besoin. A l'entrée, on s'écrase, on frise l'émeute. *Le Monde* est impressionné :

« Du beau monde, carton au poing : un ministre, un secrétaire d'Etat, deux préfets, trois danseurs de l'Opéra, quatre comédiens-français, suivis du gros de la troupe, plusieurs bataillons de vedettes de cinéma. »

Et, à nouveau, la surprise : les journalistes attendaient une vamp agressive moulée de velours noir, ils découvrent « une ingénue en robe blanche de premier bal ».

Pas évident : « Monsieur 100 000 volts » est en pleine ascension. On casse les fauteuils à ses spectacles. De plus, le soir de la première, Bécaud s'évanouit en scène, ce qui affaiblit l'impact de Dalida. En fait de fauteuils cassés, elle sauve les meubles. Sa voix un peu rauque, dit-on, réveille des instincts primaires, comme de marcher pieds nus au soleil...

Mais Lucien se reproche d'avoir été imprudent. En fait de soleil il a eu d'autant plus chaud que Peppina était dans la salle. Dalida lui a payé le voyage. Elle pensait la rassurer mais ce qu'elle voit le soir de la première l'angoisse encore plus.

« Dans quel monde de fous tu t'agites, ma fille ! » s'écrie-t-elle, nullement bluffée.

Elle sent, avec son amour de mère, ce que personne d'autre ne voit, pas même Lucien : sa fille est épuisée, elle mène une vie de bâton de chaise. Il y a trop de monde autour d'elle, comment peut-elle respirer ? Chaque matin, chez elle, elle est ensevelie sous une tonne de courrier. Dans la rue elle ne peut plus marcher tranquille, on lui demande à chaque pas des autographes. Et quand elle ne va pas au restaurant, elle se nourrit de café.

« On ne mange pas bien dans les restaurants ! proteste Peppina. Ça n'est pas sain comme à la maison. Pas étonnant que tu aies perdu du poids ! »

Dalida n'ose pas avouer qu'elle a minci exprès. Peppina regarde Lucien d'un air accusateur.

« Pourquoi ma fille ne mange pas ?

— On est en France, maman, pas au Caire ni en Calabre ! » s'amuse Dalida.

Mais Lucien, voyant ce regard maternel fixé sur lui, n'en mène pas large. Il lui semble que Giuseppina, cette femme simple, encore étourdie de sa descente d'avion, voit tout, comprend tout. D'autant qu'en repartant elle fait appel à ses bons sentiments :

« Surtout, veillez bien sur elle, qu'elle ne prenne pas froid ! »

Il se dit qu'il doit divorcer. Dalida — Yolanda plutôt — est de celles qu'on épouse. N'a-t-elle déjà pas assez d'ennuis avec le magazine italien *Bella* qui l'accuse d'espionnage au profit de la France ? C'est rocambolesque, mais elle doit quand même prendre un avocat...

La course folle dans le grand huit du succès continue. Le 19 septembre 1957, elle reçoit son disque d'or pour la sortie du trois cent millième *Bambino.* Dans un grand restaurant parisien, Nicole Barclay lui remet une gerbe de fleurs. Dalida rit, tête penchée, regard en coin, timide et heureuse. On l'appelle « la femme à fans », « le pur-sang calabrais ». En couverture de *Cinémonde,* regardant à travers des branches de mimosa, les cheveux plus courts et bouclés, elle ressemble à son modèle : Rita Hayworth.

Gondolier

Ça y est : Lucien l'a trouvé, le *Bambino* numéro deux ! Ça sera son cadeau de Noël, il sortira pour les fêtes. *Gondolier* raconte l'histoire d'un homme simple aux pieds nus, dieu populaire de la mer et du soleil. Venise n'a jamais été aussi à la mode. Tous les amoureux du monde rêvent de s'y rendre en voyage de noces. Cette idée a-t-elle influencé le choix de Lucien ? Dans *Gondolier,* il y a encore de l'Italie et des mandolines, mais le romantisme remplace le néo-réalisme, et le velours de la voix chatoie davantage.

Succès pharamineux. Les gamines délaissent leurs socquettes, trébuchent sur des escarpins. A chaque coin de rue, elles imitent Dalida, cheveux en broussaille, rimmel coulant, se prennent pour des incarnations de l'Eternel féminin. Les parents s'inquiètent de voir leurs filles jouer les vamps. Oubliées au profit des sixties et de l'explosion du désir, les années cinquante furent en fait une période très riche, très inventive. On est encore assez collet monté, pourtant, une certaine féminité s'y épanouit sans complexes. Quelque chose de cette décennie s'attachera toujours à Dalida. C'est l'époque des premières femmes libérées : Dalida dans la chanson, mais aussi Bardot au cinéma et Sagan à la plume, sans compter Gréco dans les caves de Saint-Germain. Ces jeunes femmes se promènent volontiers les pieds nus, elles ont le cheveu libre, la repartie rapide, la bouche gourmande et le nez au vent. Ces pionnières n'ont peur de rien. Les sixties marqueront une certaine régression : les femmes y paient leur entrée dans le monde du travail en effaçant leur féminité. On y célèbre les Cosette à la Twiggy, les garçonnes à la Birkin...

Aux USA, James Dean, l'idole disparue, a marqué le début de la révolution teen-age. Les jeunes filles ne se contentent plus d'attendre le prince charmant : elles vont à sa rencontre, balançant des hanches dans leur robe-ballon. Dalida, elle, continue d'aller au-devant du succès. *Gondolier* l'y installe pour de bon.

« Cette fois, se dit Lucien, la bataille est gagnée. »

Sûr de lui, fier d'elle, il ose écrire à Peppina pour lui dire qu'il est amoureux de sa fille.

La France, elle, n'est plus si gaie. La guerre d'Algérie avait commencé le 1er novembre 1954 avec des attentats dans les villes et l'insurrection dans les Aurès. Le pouvoir du FLN s'affirme en 1956. En 1957, c'est la bataille d'Alger. Victoire militaire, mais échec psychologique. De nombreux civils algériens basculent dans la haine de la France. En métropole, les familles, consternées, voient leurs fils partir pour une sale guerre. L'issue paraît incertaine et le souvenir de Diên Biên Phû est toujours dans les mémoires. Le pays est déchiré. Beaucoup de Français comprennent à la fois l'aspiration des Algériens à l'indépendance et la douleur des pieds-noirs. Neuf cent mille d'entre eux seront bientôt contraints à l'exil. Dalida ne peut être insensible au drame qu'ils vivent : il est trop proche de celui des Européens en Egypte. Elle n'hésite pas lorsqu'on lui propose, en 1958, d'aller chanter à Alger devant le contingent.

Le 18e régiment de paras la prend pour marraine. Aux murs des chambrées, trois photos : celle de De Gaulle, de BB et de Dalida. Dalida ressort de la visite coiffée d'un béret. Elle en gardera le goût. Elle se rend à l'hôpital El Biar, au chevet des soldats blessés. Et elle a une amie, Jeannine. Celle-ci vit avec le chansonnier Jean-Louis Blaise et accompagne la tournée. Pied-noir, elle ouvrira plus tard un restaurant près des Champs. Dalida et elle se reverront à Paris, partageront des secrets de femmes, ce qui rendra Lucien un peu jaloux.

Si Dalida se reconnaît en les pieds-noirs, eux se reconnaissent aussi en elle. Elle ressemble aux filles de chez eux. Lorsqu'ils rentreront en France, ils la ramèneront dans leurs valises, avec Enrico Macias. Dans les rues de la métropole, les jeunes filles pieds-noirs feront autant de clones supplémentaires de Dalida...

Le climat de tristesse qui s'abat sur la France se retrouve dans la chanson *Gondolier.* Sur le même disque, *Le jour où la pluie viendra,* de G. Bécaud et P. Delanoé, annonce lui aussi une Dalida d'une mélancolie plus discrète, plus sophistiquée. Cette atmosphère brumeuse contraste avec les rythmes ensoleillés de *Bambino.* La presse parle de « cette grande fille brune au regard perdu, à la voix si triste ». Désormais, il y a deux faces de Dalida : celle qui rit et celle qui pleure.

Dalida-qui-rit fait cette même année ses débuts dans le cinéma français. Dans *Brigade des mœurs,* elle a un rôle de chanteuse face à... Eddie Barclay. Décidément, le souvenir de l'espionne biblique lui colle à la peau. Ce film gentil, bien dans le ton de l'époque, est le premier d'une série. Elle s'y montre si spontanée, si vivante, qu'on se demande pourquoi elle devra attendre si longtemps pour qu'un metteur en scène de premier ordre s'intéresse à elle.

Tournées

En 1958, elle reçoit l'Oscar de Radio Monte-Carlo, qu'elle gardera sept années consécutives. Rien ne semble plus pouvoir l'arrêter. La presse la montre cheveux au vent, assise à côté d'un Lucien au sourire triomphant dans sa nouvelle Floride décapotable. Cette voiture qui évoque les coupés américains est la nouvelle coqueluche des Français. Entre Lucien et Dalida, un transistor. Photographiés de dos, ils semblent laisser le vieux monde en arrière. Ils incarnent le mythe de la bagnole, instrument de la nouvelle liberté, accessoire indispensable d'une vie « moderne » faite de vacances, d'insouciance et de prospérité... Pollution, embouteillages, morts sur les routes : on ne pense guère alors au prix à payer pour une vie pied au plancher. Dans leur bolide, Lucien et Dalida paraissent invincibles. Elle affirme à qui veut l'entendre :

« J'aime le grand air, le soleil et la mer. Je déteste les plages trop agitées, trop riches, trop élégantes. Je ne suis pas snob, je veux du vrai. »

Elle part en tournée. A ce rythme-là, peu de femmes tiennent le coup. Heureusement, elle se révèle avoir une santé de fer. Fraîche comme une rose, elle chante dans une robe blanche à volants de broderie anglaise, coulissée de rubans de velours mauve. Pour beaucoup de filles, ce sera la robe de l'été.

L'effort est payant. On vend des *Gondolier* à la pelle. On s'évanouit beaucoup dans le public. A force de signer « votre amie Dalida », elle a le poignet endolori. A Lyon, elle est bloquée deux heures dans sa loge par des admirateurs déchaînés.

Elle se produit ensuite à Bobino en vedette dans une robe de velours rouge de Jean Dessès. Elle n'est plus à court de répertoire : elle chante quinze chansons dont dix au hit-parade. Et elle reçoit, avec Yves Montand, les « Bravos du Music-Hall ». Ce trophée en forme de deux mains de bronze qui applaudissent est l'équivalent des actuelles Victoires de la musique. Peppina, émue, contemple la première photo de sa fille en compagnie d'un homme d'État. Roger Frey, ministre de l'Intérieur, lui baise la main, l'air gourmand.

Elle est classée vedette la plus populaire de France. Elle est ravie du retour de De Gaulle aux affaires, le 13 mai 1958. Elle aime les grands hommes, elle est servie. La fin de la Quatrième République ressemble à un coup de force. Perdue dans un parlementarisme stérile, la France espère que de Gaulle lui redonnera une vertu et ramènera la paix en Algérie.

Elle chante *Come prima.* Mais plus rien ne sera comme avant. L'après-guerre se termine, la France va perdre, après l'Indochine, le plus beau joyau de son empire. Le pays dit déjà au revoir à l'Algérie. Dalida se lamente : *Ciao ciao bambina.*

Alors qu'on se demande si les paras vont tomber du ciel, elle interprète aussi l'immortel tube de Modugno, *Nel blù dipinto di blù,* « Dans le bleu du ciel bleu ». Et accompagne l'exil des pieds-noirs en chantant *Les Gitans :*

C'est le chant des errants
Qui n'ont pas de frontières...

L'affiche de Barclay la montre en gitane rebelle. La lèvre se retrousse sur les dents, à la Presley. La presse reconnaît que Dalida est une force de la nature. Elle touche entre trois cent cinquante mille et quatre cent cinquante mille francs pour un tour de chant. A l'époque, c'est beaucoup. Paul Giannoli dit dans *Paris-Presse :*

« Toutes les méchantes choses que vous avez lues sur vous, c'est moi qui les ai écrites. »

Elle répond :

« Qu'est-ce que vous voulez que ça me fasse ? J'ai trois disques au hit-parade, je fais craquer les salles. Alors, écrivez ce qui vous fait plaisir ! »

Enfin, elle prend sa revanche sur ceux qui, depuis toujours, l'ont embêtée ! Enfin, elle peut se permettre de s'en moquer ! Lunettes et œufs durs ne sont plus que matière à anecdote. Les journaux à confidences s'arrachent ses minimémoires.

Jouant tous les rôles à la fois, elle récolte tous les suffrages.

« Les complaintes des filles perdues et délaissées étaient chantées par des désespérées au visage triste, habillées d'une vilaine robe noire dissimulant un corps qui malheureusement n'avait rien à dissimuler », écrit *Pin-up* qui se félicite : enfin le music-hall français a du sex-appeal !

Pour qu'on ne s'y trompe pas, Dalida s'offre une pose de pin-up. « Bad girl » des années quarante-cinquante, la pin-up fait rêver les jeunes gens boutonneux. Ses seins en obus, ses cuisses aérodynamiques encouragent patriotiquement les petits gars qui montent à l'assaut. En Betty Grable hexagonale, Dalida « a de quoi ». Son déshabillé vaporeux s'ouvre sur un soutien-gorge de dentelle noire à fond crème. La France envie Lucien.

Dans le cocktail « sophistiqué mais simple » des fifties, qui restera la base de son image, elle accentue, suivant l'humeur et le temps, l'un ou l'autre aspect. Quand elle doute d'elle-même elle en remet, quand elle a confiance elle en enlève. En ce moment, elle a toutes les raisons d'avoir confiance. Elle va s'acheter un appartement, deux étages reliés par un petit escalier de marbre noir rue d'Ankara, pour abriter ses amours avec Lucien. Elle passe du déshabillé au pantalon corsaire, sweater ajusté, ballerines. Encore une fois, n'importe quelle fille peut s'acheter la panoplie, à condition d'avoir ce qu'il faut pour mettre dedans.

Cette mode ajustée met le corps à l'honneur ; on discute régimes et diététique. En Amérique, Gayelord Hauser vante les mérites du jus de fruits et des cocktails de légumes. Bronzage et amaigrissement sont les signes d'une société d'abondance qui ne craint plus de manquer de toit, de vêtements ou de nourriture. Vaincue, la nature devient mythique. Dalida chante *Rendez-vous au Lavandou.* A défaut de vacances, elle fait de grandes promenades dans Paris et se met au régime « fruits ». En bikini, elle croque la grappe de raisin qu'une main masculine lui tend. Le message est clair, chères lectrices du magazine. Seulement Dalida, quand elle maigrit, c'est aux bons endroits.

Son homme revenu de guerre, la pin-up des fifties se mue en fée du logis. Le port du déshabillé doit s'accompagner d'un savoir-faire culinaire.

C'est la cuisine
Qui retient les petits maris qui s'débinent,

chante Gréco. L'homme est le centre du monde, et si la femme déploie ses talents, c'est pour lui plaire. Dalida, la reine des œufs au plat, se fait photographier dans sa cuisine, l'air absorbé. Il est de bon ton de minimiser sa carrière, ou de dire que ça ne durera pas. Dalida fait ça naturellement. Elle se vit en conquérante et se rêve en repos du guerrier. En fait, elle veut tout, tout de suite, mais elle s'excuse :

« Ma mère n'a pas réussi à faire de moi une bonne maîtresse de maison. Je sais à peine recoudre un bouton. »

« Ce que je souhaite : dix ans de succès plus le grand amour et une vie de famille. »

La ménagère qui s'ennuie dans sa cuisine se dit que Dalida aimerait bien être à sa place et ne lui en veut pas de son purgatoire sous les projecteurs. D'ailleurs c'est vrai : le rêve, c'est toujours ce qui vous échappe.

Boule de nerfs

Une autre face du personnage apparaît. Après Dalida-qui-rit et Dalida-qui-pleure, c'est Dalida-qui-tempête. « Je suis une boule de nerfs ». Il est normal que l'explosion d'une étoile s'accompagne d'éclats. Dans *Tu n'as pas très bon caractère,* c'est d'elle aussi qu'il s'agit. Elle saura toujours brocarder ses défauts dans ses chansons, comme bien plus tard :

On dit que j'ai l'accent qui roule,
Des chansons qui roucoulent,
C'est vrai,
On dit que je bats mes musiciens,
C'est vrai,
Mais comme dirait la Mistinguett,
Je suis comme le Bon Dieu m'a faite,
Et je ne serais pas Dalida,
Si je n'étais pas comme ça.

Sous la pression, son anxiété se transforme en fureur. C'est l'envers de son perfectionnisme.

« Est-ce qu'il y a plus emmerdeuse que moi ? Oui, Marlène Dietrich. » Marlène, de qui la féminité ambiguë, la voix rauque et le style décidé la rapprochent. La guerre a tôt appris à Lucien à ravaler les manifestations d'émotion dangereuses, la pratique du pouvoir à présenter une façade lisse. Il fait beaucoup d'efforts pour l'amener à contrôler ses colères. Résultat : la vapeur s'accumule plus longtemps, mais quand la cocotte-minute explose, ça fait davantage de bruit.

Ceux qui la connaissent le mieux n'apprécient pas, mais ils apprennent à comprendre. Quand elle chante elle est dans un autre monde, plus haut que terre, soulevée par les anges. Les anges ne fournissent pas de parachute. Son amie Gisèle Colinne s'inquiète en la regardant sortir de scène. On dirait une somnambule, elle ne voit rien, n'entend rien de ce qui se passe autour d'elle dans les coulisses. Elle est encore dans l'éther. Peu à peu, elle revient sur terre, épuisée comme une cosmonaute. La scène est sa planète, sa drogue, son ivresse. Elle est accro. La descente est très brutale.

Le spectacle terminé, nul n'ose entrer dans sa loge pendant vingt minutes. On la laisse seule en attendant qu'elle se calme. Si un détail a cloché — rideau mal tombé, micro mal placé —, elle apostrophe violemment accessoiristes et machinistes. Elle jette son micro, gifle même à l'occasion le coupable. On compare ses colères à celles de la Callas, tout aussi brune, aussi belle et aussi tourmentée — on appelle d'ailleurs Dalida « la Callas des variétés ».

Elle commence à comprendre le caractère de Pietro et ces rages folles qui l'amenaient à le haïr. Elle en a hérité. Sur scène, elle le retrouve, elle est à la fois Pietro et la diva. Elle comprend que les crises de Pietro étaient l'expression d'une grande souffrance, d'un sentiment d'impuissance devant la vie. Elle avait les yeux secs quand il est mort ; c'est maintenant qu'elle commence à le pleurer. Elle le pleure à travers ses chansons, et ce deuil qui surgit leur donne cette authenticité profonde à laquelle le public est si sensible.

Une demi-heure après un éclat, elle présente ses excuses, regrette si sincèrement qu'on lui pardonne, va prendre un verre avec les machinistes qu'elle a rudoyés et dont elle reste malgré tout très aimée.

Un soir, lors d'une tournée en province près de Paris, Lucien la rejoint. Sans prévenir, il lui fait la surprise d'un faux rideau. Le rideau tombe avant la dernière chanson, c'est une façon de taquiner le public, de se faire désirer. Les gens applaudissent : « Une autre, une autre ! » Ils savent que l'artiste va revenir. Dalida n'aime pas cette forme de coquetterie. Quand elle est lancée, elle veut aller jusqu'au bout, revenir ensuite seulement pour remercier.

A peine fini, elle se précipite :

« Quel est le con ? »

Téméraire, Lucien s'avance :

« C'est moi... »

Elle le pousse dans la fosse d'orchestre — la place du père tant haï et tant aimé. Très vite, elle s'excuse. Lucien encaisse. Dans la tête de Dalida s'allume une petite lampe rouge : « Attention ». Mais elle a toujours été du genre à griller les feux.

L'envers de ses colères, c'est la détermination. Elle en a besoin, car la pression n'est pas près de se relâcher. En octobre 1958, elle est en procès avec le colonel Vidal. Non seulement il ne lui est plus utile, mais il devient encombrant, et de plus il continue d'empocher un pourcentage supérieur à la coutume. Dans son innocence de débutante, elle a signé un contrat à la légère et doit lui verser 20 pour cent de ses gains.

Lorsqu'on l'attaque, elle fait front, ensuite les doutes reviennent. Heureusement, les amis sont là, comme Gilbert Bécaud qui se montre un soutien généreux, l'encourage de ses conseils.

En janvier 1959, elle remporte un grand succès à la télévision italienne. C'est son premier tour de chant dans la péninsule. Elle y était encore la « vedette française », elle va y devenir la « Magnani de la chanson ». Les Italiens, amateurs de filles sexy, sont sensibles à son emprise physique. On loue sa spontanéité : elle semble chanter pour le plaisir, comme ceux qui chantent dans la rue.

L'examen de passage italien est très important. Elle entame avec la péninsule une histoire d'amour à éclipses, avec malentendus, élans, réconciliations, qui reflète l'histoire de sa famille.

Home, sweet home

Enfin, elle a ce qu'elle avait toujours voulu : elle est quelqu'un. Elle voudrait tout contrôler de sa vie, mais la vie, déjà, joue à cache-cache avec elle. Quand on est jeune, on croit au triomphe sur le destin. On est tellement sûr que tout est simple. Que les pièces du puzzle se mettront vite en place.

Déjà, elle s'interroge sur ce qui lui arrive. Une autre aurait tout pris en vrac, trop contente. Elle a cet éternel questionnement des grands inquiets. Son goût de l'introspection s'amplifie. Chez les sœurs qui l'ont élevée, on appellerait ça « crise de scrupules ». Cette maladie de la vertu qui consiste à s'accuser de fautes qu'on n'a pas commises, à croire toujours qu'on aurait pu mieux faire. Ses interviews reflètent ce malaise. Elle a tourné un second film, *Rapt au deuxième bureau,* elle a trois nouvelles propositions et Henri Decoin vient de l'engager pour *Cap sur Carthage.* Mais elle proteste :

« On me propose des rôles de vamp, et je souhaite jouer des personnages à la Magnani. »

Elle a raison. Le cinéma ne voit pas ce qui est en elle. Quand il le verra, il sera presque trop tard. Son répertoire léger, son statut de diva populaire, son insolente bonne santé en sont responsables. Dali-qui-rit masque encore le plus souvent Dali-qui-pleure, et quant à Dali-qui-pense, personne ne l'a encore aperçue. Même pas elle. L'époque est aux ravissantes idiotes. La France, malgré ses désirs de libération, est encore puritaine et met la tête d'un côté, le sexe de l'autre. Une bombe sexuelle qui réfléchit, ça serait trop inquiétant. D'ailleurs, Lucien pense pour elle. Elle le laisse faire. Elle est jeune, elle veut chanter et danser. Ça lui prend tout son temps.

Elle rit : « Je rêve toujours d'hommes bruns et je tombe toujours amoureuse d'hommes blonds. » Le « toujours » laisse rêveur. Elle vient d'acheter l'appartement de la rue d'Ankara. Une rue tranquille à Passy. Balzac y a vécu. De ses fenêtres elle voit la petite maison avec deux sorties qui permettaient à l'écrivain de fuir ses créanciers. Dalida, elle, a deux ascenseurs pour échapper à ses fans.

La rue porte quand même un nom d'Orient. A l'horizon, les hauteurs de Passy comme une falaise. Au bout de la rue, en traversant ce qui ne s'appelle pas encore l'avenue du Président-Kennedy ni la voie expresse Georges-Pompidou, la Seine, son eau grise et ses péniches. Bientôt, à deux pas, s'installera le cylindre de la Maison de la Radio. Le quartier est très agréable ; Passy a encore son air immuable, mi-guindé, mi-assoupi.

L'immeuble, récent, est d'architecture cossue mais un peu austère. Ça surprend que Lucien s'installe chez elle. Après tout, c'est lui le Monsieur arrivé et elle la gitane. Mais elle veut être chez elle, pas chez un homme. Une tradition de famille, depuis Elena la prévoyante. Elle perpétue une dynastie de femmes fortes, aptes à mettre un toit au-dessus de leur tête et faire bouillir la marmite.

Elle fait son nid. « La terre, la maison, il n'y a que ça », disait Peppina.

Elle est fière comme une enfant et se fait volontiers photographier dans son intérieur. Bien qu'elle ne joue qu'avec deux doigts, la voilà devant son piano. Ou, très décolletée, assise devant son poste de télévision, le nouvel autel domestique. Rentrant chez elle avec une pile de shopping. Ex-Cendrillon, elle collectionne les chaussures, se souvient du temps passé, avec Miranda, à lécher des vitrines inaccessibles.

L'époque est au boom des appareils ménagers. Les femmes commencent à travailler et les domestiques se font rares. Aspirateurs, toasters, frigos : le salon des Arts ménagers est le Palais de Dame Tartine, et la presse pousse à la consommation. Sous l'œil du photographe, Dalida, docile, passe l'aspirateur sur sa moquette. Entre ses mains l'attrape-poussière se mue en accessoire de charme. La voilà dans une posture d'odalisque, en peignoir fleuri sur un lit défait. Allongée sur un divan, sous l'abat-jour à volants, près du téléphone, autre accessoire de la vie moderne. « Un mal nécessaire », s'excuse-t-elle. Elle ne chante pas encore *Téléphonez-moi,* car il sonne sans arrêt, c'est effrayant !

La voilà encore dans sa cuisine tout formica. Et dans sa salle à manger lambrissée de chêne clair, meublée Louis XVI. Sous l'inévitable lustre en cristal, elle arrange des fleurs, appétissante en chignon haut et chemisier à festons. Enfin, le vent gonfle sa jupe de toile de Jouy très large, sur sa terrasse qui domine Paris. Elle rit, triomphante, avec en arrière-plan la tour Eiffel.

Regard droit et œil de biche, elle garde son sourire secret. Mais ne se cache pas d'avoir acheté appartement et meubles grâce à son argent. Ce qu'elle gagne, elle veut en faire profiter ceux qu'elle aime. Elle en est fière, fière aussi de pouvoir dire qu'elle ne cesse de travailler.

Pourtant, avec le prince charmant pour qui elle aménage ce palais, les choses tardent à se concrétiser.

Le monde à ses pieds

Le tourbillon continue. En 1959, elle est le « best-seller du disque français », « la réussite la plus foudroyante de l'histoire du music-hall », « la première chanteuse française de variétés », « l'étoile la plus programmée sur les antennes privées et nationales ». Brel, Bécaud, Aznavour, Brassens, Piaf, Colette Renard : elle les a tous laissés derrière elle.

La pochette de son nouveau disque la veut très classe, robe Empire, chignon classique, sourire énigmatique de Joconde : distinguée impératrice. La prunelle est indéchiffrable, une interrogation muette crispe la lèvre. Rêve ou regret ? Derrière la façade, la vérité est moins lisse. Pourquoi le chignon ? A Valenciennes, dans la foule, des gens armés de ciseaux lui ont coupé des mèches...

Mars 59 : plus d'un million de disques vendus. On commence à trouver que ça fait beaucoup. La critique lui reproche de jouer sur sa beauté pour faire oublier la pauvreté des paroles. Mais une chanson, pour elle, c'est un scénario. Elle s'en veut à la fois l'actrice et le metteur en scène. On lui reproche aussi un côté poupée, « Bambina fabriquée pour le succès », au gala des Etoiles où elle chante en robe de velours frappé groseille, jupe en corolle, épaules et bras nus. Peau d'ivoire, cheveux de jais.

L'Italie lui décerne l'Oscar de Platine et la Louve d'Or. Elle explose dans l'Europe entière. Les organisateurs des tournées internationales la réclament à cor et à cri. Elle attaque chaque pays comme une campagne militaire, la conquête l'excite. Elle chante toujours un ou deux titres dans la langue de l'endroit où elle se produit. Le public a l'impression qu'elle est de chez eux.

Lors de sa première tournée en Italie, elle chante chez Oliviero, la plus grande boîte à la mode. Le music-hall n'existe pas dans la péninsule. Les artistes comme Modugno et Mina vont chanter là où les gens dansent. Dalida, elle, exige par contrat qu'on ne danse pas pendant son tour de chant. Ça marche, le public apprend à « voir » un spectacle. Les autres l'imiteront. Son énergie sur scène stupéfie, on la baptise « la volcanica ». Les chanteurs, là-bas, ne bougent pas : elle bouleverse les habitudes.

A Berlin, le festival du cinéma démarre. Invitée, elle se prend de sympathie pour la ville retranchée, déracinée, songe comme Kennedy : *Ich bin ein Berliner.* On l'y traite en superstar, accueillie à la descente d'avion par la fanfare municipale qui joue sa chanson, elle se produit ensuite au Deutschland Hall devant quinze mille personnes. *Le Jour où la pluie viendra* en allemand fait d'elle une très grande vedette outre-Rhin. L'Allemagne traverse une période de sécheresse. Dalida interprète les mots fatidiques et, peu après... la pluie tombe ! Lucien plaisante, elle prend ça comme un signe du destin. Les Allemands l'adoreront. Le premier hit-parade est créé là-bas, elle y prend la première place ainsi qu'en Autriche. De même, en Italie, *Les Gitans* triomphe sous la forme locale *I zingari.* Désormais, elle doublera ses succès en allemand, espagnol, italien, néerlandais, même en hébreu.

Malgré son accent très marqué, l'Amérique s'intéresse à elle. Norman Grantz, l'imprésario d'Ella Fitzgerald, est à Paris. Il propose de faire venir Dalida aux USA, convainc Eddie Barclay et Lucien Morisse : elle est selon lui la seule Européenne qui trouverait sa place à Hollywood. C'est l'apogée des films musicaux.

« Elle fera une carrière à la Ava Gardner ! »

L'Amérique ne fait pas les choses à moitié : Grantz veut lui faire signer un contrat de quinze ans. Les conditions sont draconiennes. Elle n'aurait pas le droit de changer son maquillage, sa coiffure, ses robes...

Le 26 décembre 1958, à dix-huit heures, un Jet décolle du Bourget, Dalida à bord. Arrivée à New York le même jour à vingt-deux heures, heure locale. Le lendemain, le décalage horaire et la vue des gratte-ciel comme des canyons lui donnent le vertige. Elle reste dans sa chambre de l'hôtel Essex House sur Central Park, tournant sans cesse le bouton de la télé. Les sept chaînes l'émerveillent : la France n'en a qu'une.

Le 28, elle visite Rockefeller Center, prend l'ascenseur express jusqu'au soixante-dixième étage. A nouveau, vertiges, mal aux oreilles. Elle admire les décorations de Noël bien plus luxueuses qu'à Paris. Les hamburgers ne lui disent rien : elle mange dans un restaurant français. Elle consacre les jours suivants au travail et au shopping. L'Amérique est le pays de l'avenir, des inventions, des gadgets. Un grand magasin pour enfants gâtés. Elle achète une fusée miniature à air comprimé — c'est le début de la conquête de l'espace — et un Polaroïd, appareil encore inconnu en France. Elle passe la soirée de la Saint-Sylvestre à Harlem, dans le bar de Ray Sugar Robinson.

On l'accueille fastueusement : Norman Grantz a organisé des soirées auxquelles se presse le gratin américain. La couverture de presse est importante. Lorsqu'elle se rend à Los Angeles, un rêve d'enfant se réalise : depuis toujours elle rêvait de Hollywood. Mais l'endroit lui paraît privé de chaleur, elle s'y sent seule. L'amour du public français et européen lui manque. Il lui a trop donné. Aimer l'Amérique serait une trahison.

Elle relit le contrat qu'on lui propose. Brusquement, toutes ces contraintes l'effraient. Elle aime faire les choses « à sa manière ». Craint de lâcher la proie pour l'ombre. D'ailleurs, Eddie et Lucien sont déjà revenus sur leur premier enthousiasme. Ni l'un ni l'autre n'ont envie de la laisser échapper. Ils n'ont pas de mal à la convaincre de rester en France. En décembre 1978, elle aura la même réaction : au dernier moment, elle ne signera pas le contrat américain. Mais sur le reste du continent, où la langue anglaise ne fait pas barrage, sa popularité s'étend très vite, aussi bien en Amérique du Sud qu'au Canada.

Le retour à Paris est un soulagement. Mais elle repart presque aussitôt en Egypte. Le grand imprésario Sherif Kamal lui a organisé une rentrée de star. A peine débarquée d'un avion de la TWA, radieuse dans un ample tailleur à large col, les bras chargés d'un transistor, d'un vanity case et d'une gerbe de fleurs, elle sourit à la foule des journalistes, parents et amis venus l'accueillir. Elle se produira au cinéma Rivoli. C'est un privilège, car Oum Khalsoum y chante le premier jeudi de chaque mois.

C'est la vraie revanche de la petite quatr'z'yeux. La presse égyptienne titre « La voix du siècle ». En vingt-quatre heures, il ne reste plus une place, les mordus doivent s'en procurer au marché noir. Les étudiants protestent en écrivant aux journaux : eux, les jeunes, ont fait Dalida, ils ne peuvent pas aller la voir chanter. Elle décide de faire une matinée à prix réduit à leur intention.

Le Rivoli est décoré dans le plus pur style baroque oriental. Il y a deux rideaux, l'un drapé rouge, l'autre drapé or. Quand les lumières s'éteignent, le drapeau rouge s'ouvre. Dalida est déjà sur scène devant le rideau d'or dans sa robe rouge de Bobino, le visage très pâle encadré par ses longs cheveux. La salle retient son souffle et applaudit. La famille et les amis sont au complet, il ne manque pas une copine de classe. Pendant un quart d'heure c'est un tonnerre de cris de joie, d'exclamations de fierté, de youyous. La salle a le sentiment d'avoir contribué à son succès : Dalida leur appartient. Elle chante les bras écartés, les doigts ouverts, comme pour inviter le public à se jeter dans ses bras. A l'issue du spectacle, sa mère la serre contre elle en s'écriant : « Si papa était là ! »

Devant la fierté de ses frères et de sa mère, son cœur se gonfle de joie.

Elle est une star maintenant, elle ne dort pas à Choubra mais au Hilton. Elle retourne voir sa maison. Sur le seuil, elle s'arrête un instant devant la plaque qui indique toujours : « Pietro Gigliotti, maestro di violino ». Plus tard, la plaque sera remplacée par une autre : « Ici est née Dalida, chanteuse ».

Au Hilton, le balcon de sa chambre donne sur le Nil. Elle regarde le fleuve, la ville, frissonne malgré la chaleur. Elle aime vivre en hauteur, dominer le paysage. Pourtant, une angoisse l'étreint. L'angoisse d'autrefois, qui revient soudain. Elle loue une autre chambre, près de la sienne, pour Bruno le petit frère. Prend-elle conscience, pour la première fois, que sa notoriété est en train de la couper des autres ? Elle demande à Bruno de dormir à côté. Elle ne peut trouver le sommeil seule, même avec une veilleuse. Et si, dans l'obscurité de la ville trop familière, les vieux fantômes revenaient la hanter ?

Le jour revenu, dans la lumière éclatante du Caire, elle rit, profite de la vie avec sa vitalité coutumière. La vie, d'ailleurs, s'offre à elle comme une corne d'abondance. Famille et officiels rivalisent pour lui offrir des festins.

Photo de famille : le frère aîné, avec un faux air de Vittorio Gassman, ressemble à Pietro. Dans ses rondeurs de mamma, Peppina sourit. A demi agenouillé devant sa sœur, Bruno lui remet sa ballerine, comme un prince charmant. Sur le balcon, enlacés, Dalida et Bruno ont l'air presque amoureux. Dans les bras de son frère, elle paraît plus détendue que dans ceux de Lucien...

Bruno est surpris par le talent de sa sœur, mais Dalida l'est aussi par celui de son frère. C'est la grande découverte de son retour. Si Bruno rêve depuis toujours de mise en scène, il aime aussi chanter. Il se produit dans un cabaret où, après dîner, on danse au son d'un orchestre. Il a eu l'idée de moderniser et d'adapter *Mustapha,* un air du folklore étudiant qui se chantait dans les guinguettes du bord du Nil où les jeunes vont déguster en plein air du poisson grillé.

Tu m'allumais avec une allumette
Et tu m'as fait tourner la tête...

Bruno trouve ça plus distrayant que les études et se taille un joli succès. Un an plus tard, Bob Azzam et son orchestre reprendront la chanson en France. La moindre gamine, en faisant tourner son hula-hoop à grands coups de hanches, reprendra ce refrain gai et lancinant.

Le succès venu, Dalida est déterminée à rétablir le lien qui lui manque tant à Paris. Elle a retrouvé avec joie Rosy, la petite cousine qui pleurait dans sa soupe et qui lui voue une admiration sans bornes. Rosy est devenue un joli brin de fille. Heureuse de la voir si mignonne, Dalida lui donne ses robes. Arrivée chargée de bagages, elle repart avec des valises vides. Tout le monde la remercie avec effusion. Grandes scènes de mouchoirs. Elle dit :

« Toi, maman, je t'achète un appartement. Toi aussi, Rosy, un jour, tu viendras à Paris ! »

Cette fois, avant de repartir, elle se rend seule, en taxi, sur la tombe de son père, dans le vieux Caire. Elle sait qu'elle a réussi ; Pietro serait fier d'elle. Elle pleure en déposant son bouquet. Elle comprend soudain combien, à l'adolescence, il lui a manqué. À cette époque, au cimetière des étrangers, les tombes sont entretenues. Plus tard, elles seront abandonnées, les dalles brisées, couvertes de détritus, un spectacle à serrer le cœur...

Elle quitte Le Caire pleine de mélancolie pour Beyrouth où elle commence une histoire d'amour passionnée avec le Liban. Elle y sera toujours accueillie comme une chanteuse, et comme une amie. Beyrouth, comme elle, c'est l'Orient plus l'Europe. Au luxueux hôtel Saint-Georges, elle se sent chez elle.

Elle s'envole de nouveau pour Athènes où Lucien la rejoint. Avec les Grecs aussi commence une histoire d'amour. En 1958, déjà, une partie de la colonie grecque du Caire est rentrée au pays et la retrouve avec enthousiasme. Cela se confirmera quand elle chantera *Les Enfants du Pirée.* Dans le bassin méditerranéen, elle déclenche des passions car elle est portée par les anciens coloniaux. Dans son triomphe sur la pauvreté, l'exil, le déracinement, ils se reconnaissent : son triomphe est leur triomphe...

Ça serait dommage...

De retour à Paris, le tourbillon continue. Le cinéma la réclame. Elle doit incarner Antinéa, reine de l'Atlantide, le royaume englouti, mais le projet suit le même chemin. Plus sérieux, un film franco-italien, l'histoire d'une petite fleuriste napolitaine qui devient vedette de la chanson. A Rome, appuyée à une voiture ambulante, elle mange un cornet de glace. Et Lucien ?

En 1959, elle chante *Ça serait dommage.* Et comme ses chansons racontent toujours l'histoire de sa vie... Entre eux, dans un premier temps, l'amour a succédé à l'admiration. Elle se demande parfois si l'amour n'est pas à son tour en train de céder la place à la reconnaissance...

« Mais non, je me trompe... Je l'aime, je l'adore. »

Très vite, elle se reprend. Serre autour de son cou le col de sa fourrure. Le geste signifie :

« Protège-moi, caresse-moi... »

Lucien est tout pour elle. Mais tout, n'est-ce pas déjà trop ? Un peu fébrile, dans ses rares moments de liberté, elle continue d'installer la rue d'Ankara, court les antiquaires et les puces. Se rassure à coups de meubles anciens et de bibelots précieux. Ça aussi, c'est nouveau pour elle, mais là comme ailleurs elle apprend vite. Vases, tapis, ivoires japonais, livres rares. Les livres, elle commence à les aimer. Dans un premier temps, elle les regarde, n'ose pas encore trop les lire. Dans un geste touchant, elle fait gainer ses radiateurs avec des bibliothèques en trompe-l'œil...

Ça fait cinq ans qu'elle ne vit que par son travail. Elle ne se sent femme qu'aux yeux du public, n'a pas eu le temps de le devenir pour un homme. Pour Lucien aussi, elle est d'abord une femme publique.

Mais l'Italienne du Caire croit à la chanson française. Elle privilégie les airs dansants. Chacha et déjà twist. Elle chante *T'aimer follement,* adapté de l'américain *Makin' love :*

Oh t'aimer follement, mon amour,
T'aimer follement, nuit et jour...

Sur un air qu'on peut danser aussi bien que fredonner. Elle s'amuse. Elle est très convaincante. Elle rêve d'amour fou. Elle a compris qu'il faut faire danser les jeunes des surprises-parties. Elle chante en français, mais n'hésite pas à adapter les paroles des chansons américaines. A l'époque, ça se fait encore beaucoup. Les résultats sont parfois un peu ridicules, mais au moins il y a du travail pour les auteurs.

La reine des juke-boxes

En 1954, le premier juke-box français est sorti de l'usine Marchant à Levallois. On l'appelle l'« électrophone automatique ». Plus convenable que le mot américain : en argot noir, *juke,* qui veut dire « baise »... Depuis la fin de la guerre, les Américains inondent le marché avec leurs propres produits. En 1959, vingt mille appareils sont en service en France.

Chaque machine possède un « compteur de popularité ». Très vite, les maisons de disques considèrent le juke-box comme leur meilleur agent de publicité. Après Piaf, Dalida y pulvérise tous les records.

Pour la première fois, les jeunes ont leur mot à dire et accès à la consommation. L'argent de poche fait son apparition.

Coquatrix prend en 1959 la direction du Théâtre de l'Etoile. Il veut en faire le lieu des jeunes et rénover le spectacle de music-hall. Il introduit le « juke-box » : les jeunes votent et décident qui ils veulent entendre. Le référendum est à la mode... Dalida arrive en tête et inaugure la formule. En manteau blanc et souliers argent, BB, enceinte de Jacques Charrier, est présente à la première. Elle a préféré Dalida à Frank Sinatra, qui chante à Paris le même soir. La rencontre entre la brune volcanique et la blonde incendiaire fait le régal des photographes.

Sur scène, un gigantesque juke-box illuminé. Dalida se sent très à l'aise devant ce public qui l'a plébiscitée d'avance. En courte robe abat-jour bleu ciel, elle interprète *Marie-Marie,* la chanson « chouchou » de Gilbert Bécaud. Très parlée, écrite pour un homme, c'est l'histoire d'un prisonnier qui attend sa libération pour Pâques. Dalida lit le texte sur scène, comme une lettre qu'elle vient de recevoir. Plus en nuances, elle joue moins sur le mélodrame, davantage sur la tendresse et fait preuve de ses dons de comédienne.

Coquatrix a réservé la générale aux jeunes désargentés, à l'heure de la sortie des bureaux. Séance gratuite. Deux mille places sont disponibles, cinq mille fans se précipitent. Bagarres. Une ouvreuse désabusée se plaint d'avoir vendu trois programmes. Les spectateurs les voulaient aussi gratis :

« En plus, faut vous donner un casse-croûte ? »

Le critique Marcel Mithois n'en peut plus :

« Chaque auditeur a l'irrésistible envie de partir avec elle pour Venise, chaque auditrice se dit : “ C'est tout à fait moi, la première fois où je lui ai dit que je l'aimais. ” »

« La voix de dix mille boîtes à chansons » assoit son influence auprès du public populaire, et parvient en même temps à conquérir les snobs...

La vague teen-age va engloutir tant de chanteurs ! Pour survivre il faudra beaucoup de talent, beaucoup de ténacité, ou beaucoup de chance. Du jour au lendemain, la majorité d'une génération d'artistes disparaît. Coquatrix l'avait prévu. Dalida a pris le tournant à temps.

Jeune, belle, sexy, rieuse, elle a les atouts nécessaires. Fin 1959, la voilà en teenager : pantalon moulant précurseur du jean, ballerines à danser, marinière pied-de-poule et, préfigurant les couettes de Sheila, deux nattes rigolotes terminées par des rubans. Seul le maquillage, toujours aussi accentué, détonne dans cette panoplie de gamine. Et aussi la gravité du visage, que la mièvrerie à la mode ne parvient pas à masquer.

Le fan-club de Dalida — premier fan-club féminin — est très actif, et les sosies de plus en plus nombreux. Sacha Distel, l'homme aux scoubidous, chante :

J'ai dansé toute la nuit avec une fille qui ressemblait à Dalida...

Les nattes, le twist : elle joue un personnage. Le dédoublement Yolanda — Dalida s'affirme. A la ville, Yolanda s'habille très simplement. Quand un vêtement bon marché lui plaît, elle l'achète et le porte le temps du caprice. Dans un night-club de Saint-Tropez, elle est photographiée en ensemble pantalon de soie rose, avec serre-tête assorti : très dolce vita. Ce jour-là, ça l'amusait de sortir comme ça. Mais à la scène, chaque détail est réfléchi.

Elle s'essaie aussi à l'humour. Le roman de Françoise Sagan, *Aimez-vous Brahms,* est sur tous les guéridons. Dalida, elle, chante : *Moi, je préfère Mozart.* Dans cette satire des intellectuels snobs, elle tue sur scène, à coups de revolver, un contradicteur qui, lui, est fidèle à *Bambino.* Elle se moque gentiment d'elle-même, met les rieurs de son côté et coupe l'herbe sous le pied des grincheux.

Elle est de plus en plus courtisée. Lucien est vigilant lorsqu'il voit un homme à ses côtés. Un chanteur tombé amoureux de Dalida lui envoie, en fin de tournée, des roses rouges. Lucien voit la carte. Dès le lendemain, le téméraire est scié de l'antenne.

Dalida a le sentiment d'une forte dette envers celui qu'elle appelle « Lucien le miracle ». Elle ne perd pas une occasion de lui rendre hommage :

« Il m'a presque tout appris, je lui dois d'être la femme que je suis avant même d'être la sienne. »

Ceux qu'on appelle les « éternels fiancés » annoncent enfin qu'ils vont sauter le pas. Pourtant, tout n'est pas rose. Ils se chamaillent parfois par interviews interposées. Il lui reproche d'être colérique, elle l'accuse d'être rancunier. Elle parle d'avoir un enfant dans trois ans et de prendre sa retraite dans dix. Lui, comme d'habitude, et malgré ses promesses, ne pense qu'à la faire travailler, encore travailler... Ces petites querelles ne sont-elles pas naturelles chez des amoureux ? Alors, Dalida roucoule :

« C'est en chantant que j'ai connu l'amour... »

Alors, on se marie ?

Les autres hommes qui pourraient l'aimer, Dalida ne veut pas les voir. D'ailleurs, la protection rapprochée de Lucien les effraie. Comme tant de couples, ils se piègent mutuellement. Elle s'oblige à ne penser qu'à lui et elle lui en veut. Sa possessivité, sa peur de la perdre l'étouffent. Le succès que Lucien a voulu pour elle devient un obstacle. Voir le désir dans les yeux de tant d'hommes affole ce timide.

L'appartement de la rue d'Ankara commence à ressembler à une prison dorée. Elle est jeune, trop jeune, sensuelle, trop sensuelle, elle aime trop la vie, et la vie, maintenant, s'offre de tous côtés. Ces fruits lui seraient défendus, elle n'aurait jamais le droit d'y goûter ? Comment se défendre de l'ivresse d'être aussi courtisée ? Comment lui demander d'envoûter des milliers de spectateurs, et de rester de marbre devant les individus ? Jouer avec le feu, c'est son métier. Difficile de ne jamais se brûler...

Lucien divorce. Un crève-cœur. Ses relations avec Dalida se colorent d'une certaine amertume. De son côté, elle a horreur de faire souffrir et s'en veut de ce qu'elle a provoqué. Lucien devient plus sombre, plus taciturne. Depuis le début, il se bat pour elle, mais parfois, il est fatigué, voudrait du calme. Elle a du mal à être tranquille à la maison quand on lui demande l'effervescence à la scène...

Chacun hésite, et leurs hésitations se renforcent. Pour elle, chaque homme rencontré est comme un point d'interrogation dans une recherche infinie du père. Lucien — celui qui l'a « faite » — est un substitut de ce père introuvable car disparu. Alors elle rejoue, avec lui ou malgré lui, un vieux scénario. Ressent à son égard une révolte d'enfant. Comme son père, il est trop souvent absent, comme son père, il n'est jamais content. Il critique tout : ses robes, sa façon de s'exprimer, son manque de culture. Elle est docile, ne demande qu'à apprendre, dit aimer Malraux, Beethoven, Van Gogh, Fellini. Ses vrais goûts, il faudra du temps pour les trouver. C'est normal. Mais il l'énerve à mettre toujours le doigt sur ses manques.

Après trois ans d'épuisant travail, elle n'en voit pas le bout. Ce labeur, n'est-ce pas lui qui le lui impose ? Elle voudrait sortir pour rien, comme ça, pour rire, s'amuser, pas pour « rencontrer des gens importants ». Retrouver l'insouciance de son âge. Lucien n'est pas un jeune homme, c'est un monsieur. Comparée à la décoration de ses maisons ultérieures, l'appartement de la rue d'Ankara a quelque chose de guindé. Un manque de spontanéité et de vie. Sur le visage de Dalida à cette époque, quelque chose s'est figé. Comme si elle avait mûri trop vite...

Elle s'efforce, avec une bonne volonté touchante, de devenir « Madame Lucien Morisse ». Le mariage est l'aboutissement évident de leur relation. Elle ne peut imaginer l'avenir sans lui.

Et puis, tout d'un coup, elle se cabre. A quoi bon un morceau de papier pour sceller leur amour ? Le côté irrévocable du mariage l'effraie. Une petite voix lui souffle que c'est trop tôt. Mais tout le monde se demande pourquoi elle tarde...

Dans un premier temps, c'est elle qui recule. Lucien réagit. Il se sent rejeté. Il a tout fait, tout quitté pour elle, et elle, maintenant... Il est pris d'une sorte de vertige. Il regarde cette femme qui semble ne plus lui appartenir. Ce n'est plus la jeune fille sauvage, embarrassée, impulsive, tremblant de déplaire, à qui il a un jour tendu sa carte dans un couloir mal éclairé de l'Olympia. Il la voit, sur scène, transportée dans un ailleurs qu'il lui a donné mais où il ne peut la suivre. Chaque soir, elle perd cinq cents grammes, laisse sur les planches un petit peu d'elle-même. Il voit son effort pour revenir sur terre, près de lui. Elle avoue qu'elle se demande, parfois, si elle va pouvoir revenir, si elle ne risque pas de rester « là-bas »... Elle prolonge le moment divin en signant tous les autographes qu'on lui demande, éclairée un temps encore par ces visages heureux qui la cernent. Elle aime tous les signes de sa popularité. Les louanges montent vers elle comme un encens. Ainsi, elle se sent femme.

La rendre femme autrement, il ne le peut plus. C'est trop fort. Il a l'impression que ce qu'il lui donne est peu de chose en comparaison. Parfois, lorsqu'ils dînent ensemble dans un de ces moments de tranquillité qu'elle dit rechercher, il surprend, sur son visage, une absence, une lassitude, un soupir. Elle ne l'écoute pas. Elle est encore « là-bas ». Il pense qu'il l'ennuie. Et elle :

« Mais non, c'est toi, quand j'ai envie de te parler, tu lis le journal. »

De mois en mois, le mariage est reporté. Les papiers mettent un temps fou à arriver du Caire. Dalida dissimule ses hésitations, mais Lucien a sa fierté et prend les devants. Habitué à commander, il ne lui laisse pas beaucoup de décisions. Il parle à sa place. A son côté, elle a parfois l'impression de passer pour une idiote.

Parfois, Lucien et elle se disputent pour le choix des chansons. C'est le moins grave. Elle est consciente de ce qui lui arrive sur le plan professionnel, inconsciente du reste. Elle a peur de l'avenir, peur d'elle-même.

Maintenant, c'est lui qui recule le moment de sauter le pas. Et les papiers tardent toujours. Manque encore le certificat de décès du père, justement... Lorsqu'il arrive enfin, les autorités françaises ne s'en contentent pas. Il faut aussi son certificat de naissance. Et celui-là, impossible de le retrouver.

« S'il est mort, c'est qu'il a dû naître », ironise Dalida.

Vertige de la vie

Le vertige éprouvé par Lucien, tous ceux qui approchent Dalida à cette époque le ressentent. Elle répète, enregistre, joue, part en tournée. Est entourée en permanence d'admirateurs, journalistes, auteurs, compositeurs, producteurs, imprésarios.

Au début de l'année 1960, elle est la première vedette de la chanson à faire de la publicité. Un industriel milanais, fabricant de matelas, veut lancer la marque. Admirateur de Dalida, il la paie très cher pour des spots télévisés. La télévision devient le grand média populaire. On la voit langoureusement allongée sur Permaflex, « le célèbre matelas à ressorts ». Le matelas est bleu, elle porte un déshabillé de dentelle rose, prend l'attitude de la Belle au Bois dormant réveillée par le Prince charmant. En fond sonore, le refrain d'une de ses chansons, *Les Chansons du rêve.*

Aujourd'hui, une seule publicité suffit à faire une campagne. Là, elle en tourne plusieurs, variations sur un même thème, avec chaque fois, en fond sonore, une chanson différente. Elle reste donc un mois à Milan.

L'industriel est riche, jeune et beau. La voir, chaque jour, se rouler avec distinction sur un de ses matelas le bouleverse. Sans compter que, le travail fini, elle décompresse en se dorant sur la plage à Rimini dans un bikini affolant. Il la courtise et propose le mariage, une vie de luxe.

C'est la grande époque des paparazzi. L'un d'eux surprend Dalida et l'industriel dînant ensemble dans un restaurant. Elle aura beau répéter qu'ils parlaient d'affaires, la presse transalpine s'enflamme :

« Dans le cœur de Dalida, un Italien a remplacé Lucien Morisse. »

A Paris, Lucien ouvrant le journal prend la « nouvelle » en pleine figure. Dalida envoie un télégramme : « J'arrive », et prend le premier avion pour Paris. A Orly, Lucien l'attend, flanqué d'une meute de journalistes. Elle proteste :

« J'ai deux dîners de travail par semaine, et on me fiance à chaque fois ! »

Ostensiblement, elle porte toujours la bague ornée d'une perle que Lucien lui a rapportée d'un voyage au Japon. Celui-ci est blanc, tendu :

« Je voulais épouser Yolanda Gigliotti, mais je n'épouserai jamais Dalida ! »

Dalida accuse le coup mais se tait. Le lendemain, la presse titre : « C'est le mariage ou la carrière. » On pense encore qu'une femme doit choisir. Lucien ne décolère pas : il est seul contre la meute de ses admirateurs, il commettrait une erreur en l'épousant, il sait à l'avance qu'il la perdrait...

Dalida rétorque : s'ils ne se marient pas, elle ne pourra pas avoir d'enfants. Sans cela, elle ne pourra pas être vraiment heureuse. Ce sera le leitmotiv de sa vie.

Déjà, en 1958, dans une interview à *Cinémonde,* elle disait :

« Je n'ai jamais eu de chance en amour. »

La situation conjugale de Lucien a beaucoup pesé. Et maintenant qu'il est libre, c'est trop tard, quelque chose s'est usé. Il faut dire qu'elle a de sérieuses exigences :

« Je suis très difficile. Je cherche en vain l'homme idéal. Son physique importe peu. Mais je veux qu'il soit intelligent, sincère, et qu'il me conseille dans ma carrière. »

Bref, le portrait de Lucien. Alors ?

Le jeu

En 1960, la mélancolie du regard s'est accentuée, le rimmel a encore épaissi. Avant une grande tournée mondiale qui l'emmènera au Japon, en Iran, en Hollande, elle part à L'Alpe-d'Huez avec Lucien. C'est la première fois qu'elle prend des vacances. Elle rit pour le photographe, mais Lucien, lui, a l'air sombre. Le mariage est maintenant annoncé depuis un an. Comme les papiers sont arrivés, elle dit que son imprésario, Félix Marouani, ne trouve pas de date libre...

Elle a vendu un million de disques de *La Pluie* en Allemagne, cent mille en France. Elle est toujours la première vedette féminine au référendum d'Europe 1, détient aussi, à RMC, le record des lettres reçues qui demandent tel ou tel chanteur à la station. Elle reste la plus grosse vente de Barclay. L'été précédent, elle a battu le record du plus gros cachet dans sa tournée des plages.

Coquatrix déclare à *Paris-Jour* que le music-hall est à l'agonie, faute d'une nouvelle vague de la chanson :

« Il n'y a aucun esprit de découverte, aucun esprit de création. »

Il ne voit que huit vedettes capables de tenir quinze jours à l'Olympia. Dont Dalida.

En plein succès, ses angoisses augmentent. Elle a du mal à s'endormir, lit des romans fantastiques pour conjurer des peurs plus intimes. Sa lumière reste toujours allumée. La nuit, elle se réveille en pleurant, semble sortir d'un cauchemar, refuse de parler. Lucien l'envoie chez un psychiatre. Diagnostic : elle craint de ne pas être à la hauteur.

Le succès est comme une vague sur laquelle elle surfe. Un rouleau énorme. Combien de temps tiendra-t-elle avant de s'écraser ?

Les craintes actuelles entraînent le retour des peurs enfantines. A nouveau, elle craint pour ses yeux. C'est chez elle un sûr indice d'anxiété. Lorsqu'elle tourne un film, elle redoute que les lumières trop vives ne la blessent à nouveau comme autrefois le soleil d'Egypte. Elle fait souvent le même rêve : elle est au Caire. Autour d'elle, des portes. Toutes fermées. Elle veut s'envoler.

Les prémonitions qui l'ont toujours guidée se font plus précises. La nuit de l'assassinat du roi Fayçal, elle rêve qu'elle est dans un palais oriental, invitée par un prince. Dans la pièce à côté, ce prince est assassiné...

Elle perd la médaille de la Vierge que sa mère lui a mise autour du cou lors de son premier départ du Caire. En rêve, elle voit l'endroit où se trouve l'objet perdu. Elle se réveille, y va et le trouve.

Elle a le sentiment diffus qu'un danger rôde. Comme un récepteur radio, elle reçoit des ondes et les retransmet. Ce don médiumnique lui permet de ressentir son public, de lui donner exactement ce qu'il veut, quand il le veut. Mais cette hypersensibilité rend le quotidien difficile. De petites choses la blessent, et de surcroît des yeux sont toujours fixés sur elle, guettant la faille.

Elle est si connue que, aux PTT, quand on veut épeler un nom, on dit : « D comme Dalida »... Elle est devenue une star internationale.

Elle pourrait avoir beaucoup plus d'ennemis. Mais, affirme Lucien, elle est allée trop vite et trop haut. Quand on commence à s'attaquer à elle, elle est déjà installée.

Etre star n'est pas facile. Toute réaction de faiblesse humaine la ramène sur terre — mais les étoiles ne doivent pas chuter. A l'Alcazar de Marseille, un fou, depuis une loge proche de la scène, lui lance un petit avion de papier. Il vise son décolleté et fait mouche. Furieuse, elle s'arrête en plein milieu d'*Histoire d'un amour,* se précipite en coulisse, renverse au passage le micro qui tombe avec un bruit de tonnerre. Les spectateurs sortent l'imbécile manu militari. On remet le micro en place. Elle revient : sept minutes d'ovation. Le lendemain, la presse titre : « Caprice de star ».

Les tournées sont épuisantes. Avec son équipe, elle parcourt des centaines de kilomètres en voiture. Chaque fois, c'est la lutte contre le chronomètre et les imprévus. A Oraison, près de Manosque, un camion de fruits s'arrête brusquement devant la porte du théâtre. La Plymouth de Dalida rentre dans les régimes de bananes. Tant pis : la répétition n'attend pas.

Lorsqu'elle doit chanter le soir, elle répète l'après-midi. Elle se coiffe elle-même — c'est thérapeutique, ça la calme, l'aide à se concentrer. Elle se rend de l'hôtel à la salle de répétition avec de gros bigoudis métalliques sous son foulard. Un photographe en planque, ravi de l'aubaine, la surprend. Le rossignol de la chanson le gratifie de noms d'oiseaux.

« Mais qu'est-ce qu'ils veulent ? » demande-t-elle. De la copie, seulement de la copie... On publie son horoscope. Elle est fille du soleil et enfant de l'hiver. Le Capricorne est « intelligent, grave, sérieux mais aussi égoïste et parfois hostile. Inquiet et mélancolique, rigoureux et infatigable, ambitieux ».

Il faut toujours du nouveau. Le temps s'accélère. On n'en est pas encore aux vedettes Kleenex qu'on jette après une saison. Mais le music-hall est l'équivalent moderne des jeux du cirque. Il faut du sang sur l'arène après le combat. La durée du succès de Dalida commence à agacer.

« Comment ça se fait qu'elle est toujours là, celle-là ? »

On avait prédit le feu de paille... On critique non seulement ses colères, mais ses vêtements jugés trop voyants, sa façon sentimentale de chanter, son amour du jeu. Mais, après tout, son argent est à elle, elle l'a durement gagné. Et si ça lui plaît de le claquer dans les casinos ? A ceux qui en ont manqué, l'argent brûle parfois les doigts. D'ailleurs, Lucien est encore plus mordu qu'elle. Ils partagent le goût de flamber, aiment la décharge d'adrénaline quand la roulette tourne.

Déjà, au Caire, avec sa tante et ses cousines, elle jouait de petites sommes au poker. Maintenant, en tournée, elle chante souvent dans les casinos. On y trouve un public sophistiqué. Le spectacle terminé, malgré sa fatigue, elle ne peut évacuer en cinq minutes l'énorme quantité d'énergie accumulée pour transporter une salle entière, parler à des milliers de gens comme à un seul. Elle monte très haut, comment ensuite négocier la descente ? Comment freiner ? Lorsqu'elle émerge, presque en transe, de la lumière, l'obscurité lui fait peur. Les spectateurs, satisfaits, repus, rentrent chez eux. Et elle alors ? En un instant, tout cet amour reflue, elle se sent seule. Elle a tout donné, on lui a tout pris.

Ce qui reste, c'est l'argent, seulement l'argent. Du papier. Hôtels luxueux, grands restaurants, robes de luxe : on s'habitue vite. D'ailleurs ça fait partie du métier. Plutôt que d'affronter les fantômes de la nuit, elle s'attarde dans la salle de jeu. C'est si triste un couloir d'hôtel aux alentours de minuit... Si déprimant, une valise ouverte sur un lit anonyme... Autour des tables de baccara, on trouve encore des lumières vives, du monde, des inconnus qui communient dans l'excitation du hasard.

Les directeurs de salle, très contents, lui gardent sa place. Ils savent qu'elle perd des sommes folles. Elle dit :

« Ils m'engagent parce qu'ils savent que le soir même je reperdrai mon cachet à la roulette... »

Elle n'aura jamais la mentalité d'une femme d'affaires. Lucien est maintenant directeur général de sa station. Barclay est la première maison de disques française. Ses bureaux sont installés dans un immeuble ultramoderne de Neuilly. Eddie a une Cadillac, un appartement futuriste avec un lit rond et la stéréo partout. Les trois mousquetaires de la chanson — Morisse, Barclay, Coquatrix, auxquels il faut ajouter leur d'Artagnan, Dalida, ont très bien réussi. Tout ça ayant démarré par une partie de 421, comment s'étonner que Dalida soit tombée amoureuse des tapis verts ?

La vie entière n'est-elle pas un jeu ? Il lui semble que, quand on se marie, on ne joue plus. Elle a été élevée dans l'idée que le mariage est la vraie réussite d'une femme. C'est tellement important qu'elle en est effrayée. Pourtant, l'air de Paris se teinte de fantaisie. Avec la mode teen-age, elle si jeune se sent rajeunir encore. Il y a de si jolies choses dans les vitrines de Saint-Germain, le nouveau quartier à la mode ! C'est le début du prêt-à-porter. Les femmes délaissent la petite couturière pour s'offrir des riens pas cher en vichy rose ou bleu. Ça ne dure qu'une saison, c'est tellement plus gai de changer... Cette garde-robe simple et fraîche repose Dalida des mousselines et des velours, des bustiers et des fourreaux qu'elle porte sur scène. Elle étrenne ses trouvailles dans les petits bistros qu'elle et Lucien adorent découvrir. En 1959-60, les fameux chignons choucroute grandissent les Parisiennes, et, pour ça, mieux vaut faire confiance à un coiffeur. Dalida va d'abord chez Dessange — avant Carita, Alexandre et, plus tard, Saint-Gilles. Pendant les tournées, pour décompresser, elle vole ici et là quelques heures de détente sur une plage, au bord d'une piscine. Elle adore nager, elle dit :

« Le soleil est le couturier qui m'habille le mieux. »

Elle si patiente après son spectacle, lorsqu'on l'aborde en plein milieu de la piscine pour lui demander un autographe, répond :

« Vous vous trompez, je ne suis pas Dalida... »

Yolanda a besoin de respirer un moment...

Voyages à l'étranger, promotion, photos, choix des chansons, répétitions, enregistrements, essayages...

« Pour faire ça, il faut avoir une santé de fer. C'est un métier d'homme. »

Fugitivement, il lui prend l'envie d'arrêter.

Elle serre les dents, ne se plaint pas. Puis les années passent. Le succès est toujours au rendez-vous : « J'ai eu raison... Comment élever un enfant dans cette folie ? »

Elle se répète : « J'ai le temps... Plus tard... »

Comme beaucoup d'autres femmes en ces années, elle pense que c'est le prix à payer pour accéder au monde du travail...

Pourtant, elle le voulait, l'enfant de Lucien. Elle sait trop ce que c'est que de grandir sans père pour infliger cela à un autre être.

Le chemin de la mairie

Pour Dalida et Lucien, c'est le temps des amants terribles. Quand l'un fait un pas en avant, l'autre recule. Eternelle danse des amoureux inquiets. Dalida vit avec lui depuis cinq ans. Trop de succès, d'un côté comme de l'autre, use le quotidien. Ils se voient encore moins qu'avant. Finies les acrobaties pour trouver une heure ou deux dans leurs emplois du temps si chargés. Les signes d'incompréhension s'accumulent. Deux personnalités si fortes voisinent difficilement. Têtus, volontaires, ils détestent les concessions. Mais chacun comprend la peur de l'autre...

On ne sait pas quand commence ce qui ne va plus. C'est insidieux. Pas le temps d'analyser. Mais ces tergiversations produisent trop de publicité négative. Les journalistes réclament le mariage de Pygmalion et de sa Galatée. Lucien et Dalida sont des êtres d'image. Ils ont besoin, pour croire en eux-mêmes, du miroir tendu par le public. A quel moment Dalida ne peut-elle plus s'empêcher de comprendre que son amour pour Lucien s'est transformé ?

Elle tente de l'expliquer à Lucien. Il ne veut rien entendre. Un soir, elle lui dit doucement :

« Je t'aime plus qu'avant, mais ce n'est plus la même sorte d'amour. Alors, pourquoi se marier ? »

L'un et l'autre comprennent qu'ils ont déjà vécu le plus fort. Lucien concède :

« Epouse-moi et je te laisserai vivre comme tu veux. »

Il croit qu'il le supportera. La garder est à ce prix. Elle est si vibrante, si impatiente ! Ça la rend encore plus désirable. Elle dit :

« D'accord. »

Mais se murmure : « Il ne le pense pas vraiment. »

Quand finalement le mariage se décide, c'est comme si Dalida marquait sa reconnaissance. Comment ne pas faire plaisir à celui qui la veut Mme Lucien Morisse ? Dans un geste touchant, il fait imprimer des cartes de visite « Yolanda Morisse » avant le mariage.

Lucien, très intelligent, sent que, même si elle le quittait, elle ne se remarierait pas. Elle a un problème avec elle-même et avec l'amour. Aucun homme ne sera jamais à la hauteur...

Elle se marie comme on se résigne. Elle se dit, à l'orientale, « c'est écrit ». Apparition du sentiment de la fatalité.

C'est le début des drames. Jusque-là, Dali-qui-rit l'emportait toujours sur Dali-qui-pleure. La tendance va s'inverser.

« On n'épouse pas une vedette de la chanson », répète Lucien tout en l'entraînant sur le chemin de la mairie. Le paradoxe est entré dans sa vie, il n'en sortira plus. La lutte entre Dalida et Yolanda s'intensifie, elle continuera jusqu'à l'épuisement. Dalida, D comme Diva, conduit sa vie comme un opéra, chargé de coups de théâtre, de bruit et de fureur. Elle y gagne sur scène beaucoup d'expressivité. Yolanda, la fille toute simple, proteste, tente de se cacher pour échapper à l'influence fatidique, mais l'autre s'acharne, finit toujours par avoir le dessus.

En juin 1960, elle est en tête du peloton des « géants de la chanson », devant G. Bécaud, E. Piaf, J. Brel, S. Distel, C. Renard, A. Cordy, C. Valente. Piaf tombe malade, Dalida la remplace dans les casinos. Piaf est venue la voir chanter, elle a dit :

« La petite, elle en a dans le ventre ! Elle me succédera. »

La guerre avec Gloria Lasso se ranime. Gloria donne dans le genre noble :

« Je descends d'Augustina d'Aragon, la femme qui, au siège de Saragosse, fit reculer les Français toute seule avec un canon ! »

Dalida : « Le public a fait son choix. »

Gloria : « Je chante mieux que Dalida. »

Dalida : « Gloria Lasso, qui est-ce ? »

Le Canard enchaîné : « Gloria lassante. »

Gloria fait monter les enchères :

« Eh bien, Dalida, gardez bien au chaud Lucien Morisse. Moi aussi j'ai eu un homme dans ma vie qui m'a aidée à percer. Maurice Tézé, directeur des disques Pathé. Nous nous sommes quittés et je suis restée une vedette. Mais vous, si jamais vous avez le malheur de perdre Lucien Morisse, le lendemain vous n'existez plus. »

Dalida décide de calmer le jeu.

« Tout ça, c'est des histoires à Gloria. Elle peut bien dire ce qu'elle veut ! J'ai tous ses disques et mon frère Bruno l'admire beaucoup. »

En accompagnement, une photo montre Dalida et Bruno écoutant un disque de la reine des pampas... En 1962, Gloria quittera la France.

Fugue

Rue d'Ankara, devant la cheminée du salon, Dalida a disposé une peau de tigre. Quoi qu'en prédise Gloria, elle n'a pas l'intention de lâcher Lucien. L'enfant de l'hiver sera la mariée de l'été. A Serrastretta, on avait espéré que Lucien et Dalida convoleraient au village, ou y viendraient en voyage de noces. Le voyage de noces, il n'y en aura pas. L'imprésario veille. Des contrats ont été signés. Avant tout, le travail.

Le 24 juin 1960, un ouragan s'abat sur Paris. Les agriculteurs bretons, furieux contre les grossistes, sont venus vendre leurs artichauts dans les rues. Et *Paris-Presse,* une fois de plus, annonce que Dalida et Lucien ne se marient plus. Lucien, assombri, brode sur un thème familier :

« Je refuse de jouer les Meneghini. »

Il fait sa valise, prend le train, et disparaît quelques jours. Les paparazzi planquent derrière la Floride crème de Lucien et la grosse américaine de Dalida.

Là-haut, sur sa terrasse, celle-ci prend le soleil. Rien de mieux quand le moral ne va pas fort. Pantalon rose, mules dorées, tunique blanche et verte. Elle sirote un jus de pamplemousse, vitamines pour des jours sans amour. Tourne le bouton de son transistor. Retentissent les bouzoukis élégiaques des *Enfants du Pirée,* son grand succès du moment. Puis l'entraînante mélopée de *Mustapha,* autre hit d'enfer avec l'orchestre de Bob Azzam.

Elle se lève, se penche au-dessus de la rambarde. En bas, branle-bas de combat : les chasseurs de têtes sont toujours là. Elle recule, esquisse quelques girations des hanches. Penser à Bruno lui fait toujours plaisir. Et s'il venait tenter sa chance en France ?

Elle s'est juré de réunir à Paris ceux qu'elle aime. Mère, frères, cousins. Mari. Il reviendra, Lucien...

Le paradis à Capri

La mariée de l'été attendra encore un an. Comme pour conjurer les nuages qui s'amoncellent sur sa vie privée, elle entame une troisième phase de sa carrière. Après les chansons italiennes, puis les chansons langoureuses, un peu jazzy, les chansons drôles. Ça avait commencé avec *Moi, je préfère Mozart,* ça continue avec l'immortel *Itsy bitsy petit bikini.* Ça lui change les idées. Quand elle danse à la télé sur le refrain rouge à pois blancs, elle s'amuse. Elle essaye de ne pas penser à la tentative de suicide de Bardot, dont la presse parle, alors qu'on continue à les comparer.

Le procès qui l'oppose au colonel Vidal se termine par un arrangement à l'amiable. Dalida lui donne cinq millions de francs et le colonel sort de sa vie, sans regrets.

« Pensez à moi quand vous mangerez des œufs durs ! »

Elle fête la fin de l'année 60 empanachée pour la « Revue de fin d'année » à la télé. Dans le rôle d'une meneuse de revue, entourée d'une troupe de boys, en collants résille et maillot à franges, elle n'a rien à envier aux Blue Bell Girls. Elle chante Mistinguett :

Je suis née au faubourg Saint-Denis...

La presse assure qu'on l'aurait conviée à chanter la messe de minuit à la Défense, mais que les autorités ecclésiastiques auraient refusé, à cause de sa vie privée — concubinage notoire, toujours les éternels fiancés... Les trucs en plumes sont une douce revanche.

Lucien est revenu très vite. Le 1er avril 1961, *Jours de France* annonce : « Dalida se marie. » Poisson d'avril ? Elle dit, sérieuse :

« Je suis née pour être une épouse, tout le reste vient après. »

Lucien et elle se sont disputés dans un cabaret des Champs-Elysées. Elle :

« Trop tard, tu as tout gâché. »

Lui, affolé :

« Je t'épouse demain. »

Vaincu, il soupire :
« Dalida est une amazone. Elle a gagné sa guerre. Mais on ne passe pas impunément de dactylo à femme riche. »

Elle hésite encore. La scène l'enthousiasme, les lumières l'hypnotisent. Elle répète que chanter n'est pas un métier. C'est plus : une passion. Lucien et elle ne se voient que trois ou quatre mois par an. Ils ont de longues conversations dans sa chambre d'hôtel, au téléphone. Lucien en est réduit à imaginer. Elle rencontre tellement d'hommes séduisants. Le métier et ses tentations, il les connaît.

Elle s'efforce de le persuader qu'il se trompe.

« Le spectacle fini, le public s'en va. Il a sa vie, j'ai la mienne. Je me retrouve seule devant un poulet froid dans un restaurant désert. Après, dans ma chambre d'hôtel, c'est encore pire. Tu n'imagines pas comme c'est sinistre. Alors je ne pense qu'à toi. »

Elle tourne son nouveau film, *Parlez-moi d'amour.* Dans le quartier populaire de Trastevere, à Rome, elle court en riant, suivie par une foule de gamins des rues. Le tournage se poursuit à Capri. La beauté du lieu, la gentillesse des gens l'émerveillent. Là encore, des enfants sortant de l'école, vêtus de leur blouse noire d'uniforme, l'entourent. Prisonnière, elle signe en riant les livres de grammaire qu'ils lui tendent. On la montre très souvent entourée de petits, comme pour conjurer leur absence dans sa vie. A nouveau solitaire, elle contemple la mer en contrebas. Se sent minuscule dans la grandeur du paysage.

Se dit : « J'ai trouvé le paradis. »

Fredonne son tube du moment :

Mon dieu que j'aime
Ce port du bout du monde
Que le soleil inonde
De ses reflets dorés...

Capri, c'est fini : en mars 61, elle chante à Téhéran pour un gala officiel, puis le lendemain, au palais d'Eté pour les souverains. Début d'une amitié avec le shah et sa jeune épouse. Farah Diba au doux sourire a encore des allures de pensionnaire. Cette jeune fille de famille modeste apparaît comme une espèce de Cendrillon. Elle révèle vite un tempérament, s'intéresse de près à l'émancipation de la femme iranienne... Soraya, la princesse triste, est reléguée, pour cause de stérilité, à la page « chagrins » des magazines populaires.

Le tour de chant de Dalida est la première sortie officielle de Farah depuis la naissance du petit prince. L'impératrice possède tous les disques de la chanteuse. Celle-ci est comblée de cadeaux. Le shah lui offre un somptueux tapis d'Ispahan. Elle rapportera en France une quantité de boîtes de caviar. Elle admire le palais de marbre beige, ses immenses salles aux tapis chatoyants, aux somptueuses glaces.

Elle a appris à faire la révérence, mais le shah et l'impératrice lui tendent la main. Ils souhaitent incarner la modernité. L'Iran dévoile ses femmes et vend son pétrole. Le shah croit pouvoir faire passer son pays du Moyen Âge au xxe siècle. Dalida et les souverains dînent à l'européenne et jouent aux cartes. On raconte que l'impératrice n'est pas heureuse, cloîtrée dans son palais, mais le couple danse le chacha jusqu'à deux heures du matin. De retour à Paris, Dalida affirme à sa descente d'avion :

« Il l'aime, je l'ai vu dans ses yeux. »

Elle pense à Lucien. L'impératrice les a invités à venir passer leur lune de miel au palais.

Poussant la porte de son appartement, Dalida le trouve soudain petit. Mais elle l'aime. C'est le sien. Elle se dit :

« C'est mieux chez moi que chez eux ! »

Enfin !

Le 8 avril 1961, Lucien et Dalida se retrouvent enfin à la mairie. Quelques semaines plus tôt, il répétait encore qu'il ne l'épouserait pas.

Temps beau, mais frais. Elle porte une robe d'organza imprimé mauve de Balmain avec manteau assorti. Un an avant, on la montrait essayant une toilette de mariée de dentelle blanche. Finalement, elle n'a pas osé. Elle n'a pas tenu sa promesse à sa mère, elle se marie sans fleurs d'oranger et elle s'en veut. A-t-elle pensé que le mauve est une couleur de demi-deuil ? Deuil de la Yolanda qu'elle aurait pu être et ne sera jamais ? Le mode de vie qu'elle a choisi lui pèse parfois. Rien de plus difficile à assumer que la liberté. Elle a le regret d'une autre vie, une vie sage, dépendante, sécurisante... qui l'ennuierait sans doute à mourir.

Elle est sentimentale, midinette. On fera d'elle une héroïne de roman-photo, et ce sera presque la vérité. La larme au coin de l'œil, c'est ça. Elle tente de se reprendre. De penser à des choses gaies, au soleil... Elle ne peut pas se permettre de faire couler son rimmel... Mais elle aurait tant voulu faire plaisir à Giuseppina... Giuseppina qui n'a pas pu venir... Mauvais présage ?

Pourquoi pense-t-elle si fort à sa mère en un moment pareil ? Parce que celle-ci reste pour elle un modèle, qu'elle s'est pourtant efforcée de ne pas imiter ? Elle se souvient. La douce Giuseppina était en fait sévère, volontaire, énergique. Pour Dalida comme pour ses frères, sa parole faisait loi. Pourtant, chaque fois que Dalida l'a affrontée, sa mère s'est résignée. Elle avait une intuition très forte du caractère de sa fille. Lui faisait toujours confiance malgré sa peur.

« Je l'ai souvent fait pleurer », pense celle-ci.

Lucien a pour témoin Jean Frydman, administrateur d'Europe 1, dont la femme est très proche de Dalida. Eddie Barclay est son témoin à elle. A la mairie du 16e, les amis du couple sont présents. Pour Lucien c'est un jour de triomphe : il a tout, le pouvoir et l'amour.

Elle est grave, lui arbore un sourire un peu crispé. Quelqu'un manque à l'appel : Bruno, le petit frère. Il est à Paris depuis peu. Discrètement, les témoins regardent leur montre. Dalida s'énerve :

« Commençons sans lui, ça lui apprendra pour la prochaine fois ! »

Les invités rient, pas Lucien. Dalida pouffe pour cacher son embarras.

« Je crois que j'ai dit une bêtise... »

Lucien lui reproche toujours de parler à tort et à travers, avant d'avoir réfléchi. Et là, elle a mis dans le mille. Quand même, pourquoi est-ce qu'il n'est pas là, Bruno ?

« Ce n'est pas ma faute ! se répète celui-ci très embêté. Je ne connais pas Paris et ma sœur a oublié de me dire où elle se mariait ! »

Onze heures quarante : Bruno entre dans la salle, courbant la tête sous le regard noir de sa sœur. L'adjoint au maire ouvre le grand livre sur lequel, tout à l'heure, Dalida apposera sa signature. Elle est très émue. Malgré les micros, on entend à peine son « oui ». Lucien a du mal à passer à son doigt l'anneau un peu étroit. M. Desfayères, maire du 16e, doit l'aider. Panique de dernière minute ou signe supplémentaire du destin ? A nouveau, Dalida se retient de pleurer. Et pousse un soupir de soulagement.

Car si Bruno était en retard, elle était en avance. Preuve qu'elle y tenait, à ce mariage ! Levée à huit heures trente, elle a passé un quart d'heure sous le casque avec ses rouleaux, et une heure à se maquiller. Puis elle a fait les cent pas dans son salon en se demandant ce qui serait le pire : qu'elle arrive la première à la mairie, ou qu'elle fasse attendre Lucien ?

Il est midi. Le cortège s'apprête à sortir. Le secret a été mal gardé. Derrière les grilles, une cohue indescriptible. La façade de l'édifice a été décorée de serpentins et de galettes de disques par les bons soins du témoin de la mariée. Derrière les marronniers de l'avenue Henri-Martin, Eddie a caché les musiciens de Raymond Lefèvre. Le meilleur orchestre de jazz de Paris entame un bœuf de tous les succès de Dalida. Trompettes, saxophones, grosses caisses, cornets à piston, tambours s'en donnent à cœur joie.

Les nouveaux époux se tiennent par la main, sous un nuage de confettis. La fanfare-surprise éclate, concurrencée par un concert d'avertisseurs non prévu au programme. Cris, rires, bousculades.

Dalida, étourdie, s'accroche au bras de son mari. Le couple parvient de justesse à monter dans une américaine noire. Dalida pleure et rit à la fois. La voiture les emmène vers un déjeuner très rapide car, succès oblige, *Paris Match* attend pour faire des photos de la lune de miel. Celle-ci, pour soigner l'image de marque populaire de Mme Bambino, doit avoir lieu à la Foire du Trône !

Loteries, montagnes russes, autos-tamponneuses, pommes d'amour...

Juchée sur un cheval de bois à côté de Lucien, Dalida mange une barbe à papa, mitraillée par un photographe frénétique. Pas question de rater les clichés du mariage de l'année ! La jeune épousée se fait l'effet d'une de ces poupées enjuponnées qu'on gagne aux stands de tir. Elle regrette la lune de miel à Serrastretta. Trop tard. Elle se dit :

« Pense au bonheur ! »

Elle sourit. Le photographe est content.

Un dîner a lieu le soir dans la stricte intimité, à la campagne. Vingt amis ont été conviés dans une auberge de Montfort-l'Amaury. Le repas et le décor sont simples, l'ambiance sympathique, mais l'atmosphère pas vraiment joyeuse. Dalida est surtout contente pour Lucien. Elle se dit qu'elle a fait ce qu'il fallait.

Le dessert arrive : « soufflé Dalida » aux fraises des bois, accompagné d'une pièce montée à trois étages, surmontée des traditionnels mariés en sucre. Alors qu'elle coupe le gâteau d'une main mal assurée, la jeune mariée pense à nouveau à sa mère. Peppina a été retenue au Caire par la vente de la maison de famille, et Dalida n'a pas trop insisté pour qu'elle vienne. Ce n'est pas le mariage dont elle avait tant rêvé autrefois. Se voyant si jolie sous son voile de communiante, elle avait pensé :

« Quand je me marierai, ça sera encore mieux. »

Son voile de mariée, elle l'avait si souvent vu en rêve ! Maintenant, toute sa vie il lui manquera...

La journée finie, les mariés raccompagnent Bruno porte de Versailles, dans l'appartement que Dalida vient d'acheter pour y loger sa famille. Puis le couple rentre se coucher rue d'Ankara. Ce soir-là comme tous les autres, Dalida brosse ses cheveux devant son miroir, rêveusement, pendant une heure, en écoutant les derniers succès. Elle s'avoue que peut-être son histoire d'amour est déjà au passé. D'ailleurs, ses plus belles noces n'ont-elles pas lieu sur scène, avec le public, lorsque la salle et elle ne font qu'un ?

En famille

Le lendemain matin, on sonne à la porte : on apporte à Dalida le contrat de *Manon Lescaut,* son prochain projet de film. En déshabillé de soie, elle est perdue dans les fleurs. Autour d'elle cinquante corbeilles de roses, d'orchidées, de lis et de zinnias rivalisent de parfums, de textures et de couleurs. Le salon est une serre. Sur la table basse, devant le canapé de velours beige, s'entassent lettres et télégrammes. Un petit garçon de douze ans lui écrit : elle doit maintenant avoir des enfants, beaucoup d'enfants...

Porte de Versailles, elle vient d'acheter un duplex pour sa mère et ses frères. A Peppina, elle avait écrit :

« Vends tout, maman, ta maison t'attend, je suis en train de la faire décorer. »

Au dernier étage d'un immeuble cossu des années quarante, l'appartement comporte un salon-salle à manger très bourgeois, plus quatre chambres flanquées chacune d'une salle de bains. Entre deux galas, elle y fait des sauts pour tout superviser, riant comme une petite fille à l'idée de l'émerveillement de sa mère. Quand la famille est arrivée, l'aménagement n'était pas terminé. Dalida leur avait réservé des chambres dans un hôtel près de chez elle pour un mois, mais, au bout d'une nuit, ils avaient préféré emménager — tant pis pour les détails. Maintenant, Peppina déambule d'une pièce à l'autre, un peu perdue. La circulation de la porte de Versailles en contrebas, avec l'incessant ballet des voitures, l'impressionne.

« Ne t'inquiète pas, maman, tu t'habitueras très vite. On est si bien à Paris. »

Dalida avait raison : Peppina s'est habituée très vite. Elle a fait la connaissance de l'épicier, du charcutier, du marchand de journaux. Par la concierge, les gens du quartier ont découvert qui elle est. Mais très vite eux aussi s'accoutument. Ils aiment cette femme simple et si gentille.

Paris s'est vidé pour les vacances. Dalida est partie en tournée d'été. Peppina se contente d'explorer le quartier. Bruno, lui, va plus loin. Il hante Saint-Germain, ses rues, ses cafés, ses boîtes. A nous deux, Paris ! Le 14 Juillet, il se mêle à la foule qui danse dans les rues. Le jeune Italien du Caire en gardera un souvenir inoubliable. Très vite, comme sa sœur, il se sent chez lui en France.

Au mois d'août, Dalida offre à son frère et à sa mère un voyage en Italie. Une semaine à Milan puis à Rome où ils revoient des Italiens rentrés au pays, amis de Peppina et copains de classe d'Orlando. Ils découvrent la patrie de leurs ancêtres et la grande popularité de Dalida, dont la publicité pour les matelas passe à la télévision chaque semaine...

Passion

Après la séparation d'avec le colonel Vidal, Félix Marouani, l'imprésario de Gilbert Bécaud et de Tino Rossi, est devenu celui de Dalida. Sans conteste, c'est une amélioration, mais Lucien Morisse d'abord, Dalida et Bruno ensuite lui reprocheront de ne pas avoir vu assez grand, de n'avoir pas perçu sa portée internationale.

Tout de suite après son mariage, Dalida est partie en tournée. Eddie Barclay, qui sent que sa vie privée n'est pas au beau fixe, décide de l'emmener au festival de Cannes pour la distraire. Dalida commande pour l'occasion deux très belles robes chez Balmain : une blanche complétée d'une cape, l'autre saumon avec des broderies et des manches bordées de fourrure. Elle se réjouit : l'été est sa saison, elle y est toujours plus belle. Elle n'a pas encore abandonné ses rêves de cinéma, même si les films qu'on lui propose ne sont pas à la hauteur de ses ambitions.

A Cannes, Dalida voit beaucoup son amie Yvette Lebon, ancienne actrice, mariée à un producteur de cinéma. Yvette est charmante, un peu fofolle. Elle amuse Dalida. Elles sortent ensemble, apprécient la grande soirée du festival avec son feu d'artifice.

A Cannes, un soir, Dalida se rend avec des amis prendre un verre dans une boîte de nuit, le « Whisky à gogo ». Un jeune homme l'invite à danser. Il dira qu'il ne savait pas qui elle était.

L'inconnu est grand, mince, bronzé, il a vingt-quatre ans. Beau comme un dieu. Des yeux très clairs mais chaleureux, des pommettes slaves, des cheveux plus longs que ne le veut encore la mode. Avec son pantalon moulant, sa chemise à l'imprimé audacieux, il n'a que deux ans de moins que Dalida mais il incarne la nouvelle génération, celle des années soixante, qui va tout oser, tout faire exploser, au nom de la liberté, de la jeunesse et du plaisir.

« Qui est-ce ? » demande Dalida.

Dans le vacarme de la boîte de nuit, ce soir-là, ils n'ont guère pu se parler. Le trouble n'a pas eu besoin des mots.

Jean Sobieski descend, lui dit-on, d'une aristocratique famille polonaise. Son ancêtre, roi de Pologne, aurait épousé une princesse française. Depuis deux ans, sur la Côte d'Azur et sur la rive gauche de Paris, une réputation flatteuse l'accompagne. Les femmes, paraît-il, ne lui résistent pas. Son talent de peintre est inconnu. Il en a un autre, certain : profiter de l'instant, vivre à fond.

Il forme avec Dalida un contraste saisissant. La princesse brune de la chanson et le prince blond de la jeunesse dorée s'attirent comme des contraires. Après la première rencontre, Dalida, sentant le danger, a décidé de ne pas le revoir. Mais Jean la rappelle, ils parlent longuement au téléphone. A distance, la magie continue à opérer. Ils se retrouvent clandestinement à Paris.

Dalida pense tellement à lui qu'elle ne peut s'empêcher d'en parler à ses amis. Elle leur dit :

« J'ai rencontré un prince ! »

Celui qu'elle guettait des heures entières, depuis la terrasse de la maison de Choubra ? Soudain, Lucien lui paraît trop sérieux, trop sévère. Elle lui reproche d'empêcher sa sensibilité de s'exprimer. La passion qu'elle attendait est née sous le soleil du Midi. Refuser de la vivre serait mourir à moitié.

Lorsqu'elle repart en tournée, Sobieski la suit. Leur liaison est orageuse et violente. Elle se dit qu'elle n'avait jamais aimé auparavant. Le désir a balayé tout le passé. Ce qu'elle prenait pour de l'amour, pense-t-elle maintenant, c'était un mélange d'émotions : l'affection, l'estime, le respect, la gratitude, la sérénité. Mais il faut bien qu'un jour le corps parle...

Elle ne revient pas chez elle à Paris, n'a pas le cœur de parler à Lucien, descend dans l'appartement de la porte de Versailles. Comment lui expliquer ce qu'elle ne comprend pas elle-même ? Elle s'engage sur une voie périlleuse. Elle se dit :

« Je suis folle, folle d'amour. »

L'amour est un esclavage volontaire. Elle vit un rêve éveillé et craint déjà qu'il ne se termine en cauchemar.

La passion devient une drogue dont elle ne peut plus se passer. Comme la musique... Mais la musique, c'est la passion d'une vie. Cet amour, elle le sent éphémère. Cela l'affole. Elle ne veut pas perdre un jour ni même une heure. Elle qui disait que le physique ne compte pas chez un homme est tombée dans les bras d'un Adonis. A côté de la beauté rayonnante de Sobieski, le charme de Lucien devient presque de la laideur. C'est ainsi lorsqu'un amour chasse l'autre : ce qui séduisait auparavant exaspère, comme tout ce qui fait obstacle au nouveau désir.

Elle a des moments de lucidité, d'angoisse violente. La nuit, elle se réveille en sueur. Une voix retentit en elle :

« Je me trompe ! Je me trompe ! »

Mais cette peau de soie à côté de la sienne, si près... Mais cette odeur unique de l'aimé, qu'on irait chercher au bout du monde...

Et puis, à nouveau, s'imprime en elle le visage de Lucien, ce visage souffrant, si touchant, si bon. Elle est en train de faire un mal ignoble à l'être qui lui a toujours fait du bien. Mais elle est incapable de réagir.

Comme une prière, elle se répète :

« Je dois tout à Lucien ! »

Ça ne fait qu'empirer les choses. Les chaînes du devoir sont plus pesantes que celles du désir. Comment dire non à l'appel de Jean ? Elle aurait tout sacrifié à Lucien, elle-même y compris. Mais elle ne peut pas lui sacrifier Jean. Elle souffrirait volontiers pour que Lucien, lui, ne souffre pas. Mais elle ne peut pas faire souffrir Jean. C'est au-dessus de ses forces. Jean appartient à une autre époque de la vie de Dalida. Lucien restera l'image du père. C'est peut-être pour cela qu'elle ne l'a plus supporté, une fois qu'elle l'a épousé : comme si l'inceste avait été consommé. Elle ne supporte pas d'être Mme Lucien Morisse. Elle n'est plus la jeune fille perdue d'autrefois. Elle ne veut plus être qu'elle-même. Son nouveau chevalier servant n'a rien d'un homme arrivé. Sa vulnérabilité d'enfant la touche. Maintenant, c'est elle qui protège. Elle comprendra trop tard que Lucien aussi avait besoin d'être protégé.

Sa passion maintient Dalida dans un cercle enchanté. Les nouvelles du monde ne lui parviennent qu'assourdies. Elle se découvre. Une part d'elle-même était restée en sommeil. Le prince Jean s'est frayé un chemin à travers la forêt de ronces de la morale, de la douleur ancienne, du refus. Comme cela lui a semblé facile... Lucien n'avait-il pas, le malheureux, préparé le terrain ?

Sortie du bois dormant, la belle s'est animée. Lorsqu'elle interprète *Romantica* ou *24 000 baisers,* ces émotions violentes qu'elle chante avec tant de conviction, maintenant elle les vit. Comme si depuis toujours c'était là en elle, qui attendait...

Elle a besoin que Jean soit là quand elle chante. Contrairement à Lucien, il est disponible. Lui aussi vit un amour presque adolescent où se détacher de l'autre est une torture. La fièvre incendie ce couple radieux. Comme les soirées avec Lucien paraissent ternes à côté...

Je suis née au soleil levant
Le soleil est un peu mon frère,

chantera-t-elle. Et elle aimera désormais des hommes-frères. Des presque jumeaux. Eux seuls lui semblent pleinement vivants...

Eden

Yolanda la bohémienne aux pieds nus prend sa revanche. Croit-elle pouvoir oublier longtemps qu'elle est mariée et qu'elle est Dalida ? Bientôt la réalité brise le cercle magique. Jean Sobieski partage son temps entre Paris et la Camargue, où sa famille possède un domaine. Lui-même a là une maison au confort rudimentaire. Il aime y dresser des chevaux sauvages. Mauvaise cavalière, Dalida admire Jean qui monte à cru, torse nu tel un jeune centaure. Pays de gitans, pays d'eau et de romantisme... Chevaux, taureaux, flamants roses, couchers de soleil sur les hautes herbes. La maison de Jean se dresse dans un paysage de bout du monde, au milieu des étangs mangés par les roseaux, derrière les dunes. Les ajoncs envahissent le pas de la porte. Les chevaux sauvages viennent paître à quelques mètres. Dans cet éden, lorsque la nuit tombe, on s'éclaire à la lampe à essence. On fait un feu sur la plage, on pique-nique sous les étoiles, on grille les poissons qu'on a pêchés. Puis, au réveil, c'est le matin du monde. Lui est le premier homme, elle est la première femme. L'aube est rose. Toujours elle a rêvé de cette vie-là.

Elle connaît Jean depuis trois mois. C'est comme si l'éternité était derrière eux et devant aussi. Le temps s'est aboli. Ils vont faire un tour en bateau, s'embrassent entre mer et ciel. Tout près, invisible, un photographe planque...

Dalida reprend sa tournée. Jean la suit. Séparés, chacun est comme la moitié d'une pomme. La chair tranchée est à vif. Un jour de relâche, elle rejoint Jean en Camargue. Les paparazzi la guettent au téléobjectif. Au réveil, le couple est dans tous les journaux.

Le premier article paraît dans *Paris-Presse-l'Intransigeant.* C'est comme cela que Lucien, en vacances à Saint-Tropez, apprend son infortune. Il sentait bien qu'il se passait quelque chose, mais Dalida refusait la discussion. Il mettait cela sur le compte de l'excès de travail.

Pour lui, le choc est épouvantable. Il la rejoint à Montpellier où elle chante.

« Est-ce que c'est vrai ? »

Elle n'a pas le courage de répondre oui. Ce silence est la meilleure preuve. A ce moment-là, Lucien l'aime plus que jamais. Il l'encourage à parler. Elle dit tout, se sent soulagée. Lucien la somme de revenir. Elle a commis une erreur, il passera l'éponge. Mais elle ne sait pas lui mentir.

« Pardonne-moi, mais je l'aime... »

Rien ne peut faire plus mal et elle regrette de ne pas avoir dit la vérité tout de suite. Pour être libérée. En protégeant son paradis, elle l'a précipité dans l'enfer.

Elle sait qu'elle ne peut pas se partager entre deux hommes, pourtant, elle voudrait que Lucien comprenne et lui tienne la main. Dans les bras de Jean, elle se demande constamment :

« Est-ce que j'ai bien fait de quitter Lucien ? »

Les doutes la torturent. Alors elle regarde Jean, son visage d'ange la rassure. Elle ne voudrait les perdre ni l'un ni l'autre : ils sont, d'une certaine façon, complémentaires. La vie avec Jean ressemble à de perpétuelles vacances. Il dit qu'il ne s'intéresse pas à la chanson. Yolanda lui suffit. Apprenant que Jean a dit qu'il ne la connaissait pas en la rencontrant, Lucien rit. Qui pourrait ne pas connaître Dalida ?

Lorsque l'orage éclate, Bruno est au Caire. Lui aussi apprend la passion de Dalida par la presse. Il croit à une invention des journalistes. Il connaît la force du lien qui unit Dalida et Lucien. Mais, en y repensant, il se souvient que ces derniers temps sa sœur avait parfois un comportement étrange et disparaissait sans crier gare. Ainsi, un jour, Lucien était rentré à l'improviste. Il avait voulu aller au cinéma. La séance commencée, Dalida quitte brusquement la salle et ne revient pas. Lucien regarde le film jusqu'à la fin. En rentrant chez lui, il voit de la lumière dans la chambre. Il s'écrie :

« Elle est folle, elle est rentrée ! »

Bruno impose silence à son inquiétude et termine son séjour. Il rentre à Paris fin septembre. Dalida a un double des clés de l'appartement de la porte de Versailles. En arrivant, Bruno trouve dans une chambre les affaires de sa sœur. La femme de ménage l'informe qu'elle habite là depuis une semaine, avec son nouvel amour. Jean a un pied-à-terre à Paris, mais c'est un appartement de jeune homme, trop petit et simple pour Dalida maintenant habituée à un luxueux train de vie. Dalida n'a jamais suivi un homme chez lui. Jusqu'à la fin de sa vie, les hommes viendront s'installer chez elle.

Ce besoin d'être sur son terrain est à la fois sa gloire et sa défaite. Car ses compagnons, ainsi hébergés et protégés, ne se sentent plus des hommes. Ils deviennent des « Monsieur Dalida ». Mais elle ne peut pas vivre autrement. Elle est trop attachée à sa maison :

« C'est ma terre. »

Chez elle, elle se ressource. Elle y puise l'énergie nécessaire à tous ses combats.

L'argent aussi sera un facteur déclenchant dans les ruptures. Même si Dalida n'est pas une femme d'argent, elle en a et cela lui donne liberté, pouvoir matériel et symbolique. Les hommes le vivent mal. Avant le mariage, Lucien avait dit :

« Je gagne cinq cent mille francs par mois. Toi, tu en gagnes dix fois plus. Si nous nous marions, pour tout le monde je serai " Monsieur Dalida ". »

Et elle :

« Même si je ne gagnais rien, je serais quand même heureuse de t'épouser. »

« Ce ne serait pas la même chose », avait répliqué Lucien.

Aux yeux du monde, non, ce n'est pas la même chose. Surtout à cette époque. A mesure que les femmes conquerront leur autonomie professionnelle, les choses changeront. Lentement. Le pouvoir et l'argent font partie de l'image sociale d'un homme. Si cela change de main, l'identité masculine s'en trouve affectée.

Nouvelle vague

Dans un premier temps, Lucien essaie d'être philosophe :

« Ça devait arriver. »

Mais la souffrance est trop forte, la trahison insupportable. Sa vie part en débâcle. Il entame très vite une procédure de divorce.

En novembre 1961, l'audience de conciliation a lieu dans le cabinet de Me Boissel, vice-président du tribunal civil de la Seine. Dalida, en manteau de daim marron et toque de laine verte, entre au bras de son avocat, Me Roger Hild. Son visage est grave, marqué par l'angoisse, pourtant elle semble avoir rajeuni. Lucien, en complet gris croisé, flanqué de son avocat Me Bretagne, lui tend la main en souriant. Elle lui rend son geste et son sourire. Lorsqu'ils refusent la réconciliation proposée, ils sourient toujours. On est entre gens civilisés, n'est-ce pas ? Ils déclarent qu'ils n'accepteront pas de jouer la comédie. Leur mariage ne représente plus rien. Ils revendiquent le courage de regarder la vérité en face.

Maintenir cette façade coûte beaucoup à Lucien. Il se sent trahi, outragé. Sa colère a besoin d'un exutoire : il déclenche la guerre sur son terrain. L'occasion est là. En ce début des années soixante, la jeunesse change très vite. Richard Anthony, le crooner du rock à l'allure d'étudiant timide, chante avec grand succès *Nouvelle Vague,* ballade ironique pour garçons blasés. Cette nouvelle vague, Coquatrix avait prévu son déferlement bien à l'avance, et avant l'été, Lucien Morisse et Eddie Barclay avaient eux aussi senti le vent tourner. D'ailleurs, un adolescent blond et mince se démène au Golf Drouot. Doté d'une impressionnante énergie, il a la grâce dangereuse d'un félin et un air d'ange. Il se dit d'origine américaine. En fait, il est belge, et il s'appelle Johnny Hallyday.

Pour préparer le terrain, Lucien avait bloqué chez les éditeurs deux slow-rocks, *Tu peux le prendre* et *Avec une poignée de terre,* qu'il prévoyait de faire enregistrer par Dalida à la rentrée. A son retour, elle s'aperçoit que Lucien a déjà donné les chansons à Johnny Hallyday et Richard Anthony, ses principaux adversaires dans la bataille qui s'annonce. Elle les enregistre quand même, mais déjà Lucien matraque à l'antenne avec les versions de ses concurrents. Impossible de rattraper le temps perdu.

Lucien veut amener Dalida à lâcher du terrain. Affaibli d'avoir été quitté, il tente de reprendre l'avantage. Il espère qu'ainsi elle lui reviendra. Ce raisonnement est maladroit d'un côté, efficace d'un autre. Lucien n'interdit pas Dalida d'antenne, ce serait un grossier aveu de dépit. Mais il diffuse ses titres les plus langoureux, comme *Histoire d'un amour.* Ils la font dater et la démodent.

La presse se déchaîne contre la belle qui se croit tout permis. Jusque-là son comportement n'offrait aucune prise. Maintenant, c'est la curée. Elle repart pour une tournée en province. Il lui arrive d'être mal accueillie. A Toulon, après avoir chanté quatorze chansons, épuisée, elle en refuse une autre. On la siffle. La presse raconte que Jean Sobieski reçoit des gifles, qu'on crève les pneus de sa voiture. C'est faux mais qu'importe puisque ça fait vrai ?

Effectivement, au début de la tournée, elle remporte un succès mitigé. Elle ne chante que des chansons douces. L'incident de Toulon la force à réagir : elle inscrit alors à son répertoire des rocks et des twists. C'est un triomphe. La cabale ne se calme pas pour autant :

« Richard Anthony a plus de succès qu'elle. »

« Elle ne passera pas l'hiver. »

Elle vit des moments très durs et doit se battre sur tous les fronts. Mais, bien malgré lui, Lucien lui a rendu un grand service. Cette hostilité allège la culpabilité de Dalida qui se sent désormais libre de vivre comme elle l'entend. Elle qui comptait toujours sur Lucien apprend à se battre seule, à prouver au monde qu'elle peut survivre sans son aide. Si Lucien n'avait pas agi ainsi, elle serait sans doute revenue.

Le milieu du show-business se divise en deux clans. Dalida, qui ne se connaissait que des amis, découvre qu'il y en a de deux sortes : les faux et les vrais. Les premiers se révèlent plus nombreux que les seconds. Tous ceux qui ont besoin de la radio se rangent au côté de Lucien. Brutalement, Dalida comprend le fonctionnement d'un monde qu'elle croyait connaître et qu'elle ignorait. Elle était trop protégée par Lucien et par son propre désir de ne pas voir le mal. Elle va devoir regarder en face la méchanceté, l'envie, le mensonge.

Lucien n'est pas dupe. Il se complaît avec ceux qui le flattent car il a besoin de parler, mais plus tard les flagorneurs s'en mordront les doigts. Ils n'obtiendront de sa part ni respect ni gratitude. De son côté, Dalida défend Lucien en toutes circonstances. Elle prend les torts à sa charge. Elle continue à dire :

« J'aime Lucien, je lui dois tout. »

Elle refuse d'alimenter le feu de la haine, qui consume le meilleur de l'être, empoisonne au lieu de purifier. Elle n'a pas, comme Lucien, son « honneur d'homme » à défendre aux yeux du monde. Son honneur de femme, c'est d'aimer toujours. Elle ne supporte pas qu'on critique Lucien devant elle. Elle a trop de reconnaissance. Elle ne renie pas ce qu'elle a vécu : ce serait se mutiler elle-même.

Lucien, dans un premier temps, se laisse prendre au jeu de la mise à mort de sa chanteuse préférée. Après tout, c'est lui l'offensé. Mais, au fond, il sait qu'elle n'a pas été malhonnête. Le mariage n'est pas venu au bon moment. Quitte à attendre cinq ans, mieux aurait valu retarder encore de deux ou trois années. Alors, Dalida aurait laissé respirer Yolanda en lui permettant de vivre quelques aventures. Assagie par l'expérience, elle aurait sans doute acquis une plus juste hiérarchie des sentiments. Lucien et elle auraient pu s'unir dans une atmosphère différente, une alliance d'égalité où l'amour se serait fondu dans l'amitié.

Peu à peu, « avec le temps », Lucien comprendra. Lui aussi apprendra à aimer Dalida différemment.

Yéyé

Dalida sort un nouveau disque. Le moment est défavorable, mais elle doit malgré tout rester très présente. L'un des titres est *Protégez-moi, Seigneur...* C'est vrai qu'elle a bien besoin de cette protection. Ses fans sont déçus par sa rupture ; pour eux, elle a brisé son roman d'amour par caprice. Son image de bonne fille en a pris un coup. Les journaux lui font payer un succès trop éclatant, trop rapide. On lui reproche d'avoir fait de l'ombre à de grands talents comme Piaf.

Dalida tente de contre-attaquer, mais elle a du mal à trouver des chansons. Les éditeurs craignent le boycott à l'antenne. Elle s'affole un peu, enregistre à la hâte : *Tu ne sais pas, Loin de moi.* Ce ne sont pas de bons choix. Le twist est en route. Europe 1, la station la plus écoutée par les jeunes, diffuse chaque fin d'après-midi la nouvelle émission fétiche, « Salut les copains », avec Daniel Filipacchi. C'est le symbole d'une époque où la camaraderie remplace la passion, la familiarité la sophistication, la légèreté les grands sentiments, la rapidité la langueur.

L'étiquette « chanteuse à accent » est devenue rédhibitoire. Les nouvelles vedettes, qu'on commence à appeler « idoles », ont un accent aussi, mais ce n'est pas le même : il vient d'outre-Atlantique et non de Méditerranée. La civilisation du Nord s'apprête à supplanter la civilisation du Sud.

Dalida passe très rarement dans l'émission de Daniel Filipacchi. Filipacchi adore le yéyé et il a sa protégée : Sylvie Vartan qui, bien que d'origine bulgare, ne roule pas les r. Pourtant, lorsqu'un référendum est organisé à « Salut les copains », Johnny Hallyday arrive en première position pour les hommes, et Dalida a toujours la place d'honneur dans la catégorie femmes. En fait, ce ne sont pas les jeunes qui la boudent. Ce public-là a l'esprit large et se moque bien des histoires de vie privée.

Lorsque Europe 1 la boycotte, RTL et France-Inter en profitent pour diffuser Dalida. Les autres stations, qui la considéraient comme une vedette d'Europe 1, sont un peu choquées par ce qui lui arrive et prennent son parti. Et Lucien l'a tellement fait passer pendant cinq ans que les auditeurs d'Europe se plaignent de ne plus l'entendre !

Dalida ne peut pas rester camper chez sa mère porte de Versailles : elle loue un appartement meublé à Neuilly et y emménage avec Jean Sobieski. Rue Saint-James, elle est la voisine de Jean Anouilh et de Pierre Fresnay. L'endroit est très calme, les fenêtres donnent sur des arbres que l'automne habille d'or. Le grand studio est blanc, les meubles aussi : pendant plus de dix ans, le blanc va régner dans la décoration, symbole de renouveau, de simplicité. Le genre dépouillé, nu, vide, remplace le goût de la génération précédente pour les velours, les damas et les moulures. Un tableau de Sobieski égaie les murs, fleurs et plantes vertes sont la touche de Dalida. Un pick-up et des disques s'entassent dans la cheminée. C'est tout ce qu'elle a emporté de la rue d'Ankara, avec la télévision. L'appartement avec son contenu, elle l'a laissé à Lucien.

Dans ce lieu lumineux, Dalida mène une existence retirée. Jean est un homme tranquille, discret, qui lui consacre toutes ses soirées. Elle s'habille et se coiffe plus sobrement. Des reflets auburn dans ses cheveux, une teinte rose sur ses lèvres l'adoucissent. Son visage rajeuni est pourtant celui d'une tragédienne. Elle a maigri, Jean aussi : les hautes pommettes du jeune homme ressortent davantage, son regard très clair brûle dans son visage d'ange.

La nouvelle vie de la fugueuse est bien loin de cette dolce vita dont on l'accuse. Elle ressent un grand besoin de pureté. Elle fait de longues promenades dans la nature, se nourrit de steacks grillés et de légumes verts, croque une pomme avant chaque repas pour tromper la faim, dort huit heures par nuit. Elle rencontre les amis de Jean, la bohème des peintres de Montparnasse. Ils sont un peu surpris de son choix, il affirme :

« C'est une fille merveilleuse. »

On refait le monde dans des bistros de copains. Dans des ateliers au charme délabré, on se pousse pour offrir à Dalida un coin de canapé défoncé. Comme d'habitude, elle est sans chichis et se fait accepter. Elle s'intéresse à la peinture et ne cessera jamais de l'aimer. Elle s'étonne et s'enchante de cette jeunesse insouciante, jamais obsédée par le métier ou la carrière, vivant d'amour et d'eau fraîche. Ils parlent un langage qu'elle ne connaissait pas, qu'elle voudra maîtriser à son tour : celui des intellectuels.

Pourtant, rien n'est facile. Elle se sent amputée de Lucien. Plusieurs fois, elle a des velléités de retour. Mais elle ne peut pas quitter Jean non plus. Les deux jeunes gens semblent unis par un insatiable besoin d'affection. Passent de longs moments enlacés, avec l'innocence des jeunes animaux.

Entre eux, pas question de mariage. D'ailleurs, le mariage aussi va cesser d'être à la mode. Pourtant elle est fatiguée du tumulte et du tapage, rêve d'ordre et de vie de famille : elle se voit mère d'un garçon et d'une fille, se dit que seuls les enfants protègent de la tristesse de la vie, créent des liens durables capables de résister aux complications de la vie d'artiste.

Orlando

Malgré sa passion, à aucun moment elle n'oublie sa carrière. Etranger au monde de la chanson, Jean Sobieski a du mal à en saisir les réactions, à discerner les vacheries sous les sourires. Elle se bat seule face à ceux qui continuent de dire qu'elle ne passera pas l'hiver. La vente de ses disques a baissé, mais le public n'est pas dupe. Interrogé au cours d'un « radio trottoir », un chauffeur de taxi affirme :

« Elle peut tout se permettre, même le grand amour. »

La formule est juste. Roméo et Juliette ne plaisent qu'au théâtre. Un amour éclatant est une gifle en plein visage de ceux qui n'aiment pas, ne sont pas aimés et s'y résignent tant bien que mal. Bousculant ordre social, habitudes et conventions, il inquiète, interroge, offense. On préfère le diminuer, transformer les coupables en victimes en leur attribuant des motifs bas, comédie, intérêt, dépravation. Dans le cas de Dalida, l'intérêt est de toute évidence absent, cela gêne d'autant plus.

« L'opération anti-*Bambino* est déclenchée », écrit la cabale. Dans *Paris-Jour,* Jacques Chancel n'y va pas de main morte :

« Dalida a commencé son chemin de croix. Elle est " tombée " pour la première fois et cette chute est comme un avertissement, le signe avant-coureur du mauvais sort. »

Il reçoit en retour des lettres furibondes, publiées au Courrier des lecteurs :

« Vous voulez la tuer ! Mais croyez-moi, elle a son public ! »

« La critique s'arrête où commence la méchanceté ! »

Philippe Alexandre, lui, la soutient dans *Jours de France :*

« Il faut qu'elle gagne cette bataille, ne serait-ce que par orgueil. »

Encouragée par Jean, dans les moments d'accalmie, Dalida lit Gide et Proust, enchanteurs désenchantés. Comme elle ? Elle a décidé de contre-attaquer en revenant sur la scène de l'Olympia à la fin de l'année. Coquatrix, puisque les journaux parlent sans cesse du « triangle » Dalida-Morisse-Sobieski, pense que le moment est bon.

Elle ajoute à son répertoire des morceaux de bravoure destinés à conquérir cette jeunesse avide de nouveauté. Elle a peur comme jamais. L'angoisse grandit de jour en jour. C'est la guerre des nerfs. On lui « vole » son batteur, Arthur Motta. On lui glisse des réflexions perfides :

« Vous avez bon moral ? »

Elle répète dix ou quatorze heures par jour, rode son spectacle en province. Elle voyage en Chevrolet Impala, transporte dans sa valise de cuir noir ses deux robes de chez Balmain — l'une en ottoman parme, l'autre en voile noir. Dès son arrivée, elle les suspend dans sa loge.

Souvent, la salle de répétition n'est pas chauffée : elle garde son manteau blanc en agneau des Indes. En attendant que les musiciens arrivent et s'installent, elle vérifie les éclairages, répète ses pas de danse, pose ses bigoudis. Elle se concentre seule dans sa loge. Puis elle répète plusieurs heures durant. Retourne à l'hôtel se reposer un peu. Les traits tirés, elle semble épuisée.

Une heure ou deux plus tard, elle arrive pour commencer son tour de chant. Des hommes la reconnaissent dans la rue, n'osent pas l'aborder. Quelque chose en elle a grandi, instaure une distance. Le teint est frais, les yeux brillants.

Le rideau se lève : *Une fille pleure...* Après la mélancolie, très vite, elle se déhanche : *Papa, achète-moi un juke-box...* N'est-ce pas exactement ce qu'avait fait Lucien ? La salle se déchaîne...

De retour à Paris, la tournée terminée, elle charge encore ses journées. Elle saute d'un taxi à l'autre, grignote une feuille d'artichaut, chipote un sandwich. Elle a encore perdu quatre kilos. Pour se détendre, bains très chauds, massages. Elle ne veut pas qu'on devine sa peur, s'étourdit de travail et de musique. L'appartement de Neuilly commence à lui ressembler. Les voisins se plaignent de ne pouvoir dormir à cause de la musique qu'elle met tard dans la nuit pour ne pas penser. Dans le couloir, des amours en farandole courent sur le papier peint. Dans sa chambre, un Pleyel droit, deux coiffeuses envahies de flacons de parfum, de tubes de crèmes, d'onguents miracle. Sur le lit, en vrac, des robes, des pantalons. Sur la moquette, des chaussures. Désordre de star...

Heureusement, Bruno est là qui la soutient. Il a commencé une carrière en France, bien que Lucien le lui ait déconseillé.

« Dalida est une très belle fille, elle a du succès, toi tu ne seras qu'un chanteur à accent de plus, on fera toujours la comparaison, tu ne seras jamais que son frère. »

Lucien propose à Bruno de rentrer à Europe 1 pour y faire de la programmation, mais il refuse.

« A ce moment-là je voulais chanter. Mais j'étais le seul à voir l'étendue de la fragilité de ma sœur et son besoin de protection. Je pense que j'ai fait ça inconsciemment en attendant d'être assez fort pour m'occuper d'elle. Peu à peu j'ai appris toutes les ficelles du métier. »

Lors de son premier séjour en France, Dalida passe la majeure partie de son temps en tournée. Bruno ne veut pas la déranger et, de plus, il ne souhaite pas enregistrer dans la même maison qu'elle, pour ne pas rester le « petit frère ».

Bruno appelle chez Philips. Le directeur artistique est Jacques Plé et le P-DG Jacques Canetti, le découvreur de Gréco.

« Je viens du Caire, j'ai fait quelques disques. »

« Vous avez un accent, on dirait celui de Dalida ! »

« Oui, je suis son frère... »

Ça fait tilt. Bruno obtient un rendez-vous. Vu le succès de Dalida, les maisons de disques cherchent des chanteurs pour les lui « mettre dans les pattes ». Bruno ne s'en rend pas compte. Il réalise une maquette : à l'époque, ça se fait en studio avec deux ou trois musiciens.

Bruno appelle Guy Motta, le pianiste de sa sœur. Dalida, toujours en tournée, n'est pas encore au courant. Guy Motta fait répéter Bruno.

« On avait juste besoin d'un piano, d'une batterie, d'une basse. J'ai chanté plusieurs chansons, dont quelques-unes de Dalida. »

En studio, c'est l'enthousiasme. Quarante-huit heures plus tard, Bruno reçoit un coup de téléphone de Jacques Plé :

« Monsieur Canetti a écouté votre maquette, il est très intéressé. On va vous signer un contrat. »

Bruno saute de joie. Il a rendez-vous deux jours plus tard dans le bureau de Canetti. Le soir même, il dit à sa sœur :

« Je me suis débrouillé tout seul, je vais signer. »

Elle est ravie :

« Bravo ! Et tu n'es à Paris que depuis quelques semaines ! »

Dalida dit à Lucien :

« Mon frère va enregistrer chez Philips ! »

Lucien bondit :

« Ton frère entre dans une maison concurrente ! Vous n'avez pas compris le tour qu'ils veulent jouer ! Ils vont lui faire doubler ton répertoire ! Ça rendra vos rapports difficiles, et pour moi aussi, ça va être très délicat. »

Dalida s'en moque.

« Elle était au-dessus de ça, dit Bruno. Elle était contente pour moi. »

Lucien appelle Eddie pour le mettre au courant. Eddie veut écouter Bruno dans son studio avant qu'il ne signe ailleurs.

« Je ne saurai jamais ce qu'ils se sont dit, ajoute Bruno. J'ai répondu que j'étais flatté mais que je ne voulais pas enregistrer dans la même maison que ma sœur, car j'étais sûr d'être mis à l'écart. Finalement, Dalida, sur les instances d'Eddie, m'a rappelé, très embêtée, pour me dire de leur donner une chance et de choisir ensuite. »

Bruno chante deux chansons devant Eddie. Il a l'impression que celui-ci a pris sa décision d'avance.

« On va te signer un contrat pour quatre ans. Tu vas devenir une vedette. »

Bruno refuse toujours. Il a donné sa parole à Jacques Plé. Il finit pourtant par accepter sous la pression conjuguée d'Eddie, de Lucien et de sa sœur.

« Au lieu d'être fier et heureux, j'avais l'impression d'avoir signé mon arrêt de mort. »

Pour le tranquilliser, Eddie lui propose d'enregistrer sous le label de sa femme Nicole, Bel Air. Bruno continue à penser que ce n'est pas une bonne chose pour lui, mais n'en fait pas une histoire. Il sait qu'il a une belle voix, mais, malgré les quelques succès remportés en Egypte, il se voit plutôt en retrait que sur le devant de la scène.

« Quand je me voyais à la télé, ça me faisait horreur. Je me disais que je n'étais pas fait pour ça. »

Il enregistre néanmoins plusieurs 45 tours et remporte quelques succès, notamment avec *Elle a des yeux d'ange.* Sur les conseils de Lucien, il a abandonné son premier nom de scène, Bruno Mori, et pris le véritable prénom de son frère aîné, Orlando. Mais ce qui était prévu se produit : aux yeux des gens, il restera « le frère de Dalida ».

Le nouvel Orlando sillonne la France en tournée avec Les Chaussettes noires alors en plein succès. Puis il rentre en Egypte voir sa mère.

« Là-bas les gens croyaient que j'étais une star. J'ai tourné un film, *Jeunesse brûlée,* dans lequel je jouais le rôle d'un chanteur. Ma mère soignait ma grand-mère Elena alors très malade et elle avait pris chez elle ma grand-mère paternelle Rosa qui avait des problèmes avec sa belle-fille. J'avais presque envie de rester au Caire. Puis, au bout de trois mois, j'ai reçu un télégramme de Nicole Barclay. Elle voulait ouvrir le marché des pays de l'Est, était en relation avec Supraphon qui représentait la Tchécoslovaquie. Elle avait envoyé des disques de ses artistes, j'y étais devenu très populaire et je devais m'y produire sur scène. De plus, mon premier disque bougeait à Paris. »

A ce moment, la grand-mère Elena s'éteint. Orlando se dit que cette fois c'est un adieu. Il revient en France et repart bientôt pour Prague, apportant dans ses bagages le rock et le twist. Les Tchèques, qui n'ont pas l'habitude de voir un chanteur bouger sur scène, l'accueillent avec enthousiasme. Orlando apprécie leur générosité, leur charme, leur délicatesse et tombe amoureux de leur ville magnifique. Il est l'un des rares chanteurs européens distribués là-bas. Une boîte de conserves de tomates porte en hommage le nom d'« Orlando »...

En prenant pour nom de scène le prénom du frère aîné, qui lui ne s'occupe pas de la carrière de sa sœur, Orlando le second effectue un chassé-croisé : pour Dalida, il va devenir le protecteur, le grand frère du show-biz.

Dalida a d'autant plus besoin de son aide qu'elle doit se battre aussi sur le front italien. En 1960, une chanteuse, Milva, se taille un succès dans la péninsule en tant que Dalida bis. Lucien Morisse tente de l'introduire en France. Cette rousse ne manque pas d'allure. Lucien la fait passer à l'Olympia où on la présente comme la rivale de Dalida. Ce n'est pas la première fois que ça arrive, mais Milva est une concurrente plus sérieuse. Pourtant, ça ne prend pas, Lucien s'est trompé de cible : Dalida elle-même sait qu'elle doit faire peau neuve.

Gilbert Bécaud vient de sortir *Et maintenant.* Quand une chanson d'un autre artiste plaît à Dalida, elle l'enregistre à l'étranger. Elle chante ainsi avec grand succès *Milord* en Allemagne et en Italie. Elle compte y enregistrer aussi *Et maintenant,* mais Lucien s'est arrangé pour que Milva en ait la primeur. Dalida essaie par tous les moyens de se procurer le texte. Au téléphone, elle se fait passer pour la secrétaire de l'éditeur français :

« L'éditeur a besoin de savoir si la traduction est bonne... »

Elle se fait dicter le texte italien de la chanson, l'enregistre à Paris et l'expédie à l'éditeur italien.

« Arrangez-moi une télé dans la semaine et faites imprimer la pochette tout de suite et en secret. »

En Italie, c'est le règne de la presse à scandale. Avec sa vie privée turbulente, c'est un jeu pour Dalida d'avoir accès à la télévision. Elle crée *Et maintenant* dans la très importante émission de variétés du samedi soir. Sa popularité est très grande de l'autre côté des Alpes, et quand elle veut quelque chose, personne ne peut le lui ôter de la tête. À la suite de ce coup de force, Milva, qui croyait pour une fois arriver d'abord, demeure seconde. Pendant des années, elle continuera à imiter Dalida, sa chevelure, ses vêtements, ses gestes, ses chansons...

La bataille de l'Olympia

L'Olympia est programmé pour le 6 décembre 1960. Dalida a gardé un mauvais souvenir de son passage avec Gilbert Bécaud en 57. Son répertoire était alors insuffisant. Quand on s'aventure à l'Olympia, on ne peut pas se permettre de se tromper.

C'est un défi, elle joue le tout pour le tout. Elle est dans un état second. Les deux tiers des médias lui sont hostiles, Lucien lui a retiré son soutien et le public est hésitant. Ça passe ou ça casse ?

Elle décide de mettre Richard Anthony en première partie. Cette fois, le twist a éclaté. Les journaux de jeunes publient des articles : « Comment danser le twist ? » Les néophytes doivent faire semblant de s'essuyer le dos avec une serviette de toilette tenue à deux mains derrière... Des médecins sérieux comme des papes discutent des risques de lumbago entraînés par cette pratique barbare...

Johnny Hallyday n'a pas peur du lumbago. L'« idole des jeunes » vient de faire un malheur à l'Olympia. Smoking bleu nuit, chemise à jabot, il a dix-huit ans et deux millions de disques vendus. Pour une fois, Lucien s'est trompé. Il a cassé le premier disque de Johnny en direct sur Europe 1 :

« Voilà un garçon que vous n'entendrez jamais plus ! »

Johnny n'est pas seulement l'idole des jeunes, il est aussi celle des blousons noirs, qui font trembler le bourgeois. Bagarre et fauteuils cassés. Les parents s'interrogent sur la violence de cette jeunesse à qui on a tout donné pour oublier les années de guerre.

Avec les années, Johnny s'adoucira et laissera à Vince Taylor le look « ange de l'enfer ». Richard Anthony, lui, a bon genre. C'est l'anti-Johnny, il plaît autant mais différemment. Une légère tendance à l'embonpoint lui donne un air rassurant. On l'appelle « le père tranquille du rock ». Il s'avérera même trop tranquille... Richard Anthony est un yéyé mais il a de la voix, une voix de velours qui fait se pâmer les filles.

Qu'est-ce qu'un yéyé ? Comme le nom l'indique, ce genre de chanteur parsème un répertoire d'origine anglo-américaine d'interjections dans une langue qui fut il y a bien longtemps celle de Shakespeare. Le yéyé dérive du rock, il s'assagit et se commercialise pour devenir la version française, gentillette et acidulée de la pop-music. On ne couche pas dans les chansons yéyé, tout au plus on se fait des bises, d'où l'importance du mot « copain », terme de ralliement. Les copains et les copines sortent en bande en attendant les années soixante-dix où on vivra tous ensemble.

On reproche aux chansons yéyé leurs textes faibles, aux chanteurs leur manque de voix. La technologie pop se développe et le rythme fait passer cette pauvreté, qui donne d'ailleurs aux chansons un charme naïf. A défaut de voix et de textes, les chanteurs doivent avoir coiffure, allure et garde-robe à la pointe de la mode, savoir bouger sur scène ou plutôt, de plus en plus, à la télé.

En ce qui concerne Richard Anthony, c'est là que le bât blesse. Sur scène, il fait plutôt chanteur des années cinquante, alors que Dalida, elle, se déchaîne avec un bel abandon. Ne lui confiait-on pas des rôles de danseuse dans ses premiers films ?

Lorsqu'elle entame sa tournée d'hiver en province avec Richard *Twist again* Anthony, on dit qu'elle est folle de prendre ce risque. Richard, lui, n'hésite pas à chanter en anglais... Mais ce n'est pas une bête de scène et Dalida a du métier.

Elle a rencontré Johnny Hallyday. La presse imagine une rivalité entre eux : c'est une amitié. Johnny lui apprend à danser le twist.

Charles Aznavour et son équipe lui ont écrit *Achète-moi un juke-box.* Une fois de plus, elle s'y parodie elle-même :

Papa, achète-moi un juke-box
Pour écouter Johnny Hallyday
Elvis Presley et Les Chaussettes noires !

Le public répond :

« *Et Dalida, elle est encore là ?* »

Et elle reprend :

« *Pourquoi pas ?* »

Danyel Gérard, pionnier de la vague yéyé, lui écrit un autre tube : *La Leçon de twist.* D'où l'importance des cours particuliers avec Johnny... Ces chansons ne sont pas son style. Mais si elle veut gagner la bataille, elle doit faire des concessions et s'adapter. Il lui faut se battre avec les armes de ses concurrents. Le mot d'ordre est : survivre, durer.

Elle dira plus tard qu'elle n'a jamais aimé le twist, mais qu'elle ne regrette rien, car si elle n'en était pas passée par là, la Dalida des prochaines années et des grands textes n'aurait pas existé.

La concurrence sera dure. L'année 1962 voit arriver les femmes sur le marché de la pop-music : Françoise Hardy d'abord, puis Sylvie Vartan et enfin Sheila. Fin 1961, toutefois, Dalida n'a encore en face d'elle, sur ce terrain, que des hommes et des groupes (Les Chaussettes noires et Les Chats sauvages). Heureusement, le mot « copain » n'est pas employé en vain. Entre eux, les artistes sont très amis. Le climat est dénué d'animosité.

La tournée s'est finalement bien passée, mais le prix psychologique est élevé. Angoisses, doutes, changements de répertoire d'un soir à l'autre. Lucien n'est plus là pour apaiser ses inquiétudes au bout du fil. Plus personne pour lui tenir professionnellement la main.

Pour Jean, elle tente de minimiser son stress, car elle ne veut pas lui en faire porter le poids. Lui non plus ne joue pas une partie facile. Le soir, après le spectacle, lors des interminables séances de signature d'autographes, il est là. Les femmes l'observent et prennent le parti de Dalida :

« Tu as vu, elle a raison, il est si beau ! »

Elles comprennent, mais les hommes, eux, sont jaloux et lui en tiennent rigueur. Finalement, Dalida, qui était si heureuse d'avoir Jean partout avec elle, lui demande parfois de rester à Paris. Sa beauté fait de sa présence une provocation. Et sa passion pour lui déconcentre Dalida, alors qu'elle a besoin d'être tout à son métier.

Gentil garçon, même si impétueux et révolté, animé de la fougue de sa jeunesse, Jean ne parvient pas, malgré ses efforts, à s'intéresser à tout cela. Les enjeux le dépassent. Comme les existentialistes de Saint-Germain et les bohèmes de Montparnasse, il vit dans un autre monde. La notoriété ne compte guère pour lui, le star system le déroute. Devenu célèbre du jour au lendemain sans l'avoir voulu, il s'étonne de l'envie qu'il suscite et de l'animosité des gens à son égard. Il ne trouve pas grâce aux yeux des médias. On le tolère mais on ne l'accepte pas. La famille de Dalida, et en particulier Orlando, le voit comme celui qui a semé la zizanie et compromis sa carrière. Plus tard, Orlando apprendra à le connaître, admettra qu'il est charmant, mais ce sera trop tard : le ver sera dans le fruit.

Pour Orlando non plus la situation n'est pas facile. Toujours du côté de sa sœur, il comprend en même temps Lucien, qu'il aime beaucoup, sans accepter pour autant son comportement. Tout le monde est mal à l'aise, mais cette gêne à l'égard des hommes de sa sœur poursuivra Orlando sa vie entière. A chaque nouvelle rencontre, il souhaite voir sa sœur heureuse, mais ne peut s'empêcher de penser qu'elle s'est encore trompée.

Pour les hommes de Dalida aussi la relation avec Orlando pose problème. Le frère et la sœur sont si proches qu'ils forment à leur manière un couple indéfectible. Pour celui qui aime Dalida, Orlando est un rival insaisissable. On ne peut pas le combattre avec les armes habituelles. Autrement dit, on ne pourra jamais s'en débarrasser...

« Ils sentaient que je posais sur eux un regard d'une lucidité sans faille, raconte Orlando. Sauf dans le cas de Lucien, je savais d'avance que ça allait mal tourner, et ils le sentaient, malgré l'amitié et même l'affection que j'avais pour eux par ailleurs. Dans les discussions, Dalida finissait toujours par prendre mon parti. Ça n'arrangeait rien, ils avaient l'impression que d'une certaine manière je passais d'abord. Et pourtant je voulais son bonheur... »

En fait, l'insatisfaction d'Orlando devant ces hommes n'est que la réflection de celle de sa sœur. Cela ne colle jamais tout à fait, Dalida voudrait quelque chose de différent. En Jean Sobieski elle aime la pureté, l'innocence, l'allure de prince charmant. Qu'il n'ait aucun rapport avec son métier est à la fois un avantage et un inconvénient. Pour la première fois, elle se couche avec un homme et non avec une station de radio. Quand ils sont ensemble, ils ne parlent pas de travail mais d'eux-mêmes. Comme tous les jeunes, ils vivent au jour le jour. Dalida a l'impression de rattraper la jeunesse perdue des années-Lucien. Lorsqu'elle retrouve Jean, elle quitte avec soulagement sa peau de star pour être elle-même. Elle goûte à la joie de vivre, mais, en même temps, elle est responsable de tout. Le lâcher prise n'est que temporaire. Yolanda vit volontiers d'amour et d'eau fraîche mais Dalida se nourrit des lumières de la scène et du fracas des applaudissements. Elle a besoin de ce tonnerre dans son ciel bleu. Elle fait un apprentissage : toute sa vie elle pensera pour les hommes, tiendra les rênes du chef de famille.

Jean Sobieski partage avec Dalida — comme auparavant Lucien — une expérience d'enfant triste. Son père est absent car ses parents sont divorcés ; il adore sa mère par une espèce de compensation. Comme Dalida avec Orlando, il semble former avec sa mère, aux yeux des autres, un couple gémellaire. Est-ce cette mère très jeune, très proche, qu'il cherche en Dalida ? Il est trop jeune pour assumer une situation aussi lourde. Sa peinture ne peut nourrir un couple...

A Paris, on dit que Dalida veut faire retirer Richard Anthony du programme, car elle a « peur du twist ». Les coups de fil anonymes recommencent. On la réveille aux aurores :

« Dalida, c'est fini ! »

« On ne te laissera pas chanter ! »

Elle n'écoute personne et répète avec ses musiciens. Son batteur la lâche à quinze jours de l'Olympia pour rejoindre Jean-Claude Pascal qui fait sa rentrée à Bobino. Les autres musiciens redoutent le désastre et commencent à penser à eux. Seul son pianiste Guy Motta, qui l'a suivie en province pour ses galas, lui reste fidèle.

Guy Motta est un compagnon de la première heure. Ils se sont rencontrés à Juvisy, dans un de ces galas de banlieue où elle se rodait. Elle devait chanter deux chansons d'Aznavour en première partie de spectacle. Ils sympathisent, se revoient. Elle lui demande de lui apprendre des chansons. Il la fait travailler.

« C'était une battante, elle en voulait ! »

Lorsqu'elle chante *Bambino,* ils se retrouvent à Musicorama où Guy Motta joue avec Raymond Lefèvre. Elle lui propose d'être son pianiste pour quarante-cinq jours qui deviendront trente ans...

Leur origine italienne les rapproche. Guy apprend à connaître son caractère, comprend que ses colères sont dues à la quantité d'énergie qu'elle accumule pour chanter.

« Plus elle avait du succès, plus elle se chargeait. Je l'évitais pendant les minutes qui suivaient la fin du spectacle. Il fallait lui donner le temps de décharger son énergie. Pour se calmer, elle se brossait les cheveux. Ils étaient pleins d'électricité. Après, on pouvait discuter. »

Il admire sa fermeté de caractère :

« Elle se défendait des gens qui essayaient de lui faire signer des photos laides, prises n'importe comment. Un jour, un para vient avec une photo. Il la présente à l'envers. Elle la retourne : il s'était fait photographier nu. Elle l'envoie paître. Cinq minutes après, il revient. Elle le gifle... »

Il aime sa fidélité à l'égard de ceux qui travaillent pour elle. Elle se met dans des colères noires pour un détail qui n'est pas parfait. Mais elle se montre loyale. Un jour, elle engage un technicien sur parole. Il transporte la sono complète. Accident. La voiture est pliée en deux, la sono perdue. Dalida reste calme :

« Personne n'est mort, pas de blessés, ça va. »

« Cet homme-là, elle l'a gardé dix ans, se souvient Guy Motta. Les gens qui travaillaient avec elle la respectaient toujours. »

Jamais sans doute Dalida n'a eu tant besoin de sa force. A mesure que les attaques augmentent, elle se renferme. Puise d'incroyables réserves au fond d'elle-même. Sa fébrilité a cessé, sa peur est invisible. Sa famille semble plus angoissée qu'elle.

Aznavour, qui l'aime beaucoup et qui est scandalisé par ce qui se passe, lui trouve des supporters. Une semaine avant la première, Eddie Barclay fait son choix et se range de son côté : elle est sa principale artiste. Il sait ce qu'elle risque : c'est la première fois qu'elle chante à l'Olympia en vedette.

Vingt-Quatre Mille Baisers

Le soir de la première, la salle est prise d'assaut. Les gens du métier occupent le parterre, le public est au balcon. Dehors, la foule s'étire jusqu'au Café de la Paix.

Europe 1 diffuse la soirée en direct : « N'oubliez pas d'écouter Europe 1 ce soir pour savoir si Dalida va gagner. » « Pour ou contre Dalida »...

Orlando passe à la même période à l'ABC. Conséquence ou non des ennuis de sa sœur, on lui a volé son costume de scène... Mais il est présent ce soir-là et constate avec soulagement que beaucoup de gens sont venus soutenir Dalida.

« S'il le faut, je lui prêterai mes talons aiguille », propose Annabel Buffet.

Brassens, l'ours de la chanson, est écœuré lui aussi par ce Paris qui s'érige en censeur des bonnes mœurs. Dans la vie comme dans ses chansons, il estime que chacun est libre de mener sa barque comme il veut. Il n'assiste jamais aux premières mais, le soir de l'avant-première, il est venu, en solitaire, encourager Dalida en coulisse :

« On n'a pas le droit de juger la petite. »

Félix Marouani, très émotif, a un trac terrible. Il y a une telle électricité dans la salle qu'au moment où le rideau se lève Orlando la quitte pour se réfugier du côté des toilettes. La tension est si forte qu'il ne peut pas rester assis. Au milieu de son angoisse il remarque avec amusement que Dalida compte un supporter inattendu... Gloria Lasso elle aussi est venue.

Une heure avant qu'elle n'entre en scène, sa loge est envahie par les fleurs. Un bouquet est accompagné d'un mot :

« Chante avec passion, comme toujours. Ton ex, Lucien. »

Même les faux amis se sont fendus d'un peu de verdure — on ne sait jamais...

On apporte alors une énorme gerbe. Félix Marouani déchire le papier et constate avec consternation qu'il s'agit d'une couronne mortuaire :

« A la chanson défunte, vive Edith Piaf. » Superstitieux, Marouani ne peut s'empêcher de pousser un cri. Dalida a l'impression de recevoir un coup dans l'estomac. Elle se reprend très vite, dit à Félix Marouani :

« Ça ne doit pas rester ici ! »

Il jette la couronne dehors...

La confusion règne maintenant dans la loge. Chacun a une tête d'enterrement. Dalida est très tendue, très pâle mais très calme :

« Sortez tous, laissez-moi. J'ai besoin d'être seule. Je ne veux plus rien savoir. »

Elle reste ainsi enfermée pendant une heure — le temps de la première partie. La salle attend fébrilement le passage de Richard Anthony. On avait annoncé un ouragan : ce n'est qu'une brise tiède. Il n'a pas un physique de twisteur, il déçoit. Le lendemain, la critique va lui reprocher son manque de métier et de vigueur.

La première partie se termine sans fracas, laissant le champ libre à Dalida. De toute façon, les gens sont venus pour elle. A la fin de l'entracte, alors qu'on frappe les trois coups et que la lumière s'éteint, certains courent pour retrouver leurs places. Au balcon, le climat est houleux.

En coulisse, Dalida se tient très droite dans sa robe mauve de chez Balmain. Au dernier moment, Coquatrix l'embrasse, mais elle est absente, perdue dans son univers. Alors que le rideau s'ouvre, elle fait un rapide signe de croix. Elle qui a toujours été traqueuse n'a pas du tout peur ce soir. Elle se jette sur scène comme sur un champ de bataille. Elle a choisi les armes de ses rivaux : elle ne commence pas par des chansons d'amour langoureuses. Tout de suite, les hanches tournent au rythme de *24 000 baisers.* Un twist qui ne permet pas de développer la voix, qui demande un effet crié, fait pour l'organe acide et vert d'une lolita yéyé. Sa démesure habituelle se réfugie dans le nombre de baisers du titre...

Les applaudissements sont de circonstance, mais on sent toujours l'hostilité et l'attente dans la salle. Après la deuxième chanson, les applaudissements sont polis. A la troisième, la partie n'est toujours pas gagnée.

La quatrième, c'est *Je me sens vivre.* Ramené d'Italie un an auparavant par Lucien, ce titre n'est pas à la mode. Il est dans le plus pur style des chansons d'amour de Dalida. Mais elle s'est battue pour le garder. Elle le chante ce soir parce qu'elle l'aime. Et on sent alors dans sa voix quelque chose de changé.

Mon épaule est formée pour le creux de tes bras
Et mon corps tout entier pour dormir avec toi...

Ce qu'elle offre au public à cet instant, ce sont ses tripes mêmes. C'est sa vie entière qu'elle met en jeu. Et quand le public sent cela chez un artiste, il est rare qu'il y résiste. C'est la passion Dalida, une passion nouvelle qu'on ne lui connaissait pas.

Dans la salle, Lucien est pâle comme la mort. Ses mains se crispent sur les accoudoirs de son fauteuil lorsque Dalida égrène les dernières notes, les dernières paroles :

Je me sens vivre
Parce que je t'aime et que je suis aimée de toi.

Quelques instants, le silence règne comme une éternité, puis c'est un tremblement de terre. Les applaudissements montent du parterre et le balcon reprend. C'est une ovation : beau joueur, Lucien se lève et la salle avec lui, dans un acte de contrition collectif. Une foule de mains battent un mea culpa. Beaucoup pleurent. Les larmes ruissellent sur le sourire de Nicole Barclay qui, elle, n'avait jamais lâché Dalida : grande amoureuse, elle la comprenait.

André Salvet, debout à côté d'Orlando, dit : « Regarde Lucien ! » Le visage de celui-ci est tragique, bouleversé par des émotions contraires. Il sait qu'elle vient de remporter sa plus belle bataille. La petite fille qui jouait à être une femme vient d'en devenir une. C'est le public, et non un homme, qui a réussi à accomplir cette transformation...

Désormais, contrairement à la prédiction de Gloria, il faudra compter avec Dalida, Lucien Morisse ou pas. D'ailleurs, quelques jours plus tard, quand Dalida sera en plein triomphe, la grande Piaf viendra la voir. Très malade, portée par Théo Sarapo :

« La petite, elle est comme moi, c'est une gagneuse ! »

Le grand absent, ce soir, c'est Jean Sobieski. Dalida lui a demandé de ne pas venir. Ç'eût été une provocation inutile, et, plus que jamais, elle craignait que la présence de Jean ne lui fasse perdre sa concentration. Elle a demandé à Jean de rester à la maison et de l'écouter à la radio. Il n'en a pas eu le courage. Dans le silence du studio de Neuilly, il attend.

Après la quatrième chanson, Dalida aurait pu s'arrêter : c'est gagné, par knock-out. Deux larmes roulent sur ses joues. Elle les essuie puis joint ses mains derrière son dos. Tête baissée, elle attend la fin des applaudissements. Puis elle continue, danse sur *La Leçon de twist.* La fin du programme se déroule comme dans un rêve. Les rappels sont innombrables. Lorsqu'elle rentre en coulisse, Coquatrix la prend dans ses bras :

« Aujourd'hui, Dalida toute seule est Dalida », s'écrie le petit homme.

Il ne croit pas si bien dire. On doit la protéger pour lui permettre d'arriver jusqu'à sa loge.

Tout le monde veut l'embrasser, la féliciter. Claude Sarraute écrira le 9 décembre 1961 dans *Le Monde :* « Dalida la fine mouche a retourné ses deux mille spectateurs comme autant de crêpes, étalées dans autant de fauteuils. »

A peine est-elle entrée dans sa loge que Lucien, le premier, se jette dans ses bras. Enlacés, ils pleurent comme deux enfants.

Retrouver Lucien, c'est presque la plus belle récompense. Toujours en pleurant, elle lui demande pardon. Généreuse, elle avait senti qu'au fond de son cœur il souhaitait qu'elle gagne. Voyant grossir la foule de ses ennemis, Lucien, qui la boycottait toujours sur l'antenne, ne disait plus rien contre elle. Grand seigneur, il préférait se taire. Il souffrait pour elle mais ne pouvait malgré tout s'empêcher de se dire que, si elle perdait la bataille, il la retrouverait. Il aurait voulu qu'elle ait encore besoin de lui comme aux premiers temps, quand il était encore tout-puissant. Maintenant il lui est nécessaire autrement : elle a essayé de le lui faire comprendre, mais c'est difficile. Elle a tellement changé ! C'est ce qu'il voulait, mais comment se sentir à la hauteur ? Dalida défaite, il aurait eu Yolanda. Elle a gagné mais Lucien, lui, a perdu sur tous les plans. Elle sait qu'il est déchiré par un combat terrible. Elle se dit qu'elle aussi l'a peut-être perdu. Or, moins que jamais elle ne pourrait supporter cela.

Elle s'éclipse pour téléphoner à Jean. Elle lui dit simplement :

« Tout s'est bien passé. »

Ses amis à lui sont dans la salle, ils le lui confirmeront.

Après le spectacle, une réception a lieu au Club de l'Etoile. Lucien est venu, accompagné par une rousse superbe, Agathe Aems, mannequin et comédienne débutante. Il est une heure du matin. Lucien et Agathe dansent des twists. Tout en se contorsionnant avec énergie, Lucien semble près des larmes. Soudain, il change de partenaire, va vers Dalida, twiste à genoux devant elle, lui baise la main. Arrive un slow. Perdus dans un tête-à-tête amoureux, Dalida et Lucien dansent enlacés, oublieux des photographes. Il est trois heures du matin. Elle pleure dans ses bras.

A l'aube, Lucien la raccompagne à Neuilly. Mais elle rentre seule. Elle rejoint Jean Sobieski qui comprend alors ce que signifie vivre avec une vedette.

Ce soir-là, Dalida est passée en premier et Jean en second. C'est un très grand sacrifice qu'elle fait pour sa carrière. Désormais, quoi qu'il en coûte à cette amoureuse, l'amour passera après.

Turbulences

Dalida chante à l'Olympia pendant un mois. Elle a gagné une bataille mais pas encore la guerre. Peu à peu, la presse s'apaise. En janvier 1962, une publicité Barclay la montre assise sur une moquette rose, appuyée contre une chaise dorée Napoléon III, en robe de mousseline couture, l'air élégamment boudeur. Image chic.

« Elle est devenue, grâce à son travail, sa ténacité, son courage, une grande dame de la chanson », dit la légende.

Fini la gamine sauvage. Mais à une grande dame, on ne pardonne aucune erreur. Elle continue son parcours de Capricorne, semé d'obstacles. Elle s'envole pour le Québec. Epuisée, elle arrive déboussolée par le décalage horaire. Elle oublie la neige au moment de parcourir les cinq cents mètres qui séparent son hôtel, le Queen Elizabeth II, du théâtre, pour se rendre à la première. Traversant la place des Arts, ses talons aiguille s'enfoncent dans un épais tapis blanc.

Au moment de chanter *Les Gitans,* elle s'aperçoit qu'elle est aphone. Elle s'interrompt.

« Merde, qu'est-ce qu'il fait froid dans ce pays ! » lâche-t-elle dans sa colère de ne pas être à la hauteur. Les Québécois sont sensibles aux commentaires venant de France. Le public, déjà clairsemé par la tempête, repart mécontent. Elle rentre déprimée à Paris. Elle se cache à nouveau dans son appartement de Neuilly avec Jean Sobieski. Au Québec, on lui en voudra pendant dix ans.

A peine reposée, elle repart pour Hong-Kong et le Viêt-nam où elle est une véritable idole. A Saigon, les jeeps-radios de la police doivent dégager les rues. Les agents dispersent à grand mal la foule des jeunes qui attendent Dalida devant le Rex où elle chante.

« Dalida constitue, à Saigon, un phénomène social de la plus haute importance », lit-on dans *Le Journal d'Extrême-Orient.* L'abbé Oraison, lui, n'est pas si content :

« Que reste-t-il de la France ? Des temples où on adore Dalida et Yves Montand. »

En France, rien n'est encore réglé avec Lucien. La vague yéyé est au plus haut. Entre cinq et sept, la jeunesse n'écoute que « Salut les copains ». Heureusement, *Papa, achète-moi un juke-box* est au top 50, *La Leçon de twist* marche aussi. Malgré tout, l'hostilité n'a pas encore désarmé...

C'est la sortie du film *Le Jour le plus long.* Eddie Barclay obtient l'exclusivité pour les paroles de la chanson, sur une musique de Paul Anka. Dalida est repartie pour une tournée française. Eddie l'appelle et la fait revenir. Elle rentre sitôt le gala terminé, enregistre dans la nuit et repart.

Un débutant, Claude Lelouch, dont on loue le talent, tourne avec Dalida le premier clip. On appelle alors ça un « Scopitone ». C'est une invention française, faite pour être regardée dans les cafés. De sa table, en écoutant la chanson, on peut voir, sur un petit écran, Dalida en soldat de charme.

La chanson *Le Jour le plus long* est numéro un au hit-parade. Surprenant pour une marche en pleine vague yéyé... Cette même année, les autres grands succès sont Richard Anthony avec *J'entends siffler le train,* Françoise Hardy avec *Tous les garçons et les filles,* Petula Clark avec *Chariot* et Johnny Hallyday avec *Retiens la nuit.*

Françoise Hardy, Sylvie Vartan, Sheila ont éclaté. Ce sont des teenagers, Dalida a dix ans de plus qu'elles. D'abord rivales, elles deviendront amies. Mais Dalida devra se battre sans relâche. Fini le temps où tout semblait si facile, où rien ne lui résistait. Elle devra compter avec les rythmes, les modes, les époques.

L'été 62, un autre tube lui permet de rester dans la course des yéyé. Grâce à *Petit Gonzales,* rapide, drôle et gai, elle reste en tête et touche un public très jeune.

Lucien continue les démarches en vue du divorce. La réconciliation de l'Olympia n'aurait-elle été qu'un intermède ? Le parolier André Salvet, un ami intime, Jean Frydman d'Europe 1 et Maurice Siegel se dévouent pour jouer les intermédiaires, car Lucien boycotte toujours Dalida sur la station...

Un accord « à l'amiable » est conclu. Dalida laisse à Lucien l'appartement de la rue d'Ankara, où il vivra jusqu'à la fin de ses jours. Pour elle, c'est dur d'abandonner cet endroit acheté et aménagé avec amour et espoir...

« C'est juste. Je paie ma dette ! se dit-elle. Mais maintenant, je dois repartir de zéro. »

Sans argent, elle ne possède plus que son nom et son courage. Fin 62, elle doit quitter l'appartement de Neuilly, car les voisins ne supportent plus le bruit des répétitions. Elle a le sentiment pénible de retourner en arrière, de redevenir une errante. Car elle ne cesse pas de voyager, à l'étranger comme en France. Malgré la présence de Jean Sobieski qui continue à l'accompagner, elle se sent très fatiguée et très seule.

La gentillesse de Jean n'est pas toujours bien interprétée.

« Personne n'a jamais vu ses tableaux », murmure-t-on. Il se trouve transformé en M. Dalida, portant les valises, car elle est toujours entre deux avions, entre deux hôtels, entre un théâtre et un restaurant...

Ces tournées perpétuelles sont comme une fuite. Elles lui permettent de ne pas trop penser. Car dans le milieu du show-business, même les gens les plus proches d'elle ne jurent que par le yéyé. N'importe qui enregistre n'importe quoi. Suffit d'avoir une tête agréable, un nom à consonance anglaise et de savoir plaquer quelques accords sur une guitare. Avec le public, c'est la mode des clins d'œil complices, il faut mettre le spectateur dans sa poche en le faisant se sentir proche de l'artiste. Même sur scène, on ne veut plus voir des vedettes mais des « copains ».

Dalida a le sentiment que son professionnalisme, la qualité de sa voix, son perfectionnisme même jouent contre elle. Ajoutée à la fatigue du travail, une inquiétude la ronge, elle est tendue, nerveuse. Son union avec Jean Sobieski en souffre. Le visage d'ange de celui-ci est devenu un masque hanté. Le rêve de midinette cher à Dalida — une chaumière et deux cœurs — se révèle irréalisable à long terme. Arrive le temps de l'incompréhension, des disputes et des regrets...

Lucien, c'est fini

Le système de matraquage inauguré par Lucien se généralise. On lance des refrains dont on a décidé à l'avance qu'ils seraient des succès. Imposés à la radio et dans les juke-boxes, ils permettent des rentrées d'argent rapides, mais le reste des ventes est paralysé.

A la longue, ce système a des effets pervers. Les admirateurs de Johnny et Dalida achètent moins de disques, puisqu'ils les écoutent si facilement à la radio et dans les juke-boxes. Pour survivre à ce marasme, les éditeurs pratiquent la fuite en avant, lançant sans cesse des nouveautés. Les fausses valeurs ne durent pas : un artiste, un disque chassent l'autre. On se rachète les vedettes à grand prix. Un nouveau fonctionnement se met en place, dévastateur et très coûteux à la longue.

Dalida est toujours avec Jean, mais, dans les périodes difficiles, c'est Lucien qu'elle appelle. Jean ne comprend pas bien ce qui se passe. De temps en temps, Dalida a l'impression de se réveiller d'un rêve. Avec Jean, il y a encore des jours merveilleux. Et puis, à nouveau, Lucien lui manque. Ils ne peuvent s'empêcher de se revoir. Mais, au bout d'une heure ensemble, ils se déchirent. Dalida chante le nouveau twist choisi par Lucien, *Tu peux la prendre :*

Tu peux la prendre,
Sans plus attendre,
Elle est à toi.

C'est magnanime, mais ça se termine ainsi :

Qu'elle revienne,
Qu'elle comprenne,
Et qu'elle me prenne
Entre ses bras.

Lucien pense à tout ce que Dalida lui a fait, et il la déteste. Puis il la revoit, fond devant son regard triste, a envie de la consoler. Il ne peut s'empêcher de vivre sous son emprise. Tout est fini, se raisonne-t-il, à moins que...

De son côté, Dalida, dans un instant de grande fatigue, pense revenir à Lucien qu'on voit pourtant de plus en plus souvent au bras d'Agathe Aems. Finalement, Lucien et elle trouvent un accord et sont sur le point de reprendre la vie commune. Dalida attend le moment juste pour dire à Jean que c'est fini.

Le destin en décidera autrement. Sa tournée à travers l'Europe a porté ses fruits : Dalida se voit décerner l'oscar mondial du succès du disque. Pour le recevoir, elle se rend à Cortina d'Ampezzo. Jean l'accompagne. C'est la première fois qu'elle l'emmène en Italie : les paparazzi se précipitent sur le scoop. Le lendemain, en première page des journaux français :

« Dalida et Jean Sobieski passent des vacances d'amoureux à la neige. »

Lucien ne tente même plus de comprendre. Il décide d'épouser Agathe Aems. Dalida se trouve alors à Hong Kong pour un tournage. C'est à son tour d'apprendre le remariage de Lucien par la presse...

Hong Kong est une des plus belles villes du monde. Dalida y est seule. Par la fenêtre de son hôtel ouverte sur la baie splendide, elle admire le paysage. Soudain, elle se sent comme écrasée par une inexorable tristesse :

« Mon divorce m'apparut pour la première fois dans tout son aspect sordide, dans toute sa folie. Je fus comme suffoquée par un sentiment d'angoisse : il faisait chaud, le temps menaçait l'orage, quelque chose d'impondérable m'opprimait. Pourquoi m'étais-je laissé piéger, attirer par une passion aussi stupide ? En ce moment, mon cœur et mon âme invoquaient un seul nom : celui de Lucien, mon mari ! » racontera-t-elle au magazine *Stop*.

Lucien perdu, elle comprend à quel point elle l'aimait. Ce qu'elle a ressenti pour Jean Sobieski lui apparaît maintenant comme un coup de folie, un emportement des sens. Malgré le divorce, au fond d'elle-même, elle continue à considérer Lucien comme son mari. Elle ne peut se retenir de l'appeler, espérant que, par une opération magique, il entendra quand même. Pourtant, il est dans les bras d'une autre et les ondes de l'amour ne l'atteindront pas. Une jalousie qu'elle sait absurde monte en elle. Elle est trop fière pour l'admettre. Presque toute la nuit, elle pleure devant les lumières de la baie, devant ce paysage féerique pour amoureux solitaires.

Au matin, elle se trouve changée. Elle décide de tirer les conséquences de cette crise. Elle vient de comprendre que la publicité est une arme à double tranchant.

Toute sa vie, les médias lui permettront d'atteindre un public très large, de rester présente. Elle n'oublie pas que la radio nouvelle manière l'a lancée et elle continue à aimer les signes de sa popularité. Jusqu'au bout, elle sera d'une candeur et d'une franchise étonnantes dans ses interviews. On a souvent l'impression qu'elle prend le journaliste pour confident. A travers lui, le pays entier sera mis au courant. A travers l'intervieweur, c'est un lecteur, un auditeur, un spectateur qu'elle atteint, dans un cœur à cœur où chacun a l'impression qu'elle lui parle personnellement. Cette manière de communiquer est efficace, désarmante et téméraire. Cela provoque la sympathie, l'amour, l'adoration mais cela se prête aussi à tous les dérapages, tous les débordements et tous les malentendus. Elle n'a plus d'intimité, mais, à l'inverse d'autres stars, comme Bardot, elle l'accepte car à travers ces milliers de personnes c'est toujours l'unique qu'elle vise. Ses rendez-vous avec le public sont des tête-à-tête amoureux.

Elle a d'abord cru que, malgré son métier, malgré son nom, elle pourrait avoir une vie privée secrète. Elle comprend maintenant à quel point elle appartient à ce public qui l'a créée. L'homme, à la longue, ne tient pas le coup. Son désir n'est pas à la hauteur du désir d'une foule. Et elle, dans ses bras, est toujours un peu ailleurs. Quand elle chavire, il se dit que la même pâmoison, la même extase, il les lui a vues sur scène, derrière un micro.

Alors elle a des moments de révolte et décide d'abandonner.

Le ton de ses déclarations a changé. On la sent désabusée, échaudée. Elle dit :

« J'admire les mères de famille anonymes. »

Comme si l'anonymat demandait un courage qu'elle n'a pas. Répète :

« J'ai des défaillances, je ne suis pas parfaite. »

Plus que jamais, elle hait l'hypocrisie :

« Peut-on être responsable des erreurs que l'on commet en réagissant spontanément ? »

Elle regrette l'enthousiasme, la candeur de ses vingt ans qui la rendaient si heureuse. Mais la joie de vivre, c'est l'amour, « source de toute création ou action ». Voilà le problème : l'amour est pour elle la source d'autre chose, non une fin en soi. Comment s'étonner qu'un homme s'en trouve dépassé ?

La perte de Lucien la laisse déracinée. Alors, il lui faut d'autres racines : une maison, terre des citadins. Elle se dit que si Jean et elle avaient un endroit à eux, ça irait mieux... Yolanda respirerait à nouveau. Fin 61, elle trouve son rêve : « Une maison avec jardin en plein Paris, cachée dans un bouquet d'arbres, au fond d'une cour ancienne d'une vieille rue. »

Montmartre

A deux pas de la place du Tertre, sur les hauteurs de Montmartre, une grille s'ouvre sur ce passage ignoré qu'est la rue d'Orchampt. Un nom ravissant qui semble inventé pour Dalida. Derrière les hauts murs, un hôtel particulier de style 1900 : le château de la Belle au Bois dormant. La porte d'entrée est ornée de fer forgé comme celle de la maison de Choubra, et il y a aussi une terrasse, comme celle où elle montait se réfugier enfant. Sans compter une tour, une vraie, crénelée comme dans les châteaux de livres d'images.

Etroite et tortueuse, sortie d'un tableau d'Utrillo, la rue d'Orchampt débouche vers le haut de la rue Lepic, en face du Moulin de la Galette. Les touristes ne s'y aventurent guère. De chaque côté de ses pavés s'élèvent murs mystérieux et maisonnettes de poupée. Couchée en chien de fusil, la ruelle dort d'un sommeil enchanté, écrasée de silence comme celles de Choubra l'étaient de soleil. Une oasis de calme au milieu de la ville. Hors du monde, et pourtant, de la maison on voit tout Paris. Les falaises des immeubles, en contrebas, émergent d'un tapis d'arbres très verts. Sur le ciel se découpent les ailes du Moulin-Rouge.

Dalida tombe tout de suite amoureuse de Montmartre. Elle n'aime vivre qu'en hauteur. Entre elle et le ciel, seulement un toit. Quand on est star, c'est normal de vivre la tête dans les étoiles. Ou dans les nuages...

Montmartre, c'est le vieux Paris, qui, par certains côtés, lui rappelle l'Orient. Comme la rue Lepic, vertigineuse avec ses étals à ciel ouvert, où fruits et légumes débordent sur la rue, où les hommes aux zincs des cafés semblent avoir l'éternité pour eux.

En bas, Pigalle, ses petites femmes, ses girls qui lèvent la jambe et se dévoilent au chaland dans une atmosphère bon enfant, avant le déferlement du porno. L'ambiance du music-hall où traîne encore l'écho désuet des cabarets qu'elle aimait. Et soudain, derrière un mur, un peu plus haut, l'odeur du lilas, des roses, les feuilles obstinées du lierre, les branches d'un marronnier brandissant leurs chandelles roses. Le cimetière, comme une île d'éternité, ses statues mélancoliques, ses pierres du souvenir perdues dans une verdure consolante.

Le Paris des poulbots et des petites gens, des travailleurs gais et anonymes, des pauvres qui ont encore leur culture, leurs traditions, le Paris aussi des déracinés, des gens à la valise, aux yeux inquiets, qui se cherchent une place, une petite, sans faire de bruit.

Dalida est chez elle. Enfin. Ses valises, elle va pouvoir les poser. Sa place, elle l'a faite.

La maison est chère et elle n'a plus d'argent. Tant pis, elle emprunte. Elle veut acheter. Toujours Peppina, Elena :

« Ma fille, tu dois être maîtresse chez toi. »

Elle se dit :

« Je la meublerai au fur et à mesure. »

C'est très grand. Quatre étages en comptant la mansarde dont elle fera un studio de peintre pour Jean. Elle aime le côté un peu kitsch de l'architecture qui oscille entre le manoir années folles et le pavillon qui aurait grandi : le balcon en demi-cercle, le crépi interrompu par les jointures de pierres soulignées de blanc, comme en banlieue. Dans le petit jardin, deux platanes, un châtaignier, des roses. C'est le château de la Belle au Bois dormant, c'est aussi la maison de Blanche-Neige, avec son côté naïf, on s'attend presque à voir surgir les sept nains... Dans le jardin clos, seule une rumeur évoque la ville, elle s'y sent en sécurité, cachée derrière un rideau de verdure.

Elle installe son prince là-haut, décore et meuble avec ses conseils. Jean aime le simple, noble et vrai : Louis XIII, Renaissance espagnole, dallage noir et blanc, murs peints à la chaux. C'est un peu austère mais elle aime cette ambiance fraîche, riche et en même temps dépouillée, la patine sombre du vieux bois.

Elle fête ses vingt-neuf ans, reçoit trois cents roses et cent cinquante cartes postales. Un anniversaire de conte de fées. Elle passe la journée en compagnie de Johnny, Charles Aznavour et Jean Sobieski.

Ce dernier lui offre un cadeau curieux : une lampe de verre en forme de boule, contenant des oignons séchés...

La passion amoureuse a passé, la passion pour la maison vient remplir le vide. L'intermède romantique lui apparaît comme un moment de folie et le travail a repris ses droits. Les moments de folie servent aussi à respirer, à vivre de soi la part interdite qui, sans ces échappatoires, contaminerait le reste. L'amour est devenu création, elle s'est régénérée, travaille pour elle-même, non parce que le hasard ou un homme le lui imposent.

Ses affaires sont dans un grand désordre. Le divorce et le déménagement ont tout bouleversé. Sa mère, son frère aîné, sa cousine Rosy sont installés porte de Versailles. Lucien perdu, il lui faut autour d'elle ceux qu'elle aime le plus.

L'arrivée de Rosy est très importante. C'est la petite cousine, la presque sœur, la confidente. Lorsqu'elle arrive à Paris, le 12 février 1962, Bruno, devenu Orlando, est en tournée avec les Chaussettes noires. Rosy vient seule. Son père, sa mère et son frère sont restés au Caire le temps que ce dernier termine ses études. Puis ils iront en Italie, à Bologne.

Rosy est ivre de sa liberté nouvelle. Avec Dalida, elle pique des fous rires :

« Tu te souviens quand papa, ton oncle Eugenio, qui se prenait aussi pour ton père, confisquait les bâtons de rouge ? »

Rosy est brune, fine, vive, décidée. Ne s'en laisse pas compter. Elle admire Dalida mais tempère sa naïveté, ses enthousiasmes parfois irréfléchis. Comme Dalida est très prise par son travail et que pour elle tout cela n'a plus rien de nouveau, Rosy entame, guidée par Orlando, la tournée des boîtes de jeunes : Saint-Hilaire, New Jimmy's... après le semi-enfermement du Caire, c'est enivrant. Et les boutiques de Saint-Germain, et cet air de liberté qu'on respire partout, cet optimisme, cette foi insouciante en le pouvoir de la jeunesse !

Très vite, Rosy cherche du travail. A la demande d'Orlando, elle est engagée comme secrétaire chez Barclay. Un an et demi plus tard, la secrétaire de Dalida, mariée, partie en province, Rosy la remplacera. Elle s'installera au rez-de-chaussée de la rue d'Orchampt, dans le bureau, et s'occupera des rendez-vous de Dalida et de ses affaires personnelles.

« Dalida connaissait la terre entière, mais elle n'avait pas beaucoup d'amis. Elle aurait aimé s'en faire mais n'avait pas le temps. Elle trouvait tout le monde très gentil, elle avait des déconvenues avec les personnes intéressées. Moi, je sentais les gens dès la première fois. A cause de mon intuition, Dalida m'appelait la " strega ", la " sorcière "... »

Dalida est la personne que Rosy aime le plus au monde, après sa mère :

« Elle était intègre, sans jamais d'arrière-pensées. Elle ne pouvait pas croire que l'hypocrisie puisse exister. Quand elle découvrait qu'elle avait eu tort, ça lui faisait une peine terrible. C'était très grave pour elle d'avoir accordé sa confiance à tort. »

D'une certaine façon, les rôles s'inversent. Rosy, la petite fille qui ne voulait pas manger, devient à son tour la protectrice de sa cousine. Comme Peppina et Orlando, elle sait que la force de Dalida se double d'une grande fragilité. Dalida incarne la réussite de la famille et la revanche sur le destin. En retour, le clan des Gigliotti va se déployer autour d'elle, veiller au grain en lui facilitant les choses pour lui permettre de donner toute sa mesure.

Rosy est fiable et fidèle. Comme Dalida, elle a reçu en partage loyauté et intégrité. Mais elle n'est pas comme sa cousine au centre de la scène : elle se tient dans la coulisse et voit ce que Dalida, aveuglée par la violente lumière dans laquelle elle se tient, ne perçoit pas toujours :

« Elle avait très envie qu'on l'aime. Son art était pour elle une quête d'amour. Elle avait besoin d'aimer, elle était très romantique. Elle avait l'âme d'un bon Samaritain, elle excusait les travers des gens par le malheur d'enfance. Il fallait toujours les aider. Moi, je l'appelais " sainte Yolande "... Avec Orlando, on s'énervait. Elle n'aurait jamais dit du mal de qui que ce soit, même en plaisantant. »

Dalida appelle Orlando et Rosy « les deux complices » :

« Mais qu'est-ce que vous mijotez ? Vous êtes encore en train de dire du mal de quelqu'un ! »

Comme Rosy adore Dalida mais aussi Orlando, elle se trouve parfois prise entre deux feux. Dalida confie à Rosy des secrets de femme qu'elle préfère cacher à son frère :

« Tu me jures que tu ne le lui diras pas ! »

Très pudique, Dalida redoute la désapprobation d'Orlando :

« Certaines choses, elle savait que ce n'était pas bien. Elle savait aussi que Bruno avait toujours sur elle un jugement juste. Mais elle voulait agir à sa façon... »

Rosy sait que Dalida craint d'inquiéter son frère ou de lui faire de la peine, alors elle garde tout pour elle. Elle ne répète à Orlando les confidences de Dalida que lorsque c'est grave. Elle ne cesse jamais de s'étonner de la dualité de la personnalité de la chanteuse :

« Si vulnérable avec un caractère si fort ! Parfois, on aurait dit un homme. Aux répétitions, elle savait faire marcher les musiciens et les techniciens. C'est un métier où il n'y a que des hommes... »

Rosy s'inquiétera souvent pour Dalida lorsque celle-ci se trouvera seule dans sa maison de Montmartre :

« C'était grand, le personnel logeait en haut, il y avait plusieurs entrées. Moi, j'avais peur, elle, jamais. Ce qu'elle ne supportait pas, c'était la solitude affective. Elle recherchait toujours le père qu'elle n'avait pas eu. »

La fin d'une passion

Elle a aménagé la maison de Montmartre pour et avec Jean, comme la rue d'Ankara pour Lucien. Et de même qu'elle avait quitté Lucien, elle quitte Jean, comme si l'insupportable, c'était le couple installé. La sécurité affective, elle la recherche et en même temps elle la fuit. Ce qui l'avait attirée chez Jean — son côté bohème, son goût de l'instant — est ce qui l'éloigne maintenant de lui. Il a entamé une carrière de comédien et tourne un film, *Strip-Tease.*

« Pour gagner de l'argent afin de me consacrer à la peinture », dit-il. On l'accuse de profiter d'elle : il doit réagir. Mais Dalida le croyait indifférent aux paillettes et le charme se ternit. Il n'est plus celui qui lui permettait d'échapper aux contraintes de la notoriété puisqu'il se trouve à son tour faire partie de ce monde. Elle ne peut plus poser la tête sur l'épaule de Jean pour oublier. Elle s'en rend compte lorsqu'elle donne une soirée pour fêter la première projection du film. Elle fait venir des strip-teaseuses du Crazy Horse. C'est pour Jean, mais elle les regarde fascinée. Et elle mesure à quel point l'ambiance est loin de l'innocence de leurs débuts. En partie à cause d'elle, Jean Sobieski est devenu une personnalité du Tout-Paris. Il n'est plus aussi disponible. Elle se dit :

« Jean n'a plus besoin de moi. »

Elle se reproche de s'être laissé prendre au piège de sa beauté. Elle en a assez de vivre d'un jour sur l'autre et sans bâtir un avenir :

« Je veux un homme mûr qui puisse me faire des enfants... »

Mais, Jean parti, la maison lui semble trop grande. Son lit, entouré de soixante mètres carrés de voile de communiante, est un désert blanc. Elle doit à nouveau arpenter, solitaire, d'interminables couloirs d'hôtel après ses spectacles.

Orlando devient alors son chevalier servant. Leur couple, presque incestueux, sera définitif. Ils partagent presque tout, s'adorent et se chamaillent. Elle le conseille dans sa carrière. Il la trouve dure avec lui mais apprécie ses conseils.

Pourtant, un frère est un frère, et Peppina, de son côté, pousse sa fille à chercher un homme plus âgé qu'elle, mûr et exerçant une profession bourgeoise. Dalida se lamente :

« Ma mère, bien qu'heureuse de mes succès, a toujours trouvé à redire sur ma vie privée... A vingt-neuf ans, je suis une sorte de vieille fille riche... L'amour me fait peur... »

Elle connaît les dangers de son impulsivité et redoute de se laisser aller :

« Parmi les chanteurs et les acteurs qui m'entourent, je n'en vois pas un qui ferait mon affaire. Beaucoup me font la cour mais je suis sûre que si je choisissais un mari parmi eux, je serais encore victime de sentiments spectaculaires, d'attitudes amoureuses à l'intention des photographes. Je ne veux plus aimer pour les journaux. »

Soleil

Elle entre en retraite, vit pour le travail. Elle aura désormais, lorsque l'amour s'en va, ce besoin de se ressourcer, de se retrouver.

Et, à nouveau, la rencontre avec un homme : Christian de La Mazière. Elle passe du prince au vicomte : Christian est un bel homme brun, élégant, cultivé, raffiné. Il a derrière lui un passé difficile — il raconte, dans *Le Chagrin et la Pitié,* son engagement, très jeune, comme soldat perdu auprès des Allemands. Il a fréquenté les play-boys légendaires, Rubirosa, Gunther Sachs. Pendant des années, il a été l'accompagnateur de Juliette Gréco, mais on l'a également vu avec Martine Carol, Jeanne Moreau, BB.

Dalida le rencontre au début de l'été 63. En blouson de daim, dans sa décapotable blanche, il a fière allure. En août, elle se repose à Saint-Tropez. Elle y fait, du matin au soir, une cure de soleil, le meilleur médicament pour sa mélancolie. Elle se couche tôt et fuit les soirées en boîte.

« Etre absente est encore une façon de se faire remarquer », se dit-elle.

Elle se casse la cheville lors d'une chute dans une piscine mais effectue néanmoins, un pied dans le plâtre, une tournée sur la Riviera adriatique. La Mazière l'accompagne. Il se remet difficilement de sa rupture avec Gréco. Dalida et lui ont tous deux été blessés par l'amour. Leurs rapports sont fondés sur la compréhension réciproque, le désir de ménager et d'épargner l'autre.

Dalida trouve en Christian le soutien professionnel dont elle a besoin. Il se charge de ses relations avec la presse. Il va mettre de l'ordre dans ses affaires, tout organiser pour qu'elle n'ait pas à s'occuper des détails matériels, contrats, voyages, tournées. Il partagera sa vie pendant deux ans et sera pour elle un précieux allié. Christian est un esthète, il lui permet d'approfondir son intérêt pour la décoration et les livres. Car, chez Dalida, le goût d'apprendre s'est libéré depuis que l'essentiel est acquis. Elle a la soif d'apprendre des autodidactes et cherche des hommes qui pourront l'aider dans cette quête : Lucien, c'était l'accès à la musique, Jean à la peinture, Christian lui permettra de s'ouvrir au raffinement de la vie et des manières. Avec son aide, Dalida va se transformer. L'orchidée noire, sauvage, impulsive, rageuse, va bientôt devenir l'orchidée blonde, une femme sophistiquée, douce, sereine, maîtresse d'elle-même. La métamorphose sera longue à s'accomplir. Toujours, dans les moments difficiles, l'orchidée noire réapparaîtra, avec ses pulsions primaires, sa violence chaotique...

La fin des yéyés

Piaf meurt en 1963. Dalida prendra avec elle en tournée Théo Sarapo, le jeune veuf d'Edith dont il a éclairé les dernières années. La chanteuse de *Milord* est morte en laissant dix-sept millions de dettes. Sarapo se trouve dans une situation difficile. Dalida prend un risque en lui faisant confiance, mais elle dit :

« Je paie une dette. »

La disparition de Piaf sonne le glas d'une époque, celle de la chanson française réaliste, très endommagée par la vague yéyé. Mais pour cette génération qui l'avait emportée, c'est déjà le début de la fin. Fils et filles de l'ère de la vitesse, ils en font les frais. Leur succès a été trop rapide. Ils n'ont pas eu le temps de faire leurs armes, de se roder à la difficile école des cabarets et des fêtes de banlieue. Ils croyaient avoir démodé effets de texte et effets de voix. Pourtant disque, radio, télé ne suffisent pas à établir avec le public un rapport profond, durable.

Lorsque le disque a fait connaître un artiste, le public veut le voir en chair et en os. Souvent très jeunes, les yéyés se trouvent lâchés dans les difficiles tournées de province. L'absence de voix, qui produisait sur l'enregistrement un effet de naturel et de spontanéité, se révèle alors impardonnable. Les sonos très fortes ne peuvent que mettre en relief ces faiblesses. Le public, déçu, hue d'abord et se détourne ensuite. Peu resteront en selle. Johnny Hallyday, bien sûr, Françoise Hardy et Sylvie Vartan. Début 63, Sheila et Claude François feront leur apparition et « dureront » également. Mais, à côté d'eux, tant de frais minois sombreront dans l'anonymat « copains-copines » des années « Age tendre et tête de bois »...

Lorsque la vague se retire, Dalida est toujours là, imperturbable. Elle pousse un énorme soupir de soulagement.

Un graphologue analyse son écriture pour *Ciné-Revue*. Il découvre qu'elle n'est pas si indépendante qu'elle le voudrait : elle a besoin d'être entourée, et pas de façon quelconque...

En période de retrait, au fond du manoir de pain d'épices, elle soigne ses blessures. Se repose, se refait. Un soir de novembre 63, avec Christian de La Mazière, elle dîne chez des amis. En sortant, ils tombent, rue Caulaincourt, sur deux bandes de voyous en pleine bagarre. Dans le Montmartre populaire, les apaches ont laissé le terrain aux blousons noirs. Ils attaquent Christian. Mal leur en prend : Dalida se précipite à la rescousse et leur tape dessus à coup de talon aiguille... Un incroyable dessin de la presse italienne immortalise cette scène, montrant Dalida transformée en tigresse. Comme quoi les escarpins ne sont pas toujours un handicap pour les femmes, mais aussi une arme de poing. Sidérés, les voyous s'enfuient. Dalida s'en tire avec un talon en moins. Le lendemain, comme une fleur, elle enregistre *« Télé-Dimanche »*...

Cette prestation confirme celle qui a eu lieu un mois plus tôt lors de l'émission d'André Salvet, « Douce France ». Selon *L'Aurore,* « Une Dalida que l'on ne soupçonnait même pas, une chanteuse cool à la voix troublante, douce et rauque à la manière américaine, a choisi d'interpréter deux des chansons les plus difficiles qui soient : *Parlez-moi d'amour* et *La Vie en rose.* Avouons que ça ne manque pas de courage. »

Il lui en a fallu, en effet :

« J'avais un trac fou. J'avais très peur de l'ombre de la grande Piaf. »

Une fois de plus, le risque paie : la presse parle de « Monica Vitti brune » et s'étonne :

« Elle se met à chanter des chansons intelligentes ! »

Elle l'a voulu depuis le début, elle peut enfin se le permettre. Dalida n'a jamais été frivole. Après les belles plantes des années cinquante, les sixties se défendent de l'émancipation féminine, qui gagne du terrain, en promouvant des personnages de gamines écervelées. Sheila en fera les frais, qui répète en dodelinant de la tête aux couettes ébouriffées « C'est ma première surprise-partie », comme un disque rayé. On ne lui permettra jamais un autre répertoire. Quant à Chantal Goya, qui incarne avec une naïveté désarmante la *« teen-age victim »* pour la caméra de Godard, elle n'en sortira qu'à reculons, pour se cantonner dans le royaume enchanté des fées de maternelle.

Dalida, elle, n'a pas fait d'études, d'où l'influence bénéfique d'un homme comme La Mazière, qui est cultivé, la prend au sérieux et la traite en égale.

Elle ne perd pas son côté gai, spontané qui fait partie de son caractère, et le public ne le lui pardonnerait pas. Elle ne se renie pas mais évolue, inverse les proportions. Comme le fait remarquer Yves Salgues en janvier 1964 :

« Il ne s'agit pas d'un virage à 90° mais d'un tournant graduel, contrôlé, nécessaire. Une Dalida 64 est née. »

Elle aussi se trouve changée :

« Quand je regarde mes photos d'il y a dix ans, il me semble que j'ai rajeuni. J'arrivais d'Egypte où l'on se maquille trop, où l'on aime les bijoux de pacotille... »

Elle a suffisamment pris de recul pour expliquer son échec avec Lucien, ce que cette relation avait de douloureux et la culpabilité qu'elle en ressentait :

« Quand je l'ai épousé, on a dit que j'avais fait un gros coup, que j'avais mis dans le mille, uni amour et carrière. Ces mots ont peut-être empoisonné mon bonheur. Je suis trop impulsive pour obéir au calcul. Ces soupçons m'ont blessée. Lucien était un homme formidable, brillant, dynamique. Je m'en fichais qu'il ne soit pas beau. Il m'aimait et je l'adorais. Mais ces voix toujours plus insistantes ont peu à peu détruit cette conviction. J'ai commencé à penser moi aussi que j'avais épousé Lucien par intérêt. Et cette pensée me répugnait. »

Aux femmes, elle donne ce conseil :

« Méfiez-vous du coup de foudre. Un mari bon et affectueux est la chose la plus précieuse pour une femme. Le succès et la fortune ne comptent pour rien. Mieux vaut ne pas s'en apercevoir trop tard. »

A Milan, pour la première de son film *L'Inconnue de Hong-Kong*, elle apparaît au bras de La Mazière en robe longue de brocart, veste de vison blanc, chignon romantique, sans un bijou, car maintenant elle les déteste. Visage grave. Distinguée, splendide comme une héroïne de Visconti. Et, au même moment, elle lance le surf, la nouvelle danse à la mode...

Elle suit la carrière d'Orlando avec plaisir et continue à l'encourager, mais pour lui les choses ne sont pas faciles. En février 64, le journal *L'Alsace* constate :

« Orlando va sortir son neuvième 45 tours. Qui le sait, sinon ses fans ? Chacun de ses disques est vendu à plus de 60 000 exemplaires. Gréco n'en a jamais vendu autant. Pourtant, on parle peu d'Orlando. »

La façon de chanter du frère et de la sœur se ressemble tellement que *Le Canard enchaîné* accuse Dalida, lorsqu'elle part en vacances, de mettre une perruque à son frère et de l'envoyer chanter sur scène à sa place...

Et Dalida, elle aussi, plaît beaucoup dans les pays de l'Est. A Varsovie, où elle est la deuxième artiste française à se produire après Montand, cinq mille spectateurs se déchaînent. Et elle découvre qu'on y vend des chaussures « Dalida »... Elle reste une immense star en Allemagne où elle vend presque autant de disques qu'en France : dix millions en six ans. En Afrique du Nord, son succès est tel que Ben Bella l'a voulue comme vedette aux fêtes du référendum algérien : elle est donc la première artiste française à chanter dans l'Algérie indépendante. Après avoir été la mascotte des paras...

TROISIÈME PARTIE

L'ORCHIDÉE BLONDE

Marianne

Avec le retour des rapatriés d'Algérie, une partie du public de Dalida revient en France. Le même public très fidèle a fait une star d'Enrico Macias, un jeune homme brun au yeux de cocker triste, ancien instituteur, que Dalida a encouragé à ses débuts — elle l'avait entendu chanter dans une boîte à Istanbul — et qui émeut les exilés en chantant *J'ai quitté mon pays.*

Un jeune Italien de Belgique, timide et fragile, Adamo, remporte lui aussi un grand succès avec des chansons insolites, tour à tour romantiques, sensuelles, charmantes, presque désuètes, comme *Tombe la neige* et *Les Filles du bord de mer.* Ce style contribue à faire renaître en France le goût de la mélodie. Dalida emmène avec elle en tournée Adamo, Enrico Macias et aussi Henri Tisot, petit et replet, qui fait un tabac en imitant de Gaulle.

Les yéyé dégageant le terrain, Dalida décide de confirmer sa popularité en participant à la « Tournée du Tour ». La population se masse sur les routes pour voir passer les rois de la petite reine et parier sur la rivalité Anquetil-Poulidor.

Participer à cette cérémonie populaire n'est pas aussi éprouvant pour les chanteurs que pour les coureurs, mais peu s'en faut. C'est difficile et fatigant, et là, mieux vaut avoir une voix. « Les cent jours d'Europe 1 », c'est se produire dans une ville par jour, en plein air, sur les places publiques, sous la chaleur torride, la pluie et le vent. Dalida accepte tout stoïquement, même quand, se déshabillant dans la caravane de camping qui lui sert de loge, des curieux soulèvent le rideau et commentent :

« Elle enlève son pantalon... Elle met sa robe... »

La tournée dure presque quatre mois.

A chaque concert, une marée humaine déferle. A Grenoble, Dalida déplace autant de monde que de Gaulle, observe la presse locale... C'est le délire lorsqu'elle chante *Amore scusami.* La presse s'extasie :

« Sur le trône de Piaf s'est assise Dalida. »

Elle rencontre à cette occasion Antoine Blondin, écrivain légendaire et lyrique amateur de la bouteille. L'auteur à la fois fêté et maudit d'*Un singe en hiver* accompagne la caravane en tant que chroniqueur de *L'Equipe.* Blondin ressent pour Dalida une espèce de coup de foudre littéraire. Le Tour, écrit-il avec sa verve habituelle, c'est beaucoup plus que le Tour :

« Foule gorgée du soleil de l'attente, comme une grappe. Rien ne la désespère. Elle mûrit dans on ne sait quelle joie. C'est pour elle que Dalida chante. Il se passe ici un miracle de l'échange, où l'interprète, comme le mot même l'indique, se fait écho, mais où tard dans la nuit femmes, enfants, vieillards caducs emportent à leur tour cette sorte d'étincelle dérobée à un instant de lumière. Il y a là un dialogue qui fait de la chanteuse une semeuse de refrains. La mémoire est son sillon. »

Dans ce texte inspiré, Blondin s'étonne de la résistance de Dalida, sur les routes depuis le mois d'avril jusqu'à la fin août, « une performance physique que nous devrions saluer comme l'effort athlétique de nos coureurs ». Lui aussi remarque sa dualité, cette force opposée à une fragilité tout aussi apparente :

« Je la croyais brune et plantureuse, elle est blonde et plutôt frêle. Sa voix est pourtant celle que l'on prêterait volontiers à la dame au bonnet phrygien des timbres-poste, Marianne, ou plutôt une Marseillaise qui en aurait vu de Rude... Le profil épuré à la grecque, où la bouche s'ouvre comme une cicatrice sublime, est à l'avenant. »

A ce moment où l'orchidée noire devient l'orchidée blonde, où, la plus dure bataille gagnée, le physique s'adoucit, s'amincit, s'épure, tout en gardant cette gravité, cette autorité qui sont la marque des combats passés, où peu à peu les cheveux passent du noir au roux et bientôt au blond, elle tente de perdre la rocaille de son accent, d'arrêter de rouler les r — effort que bientôt elle arrêtera, comprenant qu'on ne lui demande pas, pour devenir cette « Dalida nationale » dont parle Blondin, d'être autre chose qu'elle-même.

Ce qui lui donne cette dimension, c'est cette capacité magnétique à communiquer, qui fait que chacun, au milieu de la foule, a l'impression de partager avec la chanteuse un secret, car la joie et la douleur qu'elle chante sont sa joie et sa douleur. Ce qui ne peut se dire qu'au plus près, elle seule devine et sait. La « cicatrice sublime » de la bouche, s'adressant à tous, s'adresse à l'un :

« Chanteuse des quatre-saisons, au sens le plus noble, Dalida n'a pas adapté son récital aux conditions qui lui sont imparties par la règle du jeu. Elle appelle et attire dans le climat d'intimité cette marée de visages qui montent vers elle, puis, se laissant entraîner par le reflux des passions qu'elle vient de susciter, elle organise le ressac et transforme sa chanson en jamboree sonore. »

Cette proximité lui vaut un traitement privilégié. Les femmes n'ont pas le droit de suivre les voitures mais Jean Godet, le directeur, Antoine Blondin et Christian de La Mazière travestissent Dalida et la font monter clandestinement, envers et contre les règlements, dans la voiture réservée aux journalistes qui suit le maillot jaune. Dans la panoplie du parfait suiveur masculin — combinaison de toile, casquette enfoncée sur la tête, foulard, lunettes —, elle trompe son monde. Elle adore cette camaraderie dans laquelle tous les participants manifestent une solidarité qu'elle admire. Lorsque la supercherie est découverte, un scandale éclate, mais finalement il n'y aura pas de sanction. Elle emportera avec elle des images très fortes : le masque tragique de Simpson, le malchanceux, assis à l'arrière d'un camion, une bouteille dans chaque main. Et le courage d'Anquetil, qu'on dit désagréable, mais qu'elle trouve sympathique.

Le 13 août 1964, elle se présente pour la première fois en blonde devant le public lors de son tour de chant à Draguignan. Ses cheveux un peu plus courts sont tournés en rouleau vers l'extérieur comme le veut la mode. Son apparition en robe de voile bleu provoque chez les spectateurs un choc violent. Au départ, le changement de couleur est commandé par les exigences d'un film. Mais très vite c'est irréversible : la blondeur est le signe extérieur de la transformation psychologique qui s'opère en elle. Descendue quelques jours au Martinez à Cannes, elle se rend à Biot s'entraîner à l'équitation en vue du western qu'elle doit tourner en Espagne avec Horst Bucholtz, dans lequel elle doit jouer une tenancière de saloon blonde...

De retour à Paris, elle aura chanté 2 025 chansons et parcouru 29 300 kilomètres. Du 11 avril au 2 septembre, elle aura pris cinq jours de vacances... consacrés à enregistrer deux disques, l'un en italien, l'autre en allemand. Mais elle sait, dans les conditions difficiles d'une tournée, se ménager des moments de plaisir en descendant dans de petites auberges de charme, des hostelleries retirées, sans oublier de courir les antiquaires de province qui la changent des Puces et chez qui elle dépense sans compter pour acheter « des nids à poussière sortis d'un grenier de grand-mère », selon les paroles d'une future chanson, *Le Lambeth Walk*.

Heureusement : le 3 septembre elle affronte à nouveau l'Olympia. Dans d'excellentes conditions cette fois : elle y fête son dix millionième disque vendu dans le monde...

« Cette année, pour moi, pas de vacances. En dehors de mon amour, je me consacre à mon public. Un public que j'ai retrouvé et que je veux garder. »

Cinémonde reconnaît qu'elle a su prendre le tournant dans son répertoire, trouver de bonnes chansons :

« Elle n'en possède peut-être pas l'exclusivité, mais ce qui compte, c'est qu'elle les personnalise par son interprétation, ce à quoi elle est parvenue dans son dernier disque avec *Chaque instant de chaque jour, Ne lis pas cette lettre, Je t'aime, A chacun sa chance.* »

Des chansons rien qu'à elle, taillées à ses mesures et cousues main : ce sera l'étape suivante de sa carrière. Des chansons si personnelles que, lorsqu'un autre les chantera, ce sera une parodie de Dalida. Elle n'ira pas jusqu'à écrire elle-même. Ni une chanson ni un livre. Elle ne dépassera pas le stade des notes, des idées jetées sur le papier. Comme elle le chantera :

J'ai tout le temps d'écrire mes mémoires
A l'encre bleue...

Tout le temps ? Peut-être pas tout à fait... Interdit de dépasser Pietro, son père ? Elle trouve son bonheur dans l'interprétation. Elle ne se contentera plus d'être inspirée et deviendra inspiratrice, proposant à des auteurs qui la connaissent bien des idées et des mots qui lui conviennent et avec lesquels ils sauront jouer pour les mettre en forme et faire de sa vie un opéra. Opéra de quat'sous peut-être, mais opéra quand même, et sans lésiner sur les décors et costumes...

Elle est devenue la marraine des routiers.

Début septembre, Dalida les reçoit en délégation dans un relais de Pont-sur-Yonne pour un buffet campagnard. Quoi de plus « relax » qu'un saucisson-vin rouge pour recevoir ses copains ? Les routiers trouvent la chanteuse du tonnerre, et beaucoup orneront leur camion de son effigie. Pour la générale de l'Olympia, ils convoieront les invités « VIP ». Tellement sympa, tellement simple et, finalement, tellement, tellement chic !

La vedette américaine est assurée cette fois par Claude Nougaro. Relevant d'un terrible accident de voiture, il accomplit ses débuts parisiens sur scène. Il fait un malheur avec *La Petite Fille* et *Le Cinéma,* et se trouve à cette occasion sacré vedette. Répétant une vieille tactique, on veut créer une rivalité Nougaro/Dalida. C'est raté. Il écrira pour elle des chansons et ils partageront, quelque temps plus tard, des préoccupations spirituelles.

D'Aznavour, l'ami fidèle, elle décide de chanter *La Sainte Totoche.* Une chanson controversée, consacrée aux malheurs des femmes au foyer dévouées et délaissées. C'est le début d'un cycle consacré aux émotions des femmes ordinaires, qui culminera avec la chanson *Je suis toutes les femmes.* Une fois de plus, le doute et l'angoisse montent. Balmain a réalisé deux robes semblables, une rose et une bleue. Elle choisira la rose au dernier moment...

Le jeudi soir, Peppina allume un cierge dans la petite église de la porte de Versailles. Le nom de Dalida s'inscrit en lettres phosphorescentes au fronton de l'Olympia. Les photographes mitraillent, descendant de leur quinze tonnes, les fiancés du moment : Sylvie Vartan en robe blanche et Johnny Hallyday en uniforme, permissionnaire frais débarqué de sa caserne d'Offenbourg. On remarque aussi Aznavour, Théo Sarapo, Antoine Blondin, Françoise Hardy... et le secrétaire du PC, Waldeck-Rochet.

Sur scène, Dalida paraît à la fois mûrie et rajeunie dans sa robe au-dessus du genou. Le visage bronzé a encore minci, les talons sont moins hauts, les ongles ne sont plus vernis de rouge et sa blondeur accentue sa douceur feutrée.

« Son aspect Rina Ketty est en voie de disparition », constate la presse — qui se trompe d'ailleurs puisqu'elle chantera plus tard *J'attendrai.*

Elle a eu le courage de supprimer ses chansons yéyé. Elle charme par sa bonne humeur et ce contact direct avec les spectateurs. Lorsqu'elle chante *La Sainte Totoche,* on lui jette des roses et elle est très applaudie. La vague « post-yéyé » s'affirme : après Adamo et Enrico Macias, c'est Claude Nougaro et déjà Hugues Aufray qui adapte en français le mouvement folk américain. On parle non seulement de retour de la mélodie mais aussi de « retour de la vieille garde »... Une vieille garde pourtant décimée dont n'ont guère survécu que Brel, Bécaud, Aznavour, Aumont, Brassens, et où Dalida est la seule vedette féminine... Elle reçoit un disque de platine en octobre 64.

Du 17 au 24 octobre, elle se « repose » en prenant une semaine de vacances pour se rendre aux jeux Olympiques de Tokyo. Le Tour a stimulé son goût pour le sport et Antoine Blondin y est aussi. La France ne remporte qu'une seule médaille, et la presse, en mal de copie, fond sur ce qui n'est qu'une amitié amoureuse et n'hésite pas à les fiancer. Dalida ne se serait rendue au pays du soleil levant que pour les beaux yeux de Blondin ! De son côté, l'écrivain, fasciné par ses (encore plus) beaux yeux à elle, aurait cessé de fréquenter les bars... On les compare au couple Marilyn Monroe-Arthur Miller, on dit qu'il doit écrire ses Mémoires — ces Mémoires dont elle repoussera toujours la rédaction. Ces ragots refroidissent une belle amitié. Dalida dément en riant :

« C'est une farce ! »

Mais, une fois de plus, quelque chose du plaisir de vivre est bouleversé.

La chanteuse préférée des Français

Jour de France applaudit celle qui chante l'amour, rien que l'amour :

« Fée populaire des temps modernes, Dalida, d'un disque à l'autre, sait trouver un supplément de ferveur, un truc vocal, une astuce de métier qui nous la rendent plus sympathique et plus chère. Cette fille du soleil qui s'exprime en huit langues a, comme Aznavour, le mystérieux pouvoir de faire partager ses confidences à des dizaines de milliers d'auditeurs. C'est la sincérité qui crée la prouesse. Cette voix unique, qui charme ou qu'on exècre, traduit avec une adresse diabolique et une incontestable sûreté de métier le sentiment le plus important de notre existence. »

Un sondage de l'IFOP publié par *Elle* la sacre « chanteuse préférée des Français » (catégorie hommes, c'est Aznavour). Jusqu'à la fin de sa vie, elle gardera cette place.

Elle enregistre *La Danse de Zorba* sur la musique de Theodorakis pour *Zorba le Grec,* film de Cacoyannis où triomphe Anthony Quinn. Cette histoire d'un homme amoureux d'une veuve se termine tragiquement, mais la chanson, dont les paroles sont de Françoise Dorin, est d'une gaieté contagieuse. L'été 65, en tunique blanche et ceinture folklorique, Dalida démontre à la télé le sirtaki que la France entière va se mettre à danser. La chanson se retrouve numéro un dans toute l'Europe.

Pour la première fois, elle va chanter aux Antilles. A l'aéroport où cinq mille personnes l'attendent, c'est la révolution. « Accueillie comme de Gaulle », titre la presse. Elle est sacrée « chanteuse la plus populaire » au Brésil, et on l'entend même au ciel, car Pan Am et TWA diffusent ses chansons pendant les vols intercontinentaux. Mais déjà, elle entame sa troisième tournée dans les pays de l'Est : Pologne, Roumanie, Bulgarie. Elle s'émerveille du respect manifesté aux artistes par un public dont la spontanéité, la gentillesse et la générosité la touchent. A Sofia, dans un stade de cinq mille places, les femmes ôtent leurs bijoux pour les lui donner. Un jeune homme monte sur scène pour danser avec elle un twist endiablé. Un photographe s'approche. Malgré les protestations de Dalida, la police embarque le malheureux, envoûté par la décadence occidentale...

A Tel-Aviv, où elle va chanter sa chanson du folklore juif, *Hene Matov,* elle est le record du music-hall israélien. Elle a entrepris cette tournée malgré la menace de boycott des pays arabes. Elle n'hésite plus à se rendre en Israël depuis que sa famille a quitté l'Egypte...

En février 1965, elle se produit à Bobino et à La Tête de l'Art, le cabaret le plus chic de la rive droite. Même succès. Elle a le vent en poupe, la presse s'est retournée. Les intellectuels, pas encore convaincus par son répertoire, s'intéressent au personnage. Ainsi Michel Pérez dans *Combat :*

« Mystérieuse ou gamine, malicieuse ou fatale, elle se veut tour à tour vierge timide, amante aux abois, Madelon triomphante, et ne cesse de s'en amuser. »

Les Lettres françaises perçoivent déjà son côté mystique :

« Les projecteurs soudain se mettent à faire du sentiment. Ils prennent des tons de veilleuse, des dimensions d'auréole pour venir, abandonnant la scène, se poser sur son seul visage. Un visage figé, presque religieux. Une sainte à deux sous prie à cœur nu l'amant volage. Sans cris, sans se plaindre, écrasée, broyée par une quotidienne vitalité, sainte Totoche, trahie et fidèle, entortille un amour pot-au-feu et sans espoir dans ses papillotes de mots vides de sens pour l'infidèle. Une tragédie pour Margot ? Qu'importe ! Madame Dalida, qui redescend les yeux mouillés de son vitrail, a partie gagnée : sainte Totoche entre au calendrier. »

Elle pourrait se reposer sur ses lauriers... Pourtant, toujours entourée, elle sent monter le sentiment de la solitude. Elle dit :

« Les chansons passent avant tout, même l'amour. Je me lève et je me couche avec la chanson. »

Et :

« Mes chansons sont mes enfants. »

C'est vrai. Mais comme le mari de Totoche, le public est infidèle puisqu'il la quitte à chaque fin de spectacle. Ces dernières années, malgré ou à cause de l'épisode Sobieski, la chanteuse s'est tellement battue que la femme, encore une fois, s'est trouvée laissée pour compte. Yolanda erre sans but dans la vie. C'est maintenant le temps de l'amitié avec Christian de La Mazière. Dès le début, les choses avaient été claires. Il disait :

« C'est très simple : quand Dali en aura assez, nous nous séparerons. »

Et elle :

« Nous avons déjà connu tous les deux un échec dans le mariage. Nous sommes vaccinés. »

Dalida est aussi devenue amie avec Agathe Aems, la nouvelle Mme Morisse. Et entre Dalida et Lucien, selon l'intuition de longue date de celle-ci, s'épanouit enfin une amitié plus forte que l'amour et la passion. Le temps des mesquineries terminé, ils s'adorent, se téléphonent chaque fois qu'ils ont un problème. De plus en plus, l'amitié prend une large place dans la vie de Dalida. Mais l'amour de l'amour, le désir du désir persiste. Elle a besoin d'un homme qui l'aime à ses côtés... Elle s'ennuie...

Comme un homme

Coïncidence ou prémonition ? En 1965, son deuxième grand succès après *Zorba* est *Il silenzio* (« Bonsoir, mon amour »). Des paroles mi-chantées, mi-parlées sur une mélodie qui rappelle la sonnerie aux morts — en fait, il s'agit de la musique d'extinction des feux de l'armée italienne.

La chanson est en tête des hit-parades dans le monde entier. Fin 1966, Dalida renforce sa popularité italienne en chantant *Bang-Bang,* créé en Amérique par Sonny and Cher et repris en France par Sheila. L'amour et la mort par un coup de pistolet...

Elle fait un rêve étrange :

« Je vole, c'est la fin du monde. Des soleils énormes explosent partout, dans une scène apocalyptique et fascinante à la fois qui me rappelle les films de science-fiction que j'adore. »

Elle raconte ce rêve à *Ciao Amica*. Le magazine convoque un psychanalyste pour l'interpréter. Diagnostic :

« Ce rêve d'apocalypse atomique traduit un profond sentiment d'insécurité dont l'origine se trouve dans la vie familiale, une enfance difficile et tempétueuse. »

Pourtant, elle n'a jamais paru aussi forte. On l'appelle l'« increvable ». Elle dit :

« Je suis équilibrée parce que je suis heureuse de faire ce que je fais. »

Derrière cette façade le doute persiste. Elle chante *Pardonne-moi,* et aussi *Seule dans ma chambre.* Parle de prendre sa retraite :

« A trente-cinq ans, une femme est jeune, une chanteuse est vieille. »

Dans sa vie, il ne se passe toujours rien. Elle a le goût des héros. Chante encore *El Cordobès,* un hymne au courage. Le héros est celui qui s'expose à la mort :

« Chanter, c'est comme entrer dans l'arène. »

El Cordobès rayonne de beauté. Barbu, il a l'air farouche d'un gitan anarchiste. Il a été le premier à toréer en jean. Dalida prie avec lui dans la chapelle des toreros à Madrid et l'accompagne dans sa propriété de Cordoue. Ils caracolent dans un paysage aride et austère. On les photographie sous l'énorme buste d'un taureau empaillé. La presse s'exclame :

« Elle a maté le matador ! »

En juin, elle chante au Maroc, dans les arènes de Casablanca. Elle voyage avec Richard Anthony dans son avion privé. Bloqués à Palma de Majorque par le mauvais temps, ils arrivent avec vingt-quatre heures de retard. Il n'y a guère de temps pour répéter. Le public est mécontent. De nombreuses personnalités officielles sont présentes. Pour calmer le jeu, Dalida chante en premier *El Cordobès.* Le chef d'orchestre enchaîne sur la musique de *Hava Naguila,* qui vient normalement ensuite. Il n'a pas été prévenu, mais les chansons israéliennes sont interdites au Maroc. Le chef de la police monte sur scène et veut arrêter la représentation. Dalida ne se laisse pas faire :

« Sur scène, je suis chez moi. Je finirai mon tour de chant. »

Elle continue. Les dix mille spectateurs sont divisés. Le Maroc compte alors une importante communauté juive. Cette partie du public est ravie ; l'autre, plus nombreuse, est furieuse. On applaudit d'un côté, on siffle de l'autre. Œufs et tomates volent en direction de la scène. A la fin du spectacle, elle est assignée à résidence dans sa chambre d'hôtel et entendue par la police le lendemain. Son billet de retour est confisqué et une partie de la recette est bloquée pour rembourser les spectateurs mécontents.

La grogne règne chez l'organisateur du spectacle et chez une partie des musiciens. Elle plaisante :

« Ça ne m'empêchera pas de retourner au Maroc, et, de toute façon, je n'avais jamais vu mon batteur faire une omelette sur sa grosse caisse avec ses baguettes ! »

En ce milieu des années soixante s'amorce le changement de société qui sera symbolisé par mai 68. Les limites se brouillent entre les classes sociales, les générations, les sexes. La vie reposait sur un système de conventions. Les hommes en ont assez d'essayer d'être des héros, ils veulent avoir droit à un peu de douceur, de coquetterie et même de faiblesse. Les femmes, de leur côté, rêvent d'une intégration dans le monde du travail, et si pour ça il faut ressembler aux hommes, pourquoi pas ? Le prix à payer ne paraît pas si lourd, elles ne veulent plus être belles et se taire. L'unisexe est à la mode. Sylvie Vartan chante *Comme un garçon.* Johnny Hallyday rétorque *Cheveux longs et idées courtes,* mais une fois de plus Dalida s'amuse :

« Les garçons aux cheveux longs me flattent car ils m'imitent. Il y a maintenant dans la rue non seulement des Dalida filles mais aussi des Dalida garçons. »

Et, à la Porte-Saint-Martin, Julien Clerc, débutant, chante dans *Hair* : *« J'ai les cheveux longs à la Dalida... »*

Elle ne rêve plus au mariage, « une institution bourgeoise », mais à l'enfant. Elle regrette de ne pas en avoir eu avec Lucien, d'autant qu'Agathe Aems donne le jour à deux adorables fillettes. Et, le 17 septembre 1966, Jean Sobieski épouse à Saint-Honoré-d'Eylau Olga Georges-Picot, la ravissante fille de l'ambassadeur. Dalida et Jean sont restés en termes amicaux, mais elle n'assiste pas au mariage : elle chante dans le Midi.

Elle confie son désarroi à *France-Dimanche :*

« J'ai trente-trois ans maintenant et je ressens la solitude beaucoup plus durement qu'autrefois. Mais quel est celui qui s'attachera à moi vraiment, pour de bon, avec le métier que je fais ? Je passe ma vie à courir après les avions et à dormir dans les voitures entre deux étapes. En plus, je ne suis pas facile à vivre. Dans ce métier très dur qu'est le music-hall, à force de se débattre et de défendre sa place, on devient comme un homme, le caractère s'en ressent. »

En Sicile, à Catane, Dalida chante dans un parc immense, sous un soleil écrasant, devant cent mille personnes. Terrifiée, elle croit mourir étouffée. Les gens poussent, hurlent. La panique gagne et la gendarmerie doit intervenir. Les gens s'évanouissent, les enfants piaillent, le mugissement des ambulances complète cette atmosphère infernale. Elle s'en sort ébranlée :

« Quelquefois, le succès, cela a quelque chose d'effrayant. »

Ça ne dure pas, car l'amour du public compte de plus en plus, remplit presque tous les manques :

« Le public est un amant très jaloux. Quand on le trahit, il vous quitte. Pour moi, la famille, c'est le public. Le public est mon mari. »

En novembre 1966, elle se confesse à Sorrisi et Canzoni :

« Comme toutes les femmes, j'ai besoin de tendresse, d'amour, de quelqu'un qui reste près de moi, sur qui je puisse m'appuyer quand j'en ai besoin. On me dépeint souvent comme une mangeuse d'hommes, comme une femme qui passe facilement d'une aventure à l'autre. La vérité est très différente. D'habitude, ce n'est pas moi qui trompe les hommes avec qui je tente de me créer une vie, mais eux qui me trompent avec mon métier ! »

La lutte entre Dalida et Yolanda est exacerbée par l'attitude masculine. Pour se protéger les hommes divisent, ils ont du mal à aimer, préfèrent à l'intimité le statut social :

« A un certain moment, les hommes commencent à ne plus voir en moi la femme pour être complètement attirés par la chanteuse. Un jour, je n'ai plus à côté de moi un homme amoureux mais un imprésario, et alors c'est la rupture. C'est ridicule, mais parfois je suis jalouse, moi la femme amoureuse, de la chanteuse qui chaque fois me fait perdre ma chance de refaire ma vie comme je voudrais. »

Arrêter de travailler, devenir une femme comme les autres, pour avoir un mari et des enfants ? Là aussi le prix est trop lourd, et, d'ailleurs, qui oublierait qu'elle est, qu'elle a été Dalida ?

« Ce métier m'est devenu aussi nécessaire que l'air que je respire. Alors je continue à lutter pour conserver ma place. Bien que ce soit très difficile, je ne peux faire autrement... A moins qu'un jour n'advienne un miracle... Une pensée me console : j'ai toujours vécu comme j'ai voulu, sans compromis et sans concessions contraires à ma conscience. Je ne regrette rien. »

Solitude et indépendance s'auto-engendrent et forment un cercle vicieux :

« Désormais, je fais tout toute seule, dit-elle à *Bolero Film.* Je consacre ma vie à mon métier, je suis autosuffisante. Depuis le choix du morceau jusqu'à l'interprétation, depuis la mise en scène jusqu'à l'enregistrement, je m'occupe de tout. Alors, inutile de se faire des illusions : ou on chante ou on fonde une famille. Les deux ensemble restent un rêve impossible. Pour moi, le travail tue l'amour. Je préfère ne plus courir de risques. »

Elle s'impose une discipline personnelle de plus en plus stricte, qui ressemble à une punition. Elle a commencé le régime qu'elle suivra jusqu'à la fin de sa vie : le matin, thé au lait très sucré, une biscotte. Plus rien jusqu'au soir. Dîner normal. En quelque mois, elle perd sept kilos...

En décembre 1966, dans *Lui,* elle parle de la difficulté de choisir des chansons alors qu'elle devient de plus en plus exigeante sur son répertoire :

« Je ne suis ni auteur, ni compositeur, je suis seulement interprète. Il faut donc que je coure après un texte, une musique, il faut que je trouve des chansons qui m'habillent. Je dois les sentir, les ressentir. Quelquefois, je me trompe. C'est comme les couples qui se marient et qui divorcent deux mois après. Il m'est arrivé de haïr mes chansons. »

Mais elle ne renie pas ses choix passés :

« J'ai conscience d'avoir interprété des chansons un peu trop commerciales, un peu trop faciles sans doute. Toutefois, le public les aimait, et, finalement, le public avait raison. Le public a besoin de chansons parce qu'il s'identifie à elles. Les chansons peuvent être des souvenirs, des messages. J'aime savoir que je suis à la base d'un bon million d'idylles. Le public, c'est ça. Le public, c'est quelque chose que j'enlace, mais ce sont les autres qui l'embrassent. »

De ses propres ailes

Au début d'octobre 1966, à peine rentrée de tournée, elle reçoit un coup de fil de RCA, sa maison de disques italienne. Sous l'égide du P-DG Melis, le directeur artistique Ettore Zeppegno, le producteur Paolo Dossena et le directeur de promotion Mario Simone forment une équipe efficace. Dalida s'est liée d'amitié avec ces hommes. Depuis un an, ils organisent sa « campagne » en Italie où elle a recommencé à être très présente.

« On vient à Paris, lui disent-ils. On voudrait te présenter un nouvel auteur-compositeur qui a beaucoup de talent. »

Le jeune homme s'appelle Luigi Tenco. Il a déjà connu quelques succès dans la péninsule mais n'a pas encore trouvé sa place. C'est un avant-gardiste, or la chanson italienne baigne dans le sirop. *Ciao Ciao Bambina, Una lacrima sul viso :* les crooners locaux n'y vont pas avec le dos de la fourchette à spaghettis. Or Dossena et Simone pressentent l'émergence d'une nouvelle génération de *cantautori,* de chanteurs-compositeurs.

Luigi Tenco fait du folk contestataire. Il pourrait, pensent les deux complices de RCA, donner à la carrière de Dalida dans ce pays un souffle nouveau, l'orienter dans le bon sens, juste comme le vent s'apprête à tourner. Elle serait alors la première à chanter ce genre de chansons.

Dalida écoute ces propos d'une oreille distraite. On lui propose un succès de plus, et alors, et pourquoi pas ? Ces temps-ci, elle est un peu désabusée. Mais elle accepte de les recevoir à dîner dans sa maison de Montmartre. Comme elle est seule dans sa vie privée, il n'y aura, à part elle et les trois Italiens, qu'Orlando et Rosy.

Ces deux derniers lui sont devenus indispensables. Rosy dans le rôle de la secrétaire dont le flair infaillible détecte les fâcheux, et qui l'entoure d'une présence discrète et loyale. Orlando, lui, a pris, fin 1966, la destinée de Dalida en main. Arrêter de chanter a été pour lui une décision difficile. Il aime ça mais il sait que, s'il continue, il restera dans l'ombre de sa sœur à qui on le compare toujours. Il s'est bien amusé et il a maintenant compris que sa seule véritable envie est de s'occuper de Dalida. Il est entré chez Barclay, côté production, pour apprendre le métier. Eddie, qui a toujours considéré que la carrière d'Orlando risquait de gêner celle de sa sœur, l'a accueilli volontiers. Le premier disque de Dalida dont il s'est occupé, *Petit Homme,* a été un succès, et elle commence à lui faire confiance. Leurs rapports vont s'inverser : de protégé il deviendra peu à peu le protecteur.

« Ma sœur avait besoin que quelqu'un participe à sa carrière pour la soulager d'un poids. Je l'ai compris alors. En cinq ans elle avait prouvé qu'elle pouvait aller de l'avant toute seule, même sans Lucien. Mais elle n'avait plus envie de s'occuper de ses galas et des à-côtés très absorbants et plutôt ennuyeux de sa carrière. Désormais, elle voulait seulement chanter. »

Orlando doit faire comprendre aux gens du métier, toujours très méfiants, qu'ils devront compter avec lui.

« J'ai décidé de devenir une peste. Je connaissais la valeur de ma sœur. J'ai voulu la faire respecter une fois pour toutes. »

Le tandem Gigliotti est né, redoutable machine de guerre. La carrière de Dalida entre dans sa troisième phase. La première, c'était le trio Lucien Morisse, Eddie Barclay, Dalida. La seconde, Dalida seule. La troisième, Dalida et Orlando.

Orlando peut compter sur la complicité totale de Rosy. Il saura élargir le cercle et s'entourer de gens fidèles, qui ne le trahiront jamais.

« D'une grande vedette en pleine gloire, j'ai décidé de faire une star hollywoodienne », raconte-t-il. Mais pour que leur rêve d'enfance à tous deux devienne réalité, il doit d'abord lui donner confiance en elle.

« Elle croyait qu'à trente-cinq ans une chanteuse est vieille. J'ai voulu lui prouver que non. Une femme, à trente-cinq ans, n'abdique pas. Elle devait devenir le porte-drapeau des femmes en pleine évolution. Je voulais qu'elle devienne le rêve de toutes les femmes. D'ailleurs, un jour, elle l'a chanté : *Je suis toutes les femmes.* »

De 1966 à 1970, Orlando apprend chez Barclay, il prépare le terrain et affûte ses armes. Il prouve qu'elle peut, sur son impulsion, enchaîner les tubes. En Italie, il la propulse au maximum ; elle a trois titres dans les cinq premiers du box-office.

« J'ai fait gagner beaucoup d'argent à Eddie Barclay, mais je n'ai pas eu l'impression d'être payé de retour. J'étais salarié par ma sœur. Quand Eddie Barclay a compris qu'il avait affaire à quelqu'un qui en voulait, il m'a laissé le champ libre pour m'occuper de la production, enregistrer ce que je voulais et mener la carrière de Dalida comme bon me semblait. »

En fait, Orlando pense déjà à fonder sa propre maison avec Dalida. Le 30 juin 1970, le contrat qui lie Dalida à Eddie depuis quatorze ans prendra fin. Quand il sera question de le renouveler, Orlando fera à Eddie Barclay une offre si haute qu'à son grand regret il ne pourra l'accepter. Il fondera alors le label « International Show ».

De son côté, Dalida ne se montrera pas ingrate avec Barclay, à qui elle a donné quatorze ans de son travail pour des royalties très faibles : 4 pour cent du gros les premières années et les dernières, 6 pour cent du détail. Elle ne le quittera pas pour aller chez quelqu'un d'autre, mais pour se mettre à son propre compte.

Eddie, mécontent, enverra des papiers bleus. Il essaiera d'interdire la mise sur le marché du premier 45 tours qu'Orlando et Dalida sortent ensemble, *Darladirladada.* Le point de vue d'Eddie, c'est qu'on ne lui a pas laissé assez de temps pour s'aligner sur l'offre. Il ne gagnera pas la bataille. Mais il est sans rancune : il envoie des papiers bleus le matin, et, le soir, il invite Dalida et Orlando à dîner. Tout sera vite oublié, et le différend professionnel n'entamera pas l'amitié. En voyant jusqu'où Dalida ira, il s'en mordra les doigts mais, en même temps, il s'en réjouira, pour la fierté de l'avoir découverte.

Hasard ou pas, Eddie Barclay est en plein succès au moment où Dalida le quitte. Depuis 1965-66, il a dans son écurie Mireille Mathieu, une petite fille à l'épaisse frange brune et à l'accent du Midi, autour de qui tout le monde s'affaire. Eddie croit toujours aux chanteurs à accent. Dalida est chez lui depuis très longtemps, on s'y est habitué, elle est l'« affaire qui roule ».

« Je ne voulais pas que ma sœur devienne un meuble de la maison, dit Orlando. Je voulais qu'elle soit prima donna dans sa propre maison. »

Toujours l'obsession de la « maison » propre aux Gigliotti !

Orlando confie la distribution du nouveau label à un réseau qui vient de se monter, Sonopresse. Cette décision est alors inhabituelle. Ensuite, d'autres artistes, tels que Pierre Perret et Françoise Hardy, suivront le même chemin. La société de distribution se charge de presser les disques et son réseau de représenter Dalida. Orlando et elle dirigent le côté artistique — choix des photos, etc. —, mais Sonopresse met en magasin. Seulement pour la France, car Orlando discutera avec des distributeurs pays par pays.

« C'était le début du règne des producteurs indépendants, raconte-t-il. Aujourd'hui, c'est normal. D'ailleurs, dans toutes les " majors " (grosses maisons), le chiffre d'affaires le plus important, nationalement, est fait par les producteurs indépendants. Ils ont un catalogue fourni par leur maison mère. Aujourd'hui, presque tous les distributeurs sont étrangers. Les dernières maisons françaises — Barclay, Carrère, Vogue — ont été rachetées. »

Quelques années après le départ de Dalida, en plein succès de Mireille Mathieu, Eddie Barclay, rencontrant quelques difficultés, vendra le groupe Barclay à Polygram, tout en restant quelque temps président à titre honorifique.

« Il reste le dernier seigneur de notre métier, dit Orlando, le seul qui ait su organiser des fêtes, faire ce métier en s'amusant et en permettant aux autres de s'amuser. Il a été très critiqué, mais aujourd'hui, on regrette ce fêtard merveilleux. »

Luigi

Le soir prévu pour le dîner « italien », la sonnette retentit 11bis, rue d'Orchampt. Le majordome ouvre le portail du jardin et les dirigeants de RCA s'avancent. Ils sont accompagnés d'un jeune homme de vingt-neuf ans, très brun, aux yeux de braise enfoncés dans les orbites. Beau, timide, taciturne. Mystérieux surtout par son regard angoissé et angoissant.

Les présentations sont faites. Dalida, radieuse en robe d'hôtesse, serre la main de Luigi Tenco. Son regard croise celui du jeune homme. A ce moment, une décharge d'électricité traverse l'assistance. Quelque chose vient de se passer. L'atmosphère du dîner, la conversation en seront modifiées.

Les invités ignorent ce qui est sur le point de se produire. Dalida et Luigi sont loin d'eux. Dalida, toujours intuitive et très rapide, sait déjà que sa vie va changer. Luigi, pour sa part, a compris qu'il vient de rencontrer une femme pas comme les autres.

Le festival de San Remo fournit le principal sujet de conversation. Une fois l'an (le dernier week-end de janvier à l'époque), cette charmante station balnéaire de la riviera italienne, renommée pour ses fleurs, est bouleversée par une sorte de grand-messe populaire que la télévision rediffuse à travers le pays. Par son importance nationale, c'est l'équivalent de la Coupe du Monde de football ou du Tour de France.

Les artistes italiens redoutent cette manifestation de dimension gigantesque. Les étrangers, eux, y viennent pour parrainer les vedettes. Si un artiste italien accepte de jouer le jeu, il peut y acquérir la gloire en un soir, ou voir sa carrière brisée tout aussi rapidement pour peu qu'il se retrouve éliminé. En France, une sanction aussi brutale serait impossible.

Depuis les premiers succès remportés par Dalida en 1959, les dirigeants du festival cherchent à attirer la chanteuse. Chaque année, la presse transalpine annonce que, cette fois, la Calabraise de Paris sera présente. Jusque-là, pourtant, elle a toujours refusé. Elle est opposée au principe même du concours, qui évoque trop les jeux du cirque et ses cruautés. Elle s'y rendait pourtant en invitée. Présente dans la salle, elle choisissait les chansons qu'elle avait envie de chanter, en France ou ailleurs. Elle a ainsi trouvé à San Remo *Ciao ciao bambina, Come prima, Romantica, Volare, 10 000 bulles bleues...*

« Ça, se dit-elle, ça vaut la peine, mais pas question de participer. J'aurais tout à perdre et rien à gagner. »

Lorsque les cadres de RCA viennent rue d'Orchampt présenter leur jeune auteur-compositeur, ils ont une idée derrière la tête. Ils sont très impressionnés par une chanson que Luigi Tenco a composée, *Ciao amore ciao.* Ils voudraient qu'il aille la chanter à San Remo, car l'heure du jeune homme leur paraît venue. Il n'est pas encore reconnu à sa juste valeur, mais, s'il se faisait plébisciter dans un festival de cette importance, sa popularité éclaterait immédiatement à travers toute l'Italie. Il pourrait alors s'imposer comme tête de file du nouveau mouvement des chanteurs engagés.

Sans le savoir, les gens de RCA commettent une grave erreur. Luigi Tenco est fait pour tout sauf pour San Remo. Certes, l'une de ses chansons, choisie pour le générique de la série télévisée des Maigret, est très populaire en Italie. Mais Tenco est habitué à se produire sur des scènes confidentielles, devant une audience particulière composée d'étudiants et d'intellectuels. Il y a un fossé énorme entre sa vision d'une révolution sociale et ce marché aux chansons qu'est San Remo.

Ceux qui connaissaient Tenco n'ont d'ailleurs pas compris comment il avait pu se laisser influencer au point de se prêter à ce jeu. Il crut qu'il devait se décider, pour une fois, lui d'habitude si intransigeant, à faire une concession. Pense-t-il pouvoir profiter de cette tribune qu'on lui offre pour bouleverser en un soir la chanson italienne, qu'il juge décadente et moribonde ? Peut-être son goût pour les comportements révolutionnaires, sa foi en l'utopie l'ont-ils amené à préjuger de ses forces, à sous-estimer les règles et les pesanteurs de cette machine commerciale puissante et bien rodée qu'est le festival...

Finie, alors, espère Luigi, la dictature des chanteurs de charme dont les voix servent à masquer la pauvreté des mélodies et des paroles, tels que Claudio Villa, Milva, Mina, Orietta Berti. Mina elle-même, sorte d'équivalent italien de Dalida, ne s'est-elle pas d'ailleurs brûlé les ailes, quelques années auparavant, en acceptant d'aller à San Remo, où elle ne remettra plus les pieds ?

Les décideurs de RCA savent que Luigi Tenco ne peut vaincre à San Remo seul. Or, cette année, la règle du festival se trouve modifiée. Dans le but d'internationaliser davantage la manifestation, chaque chanson défendue par une vedette italienne sera chantée à son tour par une vedette étrangère qui la parraine. L'ordre de passage se décidera par tirage au sort.

Toutes les maisons de disques italiennes envoient aux dirigeants du festival un nombre incroyable de chansons. Un jury en sélectionne vingt pour le premier soir, et vingt autres pour le deuxième. Chaque jour, dix chansons seront éliminées. Celles qui resteront seront en compétition le dernier soir. Soit trois jours de marathon, les jeudi, vendredi et samedi 27, 28 et 29 janvier.

Grâce à ce nouveau règlement, pensent les dirigeants, Dalida, vedette internationale, acceptera de « marrainer » une chanson. Occupant alors la première place au hit-parade italien avec *Bang-bang,* elle se trouve en position de force.

En principe, les artistes vont à San Remo soit pour lancer une chanson, soit pour faire repartir une comète en perte de vitesse. Contrairement aux vedettes nationales, les vedettes étrangères, elles, ne risquent pas grand-chose. Ni leur chanson ni leur carrière ne sont en question. Par contre, Dalida serait une excellente rampe de lancement pour Luigi

Tenco. Sa capacité à « populariser » un titre pourrait lui permettre de gagner. Et en tout cas, avec son appui, il ira certainement en finale.

Les stratèges de RCA ne dévoilent pas leurs batteries au cours du dîner. *Small talk,* pluie et beau temps, ambiance agréable, huile dans les rouages. Ils parlent quand même d'une très belle chanson de Luigi Tenco, qui pourrait aussi convenir à Dalida. Le repas fini, pensent-ils, on pourrait descendre dans le studio du rez-de-jardin. Là, Luigi se mettrait au piano et chanterait : *Ciao amore ciao* raconte le drame d'une Italie coupée en deux, du Nord industriel et du Sud misérable, des gens pauvres qui quittent leur village pour aller chercher au loin une fortune incertaine, échangeant l'or des blés contre la fumée des villes. Cette histoire d'un déraciné qui a la rage de vivre ne peut que plaire à Dalida.

Rue d'Orchampt, la salade est toujours servie avec le fromage. Mais Dalida et Luigi sont bien loin des nourritures terrestres. Leurs regards se croisent encore et encore. Intimidé, Luigi parle très peu, mais Dalida n'entend que lui.

Si Dalida n'aime guère faire la cuisine, elle adore recevoir et s'occuper des détails de la table, vérifier l'élégance du couvert, l'emplacement des chandeliers, l'abondance des fleurs. A la longue table Renaissance espagnole, Melis se trouve assis à sa gauche, Luigi Tenco à sa droite. Pour une fois, le cœur de Dalida bat à droite, car elle y entend les battements d'un autre cœur, celui du jeune homme, et c'est ce rythme-là qu'elle écoute lorsqu'il se tait.

Dalida aime le bon bordeaux et se sent nonchalante après le dîner. D'habitude elle ne veut pas penser encore au travail. Mais, ce soir-là, elle descend au studio sans se faire prier. Luigi doit combattre un trac fou pour se mettre au piano. Pour la première fois, Dalida entend sa voix rauque, cette voix qui dit la passion, la révolte, la rage, le désespoir, cette voix qui sera une révélation pour la chanson italienne, alors vouée aux demi-ténors clairs à la Tino Rossi.

Dès les premiers vers, Dalida, subjuguée par l'originalité du son de Tenco, conquise par la force et la simplicité de la chanson, accepte.

« Oui, je la défendrai », répète-t-elle, enthousiaste.

Il n'a toujours pas été question de San Remo. Mais cet air, elle sait qu'elle le chantera jusqu'à la fin de sa vie. Il n'est pas propice à un succès de disque. Mais l'effet scénique peut être remarquable, tout à fait le genre de chose qu'elle recherche.

La prestation finie, les invités remontent au salon du rez-de-chaussée qui donne sur la terrasse. Discrètement, les dirigeants se regardent.

« On peut y aller », pensent-ils.

Ils évoquent le festival en prenant des gants.

« Qu'est-ce que vous en pensez ? Et si on introduisait cette chanson à San Remo, parrainée par vous ? »

Dalida, un peu contrariée, demande à réfléchir.

« Vous connaissez mon aversion pour le festival. Et si je veux enregistrer cette chanson, c'est pour en faire un succès mondial. »

Ils insistent :

« Mais ce serait un tel tremplin pour Tenco... Et vous, vous n'auriez rien à y perdre... »

Elle hésite encore :

« Donnez-moi quelques jours... »

Au fond de son cœur, elle a déjà accepté. Pour Luigi. Elle prendra le risque, elle ira là-bas...

Finalement, ce défi, c'est un peu ce qu'elle attendait. Quelque chose qui la fasse sortir de cet ennui confortable, de ce sommeil des sens et des émotions. La princesse est lasse de guetter du haut de sa tour. Sa générosité doit s'exercer, elle a besoin de mettre sa force au service d'un autre. Elle a tout reçu, elle croit toujours devoir donner pour remercier le sort. Elle a besoin d'aimer un homme et, pour cela, elle doit le mettre sur un piédestal. Luigi doit être le plus grand, elle le prendra par la main pour le conduire là-haut.

Comme tous les abandonniques, elle aime trop, et dans l'angoisse. Elle a besoin de contrôler son amour, de le ligoter par les chaînes de la reconnaissance et du besoin. En Luigi, elle voit un prince, mais bien différent de Jean. Il est

... le ténébreux, le veuf, l'inconsolé,
Le Prince d'Aquitaine à la tour abolie...

Selon les vers du poète. Contrairement à Jean, son royaume ne lui a pas été révélé. Sans qu'il ait rien raconté de son passé, son air sombre dit le malheur d'enfance. En lui, la petite fille quatr'z'yeux qui pleure toujours au fond du donjon obscur de la mémoire se reconnaît. Luigi aura besoin de Dalida plus qu'un autre, puisqu'ils font le même métier...

Elle accepte. Ils vont devoir préparer le festival ensemble. Ce sera un excellent prétexte pour se revoir souvent.

Roméo et Juliette 1967

L'année 1966 se termine difficilement. Comme si quelque chose en elle, à son insu, prévoyait, reculait. Depuis quelque temps, mystérieusement, Dalida boite, ne peut plus poser le pied à terre. On diagnostique une excroissance osseuse à la cheville. Le 9 décembre, on l'opère. On retire un osselet en forme de coquillage qu'elle gardera en souvenir.

Elle se retrouve plâtrée, dans une chaise roulante.

Elle ignore qu'à ce moment-là *Ciao amore ciao* n'a pas encore été sélectionné par les juges de San Remo. Quand les envoyés de RCA annoncent que Dalida a décidé de participer, les organisateurs du festival sont dans l'embarras : au cours des deux soirées éliminatoires, l'œuvre de Tenco n'a pas été retenue...

Cela, Luigi Tenco ne le saura jamais. Dalida, elle, l'apprend par un coup de fil de Melis.

« Madame Dalida choisira parmi les trente chansons sélectionnées celle qu'elle aura envie d'interpréter », proposent les organisateurs.

Pas question. D'un ton sec et décisif, elle répond :

« Je viendrai à San Remo à une seule condition. Je chanterai *Ciao amore ciao* ou rien. »

Les organisateurs finissent par céder et repêchent la chanson in extremis. Rien n'a transpiré. Le secret de Dalida est bien gardé. En dehors d'Orlando et de Rosy, Melis, Dossena et Simone sont les seuls complices de son amour. Publiquement, elle déclare :

« J'ai eu un coup de foudre pour cette chanson et je veux la chanter. »

Cela ne surprend personne. Il arrive très souvent qu'une vedette s'entiche d'une chanson peu connue. Qui se doute alors que Dalida et Luigi seront en quelque sorte les Roméo et Juliette du vingtième siècle ?

Très vite, ils s'avouent leurs émotions. Une relation passionnée se développe. Orgueilleux, Luigi ne veut en aucun cas que leur amour soit divulgué pendant le festival. Il ne souhaite pas qu'on dise que Dalida chantera par amour. Elle, de son côté, pense qu'elle saura mieux défendre *Ciao amore ciao* si la confusion entre travail et sentiments ne s'établit pas dans l'esprit des jurés. Tous deux refusent d'être pour la presse « les amoureux de San Remo ». Elle s'est promis de ne plus aimer pour les journaux. Et ils savent que le scoop jouerait au détriment de la chanson.

Luigi Tenco vient plusieurs fois à Paris. Il descend à l'hôtel Prince-de-Galles mais passe son temps rue d'Orchampt. Peu à peu, Luigi et Dalida apprennent à se connaître, à se comprendre et à s'aimer. Il lui confie ce passé douloureux qu'elle pressentait. Il adore sa mère, une belle femme, douce et forte, originaire du nord de l'Italie, près de Gênes. Son vrai père, Luigi ne le connaîtra que sur le lit de mort de celui-ci. Sa mère l'a élevé seule. Il a un demi-frère plus âgé, Valentino. Celui-ci n'ayant guère réussi dans les affaires, Luigi se sent un peu le responsable de la famille.

Un père disparu, une mère abandonnée... Evidemment, Dalida comprend... Luigi peut tout lui dire et cela le soulage. Il lui dédiera d'ailleurs une chanson :

Se stasera sono qui
E perchè ti voglio bene
E perchè ho bisogno di te[1].

Ils se comprennent. Lui a besoin de soutien et elle d'amour. Il a les yeux noirs brûlants, le talent musical de Pietro. Mais Luigi est aussi ce

1. « Si je suis ici ce soir, c'est parce que je t'aime et que j'ai besoin de toi. »

fils qu'elle n'a pas eu. Car il est à la fois fort et fragile. Il est bon, mais d'humeur changeante, s'assombrit dès qu'il n'est pas sûr de lui. Il a l'énorme tendresse d'une jeunesse qui veut sauver le monde. Autour de lui gravitent quelques chanteurs de la même tendance : Gino Paoli, Fabrizio de Andrè, Lucio Dalla. Tous réussiront. Pour l'instant, cette bande de copains espère modifier la culture italienne...

Luigi explique cela à Dalida. Il lui donne ainsi ce qu'elle attend toujours d'un homme : lui faire découvrir un monde auquel elle n'avait pas accès. Pendant des heures, ils parlent. Grâce à lui, Dalida s'évade de ce désert confortable dans lequel elle languissait. Elle a de nouveau une vie privée. Très privée même, puisque personne ne doit rien savoir... Le secret exacerbe leur intimité. C'est excitant. Luigi communique à Dalida une flamme qui lui donne à nouveau envie de foncer. Elle aime se battre, mais elle n'a plus envie de vaincre seule. Elle s'est prouvé qu'elle pouvait le faire, elle en a mesuré le triomphe, mais aussi l'amertume et les limites.

D'octobre à janvier, l'amour n'a guère le temps de s'épanouir. Seule flambe la passion, avec la rapidité d'un feu de forêt. Mais la complicité entre eux est telle que le temps ne compte plus.

« Il nous faudra toute une vie », se dit Dalida.

Ils découvrent ces concordances mystérieuses qui font des jumeaux de certains êtres qui s'aiment. Il admire Céline et lui fait lire *Voyage au bout de la nuit*. Elle n'y voit aucun mauvais présage. Au contraire, découvrant que Céline a habité au dernier étage de la rue d'Orchampt, elle s'émerveille de ces ondes que Luigi reçoit et transmet. Plus tard, elle relira Céline très différemment. Il s'agira alors d'entrer dans un univers de mort, de perte absolue, qui sera devenu pour elle celui de Luigi.

L'amertume de Luigi, son sentiment d'injustice et de méconnaissance va bien plus loin que le monde de la chanson. Il remonte à la défaillance paternelle.

« Je connais cela », se dit Dalida, qui ne voit là qu'une ombre au tableau du bonheur. Elle se fait fort de l'effacer pour lui. N'a-t-elle pas toujours aimé des hommes privés de père, comme elle ? N'ont-ils pas là une raison de plus de se rejoindre dans cette image qu'elle aime, deux orphelins dans les bras l'un de l'autre qui se protègent d'un monde froid et cruel ? Ne pourrait-elle s'écrier, à l'instar de la Juliette de Shakespeare :

Qu'y a-t-il dans un nom ? Ce qu'on appelle une rose
Par tout autre mot sentirait aussi bon ;
De même Roméo, s'il ne s'appelait pas Roméo,
Garderait cette chère perfection qu'il possède
Sans ce titre. Roméo, laisse ton nom ;
Et au lieu de ton nom, qui ne fait pas partie de toi,
Prends-moi tout entière.

Mais Luigi a besoin de se faire un nom pour devenir un homme. Et elle, qui a su faire cela pour elle-même, doit l'y aider.

Leur idylle se développe en cachette sous les yeux bienveillants d'Orlando, de Rosy, de Paolo et de Mario Simone. Seul le grand frère — Orlando l'aîné — n'est pas au courant. Au printemps 1966, celui-ci a épousé une jeune Italienne, Maria Teresa. Le mariage s'est déroulé à Rome. Dalida y a assisté tout en blanc, telle une mariée, comme si quelque chose en elle anticipait le renouveau de l'amour. Même Peppina, très fière de marier son fils aîné, a dérogé à sa sobriété habituelle en se coiffant d'un grand chapeau blanc garni de fleurs. Dalida riait :

« Maman, pour une fois, tu en as trop fait, il y a tant de fleurs à ton chapeau ! »

Tante Lula, la mère de Rosy, est aussi venue s'installer à Paris avec son mari et son fils Giuseppe. L'oncle Eugenio, qui travaillait déjà au Caire comme chef opérateur, continue à Paris, tandis que son fils étudie en Italie.

Une partie de la famille s'est ainsi reconstituée. Mais un autre frère du père, Venicio, a quitté Le Caire pour s'installer au Brésil avec sa femme et ses fils Renato et Guido. Dalida les a revus en 1964. Elle se trouvait pour la première fois à Rio au cours d'une tournée en Amérique du Sud. Cette branche de la famille était dans la salle, applaudissant à tout rompre. Ils s'étaient vantés auprès des voisins :

« C'est notre nièce ! »

Personne ne les croyait. Vexant. Mais Dalida ne leur a pas refait le coup de la Duse. Quand elle sonne à la porte, quel triomphe... Par la suite, Dalida retournera plusieurs fois au Brésil, où elle est très populaire, mais ce sera trop tard : leurs parents étant morts entre-temps, elle ne reverra que ses cousins. Quant au plus jeune oncle paternel, Giorgio, il s'installe à Milan, où vivent toujours ses deux enfants, Toni et Piera.

Avec l'arrivée de Luigi dans sa vie, Dalida ne reconstituera-t-elle pas une tribu italienne soudée, bouclant la boucle et effaçant le traumatisme du départ ?

Premier accroc

Si Dalida aime enregistrer en d'autres langues, elle ne travaille que dans un studio français avec un ingénieur français. Exceptionnellement, elle accepte d'enregistrer *Ciao amore ciao* en Italie. C'est un prétexte pour être près de Luigi quand il enregistrera de son côté.

Mais Luigi, doué d'une très forte personnalité, ne veut pas être

« Monsieur Dalida ». Il souhaite enregistrer la chanson seul et lui présenter ensuite le résultat. Dalida dit à Eddie Barclay :

« Je veux m'imprégner d'atmosphère italienne pour comprendre San Remo. »

Elle chante alors en français un de ses grands succès italiens :

Mamma, quand ma poupée grandira,
Je voudrais qu'elle te ressemble...

Cette plainte d'une orpheline à l'égard d'une mère trop aimée, irremplaçable, c'est le genre de chanson qu'elle seule peut se permettre sans sombrer dans la guimauve.

Elle enregistre aussi en français *Ciao amore ciao,* adapté par Pierre Delanoé. Son cœur est alors en Italie. Mais, sans le dire, elle pense à emmener Luigi en France. Elle ne peut envisager l'avenir sans lui, mais elle sait que sa propre carrière est dans l'Hexagone. L'Italie est un rêve mais Montmartre est devenu sa terre. Et elle veut toujours amener sur son territoire ceux qu'elle aime...

De plus, elle considère que la chanson française est en avance sur la chanson italienne. A côté de Bécaud, Aznavour, Brassens et Brel, Luigi Tenco serait dans son élément. Elle se dit :

« Pourquoi lui aussi ne chanterait-il pas en français ? »

Sur les ailes de l'amour, elle fonce dans le bleu. Les projets les plus fous lui paraissent réalisables. A cœur vaillant rien d'impossible, mais ne craint-elle pas d'effrayer Luigi avec sa foi prête à soulever des montagnes ?

Tout cela reste flou. Pour l'instant, l'objectif c'est San Remo.

« On doit gagner, il le faut ! »

La récompense, ce ne sera pas seulement le triomphe de Luigi. Ce sera aussi de crier leur amour à la face du monde...

Début décembre, Luigi revient à Paris pour faire écouter à Dalida sa version de *Ciao amore ciao.*

« J'espère que je t'apporte là au moins 20 pour cent de notre succès. »

Luigi porte l'uniforme de cette nouvelle génération qu'il annonce : jean et col roulé en toute occasion et par tous les temps. Plus tard, à San Remo, cette panoplie va se généraliser, mais, à l'époque, le smoking y est de rigueur.

« Moi, en pingouin, jamais ! » s'écrie le rebelle.

Pour montrer l'exemple, Dalida décide de se faire faire chez Saint-Laurent un smoking noir. Elle commande aussi une robe de velours noir, longue et droite, de ligne très stricte, éclairée par un col et des poignets de dentelle blanche.

L'unisexe règne en France mais n'a pas encore gagné une Italie plus conservatrice. Dalida a décidé d'arriver au festival en smoking, mais de porter la robe sur scène, pour se conformer aux usages.

Pour la première fois, elle qui célébrait toujours Noël en famille passe les fêtes à Rome avec Luigi Tenco et les deux complices de

RCA, Simone et Dossena, sous prétexte de préparer San Remo. Le 31 décembre, Luigi doit aller chanter dans une boîte de la périphérie. Dalida ne l'a encore jamais entendu sur scène. Elle est ravie d'aller l'écouter en compagnie de ses amis italiens. Luigi, traqueur né, n'est pas transporté à cette idée. Mais lorsqu'elle aime, Yolanda prend facilement le dessus sur Dalida. Naïve, elle oublie qu'elle ne passe pas inaperçue.

Quand elle entre dans la salle, le public se rue sur elle pour lui demander des autographes. On ne s'intéresse plus guère à Tenco. Elle doit quitter la salle et se réfugier dans la loge de celui-ci. Il lui demande alors de partir. Elle comprend qu'elle lui fait de l'ombre, elle qui veut tant l'aider. Elle doit rentrer seule au Hilton, l'hôtel où elle descend toujours, sur les collines de Rome. Elle y passera le réveillon à l'attendre en compagnie de ses amis. Elle est très déçue. Comme Luigi passe sur scène très tard, ils ne sont pas ensemble à minuit pour s'embrasser et se souhaiter tout le bonheur possible pour la nouvelle année. Quand finalement Luigi rentre, il est fatigué et désappointé car il a chanté devant une salle clairsemée : les fêtards ne se sont pas déplacés pour entendre des chansons contestataires...

L'année commence sans joie, mais bientôt l'amour l'emporte. Luigi a pourtant pu mesurer l'ampleur de la popularité de Dalida. Ce qui s'est passé le confirme dans l'idée que personne, avant San Remo, ne doit connaître leurs sentiments.

Cet incident, c'est le premier accroc dans la toile de leur rêve.

San Remo

La date fatidique approche. Dalida est plus souvent à Rome qu'à Paris. Luigi l'a présentée à ses amis auteurs-compositeurs. Quand elle doit dîner avec eux, elle appelle Christian de La Mazière — avec qui elle est restée en bons termes — et lui demande des renseignements sur les écrivains connus, afin de faire honneur à Luigi dans la conversation. Elle n'a pas encore acquis beaucoup de culture et se sent un peu déphasée dans le monde des intellectuels italiens. Elle a le désir touchant de faire bonne figure et craint qu'on ne découvre ses lacunes. Plus tard, lorsqu'elle les aura comblées, elle continuera à se renseigner, avant un dîner, sur ses invités. Connaître ce qu'ils ont fait, ce qui les intéresse lui permettra de mieux leur parler, de les mettre à l'aise. Cela deviendra alors chez elle une forme de politesse.

Elle veut que la presse parle de Tenco et réfléchit à une stratégie. Lors du tirage au sort, pour le dernier jour du festival, la chanson de

Tenco obtient la dix-septième place et Dalida doit clôturer la soirée. Ensemble, Dalida et Luigi évaluent les conséquences possibles de ce classement. Avantage : la dernière chanson a des chances de rester dans l'oreille des jurés. Inconvénient : elle intervient à une heure très tardive, quand les gens ont peut-être déjà décidé de leur vote. RCA préfère que Tenco chante en premier, Dalida ensuite, car si la chanson est mal perçue par les jurés, Dalida peut rattraper les choses, et les gens resteront sur cette dernière impression.

Tenco, très anxieux, semble aller au festival un peu à contrecœur. Dans la fosse aux lions, se dit-on, il risque d'être paralysé par le trac. Et les jurés votent sur 20 chaque fois...

Mario Simone a l'idée de faire arriver Dalida et Luigi Tenco à San Remo trois jours à l'avance. Ils savent que cet assemblage d'une star à grand public et d'un auteur-compositeur contestataire intéressera beaucoup la presse. La stratégie, la voilà...

Dalida et Tenco font une arrivée remarquée. Jeunes, beaux, gais, sûrs de gagner, ils sont irrésistibles. Dalida est si confiante que les doutes de Tenco se sont envolés. Le soir, ils se retrouvent dans des *trattorie* pittoresques et échangent avec émerveillement ces riens si importants pour les amoureux. Dans la journée, pour les séances photo, Dalida montre un visage encore épuré. Elle a de nouveau légèrement foncé ses cheveux. Auburn profond, ils sont coiffés au naturel. D'une simplicité élégante, elle porte un caban sur une courte robe de jersey à rayures. Elle semble à la fois joyeuse et pleine d'un sérieux nouveau.

A côté d'elle, Tenco semble dévoré par l'angoisse, les yeux fixés sur quelque vision tragique. Mais cela correspond très bien à son personnage. Très vite, les rôles se départagent : il est le message, elle sera la voix.

Dalida est descendue à l'hôtel Savoy, ancien, un peu rococo, réservé pour les chanteurs et leurs promoteurs. Pendant trois jours, une autre ville s'installe dans la ville : car il y a aussi la presse, les supporters...

Dalida bénéficie d'une suite de star. Tenco, lui, est logé dans l'annexe, avec Lucio Dalla et d'autres. En fait, ils se retrouvent chaque soir. Dalida fait semblant de regagner sa suite, mais ressort par l'escalier de service pour rejoindre Luigi.

Un jour, vers midi, Paolo Dossena et Mario Simone montent chez Dalida. Elle les accueille, joyeuse. Tenco est allongé sur le lit, sombre et renfermé. Dalida annonce :

« C'est décidé ! On se marie en avril ! »

Pour fêter la nouvelle, on sable le champagne.

Le matin où le festival commence, vers neuf heures, Orlando et Rosy arrivent par le train.

« Je détestais voyager en wagon-lit, dit Orlando, mais le train arrivait directement à San Remo, c'était plus simple. Je n'ai pas dormi, ça me rappelait l'époque où je touchais de petits cachets. Pour moi, le train a toujours signifié la tristesse, la séparation. Le train, c'est comme la mort. »

Seul Luigi est à la gare pour les accueillir, car Dalida doit se rendre au casino pour répéter et se préparer. Luigi, lui, a déjà répété. Ils se dépêchent, car Dalida souhaite qu'Orlando assiste à la répétition. Orlando et Rosy déposent leurs bagages à leur hôtel, situé non loin du Savoy, et courent au palais du festival. Ils découvrent une énorme confusion : la foire aux éditeurs étrangers, les discussions frénétiques.

« Un monde effrayant, un commerce impressionnant. Comme dans les films sur la bourse ou sur Wall Street. »

Lorsque Orlando se rend à l'hôtel du festival, il le trouve austère, et l'impression de tristesse ressentie dans le train se confirme. Tout d'un coup, dans ce désordre, il se dit :

« Où ma sœur est-elle allée se fourrer ? Elle avait raison de ne pas vouloir venir... »

Pourtant, lorsqu'il habitait au Caire, il était fasciné par le festival de San Remo :

« J'avais toujours voulu y venir. C'était un tremplin de gloire. Plus tard, quand j'ai appris ce métier, j'ai compris l'aversion de ma sœur pour ce genre de manifestation. Mais, déjà, quand elle a accepté, j'étais inquiet. Je savais que c'était par amour. »

Pourtant, lors de la répétition, il trouve Dalida superbe dans sa minirobe à tranches napolitaines blanches et orange, surmontée d'un grand col roulé, ses bottes de cuir blanc lacées, dans le style futuriste lancé par Courrèges.

Elle s'énerve, car elle doit répéter deux fois la chanson. Elle n'entend pas bien le retour d'orchestre, et le réalisateur de l'émission télévisée veut mettre les caméras sur elle. Elle lui a donné ses suggestions : elle veut toujours être filmée de trois quarts gauche, car son profil semble ainsi plus doux, la forme de son nez étant plus classique de ce côté. Le réalisateur préférerait prendre les deux profils pour des effets plus variés, mais depuis qu'elle s'est métamorphosée en blonde, elle veut tout affiner, tout alléger.

Lorsque la répétition se termine, elle est bousculée, tiraillée par les journalistes en folie qui quémandent des interviews. Ceux qui souhaitent un entretien plus intime l'emmènent dans un petit salon adjacent. De toute façon, ils lui posent la même question :

« Pourquoi avez-vous accepté de venir à San Remo ? »

Le nom de Tenco revient sans cesse dans sa bouche. Inlassablement, elle répète :

« Je crois à Luigi Tenco et à sa chanson. »

Vers deux heures, elle grignote une petite chose, fidèle à sa résolution de ne plus déjeuner. Orlando et Rosy la raccompagnent à l'hôtel où elle va se préparer, perfectionner elle-même sa coiffure « au naturel » qui n'est pas si naturelle que ça...

Orlando, qui ne connaît pas encore la ville, va se promener. Pour lui, San Remo reste un rêve d'enfance. Il fait beau, un soleil doré d'après-midi baigne la station un peu désuète. Sur la place, les bistrots sont envahis. Orlando s'installe à une terrasse. Il y retrouve Gilbert Marouani. Chacun encourage l'autre :

« Tu vas gagner ! »

Puis, retour à l'hôtel pour s'habiller : smoking pour Orlando, robe de cocktail pour Rosy. A dix-huit heures trente, quelqu'un de la RCA vient les chercher. Le spectacle commence à vingt heures trente. Ils arrivent sur les lieux à dix-neuf heures. Les salons ont été transformés en loges. Dans son smoking Saint-Laurent, Dalida, très mince, ses longs cheveux sur les épaules, est spectaculaire. Tenco, lui, se tient légèrement en retrait.

Le festival commence. Les premiers chanteurs sont déjà sur scène. La salle est archicomble : le show-business international est là au complet. Orlando repère les autres managers, les producteurs, les amis des chanteurs. Dans les coulisses, Dalida semble à la fois sereine et nerveuse. Toujours renfermé, Tenco parle très peu. Lucio Dalla dira :

« Ce soir-là, il était dans un état de tension invraisemblable. »

Paolo et Mario sont présents, ainsi qu'Enzo Arbore, journaliste vedette de la télévision italienne. C'est un grand ami de Luigi. Il flaire ce qui se passe, mais garde le secret. De temps en temps, Tenco vient plaisanter avec eux, puis il s'enferme à nouveau, paralysé par le trac. Dans les coulisses, on a installé de petites télévisions noir et blanc sur lesquelles on peut suivre l'événement. Peu avant que Luigi entre en scène, un autre chanteur lui dit :

« C'est facile pour toi de réussir, avec Dalida qui va interpréter ta chanson. »

Sa tension augmente. C'est maintenant son tour. Le présentateur du festival est Mike Buongiorno, star de la RAI. Au dernier moment, Tenco lui dit :

« Je voudrais être à dix mètres sous l'eau avec mon fusil [de pêche sous-marine] dans les mains. »

Mike Buongiorno doit pousser Tenco sur scène. Tétanisé de trac, il se traîne jusqu'au micro. Quand les premières notes retentissent, un énorme malaise envahit Dalida et ses amis qui l'entourent, les yeux rivés sur l'écran témoin. Tenco chante moins bien que d'habitude. Il paraît absent. Il est très respecté des médias, mais on attend de lui des chansons plus engagées. Il a voulu populariser celle-ci au moyen d'un refrain répétitif, de style rengaine. Pourtant, ce soir-là, le décalage est encore trop grand entre les roucoulades sentimentales des autres artistes et les paroles amères, désolées, que chante Tenco d'une voix presque éteinte. Il n'en est que trop conscient. Lorsqu'il quitte la scène, on l'entend murmurer :

« C'est fini pour moi. »

La presse italienne dira :

« Le pessimisme de Tenco, son extrémisme, l'ont rendu antipathique et l'ont tenu éloigné du public dans un monde où les chansons doivent faire rimer *cuore* avec *amore.* » La vérité apparaît soudain : en tant qu'interprète, Luigi Tenco n'était sans doute pas fait pour un grand succès. Huit jours avant le début du festival, les disques avaient été mis en vente. Dalida en avait vendu cent mille, Tenco presque pas. Ce soir-là, le timbre de sa voix, son style précurseur ont détonné dans un festival habitué aux chanteurs à voix, aux grosses mélodies, aux refrains faciles. Les dirigeants de RCA se sont trompés : la mentalité italienne n'était pas encore prête pour lui.

La fin de la chanson est accueillie par quelques applaudissements polis. Tenco sort de scène comme un somnambule. Tout le monde l'encourage. Dalida lui dit :

« C'était très bien. »

Mais lui, lucide :

« Non. »

Pourtant, Dalida le sait : en Italie, on applaudit *a scena aperta,* au « moment du refrain ». Pour lui, cela ne s'est pas produit, c'est mauvais signe. L'entourage cache sa déception et essaie de lui remonter le moral en attendant le passage de Dalida. Tenco n'a pas abandonné la partie : il est sûr qu'elle va triompher.

Comme elle doit passer plus tard, il se réconforte en buvant quelques verres de whisky. Il sort de ses poches des comprimés, sans doute des tranquillisants.

Enfin, c'est le tour de Dalida, qui clôture la soirée. Elle entre en scène très sculpturale, très madone. Son masque de tragédienne s'accorde avec le thème de la chanson. L'ovation est immédiate. En coulisse, rivés à l'écran, Orlando, Rosy, Simone, Dossena et Tenco retiennent leur souffle.

C'est le milieu de la chanson. Aux mots *mille strade bianche* (« mille routes blanches »), Dalida remonte ses mains le long de son corps, de part et d'autre de ses yeux. Puis elle se tient les bras levés. La salle applaudit. Alors, enfin, Tenco se détend. Son visage s'éclaire d'un grand sourire. Il serre avec force la main de Dossena, persuadé que c'est gagné, que sa chanson ira en finale. Il ne se rend pas compte que les applaudissements sont allés à Dalida plus qu'à sa chanson. Ce soir-là, en Italie, rues et places sont vides. Les gens sont devant leur poste, attendant de voir paraître les rois de la musique légère.

Dalida sort de scène sous des applaudissements enthousiastes. Elle se jette dans les bras de Luigi. Entre collègues, sous le coup d'une pareille émotion, c'est plausible. Luigi s'écrie :

« Tu as porté la chanson en finale ! »

Pour échapper à la confusion, ils se retirent dans le salon qui sert de loge. Leurs amis les félicitent. L'attente des résultats commence.

« Le temps nous paraissait infiniment long », se rappelle Orlando.

Dalida demande à Luigi d'arrêter de boire et d'avaler des pilules pour calmer son angoisse. Finalement, épuisé, il s'endort.

Le festival fonctionne selon le système suivant : les votes arrivent des différents coins de la péninsule. Chaque ville d'Italie participe. Pendant trois jours, la vie du pays est comme suspendue. Le public choisit.

Ensuite, un jury de professionnels peut, s'il en a le désir, repêcher une chanson.

Les résultats commencent à tomber tard dans la nuit. Dans un premier temps, ils sont tenus secrets. *Ciao, amore* ne figure pas parmi les titres retenus.

Quelqu'un réveille Luigi :

« Les résultats arrivent ! »

Il émerge d'un mauvais sommeil. A minuit et demi, il apprend que sur 900 votes il n'a obtenu que 38 voix. La chanson est classée douzième. Il espère encore que le comité des super-jurés va la repêcher. A une heure un quart, on apprend que le titre repêché n'est pas *Ciao* mais *Révolution.* Pour Tenco, c'est le coup de grâce. Malgré son nom, *Révolution* est une chanson commerciale. Tenco, qui a inventé le *protest song* dans la péninsule, ne sera pas le Bob Dylan italien comme Dalida l'espérait : d'autres ont sauté dans le train en marche et commencent à exploiter les mêmes idées de façon plus habile.

Ciao, amore, ciao

Tenco semble d'abord envahi par une sorte de fureur silencieuse. Puis il commence à ressasser ses obsessions :

« Dans le monde de la chanson, il n'y a pas de place pour ceux qui travaillent sérieusement. »

Et aussi :

« Je n'ai jamais eu beaucoup de chance. »

Puis, ayant bu, il perd le contrôle de lui-même et insulte le jury. Dalida ne parvient pas à le calmer.

Un souper officiel est prévu pour clôturer la soirée. Chaque maison de disques en donne un, auquel sont conviés les artistes et l'équipe. Le palais du festival se vide. En descendant les marches, Luigi dit à Dalida qu'il n'assistera pas à ce repas. Il en a assez. Il veut rentrer se coucher à l'hôtel.

Dalida monte dans la voiture de Tenco, une Lancia Giulia. Orlando part de son côté avec Rosy. Horrifié, il voit Tenco, à peine Dalida montée dans la voiture, démarrer en trombe.

« Je craignais qu'un accident ne se produise dans les petites rues tortueuses de San Remo. Je me suis énervé : pourquoi avoir pris ce risque ? J'ai reproché aux dirigeants de RCA d'avoir embarqué ma sœur dans cette galère. »

Pourtant, lorsqu'il arrive au restaurant Nostromo, Dalida est déjà là.

Très calme, elle explique que Luigi l'a déposée, qu'il préfère rentrer à l'hôtel car il a besoin d'être seul.

Convaincue par son raisonnement, Dalida pense que, après le choc causé par l'énorme déception, tout rentrera dans l'ordre. Elle sait depuis le début que Luigi était contre le festival. Il s'en veut d'être allé à l'encontre de ses convictions, d'avoir entraîné Dalida dans un échec qui paraissait inévitable.

Des gens affirmeront par la suite avoir vu Tenco et Dalida se disputer dans la voiture, pendant leur course folle. On prétendra que Dalida aurait critiqué la façon de chanter de Luigi. Mais ce ne sont que des suppositions, car ils étaient seuls dans le véhicule.

« Oui, dira Dalida, Luigi était fâché : à cause du résultat. »

« Comment croire, dit Orlando, qu'une femme qui aime puisse se mettre à critiquer son homme dans un moment aussi difficile ? Surtout quand on connaît la sensibilité de ma sœur ! »

Au restaurant, on sert d'abord un consommé. Dalida ne parvient pas à y toucher. Soudain, elle est très inquiète. Et si Luigi avait eu un accident pendant le trajet entre le restaurant et l'hôtel ? Ou même, sous l'effet de l'alcool et des pilules, il a pu s'endormir au volant... Elle demande alors à Dossena de téléphoner au portier du Savoy pour s'assurer que Luigi est bien rentré. Dossena appelle et revient :

« Oui, dit-il à Dalida, il est rentré. Souhaitez-vous lui parler ?

— Non, répond-elle soulagée. Mieux vaut lui laisser le temps de se calmer. »

Elle respecte son désir de rester seul. Elle-même a beaucoup de mal à assister au dîner, à parler aux gens, à sourire comme si tout allait bien. Plus tard, il y aura encore des on-dit à propos de ce coup de téléphone. Luigi Tenco aurait appelé Dalida au restaurant, puisqu'on l'a vue se lever. En fait, c'est le contraire qui s'est produit.

« De toute façon, se rassure-t-elle encore, dans dix minutes, je vais le rejoindre. »

Elle veut seulement faire acte de présence à ce dîner, pour tenir sa place. Elle qui a toujours faim après une performance ne parvient pas à avaler une bouchée. Un instant apaisé, son malaise grandit à nouveau. Elle imagine Luigi seul dans sa chambre, à remâcher sa déception. Tout à l'heure, elle ne voulait pas le laisser. Très énervé, il l'a presque poussée hors de la voiture.

Au bout de vingt minutes, elle dit :

« Je suis fatiguée, et je préfère savoir comment il va. »

Dossena et Simone la ramènent à l'hôtel. Pendant qu'ils garent la voiture, Dalida prend la clé de sa suite à la réception. Elle fait semblant d'y monter, mais rejoint Luigi par le chemin habituel. Paolo et Mario la suivent à quelques pas.

Arrivée devant la chambre 219, celle de Luigi, Dalida trouve la clé sur la porte. Elle frappe. Pas de réponse. Elle entre. Dans la petite chambre, Luigi est allongé à côté du lit, par terre, sur le ventre. Elle pense que, ayant un peu bu, il a été pris d'un malaise et est tombé.

Elle court vers lui et appelle :
« Luigi ! Luigi ! »
Pas de réponse. Elle le retourne, prend sa tête dans ses mains et, dans un geste maternel de tendresse et de consolation, la pose contre sa poitrine.
Soudain, épouvantée, hallucinée, elle voit son chemisier blanc rouge de sang. Luigi s'est tiré un coup de feu dans la tempe...

Le sang

Convulsivement, les mains pleines de sang de Dalida serrent contre sa poitrine la tête de son amant. Elle ne peut croire qu'il est mort. Elle crie :
« Presto, un medico ! Luigi è ferito ! » (« Vite, un médecin ! Luigi est blessé ! »)
A leur tour, Paolo et Mario entrent dans la chambre. Voyant que Luigi n'a aucune réaction, Dalida comprend enfin qu'il est mort. Comme un animal blessé, elle hurle, serrant toujours très fort la tête sanglante. Malgré leurs efforts, Paolo et Mario ne peuvent l'arracher à son amour. Elle est en pleine crise de nerfs.
Lucio Dalla occupe une chambre proche. Surpris par les cris de Dalida, il sort en slip. Abasourdi, choqué par l'affreux spectacle, il se laisse tomber assis par terre dans le couloir. Il n'avait pas entendu le coup de feu : personne ne l'a entendu. La presse s'étonnera de ce mystère. Les Compagnons de la Chanson, logés à proximité, répétaient. Cela a sans doute couvert le bruit de l'arme.
Le couloir, la chambre s'emplissent de monde. La confusion est indescriptible. On arrache Dalida à Tenco et on la transporte de force dans sa chambre pour lui épargner cette vue insoutenable.
Pendant ce temps, au restaurant, Orlando achève de dîner avec Rosy. On vient le prévenir :
« Vite, vite ! Luigi s'est tiré une balle dans la tête ! »
Orlando se fait conduire à l'hôtel par un des invités. Il ignore encore que Tenco est mort.
La police est arrivée. On ne peut pas entrer dans la chambre de Luigi. Dans sa propre chambre, Dalida, hors d'elle, accuse les dirigeants du festival :
« Assassins ! Assassins ! »
Dans l'hôtel, les conjectures vont déjà bon train :
« Quand même, se tuer pour une chanson ! Pourquoi Tenco avait-il un pistolet ? »

On découvre que Luigi a laissé une lettre d'adieu. Il y rend le public responsable de son désespoir :

« Je n'ai pas fait cela par lassitude de la vie, mais en acte de protestation contre une foule qui ne veut pas comprendre... »

Dalida répète des phrases de la lettre en hurlant. La police veut l'interroger, mais dans son état c'est impossible. Le médecin lui administre une piqûre calmante : aucun effet.

Avec le recul, les paroles de *Ciao amore ciao,* la chanson refusée, semblent prophétiques :

Partir très loin d'ici
Chercher un autre monde
Dire adieu au passé
S'en aller en rêvant...

Ces paroles s'inscrivent de façon indélébile dans l'esprit de la chanteuse, comme un cri qui n'aurait pas été entendu à temps.

Lucien Morisse est présent au festival, ainsi qu'Eddie Barclay. Prévenu, Lucien se précipite auprès de Dalida. Elle se jette dans ses bras :

« Tu ne peux pas comprendre, je l'aimais ! »

Lucien est surpris par la force de sa réaction. Lui aussi tente de la calmer.

Dans la tête de Dalida se heurtent deux impulsions contradictoires. D'abord, la douleur. Une douleur atroce qui la submerge, qu'elle doit laisser éclater. Ensuite, un effort terrible pour tenter de maîtriser l'expression de son chagrin. Pour respecter le dernier souhait de Luigi : ne pas révéler leur amour, ne pas le livrer en pâture à la presse. Maintenant moins que jamais...

Ainsi, Dalida, privée de l'homme qu'elle adorait, va aussi se trouver privée de son deuil. Comme autrefois avec Pietro. Encore une fois, l'être aimé est mort par une injustice sociale. Encore une fois, elle ne se permet pas de le pleurer comme elle le devrait pour s'en trouver soulagée. Encore une fois, les forces de mort qu'elle ne peut exorciser descendent en elle, y accomplissent un travail souterrain. Encore une fois, Yolanda ne peut vivre sa vie de femme aimante. Dalida, qui maîtrise tout en toute situation, doit à nouveau prendre le dessus. Au prix d'un effort inhumain dont le contrecoup est à venir...

Lucien Morisse, stupéfait, prend Orlando à part :
« Elle vient de me dire qu'elle l'aimait ! Tu étais au courant ?
— Bien sûr, mais elle ne voulait pas qu'on le sache. »
La police interroge brièvement Dalida qui, toujours ensanglantée et pâle comme la mort, a repris ses esprits. Elle relate les faits. Tout près, des chanteurs et les responsables du festival s'accusent :
« Qu'est-ce qu'on a fait ? »
Dalida les entend et crie à nouveau :
« Après cela, le festival doit s'arrêter ! »
De tels propos ne sont pas du goût des dirigeants : trop de millions sont en jeu. Devant leurs objections, Dalida crie à nouveau :
« Vous ne pouvez pas comprendre ! »
L'unanimité se fait :
« Qu'on l'emmène ! »
Cette tempête de douleur, c'est gênant... On concède :
« Demain, il n'y aura pas de festival. »
Les organisateurs supplient Lucien Morisse d'éloigner Dalida. Il accepte, croyant que c'est le mieux. Non pas pour eux, mais pour elle. Il pense que la présence proche du corps de Tenco et le séjour sur les lieux du drame la rendent folle. Passant outre à ses protestations, on la persuade. Plus tard, certains en concevront des soupçons : pourquoi n'a-t-elle pas été interrogée plus longuement par la police ? Pourquoi est-elle partie comme ça si vite ?
Rosy emmène de force Dalida dans la salle de bains pour se changer. La vue du sang sur elle et sur ses vêtements est insoutenable. Pourtant, elle refuse de les quitter. Finalement, elle se change avec l'aide de Rosy et repart comme elle était venue : avec une petite robe simple, un manteau rouge court. Comme si le sang était toujours sur elle. On continue à la raisonner : elle ne peut plus rien faire ici, mieux vaut partir.
Devant la chambre, des gardes du corps. Devant les gardes, la presse. Dès que Dalida s'apprête à sortir, c'est la frénésie : cohue, bagarre, coups de poing...
Pour les semer, Orlando sort en éclaireur et les attire dans les couloirs. Ils le suivent. Devant l'hôtel, en bas, les photographes mitraillent. Rosy et Lucien guident Dalida par le chemin des cuisines. La RCA a trouvé une voiture. Mais, au moment de sortir de l'hôtel, les photographes comprennent et parviennent à coincer Dalida juste avant qu'elle ne monte dans le véhicule. Après avoir tant crié, Dalida s'est réfugiée dans son monde intérieur. Le visage fermé, elle est sourde et muette à ce qui l'entoure.
A toute vitesse, Rosy et Orlando ont fourré les affaires de la chanteuse dans ses valises. Ils ont envoyé quelqu'un prendre à leur hôtel

leurs propres bagages, à peine ouverts. Ils montent en voiture avec Dalida.

L'aéroport le plus proche se trouve à Nice. Une course folle s'engage entre la voiture de Dalida et celles des paparazzi qui la cernent.

« On aurait dit une poursuite dans un thriller, raconte Orlando. C'est un miracle qu'il n'y ait pas eu d'accident. »

L'aventure est terrifiante. La chasse ne peut qu'ajouter à l'impression que la mort rôde. La fuite augmente le sentiment de culpabilité.

Le pays est au courant par la radio. La course dure jusqu'à la frontière. La police laisse passer la voiture de Dalida et stoppe les autres.

Nice est à trente kilomètres de là. Le jour se lève quand ils arrivent à l'aéroport. Elle n'a pas dit un seul mot durant le voyage. Sauf, une fois, cette phrase :

« Pourquoi l'a-t-il fait ? S'il n'a pas pensé à moi, il aurait dû penser à sa mère... »

Le personnel de l'aéroport est au courant. Les billets sont prêts. On fait passer Dalida dans un salon spécial. Lucien Morisse s'apprête à retourner à San Remo avec les autres. Seuls Orlando et Rosy accompagnent Dalida dans l'avion. Juste avant qu'Orlando ne monte à bord, Lucien lui glisse :

« Il faudra faire très attention à ta sœur dans les jours qui viennent. Je ne l'ai encore jamais vue dans cet état. Elle vient de recevoir le premier grand choc de sa vie. »

En disant cela, Lucien oublie que ce choc n'est pas le premier : c'est le rappel de la mort de Pietro. En plus affreux encore, parce que plus sanglant, et parce que c'est elle qui a trouvé le corps. Le regard hanté de Luigi se confond avec celui de son père. Ce regard hanté, Lucien l'a, lui aussi... Le pire n'est pas la nouveauté du choc, mais l'effet d'écho.

Pendant le vol, Orlando et Rosy ont l'impression d'être doublement dans les nuages : ils flottent entre réalité et cauchemar. L'avion atterrit à neuf heures du matin. A Paris, Christian de La Mazière a entendu les nouvelles. Il s'est renseigné sur l'arrivée du vol et les attend. Dalida monte, comme une automate, dans la voiture qui la raccompagne chez elle.

Une fois arrivée dans sa maison de Montmartre, et alors qu'elle n'a pas dormi de la nuit, elle est incapable de fermer l'œil. Orlando appelle le médecin de famille, qui administre une piqûre de somnifère. Rosy déshabille Dalida et la met au lit.

La veille au soir, porte de Versailles, Peppina s'est couchée sans écouter la radio italienne. Mais, en se réveillant, comme chaque matin, elle écoute une station française. Elle apprend alors le drame que sa fille vient de vivre. Immédiatement, elle se demande :

« Comment va-t-elle s'en sortir ? »

« Son calvaire et le nôtre, dit Orlando, ont commencé ce jour-là. »

Le mythe Tenco

En Italie, pendant ce temps, un mythe est en train de naître. Dalida dira qu'en choisissant de remettre la robe noire de San Remo lorsque, pour la première fois après le drame, on la revoit à la télévision italienne, elle accomplit un effort terrible :

« Je l'ai fait pour que sa voix soit entendue au-delà de sa mort. »

Elle dira aussi :

« Luigi était un garçon d'une telle droiture ! Pour lui, la chanson, c'était le seul moyen de s'exprimer. Avant Bob Dylan, il avait mis ses opinions en chanson. Mais le public boudait et ne l'écoutait pas. Le festival était pour lui une occasion de se faire entendre. Outre qu'elle était admirable, c'est surtout pour cette raison que j'avais choisi d'interpréter une de ses œuvres. Je tentais d'élargir son auditoire, je lui prêtais volontiers mon public. Nous n'y sommes pas parvenus. »

Et encore :

« C'était un garçon si sensible, il croyait tellement à ce qu'il faisait ! Il y mettait tout son cœur, vous comprenez. Il ne pouvait pas supporter l'indifférence et l'hostilité. »

Tout cela, soudain, l'Italie le comprend après sa mort. Le pays se sent coupable de cette indifférence. Dalida mettra d'ailleurs les points sur les i :

« En France, ça ne serait pas arrivé. A Paris, il n'y a pas besoin d'être une grande vedette pour attirer l'attention. Beaucoup de chanteurs, même peu connus, ont leur public, un lieu où chanter. En Italie, non. »

Comme ce qui a manqué paraît dérisoire au regard des conséquences :

« Parfois, il suffit d'un seul mot pour résoudre un drame ou pour le créer. Pour Tenco ce mot n'est pas venu. Je crois encore en lui, je ferai tout pour que sa chanson ait du succès. »

Jusque-là, la personnalité de Tenco le rendait opaque à un public habitué aux épanchements, à l'histrionisme médiatique. Maintenant émerge l'image fascinante d'un garçon « un peu fou, si romantique ».

Né le 21 mars 1938, dans le Piémont, Luigi Tenco a surtout vécu à Recco, petite ville ligure à deux cents kilomètres de Gênes. Dix ans plus tôt, ce garçon sage a abandonné ses études d'ingénieur pour se consacrer à la musique. Il avait rencontré le chanteur Gino Paoli, qui l'avait présenté à une maison de disques. A ses débuts, Tenco joue dans un film, *La Cuccagna,* le rôle d'un garçon en colère, désespéré, suicidaire. Pendant un an, il étudie la musique populaire et ses traditions. Il devient le premier chanteur folk italien.

Luigi Tenco vivait avec sa mère dans une grande villa jaune à rayures rouges, « La torre ». Cette maison de style orientaliste s'élève sur un site romantique, une hauteur plantée de citronniers et de figuiers de Barbarie. Cent mètres en contrebas, c'est la mer, cette mer si bleue de la riviera italienne où Luigi partait sur un bateau à moteur pour de longues parties de pêche sous-marine.

Devant la maison, la terrasse surmontée d'une pergola est déserte. Derrière les persiennes, la mère de Luigi cache sa douleur. La foule des photographes, journalistes, amis, curieux et fans massée sur la petite place l'effraie. Jusqu'ici, la maison, pourtant spectaculaire, n'attirait pas l'attention. Depuis cinq ans qu'il habitait Recco, Luigi Tenco s'y était fait peu d'amis. Timide, discret, on le voyait rarement en ville, jamais dans les bars. Il lisait beaucoup Pavese, auteur qui s'est suicidé en 1950.

Luigi adorait sa mère. Teresa, soixante-deux ans, était malade du cœur. Elle était la confidente de son fils, celle auprès de qui il se réfugiait pour oublier la peur terrible qui l'envahissait chaque fois qu'il devait affronter le public. Teresa savait que, au fond de lui, il ne croyait pas qu'on choisirait sa chanson à San Remo. Quelques minutes avant de passer en scène, il lui avait téléphoné pour lui dire qu'il était très nerveux :

« Je t'en prie, regarde-moi à la télé... »

Comme si le regard aimant de sa mère fixé sur l'écran avait pu influencer le destin...

Après le drame, on n'a pas osé dire la vérité à Teresa. On lui a d'abord annoncé que son fils était mort dans un accident d'automobile. Apprenant l'affreuse nouvelle, elle s'est évanouie. Pendant que le festival continue, malgré les promesses faites à Dalida par les organisateurs, un fourgon mortuaire a ramené à Recco le corps de Luigi accompagné seulement de son frère Tino. En état de collapsus, Teresa n'a pu assister à l'enterrement.

Peu à peu, les langues se délient. Ceux qui ont connu Tenco parlent, comme pour se délivrer d'un poids. Persuadé d'être un précurseur, Tenco rongeait son frein d'impatience. Anticonformiste de nature, il se croit incompris et fuit le succès en l'espérant. Tout cela lui paraît dérisoire. Il méprise une gloire qui couronne souvent de fausses valeurs. Ces contradictions sont pour lui une souffrance.

Dix ans d'efforts, et sa mère qui ne comprend pas pourquoi il a abandonné ces études scientifiques qu'il réussissait si bien et qui lui garantissaient un avenir stable... Luigi craint d'être un raté. L'idée est intolérable. Loyal, généreux, excessif, intelligent et d'une sensibilité extrême, c'est un éternel insatisfait.

Son frère Tino refuse qu'on donne de lui l'image d'un déprimé. Il insiste sur son amour de la vie, sur sa croyance en ses dons. Les deux ne s'excluent pas forcément : Luigi, cyclothymique comme les grands sensibles, pouvait passer d'un état d'esprit à l'autre.

Cette année-là, le festival couronne une chanson de Claudio Villa : *Non pensare a me* (« Ne pensez pas à moi »). Affreuse ironie.

Il aura suffi d'un mot — le mot d'adieu et de révolte laissé par Tenco avant de mourir — pour retourner le sort en sa faveur. Trop tard, mais quand même... Tenco n'a-t-il vu d'autre issue à l'incompréhension que le sacrifice de lui-même ? En ces années de révolte où d'autres jeunes gens, en différents points du globe, n'hésiteront pas à s'immoler pour rompre un bref instant la conspiration du silence et de l'aveuglement, a-t-il perçu que son suicide ferait tourner le vent ? Une semaine après sa mort, son disque, qui ne se vendait pas auparavant, est le numéro 4 des ventes dans les grandes villes. L'affaire Tenco sonne le glas de la chansonnette et l'avènement de la chanson engagée, « noire », même si le mouvement contestataire, en Italie comme ailleurs, se trouve rapidement récupéré.

Dalida explique dans le journal *Novella :*

« Au moment de se tuer, la seule chose qui le tourmentait, c'était la chanson. Le billet que j'ai trouvé et qu'il avait écrit avant de mourir ne contenait pas de phrases d'amour, ni même une pensée pour les personnes qui lui étaient les plus chères, même pas sa mère qu'il adorait. »

Tenco avait atteint la notoriété quand une de ses chansons, *Un giorno dopo l'altro,* était devenue le générique télévisé des « Nouvelles enquêtes du commissaire Maigret ». Le refrain disait :

Un jour après l'autre, la vie s'en va
Les rêves sont encore des rêves et l'avenir
Est déjà presque passé.

Lorsqu'on enterre Tenco dans le petit cimetière de Riccaldone sur la colline, la célébrité ne l'accompagne pas encore, ni même la solidarité ou la compassion. Seule la proche famille est présente. Ses collègues sont restés à San Remo, occupés à signer de nouveaux contrats, à fêter leur succès ou digérer leur échec. Le seul chanteur présent est Fabricio de Andrè, alors peu connu. Dalida, elle, a été ramenée à Paris et ne viendra que plus tard se recueillir sur sa tombe : mais l'image de Luigi est dans son cœur et cette figure brûlante et glacée y inscrit à son tour l'idée du gouffre.

Dans la petite ville au parfum de mimosas, le festival bat encore son plein, noyant dans un gai vacarme l'inacceptable silence de la mort. Devant l'hôtel Savoy, des gamins installent une grande photo de Tenco et déposent des fleurs devant cet autel de fortune. Le regard sombre du chanteur disparu nargue le festival : c'est le début d'un culte, qui durera encore trente ans plus tard.

Un grand calme

Dès son réveil, Dalida appelle San Remo. Elle ne peut joindre ni Paolo ni Mario et laisse un message à leur hôtel. Elle regrette amèrement d'être rentrée. Sur place, elle aurait pu suivre les détails de l'enquête. Elle insulte Orlando. Elle en voudra quelque temps à ceux qui l'ont arrachée de là-bas :

« Comment as-tu pu permettre ça ? Je voulais le voir une dernière fois, le veiller, rester près de lui ! »

En fait, cela n'aurait pas été possible. La police a commencé l'enquête balistique. On croit d'abord que deux coups ont été tirés. Mais le premier avait servi à essayer le pistolet, un Walther 7,65 acheté à Rome trois mois plus tôt.

Dalida veut absolument prendre l'avion et retourner là-bas. Elle refuse de comprendre que c'est impossible.

Lorsque, finalement, elle peut joindre Paolo et Mario, elle demande tout de suite si le festival est arrêté. Elle apprend qu'après une réunion générale les organisateurs ont décidé de continuer.

« Pourquoi, pourquoi ? répète Dalida.

— Nous n'avons rien pu faire, répondent, désolés, Paolo et Mario.

— Vous êtes des bouffons. Vous me dégoûtez. »

Et elle raccroche.

Un calme anormal s'empare d'elle. Elle s'enferme dans le mutisme. Plus jamais elle ne dira vraiment ce qu'elle pense. Elle est recluse dans un monde secret, d'une solitude absolue, où lorsqu'elle sera blessée, elle se retirera désormais toujours. Personne ne peut plus l'y atteindre.

Pour les déprimés, le jour qui se lève est une horreur. Elle n'a pas envie de se réveiller, mais le soir elle ne peut pas s'endormir. Encore une fois, la nuit est coupable. Lorsque le soir tombe, pendant des heures, elle reste assise près du tourne-disque et elle écoute inlassablement les chansons de Tenco. Toutes lui semblent maintenant prémonitoires dans leur tristesse nostalgique. Comment a-t-elle pu ne pas comprendre ?

« Tu ne vois pas que tu te fais du mal ? » tente de dire Orlando.

Dalida lui fait signe de se taire :

« Tu ne peux rien comprendre. »

Elle ne s'habille plus, ne se maquille plus. Rosy est effrayée de cette perte de contact avec le monde. Elle vient de se fiancer. Malgré son désir de rester avec Ivan, elle ne peut laisser Dalida seule. Pendant trois mois, elle viendra passer toutes les nuits avec elle.

Souvent, des cauchemars réveillent Dalida. Depuis la mort de Luigi, c'est devenu une menace permanente. Elle n'ose pas fermer les yeux car dès qu'elle s'endort l'horreur recommence. Elle revoit la mort de Luigi en rêve. A l'intérieur d'elle-même, un déclic s'est produit. La porte d'un autre monde s'est ouverte, elle y est rentrée. Maintenant, elle en est prisonnière. Toujours le monde secret l'appellera. Toujours elle sera tentée d'en pousser à nouveau la porte.

Sa prison, c'est la culpabilité qui, après un suicide, tourmente sans cesse les proches. Elle est en proie au ressassement infini des dépressifs :

« Et si je n'étais pas allée à San Remo ? Sans moi on ne l'aurait pas entraîné là-dedans... »

Elle se dresse contre elle-même. Dalida, la star, pour qui travail et gloire passent en premier, pour qui aucun défi ne peut être évité, est accusée par Yolanda, la femme, celle à qui l'autre a infligé tous les sacrifices, et pour quoi ? Tant qu'elle seule était en cause, c'était supportable... Mais quand la victime est l'objet même de l'amour...

Voici que l'effroi, la mort, l'abandon font souffler à travers la maison un vent glacial. A travers les pièces, et jusque dans la tête même de Dalida. Car aucun mur, aucune limite, aucune frontière, aucune peau ne joue plus son rôle. Le dedans est devenu le dehors, et le dehors le dedans.

Témoin navré de cette angoisse, couchée juste à côté, Rosy apaise les heures dangereuses de la nuit :

« Je suis là. »

Ce qu'elle fait alors, ni Dalida ni Orlando — qui dort, lui, dans la chambre d'amis — ne l'oublieront jamais. Personne, à sa place, n'aurait consenti ce sacrifice.

Le dimanche soir, Lucien Morisse rentre du festival. Le lundi matin, il appelle Orlando à son bureau. Il se dit toujours très inquiet pour Dalida. Il lui a parlé, il l'a trouvée fuyante, absente, évasive.

« J'ai peur d'une bêtise », dit-il.

L'inquiétude d'Orlando s'intensifie. Que faire ? Tous sont désemparés.

Le dimanche suivant, Dalida doit chanter dans un gala à Boulogne. L'accord a été donné de longue date. Orlando se rassure :

« Tant mieux. Le goût du travail, c'est la seule chose qui l'empêchera de ruminer son chagrin. »

Ce jour-là, elle accomplit, comme un automate, toutes les tâches préparatoires. La mécanique roule, elle a reproduit cet enchaînement si souvent ! Mais quand elle commence à répéter, cela ne va plus. Là, elle doit donner d'elle-même. On chante avec le souffle ; le souffle, c'est la vie. Mais vivre, elle ne sait plus, elle ne veut plus, elle ne peut plus.

Très vite, elle si adroite, si professionnelle, lâche le micro avec fracas. On lui en apporte un autre. Une voix blanche, méconnaissable, s'échappe d'elle. Brusquement, elle éclate en larmes, la tête dans les mains :

« Je ne peux pas chanter ! »

Les organisateurs n'imaginent pas le degré de son chagrin et croient à un caprice de vedette. Comment ne voit-on pas qu'elle est martyrisée ? Elle supplie :

« Ramenez-moi, ramenez-moi ! »

Pendant tout le trajet du retour, Dalida s'excuse et pleure. Ce soir-là, Colette Renard la remplacera au pied levé.

Dix jours passent. Elle semble à nouveau animée d'une force. La tension fait place à un calme trompeur. Orlando se réjouit. Il ignore ce que cache cette sérénité : la décision a été prise. Cette phase, fréquente chez les désespérés, abuse leurs proches. Et chez Dalida, le goût de la solitude et du silence accompagne toujours les grandes décisions.

Elle exprime le désir de se rendre en Italie, pour rencontrer la mère de Luigi et voir sa tombe. La famille ne veut pas la laisser partir seule. Rosy l'accompagne donc à Recco.

Elle arrive dans la soirée. Toute la nuit, elle parle avec la mère de Luigi. Elle découvre une femme merveilleuse dont le beau visage s'éclaire d'une grande bonté. Cette bonté qui caractérisait Luigi. De lui, de son passé, Dalida veut tout savoir, et sa mère raconte volontiers : elle comprend la sincérité de l'amour de Dalida et la profondeur de son chagrin. De son côté, Dalida aussi se confie. La mère est surprise d'apprendre qu'elle connaît si bien Luigi, alors que leur rencontre était si récente.

Dalida rencontre aussi Tino, le frère aîné de Luigi. A l'aube, elle s'endort sur le canapé de la maison familiale. Le lendemain, elle se rend sur la tombe, à Riccaldone. Longtemps, elle reste là prostrée, sans un mot. Puis elle dit à Rosy :

« Tu vois, il y a une place juste à côté. »

Au dernier moment...

De retour à Paris, elle demande à Louis Amade, alors préfet de police mais aussi auteur à succès pour Gilbert Bécaud, un permis de port d'arme. Raison invoquée :

« J'ai peur, toute seule dans cette grande maison... »

Pourtant, elle disait toujours :

« On attire ce qu'on est. Je ne suis pas agressive, donc je n'attire pas l'agression. »

Louis Amade, qui avait appris qu'elle était déprimée, alerte Lucien Morisse après ce coup de téléphone. A son tour, Lucien informe Orlando.

Amade refuse mais Dalida parvient finalement à se procurer une arme par un autre moyen. Elle a une grande amie, rencontrée en Algérie lorsqu'elle s'y était rendue en tournée. Elle la joint et lui joue une comédie très convaincante :

« J'ai un ami qui aime les armes, je voudrais lui faire un cadeau. »

Elle sait que cette amie, rapatriée, a gardé des contacts avec des personnes ayant appartenu à l'OAS. Cette femme, assez naïve, a tellement d'admiration pour elle qu'elle se jetterait à l'eau si elle le lui demandait. Par la police, Dalida a appris quel modèle de pistolet a été utilisé par Tenco : elle commande le même.

Sa sérénité durable bluffe l'entourage. Ses proches sont à mille lieues d'imaginer ce qui se prépare. Invitée par la télévision italienne, elle doit aller à Milan. Son acceptation suscite quelque étonnement.

En fait, elle se rend là-bas dans une intention précise : culpabiliser les organisateurs du festival, crier son indignation, son amour et son chagrin à l'Italie. Elle a l'intention de porter à nouveau la robe noire du festival, et de chanter *Ciao, amore, ciao* en hommage à Tenco.

Elle part en Italie avec le pistolet. Elle a prévu de se tuer après l'enregistrement en direct de l'émission, reproduisant ainsi le geste fatal de Luigi.

Dalida va d'abord à Rome. Elle y retrouve Mario et Paolo. Ils se rendent à Milan en voiture et font un détour par Riccaldone afin de se recueillir sur la tombe. Pendant le voyage, Dalida pleure. Elle est dans un tel état que Mario et Paolo sont très surpris qu'elle accepte la proposition d'émission télévisée de Mike Buongiorno.

L'après-midi, Dalida répète. Sur le plateau, c'est la stupéfaction lorsqu'elle apparaît vêtue de la robe fatidique.

« Elle est devenue folle », murmure-t-on.

Choqués, Mario et Paolo n'osent pas dire un mot.

Après la répétition, ils l'emmènent au cinéma, dans l'espoir de lui changer les idées. Ils vont voir *La Nuit des généraux,* un film d'aventures sur la Deuxième Guerre mondiale. Horreur : dans la scène finale, Peter O'Toole appuie un pistolet sur sa tempe. Mario et Paolo s'en veulent de leur choix.

En sortant du cinéma, ils ramènent Dalida à l'hôtel. Elle va très mal, son corps entier est secoué de tremblements. Elle les supplie de ne pas la laisser seule. Elle recommence à s'accuser et, soudain, tire de sa poche un pistolet qui paraît énorme aux deux hommes stupéfaits. Elle le jette par terre. Geste dangereux, mais elle ne connaît rien aux armes.

Le reste de l'après-midi, Paolo et Mario tentent de la convaincre de renoncer à son acte. Finalement :

« J'ai peur. Je n'aurai pas le courage d'en finir. »

L'instinct de vie est encore le plus fort.

Ils se rendent à l'enregistrement. Au milieu de la chanson de Luigi, Dalida éclate en sanglots.

« Ses nerfs ont craqué », titrera le lendemain la presse italienne. Mais l'impact sur le public est considérable.

L'émission terminée, Dalida, toujours accompagnée de ses deux amis, jette son arme dans le fleuve. Elle l'avouera plus tard, ce n'est pas l'idée même de la mort qui l'a arrêtée. Au dernier moment, elle a pensé aux siens. Il lui aurait été insupportable de leur laisser d'elle une vision terrifiante.

Elle veut comprendre qui Luigi était vraiment, lever le mystère qui plane encore sur cette mort.

Elle ne peut croire qu'il ait prémédité son geste : ç'aurait été trahir son amour et la confiance qu'elle mettait en lui. Mais pourquoi avait-il un pistolet ?

Mario et Paolo révèlent alors ceci : Tenco s'était rendu à San Remo par avion. Il avait laissé sa voiture à Rome et il les avait suppliés de la prendre pour se rendre à leur tour au festival. Tenco avait la passion des voitures rapides.

Sur la route, Mario et Paolo, cédant à leur tour au démon de la vitesse, se font arrêter par la police. En cherchant les papiers du véhicule dans la boîte à gants, ils s'aperçoivent qu'elle contient un pistolet. Ils arrivent à San Remo très en colère :

« Qu'est-ce qu'il faisait là, ce pistolet ? demandent-ils à Tenco.

— On m'a menacé, je dois pouvoir me défendre », leur répond-il.

Menacé de quoi ? Et par qui ? On ne le saura jamais... En revanche, on découvrira à l'enquête que Tenco aimait les armes et qu'il les collectionnait.

Pour sa part, son frère Tino considère que le suicide est contraire aux idées et aux intentions de Luigi. Tino Tenco se demande si le chanteur n'a pas été assassiné. Puisqu'il se croyait menacé...

Oui, mais la lettre d'adieu ? L'assassinat aurait été maquillé en suicide...

On évoquera aussi, à l'appui de la thèse de l'assassinat, le fait que le pistolet ait été retrouvé vidé de son chargeur.

Pour Dalida, l'intention est claire :

« Pauvre petit, s'écrie-t-elle en apprenant ce fait, il a voulu m'épargner ; il a eu peur que je me tue à mon tour... »

Le chanteur aurait, au dernier moment, pensé à elle.

Lorsque la police réfute la thèse de l'assassinat, Tino Tenco proteste : l'enquête a été bâclée, l'enterrement décidé en toute hâte, que veut-on cacher ?

La mère dira :

« Mon fils adorait la vie, et un échec à un concours ne pouvait pas le faire changer d'opinion, d'autant qu'il avait prévu cette possibilité. Mais il avait un grand sens de la justice. »

L'attraction de l'abîme

Dalida rentre de Milan saine et sauve, mais la trêve ne dure pas. L'idée de la mort l'obsède toujours. Parfois, le suicide creuse un abîme si profond que les proches du disparu se sentent attirés. Le trou noir est magnétique. La transgression extrême du suicide fait du mort un héros sombre.

Une enquête sociologique a démontré qu'une forte majorité de suicidés ont affronté dans leurs jeunes années la mort d'un proche. Ce qui était le cas de Tenco, orphelin de père. La rencontre précoce avec la mort marque de son empreinte une personnalité encore mal constituée et rend la personne vulnérable lors d'un choc ultérieur. Tel est également le cas de Dalida, pour qui la mort de Tenco renouvelle l'expérience du deuil impossible. La mort d'un être aimé dans de telles conditions est très difficile à accepter. C'est sans doute pour cela que certains refusent l'explication du suicide et se raccrochent à l'idée du meurtre et de l'accident. La personne disparue avec une telle violence ne peut être reconnue comme morte : seulement partie. Là où on pourrait — devrait — aller la rejoindre. Pour ne pas la laisser seule. Pour partager un sommeil éternel, pour qu'elle ne soit plus seule de l'autre côté. Selon les mots de Shakespeare,

Etre ou ne pas être
Dormir, peut-être rêver...

Ce noir sommeil est l'envers de l'amour.

Silencieusement, Dalida élabore une nouvelle stratégie. Autour d'elle, le soupçon.

« On vivait un enfer », dit Orlando.

Un après-midi, le téléphone sonne dans le bureau qui se trouve alors rue d'Orchampt, au rez-de-jardin. Dalida absente, Rosy répond. Elle dit à Orlando :

« C'est le notaire, je te le passe.

— J'aurais besoin d'un renseignement pour le testament, dit le notaire.

— Pourquoi, elle a fait un testament ? » demande Orlando atterré.

Il essaie de faire parler l'homme, qui refuse : secret professionnel.

Orlando appelle Lucien. Il ne se montre pas surpris.

« Doublez la surveillance. Elle ne fera pas ça n'importe où, n'importe comment. Elle est très organisée. Et débrouillez-vous pour qu'elle pense à autre chose. Il faut absolument la distraire. »

Peppina, qui habite toujours porte de Versailles, n'est pas au courant de la tentation morbide de sa fille. Celle-ci, depuis San Remo, va tous les dimanches soir dîner chez sa mère. Elle insiste pour envoyer Peppina chez le médecin :

« Maman, tu ne surveilles pas assez ta santé... »

Elle veut être sûre que sa mère est en bonne forme, sûre d'avoir fait tout le nécessaire, avant de la quitter...

Dalida va voir Eddie Barclay. Elle lui demande une forte avance et donne l'argent à sa mère. Peppina s'étonne :

« Qu'est-ce que j'en ferais ? Garde-le, mets-le à la banque !

— Plus tard », répond Dalida.

Elle sait qu'en cas de décès les comptes sont bloqués. Elle veut être sûre que sa mère ne se trouvera pas gênée...

Guy Lux lui demande alors d'être la vedette d'un « Palmarès des chansons ». Une fois de plus, l'entourage est très surpris qu'elle accepte. Selon le principe de l'émission, l'artiste chante quatre chansons, et le public vote pour établir un classement. Parmi les quatre titres choisis,

Dalida inclut *Ciao amore ciao*. Et, pour le chanter, elle porte à nouveau la robe noire de San Remo...

Dans sa tête, sans doute, elle fait ses adieux au public ; d'où son accord. Sa conviction et son émotion sont impressionnantes. Pourtant, les auditeurs classent la chanson de Luigi en dernière position.

A l'annonce du résultat, Dalida a un léger sourire. Bizarrement, alors qu'elle déteste se revoir, elle demande à Orlando, deux jours plus tard, d'organiser une projection privée pour qu'elle puisse regarder à nouveau ce Palmarès et celui auquel elle avait participé en 1965. Le magnétoscope n'existait pas encore.

En fait, elle veut savoir quel souvenir elle va laisser. Orlando a la chair de poule lorsqu'il la voit s'observer d'un œil froid et critique. Finalement, elle dit :

« Je préfère le deuxième, c'est plus moi. »

Elle est satisfaite. Ses souffrances l'ont épurée, grandie. Elle ressemble étrangement à la Duse, telle qu'Yvette Guilbert, la grande chanteuse du Paris populaire au début du siècle, la décrit dans ses Mémoires :

« De quoi était donc fait son génie, pour qu'après avoir regardé " l'actrice " on restât bouleversé, prisonnier de son âme ? Ah, son âme, comme elle nous était offerte glorieusement ! Comme elle nous émouvait par sa science des essences douloureuses de la vie, comme elle en exposait les multiples tortures, comme elle en dosait, comme elle en mesurait le poids, la légèreté, celles qui s'incrustent, celles qui s'effacent, et comme on sentait sa joie étrange de la douleur ; elle en faisait sa fontaine de Jouvence, la source où se rafraîchissaient ses exaltations. Souffrir, c'était vivre, pour elle ! »

Un samedi soir, elle a un gala en Seine-et-Oise. Après le spectacle, elle signe les autographes, jusqu'au dernier. D'habitude elle signe un moment, ensuite elle part. On s'étonne de sa patience. Elle dit :

« J'avais envie de leur faire plaisir. »

Quelques jours plus tôt, elle a annoncé que le lendemain dimanche, elle se rendrait à Turin :

« Je veux voir un oncle de Luigi. »

Cette décision alerte Orlando :

« J'étais sûr qu'elle allait se suicider sur la tombe. »

« Pense à notre mère », la supplie-t-il.

Désormais, Orlando, lui, pense à sa sœur jour et nuit. Comme si, par la force de la pensée, il pouvait la garder en vie, veiller sur elle, même quand elle n'est pas là. Le couple du frère et de la sœur, toujours très proche, se resserre encore.

Tel un voyant, il ressent psychologiquement l'état de sa sœur. Il la trouve calme et comme libérée, et pense :

« Ce n'est pas normal, elle prépare un coup. »

Rosy se propose :

« Je t'accompagne, dit-elle à Dalida, qui refuse :

— Tu es avec moi tous les soirs. Ce n'est pas normal. Je ne pars que vingt-quatre heures. Profites-en pour rester avec Ivan. »

« On n'en pouvait plus, dit Orlando. On était à bout de vivre autour d'elle dans cette impuissance. »

Dalida fait sa valise, elle qui d'habitude déteste ça. Comme chaque fois qu'elle le veut, elle joue admirablement la comédie. Au dernier moment, elle dit à Rosy :

« Inutile de m'accompagner, je pars en taxi. »

Rosy insiste. Ivan et elle conduisent Dalida à Orly. A cinq heures de l'après-midi, dans la voiture, Dalida plaisante.

Le vol est appelé. Dalida a son billet à la main. Ivan et Rosy l'accompagnent à l'embarquement. Elle les embrasse. Au dernier moment, elle se retourne et leur fait un signe de la main. Elle sourit puis disparaît. Ils se rassurent : elle semble si sereine...

Ne pas déranger

Orlando, lui, ne parvient pas à dormir. Des pressentiments l'assaillent. Toute la nuit, il fait des cauchemars. En rêve, il voit sa sœur au cimetière, couchée, morte, sur la tombe de Tenco. Le lundi matin, il le raconte à Rosy. Elle l'apaise :

« Tu vois tout en noir ! »

Il n'imagine pas, pourtant, ce que Dalida a fait. Assise dans la salle d'attente assez longtemps pour être sûre que Rosy et Ivan sont bien sur la route du retour, elle est ensuite revenue sur ses pas, a pris un taxi et est rentrée à Paris. Pour qu'on ne la reconnaisse pas, elle a mis un foulard et des lunettes noires. Elle demande au chauffeur de l'emmener à l'hôtel Prince-de-Galles, avenue George-V. C'est là que Luigi descendait quand il venait la voir à Paris.

A la réception, elle se présente sous son nom de jeune fille : Yolanda Gigliotti. On la reconnaît. Mais l'hôtel a l'habitude des clients de marque, et on fait semblant de rien. Plus tard, le réceptionniste dira qu'elle n'avait pas l'air déprimée, ni abattue : décidée plutôt.

Elle demande qu'on ne la dérange sous aucun prétexte, et commande une bouteille d'eau minérale. Enfermée dans sa chambre, elle écrit trois lettres. La première est pour sa mère. La deuxième s'adresse à Lucien Morisse. Sur l'enveloppe, le numéro de téléphone de la rue d'Ankara. Elle veut que Lucien soit contacté en premier. Elle lui demande un dernier service : prévenir les siens, les accompagner dans ces moments difficiles. Rédigée en italien, la troisième lettre s'adresse au public. Elle explique :

« J'ai voulu me tuer sans haine pour moi-même ni pour personne, mais la vie sans Luigi Tenco m'était devenue insupportable. J'ai voulu aller le rejoindre et entreprendre là-haut ce que je n'ai pas pu faire sur terre. »

Des années après, elle dira qu'elle était pressée de partir rejoindre Luigi pendant qu'il était encore temps. Car elle craignait qu'ensuite il ne soit trop tard : la vie, le temps, la mort les auraient définitivement séparés. Mais elle était alors dans cette période grise, opaque, qui suit de près la perte, lorsque les morts ne semblent s'être éloignés que de quelques pas. Ils sont là, attendant au détour d'un chemin, ou somnolant sous la dalle de leur tombe... Il suffirait de s'élancer pour les rejoindre, partir avec eux main dans la main pour l'infini.

Elle a tout organisé pour ne pas revenir. Son sens de l'organisation, son perfectionnisme, elle le met au service d'un tour de magie. Illusionnisme de la petite fille qui pleure au fond d'elle-même, celle qui croit aux miracles, celle qui sait, pour l'avoir déjà vécu, qu'une nuit qui semble éternelle peut s'ouvrir soudain.

Elle se déshabille et revêt une robe de chambre bleu ciel. Elle se démaquille soigneusement et brosse longuement ses cheveux. Il n'est pas encore huit heures du soir. Derrière la fenêtre, la rumeur de l'avenue s'est assourdie et la nuit est tombée sur la ville. L'hôtel est feutré, tranquille : qui penserait qu'elle est là ?

Elle avale une très forte dose de barbituriques. Tout ce qu'elle avait chez elle, prescrit pour ses insomnies. Elle a transporté les tubes dans son sac comme un précieux talisman.

« Il me semblait que, dans mon sac, les tubes de barbituriques avaient une vie propre, dira-t-elle ensuite. Eux seuls pourraient me rendre libre. »

La dose est excessive, mais elle ne sait pas que si on en prend trop, ça ne marche pas. Elle avale les cachets avec de l'eau minérale. Au fur et à mesure qu'elle les prend, s'encourageant comme une petite fille obéissante, le coton autour d'elle s'épaissit. La douleur, comme les voitures au-dehors, n'est plus qu'une sourde rumeur.

Elle s'allonge sur le lit. Tout devient blanc, nuageux. Derrière les nuages, Luigi l'attend. Elle dira plus tard :

« Le sommeil vient. Après lui, la mort. Un autre sommeil, plus fort, plus grand. »

A la porte de la chambre, elle a suspendu l'écriteau « Ne pas déranger ». Comme chaque fois qu'elle s'endort, elle laisse la lumière allumée. Cela la sauvera. Elle racontera au magazine *Epoca :*

« Un jour de février, à San Remo, quelque chose s'est cassé que je n'ai pas réussi à réparer. Retrouver Paris, l'affection de la famille, des amis, n'a pas pu effacer le souvenir de cette nuit. Tant de sang... Et alors, insensiblement, on sent grandir en soi une vague noire qui avance, avance dans votre direction, va vous submerger, et on n'a même pas la force de crier. Je me suis enfermée dans une chambre avec l'écriteau

“ Ne pas déranger ”, et dans le silence de ces murs, la vague a commencé à m'écraser. »

Le lendemain soir, un lundi, la femme de chambre de l'étage, Yvonne Le Bouteiller, avançant dans le couloir, ressent une impression de malaise. Elle a passé quarante ans de sa vie dans les palaces et elle en connaît tous les secrets. Elle descend demander si la chambre 410 a été faite. Réponse :

« Non, mademoiselle Gigliotti n'a pas quitté sa chambre depuis hier soir. Elle n'a pas téléphoné non plus. »

Yvonne Le Bouteiller remonte à l'étage, passe et repasse dans le couloir, écoute : aucun bruit. Et ce rai de lumière qui filtre toujours sous la porte... Elle s'inquiète. Pourtant, on le lui a dit : c'est impératif, cette personne ne veut pas être dérangée.

Dix heures du soir : toujours rien. Cette fois, Yvonne n'y tient plus. Elle frappe à la porte. Doucement d'abord. Pas de réponse. Elle est convaincue que quelque chose ne va pas. Elle frappe plus fort. Rien.

Les minutes passant, le sentiment de l'urgence l'assaille. Elle a le double de la clé. Elle entre. Dalida est allongée sur le lit, les mains derrière la nuque, les pieds croisés. Les yeux fermés, elle paraît dormir. Mais, en s'approchant, la femme de chambre constate que la peau est livide, presque bleue. A côté, les tubes de somnifères vides. La dormeuse est en fait agonisante.

Urgence

Prise de panique, la femme de chambre appelle la réception. Le standardiste répond :

« Ne bougez pas, ne faites pas de bruit. J'avertis le directeur. »

Les hôtels sont discrets avec la mort. Les clients n'aiment pas ça. Le directeur se précipite dans la chambre et tente de joindre par téléphone le médecin de l'établissement.

Pendant ce temps, rue d'Orchampt, Orlando et Rosy attendent le retour de Dalida avec le couple de domestiques espagnols.

Six heures, sept heures, huit heures, neuf heures : pas de Dalida. Elle avait affirmé n'être pas très sûre de l'heure de son retour... A Rosy qui proposait de venir la chercher, elle avait répondu :

« Non, je peux être retardée. Je prendrai un taxi. »

A onze heures, Orlando et Rosy appellent Orly pour savoir si on attend encore un avion en provenance d'Italie :

« Aucune arrivée n'est plus prévue pour ce soir. »

Ils n'osent d'abord pas appeler la famille Tenco, dont ils respectent le deuil. Finalement, fous d'inquiétude, ils s'y décident. Les Tenco ont-ils des nouvelles, sont-ils au courant pour l'oncle de Turin ?

« Il n'y a pas d'oncle de Turin », leur répond-on.

Au téléphone, Orlando ne veut pas dramatiser :

« On se rappelle. »

Et il raccroche. A ce moment précis, le téléphone sonne. C'est Lucien Morisse. Orlando prend le récepteur des mains de Rosy.

« Est-ce que Dalida est à la maison ? demande Lucien.

— Non, répond Orlando.

— Ne bouge pas, je te rappelle. »

Orlando crie, à bout de nerfs :

« Qu'est-ce qui se passe ?

— Sois calme, je te rappelle », répète Lucien, inflexible.

Orlando refait le numéro de la rue d'Ankara. Il tombe sur Agathe, la nouvelle Mme Morisse. Lucien est déjà parti. Agathe, affolée, balbutie, ne sait que dire. Orlando la supplie :

« Je suis son frère, j'ai le droit de savoir ! »

Suffoquée par l'émotion, elle souffle :

« Ils ont appelé de l'hôtel... »

Lucien a filé là-bas, ne sachant pas si c'était sérieux, craignant et espérant à la fois la plaisanterie de mauvais goût.

Finalement, Agathe lâche :

« Elle est vivante, mais elle a tenté de se suicider. Ne bouge pas. Lucien t'appellera. »

Les dix minutes suivantes semblent une vie entière. Puis Lucien rappelle :

« Calme-toi. Elle a tenté de se suicider, mais je te jure qu'elle est vivante. C'est à l'hôtel Prince-de-Galles. Il faut être discret. On t'attend à la réception. »

Vite...

Juan, le maître d'hôtel de Dalida, saute dans sa voiture. Il conduit Orlando et Rosy à l'hôtel.

« Dans ces moments-là, on est ailleurs, se souvient Orlando. Dans la voiture, personne ne disait un mot. »

A la réception, un employé les accueille et les conduit à la chambre sans attirer l'attention. Autour de la gisante, Lucien, très blanc mais calme, le directeur de l'hôtel, catastrophé, et le médecin, qui a déjà mis Dalida sous perfusion.

Un calme de mort règne dans la chambre. D'habitude, c'est une image. Là, c'est vraiment le cas, pense soudain Orlando :

« La vision de ma sœur agonisant sur le lit, le corps secoué par moments et la respiration agitée, a été le plus grand chagrin de ma vie. Quand elle est morte, vingt ans plus tard, je n'ai pas souffert autant. La mort de ma sœur, je l'ai vécue cette fois-là. Ce chagrin, cette révolte, on ne peut le connaître qu'une seule fois. »

Lorsqu'il constate l'air sombre de Lucien et du médecin, et surtout lorsque ce dernier lui dit depuis combien de temps Dalida est dans le coma, Orlando croit que c'est fini. Le médecin ne donne guère d'espoir. C'est trop tard pour un lavage d'estomac, le poison est déjà passé dans le sang. Le Dr Roucotte fait une piqûre de solucamphre, envoie le chasseur chercher une bouteille de sérum, prend la tension. Miraculeusement, Dalida a encore 12.

Le médecin assure que seul l'hôpital Fernand-Widal pourrait la sauver. C'est le centre de soins le mieux équipé de France, le plus à même de traiter ce genre d'empoisonnement.

Mais, dans les salles de réanimation de Fernand-Widal, il ne reste pas une seule place. Orlando et Lucien veulent garder le secret absolu. Lucien n'a prévenu que le médecin d'Europe 1. Ils appellent d'autres urgences. Partout, c'est complet. Le Dr Roucotte insiste :

« L'hôpital, c'est la dernière chance. »

En désespoir de cause, Lucien téléphone à Louis Amade, le préfet aux chansons : il doit trouver une place à Fernand-Widal pour quelqu'un de très important...

« Je ne peux pas », dit Amade.

Lucien se retourne interrogativement vers Orlando, qui hoche la tête.

« C'est Dalida, avoue Lucien.

— Je m'en doutais, répond Amade. Je m'en occupe tout de suite. »

Le téléphone sonne à nouveau quelques minutes plus tard :

« On lui a trouvé une place. Elle sera avec d'autres gens. »

Lucien appelle Police-Secours, pour aller plus vite. Le directeur de l'hôtel craint le scandale.

« Vous verrez, crie Lucien, sinon, le scandale, c'est moi qui en ferai ! »

En attendant la police, Orlando, fou d'angoisse, secoue Lucien qui n'en peut mais :

« Il faut faire quelque chose ! »

Orlando appelle alors son frère aîné, qui travaille au Club de l'Aviation. En deux minutes, il est là. Il faut tout lui expliquer. Il ne peut pas admettre qu'on lui ait caché l'état de sa sœur. Il faut aussi le convaincre que Peppina ne doit rien savoir et qu'un silence absolu s'impose.

Les agents de Police-Secours arrivent avec un brancard. Ils soulèvent Dalida, toute molle, l'emportent en sortant de l'hôtel par la porte de service. Orlando veut monter dans le fourgon : il est terrifié à l'idée que Dalida pourrait mourir seule durant le trajet.

Agathe est arrivée et monte également. Lucien prend Rosy dans sa voiture ainsi qu'Orlando l'aîné, et suit le fourgon. La sirène permet de griller les feux rouges. Orlando voit Dalida, minuscule, « un petit bout de chiffon au fond du fourgon, luttant pour survivre ».

Sur le chemin de l'hôpital, le véhicule passe devant l'Olympia. On dit qu'au moment de mourir la vie défile en quelques minutes. Là, c'est la vie de sa sœur qui se déroule en accéléré dans la tête d'Orlando, si proche d'elle. L'enfance, le succès, l'angoisse...

« Je nous revoyais tout petits, comme dans un film. »

Chaque fois qu'il y a une secousse, Orlando craint pour sa sœur. Agathe le soutient et le réconforte comme elle peut.

Le fourgon arrive. L'hôpital a été prévenu. Des infirmiers et des médecins accourent. Lucien a suivi en conduisant comme un fou. On emmène Dalida. Derrière, les portes se ferment : interdit de suivre...

Il est minuit. Quelques minutes plus tard, un médecin revient avec les infirmiers :

« Vous n'avez plus rien à faire ici. Elle est entre nos mains.

— Mais elle va se réveiller ? demande Orlando.

— Ni aujourd'hui ni demain. Elle a été découverte trop tard. Le poison a fait son chemin. Nous ignorons son degré de résistance. Si vous êtes croyants, priez ! »

Coma

Rosy donne la carte d'identité et le numéro de téléphone de Dalida à l'infirmière de l'accueil.

Maintenant impuissants, Orlando et Rosy rentrent rue d'Orchampt. Pendant ce temps, Orlando l'aîné va dormir porte de Versailles. Il ne fait pas de bruit pour ne pas éveiller Peppina. En vain.

« Comment se fait-il que tu sois là si tôt ? » demande-t-elle.

En effet, son fils aîné, travaillant au cercle de jeu, rentre habituellement très tard.

« Il n'y avait pas beaucoup de monde. J'ai fait un échange avec un collègue.

— Pourquoi ne montes-tu pas dormir ?

— J'ai faim, je vais me préparer quelque chose », répond-il.

Dans la cuisine, lui, très pudique, pleure, épanche seul cette douleur qu'il n'a pu montrer devant témoins. Peppina est retournée se coucher. Pourtant, elle sent que quelque chose ne va pas. Dans son lit, elle tourne et se retourne, incapable de se rendormir.

Lucien, ayant ramené Orlando et Rosy rue d'Orchampt, file à Europe 1. Il tient à informer lui-même Jean Gorini, directeur de l'information, afin de prévenir une indiscrétion possible. Dans ces cas-là, les nouvelles sont souvent lâchées par un membre de la police ou des services de sécurité.

« Surveille France-Inter », a-t-il dit à Orlando. Ce dernier écoute la radio toute la nuit. Vers une heure trente du matin, un flash :

« La chanteuse Dalida a tenté de mettre fin à ses jours. Elle est dans un état critique. »

Orlando et Rosy éclatent en sanglots.

Porte de Versailles, Giuseppina, malgré les efforts de ses fils pour la préserver, ne tardera pas non plus à comprendre. Son intuition la prévient. Depuis le suicide de Tenco, elle dort très mal. A quatre heures du matin, malgré les conseils d'Orlando l'aîné, elle redescend au salon. Elle y trouve encore son fils, les yeux rouges d'avoir pleuré. Soudain, elle sait :

« Il est arrivé quelque chose à Yolanda ! »

Alors, il explique. Giuseppina, très croyante, va prier à l'église d'Issy-les-Moulineaux. Au fond d'elle-même, une voix lui dit que sa fille ne peut pas mourir...

Elle sort de l'église vers six heures du matin. Elle se rend alors à Montmartre avec son fils aîné et sa belle-sœur Lula. Tous s'installent dans la maison de Dalida et n'en bougent plus. Entourée de l'affection des siens, Giuseppina s'endort enfin sur le canapé.

Tôt le matin, le téléphone commence à sonner et n'arrête plus. Le drame paraît incompréhensible : l'image de Dalida, c'était celle de la star à qui tout réussit. Le public, croyant que Tenco n'était pour elle qu'un collègue, ne comprend pas qu'elle soit si atteinte. A RTL et à Europe 1, les standards sont bloqués. On est en pleine campagne électorale, pourtant le retentissement médiatique est énorme. La presse italienne titre : « Suicide de solidarité ». Les journalistes transalpins, eux aussi, ignorent l'histoire d'amour. Mais ils se souviennent d'une phrase de Tenco dans sa lettre fatale :

« Quelqu'un comprendra. »

Ils se disent, déjà, que Dalida a trop bien compris.

Dans *Paris-Jour,* Yvan Audouard publie « La prière d'un mécréant » :

« Cette petite, je me permets de Vous le garantir, elle a le cœur pur. Elle a péché par excès, jamais par défaut. Elle a tout donné par amour au fur et à mesure qu'elle l'a conquis. Soyez compatissant. »

Yvan Audouard n'est pas le seul à se tourner vers Dieu. Giuseppina, à peine a-t-elle pris un peu de repos, prie à nouveau. Le pire, pour elle, c'est de ne pas comprendre :

« Je sentais qu'il se préparait quelque chose de terrible, dira-t-elle, que Dalida tombait en morceaux. Mais si je lui en parlais, elle répondait : “ Non, je vais très bien... ” »

Lucien aussi se tourmente, plongé dans l'incompréhension :

« Pourquoi ne m'a-t-elle pas appelé ? » se répète-t-il. Pourtant, lui non plus, des années plus tard...

En France, en Italie, partout où on aime Dalida, des inconnus prient pour elle. On raconte qu'elle-même, dans son délire, répète le nom de

Tenco comme une invocation. La surprise est d'autant plus grande que son état dépressif avait été tenu secret. Une chaîne de solidarité se forme.

« J'ai compris alors combien ma sœur était aimée », dit Orlando.

Dans le milieu du show-business, les bassesses et les mesquineries sont oubliées : les artistes font bloc, comme si toutes ces pensées d'amour et de compassion, dirigées vers elle, pouvaient aider la star inconsciente. Et qui sait...

Pendant ce temps, dans le service de toxicologie du Pr Gautier, Dalida, toujours en réanimation, lutte contre la mort. Elle a trente-quatre ans — un peu plus que l'âge du Christ, fera-t-on remarquer. L'âge crucial où une vie se décide, où les hésitations de la jeunesse ne sont plus de mise. Elle va rester quatre-vingt-dix heures dans le coma. Heureusement pour elle, sa résistance physique est exceptionnelle. Elle a voulu la mort, mais quelque chose en elle, plus fort que tout, cherche maintenant la vie...

A neuf heures et demie du matin, Giuseppina veut se rendre à Fernand-Widal, accompagnée de ses deux fils et de Christian de La Mazière. Christian, lui aussi, avait eu un pressentiment, il s'est précipité à l'annonce de la nouvelle.

Giuseppina supplie en vain médecins et infirmières de la laisser voir sa fille :

« Elle est avec d'autres malades, objectent-ils. Elle n'a pas repris connaissance. Sa famille ne lui serait d'aucun secours. »

Giuseppina n'est pas la seule à tenter de voir Dalida. A l'extérieur de l'hôpital, les paparazzi pullulent. De drôles d'oiseaux perchent dans les arbres. Ils ne reculent devant aucun stratagème pour essayer de forcer la porte et trouver la salle de réanimation. On en attrape un, in extremis, vêtu d'une blouse blanche.

Pour la famille, le seul lien avec l'hôpital est Lucien Morisse. Ce n'est qu'à lui qu'on transmet les nouvelles.

Giuseppina vit un véritable calvaire. Elle passe une bonne partie de son temps à l'église Saint-Jean de Montmartre. Soutenue par Lula, elle y court chaque fois que le désespoir menace de la submerger.

De plus en plus, la presse s'interroge. Bien qu'assailli par les journalistes, Lucien Morisse veut qu'on continue de garder le secret sur l'amour de Dalida pour Luigi Tenco.

« Cela ne regarde qu'elle. Elle seule a le droit d'en parler. Elle est dans le coma. Il faut attendre. »

Privés d'informations directes, les journalistes envisagent tous les scénarios possibles. Fabulations et suppositions fleurissent sur le terreau fertile du mystère. Dalida aurait des difficultés respiratoires : on dit qu'elle commence à suffoquer, qu'on lui a infligé une trachéotomie. Résultat : les cordes vocales endommagées, elle aurait perdu sa voix. Pas tout à fait, puisque, raconte-t-on également, elle ne cesserait pas de répéter le nom de Tenco... On affirme encore que lorsqu'il y a eu dans le passé des problèmes oculaires, une tentative de suicide par barbituriques peut rendre aveugle. La seule chose qu'on ne prétende pas, c'est qu'elle est devenue sourde...

Le jour suivant, au matin, Giuseppina retourne à l'hôpital. Cette fois, on lui attribue un masque et une blouse, et on l'autorise à voir sa fille quelques instants.

« Elle vit, elle dort », déclare-t-elle, très digne, en sortant.

Orlando, lui, est très dépressif. Son chagrin est immense car, plus que jamais, il sait que Dalida est l'amour de sa vie. Lui-même très abattu, Lucien tente de le réconforter :

« Une femme comme Dalida ne peut pas mourir. Elle sera plus forte que la mort. »

Christian de La Mazière reste très présent. Même Jean Sobieski, qui vit à Los Angeles, téléphone à Orlando.

La chaîne de solidarité des artistes devient une chaîne d'amour du public. Les lettres arrivent par sacs entiers, la poste est débordée.

Dans la nuit du jeudi, des complications pulmonaires surviennent. Mais Dalida donne enfin quelques signes d'éveil. Tôt le vendredi matin, elle sort du coma. L'hôpital appelle :

« Elle demande à voir sa mère. »

Giuseppina, ses deux fils et Lucien Morisse se précipitent à Fernand-Vidal.

En se réveillant, Dalida croit que c'est encore lundi. Voyant des hommes en blanc, elle se demande s'il s'agit d'anges ou de médecins. Est-elle encore ici où déjà là-haut ? Apprenant qu'elle est toujours sur terre et qu'on est vendredi, elle a un choc. La vue du visage bouleversé de sa mère la trouble encore davantage. Elle gémit :

« Pardon, maman, pardon ! »

Ses frères et sa cousine ne la voient qu'un instant. A Orlando, elle demande :

« Qu'est-ce que je fais ici ? Je veux sortir tout de suite !

— C'est impossible, répond-il, il y a trop de journalistes ! »

Orlando voit alors la peur s'inscrire dans les yeux de sa sœur. Elle ne peut imaginer la réaction que ses six jours d'inconscience ont provoquée...

Puis c'est le tour de Lucien. Elle attrape sa main et le prie :

« Ne fais jamais ce que j'ai fait ! »

Si proche encore de la mort, elle la sent qui rôde aussi autour de lui...

Revenus dans le couloir, ses proches se rendent compte de la fragilité psychologique induite par l'expérience du coma. Ils se sentent impuissants. Ils vouent une reconnaissance infinie au Pr Gautier qui l'a sauvée. Mais Dalida, ayant repris conscience, ne peut rester en réanimation : l'hôpital a besoin de la place. D'autres sont aussi aux portes de la mort. Le médecin d'Europe confirme :

« Il faut la sortir de là. Médicalement, elle est tirée d'affaire. »

Comment va-t-elle accueillir la chose ? se demande Orlando. Il craint qu'elle ne lui reproche ses efforts pour la garder en vie.

On trouve une clinique, au Vésinet, où Dalida pourra être transportée. Située au fond d'un parc à la Verlaine, on l'appelle « la clinique des stars ». Pas question de recommencer la course poursuite de San Remo : il faut extraire Dalida de l'hôpital en cachette. Très difficile... Entre son réveil et son départ de Fernand-Widal, quatre heures s'écoulent. Christian de La Mazière fait sortir une ambulance de l'hôpital. Un membre de la famille est dedans : on fait croire qu'il s'agit de Dalida. Les voitures de la presse emboîtent le pas. Ensuite, Orlando, Giuseppina, Rosy et Lucien montent avec Dalida dans une autre ambulance. Ils arrivent ainsi au Vésinet sans encombre.

La maladie de la mort

Dalida est sortie du coma le visage serein, comme après une longue nuit. Mais, en arrivant au Vésinet, son expression change. Les médecins demandent à la famille de s'éloigner. Ses traits se chiffonnent, elle pleure. Ses proches, déchirés, ne peuvent admettre qu'elle doive encore souffrir. Giuseppina ne comprend pas qu'on l'empêche de veiller sa fille : pour elle, c'est comme si Dalida n'était pas tout à fait revenue de l'au-delà. Seul l'indéfectible amour d'une mère pourrait rassurer, comme autrefois, quand elle était si petite, dans le noir...

Heureusement, une infirmière se prend d'amour et de compassion pour Dalida. Cette présence apaisante est précieuse, car après les barbituriques qu'elle a absorbés, on ne peut plus lui donner de calmants, elle doit vivre son angoisse sans aide chimique.

Le lendemain de son arrivée au Vésinet, le psychanalyste de la clinique convoque Lucien Morisse. Il a besoin de détails sur le caractère de Dalida et sur sa vie. Plus tard, ce sera le tour d'Orlando. Le praticien emploie le jargon caractéristique de son art. Lucien s'entend demander si la famille de Dalida est de type « napoléonien ». C'est-à-dire, suppose-t-il, un de ces clans méditerranéens très soudés où tous vivent en symbiose, une de ces familles d'exilés où les membres se groupent autour d'un seul, pivot et gloire du groupe, censé compenser perte et déracinement... Une fois de plus, la famille se sent inutile, et même indésirable. Dalida est à nouveau entre les mains des médecins, elle leur échappe, et pourtant ils voudraient tant l'aider...

Lucien continue à prendre tout en main. Pendant que son ex-femme se trouvait entre la vie et la mort, il a compris la profondeur de son amour pour elle. Un lien que d'autres attachements ne sauraient affaiblir. Malgré tout, elle reste la femme de sa vie, comme lui reste l'homme de la sienne. A la clinique, lorsqu'ils se voient, ils se parlent à peine. Mais leurs regards, leurs serrements de mains, vont au-delà des mots.

Et il a manqué la perdre ! Il n'était pas là au moment fatidique, il ne savait pas, elle croyait ne pas pouvoir se confier, craignant sans doute raviver une vieille douleur... Cela n'arrivera plus, se jure Lucien. Il devient jaloux. Non pas d'un homme, mais de tout le monde. Il veut avoir Dalida toute à lui. Dans sa détresse, il écarte — sous prétexte de ne pas fatiguer la malade — famille et amis.

Il leur rapporte quand même ce qu'il a retenu de ses conversations avec le psychanalyste. Il lui a donné son point de vue :

« Dalida est arrivée à tout à partir de rien. C'était une femme un peu angoissée. »

Il n'a pu se résoudre à avouer qu'elle s'est tuée par amour. Il dit qu'elle a assimilé le suicide de Tenco au sien, la vie de Tenco à la sienne, son succès, son échec et sa mort de même.

Le psychanalyste décide l'isolement. Pendant quinze jours, Dalida est coupée de ses proches. Elle vit alors un martyre qu'ils ne comprendront qu'après. La vie coule à nouveau en elle comme un fleuve de douleur. Tout la blesse. Elle ne supporte plus ses cheveux, emblème de sa séduction. Elle demande à l'infirmière de couper sa crinière, comme Giuseppina l'avait fait pour la punir de l'escapade Miss Ondine.

Son corps porte les traces de son voyage au pays des morts. Là où le poids se portait — les mains qu'elle avait croisées derrière la tête, l'arrière des jambes, les talons — les tissus sont nécrosés. Elle souffre d'escarres très douloureuses. Plus tard, elle devra subir des greffes de peau.

Mais la maladie de la mort atteint surtout son esprit. Dès qu'elle va un peu mieux commencent les séances de psychothérapie. Plus tard, le psychanalyste dira qu'il n'a jamais eu une patiente de cette envergure. Il la trouve très saine. Mais elle ne peut admettre d'être encore en vie. Il faut soigner ces angoisses qui, depuis longtemps, la rendent vulnérable, l'attirent du côté de l'ombre.

Elle entreprend ce travail sur elle-même, car elle sait qu'il lui faut revenir en pleine lumière, cette lumière bienfaisante qu'elle aimait tant, pour s'autoriser à revivre. Cette quête va durer quatre ans. Ensuite, elle dira que ses « quatre années d'hiver », qu'elle appelle aussi sa descente aux enfers, ont été les plus enrichissantes de son existence.

Elle doit aussi s'accepter elle-même, telle qu'elle est. Ceux qui ont vécu un coma profond disent que, lorsqu'on en revient, tout a changé. Cette expérience extrême bouleverse l'être et la configuration psychique est modifiée.

En se réveillant, Dalida s'est trouvée face à une femme qu'elle ne connaissait pas. Pourtant, c'est bien elle. Mais quelque chose de sa personnalité est à jamais resté en arrière. Elle a survécu au prix de cette perte. La part gaie, insouciante, exubérante s'en est allée. Celle qui chantait *Petit Gonzalès* et *Itsy bitsy* en s'amusant sans arrière-pensées. L'ombre s'est retirée, laissant sur elle un voile impalpable. Dans la suite de sa vie, la Dalida d'autrefois, éclatante de santé joyeuse, resurgira par moments. Comme un souvenir, qui revient puis s'efface. La gravité est devenue la dominante de son caractère.

Cette femme avec qui désormais elle devra vivre, elle veut l'apprivoiser. Et, de toutes ses forces, elle veut comprendre ce qui lui est arrivé. Car ce n'est qu'ainsi qu'elle pourra affronter la vie quotidienne, une fois sortie du cocon de la clinique.

Au bout des quinze jours d'isolement, elle demande à voir sa famille. Elle veut savoir comment la presse a interprété ce qu'elle appelle en elle-même « sa mort ». Elle s'effraie de constater l'énorme retentissement d'un malheur si intime. Cela la confirme dans l'idée d'un avant et d'un après : elle a le sentiment d'avoir vécu sa fin. Ce n'était pas seulement une tentative. Une disparition a bien eu lieu, qui la terrifie. Elle ne sait pas encore qu'elle a tué en elle la poupée fragile et que ce meurtre donnera naissance à la grande Dalida.

Résurrection

Elle reste au Vésinet environ un mois. Le psychanalyste considère alors qu'elle a repris le dessus.

« Non, assure-t-il, elle n'est pas malade. Les choses sont en ordre dans sa tête. »

Commence alors un troisième séjour hospitalier. Le 17 mars, on la transporte à Boulogne, à Ambroise-Paré. La clinique où Piaf avait séjourné...

Il faut réparer les tissus nécrosés. Après avoir gratté les peaux mortes, un chirurgien prélève des lambeaux de peau saine sur le pubis et à l'intérieur des cuisses, pour reconstituer le talon. Elle gardera toujours des cicatrices à la jambe.

L'opération dure trois heures. Les suites sont douloureuses. Seule la famille, Lucien Morisse et Christian de La Mazière sont autorisés à la voir. La seule personne dont Dalida accepte la visite, en dehors du cadre étroit des proches, c'est BB. Elles étaient déjà amies, et l'actrice, qui connaît les retentissements d'une vie très publique sur la vie privée, compatit.

Le 21 mars, Christian de La Mazière va donc chercher Brigitte. On la voit sortir de l'ascenseur, plus belle que jamais, portant trois énormes tournesols de papier rapportés du Brésil.

Les deux femmes restent seules un moment. Elles refusent que Christian de La Mazière les photographie. Il joue encore auprès de Dalida le rôle d'attaché de presse. Pour calmer le jeu auprès des journaux, il réalise avec elle, le 29 mars, une longue interview, la seule, qui paraîtra dans *France-soir* et *Paris Match*. Son but est qu'on laisse Dalida en paix, mais cette démarche, mal comprise, sera très critiquée.

Dalida se rétablit peu à peu. Dès qu'elle commence à se sentir mieux, elle répète sans arrêt :

« Je veux rentrer à la maison ! »

Le printemps commence. Elle veut voir la verdure sur sa terrasse, les chandelles roses des marronniers. A l'hôpital, on pense que cela ne peut qu'accélérer sa guérison. Au bout de trois semaines, elle rentre chez elle, un énorme pansement autour du pied. C'est la fin avril, les clochettes du muguet sont écloses. Elle les respire avec bonheur : si délicates, si menues, elles ont le parfum même de la vie.

D'ailleurs, des fleurs, il y en a partout. La maison est devenue une serre. Orlando supplie :

« Plus de fleurs ! Envoyez-nous plutôt des vases ! »

Devant cette profusion, ces témoignages colorés d'amour, Dalida pleure de joie. Mais le psychanalyste a dit :

« Elle ira vraiment mieux le jour où, au réveil, elle demandera une glace pour se coiffer. »

Car le matin est toujours le moment le plus difficile. Le matin, c'est admettre de vivre après la nuit. Se coiffer, aimer à nouveau ses cheveux, c'est recommencer à s'accepter comme une femme qui a le droit de plaire.

La presse titre : « Dalida est sauvée ! »

Elle, elle affirme, dans l'interview de Christian de La Mazière :

« J'ai voulu mourir sans aucune haine pour moi, j'ai voulu mourir comme on fait un pensum, résolue, appliquée, sans me vouloir du mal. »

Etrange déclaration : elle n'a pas voulu quitter la vie, elle désirait seulement suivre l'amour. Maintenant, elle a compris :

« Je veux vivre, vivre encore plus fort, puisque Luigi Tenco est mort. »

Et aussi :

« Je n'ai jamais pensé à la mort avant que Luigi Tenco ne se suicide. Celle de mon père ne m'avait pas choquée. »

Pourtant, disant cela, elle relie les deux grandes pertes de son existence.

A Ambroise-Paré, Christian de La Mazière l'a photographiée, avec de grands cernes sous les yeux et des escarres. La photo est parue dans *France-Soir,* avec l'accord de la famille qui n'en peut plus, car des gens écrivent et téléphonent sans cesse pour demander si vraiment elle est encore vivante. Quand Lucien Morisse voit les photos, il est furieux. Lui qui a tant voulu la faire connaître souhaite maintenant la protéger. Il a pris la mesure du prix à payer pour tant de notoriété. Dalida, elle, accepte ces clichés : le public est toujours son amant, il lui paraît normal de se montrer à lui dans sa vérité.

De toute façon, d'autres photos, non autorisées, paraissent bientôt. Dalida ne sort de chez elle que pour se rendre à l'hôpital où on lui prodigue encore des soins. Elle y est conduite, accompagnée de Rosy, par Juan, son employé, dans la Mercedes qu'elle aime bien car elle la trouve confortable et discrète (lorsqu'elle conduit elle-même, elle préfère son Austin, qu'elle appelle « ma petite chaussette »). Un cliché paraît, pris au téléobjectif : Dalida est amaigrie, elle boite, ses cheveux sont emprisonnés en nattes.

Elle est terrifiée à l'idée de vivre seule. La mort rôde encore, tentatrice vénéneuse tapie dans les coins sombres de la maison. Giuseppina quitte la porte de Versailles pour s'installer au deuxième étage de la rue d'Orchampt, où elle habitera jusqu'à sa mort dans l'aile gauche convertie en studio. En face, dans l'aile droite, Orlando emménage. Ainsi, désormais, au-dessus de sa tête, vivent et respirent ceux qu'elle aime le plus. L'appartement de la porte de Versailles reste à Orlando l'aîné et à sa femme Marie-Thérèse, qui attend un enfant. Quelques mois plus tard, Giuseppina, qui aime avoir sa tribu au complet près d'elle, le vendra pour en acheter un autre rue Berthe, à deux pas.

Grâce à sa constitution très robuste, Dalida se remet rapidement. Une grande joie l'y aide : le 2 avril, Marie-Thérèse donne naissance à un petit garçon.

Dalida exige aussitôt qu'on l'emmène à la clinique pour voir l'enfant. Il a de grands yeux sombres, d'abondants cheveux noirs. Pour sa tante, c'est la réincarnation de Tenco. Elle n'a pu aller le rejoindre, mais c'est lui qui est revenu à elle sous la forme de ce petit être.

« Comment va-t-on l'appeler ? » demande-t-elle à son frère aîné.

Lui, qui comprend, répond :

« On l'appellera Luigi. »

Trop d'amour

En rentrant chez elle, Dalida a trouvé à son chevet un livre fait de quatre cents lettres reliées. Quatre cents lettres sélectionnées parmi cinq mille envoyées par ses fans. Cette chaîne d'amour répond à un appel lancé par *France-Soir :*

« Aidez Dalida, elle a besoin de votre affection. Ecrivez-lui. »

Ils écrivent : collégiens, employés de banque, soldats, ouvrières, dactylos. Souvent, un billet de cinquante francs est glissé dans l'enveloppe, pour que sa secrétaire lui achète des roses...

Elle déclare pour *France-Soir :*

« Je ne pourrai plus jamais me sentir seule, isolée de la foule. J'ai le cœur qui bouillonne, et pourtant un frisson hérisse mes jambes et mes bras. Tout l'amour que l'on m'a prouvé depuis ma mort me donne la chair de poule... Je ne pensais pas, je ne voulais pas me sentir entourée de tant d'attentions. Pourquoi n'ai-je pas, bien avant, su que je n'étais pas seule ? »

C'est comme si elle ne croyait jamais tout à fait à l'amour qu'on lui porte :

« Il est facile, bien sûr, de m'aimer, mais avec un micro devant la bouche, sur une scène. Deux mille personnes dans la salle. Ensuite on m'appelle, on me félicite, on me dit : " Tu as été formidable ", on m'embrasse. Mais tout cela n'est qu'un tourbillon. On n'a pas le temps de s'en apercevoir que c'est déjà passé. Et lorsque le théâtre est vide, que les deux mille personnes sont parties, que reste-t-il ? La solitude... »

Pour Dalida, l'amour n'est jamais assez sûr, jamais assez fort. Celui violent, hurlé, fanatique parfois du public ne dure pas. Et aucun être humain ne saurait rivaliser avec l'adoration de cette foule. Alors... alors, ça n'est jamais ça. Certains se contentent d'un chien, comme elle le chantera dans *Pour ne pas vivre seul,* et ce chien leur donne tout l'amour du monde. Le grand psychanalyste anglais Winnicot, lui, assure que le véritable dialogue, la vraie communication, on ne l'a qu'avec soi-même... Encore faut-il savoir l'établir. Chez Dalida, sur ce plan, quelque chose n'a jamais bien fonctionné. Ce clivage, cette séparation d'avec elle-même, là est sans doute cette fragilité qu'Orlando avait perçue dès l'enfance.

Désormais, toutes ses chansons ou presque développeront trois thèmes : l'abandon, la solitude, la mort. Les trois thèmes noirs. S'y ajoute, en contrepoint, un quatrième thème rose : l'amour. Mais l'amour même finit par se transformer en abandon, solitude, mort.

C'est, dira-t-on si on regarde les choses en face, l'histoire de toute vie. C'est parce qu'elle chante ces thèmes universels que les gens s'y retrouvent et que ses chansons émeuvent. Mais ces vérités qui font le tragique de l'existence, mieux vaut ne pas trop y penser. Car à s'y attarder, on risque de se trouver aspiré par la tragédie...

Le suicide est comme un accident de l'imaginaire, la brutale déchirure du tissu d'une vie. Si ce tissu se déchire, c'est que déjà, depuis longtemps, une usure insidieuse préparait le désastre :

« C'est la fatigue qui m'a tuée. Un matin, elle est venue par hasard s'installer près de moi et ne m'a plus quittée. Jamais. J'avais beau l'ignorer, crâner encore, chanter, parcourir en tournée des kilomètres de routes et de routes, elle venait avec moi, m'attendait sagement, implacablement. Elle a gagné. »

Oui, la fatigue est l'ennemi insidieux de celle dont l'existence est devenue une course perpétuelle pour aller toujours plus loin, toujours plus haut, pour faire toujours mieux. Pour un artiste, il est déjà très difficile de parvenir au sommet. S'y maintenir longtemps représente un effort acharné dont le public n'a pas idée... L'artiste en plein succès est comme un surfeur au sommet d'une vague gigantesque. Il se maintient en équilibre sur sa planche. Mais la vague s'écrase... Il doit se cramponner à sa planche pour attraper, vite, la prochaine vague et la chevaucher... Lorsque, épuisé, il s'écroule enfin sur le sable, le surfeur sait que le lendemain, si la mer est bonne, il pourra repartir. L'artiste, lui, ne peut se permettre de se reposer pour refaire ses forces. Ou alors à quel risque...

Dalida, bien obligée, s'est allongée sur la plage. Elle en profite pour comprendre comment, soudain, elle a cessé de chevaucher la vague, s'est laissé avaler par l'eau grise. L'amour, toujours l'amour : cet amour qui tue, c'est celui qu'on ne sait pas se donner à soi-même, qu'on doit donc absolument aller demander à des inconnus. C'est cela qui a tué Luigi, c'est aussi ce qui l'a presque tuée, elle. L'amour des autres n'est sur cette plaie béante qu'un pansement temporaire :

« Lorsqu'on a trente-quatre ans et qu'on ne s'aime pas, lorsqu'on ne se trouve pas, tous les matins, plus jolie que la veille, lorsqu'on a fait le tour de sa vie et qu'elle n'est tissée que d'efforts, de métier, il arrive un jour où tout devient inutile, vain, grotesque. »

Et dans la course éperdue de Dalida, Yolanda a fini par rester en rade :

« J'ai lutté toute ma vie pour être Dalida. Je suis, je n'étais pas une femme, mais une industrie. »

Difficile, évidemment, d'atteindre son idée mythologique de la féminité : incarner en chair et en os, sur scène, les déesses de celluloïd, sans les artifices de l'écran d'argent. Gilda, Lana, Ava... Des noms en a, comme Dalida, comme la première lettre de l'alphabet, comme la bouche ouverte d'étonnement... Etre le rêve dans la réalité... Mais les deux se mélangent mal et c'est toujours la réalité — Yolanda — qui trinque...

« Je ne m'aime pas. » A Christian de La Mazière, qui l'a beaucoup aimée, elle peut avouer cela, et à travers lui au monde entier. Dans cette insistance obsessionnelle sur ses défauts, ses manques, ses ratages, qui s'accentuera au fil du temps, qui la servira car chacun s'y retrouve avec soulagement, on est tenté de voir ce besoin d'autopunition caractéristique des personnalités suicidaires. Mais comment s'aimer lorsqu'on a pour exigence de se trouver, « tous les matins, plus jolie que la veille » ?

Yolanda, dans l'ombre, s'obstine à souffler à Dalida, qui ne l'écoute pas, qu'il n'y a pas LA femme : il n'y a que des femmes. Et donc, qu'elle n'est que l'une d'elles, dans la multitude.

Crainte alors qu'on ne la voie pas. Dalida, si on ne la voit pas, n'existe pas. La foule, c'est en face. Elle, sur scène, s'en détache. Etre une femme parmi d'autres, c'est être engloutie.

Epuisante, cette lutte à laquelle elle ne renoncera jamais. Préférera, définitivement, un jour, partir plutôt que jeter le gant. Même si elle a commencé à comprendre la vanité du rêve. Comprendre le détruit, c'est pire que tout. Elle dit : « Je vends du rêve », mais elle ne fait pas qu'en vendre. Elle se confond avec l'objet de sa quête. Le rêve devient sa raison de vivre.

Tant qu'il reste encore à conquérir, le rêve persiste, on ne se réveille pas. Se battre pour Tenco, et avec lui, c'était ne plus être seule dans la construction du mythe : mais un couple. Un couple mythique. Comme Piaf avec Montand — mais ça n'a pas tenu. Se fabriquer un partenaire à sa mesure, seule façon d'échapper vraiment à la solitude sur ces hauteurs. Si ça ne marche pas dans la vie, alors il faut que ça marche dans la mort. Roméo et Juliette, mythe suprême de l'amour, auquel la mort garantit enfin l'éternité.

Elle raconte comment l'idée de la mort l'a prise : lors d'un dîner en famille. Rue Lepic, avec ses frères, Rosy, des amis. Dans l'assiette de Dalida, une part de piperade. Un plat du Sud, léger, qu'elle aime. Devant son assiette, son verre qui, soudain, se métamorphose :

« Mon verre m'a semblé plus ventru, plus imposant, plus diabolique peut-être. Calmement, en me servant un verre d'eau minérale, je pensais que c'était si facile de boire avec dans le verre autre chose que de l'eau minérale. »

Elle décrit un moment de grande angoisse où l'être perd pied, où le réel se délite, où l'objet le plus innocent se trouve investi d'un pouvoir maléfique. A l'époque, elle lisait et relisait Lautréamont, auteur que Tenco aimait. Dans *Les Chants de Maldoror,* le délire envahit un monde hanté par les démons sortis du fond de l'être. Contagion amoureuse : a-t-elle perdu ses limites, comme il arrive au plus fort de la passion, où l'autre vous envahit, où l'on ne fait plus qu'un ? Et si l'autre est sous l'emprise de la pulsion de mort, c'est cela qui envahit.

Dans le travail de deuil, on incorpore l'autre, il devient une part de soi. Là, c'est la mort qui est devenue une partie de Dalida. Et qui désormais ne la quittera plus, comme une maladie à évolution lente, qui poursuit sournoisement son œuvre alors même que le malade se croit guéri. Un cancer du cœur, avec des rémissions, de longs moments d'oubli. La maladie d'amour est alors devenue la maladie de la mort.

Jamais plus

Elle le jure à qui veut l'entendre : c'est fini. L'affaire est réglée, la porte close.

« Je ne le ferai plus, plus jamais je ne tenterai de me supprimer. » Elle le répète un peu trop, un peu trop fort. Comme si elle voulait faire taire, au fond d'elle-même, le doute lancinant, la peur du vertige.

La preuve, répète-t-elle comme une enfant : la mort n'est plus devant, elle est en elle. Elle l'a avalée. Comme on avale un verre d'eau, et le tube de pilules fatidique.

« A quoi bon recommencer puisque je suis morte une fois déjà ? »

Ressuscitée, elle est passée de l'autre côté du miroir. Elle est mithridatisée, vaccinée — immortelle ?

Elle pense désormais beaucoup à Dieu. Elle se pose la question, continuera à se la poser dans les temps à venir, au cours de ses quatre années d'hiver. Si elle est revenue, c'est sans doute qu'Il l'a voulu ? Et s'Il l'a voulu, c'est qu'Il ne lui en veut pas ?

« Je n'ai pas offensé Dieu, je ne crois pas. Dieu ne peut pas en vouloir à ceux qui ont eu un jour assez de vivre pour de bonnes raisons. »

Quelles raisons ?

« Les morts ont davantage besoin des vivants que les vivants des morts. » Phrase terrible, qui montre bien que Dalida n'en a pas fini avec la tentation du départ. Bien au contraire : tout au long de son existence, désormais, des morts chéris lui feront signe. Irrémédiablement, l'amour bascule de l'autre côté. La vie est un trou, vide impensable à combler :

« J'ai fait la revue de détail de ma vie. Trente-quatre ans et personne. Personne, pas d'enfant, pas d'espoir. Plus de vingt ans à venir, plus de saisons à regarder, plus rien... Personne, personne, personne... »

Personne... sauf Dieu ?

Si Dalida pense que Dieu ne peut pas lui en vouloir, c'est que, dans son cas, il ne s'agit pas de ne pas croire, mais presque de croire trop. Elle croit tellement à une vie dans l'au-delà, elle l'appelle tellement, puisque l'amour s'y trouve, qu'elle veut mourir car elle ne peut plus attendre. Pour la même raison, les saints, les mystiques appellent la mort de leurs vœux. Beaucoup hâtent leur départ — ainsi Thérèse de Lisieux qui ne s'alimente plus, qui refuse du chauffage, des vêtements chauds alors qu'elle est tuberculeuse, pour aller plus vite de l'autre côté.

Alors, en même temps, Dalida croit trop, et elle ne croit pas assez. Toujours elle restera dans cette ambivalence, ce doute mystérieux même pour ses proches.

« Pourtant, je pense que ma sœur était beaucoup plus croyante qu'elle-même ne voulait bien le dire », affirme Orlando.

Sombre printemps

Malgré ses efforts, elle ne parvient pas à vivre seule, par elle-même. Cet être bien avec soi-même qui permet d'être vraiment bien avec les autres, elle ne peut l'apprendre. L'appréhension d'un manque insondable la hante. Le goût vrai de la vie se situerait toujours plus loin dans l'extrême. L'amour ne tient jamais ses promesses. Elle le chantera.

C'est fini,
C'est fini la comédie
Tout avait commencé
Comme une pièce à succès
Dans le décor tout bleu
D'un théâtre de banlieue...

Mais elle a commis, une fois encore, une erreur de casting. Tenco n'était pas un personnage de comédie, mais de tragédie.

Sa convalescence prend l'allure de vacances forcées. Autour d'elle, on parle bas, on marche sur des œufs, on cherche à devancer ses désirs. Elle mange, elle dort : depuis longtemps, elle ne faisait assez ni l'un ni l'autre. Elle retrouve le goût du bifteck-frites. Peu à peu, la terreur de San Remo s'estompe. Elle continue à chercher Tenco dans ses rêves. Mais la vue du petit Luigi, avec sa houppe brune, son air volontaire quand il piaille à poings fermés, apaise l'horreur. Elle est convaincue que, à travers cet enfant, Tenco lui a envoyé un message de l'au-delà.

Et puis, il y a les fleurs. Elles seront toujours une conjuration de la mort. Par la fenêtre, elle regarde ses arbres. La nature, la vie. Elle refuse le fauteuil roulant : Orlando vient la chercher dans sa chambre et la porte dans ses bras jusqu'à la salle à manger. Sa formidable énergie la sert : les greffes prennent sur elle deux fois plus vite que d'habitude. Bientôt, elle ne tient plus en place, saute à cloche-pied à travers la maison. Elle tente de rattraper ce qu'elle a manqué :

« Je me suis levée toute ma vie bien avant d'être réveillée. Je me suis arrêtée dans toutes les cuisines du monde pour me faire, comme une somnambule, du thé ou du café que je buvais non par plaisir, mais pour faire comme les autres. »

De même qu'elle retrouve le goût des choses simples, elle acquiert celui d'expliquer, analyser, comprendre. D'où ces très longues interviews, fruits d'heures d'introspection favorisées par son immobilité. Elle ne peut plus espérer que l'homme dramatiquement disparu lui apporte tout. Elle doit maintenant quêter en elle-même ce qu'elle avait toujours cherché à l'extérieur.

« Le bonheur ne peut se conquérir qu'au plus profond de son cœur. Mais mon cœur n'a jamais été très libre. Lui aussi a été annulé, raturé par ma carrière et mon succès. »

En fermant la porte de sa chambre à l'hôtel Prince-de-Galles, elle en a fermé définitivement une autre, celle de la première partie de sa vie. Elle n'est qu'au tout début d'un nouveau chemin. Elle confie encore à Christian de La Mazière :

« La douleur physique n'est rien, à côté de la douleur morale que je devrai affronter dans les années à venir pour me retrouver moi-même. Demain, vous verrez qui est Dalida au bout de ce chemin. Quelqu'un qui n'aura plus besoin de se mettre à l'épreuve. Quelqu'un qui existera, qui regardera de nouveau les fleurs, quelqu'un qui chantera pour chanter, qui rira pour rire, qui aimera pour aimer. Quelqu'un qui aimera. »

Ce n'est pas d'être aimée qu'elle a besoin. C'est d'admettre qu'on l'aime. Difficile, très difficile. Car depuis le début de son existence, se croire mal aimée a été un tel moteur... Pas évident d'en trouver un autre...

Ce sera ça, le travail des années d'hiver.

La miraculée

L'été s'annonce. Avant le drame, elle avait signé le contrat d'un nouveau tour de France, cent jours avec Europe 1, débutant en mai. Elle pourrait annuler, mais Lucien Morisse et Félix Marouani pensent que ça chassera ses idées noires. La tournée devra commencer sans elle. La chaîne de solidarité des artistes fonctionne, à l'impulsion de Lucien. Annie Cordy, Claude Nougaro, Pierre Perret, Claude François, Eddie Mitchell, Antoine, Marcel Amont, Johnny Hallyday, Jacques Dutronc se relaient pour remplacer Dalida un soir chacun jusqu'en juin. Là, elle retournera à l'assaut :

« Malgré l'avis médical, dès que je pourrai monter sur une scène, j'y monterai. Ce sera ma façon de remercier dans chaque ville les gens qui m'ont écrit. »

Elle se prépare mentalement et projette d'abord de redécorer sa chambre, façon d'extérioriser le changement. Fini l'effet de star des drapés blancs : un simple papier fleuri, et des étagères autour du lit pour installer ses nouveaux compagnons, les livres. Cette autodidacte devient boulimique de lecture. Luigi aimait tant ça. Sortie déchirée de l'épreuve, elle ne sait plus où elle en est : des penseurs seront ses guides.

Elle commence par l'œuvre de Teilhard de Chardin. Une philosophie mystique d'accès difficile. La presse en fera des gorges chaudes. Mais Teilhard est pour elle le philosophe de l'éternité. Elle est à la fois attirée et rebutée par son langage poétique et ésotérique. Elle vit désormais un dictionnaire à côté d'elle.

Elle remplace bientôt Teilhard de Chardin par Rabindranath Tagore, Freud, et Jung. Tagore, poète de l'harmonie et de la paix, la lance sur le chemin de la philosophie orientale. De Freud, elle dira que sa lecture lui a sauvé la vie. Et l'autobiographie de Jung lui donne l'exemple d'un courage sans compromis dans l'auto-examen : elle y comprend que regarder en face ses propres failles n'est pas seulement un aveu de faiblesse. Et puis, au restaurant, près de chez elle, quelqu'un lui donne un volume de Proust : longtemps, *La Recherche du temps perdu* sera un de ses livres de chevet...

Le 4 juin, elle déclare à *France-Soir :*

« Je suis comme une enfant qui découvre la vie. Je lis beaucoup parce que je veux apprendre ce que c'est que la vie. Je veux savoir pourquoi on m'a ramenée en arrière. Je croyais que j'allais trouver une réponse de l'autre côté. »

Elle a besoin de soleil : le doreur de moral, le bronzeur d'âme. Et de mer, pourvoyeuse de quiétude et d'oubli. Fin mai, elle part avec Rosy dans une grande villa louée sur la côte espagnole, à Estépona, à quatre-vingt-dix kilomètres de Malaga. Elle ne peut se baigner à cause du pansement à son pied gauche. Elle a pris goût aux vacances forcées, mais déjà leur fin s'annonce. Elle a promis à Guy Lux, l'ami fidèle, de refaire un Palmarès des Chansons.

« Je ferai ma rentrée chez toi le 8 juin, pour la dernière émission de la saison. Puisque c'est au Palmarès que j'ai cru faire mes adieux, c'est là que je reviendrai. »

Eddie Barclay souhaite qu'elle refasse très vite un disque. Pour un super-45 tours, Orlando choisit *Les Grilles de ma maison.* Elle enregistre rue Hoche avant de partir en Espagne. Elle n'en a pas très envie. Elle dit :

« Je vais faire mon devoir. »

Mais, à l'entrée, tous les employés l'attendent, Eddie à leur tête. L'accueil est très chaleureux, Barclay a préparé une de ces énormes fêtes dont il a le secret. La vie recommence...

A la clinique, elle avait eu peur de perdre non seulement l'usage de sa jambe, mais aussi sa voix. Pour l'épargner, on a prévu d'enregistrer une chanson par jour. Surprise : en une séance, elle enregistre les quatre. Soulagement : la voix est toujours là. Mais quelque chose a changé. La traversée du miroir a laissé une trace. Le son vient de plus loin, il a une profondeur nouvelle. Cette volonté de vivre qu'elle a dû chercher au tréfonds d'elle-même s'entend.

D'Espagne, elle revient bronzée. La gravité de son visage lui donne une autre beauté. Ses cheveux longs sont sans aucun apprêt. Elle avait lancé la robe courte sur scène, elle va maintenant relancer la robe longue. Dans le but de dissimuler sa cicatrice à la jambe, elle porte chez Guy Lux une robe blanche à grands dessins bleus descendant assez bas sur le mollet. Elle l'a vue dans une vitrine, elle est entrée et l'a achetée. C'est le début de sa période « Madone », on va maintenant l'appeler « la dame en blanc ». Soif de simplicité, de pureté, de vérité. Froufous et falbalas, ornements inutiles n'ont pas résisté à sa confrontation avec la mort.

Guy Lux lui permet de chanter trois chansons. C'est exceptionnel car la dernière émission de la saison regorge de stars. L'enregistrement a lieu au studio 102 sur les Champs-Elysées. En arrivant, elle remarque que peu de gens sont dans la rue : installés devant leur télé, ils attendent que Dalida fasse sa rentrée.

Habituellement, les artistes entrent en scène par les côtés, en sortant des coulisses. Cette fois, Roger Pradines, le réalisateur, décide que, puisqu'elle a voulu quitter le monde, elle entrera par le fond.

Elle doit donc traverser la salle pour arriver sur scène de dos. Son chemin est un tapis de fleurs apportées par le public. Les gens ont amené qui une rose, qui un bouquet de marguerites. Elle comprend alors vraiment à quel point son statut a changé. Pour beaucoup, elle est devenue la miraculée : mère des douleurs, sœur de souffrance.

Sans s'en rendre compte, avec son intuition si précise, elle a revêtu le costume de l'emploi. Auparavant, le public se serait jeté sur elle. Là, devant cette apparition, les gens se lèvent et applaudissent de leur place avec un respect surprenant. Elle vient d'entrer dans une autre dimension.

Les premières mesures orchestrales des *Grilles de ma maison* retentissent. Dalida, toujours de dos, pleure. Cette chanson, comme toujours et plus encore, c'est elle. Amour de la maison retrouvée, du cocon protecteur à l'intérieur duquel elle n'a pas voulu mourir. Ces grilles qu'elle aime, qui la protègent mais qui peu à peu vont aussi l'emprisonner. Un jour...

Derrière elle, les gens jettent des fleurs, encore des fleurs. Elle se retourne. Le visage nu sous la lumière des projecteurs, elle continue de pleurer. A la fin de la première chanson, Guy Lux, ému, la serre dans ses bras. Tout le pays est devant son poste. *France-Soir* écrira : « Les larmes de Dalida ont bouleversé la France. » Alors, elle décide vraiment :

« A ceux qui m'ont écrit " je t'aime " sur trois lignes ou sur trois pages, je dis que je ne mourrai plus. »

Ensuite, elle répète avec ses musiciens pour être sûre de tenir le coup sur scène lors de sa tournée. Le 21 juin, huit mille personnes l'attendent à Lons-le-Saunier. Il y a beaucoup de vent. Il joue dans ses cheveux, dans sa robe. La ferveur de la foule est saisissante. Le public envahit le plateau pour la porter en triomphe. Orlando s'interpose, entraîne Dalida dans sa loge et renvoie tout le monde. La presse écrira : « Sainte Dalida ». C'est bien une sorte de grand-messe populaire qui commence, elle durera jusqu'en septembre.

De cette tournée, elle dira qu'elle est pour elle un bain de bonheur. Même si la dévotion de la foule est parfois difficile à vivre : après chaque tour de chant elle doit se précipiter dans sa caravane qui tangue dangereusement sous la pression de la masse ; on lui arrache un cheveu, comme une relique ; on embrasse le bas de sa robe.

Un jour, à Montreuil-sur-Mer, elle va prier pour Tenco dans une chapelle. Elle y rencontre un jeune garçon malade. Touchée aux larmes, elle glisse une grosse liasse de billets dans la main de la mère et s'enfuit. Le bruit court qu'elle aurait guéri le garçon. Des femmes lui présentent leurs enfants en suppliant : « Touche-le, touche-le ! » D'autres lui tendent leur croix de chapelet : « Porte-moi bonheur ! », se jettent dans ses bras. Elle reçoit des lettres adressées à « Sainte Dalida ». Orlando doit publier un communiqué pour dire : « Dalida n'est pas une sainte, elle n'a pas de pouvoirs de guérison. »

De son frère, Dalida dit maintenant :

« Avec lui, je suis comme une enfant. Il me dorlote, m'évite les corvées. Au fond, c'est vrai, il est mon ange gardien. »

Je remercie Dieu

Louis Amade lui écrit une chanson : *J'ai décidé de vivre et je remercie Dieu :*

Ma bouche a murmuré un prénom indicible
J'embrasse ce prénom offert comme une bible
Et j'avance au soleil comme si j'étais deux.

Chanson du deuil surmonté. En apparence. Son visage est devenu plus doux, mais, souvent, une absence s'installe dans ses yeux. Elle réfléchit constamment à ce qui lui arrive. Elle veut se transformer, s'améliorer :

« Cette dévotion du public me donne des responsabilités morales. Je dois la mériter. J'ai décidé de renoncer aux futilités. »

Elle s'inscrit, à la rentrée, comme auditrice libre en Sorbonne. Elle suit quelques cours de philosophie mais s'y ennuie. Elle n'y trouve pas les maîtres à penser qu'elle espérait. Elle persiste à chercher par d'autres voies. Sa tentative de suicide continue à la hanter : elle parle de bonheur mais la dépression est toujours là, proche, comme un abîme. En novembre, elle déclare :

« Mon suicide n'a pas été une impulsion. Je l'ai accompli avec lucidité et conscience. Certes, c'est un geste odieux, inconcevable. Maintenant je dois l'évaluer sans peur, avec une froide détermination. J'ai besoin de tout comprendre. »

A Big, en octobre :

« Pourquoi moi, au lieu de m'en aller pour toujours, suis-je restée ? Je me tourne vers les grandes religions, les grands penseurs de l'humanité. Quelqu'un, à un moment, me donnera la réponse. »

Et aussi :

« Maintenant, dans la vie, j'accepterai tout, les joies et les douleurs. Mais je veux les affronter avec une âme sereine, comme les Orientaux. »

La sagesse orientale insiste sur le renoncement. Or elle ne peut encore admettre la mort de Tenco. Elle se persuade :

« Il y a des gens qui ne meurent jamais. J'ai rencontré quelqu'un dont je suis sûre qu'il vivra longtemps dans l'amour de ceux qui l'ont connu. »

Elle ne se trompe pas, d'ailleurs. Mais cela va plus loin. Elle a senti une présence :

« Je sais que j'ai fait ce geste parce que j'avais entendu nettement l'appel de la mort. »

Cette mort si présente pour ce jeune homme dans sa vie même, comme dans cette chanson sur le Viêt-nam qu'il avait écrite :

Je voudrais être là
Où meurent des soldats
Sans savoir où,
Sans savoir pourquoi.

La lecture de Freud la persuade de la valeur symbolique des rêves. Soudain, elle se souvient d'en avoir fait avant de se tuer, et ils prennent une autre signification :

« Je vois un tableau du Christ qui était accroché à la tête du lit quand j'étais enfant. Le corps du Christ s'anime et, d'une voix douce et calme, il m'ordonne de me lever. Je me sens légère et je m'élève, comme par un phénomène de lévitation. La chambre ressemble maintenant à une chapelle. J'entends une douce musique d'orgue. Je vois, au-dessous de moi, le corps d'une femme en longue robe noire, les mains jointes sur la poitrine comme en prière. Je me penche sur elle. C'est moi, morte. »

Autre rêve fait à la même période :

« Je vois mon père, qui est mort. Il me parle de ma mère et de mes frères. Il m'embrasse sur le front comme lorsque j'étais enfant, puis il me quitte en disant : " Il faut que je retourne là-bas où l'on m'attend, où je vous attends. " »

Ainsi, Tenco a rejoint son père au pays des morts trop aimés qui attendent qu'on les rejoigne. Ces rêves l'amènent à réfléchir à son don de prémonition. Toute son enfance, elle a fait des rêves révélateurs. Elle se souvient d'une tante somnambule et analphabète qui se levait la nuit pour écrire en plusieurs langues sur la table de la cuisine et qui, dans la journée, conversait avec des êtres qu'elle était seule à voir.

Ce besoin de croire en l'au-delà, pour Tenco, lui fait retrouver la foi. Elle cherche des signes. Une infirmière, lorsqu'elle se débattait à l'hôpital entre la vie et la mort, lui a glissé sa propre croix d'or autour du cou. Elle en conclut :

« Dieu est partout. Je pourrais vivre sur une île déserte et le sentir près de moi. »

Sa conception de l'amour a changé : avant Tenco, elle aimait, affirme-t-elle, d'une façon prédatrice. Ce qui l'intéressait, c'est ce qu'un homme pouvait lui donner. Elle était dans la construction de son personnage et de son identité. Maintenant, devenue Dalida, elle se sent riche. La séduction ne l'enchante plus, elle en connaît la face sombre. Elle sait qu'à trop vouloir être aimé on risque de se brûler les ailes. Elle sait aussi qu'elle fait partie de ceux à qui le destin a beaucoup donné. Mais les cadeaux que la vie offre, elle peut les reprendre. Et Dalida, ayant beaucoup reçu, veut donner à d'autres.

« Je suis devenue capable d'aimer les autres pour eux, non pour moi-même. »

Dans le travail, elle est plus patiente : elle voit le point de vue de l'autre, sait se mettre à sa place.

Elle dit que sans sa mère et ses frères, dont elle se sent responsable, elle arrêterait de chanter. Elle parle de faire une retraite d'un mois dans un couvent, pour méditer et retrouver Dieu. Elle prend contact avec des prêtres. Mais l'Orient l'attire de plus en plus :

« Un jour Dieu se révèle, et moi, je l'avais oublié. Puisque je ne peux arrêter ma carrière pour des études de philosophie ou de théologie, j'ai décidé de me chercher un maître, un guide spirituel qui me suive partout. »

Ce qu'elle veut, c'est un gourou :

« Un de ces hommes chargés d'expérience et de sagesse vers qui les gens se tournent pour être illuminés et réconfortés. J'espère en trouver un, en Europe, disposé à prendre soin de mon âme, à veiller à mes besoins spirituels, à m'expliquer les textes des grands initiés et surtout m'aider à me connaître » *(Gente).*

Le mouvement hippie déferle sur les USA, puis sur l'Europe. Il culminera en août 1969 avec le festival de Woodstock, manifestation emblématique de « l'été de l'amour ». Les enfants du flower-power voyagent beaucoup, ils vont, pieds nus et cheveux au vent, en Inde et au Népal. Ce qu'ils veulent : « planer », échapper au quotidien décevant, aliénant. Dans la boue de Woodstock, un adepte du yoga kundalinique explique à une foule intéressée que, grâce à cette discipline qui tient à la fois de l'exercice physique et de la philosophie, il est possible de planer sans drogue. Suffit de savoir respirer... (Cf. *Woodstock,* le film.)

Et Dalida, qui ressent aussi ce besoin conjugué d'une connaissance philosophique et d'une attention portée au corps, va se mettre au yoga. On la verra bientôt en compagnie d'un jeune homme barbu, vêtu de lin blanc et chaussé de sandales, qui lui donne des cours.

Le mouvement hippie marque le début d'un culte du corps — nudisme, soleil, végétarisme, écologie, qui va s'accélérant jusqu'à aujourd'hui. Si Dalida se cherche un gourou, les *beautiful people* aussi, Beatles en tête. Ceux-ci portent leur choix sur le Maharishi Mahesh Yogi, barbu débonnaire aux yeux malins, au sourire énigmatique. Cette époque de liberté veut des chefs, et le Maharishi fait moins de dégâts que Mao. Mais les Beatles en reviendront.

Pour beaucoup, l'Inde sera une mode, qui passera sans laisser de traces. Pour Dalida, cela coïncide avec le début d'une quête intérieure qui n'aura pas de fin.

De la part de l'ex-Miss Bambino, ce chemin intrigue. Comme il paraît loin, le temps du bikini rouge à petits pois ! Pour beaucoup, l'orchidée noire et l'orchidée blonde ne peuvent être la même personne. La presse religieuse s'intéresse à elle, comme le montre cette interview de *La Vie catholique,* en novembre 1967 :

« Dieu est partout. Il faut le voir partout. Dans les gens qui nous entourent, dans les événements qui marquent notre vie. Je crois qu'il est bon et qu'il nous aime. Et que nous, nous devons essayer d'agir en sorte qu'il soit fier de nous. »

Voir la mort de près lui a appris la vie :

« C'est la fin de la vie physique, et l'âme, elle continue à vivre. En mourant, j'ai voulu en finir avec une vie absurde que je menais, et atteindre autre chose : une vérité. J'ai appris qu'il fallait vivre, et commencer à chercher cette vérité. »

Cette recherche, qui aurait pu l'éloigner de son public, va au contraire lui en apporter un autre. Une lectrice écrit au courrier de *La Vie catholique :*

« Toute l'histoire de la vie de Dalida se résume à la recherche d'une pureté que le genre humain n'a jamais cherché à lui donner. Dans la quête d'une dignité qu'il ne lui a jamais accordée. Sa tentative de suicide montre une femme seule qui n'a pas su faire face à cet imposteur qu'est le succès. »

Dalida réagit à cette lettre :

« Elle est très bien, cette femme. Elle a tout compris. »

Lucio

Les événements dramatiques qu'elle a vécus ont provoqué une passion chez le public italien, qui la réclame à grand cris. Alors, le 23 septembre 1967, elle participe à « Partitissima », l'émission musicale la plus populaire du pays, liée au loto et organisée comme une coupe de foot. Elle s'y rendra deux fois par mois pendant quatre mois et demi. Le jeu est extrêmement populaire car il y a des millions à gagner. Les six plus grandes vedettes italiennes sont présentes, chacune invitant les chanteurs qu'elle veut dans son équipe.

On interdit à Dalida d'y chanter *Ciao amore ciao :* ce serait « de mauvais goût ». Elle commence par *Mama*... Evidemment, les Italiens craquent. Le lendemain, cinquante mille disques sont vendus. Plus d'un million de lettres arriveront en sa faveur.

Lorsqu'elle gagnera Partitissima, Dalida sera la plus grande vedette de la chanson en Italie, devant Mina, Milva, Modugno, Claudio Villa, Rita Pavone... La passion, comme souvent au-delà des Alpes, prend une tournure exagérée. Dalida est constamment invitée aux grands shows télévisés. Le public ne veut voir qu'elle. Elle a trois titres dans les cinq premiers du classement. Les artistes italiens ne le lui pardonneront pas. « Le roi Villa » lui en veut particulièrement d'avoir perdu sa couronne. Dalida, déclare-t-il à la presse, est française en France, japonaise au

Japon, égyptienne au Moyen-Orient et italienne en Italie. Il l'accuse de prendre l'argent des Italiens alors qu'elle paie ses impôts en France. Des propos bien aigres pour une voix si suave...

Si les artistes italiens qui se sentent les rivaux malchanceux de Dalida savaient qu'elle vient de vivre un nouveau drame personnel, ils l'épargneraient sans doute. Mais après celui de San Remo, elle est plus décidée que jamais à préserver sa vie privée.

Lors d'une des premières émissions de Partitissima, Dalida a rencontré un jeune homme, Lucio G. Ce beau brun de vingt-deux ans, d'allure artistique et distinguée, au regard rêveur, est issu d'une famille modeste. Il s'est proposé pour jouer les figurants lors de l'émission enregistrée au Teatro delle Vittorie, équivalent de la SFP à Rome. Il s'agit pour lui de mettre un peu de beurre dans ses épinards, car cet amoureux des livres ne s'intéresse pas à la chanson populaire, à laquelle il ne connaît rien. L'émission lui apparaît comme une sorte de kermesse un peu folle, qu'il observe avec ébahissement et une pointe d'amusement.

Pourtant, ce jour-là, la vue de Dalida produit sur lui l'effet d'un choc électrique. Il admire la beauté de cette femme, sa gravité, sa noblesse, et aussi un air de solitude intérieure dans lequel il se reconnaît. Elle lui apparaît comme une reine au milieu d'une foule frivole. Il ressent le besoin impérieux d'aller lui parler. Il a compris, avec l'intuition des amoureux, dans quel état de désarroi elle se trouve. A cette époque, le regard de Dalida, transparent, lointain, semble voir jusqu'au fond des êtres et fascine les foules. Soudain, Lucio est persuadé qu'elle est la seule femme qui puisse le comprendre. Mal intégré à la société, très pur, poète, fragile, il se pose beaucoup de questions et doute de tout. Il a été très impressionné par la mort de Tenco ; on pourrait dire qu'elle a provoqué une prise de conscience dans la jeunesse italienne. Lucio écrit — des nouvelles, des contes fantastiques, des poèmes —, et il aime les textes d'avant-garde de Tenco. Il voit en Dalida la compagne tragique du chanteur sacrifié. Lucio a vingt-deux ans, Dalida trente-quatre. Pour lui, elle est la grande sœur qui peut le comprendre, et il sent que lui aussi pourrait apporter quelque chose à cette femme perdue.

Bravant sa timidité naturelle, Lucio a le courage, pour ne pas dire le culot, de se présenter à elle alors qu'elle quitte le plateau. Il a un livre des poèmes de Tenco à la main. Dalida est toujours très polie avec les fans, mais là, c'est autre chose. Elle comprend qu'il ne s'agit pas d'un fan ordinaire, qu'il a besoin d'elle, et elle reconnaît sur lui l'ombre de Tenco. Elle prend le temps de lui parler et de convenir de le revoir.

Il y a chez Lucio, comme chez elle à cette époque, une tendance au mysticisme. Il est amoureux de la femme, mais pour lui la rencontre avec Dalida représente, selon ses propres mots, « la chair au-delà de la chair », l'accession à une communion spirituelle transcendant l'amour physique. Attitude peu commune dans un temps qui se passionne pour le Kama sutra et le *free love.* Il réussit à se plonger, sans l'aide d'aucune drogue, dans des états visionnaires à la Lautréamont et les lui raconte. Elle écoute fascinée : voilà donc quelqu'un qui se pose les mêmes questions, qui est convaincu de l'existence d'un monde au-delà du monde... Son amour persistant pour Tenco l'amène à désirer établir un contact avec d'autres plans d'existence.

Et, surtout, avec Lucio, elle peut parler, parler, parler. C'est impossible avec l'entourage, trop inquiet pour elle et qui guette les signes de dépression ou de maladie. D'ailleurs, elle a l'impression d'être devenue une autre, dont les préoccupations ne trouvent pas d'écho chez ses familiers. Enfin, Lucio, anonyme, inconnu, secret, lui permet d'avoir ce dont elle rêve : une vie privée.

Dalida se rend en Italie à peu près trois jours par semaine, ils ont donc de nombreuses occasions de se voir. Le garçon devient l'ombre de la star. Il est accepté dans le clan des gens de RCA qui s'occupent de Dalida. Chaque fois qu'elle est à Rome, ils dînent ensemble, souvent en compagnie de Simone et Dossena. Et pendant des heures ils parlent, parlent, parlent toujours... Il lui explique ses fantasmes ; elle ressent une impression de communion. Ces heures volées ne suffisent pas à Lucio : lorsque Dalida est à Paris, il l'assaille de lettres, rédigées dans une prose psychédélique assez confuse, où il décrit, avec un luxe d'images poétiques, ses visions et ses rêves. Les enveloppes mêmes sont couvertes de phrases qui ont paru essentielles au jeune homme, au moment de mettre à la boîte la missive cachetée...

Dalida écrit très peu, méfiante des mains entre lesquelles ses lettres pourraient tomber. Lucio s'en plaint : « Écris-moi ! » inscrit-il sur l'enveloppe, soulignant ces mots d'un trait rageur. Alors, elle téléphone au jeune homme. Ça lui fait du bien... Elle sent là un amour sans calcul, une innocence de paradis perdu.

Surprise de Noël

Le 5 octobre 1967, Dalida fait sa rentrée à l'Olympia. Polnareff fait ses débuts à Paris, comme vedette américaine du spectacle. Entre la première et la fin de sa tournée d'été, elle n'a eu qu'un mois pour préparer son tour de chant, sans compter Partitissima. Or le music-hall est un métier de plus en plus difficile, comme Dalida l'explique dans *France-soir :*

« En 1967, le music-hall des baladins, c'est le *Capitaine Fracasse* à l'heure de l'électronique. Il faut savoir s'organiser. J'ai été la première en France à trimbaler ma propre sonorisation en tournée, à consacrer dix mille francs à un orgue électronique, cinq mille francs à une guitare électrique, à constituer un parc de voitures. Aujourd'hui, une vedette de la chanson, c'est un chef d'entreprise en mouvement. Il n'y a pas de place pour l'improvisation. »

Sur scène, elle porte une robe sans manches de Balmain, très simple, brodée de marguerites, et des chaussures à bride. Elle apporte six nouvelles chansons, dont *Je reviens te chercher, Entrez sans frapper, J'ai décidé de vivre.* Comme des appels à Tenco. Et aussi *Loin dans le temps,* adaptation française d'une chanson de Luigi dont Dalida a, pour la première fois, écrit les paroles :

« Je l'ai aimé, je l'aime encore. C'est sa chanson que je défendrai le mieux, parce que j'y mettrai tout mon cœur, comme s'il était dans la salle. »

Le 9 octobre sera le jour anniversaire de leur rencontre...

Le rideau rouge s'ouvre sur une dame tout en blanc. Elle chante d'une voix à vif, cassée, avec des aigus déchirants, *Entrez sans frapper,* écrit par Michel Fugain :

Si vous avez un jour aimé,
Si vous n'avez pu vivre après,
Qu'en murmurant le prénom de l'absent...

Un cri sorti du fond du ventre. Devant ce visage tragique, ces mains marquées de cicatrices, le public a la chair de poule. Le triomphe est inimaginable. Antoine Blondin admirera « sa voix de rocaille ». Anquetil, le vainqueur du Tour, venu l'écouter lui aussi, ira ensuite lui dire dans sa loge :

« Vous êtes un vrai champion ! »

Coquatrix exulte :

« Depuis Piaf, jamais un accueil n'avait été aussi délirant ! »

Le lendemain, la presse s'exalte. Claude Sarraute écrit dans *Le Monde :*

« Son entrée est préparée de main de maître. On a joué sans scrupule l'atout cœur : salle plongée dans l'obscurité, rideaux fermés, micro barrant d'un trait solitaire et dramatique le cercle de lumière. La tension monte, la foule s'agite et soudain se cabre dans un énorme cri quand paraît, statue drapée de blanc, celle qui a décidé de vivre. »

Dans *France-Soir,* Jacqueline Cartier dira que ce que Dalida a tué en elle, c'est Mlle Bambino.

« Elle s'avance et on la plaint, elle tend ses bras et on l'admire, elle ouvre la bouche et on s'interroge. Pour un peu, on lui en voudrait d'avoir conservé ce timbre d'acier trempé, ces r bien roulés, découpant à la scie mécanique des textes où tout rappelle pourtant qu'elle a aimé, qu'elle a souffert, qu'elle a pleuré. Ses épaules de lutteur, son profil de médaille démentent les désordres de la passion incarnés par Piaf et, sans douter un moment de sa sincérité, on a du mal à juxtaposer ces deux images opposées : celle d'une saine et vigoureuse beauté, celle d'un cœur brisé », s'étonne encore *Le Monde.*

Et, dans la salle de l'Olympia, perdu parmi les gens du monde, les journalistes, les artistes, les amis et les admirateurs, se trouve un jeune homme anonyme : Lucio. Il est venu écouter la dame de ses pensées, et découvre Paris...

L'année 1967 se termine par un Noël passé comme d'habitude en famille, et pourtant spécial. C'est à la fois le réveillon du drame et de la grande joie, car le bébé Luigino est là. Bien qu'il soit trop petit pour en profiter encore, Dalida a décoré pour lui un immense sapin, elle a amoncelé au pied de l'arbre des cadeaux recouverts de papier brillant. L'enfant voit toutes ces couleurs, toutes ces lumières. D'abord un peu effrayé, il rit.

Vers huit heures du soir, alors que la famille est réunie, on sonne à la porte.

« Je n'attends personne ! » dit Dalida au personnel.

Le maître d'hôtel revient :

« C'est un Monsieur qui s'appelle Lucio. Il dit qu'il connaît Madame. »

La famille est surprise, plutôt désagréablement, par cette intrusion. Seule Giuseppina, qui ne connaissait pourtant pas l'existence du jeune homme, réagit tout de suite de façon positive :

« Au moins, ce soir, ma fille aura quelqu'un pour parler avec elle », dit-elle à Orlando et à Rosy.

« Je voulais faire une surprise, je suis venu en auto-stop », avoue Lucio débarqué dans le salon avec son jean et son sac de voyage. Orlando le trouve touchant et se réjouit d'abord d'avoir l'occasion de le connaître et de comprendre ce qui se passe. Plein de gentillesse et de délicatesse, le jeune homme a quelque chose de christique. Il montre immédiatement de l'affection pour toute la famille et joue avec le bébé. Dalida, à ce moment, éprouve pour Lucio une grande tendresse ; pour elle, il a renoncé à passer Noël avec ses parents, il a traversé l'Italie et la France en faisant du stop par ce froid...

Orlando, qui continue à l'observer avec attention, remarque son air de pureté presque enfantine. Il s'amuse avec les petites voitures et les fait rouler avec l'enthousiasme d'un enfant... Orlando comprend que la sexualité n'est pas l'essentiel de cette relation.

« Avec le recul, dit-il aujourd'hui, je ressens parfois de la culpabilité à propos de certaines petites choses que j'aurais voulu faire différemment. Je n'ai pas compris en ce jour de Noël que ma sœur avait besoin de s'accrocher à quelqu'un qui ait le temps de parler avec elle, même s'il ne disposait pas de toutes les réponses. C'est tellement important dans la vie d'avoir quelqu'un à qui se confier... Les membres de la famille ne peuvent pas résoudre les problèmes psychiques, ils ne parlent pas toujours le même langage. Souvent, quelqu'un d'extérieur peut mieux comprendre, il a plus de distance, une vision nouvelle des choses. »

Car malgré sa sympathie pour Lucio, Orlando ne peut s'empêcher de montrer un peu d'humeur :

« Je comprends les choses mais malgré tout je garde ça en moi et je n'agis pas toujours en conséquence. J'ai fait la tête parce que je considérais qu'il n'avait pas sa place dans notre cercle de famille ce jour-là. Mon côté calabrais a pris le dessus. En plus, je le trouvais trop jeune. Je m'en veux, j'aurais dû agir comme je le sentais, mais j'ai fait le contraire. Ma sœur avait les nerfs à fleur de peau et elle me comprenait sur un regard. »

Un malaise s'installe et gâche l'ambiance. Orlando prend Dalida à part et proteste :

« Je ne comprends pas ce qu'il est venu faire ici, avec toute la famille, est-ce que c'était le moment ?

Elle le prend mal :

« Tu ne comprends rien ! Je suis chez moi, je fais ce que je veux ! J'ai besoin de quelqu'un ! »

Orlando fait signe à la famille :

« Je crois qu'on devrait la laisser seule. »

Il part continuer la soirée avec des amis. Avant de se coucher, Dalida monte voir sa mère et pleure dans ses bras :

« Maman, je ne sais plus où j'en suis... J'ai besoin de parler... C'est plus facile de parler de certaines choses avec un étranger... Bruno est parfois un peu macho... »

Giuseppina serre tendrement sa fille contre elle :

« Bien sûr, ma chérie, ne te tourmente pas pour ça... »

L'enfant perdu

Le lendemain, Lucio repart, un peu triste. Juste après, entre Noël et le jour de l'an, Dalida s'aperçoit qu'elle est enceinte.

De janvier à novembre 1967, elle n'a pas eu de relations avec un homme. Elle est la veuve de Tenco et vit comme une nonne. En novembre, la rencontre avec Lucio est une façon de retrouver quelque chose de Tenco : le jeune homme et elle communient dans le souvenir du chanteur disparu. Pour elle, il s'agit de l'union de deux esprits, davantage que de passion ou de sexualité. Pour lui, c'est bien davantage : il découvre là l'amour qu'il attendait. Lorsqu'il l'embrasse, lorsqu'il la touche, écrit-il, c'est « l'explosion de sa joie intérieure, physique, morale et spirituelle ». Il a pour elle une adoration adolescente, mais espère en un avenir commun, souhaite qu'ils puissent finir leur vie ensemble...

« Je me demande si pour elle, lorsque Lucio l'aimait, ce n'était pas Tenco qui lui faisait l'amour », dit Orlando.

Il y a donc malentendu. Mais ce malentendu a produit un résultat.

La surprise de Noël va au-delà de ce qu'elle croyait. Elle qui disait se sentir renaître porte une autre vie.

Le choc est profond. Que faire ? Quelque chose en elle s'affole. Elle convoque Orlando et Rosy dans le bureau. Ni le frère aîné ni sa mère ne sauront jamais rien.

Elle est tremblante, agitée, émue, désespérée et pourtant très calme.

« Asseyez-vous, j'ai quelque chose à vous dire. J'attends un enfant. »

La famille encaisse dans un grand silence. Elle reprend :

« C'est arrivé, ça a donné ça. Je ne sais pas quoi faire. »

Après les premiers instants de stupéfaction, ils sont tous ravis :

« C'est formidable, s'écrie Orlando, c'est exactement ce qu'il te fallait. »

Mais déjà Dalida continue :

« Je sais, il est trop jeune. Il a dix ans de moins que moi, il faut qu'il fasse ses études, il ne peut pas assumer les responsabilités d'un père. Et entre nous, il n'est pas sûr que ça dure. Je ne veux pas gâcher sa vie. »

Les arguments portent. En 1968, les mentalités n'ont pas encore vraiment évolué. On parle beaucoup d'amour libre mais la contraception n'est pas autorisée légalement. On ne vit pas ensemble comme aujourd'hui, et une mère célibataire est encore une fille mère. Quelques mois plus tard, tout va changer avec l'explosion de mai 68. Même la différence d'âge, dans les temps qui viennent, cessera d'avoir une telle importance. Mais Dalida ne peut le deviner.

« Elle était très traditionaliste, dit Orlando. La fleur d'oranger, elle y tenait, elle se l'était mise sur la tête elle-même avec son triomphe qu'elle considérait comme son union avec le public. A ce moment-là elle rêvait sans doute encore de se marier. »

Orlando acquiesce :

« C'est vrai qu'il est trop jeune. »

Alors, Rosy :

« Quelle importance ! Tu ne seras pas la première à qui ça arrive ! C'est vrai, mieux vaut ne pas te marier, à cause de la différence d'âge. Mais il faut que tu aies ton enfant. Ta mère et tes frères t'aideront à l'élever ! »

Dalida se braque :

« Je n'accepterai pas que mon fils aille à l'école et ne porte pas le nom de son père. Je ne veux pas lui infliger ça. »

Orlando demande :

« Est-ce que Lucio est au courant ? »

« Non, s'écrie-t-elle, c'est hors de question qu'il sache. Je ne veux pas lui infliger un cas de conscience pareil. Il n'est pas en situation de faire face. Ça pourrait perturber toute sa vie. »

La famille tente de lui faire comprendre à quel point ils seraient tous heureux qu'elle ait l'enfant :

« On s'en fiche qu'il n'y ait pas de père ! »

A mesure que la discussion avance, ils sont de plus en plus convaincus qu'elle doit le garder, mais Dalida, elle, se persuade du contraire :

« C'est hors de question. Si j'ai un fils, je veux qu'il ait un père et une mère. Malgré tout l'amour que vous aurez pour lui, ça ne sera pas la même chose. Je suis payée pour le savoir. Vous voyez bien que je ne peux pas épouser Lucio. Et si je ne me marie pas, je ne peux pas avoir cet enfant. »

Un silence atterré flotte. Et soudain, Dalida conclut :

« De toute façon, c'est moi qui décide. Je me donne huit jours. »

Orlando et Rosy sont partagés entre la joie et l'inquiétude. Ils espèrent qu'elle va changer d'avis. Mais en même temps, ils imaginent déjà les gros titres des journaux...

« Trente ans plus tard, ça semble tellement dérisoire, dit Orlando. Ça aurait pu la sauver d'avoir cet enfant... »

La grande finale de Partitissima a lieu le 6 janvier 1968. Dalida gagne parce que les Italiens veulent la voir gagner ; c'est presque un complot du public contre les autres artistes et les médias. C'est une tentative de rattraper la tragédie de San Remo. Les gens, culpabilisés, veulent soulager leur conscience. Les Italiens sont superstitieux...

L'Epiphanie est en Italie une fête importante. Et ceux qui votent ce jour-là ont une chance de gagner au loto.

« La voix à tant de millions... », martèle la publicité. C'est comme une coupe du monde de foot. L'image des billets de banque flotte dans l'air.

Rita Pavone, petite boule de nerfs aux cheveux carotte, à la voix acide, qu'on donnait favorite, est écrasée. Sa carrière ne s'en remettra jamais vraiment. Dalida triomphe avec une avance écrasante sur la belle Ornella Vannoni en créant *Dan dan dan.*

Dalida n'a pas voulu qu'Orlando l'accompagne.

« De toute façon, dès que c'est fini, je vous appelle », a-t-elle dit. Elle n'aura pas à le faire : Orlando se précipitera le premier sur le téléphone... Elle préfère attendre les résultats seule dans sa loge, avec une petite télévision.

Lorsqu'on lui remet le trophée, elle dit : « Là-haut, quelqu'un est content ! »

Elle n'assiste pas à la fête qui couronne la soirée. Elle dîne très simplement à l'hôtel avec Simone, Dossena et Lucio. Elle semble fatiguée et monte rapidement se coucher. Deux heures plus tard, elle reçoit le coup de fil d'un inconnu dans sa chambre d'hôtel :

« Dalida ?

— Oui...

— Je voulais seulement vous féliciter et vous remercier. Grâce à vous, j'ai gagné... »

L'homme souhaite rester anonyme pour qu'on lui fiche la paix. A son tour Dalida le félicite et lui souhaite la plus belle soirée de sa vie. Pour elle, c'est bien différent. Son drame intérieur vient de commencer. Amèrement, elle se souvient de la chanson qu'elle vient de créer, quelques heures plus tôt, à Partitissima, et que les Italiens ont adorée. Son titre, *Dan dan dan,* évoque en italien le bruit des cloches. Par une coïncidence extraordinaire, c'est l'histoire d'une femme seule qui attend un enfant :

Ce sera mon seul espoir
Quand je serai seule
La voix d'un enfant me réchauffera.

C'est au moment où elle chantait cela qu'elle a vraiment décidé de ne pas garder celui qu'elle porte...

Sa voix, ce soir-là, avait une extraordinaire force d'émotion. En l'écoutant, les gens disaient :

« C'est incroyable... C'est comme si elle le vivait... »

Ils ne peuvent imaginer que c'est vrai. En terminant la chanson, elle pleure. Elle sait que, dès le lendemain, cet enfant qu'elle porte en elle, elle ne l'aura plus... Cet enfant qui peut-être, vingt ans plus tard, aurait pu la sauver...

Au départ, elle devait rentrer d'Italie, le lendemain de l'émission, pour le mariage de Rosy, qui a lieu rue d'Orchampt. Mais, le 4, elle a appelé sa cousine :

« Ne m'en veux pas, je suis très triste de manquer ça, mais je ne peux pas faire autrement.

— Surtout, ma chérie, ne pense pas à moi, pense à toi. Fais ce qui te semble juste. »

L'avortement est alors strictement interdit en France comme en Italie. Dalida s'est souvenue du nom d'un médecin qui pratiquait des avortements chez lui. Une amie lui en avait parlé, des années plus tôt. Le secret était bien gardé, et le secret, justement, Dalida en a besoin.

On croit donc qu'elle rentre à Paris lorsque, le lendemain matin, elle monte seule dans un taxi. En fait, elle se rend chez le médecin.

Celui-ci commence par la féliciter de sa victoire. Puis il demande :

« Vous êtes sûre de votre décision ? »

Elle souffle :

« Oui... »

Mais en fait, pourquoi ? Elle s'intéressait alors beaucoup à la psychanalyse, elle répétait :

« Tout se décide très tôt, dans l'enfance, les premières années, c'est déjà joué... »

Comme elle se sentait si mal, à cette époque, craignait-elle que l'enfant ne soit perturbé ? Avait-elle peur de ne pas être une mère assez équilibrée ? Se sentait-elle infidèle à Tenco, coupable de cette vie en elle alors qu'il était mort ?

Ou bien avait-elle peur de ne pouvoir mener de front une maternité qu'elle aurait voulu parfaite, elle toujours si exigeante, et une carrière à laquelle elle ne pouvait se résoudre à renoncer, et pour laquelle, lorsqu'elle était si fragile, elle avait besoin de toute son énergie ?

Ou bien se disait-elle encore, ce qui paraît le plus vraisemblable, car la midinette en elle continuait d'attendre le prince charmant : « Je trouverai un jour un homme qui saura me protéger et élever le fils que j'aurai de lui » ?

Elle n'a pas le même sens du temps que le commun des mortels. L'idée qu'il passe ne l'atteint que sporadiquement. Alors, elle se sent vieille avant l'âge. Sinon, les années n'ont pas de prise. Comme si elle avait l'éternité devant elle...

Elle réfléchit. Se ronge. La mort a encore sur elle une grande emprise. Il faudra quatre ans pour éloigner le sentiment du froid. Donner la vie dans ces conditions... Finalement, elle se dit :

« Ce n'est pas le moment juste. Je ne veux pas mettre au monde un enfant qui hérite de mes angoisses... »

Car elle ira mieux. Elle en est sûre. Elle va se battre de toutes ses forces. L'hiver s'en ira...

« On n'a jamais su, dit Orlando. Après cette conversation en famille, elle n'a jamais voulu en reparler. Fini, tabou. Elle nous l'a bien fait comprendre. Elle ne voulait pas nous faire partager la culpabilité au cas où elle regretterait un jour la décision prise. Souvent, dans son travail, c'était pareil. Elle disait : “ Si c'est une erreur, ça sera la mienne. ” »

Qu'est-ce qui s'est passé, ce jour-là, chez le médecin, après le « oui » fatidique ? L'homme était-il mal équipé, brutal, maladroit ? Ou bien, comme chez certaines femmes hypersensibles, la culpabilité a-t-elle induit une conséquence physiologique ? Ensuite, bien qu'elle ait eu des hommes dans sa vie, plus jamais Dalida n'est tombée enceinte...

Elle descend d'avion à Paris, le lendemain, seule, l'air perdu. Dans sa main, le grand trophée de Partitissima, qu'elle brandit, pathétique. Comme pour dire :

« Regardez. Au moins, j'ai ça... »

Fais cela pour moi

Elle se sent coupable vis-à-vis de Lucio. D'origine napolitaine, le jeune homme est de condition modeste bien que très intelligent, et son grand regret est d'avoir dû arrêter ses études. Il aurait voulu se spécialiser en philosophie. Pour cela, il doit d'abord aller jusqu'au bac, trois années qu'il pense pouvoir rattraper en deux, car il est consciencieux, puis entrer à l'Université. Dans sa situation actuelle, c'est impossible. Comme pour se purifier, se pardonner à elle-même, Dalida décide de l'aider en finançant ses études. Peut-être est-ce aussi pour elle une façon de réaliser un désir par personne interposée...

Et puis, elle sait qu'elle s'éloigne maintenant de lui, irrémédiablement. L'enfant perdu est entre eux comme un obstacle. Elle veut que Lucio ait quelque chose dans sa vie pour remplir le vide qu'elle va laisser.

Dans un premier temps, le jeune homme refuse. Il ne comprend pas. Sa fierté en est même blessée. Alors, avec délicatesse, Dalida trouve l'argument : il doit accepter pour elle, pour être à la hauteur...

« Je veux un jour pouvoir être fière de toi. Donne-moi cette preuve d'amour et réussis. Ça sera ton bagage dans la vie. Il faut réaliser ses rêves. »

Cet argent qu'elle va lui envoyer, ce sera sa façon de payer sa dette à l'égard de Lucio :

« Tu vas te jeter dans tes études, ne penser qu'à ça. Même au bout du monde je serai ton amie. »

Peu à peu, Lucio comprend qu'il ne la verra plus. Il continue à lui écrire. Les lettres arriveront jusqu'en 1969, mais, au fil des mois, elles vont s'espacer. Le chagrin du jeune homme est poignant, mais il ne se plaint pas. Il est convaincu d'avoir connu un moment de grâce. Il lui envoie une poésie écrite dès qu'il a le premier pressentiment de la fin de leur histoire. Il lui dit qu'elle le maintient en vie, le réchauffe de son souffle. Quand elle l'aura quitté, « quand viendra l'heure », alors il se perdra parmi les feuilles mortes, on ne retrouvera plus son corps. Identification à Tenco ?

Le jeune homme s'exalte. Dalida est la lumière. Il se prend à espérer à nouveau. Ils attendront ensemble de rejoindre, au fond du rien, le monde extraordinaire de l'au-delà...

Mais il sent qu'elle lui devient inaccessible. Il la compare alors à une montagne qu'il escalade. Elle a plaisir à sentir ses mains gelées s'agripper à ses roches... Il est « son courageux alpiniste »...

Le temps passant, il lui parle de ses études, de ses difficultés et de ses progrès. Avec une honnêteté touchante, il détaille ses maigres dépenses, se réjouit d'avoir pu trouver ses livres de philo d'occasion, en fouinant dans toutes les librairies...

On ne retrouvera pas le corps de Lucio sous les feuilles mortes. Quelques années plus tard, ses études terminées, il se mariera. Alors Dalida n'entendra plus parler de lui. Mais, après sa mort, un petit bouquet arrivera rue d'Orchampt. Juste accompagné d'un nom : « Lucio ». Ce nom qui, en italien, signifie lumière...

Révolution

A un angle de la rue Lepic se trouve un petit restaurant très à la mode, « Le Coup de frein ». Brigitte Bardot et Jacques Charrier y ont dîné le soir de leur mariage. Le patron, Gérard Pédron, est un fan de Dalida : sa chambre est tapissée de ses photos. Plus tard, il créera « Le Bistro du port » et « Les Jardins du Louvre », puis, grâce à Dalida dont il dit qu'elle lui a inculqué l'amour du métier, il deviendra le producteur de Jean-Luc Lahaye.

Chaque soir, Orlando, pour se changer les idées, y va dîner. En fait, il continue à penser à Dalida, puisqu'il parle d'elle avec Gérard Pédron. Il y rencontre Graziano et sa femme Anna. Graziano a une boutique de décoration rue Marbœuf, sa femme tient un stand aux Puces. Après avoir appris le suicide de Dalida, Anna se rendait tous les jours à l'église afin de prier pour elle, et chaque fois, en passant devant la maison de la rue d'Orchampt, elle jetait une fleur par-dessus la grille.

Rapidement, Graziano devient pour Orlando plus qu'un ami : un frère. Lorsque Gérard Pédron abandonnera la restauration, Graziano le remplacera au « Coup de frein ». Et, quelques années plus tard, il reprendra « Le Moulin de la galette », un des endroits les plus pittoresques du vieux Montmartre, qu'il rebaptisera « Da Graziano ». Aujourd'hui encore, ce restaurant à la cuisine raffinée est comme un hommage à Dalida. La salle au décor Belle Epoque, avec boiseries sombres, velours rouge et glaces, nappes de dentelle blanche, s'ouvre sur un jardin à l'ancienne. Les murs sont décorés de photos de Dalida qui en avait fait son refuge préféré et dont une chanson, *Le Restaurant italien,* lui est dédié.

Graziano tire les tarots, lit dans les lignes de la main : Dalida est ravie.

« Elle voulait savoir, dit-il. Après sa tentative de suicide, on s'est regroupés autour d'elle pour la protéger, parce qu'on sentait, à côté de sa force extraordinaire, son extrême fragilité. »

Graziano fait partie de la bande d'amis qui se rendent chez Dalida, le dimanche après-midi, pour jouer aux cartes :

« Le soir, on faisait à dîner, à la bonne franquette, on mettait tous la main à la pâte. La soirée se prolongeait jusqu'à deux ou trois heures du matin. Dalida adorait jouer, mais détestait perdre. Et elle était si fière et heureuse quand elle gagnait ! Nous, on se réjouissait de la voir contente, car on savait qu'elle passait par des moments très durs. Elle disait parfois :

« Je ne sais plus où j'en suis... »

Et, encore une fois, elle précède de peu le mouvement de l'époque. La France non plus ne sait pas où elle en est. La société change, les conventions craquent. Le pays, bon gré mal gré, fait sa révolution.

Pourtant, lorsqu'un Mai turbulent embrase Paris, Dalida est loin. Elle chante dans les Dom-Tom, la Réunion, Cayenne. Elle y visite le bagne, en est très impressionnée. La mer est d'un gris sinistre, on croit voir, sous la surface, les ombres des requins. Le ciel est gris aussi, très bas, l'air d'une humidité étouffante, la végétation rampante, agressive. Elle pense au désespoir des hommes déportés, pour une vétille souvent, enterrés vivants dans cet enfer tropical, usés de labeur inutile.

Pendant ce temps-là, sur les barricades, les étudiants de la métropole veulent la liberté. Mai terminé, la révolution politique avorte mais celle des mœurs est en marche. Téméraire, joyeuse, naïve, jeune enfin, la nouvelle génération veut interdire d'interdire :

« Soyons réalistes, demandons l'impossible. »

« Une seule solution, autre chose. »

Elle apprend ces slogans lointains par les journaux, mais de cœur, instinctivement, tout de suite, elle est avec eux. Cette rage de vivre lui plaît. Rapidement, pourtant, la fête n'est plus si gaie : grèves, menaces de coup d'Etat, casses.

Elle est à Dakar, à Abidjan quand de Gaulle reprend la situation en main. Lorsqu'il part, Dalida le déplore :

« On a perdu un grand homme. Un jour, on le regrettera. »

Ce goût de l'ordre étonne à première vue. Pascal Sevran dira qu'on n'aurait pas été surpris de la voir sur les barricades. Et Orlando renchérit :

« Heureusement qu'elle n'était pas là ! Elle n'aurait pas pu s'en empêcher, on aurait encore eu des ennuis ! »

Pour le premier anniversaire de la mort de Tenco, Dalida a assisté, le visage bouleversé, les yeux cernés protégés par des lunettes noires, à une messe de souvenir. Une fois encore, elle a fleuri la sépulture de celui qui repose pour l'éternité auprès d'un père qu'il n'a pas connu.

En ce jour triste, Dalida constate pourtant qu'enfin Tenco n'est plus seul ni incompris. Beaucoup de fans sont là, la sépulture est couverte de fleurs. Rançon du succès, les paparazzi bourdonnent, malgré les efforts de Tino Tenco pour les éloigner.

Une ombre tragique plane sur le festival de San Remo qui se déroule au même moment. Cela n'empêche pas les organisateurs de songer déjà à un retour de Dalida, qui effacerait la honte.

« Je hais cette ville, je n'y retournerais pas même si je devais mourir de faim », rétorque-t-elle.

L'affaire Tenco entre dans la légende. Année après année, la presse italienne reviendra sur le triste sort de ceux qu'elle appelle « les Roméo et Juliette du XXe siècle ». Et, peu à peu, comme toute légende, elle s'enrichit, connaît des versions diverses, et perd de vue la réalité initiale.

« Je dois encore beaucoup pleurer », dit Dalida. Comme si elle devait traverser une mer de larmes pour se retrouver à bon port...

Le travail lui sert encore une fois d'anesthésiant et d'euphorisant. Elle joue dans un film de Sergio Simonetti, *Io ti amo,* avec Alberto Lupo, dans la tradition néo-réaliste de De Sica, mais avec quelque chose de mystique. *Un homme et une femme* italien. Pour la première fois, Dalida incarne un personnage dramatique.

« Je n'aurais pas pu l'accepter il y a quelques mois, car je n'avais pas encore appris à souffrir. Aujourd'hui, je sais. »

La valeur souffrance n'empêche pas la déception : le film est truffé de ses chansons. Elle se lève au milieu de la projection et quitte la salle en disant :

« Je croyais tourner un film sérieux, mais on exploite la chanteuse et non l'actrice. »

Elle achète, à Rome, un minuscule appartement sous les toits. Pourtant, elle n'y habitera jamais. Elle rencontre, dans la Ville éternelle, un jésuite, le Padre Rotondo, avec qui elle parle de spiritualité. Il l'invite à son centre de jeunesse de Castel Gandolfo, « Villa Sorriso », pour y méditer. Elle dit :

« Je prie Dieu qu'il me permette de trouver l'équilibre, qui est la clé de tout. »

Elle assiste à la messe pontificale à Saint-Pierre de Rome. Perdue parmi la foule, elle éprouve une profonde sensation de paix. Au fond de la nef, Pie XII apparaît, vêtu de blanc, très pâle. Courbé par la maladie, il marche difficilement. Sur ses épaules semblent peser toutes les souffrances du monde.

« Il va mourir », pense Dalida. Soudain, ses propres peines ne sont rien, elle a honte de ses faiblesses. Ensuite, elle se promène longtemps dans les rues de Rome, erre le long du Tibre, sur les petites places du Trastevere. Elle a une sensation de légèreté et de bonheur : elle sait qu'une autre femme est en train de naître, sa quête ne sera pas en vain. Elle est devenue capable de jouir des choses les plus simples.

1968 est aussi pour elle l'année de tous les honneurs. En juin, elle reçoit la croix de vermeil de commandeur des arts, des sciences et des lettres, pour sa qualité d'ambassadrice de la chanson française à l'étranger. Le 17 novembre, elle est élue marraine des Poulbots immortalisés par le célèbre dessinateur Francis Poulbot qui le premier nourrissait et habillait les quarante petits déshérités de Montmartre. Dalida s'amuse beaucoup de défiler en tête de leur fanfare en brandissant leur drapeau. Pour eux, elle organisera des fêtes, des goûters, financera des manifestations.

Le 5 décembre, le général de Gaulle lui remet, dans les salons de l'Hôtel de Ville, la médaille de la Présidence de la République. Ces récompenses renforcent sa nouvelle image, marquent des jalons sur la route de sa transformation.

Elle chante *Le Temps des fleurs,* mais l'orchidée brune ne se mue pas en l'orchidée blonde du jour au lendemain ; la métamorphose prend du temps. En quatorze ans, elle a perdu douze kilos. Affirme :

« Je ne suis pas la mode, je suis une perpétuelle décalée » et aussi « Je ne renie jamais rien ».

A cette époque, elle s'occupe davantage de son âme que de son public. Lors de ses galas, elle se comporte en professionnelle, mais la flamme semble momentanément éteinte. L'insouciance l'a quittée, l'enthousiasme naïf a fait place au questionnement. Ce qu'elle veut savoir, c'est qui est Yolanda. Dalida la gêne, son bonheur sur scène en est troublé.

En 68, elle a reçu l'oscar italien, Canzonissima, et elle participe au Cantogiro, gigantesque tournée populaire où à chaque étape les vedettes arrivent en voiture décapotable. En Italie comme en France, le public la prend pour une sainte et veut la toucher.

Elle mise sur la durée et l'authenticité :

« Dans ce métier il faut toujours donner le maximum de soi-même. Le public ne peut alors faire autrement que vous accepter. Pourtant, contrairement à Brel, Bécaud, Aznavour, qui sont maîtres de leurs chansons, je ne suis qu'une interprète. Je cours après les chansons qui m'habillent bien, mais quelquefois je me trompe : la robe est belle mais elle ne me va pas. »

Rencontre avec la sagesse

Lors du deuxième anniversaire de la mort de Tenco, en 1969, la mère de Luigi lui écrit :

« Vous n'êtes responsable de rien. Vous ne devez plus souffrir. Il faut oublier, vous remarier. »

Un jour, à la télévision, un homme : Arnaud Desjardins. Une figure de spiritualité, auteur des *Chemins de la sagesse.* Grand voyageur et homme de culture, il est également producteur et réalisateur de films. Initié au bouddhisme au Tibet par l'un des plus grands maîtres, il rapporte des images uniques de cérémonies trantriques jusque-là secrètes, mais que les moines l'ont laissé filmer, craignant que les persécutions chinoises ne détruisent des millénaires de réflexions et de recherches. Ce sera « Le message des Tibétains ». De 1965 à 1967, Desjardins effectue trente et un mille kilomètres en Land-Rover. Il parcourt le Tibet, l'Afghanistan, l'Inde, le Sikkim, l'Himalaya, le Bhoutan. Il se rend compte qu'on peut à la télévision « faire du travail professionnel avec des moyens d'amateur », et réalise des documentaires de haute qualité. Ce fils de la bourgeoisie protestante nîmoise connaît aussi très bien l'hindouisme et le soufisme. Il écrit également sur les Evangiles, et apparaît comme le grand maître zen français.

Arnaud Desjardins passe une partie de l'année en Inde. Il y suit les enseignements du sage Swami Prajnanpad. Lorsqu'il est en France, il donne des conférences. Dalida, qui a acheté et dévoré *Les Chemins de la sagesse,* apprend qu'il doit parler à la salle Pleyel avec un moine japonais, Sensei Dashimaru. Elle se glisse dans le public. Quelque temps plus tard, à nouveau, on signale à Desjardins que Dalida est dans la salle.

Dalida est alors pour lui « une jeune chanteuse au répertoire facile, à l'image superficielle » (*Télé 7 Jours,* avril 1990). Il s'étonne de la revoir alors qu'il parle, un soir, rue Bergère, pour l'association « L'homme et la connaissance ».

Son charisme assure à Arnaud Desjardins un afflux d'admiratrices. Lorsque Dalida vient le voir à l'issue de la conférence pour lui demander de signer son exemplaire des *Chemins de la sagesse,* elle est loin d'être la seule. Desjardins a d'ailleurs, à cette époque, une soif de reconnaissance. Il aime qu'on se presse autour de lui et qu'on le fête.

Lorsqu'il inscrit son nom sur l'exemplaire qu'elle lui tend, Desjardins constate qu'il est souligné et annoté. Cela le touche. Entre lui et la chanteuse, le magnétisme est immédiat. Dalida est impressionnée par cet homme au regard intense sous des sourcils fournis, au large front dégarni d'intellectuel, au sourire à la fois mystique et débonnaire. Grand, très droit, il est simplement vêtu d'un pull à col roulé et d'un pantalon de velours. Il émane de lui force morale et sérénité. Dalida voit devant elle le maître susceptible de lui apporter les réponses qu'elle attend. Elle ne sait pas qu'il est lui-même en recherche.

Dalida ayant, elle aussi, des « demandes insatisfaites », selon l'expression de Desjardins, ils sympathisent. D'autant qu'ils ont un ami commun, le chanteur Gianni Esposito, qui a participé à un spectacle de Dalida et lui écrit une chanson. Dalida apprécie son côté mystique qui correspond à la phase qu'elle est en train de traverser. Esposito, un jour, convie Desjardins à venir dîner rue d'Orchampt.

Pour contenter son besoin de culture et de réflexion, Dalida a fait de sa maison, à cette période, « le dernier salon où l'on cause ». Philosophes, médecins, scientifiques, écrivains, peintres participent à ces soirées. Avant de les recevoir, elle se renseigne, avec une application touchante, sur leur parcours et sur leurs œuvres, afin d'être sûre que la conversation ne languira pas.

Ce soir-là, comme d'habitude, elle a disposé des fleurs dans les vases, dressé une table raffinée, allumé des bougies dans les candélabres d'argent. Un feu brûle gaiement dans la cheminée. Exceptionnellement, elle a donné congé à son couple de domestiques et fait elle-même la cuisine. Lorsque c'est le cas, elle aime préparer de gigantesques salades composées.

Arnaud Desjardins est sidéré par la simplicité de la chanteuse :

« Elle allait et venait dans sa cuisine, pas maquillée, très belle, les cheveux relevés en chignon, ce qui lui donnait encore plus d'allure. A trente-six ans, Dalida avait pris conscience de l'éphémère des bravos et de l'adulation, du bonheur illusoire que procure l'argent même si on est née pauvre comme elle, de l'amertume des amours disloquées, du désespoir. Elle cherchait une lumière autre que celle du jour pour comprendre les profondeurs de la vie. Tout de suite, j'ai été conquis par sa sincérité. »

Durant le dîner se reproduit cet effet de compréhension immédiate, au-delà des mots échangés et des contingences de l'instant, qui avait lié Dalida et Luigi Tenco. Dalida et Desjardins partagent, comme Dalida et Tenco, le goût de l'absolu. Mais la pratique du bouddhisme tantrique, son initiation dans les conditions très rudes des monastères tibétains isolés dans les montagnes ont conféré à ce quadragénaire solidité et assise. Il n'a pas le côté écorché vif de Luigi, ou plutôt il l'a perdu. Elevé dans une austère famille protestante, Arnaud a été un jeune homme timide, inhibé par les interdits et les conventions. Il s'est libéré de ce carcan moraliste au cours de ce qu'il appelle sa « déséducation ». Il a complété son apprentissage de la spiritualité hindouiste et tibétaine par celui du zen, forme japonaise du bouddhisme.

Au contraire du visage torturé de Jésus, le Bouddha sourit, de ce sourire ineffable qui exprime un dépassement de la souffrance par la connaissance de l'inanité des passions. Le bouddhisme apaise et libère parce qu'il délivre des illusions.

N'est-ce pas justement de cela que Dalida se sent prisonnière ? Déjà, la naissance de son neveu Luigi, en qui elle voit une sorte de réincarnation de Tenco, lui est apparue comme le signe que d'un mal peut sortir un bien. Le bouddhisme, comme d'autres sagesses orientales, croit en un rééquilibrage du bien et du mal. Dalida voit là un message d'espoir. Ce n'est pas une religion de la passion, mais de la compassion. Il enseigne que le véritable amour est l'ouverture à l'autre, au monde et aux choses. Le contraire de cet amour avide et prédateur dont elle ne veut plus, car il la laissait insatisfaite, vide, désespérée.

Desjardins affirme que chacun façonne son destin :

« Nous pouvons soit aller vers la liberté foncière de notre nature profonde, vers l'éveil, soit renforcer nos conditionnements en abondant dans les fonctionnements passionnels et conflictuels » *(Dialogue à deux voies)*.

Pour Dalida, cette rencontre est comme une lumière au bout d'un tunnel. Après ce dîner, elle veut revoir le sage, reprendre le passionnant dialogue. Si elle se montre en amour assez traditionnelle, aimant se soumettre aux désirs d'un homme, cela ne recouvre pas vraiment la réalité. Car, dans un premier temps, c'est elle qui décide. Pour elle, séduire, c'est donner à l'autre l'envie de la séduire :

« C'est la femme qui choisit, affirme-t-elle, mais l'homme ne doit pas s'en apercevoir. »

Arnaud Desjardins ne se méfie pas, tant il perçoit d'authenticité chez celle qu'il appellera toujours Yolanda, pour bien montrer que c'est la femme qui l'intéresse, et non la star. Ils se revoient, tantôt chez lui rue Soufflot, tantôt chez elle. Il aime beaucoup la maison de Montmartre :

« C'était silencieux, le décor était vieillot, pas du tout moderne. Ça me rappelait des souvenirs d'enfance. »

L'enfance... Selon son biographe Gilles Farcet, le traumatisme fondamental, pour Desjardins, aurait été la naissance d'un frère cadet, coupable de lui voler l'amour de sa mère. C'est cet amour perdu qu'il s'évertue à rechercher. Comme Dalida, c'est un hypersensible, et la blessure est profonde.

Lorsque Dalida ira voir Swami Prajnanpad, le gourou de Dalida, celui-ci lui dira :

« Alors, vous aimez Arnaud ? Savez-vous qu'Arnaud est un enfant ? »

A quoi Arnaud répondra lui-même :

« Un enfant qui ne s'intéresse plus à une chose, il l'abandonne tout de suite. Mais un enfant qui tient encore à un objet, il ne veut pas le lâcher — Donne ! Prête ton jouet ! — sauf si la contrainte et les chantages affectifs des adultes sont trop forts. »

Toujours Dalida choisit des hommes que leur tempérament semble prédisposer à incarner le père, mais qui sont en réalité faibles, et à qui elle croit pouvoir insuffler la force. Cette force qui est en elle et qu'elle ne se pardonne pas de posséder. Parce qu'elle l'a acquise, justement, grâce à la mort de son père, qui l'a obligée à se débrouiller toute seule... Cette force qu'il faut donc redonner à un homme pour que se reconstitue enfin le paradis perdu de l'enfance...

Desjardins trouve en Dalida une élève intelligente, fine, valorisante. Elle fait preuve d'une curiosité inlassable pour la spiritualité et la connaissance de soi. Il découvre, en lieu et place de l'ex-Mlle Bambino, une femme profonde, que son image superficielle tourmente :

« Elle se désespérait que le public juge mal les artistes et leur dénie le droit d'avoir un intérêt spirituel ou psychologique. Du coup, elle doutait de son métier, ne voulait plus voir les gens du milieu. »

En 1969, Maurice Béjart est la vedette de l'émission de Pierre Dumayet, « L'invité du dimanche ». Féru d'orientalisme, le chorégraphe invite à son tour Arnaud Desjardins. Ce dernier parle de l'amour.

« Pas n'importe quel amour, pas celui qui asservit, celui qui libère, qui élève. En français, on dit " tomber amoureux ", comme si l'amour devait faire déchoir. Quelle erreur ! On devrait plutôt dire " s'élever amoureux " ! »

Ces propos bouleversent Dalida. Elle qui se revendiquait « esclave de l'amour » sait maintenant que ce type de lien a manqué lui coûter la vie. Or, voici que cet homme, Arnaud Desjardins, dit qu'on peut aimer sans risquer de s'empoisonner et de chuter dans l'abîme : bien au contraire...

Après l'émission, Dalida contacte à nouveau Desjardins. Elle lui confie avoir été profondément remuée. A son tour, Arnaud est bouleversé. Il comprend que ce qu'il prenait pour une amitié est bien, en fait, de l'amour, cet amour qui enrichit, qui élève, dont il a parlé avec tant de conviction sans savoir ce qui l'inspirait... Alors, il se déclare :

« Je ne peux plus faire semblant de parler philosophie. Je suis très attiré par vous, sentimentalement et physiquement. »

Si tu ne veux plus que je chante...

L'attirance est réciproque. Dalida s'empresse d'avouer à son tour qu'elle aime. Mais presque aussitôt, elle surprend Desjardins en ajoutant cette phrase, qu'il trouve « inattendue, incompréhensible » :

« Si tu ne veux plus que je chante, j'arrête de chanter. »

Alors qu'elle croit avoir trouvé l'amour qui libère, qui enrichit, voilà qu'elle propose d'emblée le plus grand sacrifice, abandonner ce qu'elle aime par-dessus tout...

Suite à sa lecture de Freud — « mon écrivain préféré, l'homme que j'admire le plus » — et de l'autobiographie de Jung, Dalida a commencé à écrire une sorte de journal de sa quête intérieure. Notes gribouillées sur de petits carnets, entre des menus de réception et des plans de travail, feuillets épars, ou cahiers remplis d'une écriture appliquée, puis raturés, réécrits. Elle y parle du lien qui existe pour elle entre le souvenir de son père et la chanson :

« A quel point je ressemble à mon père. Colère comme mon père. Je suis toujours triste quand je pars en voyage pour travailler. Quand j'étais enfant, je pensais que mon père ne m'aimait pas. C'est pour cela qu'actuellement souvent je pense qu'on m'aime parce que je suis Dalida et pas Yolanda. Et si je suis devenue Dalida, c'est parce que je savais qu'ainsi l'on m'aimerait. J'ai remplacé mon père par la chanson. D'ailleurs, c'est la seule chose à laquelle je sois restée fidèle. »

Quand Dalida propose à Desjardins, alors qu'il vient de lui déclarer son amour, d'abandonner la chanson, elle lui propose de renoncer à son père. Pour aimer vraiment un homme. Mais comment lui, à ce stade de leur relation, pourrait-il le comprendre ?

Quelque temps plus tard, il demandera effectivement à Dalida d'abandonner la chanson pour le suivre et partager sa vie, qui s'accommode mal des paillettes et des articles dans les magazines à grand tirage. Mais, en fait, l'homme pour qui Dalida quitterait la chanson, ce substitut paternel, deviendrait par là même le père pour elle. Ainsi écrit-elle encore :

« Quand j'ai voulu quitter la chanson pour Luigi, c'est qu'en lui j'avais trouvé mon père. Luigi mourant j'ai perdu mon père mais aussi ce que la chanson représente pour moi. Je me suis également sentie coupable parce que, ne pouvant pas avoir mon père, j'ai voulu le dépasser. J'ai voulu me venger de lui. Luigi mourant pour une chanson, j'ai été doublement touchée : par sa mort et par sa cause — en apparence, la chanson — et je me suis punie. »

Elle cherche un père sévère et lorsqu'il se présente, elle le refuse :

« Mon père me battait. Mais en amour, je n'aime pas qu'on me batte. »

L'amour est pour elle ambivalence :

« J'avais honte de mon père. Pourquoi je ne parviens pas à remplacer mon père ? »

Arnaud aussi sera déchiré : par la nécessité de renoncer pour Dalila à une épouse qui l'a toujours secondé dans ses recherches et à des enfants qu'il ne pourra supporter de voir souffrir. Profondément épris, il est ébloui par celle en qui il pense avoir découvert l'amour total. Face à cela, son engagement ne saurait être partiel. Homme de vérité et de clarté, il propose très vite de divorcer. Mais, pour l'instant, ils décident de garder le secret.

« Dalida était la première à ne pas vouloir que mon nom soit divulgué, raconte encore Desjardins. Elle voulait que son nouvel amour soit pur, intouchable. Elle le voulait d'autant plus pour mes enfants. Pour rien au monde elle n'aurait voulu perturber leur équilibre. »

Aux yeux du public, Desjardins reste donc l'homme qui mène Dalida sur les chemins de la sagesse, tout comme Tenco n'était qu'un « collègue ». Rosy et Orlando, ravis que Dalida ait trouvé un homme sérieux, sur qui elle peut s'appuyer, respirent enfin. Tout en s'effrayant bien sûr de cette folle proposition : « Si tu ne veux plus que je chante... »

Un peu désemparé tout de même par cette révolution dans sa vie, Desjardins emmène son amour en Inde pour la présenter à son maître spirituel tibétain. D'abord, il veut des conseils pour lui-même. Car le secret ne pourra être gardé longtemps. Habitué à être vénéré d'un cénacle restreint d'admirateurs, rodé aux salles de deux cents personnes, il commence à goûter aux charmes aigre-doux de la célébrité par star interposée. Sous prétexte qu'il la suit partout, on l'appelle « le minet de Dalida ». L'expression est d'autant plus vexante que Desjardins n'a vraiment pas une tête de minet de drugstore.

Son propre public désapprouve. Le gourou est tombé de son piédestal. Quelle que soit la soif de spiritualité de Dalida, il est difficile d'imaginer que seul son corps astral intéresse un homme. Desjardins reçoit rapidement un courrier aussi abondant que peu aimable. Les adeptes de la sagesse, déchaînés, lui reprochent sa « déchéance ».

« Ils menaçaient d'interrompre mes conférences salle Pleyel en scandant " Dalida, Dalida ! " jusqu'au moment où je devrais partir, regrette-t-il. Cela n'est jamais arrivé. Mais j'étais prêt à recevoir des coups sans broncher, comme me l'avait conseillé Swami. Cela en valait le coup, car Dalida était une femme admirable. »

Après le maître tibétain de Desjardins, Dalida rencontre au Bengale l'Hindou Swami Prajnanpad. Elle ne lui inspire que des louanges :

« Elle est intelligente, noble et droite », dit-il.

Mais, après le retour de Desjardins en France, le maître écrit depuis son ashram campagnard. Ça ne durera pas entre Dalida et Arnaud, pense-t-il.

Et quant à croire que Dalida pourra s'arrêter de chanter, ça, c'est impossible.

Horizons lointains

Desjardins ne saurait non plus attendre de Dalida, explique le swami, qu'elle renonce à être elle-même pour lui. La rencontre avec Swamiji a beaucoup impressionné la chanteuse. Trois ans de suite, elle retournera à l'ashram de Channa pour suivre les enseignements du sage. Une correspondance en anglais, qui durera des années, s'établit entre le vieil Hindou vivant dans l'ascétisme et la star européenne. Pour Swamiji,

« L'artiste est comme un enfant qui exprime des émotions réprimées. »

Donc, elle n'a pas le choix : elle doit chanter, même si c'est l'expression de sa névrose :

« Quand l'inconscient est très fort, cela s'appelle une destinée. »

Elle écrit ses doutes :

« Sommes-nous faits l'un pour l'autre ? Arnaud m'accepte-t-il avec mon métier ? »

Elle se sent déchirée. Déjà, l'homme auprès de qui elle pensait trouver la sérénité lui apporte le trouble :

« Arnaud sème le doute dans mon âme. Il m'enlève l'enthousiasme pour mon travail. »

De nouveau consulté, Swamiji dit à Dalida qu'elle refuse de faire confiance à Arnaud, car elle craint de perdre son indépendance. Ce qui n'est qu'une réaction de son ego...

Et il ajoute :

« En amour, la victoire est la défaite, la défaite est la victoire. »

Elle s'étonne de souffrir toujours autant, a des palpitations le matin au réveil et le soir, des crises d'angoisse :

« Le soir en me couchant j'ai eu des angoisses très fortes. Je plongeais dans un gouffre sans fond. Je ne cherche plus à savoir, je ne sais plus rien, c'est affreusement pénible. »

Et à nouveau, de temps à autre, des pulsions suicidaires :

« J'ai tellement souffert que parfois je voudrais mourir et être en paix. »

Elle se souvient du coma comme un moment de repos, au fond duquel seul l'angoissait la perspective d'un retour au passé :

« Quand je suis sortie du coma, une image se formait chaque fois que je fermais les yeux. Un immense champ de blé qui bouge sous un vent léger. L'horizon était formé par un très vieux mur orné de figures d'anciennes civilisations, que je ne parvenais pas à reconnaître. C'était angoissant. »

En même temps, Dalida suit à Paris une psychothérapie jungienne. Celle-ci l'incite à se souvenir de ses rêves qu'elle note soigneusement sur un de ses carnets. Elle en parle dans une lettre à Swamiji datant du 12 mai 1970 :

« Actuellement je suis en train de faire une analyse selon la méthode de Jung, pour les rêves. Beaucoup de souvenirs d'enfance reviennent. Rien qu'avec ce dont je me rappelle consciemment, il y a de quoi traumatiser une armée entière. Je fais de gros efforts pour savoir qui en moi parle. C'est un véritable parlement, comment unifier tous ses membres ? C'est très difficile, mais la difficulté a toujours été, depuis que je suis née, ma plus grande amie, c'est ce qui m'a aidée à progresser, à évoluer, à me faire une place dans le monde, à réussir dans la vie. Elle et sa sœur la souffrance. Toutes deux m'aideront à réussir ma vie. »

De plus en plus, elle se rend compte que « l'amour pour Arnaud se mélange avec un sentiment de peine » :

« D'une certaine manière, dans le rapport avec Arnaud je suis en faute car j'étais tombée en enfance, je n'étais plus moi-même, je ne distinguais plus le vrai du faux. »

Elle s'interroge encore :

« Exerce-t-il un certain hypnotisme sur moi ? »

Il lui semble sentir quelque chose d'occulte, des vibrations négatives. Lorsqu'elle lui en parle, il en est à juste titre blessé. Les doutes de Dalida persistent ; elle souffre maintenant beaucoup d'un amour qu'elle sent déjà se dégrader :

« Je dois l'aimer, sinon je n'aurais pas pu supporter tant de divisions, de déchirements intérieurs. »

L'été suivant, Arnaud Desjardins retourne en Inde avec Dalida. Cette fois, la mousson a commencé. L'Inde entière ruisselle. La chaleur humide est étouffante et les moustiques virulents. L'ashram du swami est inondé, il a dû déménager. Il vit maintenant dans des baraquements dépourvus d'électricité. Cette fois, Arnaud a apporté un disque de Dalida. Ayant trouvé un endroit où il est possible de brancher un électrophone, il le passe. A sa grande stupeur, le swami l'écoute « religieusement ». Desjardins est sidéré. En 1966, lors de la projection du « Message des Tibétains », le sage s'était contenté de l'écouter un quart d'heure, « pour le tester ». Or la voix de Dalida semble l'intéresser beaucoup plus que les images colorées représentant les danses sacrées et les rituels secrets de l'ancien Tibet que Desjardins a eu tant de difficulté à filmer...

« Là, il semblait non seulement intéressé mais subjugué, alors que je pensais que, comme moi, il n'appréciait que l'art sacré. »

Dalida, conclut le swami, chante beaucoup mieux que Desjardins n'écrit ou ne filme. Dalida, elle, n'exprime que son être même, et sa sincérité est totale.

« Vous, ajoute-t-il avec la brutalité sans détour du vrai gourou, ce n'est pas juste d'écrire *Les Chemins de la sagesse* alors que vous n'êtes pas un sage. Le disque, en revanche, tel qu'il est, sonne juste. »

Après la mort de Dalida, Desjardins n'hésitera pas à rapporter ces propos dans une grande interview à *Télé 7-Jours,* ce qui témoigne d'un goût certain de la vérité et d'un effort méritoire vers la sagesse.

A nouveau, le swami conseille à Dalida de continuer à chanter : c'est ainsi qu'elle peut le mieux aider les autres, c'est ce qui justifie sa présence sur terre. Pourquoi priver le monde de ce qu'elle peut lui apporter de plus précieux ? Une fois de plus, celle qui avait pensé un moment pouvoir redevenir définitivement Yolanda est ramenée vers ce qui a cessé depuis longtemps d'être le désir de « devenir quelqu'un » pour se muer en une vocation, et même, sous les encouragements du sage hindou, une mission...

Les révélations du swami sont difficiles à entendre et les conditions de séjour spartiates. Mais Dalida a toujours apprécié la vérité et le dépouillement. Elle aime donc l'Inde, et les Indiens le lui rendent bien. Ils voient avec quelle aisance elle abandonne pendant un mois maquillage, robes somptueuses, palaces et domestiques pour se lever à cinq heures du matin, méditer avec le saint homme dans le jardin, face au soleil levant, s'asseoir dans l'inconfortable position du lotus, le visage nu, les cheveux tirés, enroulée dans un sari de coton. Elle prend un repas frugal composé de riz, de yaourt et de fruits. Le soir, après un concert de musique indienne, elle médite devant une fleur, pour se pénétrer de la beauté du monde, présente dans l'infiniment petit.

« Le travail que je fais ici est passionnant. C'est vraiment vivre dans le sommeil que ne pas se connaître soi-même. »

Elle poursuivra cette recherche mais commence alors à avoir des doutes : c'est beaucoup de souffrance pour un bénéfice incertain et à très long terme. Elle écrit :

« Ashram de Channa, vendredi 29.1.71, 18 h. A peine arrivée à l'ashram j'ai déjà envie de repartir. Je suis très triste. Mais je sais aussi que c'est au centre de ma souffrance que jaillira la lumière. Je me demande si c'est du courage ou du masochisme, ou les deux à la fois. »

Dalida comprend en Inde qu'elle est l'« être de chant ». Elle écrit à Swamiji, le 12 mai 1970 :

« Quand je chante, je suis chanson. Chanter c'est donner aux autres à travers les chansons. C'est cette communion qui fait qu'on est tous chanson, chanteuse, public. C'est le seul moment où je suis unifiée. Je suis heureuse seulement si je me suis donnée tout entière. Je suis vidée physiquement pendant quelques instants mais pleine de paix parce que je leur ai donné tout moi-même. »

Et encore :

« La chanson est le seul moment où je m'oublie, où je suis disponible. »

S'unifier. Ne plus être ce chant de bataille où s'affrontent Yolanda et Dalida, la femme et la star.

S'oublier. Puisqu'elle est souffrance :

« J'ai tellement souffert que je me suis dit : la seule liberté, c'est se libérer de la souffrance. »

Peu à peu, Dalida et Arnaud comprennent que le Swami a raison. Ils ne sont pas faits l'un pour l'autre et Arnaud ne divorcera pas. L'acceptation est sans doute nécessaire, elle n'en reste pas moins douloureuse. Le 7 avril 1970, Dalida écrit à Desjardins :

« J'ai peur de me tromper. Ce serait terrible pour toi, pour les enfants, pour Denise, terrible pour moi.

« Quand nous sacrifions les dons de Dieu pour un amour humain, le destin se venge. Seul le renoncement pour l'amour de Dieu est acceptable. Je prie : " Que la volonté de Dieu soit faite, et non la mienne. "

« C'est très difficile pour moi d'écrire cette lettre, mais je dois le faire parce que je t'aime. Je ne t'ai jamais demandé quoi que ce soit, c'est pour cela peut-être que tu veux tout me donner. Mais il y a aussi l'enfant qui demande : je veux, je veux. Je veux que Dali arrête ces galas qui la séparent de moi, je veux que Dali soit toujours avec moi, que Dali quitte tout pour moi. C'est ça l'amour ? C'est seulement en restant moi-même que je peux t'aider. »

Dalida vit alors une période extrêmement difficile. Elle écrit à Swamiji :

« Actuellement, je me trouve dans une situation très critique. L'angoisse ne me quitte presque plus. Je me sens malheureuse et déchirée au point qu'il devient très difficile pour moi de cacher mon état au public. Je fais des lapsus en parlant et en chantant. Parfois je suis très lucide et parfois je tombe dans un gouffre aveuglant. Je me sens complètement désaxée. »

Elle fait des rêves angoissants :

« Je descends du tram, le tram part sans moi dans la nuit, je ne sais pas comment rentrer à la maison. »

Souvenir du Caire, quand sa mère partait en tram livrer son travail et que la petite Yolanda l'attendait désespérée sur le balcon ? Maintenant, Dalida se sent à la fois la mère et l'enfant. Et toujours pas d'homme sur qui on puisse vraiment compter...

Ces réflexions si douloureuses ont au moins un résultat : elle prend conscience, peu à peu, de l'absurdité de cette bataille contre une partie d'elle-même. Le travail avec le swami — unifier, harmoniser, accepter — porte ses fruits. Elle écrit à Arnaud :

« Je me suis rendu compte que Dalida est une expression de Yolanda. C'est-à-dire que le chant est mon expression profonde et non de surface, comme un peintre s'exprime en peinture, un écrivain en écrivant et toi-même avec tes caméras, tes livres et tes conférences. Je m'exprime en chantant. Avec ma tête et en raisonnant, j'avais décidé de ne plus chanter, mais mon inconscient ne l'avait pas accepté, d'où ces angoisses, ces conflits. Arnaud, mon amour, mon bien-aimé, tu peux m'appeler comme tu le veux, Yolanda ou Dalida, c'est pareil. Dalida n'est pas une réaction à Yolanda, c'est la même personne. »

Elle note :

« C'est vraiment dommage d'arriver au point de se défendre l'un de l'autre. Quelle déception ! J'ai fait tout ce qu'il m'était possible de faire. J'ai transformé la maison, j'ai arrêté les galas, j'ai déplacé les bureaux, je fais une analyse et j'essaie d'être le plus vraie possible, d'être moi-même. Mais comme le dit justement Arnaud, un pommier doit donner des pommes et un poirier des poires. Il ne se rend pas compte ! »

En effet, pour Desjardins, elle a transformé le premier étage de sa maison, libéré les bureaux afin d'en faire un centre d'accueil spirituel où il pourra recevoir ceux qui lui demandent assistance. Cela n'a pas suffi : Desjardins craint de n'être, selon les mots de Swamiji, qu'un « satellite » de Dalida.

Pendant l'été 1970, les choses se gâtent. Découvrant les faiblesses de Desjardins, Dalida lui réserve à l'occasion des accès de sa légendaire colère. La cassure a lieu une nuit où, après une dispute, Desjardins quitte la rue d'Orchampt. N'ayant pas la clé de son appartement rue Soufflot, il erre à travers Paris et finalement dort dans sa voiture. Il finit par renoncer à Dalida. Car, comme elle s'en était aperçue à propos d'elle-même, et comme le swami l'avait prévu, prolonger cette relation équivaudrait à renoncer à lui-même, à cette quête qui donne son sens à sa vie.

Desjardins frôle la dépression. Ses amis s'inquiètent. Mais il est plus solide que Tenco : il préfère tuer une partie de lui-même. En été 1971, il retourne en Inde. S'accomplit alors en lui un changement radical, dont il sent qu'il se préparait depuis de nombreuses années. Il l'écrit à Dalida dans une lettre datée du 3 septembre. Malgré toute l'affection qu'il lui garde, entre eux, c'est vraiment fini. Se condamnant à une sorte de mort au monde, il ouvre un ashram en Provence.

Sa relation avec Dalida a duré deux ans et demi. Il préservera avec elle des relations amicales bien qu'espacées. Avec Arnaud, Dalida a beaucoup appris. Mais, malgré ce qu'elle espérait, elle est loin d'être entièrement pacifiée.

Sur ses carnets, elle note :

« Cette nostalgie d'un amour pur, est-ce que je l'ai transformée ou est-elle toujours là ? Mon amour pour Arnaud est-il une projection ou un amour profond ? Armando, Luigi, Arnaud ; un cycle de quinze ans, je reviens au même point. »

Cette inconnue qui est en moi

« J'ai dit un jour à Arnaud : " Il faut tuer cette maudite Dalida. " Ce n'était pas à la chanteuse que je m'adressais, comme je le croyais, mais à cette inconnue qui est en moi », écrit encore Dalida sur son carnet vert.

Elle doit avoir le courage de rencontrer enfin cette inconnue et se réconcilier avec elle. De plus en plus, la psychanalyse l'attire. Elle écrit le 5 février 1971 :

« Nous avons parlé de la psychanalyse freudienne. Swamiji a un grand respect et même de l'admiration pour Freud. En ce qui me concerne, je ne vois aucune contradiction entre Swamiji et la psychanalyse. Par contre j'ai demandé à F. [un disciple] depuis combien de temps il connaît Swamiji. Il m'a répondu " trente-trois ans ". Que je sache, une psychanalyse ne dure pas aussi longtemps. Le rôle du maître est de libérer l'élève aussi du maître. Sinon nous nous libérons d'une chose pour nous emprisonner dans une autre, par exemple le maître. Je poserai cette question à Swamiji demain. »

Dalida a découvert l'effet gourou, et elle n'acceptera jamais de se soumettre aveuglément à l'autorité de Swamiji, quelle que soit l'estime qu'elle ait pour lui et sa croyance en ses pouvoirs. Interrogé là-dessus, Swamiji lui demande :

« Etes-vous prête à prendre Swamiji dans votre cœur, et ressentir ses conseils comme étant les vôtres ? »

Il rejette cette distance qu'elle tient à préserver, préconise la fusion entre le maître et l'élève, et affirme :

« Connaître Swamiji, comprendre Swamiji, c'est être Swamiji, c'est se connaître soi-même. »

Et devant les questions qu'elle se pose, il répond :

« Le simple fait d'avoir une idée à propos de Swamiji vous sépare de Swamiji. »

Dalida continuera à correspondre avec Swamiji jusqu'en 1973, mais ne retournera pas le consulter.

Son désir d'arrêter de chanter a beaucoup inquiété Orlando, et les rapports de Dalida avec son frère en sont devenus difficiles. Elle écrit en 1970 :

« Je ne peux pas imposer aux autres, à mon frère, à ma cousine, à ma mère et à mon personnel mes états d'âme. Ce n'est pas juste. Je sais que j'ai un problème avec mon frère, mais de le savoir ne m'empêche pas d'être agressive, d'avoir envie parfois de le frapper. C'est plus fort que moi, je n'arrive pas à contrôler cette force. »

Finalement, elle comprend qu'Orlando en est venu à représenter une partie d'elle-même — partie qu'elle ne peut complètement accepter bien qu'elle lui soit nécessaire :

« J'ai eu une dispute terrible avec mon frère. Et après, je suis triste d'avoir été tellement contre lui. Si je ne peux pas supporter mon frère, c'est parce que je ne peux pas me supporter. »

A la fin de ses quatre années d'hiver, elle écrira dans son petit carnet vert :

« Mon frère a d'autant plus de mérite qu'il s'est occupé de moi dans le moment de ma vie le plus difficile. Au fond de moi, j'avais renoncé à la chanson. Je ne voulais plus chanter et mon frère a porté ma carrière à bout de bras, avec tous les embêtements que cela comporte. »

Elle écrit à Swamiji en mai 1970 :

« Quand l'angoisse est très forte, elle est suivie d'un phénomène de dédoublement. L'expérience commence par un son dans ma tête qui va en s'amplifiant. Mon corps physique est plongé dans un état d'anesthésie très pénible, et un autre corps, plus subtil, sort de moi. C'est très pénible, très angoissant. J'ai réfléchi à ce qui m'arrive, sans trouver de solution. De mon propre gré, je suis arrivée à retrouver cet état d'anesthésie physique et j'ai entendu des voix, des mots que je ne comprenais pas. Dans cet état, c'est comme si j'étais trois : le corps physique paralysé, un autre corps qui sort de mon corps physique et la volonté ou esprit ou conscience, qui essaie avec des efforts pénibles de retenir les deux autres corps. »

Elle décrit à Swamiji une autre manifestation pathologique :

« Il y a quelques jours, j'ai eu une vision, ou hallucination. J'ai vu une femme comme une statue, éthérée, qui ne ressemblait à aucune femme de ma connaissance. Elle passait sur une porte. En marchant elle changeait de couleur, d'une teinte pastel à une autre. Je n'ai ressenti aucune peur, j'ai constaté le fait et je me suis endormie.

« Avec le dédoublement, c'est sans doute la manifestation de mon déchirement intérieur. La chanson était le seul moment où je me sentais unifiée. J'écris " étais " parce que récemment je me suis rendu compte que, même en chantant, je n'arrive à surmonter souffrance et déchirement qu'au prix d'un grand effort de volonté. Est-ce le résultat de l'analyse ? En tout cas, c'est insupportable. Je ne veux pas prendre de tranquillisants. Je suis une grande névrosée. J'ai un problème avec mon père et avec mon frère. Mais le savoir ne me guérit pas pour autant. Comment guérir ? »

Elle a rencontré un psychanalyste, le Dr Pitchal. Elle le voit d'abord en consultation puis il devient pour elle un ami fidèle, ainsi que sa femme Jacqueline. Si elle a une crise d'angoisse, un problème urgent, besoin d'un conseil, elle peut l'appeler, même la nuit. Aujourd'hui, le Dr Pitchal est enterré, au cimetière de Montmartre, presque en face de Dalida, comme si l'un et l'autre continuaient leur dialogue au-delà de la mort. De lui, elle écrit :

« Il m'a fait connaître la dimension de l'inconscient. Je lui dois beaucoup dans la mesure où j'avais pris un chemin de fausse spiritualité. Si on ne se connaît pas un peu soi-même et la part si grande de l'inconscient en nous, on prend pour de la spiritualité ce qui est seulement le jeu de l'inconscient. »

Elle entreprend alors une analyse freudienne :

« Il y a toujours eu en moi une soif de connaissance mais, étant donné que je n'ai aucune culture, je me dis que la seule personne que je connais c'est moi. C'est comme ça que je me suis mise à lire, et que je n'arrête plus. Et que j'ai commencé le voyage le plus fantastique qu'un être humain peut faire, c'est-à-dire à l'intérieur de lui-même. »

Elle lit et relit Freud :

« Freud n'est pas seulement un génie, mais de ses livres il se dégage tant d'amour, tant de compréhension et d'humilité, qu'il apparaît complètement différent de Jung. Je sens plus l'être chez Freud que chez Jung. »

Le Dr M. encourage Dalida à lire Ferenczi, psychanalyste freudien dissident d'origine hongroise qui insiste sur l'amour et la compréhension dans la cure. Ferenczi décrit dans *Thalassa* le sentiment océanique, impression de joie fusionnelle remontant au rapport entre la mère et l'enfant dans les premiers temps de la vie. Cette lecture ravit Dalida qui voit là quelque chose de proche du bonheur qu'elle ressent sur scène. Ce conseil de lecture lui apparaît comme un signe d'intérêt de son analyste, elle lui écrit :

« Ferenczi le disciple préféré de Freud. Vous me l'avez donné à lire. Serais-je votre patiente préférée ? »

La cure se révèle très pénible. Malgré cela — ou à cause de cela — elle se prend pour le Dr M. d'un sentiment qui l'obsède. Elle rêve qu'il lui fait une piqûre, lui ouvre le doigt : c'est pour qu'elle aille mieux. En chemise de nuit transparente, elle tente de l'attirer... Elle conclut :

« Ma maladie s'appelle amour. »

Ses absences l'inquiètent, elle a de plus en plus de mal à mémoriser ses chansons, dont elle note les paroles sur le petit carnet vert qu'elle emporte partout avec elle, pour les apprendre encore et encore en voiture, en avion, partout où elle a un peu de temps. Elle souffre toujours d'insomnie. Des idées obsessionnelles la traversent :

« Mort, perte. Perdre la vue. Devenir aveugle. »

Ses yeux douloureux, à cause desquels elle pensait que son père ne pouvait pas l'aimer. Les yeux crevés, punition d'Œdipe coupable d'avoir couché avec sa mère. Elle a également, par moments, des accès de surdité qui l'inquiètent :

« Quand je n'entends plus, c'est parce que c'est mon père qui crie et que je ne veux pas l'entendre. »

Le père est le principal leitmotiv de ces réflexions. Elle se lamente :

« Pourquoi je ne peux pas remplacer mon père ? »

Elle rêve qu'elle a le visage couvert de crème, qu'on ne voit que ses yeux. Le maquillage de scène qu'elle porte comme un masque lui semble symbolique de l'identification à son père :

« J'ai gardé un souvenir répugnant de ce rêve et en même temps le sentiment que cette crème me cachait le vrai visage, celui de mon père. »

De nombreuses notes parlent de son amour de la chanson :

« Quel mérite ai-je ? Je n'en ai qu'un seul, celui d'avoir donné des fruits à l'arbre que la nature m'a donné. C'est la parabole des talents. »

« Avec le public, c'est un rendez-vous d'amour. Inconsciemment, l'accouplement est un acte d'angoisse. Je suppose que le trac vient de là. »

« Dans ce métier, les gens vous prennent pour quelqu'un et c'est normal. Mais le plus important c'est que moi je ne me prends pour rien, alors seulement je peux donner. »

« Sur scène, je suis une adulte. Dans la vie, je suis une enfant. »

« La solitude des vedettes, c'est une grande chance parce que c'est seulement dans la solitude qu'on découvre plein de choses. »

Revient aussi, dans ces notes, l'idée de maternité impossible, comme dans ce rêve :

« En face du mien, un autre jardin. D'un arbre tombe des fruits — des pommes jaunes, rouges. Je suis avec quelques amis. Je pense cueillir les pommes pour le repas mais le jardin n'est pas à moi. Le maître de ce jardin sort de sa maison. A côté des pommes, par terre, un autre fruit ressemblant à une citrouille. Il veut nous l'offrir et nous montre comment l'ouvrir. Avec un couteau, il commence à fendre l'écorce puis la peau. Avec ses mains il ouvre le fruit, mais dedans il y a un petit animal très jeune, comme une caprette marron. Trois fois l'homme ouvre la citrouille. Je vois que le petit chevreau est destiné à mourir très vite. Une fois libéré du fruit, il vivra peu. »

Souvenir de l'enfant perdu de Lucio ? L'enfant mort, suicidé avant terme, avec lequel elle s'identifie ?

Parfois très colorés, très riches, les songes notés sur le carnet à carreaux sont aussi des rêves de puissance et de peur de cette puissance :

« Je marche sur une plage de sable d'or. Il y a une lumière très forte, due à un soleil puissant. Quelques personnes derrière moi. Je commence à m'élever dans l'air, où je fais quelques mouvements de danse. D'en haut, je regarde la mer qui baigne la plage. Elle est d'un bleu-vert merveilleux, le fond est clair et d'or, tout est calme. Je m'apprête à la survoler et j'entends une voix :

« Attention, tu peux tomber dedans ! »

Je suis surprise. Je n'ai pas peur de tomber dans la mer, d'autant qu'elle est si claire et accueillante. Un rocher immense s'élève sur la plage. A une certaine hauteur je vois Miranda, elle aussi en costume de bain, très belle, très grande et très puissante. Là-haut sur le rocher, j'ai regardé en bas, j'ai été prise de vertige, d'appréhension, de surprise d'être allée si haut sans m'en apercevoir. Miranda essaie de me pousser dans le vide et moi je ne veux pas qu'elle me pousse, je veux y aller toute seule, je sais comment faire. Un rêve très agréable — les couleurs, la lumière. »

Se rendant aux USA, Dalida a revu Miranda, l'amie de jeunesse qu'elle trouvait si belle et devant qui elle avait gagné le concours de Miss Ondine, partie vivre en Amérique. Ces retrouvailles l'ont déçue : elle a trouvé une matrone conventionnelle et non la jeune fille radieuse, sensuelle et audacieuse qu'elle avait admirée. Et elle a eu le sentiment pénible que Miranda était jalouse de son succès.

Elle parle encore de la psychanalyse :

« Ce n'est pas une partie de poker, mais un voyage merveilleux à travers des chemins parfois escarpés et difficiles, mais indispensables pour mieux se connaître. »

La *talking cure* lui coûtera beaucoup d'un bout à l'autre :
« C'est à croire que le langage est né d'une souffrance, puisque quand nous sommes bien, nous n'avons plus rien à dire. »
« Il y a quelque chose en moi qui ne veut pas comprendre. Parfois je suis très lucide et parfois je ne comprends rien à ce que l'on me dit. C'est comme si un voile venait s'interposer entre ma raison et le monde. »
Le voyage au pays des souvenirs enfouis durera deux ans. Le 27 décembre 1971, elle écrit à ce propos :
« Ça désenchante et en même temps nous sommes enchantés. »

Adieu, Monsieur, tout est fini...

En août 1970, au cours d'une tournée d'été avec Jacques Dutronc, elle retrouve un grand succès populaire avec *Darladirladada,* adaptation française d'une vieille chanson de pêcheur grecque. L'air est gai, les paroles tristes : c'est l'histoire d'une femme abandonnée et forte, amoureuse de la vie, tentée pourtant par la mort :

Adieu, Monsieur, tout est fini
Quitte-moi et refais ta vie
Je n'ai qu'une enfant c'est ma terre
Je n'ai qu'une amie la rivière
Elle fait darladirladada
Court le furet file la vague
Je vivrai dans un monde d'algues
Et j'aurai l'océan pour toit.

Cette réussite fracassante — soixante-quinze mille exemplaires écoulés la première semaine — marque sa séparation d'avec Eddie Barclay. Cette chanson, c'est Orlando qui l'a choisie pour elle.
Au début de septembre 1970, la presse annonce son mariage avec Arnaud Desjardins, alors que, déjà, entre Dalida et lui les choses se défont. Comme avec Lucien autrefois...
Lucien, qui est toujours dans sa vie. Lucien qui dit, en citant Voltaire :
« L'amitié, c'est le mariage de l'âme. »
Et aussi :
« Nous avons divorcé, mais c'était seulement une séparation de corps. »
Lucien qui, quand elle était à l'hôpital, lui apportait une rose tous les jours, Lucien à qui elle avait dit alors :

« Ne fais jamais ce que j'ai fait. »

Lucien qui croyait aux dons psychiques de Dalida. Lucien qui, impressionné parce qu'elle avait rêvé la mort du petit roi Fayçal, mort qui s'était produite huit jours plus tard, dans des circonstances très proches de celles du rêve, avait prédit :

« Un jour, tu rêveras ma mort. »

Lucien qui s'était écrié, lorsqu'il a appris que Dalida venait de se suicider :

« Pourquoi est-ce qu'elle ne m'en a pas parlé ! »

Lucien avec qui la guerre est terminée depuis longtemps, remplacée par un amour dépassionné, fondé sur l'indulgence et la compréhension.

Alors, l'horrible nouvelle fait l'effet d'un coup de tonnerre. Le 11 septembre 1970, à six heures du matin, le téléphone sonne rue d'Orchampt. Maurice Siegel, directeur d'Europe 1, a la voix alourdie de tristesse :

« Dalida, viens tout de suite. Lucien... »

Dalida complète :

« Il s'est suicidé ! »

Lucien avait quarante et un ans. Avec sa troisième épouse, Agathe Aems, il vivait une relation fondée sur l'estime et des goûts communs. D'Agathe il a eu deux petites filles, qu'il adore et qui l'adorent. Toujours directeur des programmes sur Europe 1, il avait aussi une maison de disques, AZ, pour laquelle il venait de découvrir Polnareff. Doué d'une grande intuition et du sens de la psychologie des foules, il a un parcours professionnel sans faute, ou presque. Il s'est trompé une seule fois, lorsque, cassant à l'antenne le premier disque de Johnny Hallyday, il s'est écrié : « On n'entendra plus jamais parler de ce jeune homme ! »

Cette réussite exceptionnelle reposait sur une énorme quantité de travail, une forte capacité de concentration :

« Lucien Morisse, écrit *Le Parisien libéré* le 12 septembre 1970, vivait en permanence sur les nerfs. Il écoutait en moyenne 2 000 disques par mois. Il dirigeait des programmes, animait des émissions, faisait passer audition sur audition, assurait la responsabilité de sa maison de disques, administrait la société Discodis et se mêlait à tous les courants artistiques modernes. Du jazz au swing, du hot au twist et du yéyé au pop, il avait été mêlé à ce tourbillon incessant chaque jour plus trépidant, plus bruyant, plus absorbant et plus éprouvant pour l'équilibre physiologique et psychologique. Homme d'action, il vivait intensément cette existence tendue ; poète, il avait du mal à la supporter. Lorsque les nerfs ont craqué, il est mort de cette contradiction qui est celle de notre temps. »

Ce surdoué délicat et subtil n'a pas seulement été le pygmalion de Dalida. Gilbert Bécaud, Jacques Brel, Richard Anthony, Enrico Macias, Charles Aznavour, Sacha Distel, Michel Polnareff, Joe Dassin, Hugues Aufray, Antoine, Jacques Dutronc, Alain Barrière, Georges Brassens lui sont aussi redevables. Il aurait, selon la presse, succombé au « mal des vedettes » : on se suicide beaucoup dans ce milieu surexposé où la vie se passe sur un fil, et on ne se rate pas toujours. On énumère les noms. La liste est impressionnante. Pourtant Lucien, vedette à sa manière, n'était quand même pas en première ligne comme les acteurs et les chanteurs. Alors ?

Professionnellement, aucun problème : Lucien venait de mettre au point, avec Maurice Siegel, la nouvelle grille de programmes d'Europe 1 et s'apprêtait à organiser le spectacle des Rolling Stones. Au cours de ses vacances d'été à Deauville, repris par la folie du jeu, il avait recommencé à jouer de fortes sommes. Il aurait passé plus de temps au casino et autour d'une table de poker que sur la plage. Il aurait perdu beaucoup d'argent au chemin de fer et parlé de se suicider. De plus, il avait quelques problèmes de santé. Il avait souffert d'une hémiplégie, deux ans plus tôt, après la mort de Tenco. Il aurait à nouveau subi une attaque de paralysie faciale, comme déjà en 1968. Cette maladie est l'une des plus douloureuses qui soient, et le taux de suicides est important parmi ses victimes.

Au lieu de le reposer, ces vacances ont accru son état de tension. Incapable de trouver le sommeil, il avalait somnifère sur somnifère. Il avait encore maigri, les joues creusées, le visage fripé de fatigue.

Les derniers temps, ses rapports avec Agathe Aems étaient devenus difficiles. Or cet hypersensible, au caractère entier et orgueilleux, qui aurait pu, après l'affaire Sobieski, récupérer Dalida, ne pouvait vivre dans la crainte d'être à nouveau quitté. En épousant une femme prête à renoncer à sa jeune carrière de comédienne (Agathe Aems a joué dans *Les Petits Matins*), désireuse de se consacrer à lui et à leur vie de famille, il croyait opter pour la sécurité, le contrôle. Mais ce qui l'avait séparé de Dalida — sa boulimie de travail, son besoin de se consacrer à corps perdu à ses affaires et à sa carrière — semblait sur le point de lui faire perdre à nouveau la femme qu'il aimait...

Or, à ce moment précis, il est question du remariage de Dalida, remariage dont il s'était convaincu qu'il ne se produirait jamais...

D'une certaine façon, Dalida était encore la femme de sa vie. De même que lui restait pour elle son mari, celui avec lequel elle pensait qu'elle aurait pu rester pour toujours...

Un soir, quelque temps après son retour de vacances, Lucien téléphone à Dalida :

« J'ai absolument besoin de te voir, il faut que je parle avec toi.

— Viens ! répond-elle.

— Tu es seule ?

— Non, j'ai un dîner, avec Arnaud Desjardins et d'autres invités. Mais on peut s'isoler. Ou bien, si tu veux, je vais accélérer les choses, et je te rappelle dès qu'ils seront partis. Ou même toi, si tu veux venir avant, tu m'appelles. »

Lorsque, le dîner fini, elle téléphone, Lucien est sorti. Ne pas l'avoir vu ce jour-là restera pour Dalida le grand regret de sa vie... Car, dans la nuit du lendemain, il se tuera...

Comment Lucien a-t-il passé sa dernière soirée ? Après avoir dîné au restaurant avec des amis, il se rend à une projection de *Campus,* film américain culte, symbole du nouveau mouvement de la jeunesse. Pendant la projection, il se prend la tête dans les mains, le visage en larmes. Ensuite, ses amis l'accompagnent chez Castel. Là, il leur confie sa peur d'un troisième divorce. Ils croient à un moment de découragement sans conséquences...

A trois heures trente du matin, il rentre chez lui. Déjà, il a parlé à sa femme de se suicider. Depuis quelque temps, il possède une arme, achetée pour se défendre après avoir été victime de plusieurs cambriolages. Il avait d'ailleurs pris rendez-vous pour le lendemain avec un assureur, afin de garantir ses tableaux.

Après une altercation avec sa femme, Lucien se saisit du pistolet. Agathe Aems le lui arrache des mains et le jette par la fenêtre. Ce qu'elle n'entend pas n'échappe pas à l'oreille exercée de Lucien : le pistolet n'est pas tombé dans la rue mais à l'étage en dessous, sur la terrasse en surplomb du duplex.

Pourtant, Lucien se couche et le couple s'endort. Du moins, l'un d'entre eux. Car Lucien, lui, se relève lorsque son épouse, le croyant apaisé, s'est assoupie. Il redescend chercher le revolver sur la terrasse. Il remonte, s'enferme dans la salle de bains et se tire une balle dans la tête. Réveillée par le bruit, Agathe le découvre et prévient la police.

Rue d'Orchampt, Dalida ne dort pas non plus. Elle est allée se coucher tôt, après avoir dîné avec sa mère. Elle s'est d'abord endormie facilement. Mais, à deux heures du matin, elle se réveille en sueur. Elle sent une agonie en elle, la mort rôde. Elle a froid, elle a peur, tout son corps lui fait mal. Elle étouffe. Elle se lève, marche de long en large. L'angoisse augmente, il lui semble qu'elle va devenir folle. Elle se recouche. A ce moment-là, une impression affreuse : elle se sent tomber dans le vide. Son cœur bat à tout rompre. Puis s'arrête. Effrayée, elle tâte son pouls. Le cœur repart. A nouveau, elle se lève. Cette fois, c'est la nausée qui la prend. Elle retourne s'allonger. Les douleurs physiques augmentent, elle souffre atrocement. Le souffle coupé, elle halète. Elle veut crier, pas un son ne sort de sa gorge. Tous les événements de sa vie défilent à une vitesse folle. Elle a l'impression de toucher le fond de la douleur physique et morale, de redescendre aux enfers comme lors de la nuit terrible à l'hôtel Prince-de-Galles.

Elle entend le clocher de Montmartre sonner cinq heures. Ces sons familiers l'apaisent. Elle se rendort. Pas pour longtemps...

Un cri terrible

Un peu avant huit heures, Orlando, qui habite alors l'étage au-dessus dans la maison de sa sœur, est réveillé en sursaut par un cri terrible. Ce cri, il le reconnaît immédiatement. Il l'a déjà entendu une fois, à San Remo...

Juste comme il s'apprête à descendre, le téléphone sonne. C'est Maurice Siegel annonçant l'affreuse nouvelle.

« Il est mort à cinq heures du matin, je le sais », s'écrie Dalida.

C'est comme si on lui coupait un bras. Le coup de téléphone la laisse en sanglots, submergée de chagrin. Pourtant, en deux minutes, Orlando et Dalida sont habillés et prêts à se rendre rue d'Ankara. Là, ils retrouvent les proches de Lucien, Agathe Aems dans un état épouvantable. Peu après arrive Renée, sa première femme, accompagnée de Catherine, la fille aînée.

Entre Catherine et Dalida, les relations ont toujours été un peu difficiles. La jeune fille en voulait à la chanteuse de lui avoir en quelque sorte « pris » son père, tout en sachant bien, au fond d'elle-même, que celle-ci l'aimait sincèrement. Ce matin-là, quand Dalida va vers elle, Catherine a d'abord un mouvement de recul. Mais Dalida l'attire à elle presque de force et, dans une scène poignante, les deux femmes se réconcilient. Catherine pleure longuement dans les bras de Dalida qui lui dit :

« C'était l'homme que j'ai le plus aimé. Si tu as des choses méchantes à me dire, dis-les. »

Catherine rassure Dalida :

« Je t'en voulais mais je ne t'ai jamais haïe. »

Lorsque Dalida voit Lucien, il est allongé sur son lit, très blanc, comme s'il dormait. La police et les infirmiers ont déjà tout mis en ordre. Dalida tombe à genoux devant la dépouille et s'écrie :

« Je n'aurais jamais dû te quitter ! Pardonne-moi ! »

Pendant des heures, elle reste prostrée, immobile, devant le corps. Elle veillera Lucien durant trois jours et trois nuits. La première nuit, Agathe Aems ne peut supporter de rester chez elle.

« Viens à la maison », lui propose Dalida.

Déjà très amies, les deux femmes sont rapprochées par leur douleur.

Un calme terrible règne dans l'appartement. Mais, au-dehors, le cirque de San Remo recommence. La porte de l'immeuble est bloquée et les journalistes ne peuvent monter. Planquant avec la patience des chasseurs de scoops, ils attendent Dalida en bas. Pour eux, c'est elle la veuve de Lucien. On doit faire courir le bruit qu'elle est passée par une autre porte, afin qu'ils se décident à lever le camp. Alors Agathe et Dalida peuvent sortir.

Dalida est replongée en plein drame par la disparition de Lucien. A nouveau la mort, si proche. Pourtant elle ne peut pas penser qu'à elle.

Elle doit réconforter Agathe, désespérée, qui se sent coupable. Dalida connaît trop bien ce sentiment.

« Tu n'es pas responsable, dit-elle à Agathe. Chacun décide pour soi-même. »

Comme c'était déjà le cas pour Tenco, elle a l'impression que Lucien n'est pas tout à fait parti. Agenouillée devant la dépouille, elle lui parle :

« Et pourtant, je t'avais dit de ne jamais faire ce que j'ai fait... »

Elle ignore qu'elle-même trahira, dix-sept ans plus tard, la promesse faite à sa mère de ne jamais recommencer.

Trois jours après la mort de Lucien, ses funérailles ont lieu au Père-Lachaise. Il est accompagné jusqu'à sa dernière demeure par les femmes de sa vie : Renée, Dalida et Agathe. Vêtues de noir, toutes trois arrivent dans la même voiture. C'est la première sortie en public de Dalida depuis la mort de Lucien. Les photographes se battent pour l'approcher.

C'est le troisième suicide, après celui de Tenco et le sien. Et la légende noire commence. Dalida le pressent déjà. Elle est d'autant plus éprouvée qu'en arrivant chez Lucien, Arnaud Desjardins, qui se trouvait avec elle dans la voiture, s'était énervé en voyant devant un kiosque à journaux : « Nouveau drame pour Dalida » :

« Il meurt et les journaux parlent de toi ! Pourquoi ? Tu n'es plus sa femme ! »

A son tour, Dalida avait perdu son calme :

« Tu ne vas pas me faire une crise de jalousie pour ça, ce n'est pas le moment ! »

Encore une fois, elle a l'impression que sa notoriété lui fait payer doublement les drames de sa vie privée.

Au cimetière, Dalida, les yeux rougis derrière ses lunettes noires, jette une rose sur le cercueil. Une rose comme celles que Lucien lui apportait, chaque jour, à l'hôpital, pour célébrer sa propre survie.

Cette rose, il la posait sur l'oreiller, près de son visage. Il prenait sa main et se taisait. Maintenant, il s'est tu pour toujours. Et devant ce silence de la mort, elle se souvient du silence de la vie. Le silence de Lucien a toujours été pour elle le plus doux des pardons, le plus éloquent des aveux. Il avait d'abord été pour elle un amant, puis un époux et enfin, dit-elle, un « frère jumeau ». Dalida et lui se comprenaient sans paroles. Elle se dit qu'elle a toujours pressenti qu'il se suiciderait.

Au début de leur mariage, peut-être parce qu'il savait que cette partie de leur histoire allait finir, il parlait beaucoup de la mort. Dalida était encore trop jeune, alors, pour comprendre que c'était sérieux. Elle riait, elle l'embrassait. A nouveau, Lucien se taisait.

Pourtant, maintenant, elle se souvient d'un épisode particulier. Ils avaient fait une escapade de quelques jours en Bretagne qui devait leur servir de voyage de noces. La mer était en tempête. Dalida et Lucien se promenaient sur les rochers. Soudain, il lui avait pris la main :

« Le plus merveilleux dans la vie, c'est de savoir qu'on va mourir. Je n'attendrai pas que la mort me prenne par surprise. Je me suiciderai. »

Un moment, elle avait eu très froid, mis cela sur le compte du vent. Elle l'avait regardé tendrement, refusé de le croire. Elle se disait :

« Je le protégerai de tout. »

La jeunesse se croit d'infinis pouvoirs. Elle n'avait pas pu tenir sa promesse. Peu après, ils étaient rentrés à Paris. Lucien avait très vite repris son visage d'homme heureux à qui tout réussit. Pourtant Dalida ressentait un frisson d'angoisse chaque fois que Lucien s'écriait, au milieu d'une partie de cartes :

« Je n'ai pas de jeu, ce soir, encore un coup à se suicider (cf. *Paris Match*). »

Lucien jouait sa vie comme si elle avait peu d'importance. L'histoire s'était chargée de le lui apprendre trop tôt. Lui, la mort ne l'emmènerait pas comme elle avait emmené son père, sans lui demander son avis. Il aurait son mot à dire. Il choisirait, privilège des héros.

Un soir de septembre, une fois de plus, Lucien n'a pas eu de jeu. La vie, pensait-il, lui refusait à nouveau de bonnes cartes...

Epuisée par le chagrin, Dalida ne peut cependant se permettre de souffler. Le soir même, à Athènes, au théâtre du Pirée, a lieu l'élection de Miss Univers. Entre le défilé et les résultats, Dalida, très populaire en Grèce, doit faire un tour de chant. Elle a supplié les organisateurs de la libérer. Ceux-ci objectent qu'elle n'est plus la femme de Lucien. Quarante-huit heures avant, impossible de trouver quelqu'un pour la remplacer. Alors, Dalida pense encore à Lucien. Il lui avait inculqué une discipline sans faille.

Pendant les obsèques, une voiture la suit. A l'aéroport d'Orly, on lui apporte une valise contenant sa robe de scène ainsi qu'une autre tenue pour remplacer celle, noire, de l'enterrement. Elle doit se changer dans les toilettes. La presse, insatiable, la poursuit. La police tente d'écarter les journalistes. Alors, Dalida fait face, une fois de plus. Elle leur dira :

« Mon tour de chant sera dédié à l'homme que j'aimais comme un frère. Ce soir, je chanterai pour Lucien. »

Dans la nuit grecque imprégnée des grandes tragédies d'un passé mythique, Dalida, silhouette pâle habitée par l'amour et le regret, est l'incarnation du pathétique. Elle n'a jamais été aussi convaincante, mais l'adoration du public ne peut suffire, ce soir-là, à panser la blessure. Le lendemain matin, après quelques heures d'un sommeil peuplé de cauchemars, elle reprend le premier avion pour Paris.

Le 27 septembre 1970, Dalida écrit à Swamiji pour lui parler de sa réaction à cette mort :

« Quand je suis sortie de la pièce où le corps de Lucien était étendu, au lieu de dire : " il est en paix ", j'ai dit sans le vouloir " elle est en paix ". »

« En chantant en Grèce, ajoutera-t-elle, j'ai changé inconsciemment les mots de ma chanson *Darladirladada.* Au lieu de " j'ai semé les graines [de blé] dans le vent ", j'ai chanté " j'ai retrouvé les graines dans le vent ". »

Commentaire de Swamiji :

« Yolanda est devenue si stable et s'est retrouvée. Quelle belle et saine projection ! Oui, votre inconscient était en paix. »

Le swami se réjouit un peu trop vite.

Avec le temps...

Pendant un mois, Dalida rêve de Lucien toutes les nuits. Il se penche sur elle, son visage s'éclaire de ce sourire d'enfant qu'elle aimait tant.

« Il n'est pas tout à fait mort », se dit-elle.

Et puis, un jour, c'est fini. Lucien, après Pietro, après Luigi, a passé la frontière, rejoint le pays des morts trop aimés...

Ce nouveau calvaire est loin d'être terminé. La presse italienne se charge de le lui rappeler.

« Nouveau suicide pour Dalida », claironnent les journaux de la péninsule. Opportunément, ils oublient qu'elle ne vivait plus avec Lucien depuis neuf ans et la traitent comme sa veuve. Ils en profitent pour ressortir l'affaire Tenco. Pour l'instant, la presse est encore de son côté. Mais déjà les insinuations commencent...

En novembre 1970, deux fiancés se suicident à Salerno. Le garçon tire une balle dans la tête de la fille puis se tue. Il avait perdu son travail et les parents de la jeune fille le rejetaient. Dans les mains de celle-ci, on trouve un petit sac contenant une photo de Dalida et de Tenco, découpée dans un journal. Le mythe de Roméo et Juliette s'est réactivé.

L'éclaircie du ciel de Dalida n'a été qu'une courte trêve. Par une coïncidence stupéfiante, un an, presque jour pour jour, après la mort de Lucien, c'est Giuseppina qui s'en va. Agée de soixante-sept ans, elle semblait en assez bonne santé. Une embolie due à sa mauvaise circulation l'a emportée.

Pour Dalida, ce nouveau choc est un cataclysme. Giuseppina était depuis toujours son point d'appui. Giuseppina dont elle guettait désespérément le retour depuis le balcon du Caire... Giuseppina qui était venue vivre dans la maison de sa fille pour l'aider à reprendre goût à la vie... Giuseppina si aimante, si courageuse, si digne et si discrète... Jamais elle ne venait chez Dalida sans avoir téléphoné auparavant pour être sûre qu'elle ne dérangerait pas... Giuseppina dont Dalida dit :

« Je devais vivre pour elle. Elle était très fière de moi, collectionnait toutes les photos et articles me concernant. Maintenant, que vais-je faire ? Pour qui mes chansons, joies et peines ? Mais je sais dominer la douleur, je la connais si bien... » (*Eva,* 6.10.71.)

Pour Orlando, le coup est encore plus rude :

« Pour moi, dit-il, cette mort a été tragique. Nous, les trois enfants, étions terriblement attachés à notre mère, de façon presque morbide. Je perdais pour la première fois quelqu'un de très proche. J'étais terrassé, mais Dalida a compris que je mette très longtemps à me remettre et, malgré sa propre peine, elle m'a aidé à m'en sortir. »

Or, pour Dalida, ce choc est immédiatement suivi d'un autre : le lendemain de la mort de Giuseppina, Arnaud Desjardins revient de son nouveau voyage en Inde. A peine arrivé, il se précipite chez Dalida qui attend de lui aide et réconfort. Mais c'est durant ce séjour qu'Arnaud a pris la décision définitive de rompre. Rompre maintenant pour garder de leur liaison un souvenir lumineux... Rompre avant que les choses ne se dégradent complètement entre eux...

Giuseppina doit être enterrée le samedi. Le lendemain, Dalida doit enregistrer une des plus importantes émissions de sa carrière : « L'invité du dimanche », cette fois, ce sera elle. Un après-midi entier, trois heures pour parler de tout.

Elle ne se désiste pas. Comme lorsqu'elle a dû aller chanter à Athènes après la mort de Lucien, elle dit :

« Je dédierai l'émission à ma mère. »

France-Soir, qui est au courant de son deuil, ne l'a, à sa demande, pas annoncé. Car Dalida ne veut pas que l'émission se confonde avec la mort de Giuseppina.

La femme, ce jour-là, s'exprimera avant l'artiste. Impressionnante du début jusqu'à la fin, elle a une absence au dernier moment, lorsqu'il s'agit de sa famille :

« S'il vous plaît, voulez-vous répéter votre question ? » demande-t-elle.

Les spectateurs, voyant ses yeux pleins de larmes, se demandent ce qui se passe. Le lendemain, *France-soir* révèle qu'elle venait d'enterrer sa mère...

Lors de cette émission, elle chante pour la première fois Léo Ferré, en direct. Elle l'a rencontré lors d'une autre télévision, « Senza Rete », enregistrée à Naples. Comme elle, Ferré est d'origine italienne. Dalida l'admire beaucoup.

A Senza Rete (« Sans filet »), Léo Ferré, qui vient de lancer *Avec le temps,* doit le chanter en direct. Les répétitions durent trois jours, pendant lesquels, devenus grands amis, ils ne se quittent pas. Elle lui avoue qu'elle adorerait chanter sa chanson ; mais elle n'ose pas, à cause de son accent. Une expression la gêne, « à la Galerie J'farfouille » : avec son r roulé, c'est difficile à dire. Pourtant, Léo l'encourage :

« Vas-y, tu es prête, tu as le sens dramatique... »

Superbes de mélancolie, les paroles évoquent parfaitement ce qu'elle est en train de vivre : les êtres les plus aimés la quittent, elle ne peut compter sur rien ni personne...

Encouragée par Ferré, elle enregistre dès son retour à Paris.

Avec le temps va, tout s'en va
L'autre qu'on adorait, qu'on cherchait sous la pluie...

chante-t-elle en pensant à Giuseppina.

Avec le temps, on n'aime plus...

chante-t-elle encore en pensant à Arnaud.

Le pari réussit : elle popularise la chanson, lui gagne un public beaucoup plus large. *Avec le temps* deviendra une des bases de son répertoire. La chanson marque pour elle une date : ces textes auxquels elle a toujours cru, ces auteurs de qualité qu'elle a fait travailler, elle peut maintenant les faire accepter, et se faire accepter les chantant. On ne choisit plus pour elle, elle impose un répertoire, avec l'aide d'Orlando qui croit beaucoup à cette nouvelle orientation.

Elle veut chanter *Avec le temps* à l'Olympia, son lieu fétiche. Elle n'y est pas passée depuis quatre ans. En vue de ce retour, Michel Legrand lui écrit *Une vie,* Serge Lama *Toutes les femmes du monde,* Mikis Theodorakis, l'auteur de la *Danse de Zorba, Mon frère le soleil :*

Je suis née au soleil levant
Le soleil est un peu mon frère...
Je mourrai au soleil couchant.

Elle dit :

« J'ai décidé de ne plus chanter de chansons dont le texte n'ait pas une certaine valeur poétique, parce que la poésie, même la plus terrible, exprime des valeurs humaines. La poésie est foi en la vie, ultime espérance. » (*Eva,* 6.10.71.)

Et aussi :

« Le public se fait de vous une image, et si vous, de votre côté, vous vous conformez à cette image que les gens ont de vous, vous n'êtes plus que la caricature de vous-même. D'ailleurs, et c'est ce qui me fait le plus plaisir, on est venu me demander de chanter d'autres chansons. Ce n'est pas par hasard, c'est parce que j'étais différente et capable de les recevoir. » (*Les Lettres françaises,* 24.11.71.)

Coquatrix ne croit guère à son nouveau répertoire. Il trouve ses nouvelles chansons difficiles. Et puis, elle a été trop absente à la télévision comme à la radio. Il hésite à fixer une date. Alors, Dalida prend un grand risque : elle loue elle-même l'Olympia à Coquatrix, dix mille francs par jour, pendant trois semaines. Une première dans l'histoire du spectacle. Si le public boude, elle perdra ; s'il vient, elle arrivera tout juste à payer le plateau, les musiciens, la salle. Elle dit :

« J'ai loué la salle, car je suis assez adulte pour choisir et faire ce que bon me semble sans attendre les propositions. » (*L'Aurore,* 22.11.71.)

En trente mètres de long et quatre mètres de haut, son nom s'étale sur cent vingt mètres carrés près du Rond-Point des Champs-Elysées. C'est une idée du publiciste Georges Cravenne. Et, le 23 novembre, elle va mettre en valeur ses qualités de tragédienne et devenir la grande dame de la chanson française.

En 1970, la chanson est sortie de son marasme, grâce à la vente de cassettes et de 33 tours et malgré la concurrence de la télévision. Coquatrix a gagné une bataille en obtenant une baisse des taxes, et le music-hall, lui aussi, repart. Toutefois, peu d'artistes peuvent encore remplir une salle pendant plusieurs semaines : l'impact du petit écran est trop fort.

Mais Dalida a vendu vingt millions de disques dans le monde. Elle a été la première idole féminine de la chanson française, la première à avoir son fan-club et à provoquer des émeutes sur son passage. Maintenant, on l'appelle l'« increvable du music-hall ».

Et pourtant, elle a un trac terrible. Les semaines précédant l'Olympia, elle craint de craquer, d'être aphone, que le public refuse son nouveau répertoire... Une nuit, à deux heures du matin, persuadée de la catastrophe, elle appelle Orlando. Il lui parle doucement pendant une heure et la calme. Elle surmonte la crise de panique et se rend à la répétition.

Le premier soir, elle enfile comme une automate sa longue robe blanche. Comme elle attend derrière le rideau, Orlando la voit porter ses mains à son visage et vaciller. Mais elle fait face. Pendant qu'elle chante, elle sent la présence de Lucien. Elle se dit :

« Il est là, il veille... »

Dès la fin du spectacle, elle s'effondre en sanglotant, malgré l'enthousiasme de Coquatrix qui l'embrasse. Convaincue que cet Olympia marque une quatrième étape dans sa vie, elle se persuade que c'est raté. Les applaudissements frénétiques ne la rassurent pas. Elle ne croira à sa victoire que le lendemain, en lisant les critiques. Coquatrix écrira :

« Elle fait penser à un bulldozer qui fonce contre un mur. Il n'abat pas ce mur. Il repart en arrière, il refonce contre le même mur et finalement le mur s'écroule. Le plus étonnant, c'est qu'il est très rare qu'un de ses passages à l'Olympia se soit fait dans de bonnes conditions. Il y a toujours des gens qui doutent d'elle. Il y a toujours une atmosphère difficile autour d'elle. Tout à coup elle entre en scène et, à ce moment-là, ses détracteurs se cachent puis sont les premiers à lui faire le triomphe qu'elle mérite et qu'elle a toujours mérité. »

Le critique Jean Maccabies considère qu'elle a réussi là ce qu'elle n'avait jamais pu faire auparavant : mettre en valeur sa beauté :

« La voilà qui marche comme une reine de théâtre, joue de ses bras comme une danseuse classique, sculpte l'air de ses longs doigts. Chaque geste est à sa place, chaque attitude est belle, évoquant les pythonisses inspirées de l'Antiquité. Plus près de nous, c'est à la Callas chantant *Norma,* drapée dans les voiles de la tragédie lyrique, que m'a fait penser l'autre soir Dalida. »

Pour *L'Aurore,* elle est « une Phèdre moderne » :

« C'est dans les voies de Dieu qu'elle trouve son inspiration, et son interprétation a parfois quelque chose de surnaturel. »

Pour *Les Lettres françaises,* elle a atteint « le statut d'une institution ». Et, pour *Le Figaro,* elle a « l'allure superbe d'une allégorie ou d'une figure de proue ».

Cet Olympia 1971 scelle définitivement le pacte conclu avec son public. De lui, elle dit alors :

« Le public, pour moi, c'est tant de visages en un seul visage, c'est le visage de l'amour. » (*Boléro,* 26.12.71.)

Un soir à l'Opéra

Son goût pour la lecture et la spiritualité, son changement de répertoire ne l'amènent pas à se prendre pour un bas-bleu :

« Je ne chante pas des chansons intellectuelles, mais des chansons qui viennent du cœur. » (*Le Peuple,* Bruxelles, 1.12.71.)

Elle ne renie pas son travail antérieur :

« Il ne faut pas croire que c'est facile de chanter des chansons qui ne veulent rien dire. Puisqu'on ne dit rien, il faut meubler, faire des effets de mise en scène, des gestes. Avec un bon texte, on n'a pas besoin de tout cela. On n'a besoin de rien. Ou plutôt si, de sincérité. Mais si on n'y croit pas, est-ce que ça vaut la peine de chanter ? » (*Le Monde des spectacles,* 26.11.71.)

Elle se souvient des paroles du swami :

« Votre mission est de donner du bonheur aux gens. »

Ces liens du cœur l'attachent plus que jamais à son public :

« Je reçois très souvent des lettres de gens qui me remercient parce que mes chansons font partie de leur vie. Elles leur rappellent un moment précis. Le jour où ils se sont rencontrés pour la première fois, leur mariage... C'est un peu pour cela que je ne peux pas supprimer de mon répertoire mes anciennes chansons. »

Oui, c'est gagné. Pierre Delanoé, un de ses paroliers, le dit joliment :

« Elle chantait l'amour, la joie, et la liberté des autres. Et ses chansons volaient de fenêtre en fenêtre, de rue en rue, et bientôt dépassèrent les murailles de la ville pour porter jusqu'au bout du monde la poésie simple, tendre, émouvante et parfois déchirante de son âme. » (*Jours de France,* 28.12.71.)

« Après quatre ans d'hiver, il y a toujours le printemps », s'écrie-t-elle. Elle comprend, en ce début d'année 1972, que le pire est passé, la froidure terminée. A nouveau, elle se sent jeune. Mensurations : 87-60-87. Poids : 52.

La jeunesse, à l'approche de la quarantaine, n'est pas due au hasard :

« Je fais tout pour avoir toujours vingt ans. C'est simple : il suffit de rester jeune d'esprit, de caractère... et de goût. »

Dès que sa robe la serre, elle supprime les desserts et se nourrit d'œufs sur le plat.

Mais, au Liban, c'est difficile de se restreindre : elle raffole des mezzés et des falafels... Janvier est plutôt clément à Beyrouth. Sous un ciel de porcelaine, vêtue d'un manteau de tigre garni de loup, Dalida a des roses plein les bras. Elle adore cette ville où elle n'était pas revenue depuis 1962. Elle donne une série de galas, dont deux au célèbre Piccadilly. Orlando l'accompagne.

« Quand Dalida éternue, c'est Orlando qui s'enrhume », écrit la presse.

Sa chambre de l'hôtel Saint-Georges est une profusion de corbeilles de fruits, de gerbes de fleurs. Par la baie vitrée, la mer est d'un bleu violent. Le front de mer est magnifique, un endroit de rêve pour de nonchalantes vacances. En prenant le meilleur de deux mondes, le Liban a inventé un art de vivre. Dalida se promène dans la ville, carrefour unique de l'Orient et de l'Occident, comme un reflet d'elle-même. Ses affiches tapissent les murs. Comment imaginer la dévastation à venir ?

Elle rentre à Paris régénérée. Et se rend compte qu'elle est en train d'apprécier sa nouvelle solitude :

« Tous ceux que j'ai aimés ont disparu ou m'ont trahie. En ce moment je suis une femme sans homme et heureuse de l'être. J'en ai assez d'être prise en pitié. Qu'on plaigne plutôt ces gens mariés victimes de l'enfer conjugal. Moi, je suis libre comme l'air... » (*Ici Paris,* 25.1.72.)

Après une rupture, elle a toujours besoin de se retirer dans son jardin secret. La solitude alors l'enrichit. Elle se ressource, comme Scarlett O'Hara qui retrouvait toujours sa force à Tara...

Dès qu'elle se sent morose ou peu sûre d'elle, elle appelle le Dr Pitchal et se raconte. Il lui parle, ne lui dicte rien, mais l'encourage à prendre elle-même la bonne décision.

Elle a une autre grande amie, Anne Béranger. Un soir, les deux femmes se rendent à l'Opéra. Dalida adore cette musique qui a bercé son enfance. Elle a une passion pour l'art lyrique, ses voix puissantes, magnifiques. En bonne Italienne, elle préfère Verdi et, surtout, Puccini, dont elle assure en plaisantant qu'elle aurait aimé qu'il lui écrive des chansons : d'ailleurs, on l'appelle « la Callas des variétés ». Elle a aussi un faible pour Bizet. On lui dit souvent qu'avec sa voix de mezzo-soprano, elle aurait fait une excellente Carmen.

Après la soirée a lieu un dîner en l'honneur du baryton américain Richard Stivell. En novembre 1971, il est venu de New York pour participer, à l'Opéra de Paris, à neuf représentations de *Maria Golovine* de Giancarlo Menotti.

Grand, blond, de magnifiques yeux verts, Richard Stivell est la coqueluche de Paris. On les présente. Le chanteur avoue à Dalida qu'elle le fascine. Il a vu son portrait placardé sur les murs de la ville et s'est dit :

« J'aimerais la rencontrer... »

La séduction est mutuelle. Impressionnée, elle bredouille. Elle admire la voix de l'homme, sa beauté. Elle pense à son père. Ce premier dîner est suivi d'autres, plus intimes. Ils se promènent dans Paris, elle lui sert de guide. Jamais le charme de la ville n'a paru aussi prenant.

Ses obligations professionnelles amènent Richard Stivell à quitter Paris pour l'Allemagne — où Dalida doit également se rendre pour un gala et une émission de télévision. Outre-Rhin, elle est toujours celle qui fait la pluie... et le beau temps. Ils s'y revoient.

Reparti aux USA, il téléphone souvent, lui envoie des roses. Mme Salabert, grand éditeur musical, doit se rendre en Amérique pour négocier un contrat. Elle demande à Dalida de l'accompagner. Celle-ci accepte et y retrouve Richard. Ce n'est pas la passion mais une charmante amourette, une hirondelle qui ne fait pas le printemps mais quand même l'annonce... Hélas, en Amérique, Richard avoue à Dalida qu'il est marié. Avec la femme qui l'accompagnait au premier dîner... Dalida prend la nouvelle avec humour et leur liaison tourne court.

Richard, pourtant, a du mal à oublier Dalida. Deux ans plus tard, alors qu'il se trouve à nouveau en Allemagne, la nostalgie le prend. Il l'appelle :

« Cela me ferait plaisir de te revoir. »

« Qui a envie de me revoir se déplace, dit-elle, mais moi, je ne vaux plus le détour ; reste avec ta femme ! »

Car Dalida, alors, n'est déjà plus libre...

Elle n'a jamais été une femme de passades. De plus en plus, l'amour lui apparaît sérieux, porteur d'avenir. Avec la mort de Lucien, elle a renoncé pour toujours aux tapis verts. Aux jeux de l'amour et du hasard on peut gagner gros, perdre beaucoup aussi. Quoi qu'elle en dise, elle sait qu'elle n'a plus vingt ans. Déjà, l'horloge biologique de son corps de femme fait entendre un tic-tac plus insistant.

Début 72, elle met à son répertoire *Mammina,* la chanson du jeune auteur Pascal Danel. C'est l'histoire d'un enfant qui parle à sa mère. Dalida la dédie « aux enfants que j'aurais voulu avoir et que je n'ai jamais eus ». La chanson est aussi un hymne à Giuseppina disparue :

Comme c'est dimanche aujourd'hui
Tu peux dormir jusqu'à midi
Et pourquoi pas jusqu'à lundi
Tu as enfin trouvé ton lit
Mammina, Mammina
Tu en auras porté des seaux
Ils étaient lourds ils pesaient trop
A la rivière coule tant d'eau
Qu'elle fait des rides sur ta peau...

La force tranquille

En 1972, Gaston Defferre, député maire de Marseille et président du groupe socialiste à l'Assemblée nationale, donne dans la cité phocéenne, au stade Vallier, un gala pour la fête du Parti socialiste. François Mitterrand, alors premier secrétaire, doit prononcer un discours. La coutume veut qu'ensuite une grande vedette chante. François Mitterrand est donc ce soir-là « l'américaine » de Dalida...

Habituellement, il part sitôt son discours terminé. Pourtant, cette fois, celui qu'on n'appelle pas encore « le président qui aimait les femmes » s'assoit à côté de Defferre et assiste au tour de chant.

Lorsque Dalida arrive sur scène et commence à chanter, il est subjugué. Le personnage l'intrigue. La prestation se termine par le triomphe habituel. François Mitterrand monte alors sur scène et offre à Dalida un bouquet de roses sous les acclamations du public.

Un souper restreint est prévu. Gaston Defferre va féliciter Dalida dans sa loge et l'invite :

« Nous aimerions que vous soyez des nôtres. Le président du parti aimerait faire votre connaissance.

— J'accepte avec plaisir », répond Dalida sans aucune arrière-pensée.

A table, elle est placée entre Gaston Defferre et François Mitterrand. Au long du souper, ils sympathisent, parlent beaucoup, de tout et de rien. Dalida est impressionnée. Elle trouve Mitterrand très cultivé, très sage. Leurs propos la changent des habituelles conversations d'après spectacle, qui traitent seulement du métier. Elle admire en lui l'écrivain et le philosophe. Pour elle, c'est un grand homme et il le restera toujours. Jusqu'à la fin, Dalida le vouvoiera et l'appellera « Monsieur le Président ». François Mitterrand, homme de contradictions, cultive à la fois la disponibilité et la distance, la première pour la séduction, l'autre pour le pouvoir. François-Olivier Giesbert dit de lui dans *Le Président* :

« Si Mitterrand est Mitterrand, c'est bien grâce à cette distance qu'il a mise entre le monde et lui. Il se protège. Il se préserve. Même quand il se jette dans l'action, il cherche à sauvegarder une part de lui-même, comme s'il avait peur de se perdre en se donnant tout entier.

« C'est ce qui le rend si peu vulnérable aux échecs. C'est aussi ce qui explique son infinie patience. Désinvolte et décalé, il a toujours le temps. De flâner, de faire causette, de conter fleurette ou bien d'attendre le destin qui se fait souvent désirer. »

A cette époque, justement, le destin se fait désirer, mais François Mitterrand possède une vertu essentielle en politique : la persévérance. Cette vertu, Dalida l'a aussi dans son domaine, elle en connaît le poids. On n'est pas si étonné qu'une vraie rencontre ait lieu entre celle qui voulait séduire l'homme le plus fort et celui qui, de son propre aveu, rêvait dans l'enfance d'être roi ou pape. Tous deux ont le sens du destin.

Lui apprécie les femmes brillantes et ne craint pas d'incarner ce qu'elle cherche : une figure paternelle idéale. Il rêve d'être le père de la nation, d'entrer dans l'Histoire, et de marquer, après de Gaulle, le XXe siècle français. Quand il sera parvenu au pouvoir, la presse l'appellera « Dieu ». Pour Dalida, le départ de De Gaulle a été une grande perte pour le pays. Elle pressent en Mitterrand une figure hors normes pour l'avenir, et cela la fascine.

Dès ce premier soir, la sympathie se mêle à l'admiration, l'admiration se mêle à l'amitié. Dalida, sans en avoir l'air, scrute les sourcils impérieux, le profil de médaille, la bouche ironique et volontaire où la lèvre inférieure laisse échapper un soupçon de sensualité dans un visage austère.

La soirée terminée, chacun rentre à son hôtel. Mais le lendemain au réveil, à neuf heures et demie, le téléphone sonne. C'est lui...

« Je voulais vous souhaiter bon voyage, dit-il. J'ai passé une agréable soirée. J'aimerais vous revoir à Paris. Je prends l'avion dans quelques minutes. Au revoir. »

Dalida est très surprise. Pas seulement qu'il ait téléphoné, mais qu'il connaisse son hôtel.

Chacun repart de son côté. Mais le destin les attend au tournant. Quelque temps plus tard, il les fait se rencontrer à nouveau, par hasard, à Rome. Dalida est venue pour un concert. François Mitterrand donne une conférence. Sans le savoir, ils sont descendus dans le même hôtel.

Il quitte ses amis pour prendre un verre avec elle. Ils vont s'entretenir à l'écart dans un salon tranquille. Leur sympathie mutuelle se renforce. Ils se promettent à nouveau de se revoir, à Paris cette fois, échangent leurs numéros de téléphone. Mais, une fois de retour, Dalida n'ose pas l'appeler. Elle se dit :

« Je suis une femme. C'est à lui de le faire. Et puis, j'aurais peur de le déranger. »

Quelques jours plus tard, le téléphone sonne rue d'Orchampt. Ils voudraient se retrouver pour dîner, mais lui se sent contraint par le qu'en dira-t-on. Leur vie de lumière à tous deux les oblige à l'ombre. Alors elle l'invite chez elle : c'est plus discret. Il aime les fruits de mer : elle en commande pour lui faire plaisir.

L'écouter parler est pour elle un privilège. La voix de l'homme est encore un peu sèche, il n'a pas acquis les cadences théâtrales des grandes années. Une ironie que Dalida interprète comme une pudeur fait qu'il n'a pas toujours l'air de croire à ce qu'il dit. Plus elle l'écoute, plus elle le voit comme une figure de l'Histoire. Plus il la regarde et plus, pour cet amateur de femmes, celle qui ose chanter *Je suis toutes les femmes* est fascinante.

Elle se précipitera pour lire ses œuvres. Elle ne connaît pas encore ce poème :

Grain après grain, la tentation pénètre et gagne,
chacun veut se libérer pour son propre compte,

La grand-mère paternelle, Rosa, et son mari Giuseppe. Pietro est en costume marin. Les deux autres enfants sont les oncles Venicio et Eugenio, père de Rosy. *(Collection privée.)*

Pietro. *(Collection privée.)*

Yolanda à deux ans et demi sous la protection de son frère aîné… *(Collection privée.)*

Trois ans et demi et déjà la pose coquette… *(Collection privée.)*

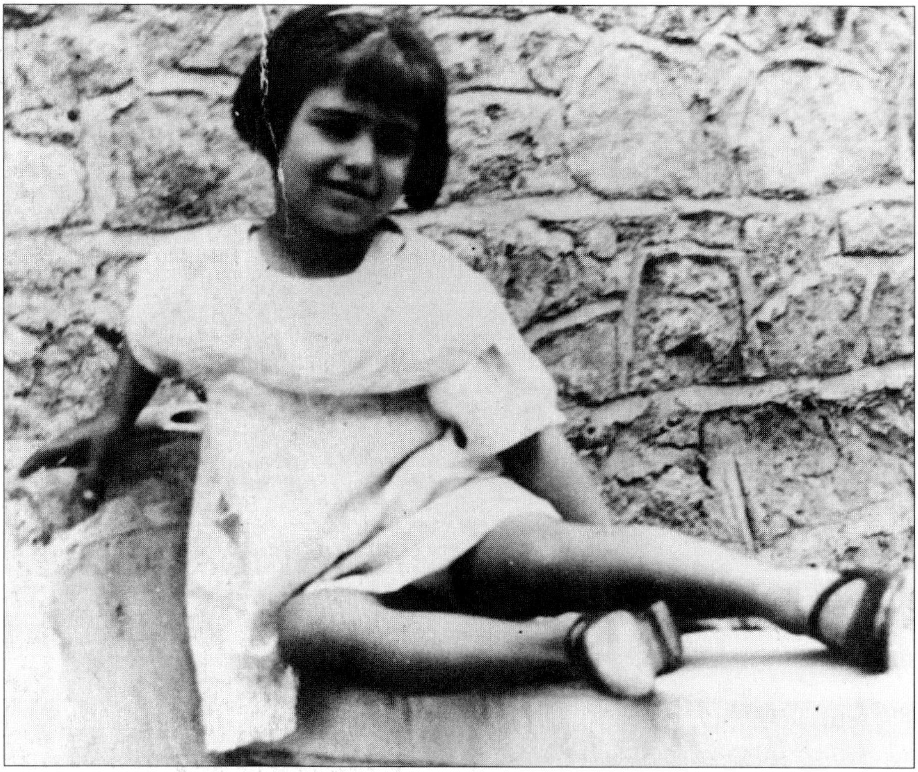

A seize ans, chez les sœurs, Yolanda joue dans une pièce biblique. *(Luce. E. Tenebre.)*

Miss Éygpte. *(Collection privée.)*

1954 : « Un verre, une cigarette », vamp du cinéma égyptien. *(Collection privée.)*

Dans *Le Masque de Toutankhamon*, Dalida en danseuse orientale joue le rôle d'une espionne. *(Film Francese.)*

Un profil si pur mis en valeur par les anneaux de gitane. *(Collection privée.)*

1962 : à Serrastretta, le maire l'accueille chaleureusement sous la pluie. *(B. Carlostella.)*

Avril 1961 : le mariage. Lucien et Dalida sortent de la mairie du 16e arrondissement. *(Collection privée.)*

1958 : premier passage en vedette à Paris – la robe de velours rouge de Bobino. *(Collection privée.)*

1960 : rue d'Ankara, elle illustre le style Dalida que tant de jeunes filles copient. *(Collection privée.)*

Ci-dessous : dans la rue, à la sortie de l'école, les bambini lui font fête. *(Guglielmo/Sygma.)*

1962 : avec Jean Sobieski, le bonheur rue d'Orchampt. *(Ici Paris.)*

1967 : avec Luigi Tenco à San Remo. *(Collection privée.)*

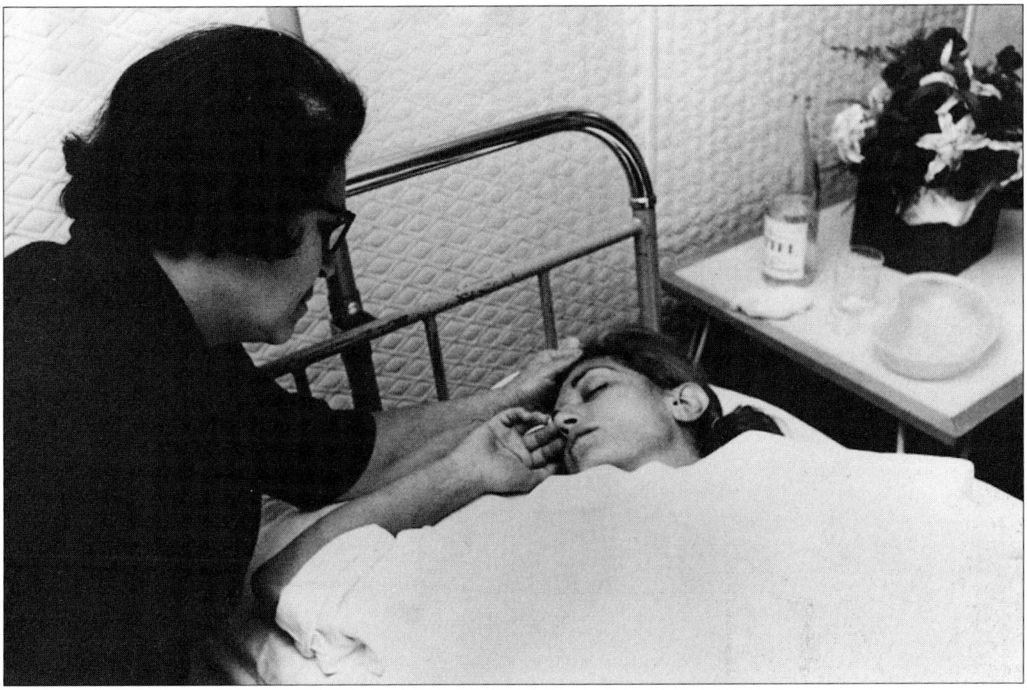

Après son suicide, sa mère Peppina veille sur Dalida à la clinique. *(Collection privée.)*

1971 : à l'Olympia, la période « Madone ». *(Collection privée.)*

Suivie de sa cousine Rosy, Dalida la blonde descend d'avion à Athènes. *(Collection privée.)*

En famille avec ses deux frères et ses neveux Luigi et Roberto. *(Collection privée.)*

En Inde avec le swami. *(Collection privée.)*

Malgré le déguisement, les paparazzi traquent Dalida accompagnée d'Arnaud Desjardins en Italie. *(Collection privée.)*

Dalida et Richard Chanfray. *(DPA.)*

Avec Orlando, la complicité. *(Collection privée.)*

Palais des sports 1980, la star.
(Christian Denis.)

Ci-dessous : 1974, dans le salon de la rue d'Orchampt avec Gerda. *(Omnia-Press.)*

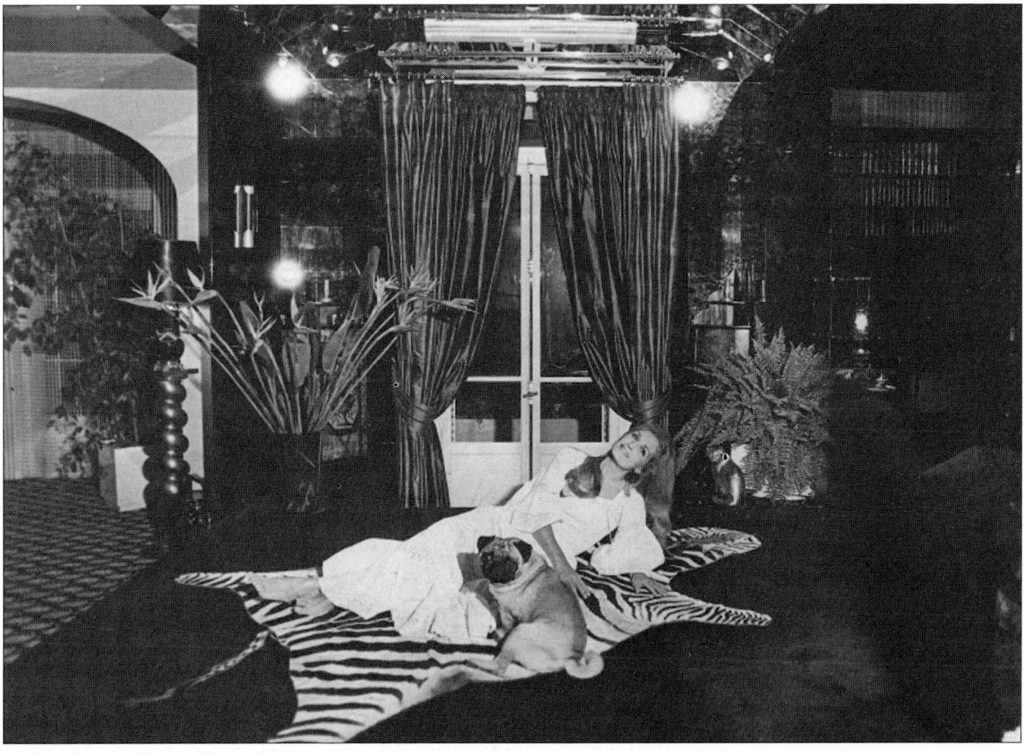

1981 : à Lille avec François Mitterrand et Roger Hanin. (*Gamma.*)

La robe orientale de *Salma ya Salama*. (*Collection privée.*)

Mars 1983 : Paradis latin, avec Jacques Chirac, la bise. (*Gamma.*)

1980 : en répétition pour le Palais des sports, l'affiche qui a fait tant de bruit. *(Sygma.)*

1986 : *Le Sixième Jour*, dernière scène. *(Sygma.)*

Juillet 1986 : aux Seychelles, dernières photos. *(Sygma.)*

se gonfle et mûrit.
La grenade résiste autant qu'elle peut,
puis elle éclate.
Alors, c'est l'envahissement irrépressible
de la connaissance.
Voilà, je suis à toi,
que j'aime, qui m'aime.
Embrasse-moi,
ô monde attendu depuis l'origine.
De longs ruisseaux de soleil clair
apportent leur message de Bonheur et de Beauté [1].

Mais elle aurait presque pu le chanter...

En octobre 1972, François Mitterrand, alors député maire de la Nièvre, doit fêter à Château-Chinon ses vingt-cinq années de vie parlementaire. Il propose à Dalida d'y chanter. Mikis Theodorakis, lui aussi, y participera avec sa troupe. Elle, chanter est son métier : elle accepte. Orlando l'accompagne avec la sonorisation et toute son équipe.

L'intelligentsia de gauche au complet sera présente. Avant le gala, François Mitterrand l'invite à un déjeuner dans une auberge de campagne où il aime aller. Claude Manceron, Roger Hanin, Christine Gouze-Rénal, que Dalida connaît déjà, Danielle Mitterrand, Gilbert Mitterrand sont présents. Orlando aussi est invité.

« Toutes les places étaient réservées, avec des noms, dit Orlando, et moi, je regardais les noms et j'étais un peu mal à l'aise, car je ne connaissais personne. Roger Hanin s'en est rendu compte et il m'a dit : " Viens à côté de moi. " Mais il n'y avait pas de place prévue pour moi, ni de chaise. François Mitterrand se trouvait à deux pas. Il ne me connaissait pas mais il savait qui j'étais. Alors il a eu un geste inou6 bliable. Il s'est levé, il est venu vers moi et il m'a donné sa chaise. Tant de délicatesse et de savoir-vivre m'ont beaucoup impressionné. C'est un homme qui remarque tout, qui est attentif aux autres. On lui a immédiatement donné une autre chaise, évidemment. »

Le spectacle a lieu dans l'après-midi. Un chapiteau a été monté. En première partie, Mikis Theodorakis fait un triomphe. Dalida est la vedette après l'entracte. Des années auparavant, elle avait chanté *La Danse de Zorba,* dont Theodorakis était l'auteur. Celui-ci lui dit :

« C'est la première fois de ma vie que je passe en américaine, et c'est vraiment parce que je vous aime beaucoup. »

« Moi, je trouve que la meilleure place, c'est la première, répond Dalida en riant. Il y a moins de risque ! »

Elle monte en scène. Alors François Mitterrand se lève de son siège et, d'en bas, lui serre la main, sous une tempête de flashes.

Dalida interprète la chanson du *Parrain,* sur une très belle mélodie

1. Cit par F.-O. Giesbert.

de Nino Rota, l'auteur de la musique de *La Strada.* Elle figure sur son dernier disque :

Parle plus bas car on pourrait bien nous entendre,
Le monde n'est pas prêt pour tes paroles tendres...

Selon *Le Journal du Centre,* Dalida en scène, ce soir-là, c'est « une incantation à l'amour ».

Dalida et François Mitterrand sont photographiés très proches l'un de l'autre. Lui, légèrement en retrait, la couve du regard. Bientôt, les spéculations vont commencer.

Pourtant, pour Dalida, il s'agit d'un gala comme un autre. Elle a déjà chanté pour Chaban, pour Giscard, participé à la fête de la Rose. Le monde politique lui reste étranger. Elle ne pense pas que sa présence, ce jour-là, sera exploitée. Seulement, le courant qui passe entre l'homme Mitterrand et la femme Dalida n'échappe à personne. Un frémissement prémonitoire parcourt l'assistance. Pour Dalida, c'est le public qui répond, comme d'habitude...

Cette journée scelle leur amitié. Ce n'est plus seulement l'homme qui devient son ami, mais aussi la famille. Tous viendront bientôt dîner rue d'Orchampt, à la bonne franquette. Ce seront des soirées gaies, détendues, familiales. Lorsque François est retenu par ses obligations, Dalida, Danielle, Christine se voient entre femmes et deviennent très proches...

Mais Dalida n'intéresse pas que le futur président. Avec la chanson du *Parrain,* il se passe une histoire curieuse : vingt-quatre heures après la sortie du film, Dalida reçoit une énorme gerbe de roses rouges, avec une carte anonyme, adressée à « Notre-Dame de la Mafia ». Elle est également gratifiée d'un mystérieux coup de fil en provenance de New York :

« Désormais, tu es des nôtres. Tu es notre Marseillaise à tous. On se rencontrera. »

Elle croit à une blague. Mais, peu après, alors qu'elle répète son prochain spectacle qui aura lieu à l'Olympia, deux hommes en complet noir, chemise blanche et chapeau mou, comme sortis du film *Les Blues Brothers,* viennent la voir :

« Si tu as besoin de nous, n'hésite pas ! »

Non, Dalida ne sollicitera pas l'aide des « hommes d'honneur »... Pourtant, elle demeure fragile. En août 72, elle passe ses vacances en Corse, où elle se fait construire une maison. Des amis l'invitent pour une croisière au large des côtes sardes. Ravie, elle quitte Calla-Rossa, où elle réside, pour le port privé où est ancré le bateau. Emeraude, la mer scintille. Joyeuse, Dalida s'élance vers le canot. Au moment où elle saute, une vague l'écarte. Déséquilibrée, elle pousse un cri. La chute est violente. Au sol, très blanche, elle gémit. Heureusement, Rosy l'accompagne. De retour à Calla-Rossa, elle appelle le médecin. Le pouls est très faible, elle risque une syncope blanche. On doit lui faire une piqûre pour soutenir le cœur.

Le premier gala du film de Coppola a lieu en octobre 1972, à l'Opéra, au profit de la recherche médicale française. Dalida arrive, très élégante dans un long fourreau au corsage richement brodé. Et, selon *Ici Paris :*

« C'est comme une présidente de la République qu'on reçoit la belle Dalida. C'est à elle, en effet, qu'on offre le fauteuil laissé vacant par Mme Pompidou qui s'est décommandée. »

Malgré cet honneur, Dalida s'évanouit en pleine projection et doit être transportée chez elle. Elle n'a pas supporté la violence très réaliste du film. Le fils du Parrain fonce en voiture. Des coups de feu éclatent, les vitres explosent, le sang jaillit. Le visage de James Cain, qui joue Sonny, lui a-t-il rappelé celui de Luigi Tenco ?

Non, elle n'est pas encore guérie. Même si tout semble désormais évident. Elle écoulera cinq cent mille disques de la chanson du *Parrain.*

Sur le 33 tours, avec *Mammina,* figure aussi la reprise de la célèbre chanson de Trenet, *Que reste-t-il de nos amours ?* ainsi que *Pour ne pas vivre seul.* Cette très belle chanson, qui restera parmi les favorites du public, traite de la solitude, entre autres celle des homosexuels. Depuis 1968, l'homosexualité a cessé d'être un tabou en France. Aborder franchement ce thème reste néanmoins courageux. Les homos lui sauront gré de ce geste, qui sera suivi de plusieurs autres. Dalida n'hésitera pas à déclarer dans des interviews qu'il est absurde de pénaliser les gens pour leur orientation sexuelle. En quelques années, elle deviendra une figure culte de la communauté gay, surtout lors de sa période disco, lorsqu'elle jouera à fond la carte du glamour, des boys, du kitsch et des paillettes.

Vertige du pouvoir

1974 est une année d'élection présidentielle anticipée. Georges Pompidou vient de mourir au terme d'une pénible maladie. L'image du Président, au visage autrefois jovial et madré, soufflé par les médicaments, a angoissé le pays pendant des mois.

La campagne oppose Giscard d'Estaing, incarnant une droite nouvelle, moderne, préoccupée de social, et François Mitterrand, espoir d'une gauche qui, bien qu'elle ait encore du mal à s'unir, espère enfin sortir d'une opposition prolongée.

Dalida voit tout cela d'assez loin. La politique ne la concerne guère mais les hommes qui la font l'intéressent davantage. Toujours son goût des statures d'exception. Enfant, elle a entendu les récits de sa grand-mère, mêlée de près, bien que de façon officieuse, aux affaires égyptiennes en tant que conseillère de Nahas Pacha. Elle voit les hommes d'Etat comme des figures débonnaires.

La mort du Président l'attriste. Elle se souvient d'un jour de 1968. De Gaulle parti, Paris était déjà en pleine campagne électorale. Dalida avait rencontré Georges Pompidou dans un célèbre restaurant de fruits de mer de la place Pereire, où il se rendait souvent. Il était là avec des amis, Dalida dînait à une table proche. Il avait demandé à lui être présenté. En pleine période mystique, Dalida s'intéressait fort peu aux affaires du monde. Pourtant, la face de paysan rusé du président Pompidou, son air à la fois subtil et bourru lui sont restés en mémoire. Elle admirait sa femme, Claude, qui jouait son rôle avec élégance et discrétion.

Ce jour-là, elle s'est dit que le destin la mettait toujours sur le chemin des puissants. Elle s'est souvenue de sa rencontre avec le souverain d'Egypte lors de ses débuts au cabaret, d'un séjour digne des *Mille et Une Nuits* au palais du shah d'Iran, et aussi d'une occasion encore plus ancienne, lors de ses débuts à Paris, à la fin de 1955. Une grande fête de l'amitié franco-italienne devait avoir lieu à l'Hôtel de Ville. Dalida, encore obscure, n'avait pas enregistré de disque. A cette occasion devait avoir lieu pour la première fois l'élection de la plus belle Italienne de France. Le colonel Vidal avait des amis italiens influents. Il voulait que l'ex-Miss Egypte se présente.

« Ah non, dit Yolanda qui n'était pas encore Dalida, défiler en maillot de bain avec un numéro sur le ventre, c'est terminé. »

La fête est présidée par René Coty, alors président de la République. Il lui serre la main :

« Vous êtes une belle ambassadrice de votre pays en France », s'écrie le petit homme rond et courtois.

Décidément, le destin de Dalida est constellé de présidents. En 1968, année turbulente, c'est le général de Gaulle, l'homme du 18 Juin, qui lui avait remis la médaille de la Présidence, en la félicitant pour ses qualités d'ambassadrice, de la France cette fois... Aucun artiste du show-business n'avait reçu auparavant cette distinction, réservée habituellement à des résistants très courageux. Mais, de même qu'on disait en plaisantant que BB rapportait au pays autant de devises que la Régie Renault, Dalida accomplit pour la chanson ce que BB faisait pour le cinéma. Les paroles de De Gaulle l'avaient beaucoup émue, car la famille Gigliotti avait toujours été gaulliste.

En 1974, le premier grand face-à-face Mitterrand-Giscard passionne le pays. Des meetings ont lieu dans toute la France. Giscard est brillant et séduisant, mais, par affection pour François Mitterrand, Dalida se fait piéger. Elle le comprendra trop tard. Malgré son intelligence et sa lucidité, elle se laisse emporter, quand le cœur entre en compte, par des élans généreux.

Bien que la politique, dans ce qu'elle a de plus noble, implique un sacrifice de soi au profit d'un pays, elle est aussi l'art de la manipulation.

L'entourage de François Mitterrand comprend très vite que Dalida, qui est la chanteuse la plus aimée des Français, peut être un atout précieux pour une gauche qui doit à tout prix sortir d'une position minoritaire. En 1974, elle est à nouveau engagée, cette fois à Toulouse où François Mitterrand doit prononcer un discours qui marquera le début de sa campagne.

Soixante-dix mille personnes piétinent de froid et d'impatience dans l'Eurostade, sous les rigueurs d'un hiver qui joue les prolongations. A cause du thermomètre, Dalida, exceptionnellement, ne porte pas son emblématique robe blanche, mais un pantalon et un col roulé noir. Cela apparaît comme un geste supplémentaire en direction d'une gauche qui se veut plus décontractée, désireuse de bouleverser les conventions.

Il est difficile de chanter dans ce lieu immense, devant un public de militants en attente des paroles de leur grand homme. Mais Dalida est portée par son professionnalisme habituel et par son désir de faire plaisir à François Mitterrand, qui est venu l'écouter peu avant, en janvier, lors de son dernier passage à l'Olympia. Le soir de la première, la famille Mitterrand — Danielle, Christine Gouze-Rénal et Roger Hanin — était dans la salle. A partir de cette date, ils seront présents à tous ses spectacles.

François Mitterrand, lui, était à l'étranger. Un autre soir de la semaine, il est arrivé à l'Olympia, directement de l'aéroport. Entré alors que les lumières étaient déjà éteintes, il a filé dès la fin de la dernière chanson, sans attendre les rappels, afin d'éviter la foule. Mais, en entrant dans sa loge, Dalida le trouve là, qui l'attend.

« C'est un homme de parole, dira-t-elle, quand il dit " je viens ", il vient. »

A Toulouse, Dalida, heureuse de chanter pour un ami fidèle, est inconsciente de l'interprétation qui sera donnée à sa présence. A la fin de son tour de chant, le stade tout entier reprend en chœur son nouveau succès, *Gigi l'amoroso.* L'histoire d'un chanteur de charme napolitain parti pour conquérir l'Amérique. Les dirigeants socialistes sont impressionnés par le pouvoir qu'a cette femme de galvaniser la foule. A la fin du tour de chant, Roger Hanin monte sur scène, portant une rose qu'il met dans la main de Dalida. Habituée à recevoir des fleurs à la fin de ses spectacles, elle la prend et, ravie, salue le stade sa rose à la main...

Elle se rend compte de l'impact symbolique de ce geste floral le lendemain, aux actualités télévisées. Les images sélectionnées *ad hoc* produisent un effet tout différent de ce qu'elle croyait. La photo à la fleur fait la une de la presse, qui titre :

« Dalida chante pour Mitterrand ».

Cette même presse ne tardera pas à affubler le futur président des Français du sobriquet de « Mimi l'amoroso »...

Pour Dalida, c'est le premier signe. Mais elle ne veut pas encore comprendre. Ce qu'il y a entre eux est autrement plus sincère. Elle craint que si elle refuse de tels gestes, il ne l'interprète comme un manque de loyauté. D'ailleurs, dans leurs conversations, ils parlent de tout sauf de politique — à laquelle François Mitterrand sait qu'elle ne s'intéresse guère. Par contre, l'entourage chargé des questions de stratégie est convaincu, après Toulouse et ses retentissements, du parti qu'on peut tirer de cette amitié.

Le 11 mai 1974, dans *Match,* un article peu amical place Dalida en tête des artistes pour Mitterrand. Selon l'hebdomadaire, Dalida serait coupable d'avoir, comme Guy Bedos, Juliette Gréco, Michel Piccoli, donné sa signature en faveur du programme commun. Ce qu'elle démentira. Ex-secrétaire de Sartre et prix Goncourt, polémiste et pamphlétaire, Jean Cau sait jouer de l'hyperbole et de l'ironie. Il s'en donne à cœur joie :

« Je ne savais pas que le général de Gaulle d'abord et Georges Pompidou ensuite avaient empêché Mademoiselle Dalida de pousser la chansonnette et de déployer son génie en toute liberté. Depuis des années et même des lustres, je voyais le portrait de Mademoiselle Dalida s'étaler sur nos murs ou à la devanture des disquaires, je voyais son nom éclater en lettres de feu sur la façade de l'Olympia et sa longue silhouette onduler sur les écrans de nos télévisions, et je ne savais pas qu'en vérité l'interprète de *Bambino* gémissait sous le poids des chaînes dont l'avait chargée la Cinquième République, et je ne comprenais pas que ces chansonnettes d'amour, décryptées, étaient autant de carmagnoles. Pendant seize ans, j'ai été comme ces Allemands dont les écailles ne sont tombées des yeux qu'en 1945 et je n'ai pas compris que de Gaulle et Pompidou étaient des Hitler, et Malraux, Michelet, Duhamel, Druon et Peyrefitte des Goebbels. »

Au nom de Dalida, Me Jacques Kam, son avocat, demande la saisie de *Paris Match :* la chanteuse n'a pas signé le manifeste.

Avocat de Dalida depuis l'époque Sobieski, Jacques Kam a également défendu Orson Welles — qui l'appelait « Citizen Kam » — Marlène Dietrich, Jacques Martin, Philippe Bouvard, BB... Au mur de son bureau figure une photo de Dalida, dédicacée, reprenant la formule de Voltaire citée par Lucien : « L'amitié, c'est le mariage de l'âme. »

« Dalida était d'une fidélité absolue sur le plan de l'amitié, dit Me Kam. C'était un plaisir de la défendre parce qu'elle m'accordait une confiance éclairée mais totale. C'est le genre de client pour qui on a envie de faire des prouesses. Mais je ne faisais rien sans l'en informer, à titre préventif et curatif.

« Elle n'était pas procédurière, n'attaquait que quand la nécessité était impérieuse. Elle n'avait aucun besoin de provoquer la presse pour gagner un peu d'argent. »

Jean Cau avait écrit un article terrible. Dalida entendait faire usage du droit de réponse. *Paris Match* soutenait qu'il n'avait pas à l'insérer, « parce qu'elle s'y montrait trop dure ».

L'hebdomadaire a pour conseil Me Badinter, que Me Kam connaît bien pour avoir été stagiaire avec lui. Me Badinter, par ailleurs avocat du PS, réplique que s'il y a bien possibilité d'un procès en diffamation, la saisie de *Match* ne peut être envisagée car il ne s'agit pas d'une « atteinte intolérable à l'intimité de la vie privée ».

Dans son droit de réponse, Dalida explique qu'il ne faut pas confondre amitié et politique. Une distinction qu'elle commence tout juste à appréhender et qu'elle devra répéter plus d'une fois dans les années qui viennent.

« J'ai plaidé que la réponse était aussi dure que l'article lui-même, et le tribunal m'a donné raison », ajoute Me Kam.

Giscard est élu, et cette première escarmouche n'a pas de suites. L'opinion publique et les médias oublient. Tout rentre dans l'ordre, sans que les relations entre Dalida et la famille Mitterrand en soient altérées. François Mitterrand n'est pas encore président de la République. Pour Dalida, c'est d'abord un homme. Les choses paraissent simples...

L'enfer

A partir de 1972, ceux qui approchent Dalida, et même le public qui la voit de loin, sous les lumières de la scène, ont le sentiment d'être face à une autre femme. Celle qui disait « il me faudra encore beaucoup pleurer » semble avoir trouvé la sérénité. La rébellion, la colère qui transparaissaient autrefois sur son visage, lui donnant quelque chose des vamps noires hollywoodiennes, ont disparu. Elle semble avoir réglé ses comptes avec les douleurs de l'enfance. Ces rancunes qui font qu'on regarde toujours en arrière, elle s'en est débarrassée. Ou, du moins, elle les a regardées en face. Elle se sent libre. Libre d'aller de l'avant. De vivre pleinement.

Comme les êtres intuitifs, télépathes, visionnaires, Dalida a un inconscient à fleur de peau. Ce contact avec la part de l'enfance, du moi archaïque, qui fait la richesse de l'artiste, reste très difficile à vivre. Au bout des « quatre années d'hiver », elle ne retrouve pas le sommeil de sa jeunesse. Lorsqu'elle parvient à nouveau à dormir seule, elle a plus que jamais besoin d'une lumière allumée. L'obscurité bruit de terreurs, s'anime de fantômes. Elle continue à faire des cauchemars pendant lesquels elle revit les grands drames de sa vie. Orlando se souvient d'un séjour à Dakar, en 1968 :

« C'était un hôtel de bungalows. Nous dormions dans des chambres conjointes. Au milieu de la nuit, je suis réveillé par la voix de ma sœur. D'abord je pense l'avoir entendue en rêve, puis je me rends compte qu'en réalité elle parle bien de l'autre côté du mur, mais je ne discerne pas les paroles. Je me lève, m'approche sur la pointe des pieds. Avec qui dialogue-t-elle à une heure pareille ? Doucement, j'ouvre la porte.

Là, le choc. Elle se tient debout sur son lit, les bras étendus, comme le Christ en croix. Elle continue à parler, comme si elle était en colère et se disputait avec quelqu'un. Mais les mots sont incompréhensibles. Je me rends compte qu'il s'agit d'un cauchemar. Je n'ose pas la réveiller, je referme la porte. Le lendemain, je lui demande : " Tu as fait un mauvais rêve ? " Mais elle ne se souvenait de rien... »

Terminée cette cure psychanalytique qu'elle appelle « mon voyage en enfer ». Parfois, des gens, sachant qu'elle a entrepris cette aventure, lui demandent si elle leur conseille de s'y lancer. Elle refuse de les conseiller. Elle s'y est engagée sans se rendre compte que, pour se débarrasser des douleurs anciennes, il faut se replonger dans leurs abîmes, et que la souffrance ne se trouve atténuée qu'au prix élevé d'avoir été revécue. Il faut être prêt à affronter tout ce qui remonte du fond de soi... Ce qui est venu, dans son cas, étant de l'ordre de la mort, elle a bien cru y rester une seconde fois :

« Quand on fait le voyage en arrière, dit-elle, on risque de ne pas en revenir. »

Dalida continuera à lire et à relire Freud, dont ses exemplaires de ses œuvres sont maintenant usés, cornés, annotés. Mais, bien qu'elle ne conteste pas ce qu'elle lui a apporté, l'analyse reste pour elle un souvenir terrifiant. D'autant que, une fois remémorés, les éléments sortis de l'inconscient ne s'éliminent pas comme on viderait un sac. Le refoulement levé, il faut vivre avec ce qu'on avait au départ de bonnes raisons d'oublier.

« Au fond de chacun de nous, affirme-t-elle, il y a toujours un enfant qui pleure. »

Elle a été particulièrement marquée par une expérience impressionnante, vécue un jour au cours d'une séance. Elle se retrouve alors petite fille, parlant avec son père, qu'elle « engueule » avec une voix de trois ou quatre ans. Elle revit un de ses caprices d'enfant, et le rattache à ses colères d'adulte, qu'elle a tellement de mal à juguler. Elle comprend alors que si elle détestait son père, c'est parce qu'elle l'aimait trop. Elle repasse à travers des choses horribles, et cela la bouleverse de fond en comble. Elle conclut :

« Toutes nos joies, toutes nos peines viennent du petit enfant au fond de nous, qui se manifeste. »

Sa « descente aux enfers » lui a également permis de comprendre d'où lui viennent ses angoisses et ses peurs, particulièrement dans ses rapports avec les hommes. Le « problème sexuel » dont elle parle à répétition dans son Journal ne sera pas vraiment résolu ; le sexe continuera de n'avoir pour Dalida qu'une importance secondaire, sauf dans les premiers temps d'une relation. C'est d'ailleurs le cas de beaucoup de grandes stars, chez qui le plus grand plaisir réside dans l'effet magique, irréel, de la séduction, dans l'idéalité de la chair plutôt que sa matérialité. Ainsi, Rita Hayworth, qui fut pour Dalida un modèle, expliquait que l'acte sexuel avait toujours quelque chose de décevant :

« Les hommes veulent coucher avec Hayworth, et puis ils se réveillent avec Rita. »

Pourtant, lorsqu'elle a rencontré Arnaud Desjardins, Dalida ne savait plus à quel saint se vouer. Grâce à l'analyse, elle vit le rapport à l'homme d'une manière moins crispée, moins extrême. Tout n'est pas résolu : elle continuera à se tromper dans ses choix. Mais les angles sont moins aigus, les chocs moins violents. Elle veut toujours changer l'homme qu'elle aime, même si elle sait que c'est impossible. Elle le met encore sur un piédestal, et c'est toujours elle qui tombe ensuite, même si c'est de moins haut...

Elle devient plus tolérante avec les autres. Cette indulgence nouvelle, elle va la mettre en pratique avec le nouvel homme de sa vie. Elle le rencontre le 21 octobre 1972. Il s'appelle le comte de Saint-Germain. Enjôleur et beau parleur. Les méchantes langues parlent d'escroc de charme, les gentilles d'illusionniste.

Dalida devrait savoir se méfier. En attendant, elle se prépare à enregistrer, avec Alain Delon, l'ami des années-œufs durs, une chanson dont on fredonnera encore le refrain vingt ans plus tard, *Paroles, paroles...*

Paroles, paroles

Encore des mots, toujours des mots, les mêmes mots, rien que des mots.
Des mots faciles, des mots fragiles, c'était trop beau, bien trop beau.
Des mots magiques, des mots tactiques, qui sonnent faux, bien trop faux.
Mais c'est fini le temps des rêves, les souvenirs se fanent aussi.
Si tu savais comme j'avais envie d'un peu de silence...

Pense-t-elle, fredonnant cela sur un rythme de bossa-nova, d'une voix légère, ironique, empreinte d'une tendresse désabusée, à son histoire depuis peu finie avec Arnaud Desjardins, à qui elle reprochait de « parler, toujours parler », et dont les promesses d'une sagesse à deux n'ont pas vraiment été tenues ? Les « paroles » en question sont de Michaele, qui écrira pour Dalida d'autres grands succès, dont *Gigi l'amoroso.* Il s'agit d'un duo, et elle demande à Alain Delon de le chanter avec elle : le jeune homme timide qui habitait la chambre de bonne voisine est devenu la star que l'on sait. L'histoire est trop belle pour qu'on n'en fasse pas quelque chose...

Au départ de *Paroles,* Orlando, qui passe les vacances de l'été 72 en Italie :

« J'entendais sans cesse, à la radio, ce duo *Paroles, paroles,* chanté par Mina avec Alberto Lupo. Une émission en avait fait son générique, c'était un succès national. J'ai trouvé l'éditeur français qui détenait les droits, et je l'ai fait écouter à Dalida. Elle a immédiatement été sous le charme.

« Mais qui va te donner la réplique ? »

J'ai énuméré quelques noms. Dalida les a immédiatement écartés :

« Non, je veux un acteur de cinéma. Je veux le plus grand. Je veux Alain Delon. »

Delon est alors au plus haut de sa carrière. Dalida l'appelle. Ils plaisantent en se souvenant du bon vieux temps, puis elle lui parle de la chanson. Delon vient de tourner un film en Italie : pendant qu'il était là-bas, il l'a entendue, elle lui plaît beaucoup.

Ces retrouvailles, si longtemps après, de deux amis inconnus devenus, l'un une star de cinéma, l'autre de la chanson, semblent inespérées. Dalida invite Alain Delon chez elle pour un dîner avec Orlando.

« Depuis le début, j'étais un fanatique de l'acteur, dit Orlando, mais je ne le connaissais pas. J'ai découvert un homme extraordinaire, simple, chaleureux, étonnamment à l'écoute des autres, et d'un professionnalisme inouï. »

A son tour, l'acteur convie Dalida et Orlando chez lui, rue des Belles-Feuilles. Mireille Darc est présente. Dans une ambiance très amicale, le projet prend corps. Mais qui fera l'adaptation française ? Plusieurs paroliers s'y collent, mais le résultat n'est pas concluant, surtout pour le refrain. Orlando se souvient alors de Michaele : il a connu la jeune femme autrefois au Caire, elle est maintenant à Paris où elle écrit des chansons.

« Dalida est italienne, elle a un accent, il faut laisser le texte original du refrain », affirme-t-elle.

Les paroles françaises trouvées par Michaele enthousiasment d'emblée Dalida et Delon. En même temps qu'une phrase qui faisait peur à Orlando, « Caramels, bonbons et chocolats », le refrain en italien, « Parole parole », deviendra une expression française, reprise par les politiques lorsqu'ils ironisent sur les promesses de leurs concurrents...

En quelques semaines, la chanson est numéro un au hit-parade en France et au Japon, où Delon est une idole. En Italie, la version française détrône même la version originale... La vidéo n'existe pas encore. Alain Delon tourne un film, Dalida est en tournée à l'étranger : on ne les filmera pas chantant ensemble. A la télévision, il faut tricher avec de gigantesques photos de Delon comme décor.

L'enregistrement permet de resserrer les liens d'amitié entre Alain Delon et Dalida. L'acteur ne cesse d'impressionner la chanteuse. Lorsqu'il arrive au studio, tout a été fait pour lui faciliter la tâche, puisqu'il n'a pas l'habitude du disque. Mais on s'aperçoit qu'il connaît la chanson par cœur, et sait déjà quand il doit entrer et sortir. En une heure, tout est envoyé...

Les deux complices n'ont pas l'intention de s'arrêter là. En arrivant au dîner chez Dalida, Alain lui dit :

« Tu es encore plus belle qu'avant ! Pourquoi as-tu arrêté le cinéma ? Si dans un de mes films il y a un rôle pour toi... »

Malheureusement, le projet ne se concrétisera pas. Et lorsque Dalida chantera *Paroles* sur scène, lors de son passage à l'Olympia en 1974, Delon, pris par sa carrière, ne pourra pas lui donner la réplique. Orlando a alors l'idée de tourner un film qui serait projeté sur un écran, au fond de la scène, derrière Dalida. L'une après l'autre, les grandes stars de l'époque donnent la réplique : Claude François, Thierry Le Luron, Patrick Juvet, Mike Brant... Au moment précis où Dalida doit chanter cet air, un écran tombe et la bande défile : Alain Delon en premier, puis les autres.

« Dalida devait être synchro à la minute près. Le public était très amusé, raconte Orlando. C'était une première. Depuis, ce procédé est devenu monnaie courante. »

Le couple Delon-Dalida fait rêver. La couverture de presse joue à fond le romantisme : Delon est photographié jouant du piano dans le jardin de la rue d'Orchampt doré par l'automne.

Le soir, en rentrant de l'enregistrement, une surprise attend Dalida : elle se trouve face à face avec deux jeunes voyous, dans sa propre chambre. Elle n'a pas prêté attention à une vieille 2CV stationnée devant sa porte et déjà chargée d'objets. Heureusement, ce ne sont pas des criminels endurcis : pris de panique, l'un d'eux laisse tomber un vase de Chine qui se brise en morceaux. Il devient très rouge et s'excuse :

« Pardon, madame ! »

Pleine de sang-froid et réprimant même une envie de rire, Dalida engage la conversation : passionnée par l'analyse, elle veut comprendre la psychologie des visiteurs du soir !

« On ne vous en voulait pas à vous, expliquent-ils, c'était pour épater les copains... »

Ils s'offrent à tout remettre en place. Leur ménage terminé, ils attendent comme deux enfants qu'on les punisse. Attendrie, Dalida se contente de leur faire la morale et les renvoie chez eux sans appeler la police :

« C'est si grave de gâcher une jeune vie ! »

L'alchimiste

L'automne est de toutes les saisons la plus romantique. Des tons de feuilles mortes jouent dans la chevelure flottante de Richard Chanfray, qui se fait appeler le comte de Saint-Germain. Dalida le croise dans les coulisses de la télévision. Elle vient enregistrer l'émission « Cadet Rousselle ». Sa beauté, son élégance, sa faconde font de cet homme, depuis peu la coqueluche des médias, une figure du Paris à la mode.

Malgré son nom de guerre, il ne vient nullement d'un milieu aristocratique. Il se prétend la réincarnation du comte de Saint-Germain, aventurier du XVIIIe siècle et fils présumé d'une reine d'Espagne, Marie-Anne de Neubourg. Il étonnait la cour de Louis XV par sa prodigieuse mémoire et évoquait les personnages de l'Antiquité d'une façon si vivante qu'on croyait qu'il les avait connus. Ami de Cagliostro, il se disait alchimiste dans une époque qui goûte l'occultisme et prétendait détenir le secret de la pierre philosophale, transmutant ainsi le plomb en or. Voltaire disait de lui :

« C'est un homme qui ne meurt jamais et qui sait tout. »

Il mourut quand même le 27 février 1784 dans un port de la Baltique, mais, dans les années qui suivirent son décès, de nombreux témoins affirmèrent l'avoir rencontré. D'où sa réputation d'immortalité. En 1973, Richard Chanfray, alias comte de Saint-Germain, publie un livre, mélange d'histoire, de fiction et d'autobiographie : *Le Comte de Saint-Germain.*

Richard Chanfray affirme avoir subi une série de réincarnations : gentilhomme à la cour du roi de France, il y aurait rencontré la Pompadour, qu'il lui arrive encore de croiser le long de la Marne... Il dit posséder la pierre philosophale, que lui aurait léguée un vieux « négromante ». Impressionnés par son bagout, les gens veulent le connaître, voir la pierre. Ils lui demandent des prophéties. Il tient dans *Ici Paris* puis *France-Dimanche* une sorte de courrier du cœur.

Pour « prouver » qu'il détient les pouvoirs attribués à son illustre prédécesseur, Richard de Saint-Germain — qui laissera tomber la particule à l'instigation de Dalida — effectue à plusieurs reprises, pour les caméras de télévision, un tour avec des fils de plomb, qu'on voit effectivement prendre une apparence dorée. Il s'agit d'une expérience facile, bien connue des chimistes en herbe et magiciens amateurs. Mais le véritable don de ce jeune homme au profil d'aigle, c'est de donner aux gens ce à quoi ils ne cessent jamais de croire : des contes de fées. Il a des allures de prince charmant, il en joue, qui l'en blâmerait ? C'est le premier atout de ce garçon issu d'un milieu modeste et qui a connu des débuts difficiles. Dalida ignore d'abord à quel point.

« Il a trente-trois ans, il est beau, il est gentil, il a beaucoup souffert, et il est incollable en histoire » : c'est ainsi que Dalida décrira le nouvel homme de sa vie.

Après l'avoir entrevue à la télé, Richard Chanfray souhaitait mieux la connaître. Tous deux ont un ami commun, Pascal Sevran. Celui-ci est invité à une fête que Dalida donne chez elle, en cette année 1972, pour fêter la sortie de son nouveau disque, *Pour ne pas vivre seul.* Elle accueille ses invités dans une de ces robes somptueuses qu'elle aime porter désormais. La période Madone des années d'hiver, où elle se vêtait toujours de blanc, symbole de pureté mais aussi de deuil en Orient, se termine.

Lorsqu'elle voit arriver Richard Saint-Germain, elle ressent un coup de foudre pour le bel inconnu enveloppé dans une cape noire. Une fois de plus c'est partagé. Elle le place à sa droite, ils parlent toute la soirée. Bientôt, ils traversent ensemble les nuits parisiennes.

Cette tolérance acquise avec la psychanalyse, Dalida en a bien besoin avec son nouvel amour.

« De tous les hommes de Dalida, c'était le plus écorché vif, le plus dangereux pour lui-même, dit Orlando, mais c'est avec lui qu'elle est restée le plus longtemps. »

Orlando, comme le reste de l'entourage, est d'abord atterré par ce choix. Richard Chanfray semble peu fiable. Il affabule à tire-larigot. Non content de se dire âgé de deux siècles, il prétend parfois avoir mille ans, avoir été conçu dans une éprouvette lors de l'expérience d'un savant fou avec onze autres bébés destinés à devenir les maîtres du monde. Il assure également être le fils adoptif du bagnard évadé et auteur de best-sellers, Papillon. Ce que celui-ci dément.

Il mène un train de milliardaire, roule en Rolls et en Ferrari, et dîne dans les meilleurs restaurants. Il tient place des Vosges un magasin d'antiquités qui ne saurait lui assurer un tel train de vie. Quand on lui demande d'où il tire ses ressources, il explique qu'en cas de besoin il téléphone à l'un de ses onze frères (les autres maîtres du monde) qui s'empressent de le dépanner en lui envoyant un chèque...

Plus c'est gros, plus ça passe. Personne n'est dupe de ces contes — et de ce comte — à dormir debout, pas plus Dalida que la presse, qui rigole, mais cet énergumène fournit de la copie... Selon Pascal Sevran, Richard n'était pas à proprement parler un mythomane, car il ne croyait pas à ses fables et restait capable de faire la différence entre le fantasme et la réalité (TF 1, le 8.7.95).

Dalida elle-même a suffisamment de recul pour prendre tout cela avec le sourire. L'ésotérisme, elle en est déjà revenue, mais elle aime bien qu'on l'amuse. La légèreté de cet homme est un soulagement après Desjardins. Lorsque Richard affirme devant elle être âgé de deux siècles, elle rétorque :

« Mais il ne les fait pas ! »

Et elle ajoute, toujours pince-sans-rire :

« J'aime les gens qui ont une histoire ! »

Pourtant, au fond d'elle-même, elle ne trouve pas ça drôle. Quelques mois après leur rencontre, elle note dans son Journal :

« J'ai rêvé de Richard. Toujours le même rêve, quelque chose qui ressemble à une rupture. Mais dans le rêve je l'aime. D'ailleurs je l'aime toujours. »

Ce qu'elle aime en lui ? « Son air romantique, son regard d'enfant, son innocence, son humanité. »

Elle entre dans cette histoire avec l'impression de s'y fourvoyer. Mais comme elle ne peut résister au sentiment amoureux, elle va se battre pendant neuf ans pour faire admettre Richard par ses proches, la société, les médias. Elle y arrivera presque. Elle restera avec lui plus longtemps qu'avec les autres, parce qu'elle sera plus près de le sauver...

Autour d'elle, on se demande ce qui lui prend. Elle disait rechercher un homme sérieux, solide et posé. Qu'est-ce qui rend Richard si irrésistible à ses yeux qu'elle bravera la terre entière pour former un couple avec lui ?

Le charme bien sûr. Il en a à revendre. Dans sa rouerie il garde quelque chose de l'innocence des enfants. Comme un gamin pris les doigts dans le pot de confiture, il continue de raconter ses bobards d'un air angélique. Il a aussi une beauté, une allure qui rappellent celles de Dalida. Lorsqu'ils sont photographiés côte à côte, l'effet est saisissant : on dirait un couple de jumeaux, sortis d'un de ces *Contes de ma Mère l'Oye* qui restent au fond de nous comme une incurable nostalgie.

Richard a cinq ans de moins que Dalida. En plus d'être très agréable à regarder et distrayant à entendre, il est serviable, attentionné, généreux et très disponible. Cette disponibilité, Dalida l'attend toujours d'un homme. Elle ne la trouve jamais chez les hommes-pères, par définition trop occupés et absents. Elle est l'apanage des hommes-frères, à l'image du petit Bruno de son enfance éperdu d'admiration, qui s'était juré de consacrer sa vie à la protéger et à la servir... D'ailleurs, Bruno devenu Orlando a des rapports plus faciles avec les hommes-pères qu'avec les hommes-frères...

En même temps, Richard lui offre, par la biographie qu'il se fabrique, un personnage de héros. La psychanalyse a appris à Dalida que les héros ne se rencontrent guère dans la réalité, mais elle y croit encore à moitié. Richard est l'acteur d'un cinéma quotidien. Il joue Superman sans se faire prier, puis il redevient un être vulnérable à protéger. Bref, tout en un...

Même s'il ne croit pas à ses mensonges, le besoin d'affabuler signale une difficulté à s'accommoder du réel. A force il se prend parfois les pieds dans ses histoires, et le flou qu'il cultive accentue son instabilité. Comme ces êtres qu'on appelle « personnalités limite », il avance sur un fil entre normalité et folie. Comme Dalida, il se cherche, mais, contrairement à elle, il ne se trouve jamais. Pourtant, elle perçoit dans cette quête éperdue — qu'elle devine douloureuse — un écho de la sienne, et cela la touche.

Ce qui la touche aussi, ce sont ses dons. Car il n'en manque pas.

« Douze métiers, treize misères ! » Dans les moments où elle en a assez, Dalida lui jette à la figure cette expression italienne. Richard se découvre tour à tour un talent pour l'écriture, le chant, la comédie, la peinture et la sculpture. Il peut tout faire, veut tout faire, mais ne va jamais jusqu'au bout. Chaque fois qu'une lubie le prend, il commence par étonner tout le monde, et juste quand ça commence à marcher, il abandonne, dégoûté. Du monde ou de lui-même ? Des deux. Ce grand narcissique ne s'aime pas. Il est le dernier à croire en lui.

En fait, le plus alchimiste des deux, c'est Dalida. Richard est le plomb qu'elle veut absolument transformer en or. Et quand elle croit réussir, ce n'est, comme avec les expériences télévisées de Richard, qu'une illusion passagère. Comme tous les alchimistes, elle se trompe d'abord elle-même avant de tromper les autres. « Je sais bien, mais quand même »... Le rêve est trop fort. Quand son entourage tente de la raisonner, elle se fâche :

« J'en ferai quelque chose ! Vous verrez, j'aurai raison ! » s'écrie-t-elle en tapant du poing.

L'obstination lui a souvent réussi. Elle croit qu'on peut vaincre les obstacles à condition de n'épargner aucun effort. Elle veut « faire » un homme comme elle s'est faite elle-même, sur mesure. Oubliant que Lucien s'était cassé les dents sur cette entreprise, elle se veut Pygmalionne...

Elle croit dur comme fer au pouvoir de l'amour. Elle le persuade alors qu'il a de la valeur. Il suffit de vouloir, comme elle...

« C'est le malheur d'enfance », dit-elle pour excuser ses frasques.

Elle veut croire qu'on peut effacer l'ardoise, recommencer à zéro. Elle croit avoir découvert un diamant brut. Elle va le tailler, le polir. Elle ne veut pas voir qu'il risque, dans l'opération, de perdre quelque chose, de le lui reprocher un jour...

Elle le persuade qu'il n'a pas besoin de mentir pour se faire accepter ; qu'il se prenne tel qu'il est et le monde le prendra aussi sans fards ni costumes. Cette histoire de comte de Saint-Germain, c'est un de ces déguisements dont s'affublent les enfants pour se donner l'air de grandes personnes. Mais il peut, il doit grandir...

Peu à peu, pour elle, il laisse tomber la prétention aristocratique, se présente comme Richard Saint-Germain, puis Richard Chanfray...

Un bonheur fragile

Après des débuts difficiles, les premières années de leur liaison se passent bien. Dalida semble avoir réussi son pari. Ses proches voient Richard transformé.

« Ce n'est plus le même homme », se disent-ils.

Lorsqu'il arrive quelque part, le couple fait sensation. Très sensuel, Richard dégage une séduction féline et sophistiquée, qui fait écho à celle de la chanteuse.

Orlando lui aussi change d'avis :

« On a bien fini par l'accepter. Mais il nous faisait peur quand même, parce qu'il était imprévisible. Avec Dalida, il était très affectueux. Il la suivait partout, comme un petit caniche. Il était généreux. Dès qu'il avait de l'argent, il achetait d'abord un cadeau pour elle. Ce qui m'inquiétait toujours, c'était cette part de folie cachée, imprévisible. Il y avait deux hommes en lui, c'était presque de la schizophrénie. Tout d'un coup, au milieu d'un dîner, il interrompait la conversation, il se mettait à dire n'importe quoi, il était à deux doigts de mettre les invités dehors. Si on parlait trop de la carrière de Dalida, il devenait provocateur. Il adorait la femme, mais il était en conflit avec la star. Son succès le frustrait, lui qui ne pouvait pas réussir. »

Dalida s'en rend compte. Comme elle le sait très doué, elle le pousse. Elle lui demande quel est son désir le plus profond. Il répond qu'il a toujours rêvé d'être peintre. Elle l'encourage. A nouveau, la maison de la rue d'Orchampt s'emplit de toiles, couleurs et chevalets, comme à l'époque Sobieski. Richard manque un peu de technique mais ses œuvres ont de l'atmosphère, une certaine vision. Ses paysages d'orage, ses marines montrent une nature grandiose et tragique, dans laquelle hommes et animaux sont perdus, silhouettes minuscules, comme lui-même se sent ballotté par les tempêtes de la vie.

Dalida se démène pour lui obtenir une exposition dans une galerie du Marais, parle de sa peinture à la télévision. Résultat : Richard, dans un de ces accès de haine à l'égard de lui-même qu'il ne peut contrôler, détruit ses toiles. L'épisode peinture est terminé...

Tours de magie

La force dont Dalida fait preuve pour soutenir l'homme qu'elle aime et les trésors de patience qu'elle déploie — elle qui en est d'habitude si dépourvue — pour le remettre sur ses pieds font l'admiration de ses proches. Elle seule a sur lui une influence suffisante pour limiter, dans une certaine mesure, sa tendance à l'autodestruction. Quand il va trop loin, Dalida le freine d'un regard, d'une phrase :

« Assez, Richard, maintenant, tu arrêtes », dit-elle fermement, sans méchanceté. Et lui redevient doux comme un petit enfant.

Comme Sobieski, Richard appartient à la catégorie des chevaliers servants. Il accompagne Dalida en tournée, dans ses galas, adoucissant le moment si difficile pour elle du rideau qui tombe, de la loge où elle n'a plus pour compagnie que les fleurs et les télégrammes, du restaurant désert, du couloir d'hôtel interminable, de la chambre glacialement vide... Toujours il est là, réconfortant, quand elle a besoin de lui. Car il adore qu'elle ait besoin de lui. Et elle, elle adore qu'il adore ça...

Avant d'entrer en scène, il lui tient la main. En sortant, il lui demande son avis. Il dit :

« Je l'aime pour elle-même. Je n'ai qu'une ambition, la rendre heureuse. »

Orlando se dit que, malgré ses craintes, cet homme réussit à sa sœur. Dalida n'a jamais été aussi belle. L'amour l'éclaire toujours d'une lumière particulière, mais là, elle est radieuse, sa féminité s'épanouit. Pour la première fois, elle semble complètement femme...

Et puis, juste quand on se dit que, finalement, tout va bien, un incident surgit. Lorsque Richard accompagne Dalida, l'entourage le tient sous surveillance discrète, car il est jaloux. Jaloux de ce qu'elle est, jaloux de ses fans, de tous ceux dont Dalida veut l'amour. Le sien à lui ne serait-il pas suffisant ?

Il est comme un enfant éperdu auprès d'une mère adorée, mais il a la force d'un homme. A l'occasion, il casse la gueule des fans, se venge sur les admirateurs...

Un jour, l'un d'eux le suit en voiture et lui fait une queue de poisson. Richard sort l'homme de son véhicule. In extremis, Dalida intervient. Parfois, au contraire, il se lie d'amitié trop forte, trop vite, pour rien. Un autre jour, il donne à un fan sa chaîne en or.

« Il faut savoir s'arrêter », lui reproche Dalida.

Mais chez Richard, le système de freinage est défectueux. Impulsif, impétueux, il ne connaît jamais la bonne distance, les justes limites.

Il lui arrive de passer au bureau. De préférence quand Orlando n'est pas là : il le craint.

« On avait de bons rapports, dit ce dernier, mais je n'ai jamais été dupe. J'ai toujours gardé mon quant-à-soi. Pourtant, il faisait tout pour gagner mon admiration. Il comprenait à quel point je comptais pour ma sœur, et il voulait que je devienne son allié. Il était attendrissant, il me faisait pitié. Je savais bien que pour les hommes de ma sœur j'étais un obstacle. Je les mettais mal à l'aise. Je n'étais qu'un frère, ils ne pouvaient pas être jaloux, et pourtant, j'étais toujours là... C'était peut-être plus fort encore chez Richard pour qui Dalida avait une telle importance. Malgré tout, une méfiance restait. Rien à faire, ses crises d'extrême bonté ne me séduisaient pas. »

Chaque fois qu'il s'est disputé avec Dalida, Richard est hors de lui. La violence dont il n'ose faire preuve avec elle, il la décharge sur la malheureuse Rosy, qu'il va trouver au bureau. Il la terrorise. Quelque chose ne tourne pas rond chez cet homme : Rosy craint pour sa cousine...

Si d'un côté Richard fait du bien à Dalida, de l'autre il lui fait quand même du mal. Malgré lui. Une fois de plus, attirée par ce personnage haut en couleur, la presse se mêle des amours de la chanteuse. Le passé de Richard resurgit. Il est bien pire qu'elle ne l'avait cru. Dans son anxiété de se faire aimer, Richard a enjolivé certains épisodes, en a omis d'autres. Des journaux tels que *Minute* publient des articles terribles sur sa jeunesse délinquante.

Dalida apprend alors qu'il a agressé la tenancière du bar où il travaillait pour lui voler de l'argent. Les détails sont pénibles. En prison, il s'est mis à lire, dévorant les ouvrages de la bibliothèque et se prenant de passion pour l'histoire et l'alchimie. Lui qui se sent un raté, un rien du tout, fichu avant même d'avoir vécu, rêve, derrière les barreaux, de transmutation en ce personnage étrange et solaire qu'est à ses yeux le comte de Saint-Germain et décide de se transformer en un prince de contes de fées. D'une certaine manière, son histoire est celle d'une rédemption : il quitte alors la voie de la violence. Il choisit à la place celle de l'illusion. Il y aura là aussi un prix à payer, mais Dalida le comprendra trop tard. Richard ne survivra au traumatisme de l'univers carcéral qu'en embellissant la réalité. Sa vie devient un perpétuel tour de magie. Dalida, qui a elle aussi surmonté des débuts difficiles en faisant de sa vie un rêve, comprend. Elle sait que ce qui manque à Saint-Germain, pour que le rêve devienne tangible, c'est d'en faire de l'art. Comme elle. C'est la seule issue pour une telle personnalité. C'est cela qu'elle va s'acharner à épanouir en lui. Mais pour devenir artiste, le talent ne suffit pas. Il faut aussi un certain caractère...

Seul l'art permet de transformer le plomb en or. Encore faut-il pouvoir sortir de soi-même, aller vers l'œuvre. Richard a un sentiment si ténu de lui-même que cela lui est impossible. Pour qu'on l'aime enfin, il doit devenir un autre, cacher ce qu'il est. Mais toujours le masque craque, le costume se déchire. A travers les oripeaux glorieux réapparaît le passé de violence et d'échec.

A sa sortie de prison, il s'était trouvé une protectrice : une dame fortunée d'un certain âge. Sa vulnérabilité d'enfant charmant fait vibrer chez les femmes la fibre maternelle. En même temps, il a quelque chose de très viril : le mélange est irrésistible. Le voilà antiquaire place des Vosges. Dans ce milieu se côtoient esthètes, commerçants, mondains et escrocs. Ce métier de charme et d'illusion lui convient. On vend le parfum du passé, sur des coups de cœur. On console les nostalgies.

La dame le gâte, lui offre une somptueuse voiture. Hélas, la Ferrari attire l'œil du fisc. Richard se sent pourchassé par la malchance. La loi est contre lui, il n'a de place que hors d'elle. Comme Peter Pan, il se veut immatériel, volant d'aventure en aventure, garçon perdu mais tellement émouvant qu'une Wendy pardonnera tout.

La chance a toujours pour lui des traits féminins. Pourtant, malgré les insinuations de la presse à scandale, ce n'est pas un gigolo.

L'enfant terrible

Un aspect séduisant de Richard, c'est d'être très homme sans les clichés machos. On parle beaucoup, en ce début des années soixante-dix, de ce « nouvel homme » que recherchent les femmes libérées, un homme qui les laissera exister sans les brider, sans que le sentiment de la virilité se fonde sur la domination de l'autre sexe. Aux yeux de Dalida, Richard l'incarne sans complexes.

« Le rôle d'un homme est de compléter celle qu'il aime, déclare-t-il. C'est la première fois que je rencontre quelqu'un d'aussi vrai. Au départ, je l'ai trouvée très belle. Mais elle me faisait peur, parce que j'étais agressif, trop sûr de moi... ou pas assez, malgré mes voitures de sport et mes conquêtes. Je vivais pour la parade, à cent à l'heure, et puis, en la voyant, quelque chose d'autre m'a troublé : un obstacle, j'ai freiné. Fini le " cinéma " ; elle m'a désarmé en me disant : " Vous avez dû être très malheureux pour agir de la sorte. " Je suis resté là, les bras ballants, et on ne s'est plus quittés. »

Pas toujours facile, pourtant, de vivre avec une personnalité aussi forte :

« Il faut faire attention de ne pas se laisser dévorer. Elle, c'est la louve, terriblement femme, veillant sur le clan où j'ai miraculeusement été admis. Si elle n'avait pas eu cette forme de pensée, j'en aurais vite fait le tour, comme d'un très bel objet. Mais là, pas moyen, c'est la remise en question permanente, avec ses immenses richesses intérieures, sa gentillesse innée qui rayonne sur chacun. » (*Bonnes Soirées*, 9.1.77.)

En se jetant à ses pieds dans un total abandon, Richard donne à Dalida ce qui pour une autre serait un fardeau, mais représente pour elle un cadeau de prix : un but à sa vie. Il est cet enfant qu'elle n'a jamais eu, l'enfant terrible dont le manque l'a tant fait pleurer. C'est pourquoi les révélations pénibles sur le passé de Richard la peineront mais ne l'arrêteront pas, bien au contraire. Elle a toujours eu le combat pour mode de vie. Elle n'a plus besoin de se battre pour elle. Elle n'a pas réussi à se battre pour Tenco. Elle va recommencer avec Richard.

Pour lui, d'emblée, c'est sérieux, c'est pour la vie. Il veut un enfant. Pas tant pour lui-même : il s'est marié très jeune et il a un fils. Non, c'est pour Dalida, parce qu'il pense qu'elle en a besoin et qu'il veut être sûr de la garder. Il pense que cet enfant les lierait définitivement.

Elle a trente-neuf ans. L'âge de la dernière chance. Cet enfant qu'elle a voulu, ne l'a-t-elle pas déjà ? Encore une fois, l'ambivalence joue et elle recule. Toujours la maternité rêvée la terrifie lorsqu'elle est au pied du mur. A sa peur habituelle de ne pas savoir être une bonne mère s'ajoute celle de la part obscure qu'elle pressent chez lui. Avec le temps, cette crainte se précisera.

Elle craint les séquelles, les conséquences pour l'enfant. Le malheur des jeunes années, elle connaît. Et puis, elle est trop absorbée par sa passion. Son amour pour Richard la rend très heureuse. Il a deviné juste : c'est comme si elle n'avait jamais connu le bonheur auparavant. Elle s'épanouit, elle mûrit, elle embellit. Pour ses proches, c'est stupéfiant. Elle entre dans sa pleine féminité : cette féminité qui l'avait toujours effrayée, synonyme autrefois de faiblesse, elle la vit comme une force.

Son audace professionnelle et son sens de l'humour se développent aussi ces années-là. L'expérience psychanalytique n'y est pas pour rien : elle y a acquis le sentiment de la relativité des choses, de la distanciation, en même temps qu'un certain détachement, déjà favorisé par l'initiation à l'hindouisme et au bouddhisme.

Sur scène, elle paraît radieuse. La présence presque constante de Richard, qu'elle sait pouvoir retrouver en coulisses, y fait beaucoup. Grâce à lui, les déplacements imposés par les tournées ne sont plus une corvée mais une fête.

Ainsi, au début du mois de janvier 73, elle retourne chanter à Beyrouth, au Piccadilly. Très gaie dans un pantalon pakistanais fleuri, elle fait visiter la ville à un Richard tout de suite conquis par les fastes orientaux. Chez un couturier local, il offre à sa belle vingt-cinq robes de soie brodées de perles. Il loue une limousine pour l'emmener visiter les grottes de Seita et les ruines de Baalbek, l'antique cité phénicienne.

Elle lui offre le livre de Khalil Gibran, *Le Prophète.* Ils dînent ensemble au restaurant le plus célèbre de la ville, et là, Richard lui offre une pierre rouge de Baalbek et la demande en mariage. Elle refuse. Elle rêve d'un attachement définitif, mais quelque chose en lui l'effraie encore.

Il ne se décourage pas. Pour lui prouver qu'il existe par lui-même, il prépare un livre sur les plantes et les astres, prévoit un voyage d'amoureux au Mexique pour le mois de mars. Pour l'éblouir, elle commande chez Balmain une robe du soir de cigaline marron, entièrement plissée, une autre d'organza blanc brodé de noir et imprimé de pavots rouges. Elle n'a plus peur des vêtements somptueux.

Richard la fait fondre en lui offrant un petit carlin de quatre mois et demi, qu'il a baptisé Gerda en accolant leurs deux noms. Il pense qu'ils se marieront sous le ciel bleu d'Acapulco. Romantisme et passion sur fond de mariachis. Main dans la main, ils marcheront sur la plage, le long de la baie splendide, comme dans un vieux film d'Elvis Presley.

Et puis, huit jours avant, elle décide de rompre. Non pas qu'elle ne l'aime plus : elle rêve de lui, ne pense qu'à lui. Mais elle ne parvient toujours pas à imaginer leur avenir ensemble. Elle s'est déjà tellement trompée et les pressentiments s'accumulent.

« Une fois de plus, mon cœur a battu trop vite », regrette-t-elle.

Les révélations sur les jeunes années de Richard la hantent. Autour d'elle, on lui répète qu'on ne fait pas table rase d'un tel passé et que tout ça finira mal. Les histoires qui finissent mal, elle ne peut plus se les permettre. Quelques mois après le début de leur liaison, elle le renvoie la mort dans l'âme. Il en a trop fait et, de plus, il en demande trop, a voulu aller trop vite.

Richard dit à ses amis :

« Si elle me quitte, je me tue. »

Ses amis le font savoir à Dalida, qui pense :

« Chantage. »

Deux semaines de séparation plongent Richard dans le désespoir. Son univers s'écroule. Dans le luxueux appartement qu'il occupe boulevard Saint-Germain, il se pend. Auparavant, il a prévenu un ami, qui ne l'a pas cru non plus.

Heureusement, la femme de ménage a oublié ses clés chez lui. Elle revient et le trouve à temps. Juste après, l'ami prévenu, s'étant ravisé, accourt lui aussi.

Paris ricane. Cette femme de ménage revenue à propos, cette mort annoncée semblent suspectes. Une qui ne se moque pas, c'est Dalida. Elle sait qu'une tentative est au mieux un appel au secours, au pire une répétition générale. Même quand ça n'a pas l'air sérieux, ça l'est quand même.

Elle se précipite et le reprend. Cette fois, c'est définitif. La passion est trop forte. Quoi qu'il se passe, elle fera face.

« Je ne me suis jamais autant disputé avec ma sœur qu'à propos de Richard, dit Orlando. Mais ce jour-là, j'ai compris qu'on avait perdu la partie. On ne pouvait plus rien faire, c'était le destin. »

Le courage nécessaire pour assumer cette liaison susceptible d'entamer son image la galvanise. Jusque-là, elle hésitait à installer Richard rue d'Orchampt. Les invités du dîner partis, il la rejoignait le soir en catimini. Maintenant elle dit :

« Je suis libre. Je ne vais tout de même pas me cacher chez moi ! »

Paradoxalement, son geste raté produit sur Richard un effet de réalité :

« C'est comme si on avait libéré de la corde seulement moi, Richard. Le comte de Saint-Germain, lui, était retourné dans sa tombe. J'avais compris que tout ce guignol devait finir. Je redevins Richard Chanfray, fils d'une ménagère italienne et d'un camionneur français, né à Lyon le 4 avril 1940. » (*Novella,* 10.10.73.)

Ses doutes derrière elle, Dalida est soulagée de sa décision. Le choc lui a fait, à elle aussi, franchir une étape. Elle comprend ce que ça signifie de vouloir mourir pour quelqu'un. Elle qui a toujours eu besoin de plaire ne se sentait exister que dans les miroirs des regards. Celui de Richard la rassure une fois pour toutes. Maintenant, elle ose dire :

« Voilà, je suis comme ça. Quoi que vous en pensiez, je suis mon désir. »

Ce qu'elle ose dans sa vie privée, elle l'osera aussi dans sa carrière. C'est pourquoi les années Saint-Germain seront professionnellement les plus grandes. Elle s'aperçoit que, contrairement à ce qu'elle craignait, lorsqu'elle s'assume on ne la rejette pas : on l'aime encore davantage.

Elle si vulnérable, rien ne l'atteint plus. Elle semble entourée d'un cercle magique. Saint-Germain est dompté. Il continue à faire ses folies mais avec d'autres, jamais avec elle. Jamais il n'a un mot de travers. Elle pense que le temps travaille pour eux et qu'elle l'améliorera de plus en plus. A quarante ans, âge crucial d'une femme, elle se dit que la réussite du couple, c'est maintenant.

Elle continue à penser que le drame de Richard, c'est de ne pas avoir de but dans la vie, pas de métier fixe. Il se dit satisfait d'être son ombre, son porte-valise, estime que c'est ça, sa raison de vivre : la suivre et la rendre heureuse. Il ne cherche pas à se grandir à ses dépens ni à minimiser son amour. Malgré certains débordements jaloux qui ont toujours lieu quand d'autres sont présents et qu'il se sent diminué par leur regard, ça ne le gêne pas d'être M. Dalida. Il exalte l'amour courtois. Au temps des troubadours, l'amoureux ne vivait-il pas pour sa dame ? S'il écrit, peint, sculpte, c'est surtout pour elle, pour qu'elle soit contente de lui, qu'elle le trouve à la hauteur.

Lorsque, de temps en temps, se produisent des retours en arrière et que sa folie reprend le dessus, Dalida se dit :

« C'est l'enfance qui revient. L'ancien malheur. »

Son père est mort, avec qui les rapports étaient difficiles. Sa mère vit à Nice. Il l'aime et lui en veut. Les vieux conflits ne sont pas réglés. Il est l'ombre de Dalida par identification. Angoissé de n'être rien, il vit à travers Dalida le désir d'être célèbre et reconnu. Elle se désole de voir que, quand il parvient à accomplir lui-même quelque chose, quand cette reconnaissance qu'il convoite est à sa portée, il le détruit. Comme si la réalisation devait rester du domaine du rêve. Comme si exister lui était toujours interdit.

Jalousie

Le disque *Paroles, paroles* sort début 73, quelques mois après la rencontre Dalida-Saint-Germain. C'est avec un autre homme que la chanteuse est photographiée partout dans la presse. Les retrouvailles Delon-Dalida font le tour du monde.

Pour Richard, c'est une blessure terrible. Delon est tout ce qu'il voudrait être. Il prend la mesure de son impuissance, de sa faiblesse. Chaque fois qu'il tombe sur un cliché du « couple » chantant, il est pris d'accès de jalousie folle. Dalida lui explique qu'il n'y a entre elle et l'acteur qu'amitié, admiration et affection. Les trois petits « a » du sentiment, dit-elle. Richard, lui, a le quatrième, majuscule, l'Amour. Il ne peut le comprendre, souffre et ronge son frein.

Les médias ne sont pas encore au courant de leur liaison — que Dalida souhaite protéger. D'ailleurs, pas question de perturber la promotion d'un disque qui marche si fort. Le directeur d'*Ici Paris* connaît Dalida et est au courant. Il garde le secret par amitié. Mais c'est aussi un ami de Richard, qui parvient à lui forcer la main. Il veut que le public sache que l'homme de la vie de Dalida, c'est lui. *Ici Paris* envoie un photographe à un gala, publie des clichés. L'histoire éclate et la presse s'en empare. Orlando est mécontent :

« Je préférais le silence autour de cette histoire. Et puis je commençais à accepter Richard. Ça m'a déçu. »

Saint-Germain, lui, est ravi. L'image, ça lui suffit, c'est la substance qu'il ne peut pas se permettre. La presse se l'arrache. Il est le séducteur irrésistible.

Dalida voit l'enfant qui veut jouer au grand et pardonne. Pour lui, elle laisse faire, à contrecœur : l'étalage de sa vie privée la gêne toujours. Pendant des années, la presse du cœur fera des unes avec leur couple. Richard voulait de la réclame, il en aura. Malléable, il sait s'attirer la sympathie des journalistes et se met dans la poche *Ici Paris, France-Dimanche.* Il est beau comme un rêve de midinette... Dalida, elle, préfère qu'on parle de sa vie professionnelle. Mais elle sait aussi que, dans son cas, vie privée et vie publique sont liées : elle est dans le cœur des Français, ils aiment la femme telle que l'exprime la chanteuse. L'étalage ne choque pas son public. Les gens comprennent qu'elle protège cet homme. Cela la rend encore plus vulnérable et plus populaire.

Car, depuis le suicide manqué, il y a dans l'amour des foules pour Dalida quelque chose de morbide. Le rapport est télépathique, l'identification profonde, les limites brouillées. Si, lors d'un passage à la télévision, elle ne sourit pas, les Français disent : « Elle est malheureuse. »

Et si elle sourit : « Elle est heureuse. »

Les gens sont persuadés de la connaître intimement. Elle le comprend et dit :

« Je fais partie de la famille. »

Un jour, amer, Richard dira :

« Ce n'est pas la peine que je me donne du mal. De toute façon, elle prend son pied sur scène. »

Une femme à quarante ans

François Mitterrand sait qu'un nouvel homme est entré dans sa vie. Un jour, elle lui a dit :

« J'ai rencontré quelqu'un. Je me suis liée avec votre famille. Gardons cette belle amitié. »

Le sentiment de Dalida pour François Mitterrand est de l'ordre de l'admiration. Lui, de son côté, est absorbé par son ambition présidentielle. Une distance s'instaure entre l'homme politique et la chanteuse.

Ils restent malgré tout très amis et continuent de se voir régulièrement avec Danielle, Christine et Roger Hanin.

Elle ne veut pas cacher Richard et l'introduit dans le cercle. Quand la « famille » vient dîner, il est présent. Très vite, ils cernent le personnage et l'acceptent pour ce qu'il est.

Richard n'a pourtant rien de socialiste. Malgré ses origines populaires, il est très à droite et se dit royaliste. Toujours le rêve de grandeur. Lui faire oublier le mot « comte » est pour Dalida un grand triomphe. Il accepte le retour à sa roture originelle car il espère pouvoir s'élever autrement. Pourtant, avec les Mitterrand, à nouveau il se sent tout petit, multiplie les gaffes et met les pieds dans le plat. Il provoque puis il a honte.

« Tant pis », se dit Dalida.

Elle est persuadée de bien faire en le poussant à quitter son personnage de fantaisie pour devenir lui-même. Elle pense qu'ainsi il devra se trouver. Pourtant, il cherche et s'égare. Et s'il n'était jamais tant lui-même que dans ce personnage qu'il s'est fabriqué ? Un illusionniste n'est-il pas fait d'illusion ? L'or de l'alchimiste ne reste-t-il pas toujours du plomb hors de son désir ? Le « vrai » Richard n'est-il pas si fragile qu'il ne peut survivre que derrière un masque protecteur ?

« Avec les hommes, Dalida s'est toujours trompée », affirme Pascal Sevran, son ami et parolier. C'est vrai. Une fois de plus, il y a méprise et elle est tragique.

Lorsque le personnage fabriqué éclate, il reste surtout M. Dalida. Lorsque le voile du mensonge ne le protège plus, la statue brillante se fragmente dans la lumière brutale de la vérité. Ce Richard que Dalida pressent ne parviendra pas à exister hors de sa coquille.

De plus en plus forte dans son métier, Dalida croit à nouveau pouvoir vaincre tous les obstacles, résoudre tous les problèmes. Elle ne peut admettre que la vie privée ne se contrôle pas aussi bien que la vie professionnelle. Pourtant le décalage est toujours là entre Dalida et Yolanda. Yolanda continue à attendre un homme fort qui prenne les décisions. Mais Dalida sait qu'elle ne peut avoir un homme dans sa vie qu'au prix de mener elle-même la barque, de lutter et de réussir pour deux. C'est ainsi. Elle est arrivée très haut.

« Quand on arrive au sommet, il y a très peu de monde et on y est très seul. Plus on monte, plus ça se dépeuple, remarque Erkann Ozermann, son ami et manager en Turquie. Ce n'est pas qu'elle ne pouvait pas trouver d'hommes, c'est qu'elle avait du mal à en trouver à son niveau. Et ce n'était pas le genre de femme à se contenter de n'importe qui. Il fallait qu'elle aime. »

Et puis, il y a toujours Orlando. Il s'occupe de sa carrière, ils sont toujours aussi proches et il a encore des doutes sur cette histoire. Pour lui, Dalida est la plus grande mais elle voudrait qu'il l'approuve et l'admire en tout. Lui montrer qu'elle a raison, le convaincre que Richard, contrairement à ce qu'il craint, n'est pas un danger pour sa réussite professionnelle est le nouveau défi de Dalida. Comme tous les défis, celui-ci la pousse à se surpasser. Contre vents et marées, elle avance, elle fonce. Son rêve de toujours lui semble maintenant à sa portée : femme et star, gagner sur tous les fronts, réconcilier enfin Dalida et Yolanda... Richard semble si reconnaissant, tellement désireux d'y arriver, que se battre pour deux rend Dalida encore plus forte, lui insuffle une énergie qu'elle croit inépuisable.

Elle entre dans sa période « star hollywoodienne ». Elle n'est plus aussi mystique, elle abandonne son personnage de madone. Pour Richard, la sexualité compte beaucoup. Sur ce plan, il révèle Dalida à elle-même. Elle prend conscience de son corps, l'habite entièrement. Ce corps de séductrice qu'elle craignait porteur de mort, elle l'aime enfin, puisqu'il rend un homme heureux, qu'il l'aide à le sauver.

Décolletés, jupes fendues : comme au début de sa carrière, elle ose montrer sa poitrine, ses jambes, mais avec plus d'art et de distance, un sens ludique affiné. Elle peut se permettre de jouer les objets sexuels puisqu'elle se sait sujet. Maniant volontiers le second degré, elle combine sexualité et humour : ce cocktail paradoxal est étonnant. A l'instar de Marlène Dietrich, Mae West, Marilyn Monroe ou Carmen Miranda, elle pousse parfois la séduction féminine jusqu'aux limites de la parodie, ose robes et coiffures extravagantes. Ce qu'elle exprime ainsi est dans l'air du temps : pour une femme moderne, la séduction n'est pas le seul moyen d'exister. C'est un supplément d'agrément, une façon de vivre plus fort. Pourquoi choisir, pourquoi ne pas vouloir tout à la fois ? Une femme peut se libérer et s'émanciper sans renoncer à sa féminité, bien au contraire, elle s'y épanouit mieux que jamais. Elle se reconnaît dans ce mouvement et se veut le porte-drapeau de celles qui refusent les anciennes limites. Ne plus renoncer, mais conquérir encore et toujours... C'est très fatigant, mais les nouvelles battantes ne mesurent pas ce qu'il en coûte.

Dans cette ligne, Dalida chantera *Une femme à quarante ans, Femme est la nuit, Je suis toutes les femmes.* En 1974-1975, elle lance à nouveau une mode, comme à ses débuts. La transformation physique est saisissante. Ses cheveux sont de plus en plus blonds, sa peau semble plus lumineuse et plus fine. Ses audaces vestimentaires exigent un corps impeccable. Cette habituée des régimes surveille son alimentation depuis longtemps. Mais la mode est de plus en plus à la minceur. Pour elle, l'enjeu est d'abord professionnel, elle s'impose une discipline féroce pour perdre encore davantage de poids, à l'encontre de sa nature de fille du Sud, encline aux rondeurs. A partir de la quarantaine, les femmes grossissent facilement : elle parvient à inverser la tendance, à dominer la nature.

Bien sûr, ces sacrifices ont leur prix. A ce niveau d'exigence, il ne s'agit pas d'éviter les excès mais de ne presque plus se nourrir. Les privations provoquent des fringales. Toujours aussi franche, elle ne craint pas d'avouer à Thierry Ardisson, dans une interview du magazine *Façade,* qu'elle se fait vomir, comme les boulimiques. Le yoga lui a donné une connaissance des mécanismes internes du corps, elle croit pouvoir le faire sans danger, affirme qu'il suffit de boire beaucoup pendant les repas pour restituer ensuite facilement, « à la romaine », ce qui risquerait de se déposer sur ses hanches. Elle sait que des stars américaines telles que Liz Taylor ou Jane Fonda pratiquent ce système dont les dangers ne seront connus que dans les années quatre-vingt, quand le phénomène boulimique apparaîtra comme une quasi-épidémie. Les médecins s'alarmeront alors devant cette nouvelle génération de femmes perfectionnistes qui exigent trop d'elles-mêmes. Le désordre ne se traduit qu'au niveau le plus archaïque, seul le corps l'exprime. Le délabrement physique et nerveux qui en résulte n'apparaîtra qu'après avoir fait nombre de victimes. Les pathologies alimentaires, boulimie ou anorexie, qui vont souvent de pair d'ailleurs, sont des maladies du contrôle...

« Elle ne mangeait rien dans la journée, dit Orlando. Elle avait parfois un petit creux vers cinq heures, alors elle prenait un blanc de poulet ou une pomme dans le frigidaire. Mais même pour le dîner, son seul vrai repas, elle devait se restreindre, faire très attention. Alors, vomir, cette vieille technique des Romains, lui permettait de manger des choses qu'elle aimait. Elle ne se rendait pas compte que c'était dangereux, elle en vantait les avantages autour d'elle, elle disait : " Vous devriez essayer aussi. " Elle a fait ça pendant cinq ou six ans. Quand elle a su que ça bousillait le système digestif, elle a arrêté du jour au lendemain. »

Il ne lui reste alors qu'une seule solution : se priver. A quel coût physique et psychologique ? L'addition ne se présentera que plus tard...

Richard adore faire l'amour, ne peut s'en passer : c'est le domaine de sa vie où il est le meilleur, où il réussit toujours... Au début, la découverte du plein épanouissement physique, survenant à quarante ans, quand une femme est au plus haut de ses possibilités sur ce plan et que, déjà, s'insinue la crainte de moins plaire bientôt, est comme un cadeau inespéré. Dalida est comblée. Cette éternelle jeunesse qu'elle cherche, elle la trouve là, au moment où elle eût pu craindre de la perdre. Comme Richard sait aussi être tendre, elle trouve beau l'acte avec lui.

Mais, comme la plupart des grandes stars féminines, la sexualité n'est pas pour elle essentielle. Le plus important, c'est de fasciner. La séduction, c'est le côté Dalida. Côté Yolanda, c'est l'amour qui compte. Si elle est très passionnée, le sexe la lasse vite, elle n'a jamais été très portée là-dessus. Pas assez de rêve. Elle a besoin de sublimer l'amour.

Après la folie des premiers temps, la sexualité doit reprendre sa juste place. Le bonheur est une vitamine qui stimule en elle la création, elle est donc plus absorbée que jamais par son travail, pas aussi disponible que Richard le voudrait. Elle est réaliste. Le physique, pour elle, c'est d'abord le métier. L'effort chorégraphique qu'elle fournit en ces années est très fatigant et elle doit garder ses forces pour cela. Les hommes voient facilement en Dalida une dévoreuse aux appétits insatiables ; son image de femme fatale lui colle à la peau. Mais Yolanda, très fleur bleue, est éprise de tendresse, de sentiments, de chaleur. En même temps elle veut, dans sa vie privée, du calme, de l'ordre, un homme équilibré à choyer...

Très vite, cette différence entre elle et Richard va poser problème, en même temps que la disparité de statut professionnel. Les années qui passent laissent quand même une trace : en Dalida la composante passionnée s'apaise, et l'aspect maternel de l'amour prend de plus en plus de place.

Pour Richard, la sexualité devient au contraire un manque dans leur relation. Dalida lui fait rencontrer son ami le Dr Pitchal. Elle l'encourage à se confier à lui. Richard se plaint :

« Je l'aime, j'ai besoin de lui faire l'amour. Mais elle, elle se rétracte, on le fait de moins en moins souvent. »

Cet impulsif supporte mal la frustration. Le Dr Pitchal l'explique à Dalida : elle pourrait se montrer compréhensive...

« Mais l'amour, il faut en avoir envie ! » répond-elle.

Et elle n'en a plus très envie. Elle se sent gavée d'amour physique. Le côté animal de Richard la met mal à l'aise. Oui, elle l'aime toujours, mais autrement, et elle n'y peut rien.

Quand, dans un couple, l'un se lasse de faire l'amour, cela signale un désaccord profond à un autre niveau. Sans se l'avouer, elle commence à moins croire en lui. Elle retrouve sa nature profonde, et de même qu'elle n'a pu la changer très longtemps, Richard non plus n'y parvient pas. Dès que Dalida prend ses distances, le coureur de jupons qui sommeillait en lui se réveille. Chaque femme qui passe devient une femme à prendre, comme s'il avait à nouveau quelque chose à se prouver. Il reste follement amoureux de Dalida, mais pour « ça », il va voir ailleurs. Fine mouche, Dalida s'en rend vite compte. Réaliste, elle préfère fermer les yeux.

« Comme ça, j'ai la paix. »

Quand on parle ainsi, c'est déjà un peu de l'amour qui s'en va.

Peu à peu, sans même qu'elle en prenne conscience, affronts et déceptions s'accumulent...

Gigi l'amoroso

1973 est une année de grandes chansons. *Paroles paroles* fait le tour du monde. Un jeune homme frêle aux longues mèches blondes, Pascal Sevran, a fait son entrée dans le cercle de Dalida en lui donnant l'irrésistible *Il venait d'avoir dix-huit ans.*

Accompagné de Pascal Auriat, auteur de la musique, Pascal Sevran ne présente cette chanson à Dalida qu'avec réticence. Les deux jeunes gens n'imaginent pas que la chanteuse prenne le risque de souligner son âge en interprétant ce texte. Ils en présentent d'abord d'autres :

« Pas mal, concède-t-elle. Vous n'avez vraiment rien d'autre ? »

Les deux complices se consultent du regard.

« On a bien celle-là, mais... »

Quand elle la lit, Dalida la trouve merveilleuse et vraie :

« Quelle est la femme de trente-six ans qui n'a pas rêvé d'une aventure avec un garçon de dix-huit ? C'est de la dentelle, cette chanson, et en même temps, c'est pudique... »

Ni les auteurs ni le public ne savent que Dalida n'a pas seulement rêvé d'une telle aventure : elle l'a vécue. Avec Lucio. Le regret vibrant, la tendresse perdue qui l'habitent quand elle la chante en décuplent l'impact. Comme le dira la presse québécoise, Dalida, avec cette chanson, c'est « le triomphe de l'émotion ».

Elle crée *Il venait d'avoir dix-huit ans* fin 73. Dalida est encore une fois le porte-parole des « nouvelles femmes » qui refusent le poids des conventions et la fatalité de l'âge. On ne rit plus des femmes mûres qui se permettent, comme les hommes, une aventure avec un partenaire plus jeune. Numéro un dans neuf pays, prix de l'Académie du Disque en 1975, trois millions cinq cent mille exemplaires vendus en Allemagne : Dalida enregistre *18 ans* dans toutes les langues.

Et, en 1974, elle ose un petit bijou sur le narcissisme et la fragilité des hommes et des artistes, *Gigi l'amoroso*. Préparant sa rentrée à l'Olympia, elle cherche une chanson pour terminer son tour de chant. Orlando commande alors à la blonde et douce Michaele une œuvre originale pour conclure le spectacle en apothéose. Dalida, elle, a envie de prouver sur scène ses dons de comédienne. Elle n'oublie pas qu'elle rêvait autrefois d'une carrière à la Magnani. *Gigi* sera lancé le 5 janvier 1974, lors de la première de l'Olympia.

« La collaboration sur *Gigi* est un de mes meilleurs souvenirs, dit Orlando. On y a passé des nuits blanches, le texte a été réécrit dix fois. Luna et Paul Sébastian ont composé la musique : sept minutes et demie d'opéra-rock, pour une chanson mi-parlée, mi-chantée. Du jamais vu. Les chœurs, on s'y est tous mis, pour obtenir un effet de rue, très vivant. On ne savait pas comment terminer. Alors j'ai eu une idée.

« La chanson était déjà enregistrée. J'ai demandé qu'on me laisse seul, je voulais que ça soit une surprise. Je suis resté avec le preneur de son. Pour créer la foule qui vient accueillir Gigi, j'ai fait toutes les voix, sur plusieurs pistes, en les déformant avec les machines. Et j'ai convoqué tout le monde en studio le lendemain, pour leur demander ce qu'ils en pensaient.

« Quand ils sont arrivés, Jean-Pierre, l'ingénieur du son, a envoyé la fin de la chanson. Ils en sont tous restés pétrifiés. J'ai su que c'était un des plus beaux jours de ma vie. Dalida s'est levée, m'a embrassé, folle de joie : " C'est génial ! " Elle a réécouté les voix de la foule et s'est remise devant le micro. Elle a à nouveau modifié la fin en appelant :

“ Carmela, Cesarina ! ” a repris les noms en apostrophant la foule, ce qui a ajouté à l'originalité de la chanson.

« On était contents de nous. Mais quand même, sept minutes et demie ! On s'est dit : ça ne passera jamais sur les radios. J'ai ajouté : “ On en vendra deux... ” Mais Dalida, elle, maligne : “ Je crois qu'on en vendra plus de deux ! ” »

Elle est ravie :

« C'est la chanson la plus longue de mon tour de chant et peut-être du music-hall. Elle m'offre la possibilité de chanter, bien sûr, mais aussi de jouer la comédie et de danser, car elle est conçue comme une petite pièce de théâtre. Si l'histoire, qui raconte la vie d'un village, s'était passée dans le midi de la France, Pagnol aurait pu l'écrire, mais étant donné qu'elle se situe dans le sud de l'Italie, on pourrait imaginer un film de Vittorio de Sica. » (*L'Aurore,* 12.1.74.)

Reste à mettre la chanson en scène. D'habitude, elle se rode en province. Dalida part en tournée. Chaque après-midi, elle répète *Gigi* ; chaque fois, elle dit :

« C'est pour ce soir ! »

Et, chaque fois, au dernier moment, elle fait signe à Guy Motta, son chef d'orchestre : c'est non.

Tous les jours, les auteurs-compositeurs appellent Orlando :

« Alors ?

— Non... », répond-il.

La tournée s'achève sans que Dalida se soit décidée. Risquer le coup devant le Tout-Paris ? Impossible. Les auteurs sont déprimés. Un artiste ne peut se permettre de rater ni son entrée ni sa sortie. Pourtant, Dalida sait qu'elle a le répertoire sur mesure dont elle a toujours rêvé.

A l'Olympia, le tour de chant s'achève. Les rappels se succèdent. Et là, soudain, après un rappel de plus :

« Ce soir, avant de vous quitter, je vais vous raconter l'histoire de Gigi l'amoroso. »

Cette fois, la chanson ne dure pas sept minutes et demie, mais huit et demie. Le public, qui l'entend pour la première fois, reprend tout de suite le refrain.

Contrairement aux prédictions, les radios s'enthousiasment. *Gigi* sera le plus grand succès mondial de Dalida. En 1974, la chanson est numéro un dans douze pays. Cette charmante comédie napolitaine sur un Italien roucoulant qui rêve d'une Amérique pavée d'or lui vaut l'oscar mondial de la chanson en 1975, plus huit oscars d'autres pays, qui lui seront décernés lors d'un « Musicorama » spécial à l'Olympia.

Je suis malade, dernier du tiercé gagnant de ce répertoire, a été choisi par Dalida elle-même. Un jour qu'elle se trouve seule chez elle, elle regarde « Le palmarès des chansons ». Guy Lux a pour invité principal Serge Lama, au début d'une carrière amorcée avec *Les Petites Femmes de Pigalle.* Ce soir-là, il chante une chanson prévue au départ pour Alice Dona, que Dalida n'avait jamais entendue. *Je suis malade* traite de ce mal du siècle qu'est la dépression et de cette douleur typiquement féminine, la déchirure de l'abandon.

Lovée au fond de son canapé, Dalida frissonne, les larmes lui montent aux yeux.

« C'est ce qu'il me faut, j'en ai envie ! » répète-t-elle.

Cette histoire d'une femme qui ne vit que pour l'amour, et que le départ de l'aimé laisse amputée d'une partie d'elle-même, pour qui l'absence est comme un cancer de l'âme, elle s'y projette tout entière. Jusqu'à la fin de sa vie, *Je suis malade* sera son cheval de bataille sur scène. Si elle se montre comédienne dans *Gigi,* elle peut là se montrer tragédienne. Comme elle l'avait fait pour *Avec le temps,* elle popularise une chanson exigeante, la fait descendre dans la rue, conquérir tous les publics. Serge Lama et Alice Dona lui en resteront reconnaissants. Si on ajoute *Pour ne pas vivre seul,* qui date de 1972, elle tient là ses grands classiques.

« Des chansons qui me ressemblent »

Le 15 janvier 1974, elle revient donc à l'Olympia pour trois semaines et interprète quinze chansons dont douze nouvelles et trois inédites : *Nous sommes tous morts à vingt ans, Comme tu dois avoir froid,* et *Gigi l'amoroso.*

Elle dit :

« Je fais confiance à mon public. Il comprendra les choses nouvelles que j'ai à lui dire, parce qu'il y a toujours eu entre lui et moi une communion totale.

« Je chante aujourd'hui des chansons qui me ressemblent. Personne, dans mon entourage, ne croyait à *Je suis malade.* Je me suis obstinée. D'un titre négatif, j'ai fait un succès. »

Elle ne renie pas sa période mystique. La recherche de la spiritualité reste un élément de sa vie :

« Serge Lama a aussi écrit pour moi *Ô Seigneur Dieu, pourquoi m'as-tu abandonné* qui, plus qu'une belle chanson, une prière. »

Elle n'a pas perdu sa violence dans sa quête de paix, elle l'a intégrée :

« Dans le travail, c'est vrai, je me bats. Mais la colère, la violence, l'énergie ne sont-elles pas des forces à canaliser vers la création ? La tempête, elle est toujours en nous. L'être humain, pour moi, est un Parlement en éternelle contestation. » (*Le Pèlerin,* 13.1.74.)

Une fois de plus, elle se présente en robe blanche de Balmain — mais des broderies en égaient le bas et l'encolure. Derrière elle un tulle de scène cache l'orchestre. Elle opte pour un dépouillement total, à l'exception de *Paroles, paroles,* chanson pendant laquelle derrière elle, sur un écran, Claude François et d'autres remplaceront Alain Delon.

Chez elle, à la lumière répond toujours l'ombre. Sur l'affiche, elle apparaît grave, en noir : « Dalida, un rendez-vous d'amour ».

Songeuse, elle avoue aimer les chansons tristes, et elle met à l'honneur ses auteurs :

« *Nous sommes tous morts à vingt ans,* c'est Faure et Balasko qui me l'ont écrite. Il y a aussi *Comme tu dois avoir froid* de Patricia Carli, une complainte pour les filles de joie. Michaele m'écrit des chansons sur mesure. On dirait une autre moi-même. C'est sans doute elle qui me comprend le mieux. Faure et Balasko m'écrivent des chansons plus belles, plus engagées. »

L'interprétation, elle s'y donne à fond, toujours :

« Quand je travaille une chanson, elle me captive entièrement. A tel point que je finis par la danser, en oubliant les paroles, pour retrouver son rythme profond. » (*France-Soir,* 12.1.74.)

L'amour l'épanouit toujours :

« A vingt-huit ans je me suis dit : " Ça y est, je vieillis ", et j'ai été très inquiète. Cela m'a passé. Je recommence ma vie d'une manière qui m'appartient. Je ne me suis jamais sentie autant moi-même. Accepter de vieillir, ce n'est pas vieillir. » (*La Vie catholique,* 16.1.74.)

Et pourtant :

« J'ai toujours peur. Depuis dix-huit ans. Aller sur une scène, c'est exactement comme quand on va à un rendez-vous d'amour. Pour la première fois. Alors on a peur et on est fou de joie en même temps. » (*France-soir* le 12.1.74.)

Et, une fois de plus, peur pour rien. La critique délire. Jean Macabies écrit dans *France-Soir :*

« Un rideau rouge qui s'ouvre. Un rideau blanc qui sculpte sa silhouette. Longue robe blanche de mariée. Et puis cette émouvante beauté qui force l'attention. Le dépouillement du geste est parvenu à un tel degré de perfection que le feu intérieur de cette bouillonnante statue de chair brûle le spectateur jusqu'à la moelle. »

Pour *Le Figaro,* « Faisant vibrer le bronze de sa voix, elle conjure les tragédies, surtout celles de la solitude. Ou bien, bras levé, elle joue l'héroïne de Bartholdi triomphant de l'ombre et du mal ».

Le Figaro s'émerveille de la ferveur bruyante du public :

« Longuement les " Dali, Dali " scandés à pleine voix rythment la cérémonie. Car il s'agit bien d'un culte célébré par quelque grande prêtresse venue du fond des temps apporter avec gravité et mysticisme le philtre magique qui permet aux humains de plonger dans l'oubli du présent et de s'ouvrir au rêve. »

Le chorégraphe Maurice Béjart admire sa capacité d'atteindre l'universel :

« Chaque soir, le public décape les maquillages, décoiffe les stars et déchire les fourreaux de satin pour aller jusqu'au cœur, jusqu'au point où s'arrêtent les limites insolentes du faux-semblant pour découvrir cette parcelle de l'être que nous possédons tous à égalité et que Dalida chante... simplement. » (Programme Olympia 1974.)

Enfin, pour *Arts,* « C'est notre dernière chanteuse des rues contemporaine. Il ne resterait rien de cette authentique poésie populaire, de cette expression de la rue, de cette spontanéité émouvante, si nous n'avions pas Dalida ».

Ce qui apparaît aussi alors, c'est la sensualité nouvelle de la voix, la variété plus grande du registre. Pour *France-Soir,* elle est « la Callas des juke-box ».

« De chanteuse qu'elle était, Dalida est en passe de devenir une cantatrice. Elle travaille dans la même voie que certains des grands noms de l'Opéra », s'exclame Léon Zitrone, apprenant que le ténor Jacques Pottier lui apprend à travailler son souffle.

« Jusqu'à présent, raconte Dalida, je prenais mon souffle, j'inspirais en remontant les épaules. Pottier m'a enseigné à « aller chercher mon air » beaucoup plus bas. Je me suis donc livrée à une gymnastique de l'abdomen. Le résultat me ravit. Je suis beaucoup plus à l'aise dans l'aigu ; ma voix monte jusqu'au si bémol et, surtout, quand je sors de scène, je ne me sens presque pas fatiguée, alors qu'auparavant j'éprouvais certains soirs une lassitude insurmontable. » (*Jours de France,* 21.1.74.)

Elle pense être au bout de sa quête obstinée, avoir enfin réussi sur tous les plans :

« On peut réussir *dans* la vie sans réussir *sa* vie. Lorsqu'on parvient aux deux, on a un sentiment de plénitude. En Italie, le mot " réussir " se dit *riuscire,* or " sortir " se dit *uscire.* Autrement dit, réussir, c'est sortir à nouveau : se remettre au monde, se recréer soi-même, renaître. »

Cette renaissance, elle l'a accomplie à force de maîtrise de soi. Elle dit, reprenant l'expression orientale :

« Il y a des moments où il faut chevaucher le tigre. Il est intérieur et extérieur. Pour le mater, il faut donc savoir se mater soi-même. »

Sous ce déluge d'éloges, Richard Chanfray pourrait sembler menacé de disparaître. Mais, bon prince, il en rajoute :

« Dalida m'a aidé à trouver ma personnalité. Elle est merveilleuse. Elle a su me faire prendre conscience de ma valeur. »

Lorsqu'elle part en tournée au Japon, Richard, pour une fois, n'est pas du voyage ; préparant une exposition, il peint, dans le studio de la maison de Montmartre. Pourtant, elle absente, il a beaucoup de mal à travailler. Déprimé, il soupire :

« Ce n'est pas facile tous les jours d'aimer une diva, parce que je dois la partager avec des millions de personnes... Si elle devait me quitter, je ne sais pas ce que je deviendrais. L'amour, c'est une osmose, c'est une drogue. » (*Via Borgogna,* mars 74.)

L'Olympia bouclé, Dalida ne se repose que quarante-huit heures avant de repartir pour une longue tournée au Japon. Félix Marouani n'a pas mesuré son épuisement. Elle monte dans l'avion à bout de forces. A cette époque, Paris-Tokyo, c'est seize heures de vol, avec escale à Moscou à l'aller, à Anchorage au retour.

Le conflit pétrolier a éclaté. Les pays importateurs sont brusquement obligés à des économies d'énergie. Le Japon est encore plus touché que les autres.

Les Japonais n'ont pas de pétrole mais ils sont organisés. A peine Dalida, rendue groggy par le décalage horaire, est-elle descendue de l'avion qu'on lui annonce la surprise : les journalistes japonais au complet l'attendent pour une conférence de presse.

« Ce n'est pas possible, s'écrie-t-elle, il faut l'annuler. »

Les Japonais sourient, disent : « Oui. »

Une voiture l'emmène à son hôtel. Les bagages sont montés dans la chambre. Dalida suit, soulagée. L'ascenseur s'ouvre : au lieu du couloir attendu, une foule. Dalida reste quelques secondes pétrifiée, puis fixe les organisateurs d'un œil meurtrier.

« C'est la Gestapo ! » s'écrie-t-elle.

Elle prend sur elle, sourit, fait face. Les questions fusent : vie privée, travail, politique... Elle répond dans un brouillard. La conférence terminée, elle dispose d'à peine deux heures de repos avant la répétition, dans la salle glaciale en raison des économies d'énergie. En plein milieu de celle-ci, elle est si épuisée qu'elle doit arrêter.

Elle rentre à l'hôtel, s'endort comme une bûche jusqu'au lendemain. Elle se réveille tout aussi fatiguée, retourne à la répétition. Il fait si froid que les musiciens ne parviennent pas à jouer. Elle rentre à l'hôtel, se maquille, met ses rouleaux, s'habille.

A ce premier concert au Tokyo Kasei Nenkin Hall doivent assister les personnalités de la ville et le maire de Tokyo. Cinq minutes avant le début, elle dit :

« Je ne peux pas chanter, je vais m'évanouir. »

« Impossible, protestent les Japonais. La presse va vous descendre, ça passera pour un caprice de star. »

Dalida pleure :

« Ce n'est pas que je ne veux pas, c'est que je ne peux pas. »

Sous l'effet du froid et de la fatigue, aucun son ne sort.

Orlando demande un médecin de toute urgence. Celui-ci la trouve dans un état de grande faiblesse, avec une tension très basse et la gorge très irritée.

Les Japonais pensent que Dalida a du caractère.

« Puisque vous êtes habillée et coiffée, venez au moins sur scène pour une chanson ou deux, après on expliquera. »

Dalida trouve l'idée mauvaise :

« Si je chante une chanson, les gens croiront que je peux en chanter d'autres. »

Pourtant elle accepte. En arrivant sur scène, elle pense à la Callas renvoyant tout Milan après avoir chanté *Norma* au premier acte à la Scala.

Elle commence avec *Que sont devenues les fleurs,* une chanson facile. Puis elle fait monter sur scène l'interprète et dit :

« Vous allez traduire pour le public : je regrette énormément, je suis arrivée après seulement quarante-huit heures de repos, j'ai pris froid à la répétition, je me sens très faible. Si je continue, je vais me trouver mal, et mon spectacle sera mauvais. »

La sincérité traverse la barrière linguistique. Les spectateurs qui sont venus munis de bouquets pour la fin de son tour de chant se précipitent sur scène. La salle applaudit. Dalida se retire et rentre à l'hôtel.

Le lendemain, miracle, tous les journaux sauf un sont unanimes :

« Dalida est une star internationale, presque un mythe pour la jeunesse japonaise. Si un chanteur de chez nous avait osé faire cela, il aurait été sifflé. Elle, on la couvre de fleurs. »

En province, la nouvelle se répand. On la croit gravement malade, mais elle assure ses concerts, affirmant à la fin du spectacle :

« Je promets que je reviendrai chanter à Tokyo. »

Elle gardera toutefois un très mauvais souvenir de cette tournée. Il règne une tension pénible entre l'équipe et les organisateurs dont l'humanité et la compréhension ne sont pas les qualités essentielles. Chaque journée est un combat contre les horaires : lever à cinq ou six heures du matin, avion ou train rapide, arrivée pour répéter dans un théâtre chaque fois différent. Heureusement, le public l'adore. Et dès qu'elle a un jour de relâche, elle va visiter les temples, havres de tranquillité. Elle apprend aussi l'art traditionnel de la composition florale :

« Chaque bouquet apporte la sérénité et la paix intérieure. »

Elle a découvert, lors de ce séjour au pays du Soleil-Levant, une façon originale de se calmer. Chaque soir, sur scène, elle chante en dernier *Gigi.* Et, à la fin, elle engueule Gigi en italien, langue que les Japonais ne comprennent pas. Elle a prévenu les techniciens :

« Quand je dis ce mot-là, vous faites descendre le rideau. »

C'est un rideau à l'italienne, justement, vertical, si long à descendre que ça l'exaspère. Soir après soir, jamais il ne tombe au bon moment. Au bout du troisième soir, elle s'adresse aux techniciens en italien, comme si ça faisait partie de la chanson :

« Bande d'imbéciles, faites descendre le rideau, rallumez la lumière, j'en ai marre ! »

De jour en jour, elle en rajoute. Ceux qui ont fait des bourdes en prennent pour leur grade. Le public rit, ne comprend rien. Et Dalida, contrairement à l'habitude, sort de scène souriante, détendue. Le vide ne se fait plus à son approche : elle s'est déjà défoulée sur scène...

La tournée se termine. A son retour à Tokyo, elle doit encore enregistrer un show pour la télévision. Elle prend conscience de l'avance technologique japonaise : méthodes futuristes, multitude de caméras ; on la filme divinement.

Elle doit encore, pour honorer sa promesse, remplacer le concert écourté au début de son séjour. Tout se passe au mieux, la salle pleine lui fait un triomphe. Elle respire :

« Finalement, demain, on rentre ! »

Soudain, comme par miracle, sa fatigue a disparu. Elle se réveille sans difficulté, monte dans l'avion presque en courant. La mentalité des organisateurs l'a effrayée. Cela lui rappelle l'ambiance de la dictature lors de son passage à Saigon...

Elle est tellement heureuse de rentrer que dans l'avion elle ne trouve pas le temps long. Par deux fois, elle admire le spectacle du soleil qui se couche et se lève dans une féerie de nuages. Et lors de l'escale en Alaska, le paysage, d'une blancheur irréelle, lui évoque l'émerveillement des films américains de son enfance...

« Mademoiselle Bambino, c'est bien fini ! » trompette la presse à son retour à Paris, croyant faire éloge. Qu'on enterre ainsi son premier porte-bonheur, Dalida, toujours nostalgique, ne le supporte pas. Par un appel dans *Ici Paris,* elle retrouve le Bambino d'origine. Le gamin qu'elle tenait par l'épaule, sur la pochette du disque qui l'a rendue célèbre, a grandi, mais lui non plus n'a pas oublié. Dix-huit ans plus tard, David Hollender vit dans un studio à Belleville. Ses murs sont tapissés de photos et d'affiches de la grande fille toute simple qu'il a vue devenir une star. Ravi qu'on le réclame, il se présente chez Dalida qui le serre dans ses bras en pleurant. Il lui avoue qu'il allait à tous ses Olympia, la guettait, la voyait passer sans oser lui demander un autographe. Depuis des années il se rase tous les matins, mais ses amis l'appellent toujours Bambino...

Le Bambino d'origine a quantité de petits frères et sœurs. Fondé quinze ans plus tôt par Raymonde Morange, le Dalida Club, premier fan-club d'une vedette féminine en France, compte maintenant vingt mille membres. « Une grande famille », assure *Paris Match :* des mariages ont eu lieu grâce au journal du club, qui paraît tous les trimestres. Chaque émission de radio ou de télévision à laquelle Dalida participe est enregistrée sur des cassettes que les membres du club peuvent se procurer à prix peu élevé, ainsi que des photos dédicacées. Grâce à ce matériel, dans bien des mansardes, on se rêve en star. Le quotidien, dur ou médiocre, s'illumine... Le club sert aussi de filtre entre Dalida et les plus assidus de ces êtres d'un nouveau genre : les fans. Pas si nouveau que ça, car il s'agit de la résurgence d'un phénomène existant dans l'Antiquité : chez les Romains, le *fanum,* c'était le temple, d'où l'origine du mot « fanatique ». Le phénomène des stars apparaît en Occident lorsque celui-ci se déchristianise. Lorsque s'affaiblissent les religions constituées, un vide se crée, qui est rempli partiellement par deux phénomènes : le star system d'une part et les sectes de l'autre. Comme leur nom l'indique, la place des stars est au ciel. Le culte des

« idoles » du cinéma et de la chanson semble bien inoffensif à côté des dégâts causés par divers gourous et leurs sectes. Car le besoin de croire, lui, n'a pas disparu. Et on peut dire que les fans de Dalida croient en elle. D'ailleurs, l'idole ne meurt pas vraiment, elle est immortelle, comme Elvis Presley que des quantités d'Américains prétendent avoir rencontré, ces dernières années, dans des endroits divers. Un phénomène comparable se produira en ce qui concerne Dalida après sa mort.

Si Dalida appelle l'effet fan, c'est qu'elle est la chanteuse de l'amour. Or, écrit le sociologue Edgar Morin dans *Les Stars :*

« Les stars sont comme les dieux : tout et rien. La substance divine qui gorge ce rien est l'amour des humains. »

Et il ajoute :

« Le star system tient de la vieille religion d'immortalité et de la nouvelle, toute-puissante, religion à l'échelle mortelle : l'amour. »

(Cf. Vincent Rousselet-Blanc, *Les Fans.*)

D'ailleurs, un nouveau fan-club sera créé le 27 avril 1989, après sa mort : le club Dalida YGD (Yolanda Gigliotti Dalida).

Si les fan-clubs de Dalida sont parmi les plus actifs de France, c'est que de plus en plus de femmes s'identifient à elle. Dalida, si longtemps tourmentée, semble enfin avoir trouvé le bonheur : pourquoi pas elles ? D'autant que les journaux diffusent des photos de couple radieuses. Dalida est en train de faire construire à Marina di Fiori, en Corse, une grande villa blanche dont les formes arrondies rappellent l'Orient. Devant une baie splendide, dans un paysage de rêve, romantique à souhait, Dalida et Saint-Germain ont passé, l'été 73, une sorte de lune de miel.

« Richard Chanfray a réussi là où intellectuels, philosophes, chanteurs à problèmes, existentialistes et play-boys avaient échoué », affirme la revue italienne *Novella.* Le journaliste n'hésite pas à attribuer à l'alchimiste la possession d'un philtre magique, qui expliquerait pourquoi la chanteuse, à quarante ans, montre en bikini un corps de vingt...

On la photographie allongée sur un matelas. Richard, amoureusement, l'enduit de crème solaire. Devançant ses moindres désirs, il lui verse du vin, lui prépare de délicieux festins. A-t-elle trop chaud ? Il la prend dans ses bras pour la jeter dans l'eau turquoise de la piscine. Ils font de longues promenades en bateau, dégustent le produit grillé de leur pêche, marchent longuement sur la plage au soleil couchant. Il lui offre une tortue, animal d'une grande longévité, en disant :

« Qu'elle vive aussi longtemps que notre amour, témoin de notre bonheur. »

Elle, de son côté, affirme refuser des contrats avantageux pour consacrer plus de temps à leur intimité. Dalida s'émerveille :

« Richard a chassé mes mauvais souvenirs, fait reculer les fantômes qui me voulaient du mal. »

Pourtant, c'est en Corse que les fantômes du passé reviennent hanter Richard une première fois. Il s'en prend à un loueur de voitures, venu réclamer une facture qu'il affirme impayée. La presse italienne, qui ne pardonne désormais plus rien à celle qu'elle a surnommée « la veuve noire », voit là le signal de la curée. Ses journaux annoncent que Richard Chanfray est toujours un homme marié. Circonstance grave en Italie, pays très catholique où le divorce est interdit. L'épouse est son amour de jeunesse, Renée Frydman. Le mariage a eu lieu en 1959 et a produit un enfant, Richard junior, âgé de quatorze ans. Représentante d'une firme de pantalons, la jeune femme, une jolie blonde aux yeux bleus, se comporte très dignement et refuse de parler à la presse. La presse italienne accuse également Richard de faire payer — cher — les réponses détaillées sur papier à lettres imprimé de fleurs de lis qu'il envoie aux admirateurs qui continuent à lui réclamer le secret de la fabrication de l'or. En fait, cela ne diffère guère de ce qui se pratique dans les consultations de voyance et d'astrologie ; mais il est désormais dans le collimateur. En France, certains journaux emboîtent le pas.

Honteux, Richard s'excuse presque :

« J'ai arrêté mon numéro de mage juste avant que tout ne me retombe dessus, comme un acteur sait quand il doit abandonner son rôle. »

Il affirme avoir monnayé ses services à cause du temps requis par un courrier trop abondant :

« Je recevais des tonnes de lettres qui me réclamaient de l'or. On vendait mes photos, mes autographes. » (*Novella,* 10.10.73.)

Alors, parfois, quand même, le regard éclatant de Dalida se voile à nouveau de tristesse. Et, une fois de plus, elle chantonne le refrain d'une chanson qui colle si bien à sa vie :

Encore des mots, toujours des mots, rien que des mots...
Des mots faciles, des mots fragiles, c'est trop beau...

Et puis, pour changer, elle en chante une autre :

Arriva Gigi l'amoroso
Croqueur d'amour
L'œil de velours
Comme une caresse
Gigi l'amoroso
Toujours vainqueur
Parfois sans cœur
Mais jamais sans tendresse...

Le refrain est ironique. Gigi, « toujours vainqueur », est en réalité un perdant, sauf aux yeux de ceux qui l'aiment, et que sa fragilité, dissimulée sous des airs bravaches, touche encore plus. Et puis, Gigi a l'art d'arriver lorsqu'on ne l'attend pas...

Comme Richard ce jour de juin 1974 où Dalida, dans les coulisses du théâtre 102 de la Maison de l'ORTF, répète l'émission « Domino ». Un festival de stars de la chanson : autour d'elle, Adamo, Sylvie Vartan, Johnny Halliday. Dalida est arrivée flanquée de ses deux chevaliers servants, Richard et Orlando. Pendant qu'elle se prépare, Richard va retrouver des amis au bar de la radio. Orlando va régler les derniers détails avec le réalisateur sur le plateau. Ils savent qu'avant la répétition Dalida a besoin d'être seule pour se concentrer. Elle s'enferme dans la loge et commence le rituel de beauté qui produit sur elle un effet calmant. De son vanity case de cuir noir, elle tire ses gros rouleaux métalliques, puis elle fixe sa coiffure sous son séchoir portatif. La sensation de chaleur la détend. Elle respire profondément, fait le vide...

Et, soudain, une odeur de brûlé ! Le casque a pris feu, les flammes se communiquent au châle que Dalida porte sur ses épaules. Elle arrache le casque et se précipite pour ouvrir la porte. Mais, à sa demande, celle-ci a été fermée de l'extérieur...

Dans la loge voisine, Sheila entend ses cris. Elle donne l'alerte. Dans l'affolement, on ne trouve plus la clé. Alors, Richard, revenu juste à temps, se jette sur la porte, l'enfonce et reçoit dans ses bras Dalida évanouie.

Au cours de ces années soixante-dix, la télévision acquiert une place centrale dans la vie des Français. Les personnalités du petit écran font désormais partie de la famille. De plus en plus, pour les chanteurs, le show télévisé prend le relais de la scène.

Dalida comprend très vite l'importance irréversible du nouveau média. Très vite, il devient pour elle un important facteur de popularité. Elle y est à l'aise et très appréciée des grands spécialistes de la chanson que sont Michel Drucker, Guy Lux et ce couple royal de la variété télévisuelle française : les Carpentier.

Ceux-ci font la pluie et le beau temps dans le show-biz. Et ils voient grand : leurs émissions — « La grande cavalcade », « La grande farandole », « Les grands enfants », « Top à... » — atteignent ou dépassent 67 pour cent de taux d'écoute, en ce temps béni où les chaînes ne se sont pas encore multipliées et où le zapping n'existe pas...

Le couple se partage le travail : Maritie exerce une présence vigilante sur le plateau, se charge de la conception et de la préparation des émissions. Gilbert, lui, c'est la musique, les décors et les budgets. Ils construisent leurs émissions par affinités. Gentils, sérieux, courtois, ils mettent les artistes en confiance — et en valeur. Car, au contraire des animateurs de la décennie suivante, ils ne se prennent pas pour des stars et se cantonnent dans un anonymat modeste. Leurs spectacles se déroulent dans une atmosphère bon enfant qui, si elle prête aujourd'hui à sourire, offre un contraste frappant avec la froideur luxueuse et désincarnée de la période qui va suivre, et qui verra finalement la désaffection du public pour les émissions de variétés.

Maritie apprécie l'opiniâtreté dont Dalida fait preuve aux répétitions :

« C'est une chanteuse en or », affirme-t-elle. (*Paris Match,* 14.9.74.)

Avec le soutien de Richard, Dalida ose à nouveau affronter l'Italie, le pays tant aimé, chargé du souvenir du cauchemar qu'une presse vindicative se plaît à entretenir. Elle y effectue une série d'enregistrements télévisés et en profite pour se promener avec Richard, main dans la main, dans les rues de Rome et de Milan. Revêtus de costumes unisexes du dernier cri, jeans à pattes d'éléphant et blousons assortis, ils ressemblent plus que jamais à un couple de jumeaux.

Pour la revue *Oggi,* Dalida, sereine, s'explique une fois de plus sur son geste suicidaire :

« On peut commettre ce geste en pleine conscience, comme Hemingway, Montherlant, Pavese. Ils sentaient qu'ils ne pouvaient plus rien donner, qu'ils étaient finis. »

Elle fait le point :

« J'ai eu quatre saisons. La première, celle de la recherche du succès et de l'amour égoïste. Grande déception. La deuxième a été celle de la recherche religieuse. Là non plus, je n'ai pas été satisfaite : trop de questions restent sans solution. J'ai cherché une troisième voie dans la sagesse orientale, mais je m'y suis vite perdue : je n'étais pas prête à recevoir certaines qualités. Aujourd'hui, je reviens à l'Occident, pour rechercher à nouveau l'absolu et le surnaturel, mais à travers la connaissance de moi-même et de la réalité, grâce à la psychanalyse. Je suis encore pleine de conflits intérieurs, mais j'ai appris à dialoguer avec moi-même. »

Elle justifie la personnalité de Richard :

« Richard est un idéaliste qui, comme moi, cherche continuellement la vérité. Certains disent qu'il est fou, parce qu'il fait des expériences d'alchimie. Mais s'ils lisaient le livre de Jung, *Alchimie et psychologie,* ils comprendraient quel sens profond ces expériences ont pour lui. »

Libérée des anciens conflits qui l'épuisaient, elle s'écrie :

« Je veux être une pasionaria de la vie. » (*Le Midi libre,* 3.8.74.)

Une droguée de l'amour

Fin 74, Dalida fait un retour en force au Québec où sa popularité explose grâce à *Gigi.* L'accueil au Théâtre de la Place-des-Arts de Montréal est délirant. On la fait revenir trois mois plus tard pour une grande tournée à travers le Canada. En Allemagne, c'est avec *Il venait d'avoir dix-huit ans* qu'elle triomphe. Selon la presse, l'année 1974 aura été l'« année Dalida ». Elle en crédite Richard :

« Je chante comme j'aime. » (*Grazia,* février 1974.)

Orlando, à l'origine très méfiant, se rend à l'évidence :

« Je me suis rendu compte, au fil des années, que malgré quelques petits incidents qu'il ne pouvait empêcher, cet homme rendait ma sœur très heureuse. Cet épanouissement a duré six ans. Comme le bonheur de ma sœur était mon seul désir, je me suis fait à l'idée qu'elle pourrait passer sa vie avec lui. Comme elle le pensait elle-même. A une condition : qu'il trouve un travail stable, un but dans la vie. »

Rosy aussi en est arrivée à le croire.

Au moment précis où elle se croit enfin sortie de la zone des tempêtes, Richard change à nouveau. Mais pas dans le bon sens. C'est typique du personnage : chaque fois qu'il touche au but, il casse tout.

« Les années suivantes, regrette Orlando, il a commencé à perdre un peu les pédales. Sa relation avec ma sœur est devenue conflictuelle. Dalida a perdu confiance, a commencé à prévoir la fin de la relation. Avec Rosy, on avait peur qu'ils ne se séparent. Ma sœur n'était plus très jeune. Quand ils se sont quittés, en 81, elle avait quarante-huit ans. Je me disais : " Qui sera le prochain ? " Je craignais de la voir tomber dans les bras de quelqu'un d'intéressé, d'un gigolo... »

Une fois de plus, Dalida prendra l'initiative de la rupture. Une décision largement mûrie, au cours de trois années de réflexion, de doutes et de tergiversations. Quand ce sera terminé, elle dira :

« J'ai perdu neuf ans de ma vie avec lui... »

Petit à petit, le côté sombre, violent, incontrôlable de Richard resurgit. Plus les incidents se multiplient, plus Dalida s'éloigne et plus Richard, incapable de freiner sur la pente perverse de l'autodestruction, s'affole et fait des bêtises. Il semble s'acharner à perdre celle qui est pourtant la femme de sa vie.

Dalida est atterrée. Quand une chanson n'est pas au point, on répète, on essaie encore, on améliore. Un homme, ce n'est pas si malléable. Elle se dit qu'il est impossible de faire changer quelqu'un.

« Neuf ans de plus, et tout est à recommencer ! J'aurais dû me rendre compte que je ne pouvais rien faire. »

Pendant presque quatre ans, elle va traîner cette histoire ratée, comme une mauvaise habitude...

Au début de l'année 1975, le temps de la désillusion n'est pas encore arrivé. Le 13 janvier, elle récolte les fruits de la grande année 1974. Au cours d'un Musicorama spécial à l'Olympia, huit oscars de la chanson lui sont décernés pour l'Europe : disque d'or pour l'Allemagne, disque de platine pour le Bénélux, Gigi d'or pour l'Espagne... Sans compter l'oscar mondial du succès du disque 1974. Bruno Coquatrix lui remet ces trophées. Cette soirée unique est plus une fête qu'un récital. A l'arrivée de Dalida sur scène, la salle entière l'ovationne pendant plusieurs minutes. Et, le 12 février, l'Académie du Disque français lui décerne le grand prix du disque 1975 pour *Il venait d'avoir dix-huit ans.*

En ce même mois de février, elle enregistre avec Richard un duo : *Et de l'amour... de l'amour.* Pour lui, c'est une sorte de revanche sur le duo *Paroles paroles* avec Delon, qui l'avait rendu si jaloux. Mais celui-là n'aura pas le succès du premier...

« C'est né d'une plaisanterie, dit Dalida. Un jour, Richard se trouvait avec moi en salle d'enregistrement où je faisais des essais. Je n'étais pas en veine et ne parvenais pas à trouver le ton juste. A un moment, Richard a commencé à me charrier. “ Pourquoi alors n’essaies-tu pas de chanter ? ” lui ai-je dit un peu vexée. Il m’a prise au mot et a commencé à improviser. C’est ainsi qu’en riant est née une chanson. » (*Bolero,* 23.3.75.)

D’une certaine façon, avec ce disque, le ver est dans le fruit. Pour Richard, Dalida semble prendre le pas sur Yolanda. Les premières craquelures commencent à apparaître dans ce beau vernis. Elle se résigne :

« Je suis indulgente avec les gens, j’essaie de les comprendre et non de les subir. J’aide les autres mais sans me laisser accabler, sinon on coule avec eux. Il faut se préserver soi-même, conserver sa force pour être en mesure d’aider son prochain. » (*La Revue du Liban,* 25.1.75.)

Par moments, elle y croit encore :

« On est bien ensemble. C’est l’homme avec qui je me sens une vraie femme. C’est l’homme pour lequel, ma journée terminée, j’enlève ma carapace de chanteuse à succès. C’est l’homme qui peut se permettre de me dire la vérité : c’est l’homme tout court. » (*Dépêche du Midi,* 2.3.75.)

Et pourtant...

« Avec Richard, parler de bonheur, c’est peut-être dangereux. De toute façon, il m’a beaucoup donné et a su tout accepter de moi, qualités et défauts. En somme, c’est l’homme adapté à la Dalida d’aujourd’hui. Demain on y pensera... demain. »

Richard est maintenant divorcé, mais...

« Le mariage, c’est un pas qu’il faut franchir en pleine conscience. Je me suis peut-être mariée trop jeune, je n’y étais pas préparée. J’ai été mariée puis divorcée, j’ai eu d’autres amours, mais ils m’ont déçue. Parfois, quand je pense aux années qui ont passé, je suis prise d’une sorte de panique. En fait, je suis restée une fille de la campagne, avec toutes les faiblesses des gens de ma race. Je me comporte de manière très moderne. Mais, pour certaines choses, j’en suis encore à l’ancien temps. On dit que l’amour est démodé. Aujourd’hui seul le sexe est à la mode, et alors ? Je n’ai jamais connu de femmes aussi seules et aussi désespérées que celles qui veulent à tout prix incarner ce genre-là. » (*Roma Sera,* 21.2.75.)

Connaît-elle déjà les infidélités de Richard ?

« Ma grand-mère était calabraise. Pour faire tenir son chignon, elle utilisait un stylet long et acéré. Je suis fanatiquement jalouse. »

Oui, à cette période, elle parle beaucoup de fidélité et de trahison :

« Si un jour mon homme me trahit, je n’en serai pas heureuse, mais je ne me sentirai pas une victime. Un homme va chercher ailleurs ce qu’on ne sait ou ne peut lui donner. »

Elle distingue la fidélité du corps de celle du cœur — la seule qui compte pour elle. Toujours traditionnelle : les hommes ont le droit de courir, les femmes doivent se consacrer à un amour corps et âme :

« Je suis persuadée qu’il ne me trompe pas, du moins en ce qui concerne les sentiments — la seule trahison qui compte. Certainement, si je devais rester loin de lui pendant des mois, il finirait fatalement un jour ou l'autre dans le lit d'une autre femme. Mais ce serait seulement physique. »

Et encore :

« Ce n'est pas la fidélité physique qui compte pour moi mais la fidélité morale. Je n'attache pas tellement d'importance à l'acte lui-même. Dès qu'on a envie de tromper quelqu'un, le mal est fait. Je suis trop sentimentale pour passer d'un amant à l'autre. Je ne serais pas une bonne dragueuse. Je suis fidèle, les autres ne m'intéressent pas, ni spirituellement ni physiquement. Pour une femme, la fidélité doit être totale. »

« Nous sommes un couple tranquille », affirme-t-elle, mais elle se fait de la tranquillité une idée particulière :

« Dans notre vie quotidienne, tout n'est pas rose. Nous nous disputons souvent. C'est presque toujours ma faute. J'ai un tempérament vif, je m'enflamme pour rien. »

La maîtrise de Richard devant son déchaînement à elle provoque l'admiration de Dalida :

« Au début, il essayait de me répondre, mais en voyant que cela empirait les choses, il a choisi une autre technique. Il s'assoit en face de moi dans un fauteuil et il dit : " Vas-y, défoule-toi, dis-moi tout ce que tu as sur le cœur. J'attends, après on discutera calmement. " C'est comme une douche froide. La colère me quitte, et je me retrouve dans ses bras. » *(Oggi.)*

A Paris, les soirées à deux la comblent. Elle n'aime plus sortir, se cache pour se protéger de la jalousie et des intrigues. Elle ne veut plus se laisser manipuler par ceux qui la fréquenteraient par intérêt :

« J'ai rencontré beaucoup de gens comme ça, mais je m'en suis débarrassée. Si je suis obligée de les fréquenter pour des raisons professionnelles, je dis à Richard :

« Regarde, un chacal qui arrive ! »

Marquée par les années hostiles qui suivirent la rupture avec Lucien, elle considère que le show-business est une jungle dans laquelle seuls les forts survivent. Et les forts sont ceux qui ont refusé les compromissions, seul moyen d'obtenir un succès durable.

Son cercle de relations s'est restreint aux amis fidèles, qui forment une sorte de club d'entraide mutuelle. Au centre, les Pitchal avec qui Richard et elle passent leurs vacances. Le Dr Pitchal reste un recours contre la possibilité d'une résurgence dépressive. Dalida a recollé les morceaux, mais un vase reconstitué n'est plus jamais aussi solide...

Elle retourne au Québec en avril pour une tournée de onze jours. Le programme la représente en robe blanche flottante, une écharpe à la Isadora Duncan autour du cou, juchée sur une colonne grecque. « Irrésistible incarnation de la Méditerranée », s'émerveille le *Journal de Montréal.* Le Québec est « tombé en amour » pour « cette femme aussi merveilleuse que ses chansons ». Pays de pionniers, où les hommes, trappeurs, bûcherons, partaient pour des mois, laissant les femmes seules avec les enfants et les bêtes dans des fermes perdues au milieu de l'hostilité étincelante ; la Belle Province aime les femmes indépendantes, courageuses, qui osent tout affronter. Comme Dalida :

« Je meurs chaque fois que je monte sur scène, mais je ressuscite après. » (*Photo-Journal,* 13.4.75.)

D'après un sondage, elle est alors la personnalité la plus populaire du Québec, devant Elvis Presley, et « femme de l'année » devant Jacqueline Kennedy. Affection réciproque :

« Les Québecois, je les adore car ils sont sincères et disent ce qu'ils pensent, comme moi. Je ne connais pas de gens plus directs et plus francs, et c'est ce qui me réconforte quand je viens ici. » (*Montréal Matin,* 11.10.75.)

J'attendrai

Elle cherche une nouvelle chanson qui fera date. Elle est obsédée par le succès durable, la nécessité de ne jamais laisser retomber la tension :

« Quand la chute commence, elle ne s'arrête jamais, et alors ça va très vite. »

Pour cela, elle compte de plus en plus sur Orlando, « l'autre homme de sa vie » :

« Entrer dans la chanson c'est comme entrer en religion. Il faut savoir se priver et se donner entièrement. J'ai le plaisir de travailler avec mon frère. Il était chanteur il y a quelques années et j'admire la volonté dont il a fait preuve en abandonnant ce métier. Je travaille très étroitement avec lui et il me connaît de A à Z. Nous sommes très liés l'un à l'autre. Je ne suis pas une femme d'affaires et c'est une grande chance qu'il soit toujours avec moi pour veiller à tout. » (*Secrets des artistes,* Québec, 19.4.75.)

Justement, un soir, Orlando :

« Je dînais chez Graziano avec sa femme Anna. On regardait un vieux film français à la télé. Fatigué, je m'endormais à moitié. Tout d'un coup, je me réveille : en fond sonore, *J'attendrai,* interprété dans un style boîte de nuit désuet, avec trompette bouchée. J'ai crié : " J'ai trouvé ! " »

Orlando se souvient. L'antique poste de radio de la maison de Choubra, devant lequel le frère et la sœur restaient plantés des heures, dans un enchantement. Du haut-parleur s'échappaient des mélodies merveilleuses. En 1938, Rina Ketty créait *J'attendrai,* un air prenant, nostalgique. Lorsque la guerre éclata, il prit valeur de symbole pour toutes celles qui espéraient un fiancé, un mari, un fils retenu au loin. Chanson du deuil impossible, de l'espoir tremblant. Comme chez les Gigliotti :

J'attendrai, le jour et la nuit
J'attendrai toujours ton retour...

La première moitié des années soixante-dix s'achève. L'optimisme des folles sixties n'a pas survécu à la crise pétrolière. Le *no future* s'annonce. Dalida ne va pas devenir punk, mais, une fois de plus, elle doit trouver sa manière à elle de coller à la tonalité de l'époque, de l'annoncer si possible. Pour ne pas sombrer dans le désespoir, on s'encoconne dans le rétro. Les filles exhument des vieilles malles les jupons de dentelle et les châles de grand-mère. Pourquoi ne pas ressortir les airs si doux d'autrefois ?

L'époque aime aussi le rythme martelé, impitoyable. Orlando cherche un tempo nouveau. Il appelle l'arrangeur Tony Rallo qui propose un style boléro. Mais Orlando veut quelque chose de jeune, sur quoi on puisse danser. Il commence à taper sur le piano, dans un tempo de style « grosse caisse ».

« Pas mal ! » apprécie Tony.

Voilà : Dalida va se mettre au service du rythme. Elle chantera de manière classique, avec derrière elle ce tempo endiablé. Le contraste est saisissant. La période postmoderne aime ces cassures, ces mélanges. La chanson émerge des brumes de l'oubli, prend un nouveau départ foudroyant. Pendant des années, des jingles en reprendront le refrain : on l'entendra même, en français, à la BBC...

Dalida rode cet air au Québec, où elle retourne tous les dix-huit mois. En Amérique, c'est le règne des discothèques. Les orchestres ont disparu, les disc-jockeys prennent leur place. La rythmique disco, c'est la grosse caisse en avant du tempo. Après avoir entendu sa version de *J'attendrai* trois ou quatre fois, les Canadiens disent :

« Dalida, vous faites du disco ! »

Dalida lance ainsi la première chanson disco française. Elle doit passer à la télévision, chez Guy Lux. Elle se dit :

« Puisqu'il paraît que je fais du disco, je vais danser ! »

Elle balance les bras, très sexy, envoie ses cheveux à gauche et à droite. Le public adore. *J'attendrai* grimpe directement à la première place du hit-parade.

Le retour de la chanson qui l'a autrefois rendue célèbre suscite un regain d'intérêt pour Rina Ketty. La chanteuse, âgée, vit retirée sur la Côte d'Azur. Invitée chez Michel Drucker, la vieille dame se plaint. Le tchac-poum-tchac guilleret qui la rénove et sur lequel une génération travoltée se démène la choque. On a dénaturé son hymne à l'amour prisonnier, témoin d'une époque très dure :

« C'est une chanson que l'on doit chanter comme une prière », insiste-t-elle.

Mais les chansons, s'écrie Dalida, ne meurent jamais si quelqu'un les reprend :

« Je serais ravie si dans vingt ans quelqu'un reprenait *Bambino* sur un autre rythme ! »

Rina Ketty n'est d'ailleurs ni l'auteur ni le compositeur de la chanson, à l'origine italienne (*Tornerai,* de Dino Olivieri). Louis Poterat, l'adaptateur français, auteur en son temps d'autres succès tels que *Mademoiselle Swing* et *Premier rendez-vous,* se déclare pour sa part ravi de cette renaissance.

Mais Dalida est touchée par la peine de la vieille dame. Elle l'appelle en direct pendant l'émission de Michel Drucker et fait porter à son hôtel une gigantesque gerbe de fleurs. Inflexible, Rina Ketty ne remercie pas. Pourtant, l'événement lui permettra de refaire surface et même quelques galas.

En 1976, Dalida prolonge le succès de *J'attendrai* par un album, *Coup de chapeau au passé.* Elle y reprend d'autres standards délicieux : *Besame mucho, La Mer, La Vie en rose, Que reste-t-il de nos amours ?, Les Feuilles mortes, Tico-Tico, Amor amor.* Elle ne craint pas d'adopter sur scène, à cette occasion, le style « Carmen Miranda à Hollywood », allant jusqu'à imiter la fameuse coiffure en coupe de fruits. Une émission des Carpentier, « Top à Dalida », où Jean-Pierre Darras lui donne la réplique, a marqué le début des grands shows dans lesquels elle chante, danse, et présente d'autres artistes. Cette nouvelle Dalida est au point avec « Coup de chapeau » : le 14 février 1976, dans une autre émission des Carpentier, « Numéro un à Dalida », la vamp à paillettes fait son entrée, avec ses clins d'œil, osant le kitsch, les chorégraphies folles et grandioses avec lignes de boys... Sa façon de ressusciter l'ambiance musicale des années trente, quarante, cinquante amuse et attendrit. Le style « rétro rénové » plaît. Le *Quotidien de Paris* s'enthousiasme :

« Son génie c'est d'apporter à ces retrouvailles avec le passé un lyrisme pop, et la chaleur du présent : sa voix inaltérable porte profondément dans le cœur des foules ce rêve nostalgique, ce besoin d'ailleurs, et surtout cette réhabilitation des sentiments vécus sans cynisme, avec leur naïveté originelle » (14.2.76.)

En juin 76, dans l'émission « Système 2 », filmée en direct, Dalida porte une ravissante robe 1900, très décolletée. Trop, même : une bretelle glisse inopinément. La France ébaubie contemple une Dalida à demi topless. Comme les téléspectateurs, elle le prend avec le sourire :

« Je me sens femme aujourd'hui. Avant Richard, je n'osais jamais mettre une robe collante. » (*France-Soir,* 18.6.76.)

Guerres et paix

La carrière de Dalida outre-Rhin est très importante ; les Allemands ont l'impression qu'elle les comprend. D'ailleurs, dans chaque pays où elle se rend, Dalida, pour qui la relation avec le public est toujours fusionnelle, cherche à être plus qu'une visiteuse. Ses antennes de médium cherchent à capter l'esprit profond de chaque nation, à partager, l'espace d'un moment, ses joies et ses douleurs. Partout, elle est reçue comme un membre de la famille.

Elle revient à nouveau sur la douloureuse période de la guerre, mais de façon plus directe, en enregistrant également, en 1975, *Mein lieber Herr.* C'est son *Hiroshima mon amour* à elle, l'histoire d'une passion entre une jeune Française et un soldat allemand. Il lui a sauvé la vie pendant la guerre, promet de revenir la chercher ensuite. Elle l'attend en vain. Une fois de plus, le thème de l'abandon.

On n'imagine pas alors la réunification de l'Allemagne, la chute du Mur. Depuis quelques années, la France commence tout juste à regarder le passé en face. En 1969, avec le documentaire *Le Chagrin et la Pitié,* Marcel Ophuls a examiné la question de la collaboration, mais le sujet reste brûlant. Dalida croyait affronter le scandale, mais décidément les mentalités évoluent : il n'y en aura pas.

En Allemagne, *Mein lieber Herr* remporte un grand succès et fait les gros titres de la presse :

« Dalida a brisé un tabou. »

« Elle réhabilite les tondues de la Libération. »

Pour le magazine américain *Newsweek,* le titre fait date :

« Pour ceux qui aiment la chanson, la guerre est vraiment finie » (11.8.75).

Elle retrouve cette année-là un pays cher à son cœur : l'Egypte. L'occasion en est le tournage d'un film de Michel Dumoulin, *Dalida pour toujours.* Il préfigure *In bed with Madonna,* car le leitmotiv est Dalida dans son lit, rêvant. Le metteur en scène suit Dalida pendant un an, afin de réaliser un documentaire qui retrace sa vie.

Elle n'était pas retournée en Egypte depuis 1958, date où un incident s'y était produit. Lucien Morisse avait alors eu l'idée risquée de lui faire chanter la célèbre chanson folklorique *Hava Naguila.* Evidemment, pour l'Egypte comme pour tous les pays arabes, Israël est l'ennemi. L'amour du public pour Dalida est trop fort : les journaux arabes étouffent l'affaire.

Un seul, propalestinien, la traite de vendue : elle ose chanter en yid dish, alors qu'elle n'a jamais chanté en arabe !

Giuseppina, outrée, était allée voir le journaliste :

« Vous n'avez pas le droit d'écrire des choses pareilles !

— Pourquoi ne chante-t-elle pas en arabe ? avait-il répété.

— Peut-être parce que personne ne lui a écrit de chanson en arabe ! » rétorquait Peppina, fine mouche.

En 1971, elle récidivait en chantant *Hene Matov,* autre air du folklore juif.

Elle trouve la mélodie très belle, et son amour pour le monde arabe ne l'empêche pas d'aimer aussi Israël. Mais l'heure n'est toujours pas à la paix. Une fois de plus, son geste est mal compris. L'ambassadeur d'Egypte lui envoie une lettre très gentille, la suppliant de retirer la chanson de son répertoire. Elle refuse, argumentant :

« Un jour, oui, je chanterai en arabe. Et si ce jour-là les Israéliens me demandent de renoncer à cette chanson-là, je refuserai de la même manière. »

Dalida se voit boycotter pendant des années par les radios du Moyen-Orient. Le public, pourtant, continue à acheter ses disques sous le manteau. Seul le Liban, pays multiculturel et multiconfessionnel fondé sur la tolérance et la coexistence de modes de vie très différents, et qui le paie cher, comprend et ne lui en tient pas rigueur.

Depuis la fin des années cinquante, Dalida est très populaire en Israël où beaucoup de Juifs égyptiens ont émigré. Après *Hava Naguila,* on l'y demande tous les ans. Malgré son envie de s'y rendre, elle refuse chaque fois, car sa famille vit encore en Egypte et elle craint des représailles. Chaque fois, Félix Marouani et elle doivent trouver une excuse pour ne pas révéler sa peur.

A partir de 1962, elle ne peut plus refuser, car sa famille a quitté l'Egypte. Elle accepte de se rendre en Israël en sachant que la foudre va tomber sur elle.

Comme les Israéliens l'attendent depuis des années, les places s'arrachent, sont vendues deux fois, et la confusion est indescriptible. Elle chante dans un très ancien théâtre :

« La voix de Dalida a fait trembler les murailles de Jéricho », titre *France-Soir.*

Le boycott des pays arabes, qui s'était apaisé, reprend. Ils la considèrent comme une des leurs, et ils boudent. Ses disques sont distribués à petites doses, mais des cassettes pirates et des copies circulent. Les choses se calment lors de son retour au Liban en 1976. L'organisateur ajoute un passage au Caire et à Alexandrie. Elle se produit au Guezireh Sporting Club, lieu de rendez-vous de la haute société cairote. Le stade est comble. Le public de ses débuts est revenu et hurle sa joie. A chaque fin de chanson, les gens crient :

« Dalida, il faut que tu chantes en égyptien ! »

Emue, Dalida leur répond dans cette langue qu'elle n'a pas parlée depuis si longtemps :

« Je vous le promets, la prochaine fois que je viens, je chante en arabe. Promesse de Dalida ! »

Le public, en délire, chante *Ce n'est qu'un au revoir...*

En Italie aussi, les choses deviennent de plus en plus difficiles. Comme si, là où ses racines sont profondes, on lui reprochait toujours de trahir. Drame des exilés. La cabale commencée en 1968 continue à prendre de l'ampleur avec les années. Le public commence à croire au personnage de la « Dame noire » diffusé par une presse poussée par quelques chanteurs locaux. Comme on n'a pu la tuer artistiquement, on utilise toujours sa vie privée. Le Sud surtout, superstitieux, y croit. Sensualité, séduction, féminité y sont encore les marques du diable. Chaque incident est systématiquement monté en épingle. Si un spot s'éteint pendant une de ses prestations télévisées, c'est sa faute...

La haine est l'envers de la passion. Les Italiens et Dalida se sont tant aimés !

« C'est dangereux, ce genre d'engouement ! regrette-t-elle. Un jour ou l'autre, ça peut se retourner... »

Les ventes de ses disques baissent dans la péninsule. Elle n'en peut plus du grand air de la calomnie. En 1971, lorsqu'elle s'était rendue en Italie en compagnie d'Arnaud Desjardins, celui-ci, discret, n'avait pas voulu étaler leur histoire. La presse s'était vengée en titrant :

« Dalida va épouser un défroqué. Elle est devenue mystique ».

L'article était illustré d'une photo de Dalida sans maquillage et avec des nattes — car elle avait voulu faire visiter la Toscane à Desjardins incognito...

En 1975, lorsqu'elle y retourne avec Saint-Germain, ça recommence. On déterre le passé peu reluisant du « comte », en insistant sur le fait qu'il n'est pas encore divorcé, histoire de faire passer Dalida, une fois de plus, pour la fatale briseuse de familles et de destins. La presse s'acharne alors d'autant plus que *Diciott'anni (18 Ans)* est malgré tout un grand succès.

La publicité négative étant encore de la publicité, elle reste quand même très populaire. Mais ces attaques constantes l'épuisent. Elle refuse maintenant les invitations à la télévision car elle sent l'hypocrisie, craint les pièges.

« Ce pays m'a trop donné et tout enlevé. J'aurais préféré que le public décide par lui-même. »

Alors, elle n'y retourne presque plus, n'y enregistre que tous les deux ans pour respecter son contrat, et refuse toutes les propositions d'interview.

« A ce moment-là, j'ai commis une faute professionnelle, regrette Orlando. J'étais tellement amer, c'était le pays de mes aïeux... Quand j'ai vu qu'elle ne voulait plus y aller, je l'ai encouragée. Je lui ai dit : " Il faut les punir en les privant de ta présence. " J'ai eu tort. Car, après la France, c'était quand même le pays qui la soutenait le plus. »

Elle n'y retournera donc pas avant 1980. Pourtant, les sacs de courrier en provenance d'Italie continuent à affluer. Et chaque fois qu'elle tousse en France, elle fait la une des journaux là-bas... Les Italiens achètent ses disques en importation, en français.

Dalida ne retournera en Italie qu'au moment de son spectacle au Palais des Sports. On la supplie alors d'y revenir pour que le pays, qui adore les paillettes à grand spectacle, puisse voir sa métamorphose. Le show y sera un triomphe, mais elle dira :

« Ce n'est plus pareil. J'y vais en guest-star. »

Elle y refera un passage télé en 81 puis en 84 : sa chanson *Soleil, soleil (Mediterraneo)* sera là-bas un grand succès. A ce moment-là, la presse, lassée et son but atteint, se calmera.

L'accident

Galvanisée par l'accueil reçu au Caire et à Alexandrie, Dalida entame, dès son retour en France, une nouvelle tournée des plages d'été. Depuis le début de sa carrière, elle n'a jamais pris de vraies vacances. Elle se reposait un week-end par-ci par-là. Comme elle ne s'aime que bronzée, elle passe ses jours de relâche sur la plage. Car elle dit :

« C'est le soleil qui m'habille le mieux. »

Même avec un gros rhume et de la fièvre, elle chante, et elle n'annule un gala que lorsqu'elle est aphone. Le succès l'oblige à travailler, et, de toute façon, elle n'est pleinement heureuse que sur scène.

Mais, au bout de tant d'années, les vacances lui manquent. Ayant avec Richard, pour la première fois, une relation durable avec un homme disponible, elle a appris, par défaut, l'importance de la valeur temps dans une histoire d'amour.

A Marina di Fiori, près de Porto-Vecchio, où elle a acheté un terrain en 1973, elle fait construire la maison de ses rêves. Les Corses l'ont très bien accueillie et considèrent cette Méditerranéenne comme l'enfant du pays. Surveiller les travaux est son passe-temps favori. Si la construction traîne, c'est que Dalida change quarante fois les plans. Même la décoration de la rue d'Orchampt ne sera jamais achevée. En même temps, d'ailleurs, elle la redécore en suivant les conseils de Richard : laque blanche, laque noire, miroirs, statues, jardin d'hiver. Aux murs, les grands paysages oniriques de Richard, balayés par les vagues, les vents, les nuages. La maison troque son charme vieillot contre un style moderne, éclatant. Mais la villa corse, c'est le nid d'amour du couple où Richard et elle passeront des vacances idylliques...

Dalida n'est pas la seule à avoir besoin de vacances. Au printemps 1976, la femme de ménage portugaise de la rue d'Orchampt, Maria, au service de Dalida depuis trois ans, demande dix jours de congé. Elle part le 15 juin. La chambre qu'elle occupe se trouve au dernier étage. Le 18 au soir, vers une heure du matin, Richard et Dalida rentrent d'une soirée passée chez des amis à la campagne. Dalida conduit son Austin bien-aimée, « sa petite chaussette ».

Richard et Dalida ouvrent le grand portail. Levant les yeux, ils remarquent que la lumière est allumée dans la chambre de Maria. Le carré jaune se détache sur l'obscurité.

Dalida s'interroge. La femme de chambre aurait-elle oublié d'éteindre en partant ? Pourtant, elle n'a rien remarqué les jours précédents. Richard s'inquiète :

« Il y a quelque chose de pas normal ! »

Dalida tente de calmer ce grand nerveux. Elle lui propose d'aller prendre la clé de la chambre dans la cuisine pour monter éteindre.

Richard a, depuis quelque temps, un fusil de chasse. Il aime chasser, mais de plus, marqué par l'expérience précoce de la prison, il a l'obsession d'être poursuivi, menacé par un danger.

« Et s'il t'arrivait quelque chose ? » dit-il à Dalida.

Il évoque la possibilité d'un cambriolage, d'un fou embusqué. Dalida ne craint rien : il ne lui est jamais rien arrivé de mal dans cette maison. C'est son cocon, sa coquille, elle s'y sent protégée.

Les craintes de Richard ne sont pourtant pas infondées. La maison est grande, isolée dans cette impasse déserte, cachée derrière ses hauts murs. Richard et Dalida y habitent seuls. En 1971, à la mort de sa mère, Orlando est parti vivre dans un petit appartement, à deux pas, rue de Tolosay. Dalida n'occupe que trois étages sur les cinq : le rez-de-jardin, le rez-de-chaussée et le premier.

L'entrée principale donne sur la rue d'Orchampt, mais il existe aussi une entrée de service rue Lepic. La porte de la cuisine donne sur cet escalier.

Richard prend la clé de la porte de service et monte. Au passage, il s'arrête dans son studio pour prendre la carabine, une 22 Long Rifle. Il interdit à Dalida de venir avec lui :

« Je ne veux pas que tu montes ! Tu ne te rends pas compte ! Si c'était un voleur ou un assassin ! »

Dalida, qui connaît son impulsivité sous l'effet de l'angoisse, craint qu'un geste ne dépasse sa pensée et l'accompagne quand même. Deux fois, ils frappent à la porte de la chambre : pas de réponse.

Ils ouvrent avec le double de la clé. En face d'eux, un homme en slip, pétrifié. Sous le choc, ce que Dalida redoutait arrive : Richard ne se contrôle plus.

« Qui êtes-vous ? Qu'est-ce que vous foutez là ? Vous n'avez pas le droit ! » s'écrie-t-il.

L'homme est portugais et parle mal le français. La peur et la culpabilité lui font perdre ses moyens. Il balbutie, ne parvient pas à répondre. Avec la pointe de la carabine, Richard le repousse vers le fond de la pièce, tout en le questionnant. Par inadvertance, le coup part, blessant l'homme au ventre. Par une coïncidence malheureuse, le fusil était chargé. Richard gardait toujours une cartouche ou deux dedans. Ce n'étaient pas des balles mortelles, mais, à bout portant, l'impact est grave.

Dalida s'écrie horrifiée :

« Oh, mon Dieu, Richard, tu as tiré ! »

Comprenant ce qu'il vient de faire, Richard prend peur. En face de lui, l'homme titube. Dans l'affolement général, il retrouve sa langue. Il s'appelle Joao F. Il travaille dans le 16e comme valet de chambre et chauffeur de maître. Il a de la famille à Montmartre et c'est comme ça qu'il a rencontré Maria, dont il est devenu l'amant. A vingt-six ans, il est beaucoup plus jeune qu'elle, et comme elle ne semble pas du genre à avoir une vie mouvementée, Richard et Dalida ont du mal à le croire. Mais il insiste :

« Avant de partir, Maria m'avait donné la clé, parce que je n'avais pas d'endroit où dormir. »

Il devait donc déjà coucher là avant, mais Dalida ne s'en était pas aperçue.

Toujours affolés, aucun d'entre eux ne pense à appeler un médecin. Conscient de la gravité de son geste, Richard pleure comme un enfant :

« Je vais retourner en prison ! »

En Dalida, la panique monte. Sachant qu'il a déjà passé six ans sous les verrous pour une erreur de jeunesse, elle pense qu'on croira à une récidive, et que Richard le paiera très cher.

L'homme blessé est toujours debout. Sous le choc, il ne souffre pas encore, et ne se rend pas compte qu'il est sérieusement atteint. Dans un moment d'enfantillage dû à la terreur, tous trois inventent une histoire. L'homme dira qu'il a été agressé alors qu'il marchait dans la rue. Dalida et Richard l'auraient trouvé en rentrant. Ils vont le mettre dans un taxi qui l'emmènera à l'hôpital. Là, Richard et Dalida viendront prendre de ses nouvelles.

Ça ne tient pas debout. L'homme était en slip quand il a été blessé. Une fois rhabillé, ni sa chemise ni son costume ne portent de traces du passage d'une balle. Ce détail ne vient à l'idée de personne. Ils appellent Police-Secours. En fait, l'histoire inventée est une lourde erreur.

Richard vient alors d'enregistrer son premier disque, *Pour une femme,* dédié à Dalida. (A cette occasion, *L'Os à moelle,* en référence à *Besame,* l'appelle « Monsieur Mucho »...) Le lendemain, il doit passer à la télévision. Dalida, elle, doit repartir en Corse pour surveiller les travaux de sa villa. Sa présence est nécessaire. Elle prévient le maître d'œuvre : elle ne fera qu'un aller-retour.

Elle part sans informer Orlando ni Rosy de l'incident. Connaissant leurs anciennes préventions à l'égard de Richard, elle décide de le leur cacher pour ne pas réveiller leur méfiance. Par contre, dans la nuit, Richard et elle appellent un ami avocat pour lui demander conseil. Au téléphone, Richard pleure, Dalida répète :

« Ils vont le remettre en prison. »

Elle veut continuer à le couvrir. Au lieu de les inciter à appeler la police pour lui raconter la vérité, l'avocat dit :

« Bon, si vous avez convenu de ça, restez sur votre position. »

Une erreur de plus.

Le lendemain, Maria, prévenue par son amant, rentre en hâte. La police, évidemment, ne croit pas à l'histoire débitée par le jeune Portugais ; il n'y a pas de trou à son costume, et on voit bien que le coup a été tiré tout près de la chair.

Lorsque la loi se présente rue d'Orchampt, souhaitant interroger Dalida, celle-ci, qui a dormi en Corse, n'est pas encore rentrée. Elle ne se rend pas compte de la situation dans laquelle elle s'est fourvoyée. Elle se retrouve coupable de mensonge — elle qui déteste ça et que les Québécois appellent « celle qui ne triche pas » — et de non-assistance à personne en danger — elle qui aide toujours tout le monde.

De retour à Paris, Maria n'ose pas retourner rue d'Orchampt. D'ailleurs, en partant, Dalida a fermé et Maria n'a plus de clé. Coïncidence : elle va vivre chez une amie rue Damrémont, en face de l'endroit où se trouve le bureau. Orlando et Rosy voient Maria devant la porte d'en face.

« Comment se fait-il qu'elle soit de retour, et pas rue d'Orchampt ? » se demandent-ils.

Maria ne se fait pas prier pour venir tout raconter :

« Monsieur Richard a tiré sur mon ami ! »

Orlando et Rosy, stupéfaits, appellent rue d'Orchampt : personne. Effectivement, Dalida a téléphoné pour prévenir qu'elle rentrerait le lendemain. Mais ils apprennent que la police vient d'arrêter Richard.

Le désespoir les saisit. Toutes les suppositions leur passent par la tête. Ils imaginent déjà les conséquences.

« Finalement, on ne s'était pas trompés sur le compte de Richard », constatent-ils.

Ils préviennent Dalida en Corse. Celle-ci prend le premier vol pour Paris. En arrivant, elle trouve une convocation du commissariat du 18ᵉ. Orlando a déjà appelé Mᵉ Kam. Celui-ci souhaite s'entretenir avec elle avant qu'elle ne s'y rende. Devant Orlando et Rosy, Dalida raconte tout à l'avocat.

« J'étais dans un état épouvantable, dit Orlando, je n'avais pas fermé l'œil de la nuit. »

Voyant que Dalida est très gênée devant lui, il la rassure :

« Je suis ton frère. Quoi qu'il arrive, je suis de ton côté. »

Mᵉ Kam conseille à Dalida de dire la vérité. De toute façon, elle n'est pas coupable, et sinon, elle se rend complice d'un acte qu'elle n'a pas commis. Il l'assure que, en dépit de ses craintes, Richard sera jugé équitablement.

Toujours affolée, naïve, elle refuse. Mᵉ Kam insiste : on va la harceler, elle ne se rend pas compte ! Elle est célèbre, ça ne la protégera pas, au contraire : certains seront bien contents de la questionner.

A l'issue de cette entrevue, Orlando pleure :

« Quoi qu'il arrive, la vérité éclatera. Pense à toi ! » conseille-t-il.

Il serre sa sœur dans ses bras et l'embrasse.

« C'était rare, elle s'en plaignait : " Mon frère ne me serre jamais dans ses bras. " Mais je suis comme ça. »

Une amie de Dalida, Raymonde Morange dite Nono, est déjà interrogée par la police. Elle occupait l'autre studio qui se trouve au deuxième étage de la maison. Quand l'accident est arrivé, elle dormait. Fidèle à Dalida, elle a soutenu la version de celle-ci.

L'interrogatoire de Dalida commence. Les policiers de la deuxième brigade territoriale parlent fort dans le but de l'impressionner. Ils se comportent comme si elle était coupable. Dalida proteste :

« Parlez moins fort, je ne suis pas habituée à entendre crier autour de moi. »

Ils cessent alors de la bousculer. Mais, au bout de trois quarts d'heure, elle craque : elle ne supporte pas de mentir. Et elle comprend que, si elle s'obstine, elle sera elle-même inculpée. Elle décide alors de raconter la vérité et fait sa déposition. Le commissaire lui dit :

« Bien sûr, Mme Dalida. C'était enfantin. On sait que vous n'êtes pas coupable. Une meurtrière aurait trouvé autre chose à dire. »

Dans la salle voisine, les policiers révèlent alors à la malheureuse Nono que Dalida a avoué. Interrogé de son côté, Richard est très perturbé, perdu comme un enfant. Quand il apprend que Dalida a tout dit, il est soulagé, presque content : c'est fini. Dalida et Nono sont libérées. Elles seront appelées plus tard à déposer comme témoins.

Richard est inculpé de tentative d'homicide involontaire sur la personne de Joao F. Il reste en garde à vue en attendant d'être déféré au parquet le 30. Après une première nuit au commissariat, il est transféré, le soir même de l'interrogatoire, à la prison de Fresnes.

Quelqu'un a vendu la mèche à la presse. Devant le commissariat, les photographes et reporters font barrage. Les policiers appellent un taxi. Ils font sortir Dalida et Nono par une porte secrète donnant sur une autre rue. Dalida a téléphoné à Orlando pour le prévenir :

« Je serai à la maison dans un quart d'heure. »

L'angoisse

Orlando et Rosy sont terrifiés :

« Est-ce qu'on va vraiment la revoir ? »

Ils s'attendent à tout, imaginent des scénarios inquiétants. Ils ferment le bureau et accourent rue d'Orchampt. « A la maison », comme dit toujours Orlando. Dalida est là.

« J'ai dit la vérité ! » s'écrie-t-elle.

Comme s'ils avaient été séparés très longtemps, ils s'embrassent.

« C'était la seule chose à faire ! » souffle Me Kam soulagé.

Mais Dalida continue à plaindre Richard :

« Le pauvre, il va dormir en prison ce soir ! »

L'avocat la rassure. Il va s'en occuper. Richard sera libéré sur parole jusqu'au procès.

Le soulagement est gâché par l'attitude des médias. Certains photographes et journalistes se montrent odieux. Ils parviennent à entrer par l'escalier de service et frappent à toutes les portes. Orlando hors de lui les met dehors :

« Foutez-nous la paix ! Elle n'a rien à dire ! »

Le lendemain, vengeance. Les titres s'étalent :

« Du sang dans la maison de Dalida. »

Entre-temps, à l'hôpital Bichat, Joao F. est très mal en point. Les heures passent lentement quand on est confiné dans son lit, et il a le temps de cogiter avec Maria et d'autres amis qui passent souvent le voir. Peu à peu, l'histoire leur apparaît sous un jour bien différent. Après tout, celui qui a tiré n'est pas n'importe qui... N'y aurait-il pas une somme compensatoire à toucher ? Joao affirme maintenant que Richard, énervé, lui aurait tiré dessus volontairement.

La délinquance est en augmentation à Montmartre. Les gens redoutent les agressions. Beaucoup ressentent de la sympathie pour Richard. D'autres disent :

« Mais cet homme, il était en slip, sûrement pas dangereux ! »

La presse s'en mêle. La fille de Maria vient témoigner à Paris. Ce témoignage ne nuit pas à Richard.

Imaginant Richard dans sa cellule, seul et perdu, Dalida ne peut fermer l'œil. Les mêmes pensées tournent dans sa tête :

« Encore un coup de feu dans ma vie ! Pourquoi moi ? »

La première semaine, elle annule galas et télévisions. Faire libérer Richard est prioritaire. Elle s'y consacre avec Me Kam. Malgré leurs efforts, il restera un mois enfermé. On permet à Dalida d'aller le voir une fois. Avertis par la presse, les autres prisonniers réclament des autographes. Le climat de Fresnes ressemble à celui de l'Olympia...

Mais Dalida n'a pas le cœur à sourire. La sinistre bâtisse carcérale et les bruits de serrure lui serrent le cœur. Elle attend Richard au parloir. Quand elle le voit arriver menotté, l'image de Pietro dans le désert revient la hanter. Elle craque, pique une crise de nerfs :

« Enlevez-lui les menottes ! Ce n'est pas un assassin, je ne veux pas le voir comme ça ! »

Les gardiens acceptent et libèrent les mains de Richard. Les amoureux tombent dans les bras l'un de l'autre. Puis Dalida contemple Richard longuement. Il a maigri, ses joues sont ombrées de barbe.

« Je ferai tout pour t'en sortir ! » s'écrie Dalida.

Les photographes, obsédés par le scoop, ont le don de passer à travers les murs. L'un d'eux est parvenu à s'infiltrer. Même à Fresnes, on n'est pas tranquille quand on est star...

Richard est atterré que Dalida le voie ainsi. Lui toujours portant beau, qui se voulait son prince charmant...

« Je t'en prie, ne reviens pas, supplie-t-il. Ça me fait encore plus mal. »

Dalida comprend, accepte :

« On se reverra quand tu seras libre. »

La visite l'a bouleversée. Heureusement, elle est très entourée. La « famille » est là, chaleureuse, consolatrice. Au cercle des intimes est venu se joindre l'écrivain Claude Manceron. Il la regarde avec une admiration qu'elle lui rend bien, ayant lu ses livres. Pendant l'incarcération de Richard, il vient souvent voir Dalida pour la réconforter.

Une fois de plus, Dalida se révèle alchimiste de la douleur. Le chagrin lui compose un masque de tragédienne.

« Je ne l'ai jamais vue aussi belle, dit Orlando. Elle ne se maquillait plus. Elle avait une autre beauté. »

Dans l'attente, les heures se traînent. Sur un cahier, Dalida note les moindres détails du drame. Au prisonnier de la cellule 132, elle écrira cinquante lettres.

Comme Giuseppina attendant Pietro, elle se met à coudre. Elle n'avait jamais su, ça lui rappelait les mauvais jours. Mais les mauvais jours sont de retour. Les coussins, plus modernes, remplacent la tapisserie de Pénélope. Elle en confectionne des quantités pour garnir les divans à l'orientale du salon de Corse. Giuseppina restait des heures penchée sur sa machine pour faire vivre ceux qu'elle aimait, et cette couture est pour Dalida, habituellement si forte et maintenant si démunie, comme une offrande dérisoire. Un geste de protection.

« Bien plus tard, en 87, juste avant son départ, se souvient Orlando, elle a refait la même chose. Elle s'est mise à tricoter des écharpes pour tout le monde. Comme si c'était tout ce qu'elle pouvait encore nous donner, comme si elle compensait à l'avance une absence, comme si elle meublait ainsi son temps avant de partir. Sur le moment, je n'ai pas fait le rapport. »

Inquiet de la voir ruminer dans l'inaction, l'entourage persuade Dalida de reprendre ses galas, au moins le week-end, pour se changer les idées. A l'Opéra de Marseille, pour la Rose d'or d'Antibes, Dalida est la vedette de la soirée.

Lorsqu'elle chante, elle est encore sous le choc. Ses proches sont dans la salle, et le public est venu pour la soutenir. Mais le désespoir se lit dans ses yeux. Dès son entrée, on lui fait une ovation, pour dire : « Nous sommes avec toi. »

« Cette fois-là, l'ovation ne s'adressait pas à la chanteuse, mais à la femme », raconte Orlando. En effet, proportion inhabituelle, la salle est féminine aux deux tiers.

Quand elle chante *Pour ne pas vivre seul,* Dalida sanglote sur scène. Et le public pleure avec elle. Communion de sentiments profonds et simples, ceux qu'on cache d'habitude et qu'on épanche dans cette catharsis. Le même phénomène se produit pour *Je suis malade,* chanson de la rupture et de l'absence, et *Manuel,* l'histoire d'une femme qui attend son homme emprisonné. Le public, debout, acclame le courage de Dalida. Elle a refusé qu'on retire la chanson du programme :

« C'est ma vie, je la chanterai. Je tiendrai bon. »

A l'issue du spectacle, Dalida emprunte la sortie des artistes.

La rue, très large, est noire de monde. Les gens crient : « On est avec toi, Dalida ! » Femmes, hommes, tous veulent la toucher, l'embrasser. Pas la vedette : la femme.

La police doit intervenir pour que la chanteuse puisse entrer dans sa voiture. Orlando et Pascal Sevran, qui la protègent, manquent au passage de recevoir un coup de matraque. Les policiers doivent faire de la place jusqu'à la Cannebière.

Le retour de l'enfant prodigue

Richard est resté en prison plus d'un mois quand Me Kam obtient enfin sa mise en liberté sous caution jusqu'au procès. Dalida paie la caution.

L'avocat se rend seul à la prison pour chercher Richard. Dalida a décidé :

« Je l'attendrai à la maison, comme s'il revenait normalement de voyage. »

Normalement ? La nouvelle a filtré. A vingt et une heures trente-cinq, rue d'Orchampt, Dalida, Orlando, Rosy et son mari Ivan, Nono et Blanche, la mère de Richard, attendent dans l'angoisse. Lorsque Richard arrive, l'étroite voie est noire de monde. Cinquante photographes et journalistes de la radio, de la télévision et de la presse écrite sont sur le pied de guerre. La cohue est indescriptible. Il faut leur arracher Richard pour le faire entrer dans la maison. Hébété, les traits creusés de fatigue, il a perdu neuf kilos. Dalida et lui tombent dans les bras l'un de l'autre. Mais des photographes sont parvenus à s'infiltrer par la porte du jardin et sautent sur la terrasse. Dalida a fait mettre une bouteille de champagne au frais et sorti des coupes. Par la fenêtre, les paparazzi mitraillent les préparatifs de cette fête intime. Me Kam, mécontent, imagine le parti qu'une presse mal intentionnée peut tirer de ces clichés, alors que le Portugais blessé est toujours à l'hôpital...

Richard prend un bain, se change et rejoint les autres pour un dîner tardif. Mais ils ne peuvent rien avaler. Dès le lendemain ils s'envolent pour la Corse. Dalida a sacrifié deux mois de contrats pour se consacrer à l'homme de sa vie.

Au soleil, Richard se remet rapidement en forme. En apparence, les dégâts sont limités. Pourtant, quelque chose est cassé dans leur histoire. Derrière eux, six ans et demi de bonheur malgré les moments de tension. Pendant ces années, jamais Dalida n'avait renoncé à ce qui était la base de son engouement : l'indéracinable croyance en le pouvoir de l'amour. L'amour qui transfigure, qui guérit. Trame de base de tous les romans roses... C'est d'ailleurs pour cela qu'à cette époque les femmes l'aiment de plus en plus et sont venues l'ovationner à Marseille. En chaque poitrine féminine, un cœur de midinette continue secrètement à battre. Les séducteurs savent bien s'en servir. Sympathique faiblesse, utopie intime qu'il est touchant de trouver intacte chez une femme capable de se battre et de triompher comme un homme...

Cette croyance si ancrée, l'accident l'a pourtant déracinée. Désormais, Dalida doute, et de ce doute, quelque chose en elle se trouve fêlé. Croire donne tellement de force...

Elle doit le reconnaître, sa foi n'a pas déplacé cette montagne. Derrière la façade du « comte » elle avait aperçu l'homme : intelligent, sensible, fragile, généreux, écorché vif. Si peu sûr de lui qu'il l'invitait à des déjeuners fantômes avec la Pompadour. Il se croyait si peu de chose qu'il devait exagérer sans cesse.

Il avait pourtant fait un grand chemin. Mais là, c'est la métastase. L'histoire avec Joao F. a amené au premier plan ce que Richard portait en lui de folie et de colère. Une fois de plus, Dalida pense à son père. Pourquoi, dans sa vie, cette succession d'hommes violents qui ne se connaissent pas eux-mêmes ? Elle se confie à Léon Zitrone :

« J'ai aimé des hommes plutôt violents. J'ai perdu mon père quand j'avais douze ans, son affection m'a beaucoup manqué. D'où ma quête de tendresse. Or ce n'était pas un doux. De là mon attirance pour les hommes à caractère ou à poigne, même si leur énergie, leur violence, est tout intérieure. La violence de caractère ne se manifeste pas forcément en permanence. » (*Jours de France,* 8.1.77.)

Terrifiantes, impressionnantes, excitantes, ces foudres de Zeus que la petite fille rêvait d'apaiser ? Force qui dissimulait une faiblesse déguisée en son contraire et dont, avec la musique, elle avait hérité ?

« Moi, dit Orlando, j'attendais qu'elle ait fini de crier pour pouvoir répondre. »

Et elle-même note :

« Quand je n'entends pas, c'est mon père qui crie. »

Le positif de cette colère, c'est la tempête du chant. C'est la femme qui, les poings sur les hanches, à la Magnani, n'hésite pas à défendre son bon droit. C'est aussi celle qui, à trois heures du matin, lorsque la soirée s'est prolongée autour de la somptueuse table espagnole et que le dîner raffiné n'est plus qu'un souvenir, conduit ses amis dans la cuisine pour leur mitonner sans façon des spaghettis.

Cette Dalida-là n'abandonne pas facilement la partie. Volontariste, elle tente de faire taire le doute qui la ronge et se persuade qu'elle pourra encore vivre avec Richard. Elle ne peut supporter de l'abandonner dans un moment pareil. Jusqu'à l'issue du procès, elle le défendra comme promis.

« Mais, dès le 7 octobre, elle l'a regardé autrement, dit Orlando. La compassion se mêlait maintenant à l'amour. »

Le coup de feu intempestif n'a pas blessé que l'amant de la femme de chambre. Dans la tête de Dalida il retentit encore et encore, comme un écho de celui de Tenco.

Elle a pris peur, elle est divisée. Elle pense à l'homme en prison, elle pense aussi à l'autre homme sur son lit d'hôpital. Le jeune Portugais a été opéré trois fois en un mois. On lui a retiré la balle par le dos. Un caillot de sang s'étant formé dans la moelle épinière, la jambe gauche se trouve paralysée. L'opération d'extraction du caillot dure trois heures. Joao se remettra mais gardera une cicatrice abdominale de dix-neuf centimètres et une incapacité permanente partielle. La pensée de ce malheur hante Dalida.

Retour à Choubra

Le réalisateur Michel Dumoulin s'intéresse à Dalida depuis longtemps lorsqu'il a l'idée, en 1976, de tourner un film sur sa vie. Auteur d'un documentaire sur Maria Casarès, il élabore un concept nouveau : mettre en images chansons, façons de vivre, déplacements, angoisses et peurs de la chanteuse. Cela s'appellera *Dalida pour toujours.* Séduit, Orlando accepte de produire le film.

Dumoulin veut retourner aux sources : Dalida doit se rendre à Choubra, dans le quartier qui l'a vue naître.

Lorsqu'elle se trouve devant la maison où elle a grandi, dans la cour de son école, l'effet est violent. Orlando et Rosy l'accompagnent.

« En arrivant à Choubra, on a eu du mal à retrouver la rue Khamra Weya, dit Orlando. Elle était très étroite, et tant de nouvelles maisons y avaient été construites qu'elle en devenait minuscule. »

Le réalisateur a obtenu un permis de tournage et les habitants sont au courant.

« Finalement, on a retrouvé l'endroit à cause de la foule. Et là, on a eu un choc. On ne reconnaissait pas la maison. De blanche elle était devenue jaune. Un étage avait été construit à la place de la terrasse. Tout le bâtiment était délabré. »

Même le seuil est à demi rongé par le temps. La plaque à côté de la porte est toujours là : « Pietro Gigliotti, primo violonista ». Mais, en s'approchant, Dalida constate que les autorités du quartier, croyant lui faire plaisir, ont dissimulé l'inscription sous une autre : « Ici est née Dalida, chanteuse ».

Voyant cela, elle est prise d'une crise de nerfs :

« Qui a osé enlever la plaque de mon père pour mettre la mienne ? »

Cette plaque était tout ce qui restait de Pietro. C'est comme si on avait tué la mémoire de son père, comme si on la tuait elle-même. Elle qui se sent coupable d'avoir pris sa place et d'avoir mieux réussi... Elle griffe la plaque, tente de l'arracher du mur, mais ne parvient qu'à se casser un ongle.

« Enlevez-moi ça, je ne suis pas encore morte ! »

Dans la ruelle de terre battue, ses hurlements rebondissent contre les murs. Une vieille voisine se souvient que lorsqu'elle était bébé, déjà, ses cris étaient différents des autres, plus sonores... Orlando la calme :

« Ecoute, maintenant, on tourne. Mais on te promet que dès que c'est terminé, on enlève la nouvelle plaque et on l'emporte. Ni vu ni connu. »

Selon le scénario, elle doit marcher dans la rue lentement, ouvrir le portail et s'avancer à l'intérieur. Elle marche, elle rentre, on la filme. C'est la première fois qu'elle revient dans la maison. Le réalisateur, pour capter l'émotion des retrouvailles, n'a pas voulu qu'elle y pénètre auparavant. Aussitôt à l'intérieur, elle commence à sangloter.

« Je ne peux pas, il faut arrêter.

— Surtout pas, je veux tout », ordonne le metteur en scène au cameraman.

Dans la vie de Dalida, ce sont des moments inoubliables. Pas de trucage : on tourne, pourtant ce n'est pas du « cinéma ». Elle pleure tout ce qu'elle a perdu : sa maison, son enfance, sa jeunesse, ses parents.

« Elle a mis longtemps à se reprendre, dit Orlando. Rosy et moi aussi, on pleurait comme des madeleines. »

Dans le film, la scène a été très raccourcie : seul reste le moment où Dalida éclate en sanglots.

Elle vient de comprendre quel chemin elle a parcouru. Les voisins d'autrefois se pressent autour d'elle. Ils veulent offrir du thé, du café. Dalida en reconnaît certains, d'autres pas : eux aussi ont bien changé, et vieilli... Les acheteurs de la maison sont fiers d'habiter un lieu historique !

Elle doit bientôt s'arracher à ces retrouvailles : l'horaire est serré. Il faut se rendre à l'école, où Dalida doit être filmée au début de l'après-midi. Prévenues, les sœurs sont dans tous leurs états. Elles portent toujours le même uniforme. Les coiffes blanches encadrent des visages hors du temps. Certaines de celles que Dalida a connues sont encore là. Des petites filles en tablier, aux nœuds dans les cheveux comme autrefois, se pressent autour de l'illustre aînée. L'une d'elles, un peu boulotte, porte des lunettes...

Dans le visage souriant et ridé d'une nonne, Dalida reconnaît sœur Felicina, sa chère maîtresse. Elle se jette dans ses bras. Et là, à côté d'elle, c'est une ancienne compagne de classe qui a pris le voile... Dalida se sent toute drôle, elle se souvient qu'elle admirait les sœurs et, remportant le prix d'histoire sainte, se croyait une vocation religieuse...

Les sœurs sont heureuses comme des enfants de la revoir et d'être filmées. Ce moment de rire et de joie est partagé par Rosy, qui elle aussi retrouve son ancienne école, et par les enfants, impressionnés de voir une grande vedette dans ce modeste établissement. Pour les sœurs, c'est une récompense et un crédit. Dalida leur donne tout l'argent qu'elle a sur elle pour leurs bonnes œuvres.

Elle veut revoir sa classe, retrouve son banc, la chapelle, le parloir, la salle à manger. Les sœurs lui montrent les photos des pièces de théâtre qu'elles ont gardées :

« C'est ici que tu as débuté sur les planches ! »

Le tournage continue dans les mosquées, aux pyramides, sur le Nil Mais Dalida veut auparavant se recueillir dans la petite église Sainte-Thérèse où elle suivait la messe le dimanche et où elle correspondait avec son premier flirt par des mots glissés derrière le bénitier.

Dans l'édifice presque désert, un vieux paroissien la reconnaît. Il se souvient de la petite fille en robe blanche amidonnée. Devant la statue de Thérèse de Lisieux, la sainte de l'amour qui guérit, Dalida allume des cierges. Une demi-heure, assise sur un banc, elle médite, elle prie. Elle se souvient qu'elle confiait à Thérèse tous ses rêves...

Au bout d'une semaine, elle reprend l'avion en direction de la France. Comme en un jour de Noël 1954, elle voit, par le hublot, les pyramides qui s'éloignent, qui rapetissent...

« Nous avons été tellement bouleversés par ce tournage, raconte Orlando, que pendant des mois, Dalida, Rosy et moi-même nous réveillions la nuit en pleurant, affectés par des cauchemars presque identiques. »

Nuit après nuit, Dalida se retrouve petite fille, courant par les rues. Elle veut attraper quelque chose ou quelqu'un, et se réveille sans avoir pu l'atteindre. Ou bien, toujours enfant, elle rêve qu'elle doit partir. Mais une prison se referme sur elle.

Elle a vu le film *L'Exorciste,* et certains passages la frappent. C'est l'histoire de quelqu'un qui ne peut pas s'en sortir, atteindre son destin : toujours une main l'arrête. Elle s'identifie à cet empêchement tragique. Elle qui croyait avoir mûri, évolué ! Elle disait qu'au fond d'elle-même, toujours, une petite fille pleurait. Maintenant, elle a l'impression que la Dalida adulte se trouve à jamais comme enfermée dans une prison de l'enfance, incapable d'en sortir. Cela l'obsède, elle en parle à Orlando et à Rosy. C'est alors qu'ils s'aperçoivent que chacun d'entre eux rêve à peu près la même chose pour son compte. Oui, une part d'eux-mêmes est toujours là-bas, mais une autre est quand même allée très loin. Et la pionnière, celle qui a ouvert le chemin, c'est Dalida.

QUATRIÈME PARTIE

SOLEIL COUCHANT

Et maintenant...

Toujours aussi exigeante avec elle-même, de ce trajet parcouru elle voit surtout les imperfections. Le pronostic médical de Joao F. reste longtemps incertain et Dalida craint qu'il ne reste infirme à vie. Elle regrette son mensonge. Mais elle sait que Richard traverse une passe très difficile, alors elle est très gentille avec lui, car elle veut le remettre en selle.

Pourtant, une fois de plus, elle est en pleine métamorphose. Une autre Dalida naît.

« Avec ce que j'ai souffert, lu, voyagé... »

Chaque fois elle dit :

« Voilà, ça y est, je vais y arriver ! »

Au moins, elle est plus forte :

« Ce n'est plus la souffrance qui me porte, c'est moi qui la porte. Quand je souffre, je commence à comprendre pourquoi, et ça devient plus acceptable. »

Elle veut se servir de sa souffrance pour aider les autres. Richard aussi doit y arriver. Elle a avec lui des conversations « sérieuses » pour savoir qui il est. Dans les dîners, par boutade, il dit :

« Il y a un homme entre Dalida et moi, et c'est Freud. »

Il plaisante, joue, fuit, esquive. Parfois, pourtant, il peut être profond.

Dalida reconnaît :

« Il a souvent raison sur le fond, jamais sur la forme. »

Toujours, il provoque. Il ne peut pas s'en empêcher. C'est sa façon d'exister. Les mots trop longtemps contenus sortent violemment, mais sa façon de dire lui donne tort.

Depuis 1967, Dalida est fascinée par l'au-delà. Au bout d'un monde si noir doit se trouver la lumière. Elle n'a plus peur :

« Les gens qui ont peur de la mort ne voient pas la vie. »

La mort ne se subit pas, elle se choisit : une liberté, une porte de sortie. Quand la souffrance est trop dure à supporter, l'idée de casser ses propres chaînes est un paradoxal réconfort.

Or, avec la fin du bonheur à deux, la souffrance revient. Et Orlando s'inquiète de ce qui ressemble à une obsession. Même lorsqu'elle va bien, toujours cette chose-là attend dans l'ombre le moment dramatique. Elle répète :

« Je n'ai pas demandé à venir au monde, je déciderai aussi ma mort. Personne ne me la volera. »

Elle se sent détachée de son métier. Avant sa tentative de suicide, elle croyait devoir vivre avec la chanson vingt-quatre heures sur vingt-quatre. Seulement Tenco en est mort, alors depuis elle a besoin d'une distance. Orlando prend les choses en main pour tenter d'alléger ses responsabilités professionnelles :

« Vis ta vie, pense, lis, fais ce que tu veux. Je m'occupe du reste. »

Elle vit toujours difficilement le présent. Se réfugie soit dans le passé, soit dans l'avenir. De plus en plus dans le passé. Mais quand elle est inquiète, elle va se faire tirer les cartes par Graziano dans son restaurant. Ça l'amuse, et lui comprend ce qu'elle veut savoir, surtout quand elle est amoureuse...

Cette fascination de l'au-delà est un point commun avec Richard. Elle se pose beaucoup de questions sur les vies antérieures et la réincarnation, même si tout cela est assez confus pour elle. Elle tente de mettre la sagesse acquise au service de Saint-Germain, comme autrefois Desjardins l'avait fait pour elle, en oubliant qu'elle s'était rebellée. De plus en plus, elle dit que Richard est un peu psychopathe...

Le 3 novembre 1978 au matin, le procès commence à la seizième chambre correctionnelle. Dalida, vêtue d'un manteau de cachemire noir, est appelée à la barre des témoins. Bouleversée, elle est presque aphone. Ces derniers jours, elle a subi de fortes chutes de tension. Le président doit lui demander de parler plus fort. Son témoignage émouvant sera très positif pour Richard.

Dalida affirme qu'il a blessé dans un moment d'affolement. Richard Chanfray est émotif et nerveux, concède-t-elle, mais ni violent ni dangereux.

« Sinon je ne vivrais pas avec lui depuis six ans. »

— D'accord, mais il a quand même la gâchette un peu facile », objecte courtoisement le président.

« Dûment chapitré par son défenseur, Me Knoll », (selon *L'Aurore*), Joao F. demande à rester assis pendant l'audience. Toujours selon le journal, Me Knoll est « agressif et hargneux », Me Kam « patelin et spirituel ». Au fond de la salle, Maria vitupère contre ses anciens patrons...

Très amaigri, transpirant, le visage crispé, Richard est pitoyable.

« J'ai tiré sans le vouloir, assure-t-il, en le tenant sous la menace de mon arme pendant que je l'interrogeais. Je n'ai même pas compris, sur le moment, que le coup était parti. Et tout d'un coup j'ai vu qu'il avait un petit trou rond sur le ventre. »

Après deux heures de plaidoiries de part et d'autre, Mme Lancan, substitut du procureur, réclame le maximum : cinq ans de prison. Le 24 novembre 1978, le jugement a lieu : Richard Chanfray est condamné à un an de prison avec sursis plus mille francs d'amende. Il devra de plus verser cent dix-huit mille francs de dommages et intérêts à la victime, qui en réclamait plus du triple.

Le pire est évité. Pourtant, Richard est un homme brisé. Jamais il ne se remettra du choc. Malgré ses efforts désespérés pour se contrôler, sa part malade a définitivement pris le dessus. Et la presse ne le laisse pas oublier. Il voulait qu'on parle de lui, il est servi. Des journalistes l'appellent le « comte bidon », le « pseudo-comte ». Quant à Dalida, elle est, pour *Stampa Sera,* « la dame noire aux pistolets »...

Star absolue

Une fois de plus, Dalida surmonte le drame, une fois de plus, la difficulté l'incite au dépassement.

Pendant les années soixante-dix, elle devient la star absolue. L'artiste profite du chemin parcouru par Yolanda. Elle a l'air d'une femme qui revient de loin, qui a tout compris.

Le regard a changé, semble tourné vers l'au-delà. De plus en plus, des gens malheureux, dépressifs lui écrivent pour demander conseil. A ces lettres, elle répond toujours personnellement. Se rend-elle compte qu'elle s'enfonce dans la douleur ?

Elle revient à l'Olympia après deux ans d'absence, du 4 au 26 janvier 1977, dans une longue robe blanche de style Empire, de Balmain, toute perlée, devant un tulle de scène blanc cachant le grand orchestre de vingt-cinq musiciens. Elle ne porte pas de bijoux sur scène :

« Les bijoux attirent trop l'attention. On ne fait pas l'amour avec des bijoux. Et être sur scène est un acte d'amour. Devant le public, j'ai besoin de me sentir le plus dénudée possible. »

Le couturier Pierre Balmain explique comment il l'habille :

« La première fois qu'elle est venue me trouver, elle avait un impératif : être libre de ses mouvements, et surtout de ses bras. Il était indispensable que sa robe se fasse oublier, qu'elle ne lui donne aucun souci, et qu'elle soit dénuée d'une recherche d'effets. » (*Bonnes Soirées,* 9.1.77.)

A l'Olympia, elle se sent bien :

« L'Olympia, c'est un peu le ventre de ma mère. C'est comme si je renaissais à chaque fois, et, en même temps, je suis mère de mes chansons. »

Elle en chante dix nouvelles, toutes « à base d'amour ». A nouveau, le dépouillement :

« Seules les chansons doivent se faire remarquer. J'espère les avoir mises dans le bon ordre, car une chanson, c'est comme une garde-robe.

On peut avoir les plus beaux atours, si on porte une robe du soir pour aller faire le marché, on est ridicule. » (*L'Aurore,* 4.1.77.)

Ce tour de chant, c'est un peu une promenade dans sa vie. Un bilan. Presque un micro-opéra, selon le critique Michel Pérez. Elle sait qu'elle est passée à un autre stade de son existence ; quatre chansons racontent des périodes clés. *Il y a toujours une chanson,* de Serge Lebail et Pascal Sevran, est une balade dans sa vie d'artiste, un petit musicorama autobiographique, ponctué des airs qui ont jalonné sa vie : *Le Petit Vin blanc, Bambino, J'attendrai.*

« Quand je chante, dit-elle, il y a toujours une chanson accrochée à mes souvenirs. Celle-ci ouvre le récital. Le thème : à diverses époques de ma vie, que chantait-on ?

Cette année-là, c'était la guerre,
Dans la gare du Caire en pleurant,
Je n'étais encore qu'une enfant,
Et l'on chantait, cette année-là,
J'attendrai [1]...

Le retour sur elle-même se prolonge :

Il y a aussi un moment dans mon tour de chant qui n'est pas vraiment une chanson. C'est une conversation sur l'enfance avec cinq mélodies différentes. Ça s'appelle *Et tous ces regards.* Le texte est de Roger Hanin. Un jour, on parlait de nos enfances méditerranéennes, et il a eu envie d'écrire quelque chose pour moi. J'ai eu les larmes aux yeux en écoutant les paroles : « Maman, quand tu es partie, quand je suis partie, qui a tué l'autre ? » C'est déchirant. Je pense à ma propre mère, à mon amour fou pour elle. » (*France-Soir,* 31.12.76.)

Gilbert Bécaud lui fait un « cadeau d'amitié » en lui écrivant avec Pierre Grosz *Amoureuse de la vie :*

Je ne me souviens plus du tout des circonstances
J'ai rouvert les yeux : tiens, la vie recommence...

« C'est le souvenir de la minute où j'ai repris conscience après avoir voulu partir. Vous savez bien, rouvrir les yeux, revoir la vie, goûter une pomme, la caresse du soleil, le parfum d'une promenade. L'existence est magnifique pour ceux qui la retrouvent, même quand ils n'en attendaient plus rien. » (*Jours de France,* 8.1.77.)

Le spectacle s'achève sur un nouveau succès : *Femme est la nuit,* sur une musique de Toto Cutugno, compositeur devenu populaire en France avant d'avoir été reconnu en Italie. Les lumières basculent. Dalida endiablée se déhanche, se balance, ses cheveux valsent, annonçant les grands spectacles à l'américaine qui suivront. Le public est en transe.

Le bilan s'effectue aussi avec la sortie du film de Michel Dumoulin,

1. *Jours de France.*

diffusé sur les écrans télévisés le 1er novembre 1977. Et Dalida participe, en guest-star, au film de Nina Companeez, *Comme sur des roulettes.* Dans cette comédie musicale, elle joue son propre rôle, entourée de Guy Lux et de Michel Drucker. La première biographie, *Dalida, la gloire et les larmes,* écrite par Pascal Sevran, sort en librairie. Sa vie même devient légende. Déjà le mythe se constitue, selon le critique Michel Pérez :

« Aujourd'hui, on s'aperçoit que si elle arrive à être pathétique, c'est qu'il y a derrière cette silhouette blanche et or, presque immuable, à peine un peu durcie par le temps, vingt ans de rengaines rigolotes, de cotillons simples, et de souliers plats subrepticement troqués, le temps d'un changement d'éclairage, contre la tunique aux plis de lamé de tragédienne pour *France-Dimanche.* »

Michel Pérez loue l'audace nouvelle, la difficulté de son répertoire :

« C'est sa façon à elle de nous dire qu'elle ne regrette rien et qu'elle a désormais envie de tout, besoin de tout : des romances de Côte d'Azur, des tarentelles et des beaux poèmes d'angoisse et de mort, besoin et envie d'être pathétique et d'être une chanteuse à accent un peu rétro, parce que tout a son poids de vérité, même les chansons de Rina Ketty. » (*Quotidien de Paris,* 7.1.77.)

Ce mythe en voie de constitution, Jean-François Josselin l'analyse dans un bel article :

« Les histoires de Dalida appartiennent à l'Histoire. Ses liaisons, ses ruptures, ses scandales, ses triomphes s'inscrivent dans le cours de notre vie nationale. Guy Mollet, René Coty, la guerre d'Algérie, de Gaulle, le putsch, Pompidou, Mitterrand, Giscard, Bambino, Bambino...

« Le visage de Mangano, la voix de Lollobrigida, la violence de la Callas, la rousseur de Rita... Et pourtant elle est unique. »

Josselin énumère alors les étapes du chemin :

« Ses métamorphoses successives précisent son originalité : Miss Egypte au bikini de panthère devient une Italienne à l'œil charbonneux qui devient une pin-up brune coiffée à la Bardot qui devient une tragédienne cuivrée qui devient une personne blonde, longue, lisse, tranquille avec quelque chose d'infiniment pathétique, un tressaillement de la paupière peut-être. » (*L'Observateur,* 10.1.77.)

A l'issue de la première, elle découpe, souriante, un gros gâteau sur lequel est écrit « Dalida ». Tout son monde, bien sûr, est autour d'elle, ce qui n'échappe pas à *Libération,* encore irrespectueux :

« Mercredi soir, lors de la première, quelques tronches connues au premier rang et, perdu dans la foule, son milieu naturel, sa petite camarade, François Mitterrand. On dit qu'il fêtera en 78 ses cinquante ans de course à pied. »

Dans le cercle figure un nouvel intime : Max Guazzini. Orlando, toujours lui, le recrute parmi ses amis. Etudiant en droit, il interrompt ses études pour s'occuper de la promotion de Dalida et d'autres artistes de la maison de production. C'est le début d'une carrière qui le mènera loin : il deviendra le directeur général de NRJ.

Autre nouveau venu dans l'équipe, Antoine Angelelli. Ce fan de longue date est pris en sympathie par Dalida.

« Mes responsabilités m'empêchaient de plus en plus de quitter Paris, dit Orlando. A partir de ce moment, Antoine accompagne Dalida à l'étranger, sauf pour les grandes premières. »

Grand, brun, l'œil pétillant, le sourire charmeur et la blague à la bouche, Antoine est le fan par excellence : celui qui a réalisé son rêve, devenir proche de l'objet de son adoration, participer à son mode de vie.

Arrivé en France d'Italie du Sud à l'âge de huit ans, Antoine tombe très vite fou de Dalida en glissant un franc dans la fente d'un Scopitone :

« Je faisais la vaisselle ou les courses pour ma mère. Elle me donnait un franc. Sur le chemin du marché, j'entrais dans un café, je mettais la pièce dans l'appareil et je regardais Dalida. Les Scopitone, on n'en trouvait pas partout, alors je retournais toujours dans le même café. Je regardais le petit clip dix, quinze fois. A la maison, on n'avait ni télé ni tourne-disque. On n'était pas aisés, un disque, c'était cher. Quand il en sortait un nouveau, je passais mon temps devant le stand, à le dévorer des yeux jusqu'à ce que je puisse l'acheter. Rien que pour la photo.

« Je découpais tout ce que je trouvais sur elle dans les journaux, j'en faisais des montages et je me fabriquais de fausses pochettes de 45 tours. Ma mère est devenue complice, elle m'achetait ses disques. Mon père, ça le rendait fou, il disait que je ne pensais qu'à ça, et il les cassait.

« J'ai toujours rêvé de chanter. Quand je trouvais un disque cassé dans la rue, je mettais un bout de bois au centre, je faisais tourner le disque avec mon doigt et je chantais. Je m'enfermais pour que ma mère n'entende pas. Pour moi Dalida était la seule. Ce n'était pas seulement une chanteuse, j'étais attaché à elle. Avec ma sœur, c'est devenu la guerre. Elle aimait Johnny Halliday et Claude François. On a fini par nous offrir chacun un mange-disques. Chacun dans sa chambre mettait le sien au maximum pour noyer le son de l'autre. »

Assis sur son banc de classe, Antoine rêve encore à son idole et n'hésite pas à s'octroyer des congés :

« Quand elle participait à une émission en direct, comme celles de Guy Lux, je faisais l'école buissonnière et j'y filais. On avait fini par acheter la télé. Un jour, vers 12 h 30, ma mère allume pour voir Danièle Gilbert. A l'image, des gens qui applaudissaient, et dans le nombre, moi. En rentrant, j'ai pris une rouste.

« J'ai un peu freiné mais ça n'a pas duré. Je n'avais pas les moyens de m'offrir ses spectacles. En 74, elle chantait *Gigi l'amoroso* à l'Olympia, tout le monde m'en parlait. Là, j'y suis allé. J'ai rencontré par hasard une bande de fans qui la suivaient partout. En moto, en voiture, ils faisaient les tournées. A la fin du spectacle, je les ai suivis dans les coulisses. On m'a dit qu'elle dînait au Bistro du Port, le restaurant de Gérard Pédron, sur les quais. J'y suis allé, je me suis assis à la table en face. Toute la soirée, je n'ai fait que la regarder. »

Certains fans se satisfont de la distance et vivent leur obsession sur le mode « ver de terre amoureux d'une étoile ». D'un caractère plutôt timide et renfermé, ils vivent un peu de gloire par procuration. Rêver sur l'idole suffit à leur faire tolérer les déceptions du quotidien. Appartenir au fan-club leur permet de communiquer avec d'autres, uniquement sur le mode de leur passion. L'image révérée est le support d'une personnalité fragile. Une dépendance inoffensive. Ils ne sont pas tentés d'agir pour sortir de leur isolement, au contraire. D'autres, instables, approchent la star, pour surmonter leur émotion, d'une façon un peu agressive qui ne facilite pas le contact. Mais pour Antoine, Dalida est un modèle qui l'aidera à sortir de son milieu afin de vivre comme il le souhaite :

« Ce qui me fascinait, c'était son charisme, et le fait que chaque disque était différent. Elle était le rêve réalisé de la réussite dans le milieu difficile du show-business.

« Je suis retourné souvent au Bistro du Port. Orlando y allait beaucoup aussi. Quand il m'a vu tellement passionné, il m'a proposé de travailler au bureau, à faire le press-book.

« Il n'y a pas d'école du show-business, on regarde faire. Quand elle venait, Dalida me voyait. Elle m'aimait bien, parce que je la faisais mourir de rire. J'ignorais tout : les manières de table, etc. Avec elle, j'ai beaucoup appris. »

Contrairement à ce que pensait son père, Antoine ne perd pas son temps. Sa fascination est en fait une vocation :

« Au bout d'un moment, on s'imprègne du travail. Un jour, Orlando m'a dit : " A partir de maintenant, je t'emmène sur les galas. " Je vérifiais que tout allait bien, j'étais celui qui rassurait Dalida. Les artistes sont très vulnérables, je la stimulais. Je lui disais qu'elle était la plus grande, la plus belle.

« J'ai chanté moi-même : j'ai fait trois disques. J'ai arrêté. »

Aujourd'hui, Antoine est le directeur artistique du label Orlando, et il réalise la production de nouveaux chanteurs.

« J'ai réalisé mon rêve d'enfant. Faire le métier que j'aime et côtoyer l'être qui a idéalisé ma vie. »

Si l'équipe autour de Dalida s'élargit, c'est qu'une fois de plus elle réagit à l'échec de sa relation amoureuse en se réfugiant dans le travail. Là où elle peut tout contrôler, là où la perfection dépend d'elle :

« J'adore régler la sono, les lumières, les détails techniques, dit-elle. J'aime aussi penser à la place des chansons. »

De Richard, elle dit :

« Nous sommes des amis avant d'être des amants. Je suis malheureuse quand il n'est pas avec moi. Richard est très occupé et brillant dans plusieurs domaines. Avec lui je peux discuter de tous les sujets. »

Cette façon de souligner ses qualités devient suspecte. Lui-même déclare que, quand on vit avec une star, il faut prendre garde à ne pas se laisser dévorer. Devant cette Dalida qui prend stature de légende, il a de plus en plus de mal à exister. Comment combler la différence de statut entre eux puisqu'elle avance toujours alors qu'il rechute ? Elle, de plus en plus, vit avec Richard « pour ne pas vivre seule ». Car il lui faut l'amour. L'amour malgré tout. Même au-delà de l'amour, l'envers de l'amour. Comme dans sa chanson *Histoire d'aimer* (Chellabi — De Angelis) :

Vivre une passion jusqu'à l'excès
Avoir l'amour pour roi
Aimer à en être blessée
Avec l'amour pour loi (...)
Quand tu me trompes et que tu mens
Pour que ta rage dans un moment
Puisse me bâillonner
Je capitulerais.

L'agression

Tous les « fans » ne sont pas aussi bien intentionnés qu'Antoine...

Lors de l'Olympia 77, Dalida affirme :

« Après tant de temps, je viens enfin de devenir une chanteuse adulte. Je me sens en paix. »

Cet état de paix, croit-elle, la protège. Richard ne s'en est jamais pris à elle, les jeunes cambrioleurs se sont excusés... Elle répète :

« Je ne suis pas agressive, alors, on ne m'agresse pas. »

Avec le règne de la télévision, les stars sont à la fois plus proches et plus lointaines de leur public. La télévision entre chez les gens, ceux qui y passent font partie de la famille, et comme les familles de sang se défont, le poste est un lieu de réassurance, de stabilité, comme un autel domestique. En même temps, réduites à la dimension de l'image, désincarnées, leurs faiblesses humaines gommées, ces stars deviennent le support de tous les fantasmes. Est-ce cela qui pousse à la violence, exacerbe la paranoïa d'êtres fragiles ? Ou bien est-ce la société tout entière, avec son exaltation des réussites matérielles fabuleuses, de la célébrité à n'importe quel prix, son mépris et son écrasement des faibles, qui favorise ces pulsions ?

En février 1977, Dalida va chanter au Québec pour la troisième année consécutive. Elle y est toujours aussi populaire. Comme en France dans les années cinquante, les jeunes Québécoises adoptent la « coiffure Dalida » : non plus la choucroute noire, mais la crinière blonde aux mèches souples et dansantes.

Dalida sort le dimanche soir du Grand Théâtre de Québec. Une fois de plus, son spectacle a été un grand succès. Elle y a chanté *Femme est la nuit* (Lebrail-Sevran-Pallavicini-Cutugno) :

C'est une femme la nuit
Qui aime autant qu'elle oublie
Et qui s'y perd quelquefois
Je lui ressemble je crois.

Il est environ vingt-trois heures trente. Autour d'elle, Christian Lefort, le représentant de sa maison de disques, Renée Garon, une amie, et Orlando. Ils vont dîner au restaurant.

Un homme attend, caché, près de la sortie des artistes de la rue Saint-Amable. Michel Boissonneault a vingt-deux ans. Ce déséquilibré confond-il la réalité et les chansons, s'est-il cru aimé puis oublié de cette femme-nuit que la scène a momentanément inondée de lumière ? Il a assisté à son spectacle le mardi, tenté de la joindre le samedi. Il est convaincu que Dalida est la seule personne au monde à pouvoir le comprendre et l'aider. Puisqu'elle ne veut pas le recevoir, il a décidé de l'enlever...

Il suit le groupe, qui s'apprête à monter dans une voiture. Brusquement, il sort un marteau, attaque par-derrière. Orlando reçoit le premier coup et crie, à cause de la douleur et pour prévenir sa sœur. Renée Garon est ensuite frappée plusieurs fois. Christian Lefort saute sur l'homme pour tenter de le maîtriser, mais ce dernier brandit toujours son marteau. Lefort reçoit plusieurs coups avant de parvenir à l'immobiliser en le plaquant à terre. Le sang tache la neige.

« Sauve-toi ! » crie Orlando à Dalida.

Au contraire, hors d'elle, elle s'approche, criant :

« Il a voulu tuer mon frère ! Je vais le tuer ! »

Elle lui décoche plusieurs coups de pied...

Orlando et Renée Garon se retrouvent à l'hôpital. Dalida décide de ne pas porter plainte :

« C'est un malheureux... »

Mais elle est scandalisée quand, vingt-quatre heures après l'attentat, il retrouve sa liberté contre une caution de mille dollars, sans examen psychiatrique :

« C'est un malade dangereux pour la société ! » (*Le Soleil,* 22.2.77)

Coïncidence : peu auparavant, lors d'une émission de Radio Canada, « Du tac au tac », l'imitatrice France Castel avait joué l'enlèvement de Dalida...

Car, de plus en plus, on l'imite. C'est un élément de constitution de sa légende. Son style, ses gestes, sa voix, son accent, très personnels, très simples aussi, font d'elle un *must* des comiques. Elle est l'une des principales victimes de Thierry Le Luron, aussi brillant et drôle que féroce. Et fait aussi les beaux jours du cabaret « Chez Michou », rue des Martyrs à Pigalle.

Après cet incident, plus que jamais, en tournée, elle a besoin de se sentir protégée.

« Lorsque je suis en tournée, Richard m'accompagne toujours. C'est merveilleux de ne pas se sentir seule et d'être avec l'homme qu'on aime, surtout quand on pratique ce métier très dur pour une femme. D'ailleurs je constate que très peu de femmes le font. Il n'y a plus de nouvelles vedettes féminines. Peut-être vivons-nous dans une époque asexuée où les hommes ressemblent aux femmes et les femmes aux hommes. De ce fait, les jeunes filles n'arrivent plus à s'identifier à une vedette. C'est dommage. »

Salma ya salama

Mais elle, elle tient le coup. Et ses promesses. Elle veut se réconcilier avec le monde arabe. Elle avait promis de chanter en égyptien. Elle y repense quand elle retourne au Liban, en août 1977 :

« Je chante dans sept langues et il n'est pas normal que je ne chante pas en égyptien. »

C'est encore sa recherche de la paix qui la ramène au Liban :

« La plus belle preuve que j'aime ce pays, c'est que je suis là. Ensemble nous allons oublier les drames vécus » *(Hamra).*

Elle est accueillie comme un chef d'État. Quand on lui livre des fleurs, elle les dédie « au Liban meurtri ». C'est le délire. Elle est émue par la farouche volonté de vivre des Libanais :

« Il faut parfois lever très haut les yeux vers les façades dévastées des grands hôtels pour savoir que la guerre est passée par là. Car au niveau de la rue et des gens, jamais la vie n'a été aussi trépidante. »

Orlando parle à Samir Nasri, ancien ami du Caire vivant maintenant au Liban, qui a orchestré le retour de Dalida là-bas. Il sait que le folklore, issu de l'imaginaire populaire, a toujours réussi à sa sœur.

« Il faut que tu nous trouves une chanson folklorique égyptienne, dit-il à Samir. On l'enregistrera de façon moitié orientale, moitié occidentale. On chargera Tony Rallo de l'arrangement musical. »

« Tu te souviens de *Salma ya salama ?* répond Samir.

Orlando est convaincu. Il aime le refrain de cette vieille chanson.

« Bienvenue à toi, la paix soit avec toi. »

Encore faut-il trouver les couplets. Orlando contacte le compositeur Jeff Barnell. Natif du Caire, cet ingénieur chimiste, inspiré par l'exemple de Dalida, a décidé de venir tenter sa chance à Paris comme chanteur. Bien qu'il n'ait jamais composé de mélodies orientales, ses origines devraient lui permettre de réussir.

Jeff Barnell est ému lorsqu'il voit entrer dans le bureau, juste à l'heure, Dalida, « vêtue de jaune, élégante et fragile », qui l'accueille en disant :

« Alors, c'est vous le compositeur ? *Ezzayak !* (" Comment ça va " en arabe). Il faut répéter jusqu'à ce que ça soit parfait. »

Finalement, Dalida demandera même à Jeff Barnell de faire les chœurs avec elle (cf. Jeff Barnell, *Dalida, histoire d'une femme).*

Au départ, la chanson doit être enregistrée en égyptien, pour une diffusion limitée aux pays arabes. Mais Orlando et Dalida comprennent vite qu'ils tiennent là un futur succès. Ils décident d'enregistrer une version française. Orlando la confie à Pierre Delanoé, qui a déjà écrit des chansons pour Dalida. Le disco fait rage, et cette mélopée langoureuse est à contre-courant de la mode. Une fois de plus, Dalida la précède.

« C'est la première musique raï, dit Orlando. Dix ans plus tard, Khaled chantera *Didi.* »

Dalida est sur le point de quitter Sonopresse pour Claude Carrère, qui la distribue à partir de 1978. Claude Carrère a toujours aimé et admiré Dalida. Ami d'Orlando, il sursaute lorsque celui-ci lui fait écouter *Salma ya salama :*

« Tu es fou ! En plein disco ! Le rythme arabisant, ce n'est pas le moment. »

Orlando lui répond en souriant :

« Tu verras, j'en ferai un succès ! »

Et, quelques mois plus tard, il rira en repensant à cette conversation...

Salma ya salama raconte le déracinement des populations nomades du désert, dont la quête de l'eau est de plus en plus difficile :

Un homme des sables
Des plaines sans arbres
S'en va de son pays
Au-delà des dunes
Courir la fortune
Le seul paradis pour lui,
C'est un jardin sous la pluie.

La chanson est lancée en même temps en France et au Moyen-Orient. Dans les pays arabes, l'effet est foudroyant. En une semaine, *Salma* devient une sorte d'hymne national en Egypte mais aussi au Liban, en Jordanie, en Syrie, en Irak... Les Arabes sont heureux et fiers que Dalida, l'enfant du pays, chante dans leur langue. Les pays qui lui avaient battu froid depuis son passage en Israël la considèrent maintenant comme une chanteuse de chez eux, la sœur d'Oum Khalsoum, ce monument de la chanson orientale. Dalida devient la chanteuse occidentale la plus populaire du Moyen-Orient. Elle y est si aimée et respectée que les journaux l'appellent la « deuxième Cléopâtre d'Egypte ».

Le succès remporté en Orient par la chanson se répercute en France ainsi que dans toute l'Europe. Dalida l'enregistrera en sept langues. Elle s'inspire des danses orientales qui la fascinaient, enfant, enrichissant ainsi son répertoire d'un nouveau style et de nouveaux rythmes.

Et, bien sûr, il faut la robe adéquate. Dalida la trouve en Turquie. Son imprésario sur place est Erkann Ozerman, personnage important du show-business turc.

« Dalida connaissait très bien la musique orientale, dit celui-ci. Quand elle venait, on partait ensemble au grand bazar d'Istanbul. On achetait, on marchandait, elle adorait ça. Ensuite, on allait dans un restaurant typique. On faisait la fête, on s'amusait beaucoup. Avec elle, je n'avais pas le sentiment de faire un travail d'imprésario. C'était comme recevoir ma nièce. On avait des rapports familiaux... »

Erkann Ozerman encourage Dalida à faire des shows à grand spectacle : il pense qu'elle est faite pour ça.

« Mais qu'est-ce que tu veux faire avec moi ! Je ne suis pas les Rolling Stones ! Tu es encore plus fou qu'Orlando ! » s'écrie-t-elle.

Pour Erkann Ozerman, Dalida restera dans la chanson française comme la dernière image de star hollywoodienne. La dernière à faire rêver, avant l'ère des top-models.

« Ce qui me frappait surtout, c'était sa noblesse. Une noblesse qui a commencé et qui a fini avec elle. Pour être noble, on n'a pas besoin d'avoir le sang bleu... »

Dans une époque de relâchement vestimentaire, Dalida tient à bien s'habiller :

« Pour son public, rien n'était trop beau, aucune tenue n'était trop extraordinaire. La robe de *Salma,* elle l'a payée dix mille dollars. C'était une antiquité de deux cents ans, brodée à la main de pièces métalliques qui sonnaient quand elle bougeait. Elle m'a demandé de ne pas dire à Orlando combien elle l'avait payée : elle avait peur qu'il ne pousse des hurlements ! »

Si, en France, Dalida fait aimer le rythme arabisant, elle impose également un nouveau style rythmique au Moyen-Orient. Car elle chante en arabe une chanson enregistrée à l'occidentale, avec une technique moderne. Le tempo arabisant est joué de manière dansante : lorsque *Salma* passe dans les boîtes, les gens se lèvent et vont onduler sur la piste.

La chanson va même se trouver liée à l'Histoire. Dans un geste qui bouleverse le monde, le président égyptien Anouar El Sadate décide de se rendre en visite officielle à Jérusalem et d'aller parler à la Knesset, le parlement israélien, afin d'engager un processus de paix. Le 20 novembre 1977, il est attendu à l'aéroport Ben Gourion par Menahem Begin. Les Israéliens décident de l'accueillir en musique, au son de *Salma ya salama,* première chanson en égyptien diffusée sur la radio israélienne depuis trente ans, en signe de bienvenue. Une chanson en égyptien, chantée par une fille du pays, scelle donc les retrouvailles des frères ennemis.

« Un jour, dit Orlando, je reçois un coup de téléphone d'une radio qui voulait l'enregistrement de *Salma* pour le passer au journal de 13 heures. Ils sont venus chercher la bande à la maison avec deux motards. C'est comme ça que j'ai appris qu'on avait accueilli Sadate avec cette chanson. »

Dalida, de son côté, apprend la nouvelle en regardant la télévision. Elle pleure :

« Etre considérée comme la chanteuse de la paix est une des plus grandes joies de ma carrière. »

Le courage dont Dalida a fait preuve en allant chanter en Israël a fini par porter ses fruits : les pays arabes lui ont pardonné, et plus encore. A la suite de cela, l'enregistrement en égyptien de *Salma* est diffusé à Paris : la voix de Dalida, en arabe, est envoûtante. Dalida aura plus tard le plaisir de rencontrer le président Sadate. Dans un premier temps, il lui écrit pour la remercier de chanter dans sa langue.

Mais tout ce qui touche à la politique est compliqué : dans certains pays arabes, comme la Syrie et l'Irak, mécontents de l'action de Sadate, *Salma* devient une chanson engagée. Les autorités ne la voient pas d'un très bon œil...

Génération 78

L'année 1978 commence avec deux jours de récitals au théâtre Lucerna de Prague, en janvier. Plus de trois mille personnes s'y pressent. Depuis la répression soviétique du fameux « printemps », dix ans plus tôt, la chape de plomb du communisme s'est à nouveau abattue sur le pays. Figée dans sa beauté, la ville semble irréelle. Les passants se hâtent, les regards fuient.

Les gens sont venus à pied dans la neige, beaucoup apportant un petit cadeau, une fleur, une poupée : la scène est couverte de ces offrandes. Touchée, Dalida descend dans l'immense salle, applaudit le public, qui se lève et répond par un tonnerre de battements de mains.

L'interprète qui accompagne Dalida lors de ses tournées à l'Est est devenue une amie. Connaissant les difficultés de sa vie, Dalida lui laisse en partant ses vêtements, à l'exception de ses robes de scène. L'interprète fond en larmes...

Dalida est émerveillée par la splendeur de la ville, les statues noircies qui veillent sur le pont Charles, les cygnes sur la Vltava, les façades délabrées des églises baroques recelant des trésors, le château de Hradčany.

Avec ses rues pavées et tortueuses, ses escaliers nombreux, Prague est une cité où l'on marche. Dalida trouve le temps de déambuler dans la vieille ville aux toits biscornus, aux échoppes endormies. C'est un de ces moments de paix et de beauté qu'elle recherche tant.

Mais, en mars 78, cette paix est troublée par la violence : Claude François meurt électrocuté dans sa baignoire. Né lui aussi en Egypte et de mère calabraise, inspiré par la réussite de Dalida, Claude François l'avait rencontrée lors d'un Musicorama en 1963. Ils deviennent amis :

« Nous nous sentions tous les deux déracinés, dit Dalida. Ensemble, nous parlions en égyptien. Malgré la gloire, malgré les fans, Claude se sentait très seul, et il me disait chaque fois : " Dalida, tu as beaucoup de chance d'avoir ton frère. " »

Les années soixante-dix sont la décennie du féminisme, qui reste un des principaux acquis de 68. Dalida craint qu'un certain féminisme ne prive les femmes de leur spécificité à leur détriment.

« Une femme qui vit à fond sa féminité est par là même l'égale des hommes », considère-t-elle.

En même temps, elle ne peut qu'approuver la bataille pour l'égalité des droits, dont elle est un exemple éclatant. A l'occasion du programme « Choisir » de Gisèle Halimi, le journal *Le Meilleur* publie une enquête : « Ce que les femmes ne supportent plus ». Dalida donne son avis :

« Je ne supporterais pas qu'un homme veuille prendre des décisions à ma place, ou qu'il s'arroge le droit de contrôler ma vie privée. Les femmes esclaves des hommes et bonniches, c'est terminé. »

La distance créée par le séjour de Richard en prison ne sera jamais comblée. Maintenant, lorsque Dalida se déplace à l'étranger, Richard reste à la maison. C'est Antoine qui l'accompagne. Dalida téléphone à « son homme » tous les jours, mais elle ne veut pas avoir le souci de ses sautes d'humeur, qui deviennent de plus en plus fréquentes.

Orlando se demande à nouveau « ce qu'on va bien pouvoir sortir derrière *Salma* ». Un jour, il se trouve en studio avec Bernard Istardi. Le « géant » du studio CBE, génie de l'enregistrement, amoureux des grandes voix, enregistre Dalida depuis dix ans. Il sait ce qui lui convient : elle utilise un micro fait spécialement pour elle.

« On était en train de mixer un autre chanteur que je produisais, Shake, d'origine malaise. Antoine a eu l'idée de faire un medley des premiers grands succès de Dalida. »

Orlando trouve l'idée excellente :

« Il faudrait enregistrer ça à la sauce disco, et trouver quelqu'un pour lui donner la réplique. Cela permettrait de faire le lien entre ses chansons. »

Pour chanter les couplets intermédiaires composés par Jeff Barnell, il faut trouver le garçon capable d'incarner cette génération nouvelle : le contraire d'un macho, avec le genre angélique qui plaît aux filles. Le medley s'appellera *Génération 78*. Bruno Guillain, adolescent de dix-sept ans, blond, et frêle, joue dans *Hôtel de la plage*. Orlando va voir le film et en sort séduit. Il le fait venir au bureau. L'impression est bonne. Bruno Guillain « en veut ».

« J'aime Dalida, mais, avoue-t-il, je ne sais pas chanter.

— Tu vas prendre des cours de chant », répond Orlando.

Déception : la voix de Bruno Guillain est plutôt grave. Orlando décide de le garder pour l'image. La voix sera celle de Sims, Noir américain à l'organe superbe et très aigu, androgyne, presque une voix d'enfant.

C'est la première fois qu'une chanteuse reprend ses propres succès adaptés au rythme du jour. Ensuite, beaucoup d'artistes américains et français feront à leur tour des medleys en les agrémentant au goût du moment.

Avec *Génération 78,* Dalida inaugure le clip. Orlando fait appel au réalisateur Georges Barrier, un spécialiste de la variété télévisée. Comme Dalida doit changer de robe à chaque refrain, il sera impossible de la filmer en direct. De son côté, Bruno Guillain n'a pas l'habitude de la télévision.

« C'est comme ça qu'on a inventé le premier clip ! » triomphe Orlando.

Je connais toutes tes chansons,
Elles ont bercé chaque instant de mon enfance,

chante Bruno.

Génération 78 inaugure l'arrivée de Dalida chez Carrère et lui vaudra un nouveau disque d'or, remis par Michel Drucker au cours de la « Grande Parade de RTL ». La nouvelle génération est maintenant « dalidisée ». La presse baptise Bruno Guillain le « nouveau Bambino ». *Ici Paris* s'interroge : le garçon ne serait-il pas le « fils caché de Dalida » ?

« C'est mon fils spirituel », répond en souriant la chanteuse, qui en a vu d'autres.

En Italie, la façon dont Dalida « tient le coup » stupéfie. Depuis le temps qu'on essaie de l'enterrer, elle est toujours là. Pourquoi les stars françaises résistent-elles aux années et les stars italiennes non ?

« Le public est différent, répond Dalida. L'Italien, passionnel et instinctif, projette ses fantasmes sur un personnage, l'élève et le détruit d'une façon infantile et superficielle. Le public français réfléchit beaucoup avant de faire une idole. Mais quand il construit un mythe, il le cultive fidèlement. » (*Oggi,* 29.4.78.)

Elle dit aussi :

« J'ai envie de pleurer de reconnaissance pour ce public qui m'a tant choyée et m'a permis d'être ce que je suis aujourd'hui. »

Toutes tes chansons ont traversé le temps
Sans jamais prendre une seule ride,

chante encore Bruno Guillain.

La chanson souligne le temps qui passe. Et ce temps, justement, Dalida commence à y penser...

L'Amérique

En 1978, Dalida se rend en Jordanie pour deux galas. Elle est reçue par le roi en visite privée. Il lui dit :

« Vous êtes la fierté du Moyen-Orient. Continuez à chanter en arabe. Vous avez donné à la chanson arabe un nouveau souffle. »

Le 25 juin 1978, le milliardaire Adnan Kashoggi fête son anniversaire. Le casino d'hiver de Cannes est ouvert spécialement pour une folle nuit. Neuf cents invités arrivent du monde entier. En plus de trois orchestres, Kashoggi a invité Travolta et Dalida, *queen of french disco.* Où est passée Mlle Bambino, gentille fille du peuple ? On ne la reconnaît plus dans cette star mondiale drapée de lamé or...

Et, à la fin de cette année, à la suite d'une nouvelle tournée au Canada, est prévue une soirée au Carnegie Hall de New York. La consécration. Enfin, l'Amérique...

Fin 78 : depuis un an, Roland Ribet, son nouvel imprésario, fait partie du clan Dalida. Il s'y sent à l'aise, observe, réfléchit. Dalida n'est jamais allée chanter aux USA : chaque fois que les Américains lui ont fait des propositions, elle a pris peur. Maintenant, elle est prête.

Il parle à l'imprésario tourneur canadien Guy Latraverse : puisque Dalida se rend au Canada, pourquoi ne pas en profiter pour trouver un engagement aux USA ? Latraverse s'étonne qu'on ne l'ait pas fait plus tôt :

« Quel gâchis ! Pourquoi avoir perdu toutes ces années, quand elle est le prototype de l'Européenne qui plaît aux Américains ? C'est une show-woman, mais elle ne le sait pas ! »

Guy Latraverse contacte un producteur américain :

« Et si Dalida allait à Carnegie Hall ?

— Je n'ai jamais pu entrer en contact avec elle, répond l'Américain. On me disait toujours qu'elle n'était pas libre... »

Le rêve se concrétise. Une semaine avant le début de sa tournée, Dalida part pour donner des interviews et une conférence de presse. Puis, c'est la tournée canadienne, qui sera coupée en deux par le gala américain. Dalida en profite pour roder les quatre titres en anglais appris avant le départ. Elle parle anglais depuis longtemps, mais elle a engagé quelqu'un pour l'aider à parfaire sa prononciation.

Au Québec, elle se produit d'abord en province. Elle est tendue, la perspective de chanter en anglais l'angoisse. De son côté, le public québécois ne comprend pas pourquoi elle chante ses plus grandes chansons de scène dans la langue des yankees.

Elle part pour New York cinq jours avant le gala. A l'hôtel Park Lane, sur Central Park, elle dispose d'une élégante suite.

« Star jusqu'au bout des ongles ! » s'écrie un journaliste en voyant Dalida pénétrer dans le hall, enveloppée de fourrure.

Deux jours avant le grand soir, les fidèles du clan arrivent en renfort. Bien sûr, Rosy, Orlando et les amis sont là, ainsi que certains journalistes français, dont Jacqueline Cartier de *France-soir.*

Dans la suite, au milieu des fleurs et du champagne, règne une ambiance de fête. Par la baie vitrée, Dalida, qui a toujours aimé les panoramas urbains, voit vivre cette ville vibrante, excitante qu'est New York, avec les canyons abrupts des rues, le ruban gris de la Hudson River, le poumon vert du Park. En bas, minuscules, les taxis jaunes, les passants pressés, et des pères Noël à bonnets rouges.

C'est la fin novembre et déjà il fait froid, de ce froid sec et venteux qui rend la ville encore plus électrique. Dans ces immenses temples de la consommation que sont les grands magasins américains, les vitrines des fêtes sont prêtes, débauche de luxe, de lumières et de couleurs. En bas de l'hôtel, un restaurant de cuisine hawaïenne : Dalida adore les mélanges sucré-salé, la profusion de fruits exotiques alors inconnus en France. L'Amérique, c'est aussi cette variété incroyable... Ces journées resteront parmi les meilleurs souvenirs de sa carrière.

Elle adore se promener dans la ville. A Times Square, une surprise l'attend. Les trois soirs précédant la première, un immense panneau lumineux clignote au-dessus de la Grosse Pomme :

« Tonight Carnegie Hall Dalida ».

Orlando et Dalida s'embrassent :

« On pleurait de joie ! Le rêve ultime était réalisé. La fille de Choubra avait son nom à Times Square... »

Quelle aventure ! Ils se demandent tous les deux comment le public américain va réagir. L'affichage les rassure. Le visage de Dalida en gros plan figure sur tous les murs, jusqu'à Harlem : des panneaux énormes, en quatre morceaux. A New York, c'est inhabituel. Mais l'afficheur est tombé amoureux du visage de Dalida. Résultat : dans l'affichage libre, il en a fait plus que prévu...

Avant de se charger de la promotion, l'organisateur Bob Larkins s'est déplacé deux fois en France : il voulait voir Dalida sur scène. Enthousiasmé, il s'était montré très amical. Sur place, la veille du gala, il annonce, ravi, la bonne nouvelle : c'est complet. Les places chères ont été vendues au marché noir. Elles sont parties les premières, car les gens veulent voir la star au plus près. A cent quarante dollars le billet, on se les arrache.

Dalida commence à se détendre, mais d'autres difficultés apparaissent. Richard est resté à Paris. Avant le départ, Orlando et Rosy l'ont chapitré :

« Si jamais quelque chose ne va pas, tu ne dis rien. Dalida ne doit penser qu'à Carnegie Hall. »

Pourtant, le 29 à midi, jour de la première, alors que Dalida attend l'heure de la répétition, le téléphone sonne dans la suite du Park Lane. C'est Richard, affolé : Gerda, le carlin qu'il a offert à Dalida, est très malade. Dalida, qui adore ce chien, est bouleversée.

« J'ai eu l'impression de quelque chose de machiavélique, dit Orlando. C'était pour la déstabiliser. Il connaissait la sensibilité de Dalida et jouait là-dessus. »

Lorsque Dalida se rend à la répétition, elle n'est pas très en forme. Or les syndicats du show-business américain sont très puissants. Pas question pour qui n'est pas payé pour ça de déplacer un piano, de mettre un ampli, de vérifier un rideau. Pour Dalida, qui se rassure habituellement en vérifiant elle-même ces détails, c'est pénible.

Les Américains font tout à leur rythme et à leur manière. Dalida ne peut prendre possession de la scène qu'une fois qu'ils ont fini. Tout a été monté pendant la journée, il ne reste qu'une heure et demie avant le show. Impossible de répéter en continuité pour régler les lumières. Les projecteurs constituent le seul éclairage possible de cette scène nue ; Orlando et Dalida en avaient apporté en supplément. Dalida voit qu'elle ne pourra pas faire ce qu'elle veut. La répétition sera à une minute près. Au dernier moment, angoissée, elle a à peine le temps de mettre ses chers rouleaux dans ses cheveux...

Le trac, ce soir-là, est plus fort que d'habitude.

« Mais, quand on cesse d'avoir peur, on est fini ! » se répète-t-elle.

First star on Broadway

Lorsque le rideau s'ouvre, elle est sur scène, moulée dans un fourreau blanc perlé de Michel Frénet, le couturier des stars. Pour commencer la deuxième partie, elle portera le même, mais noir. Au final, elle étrennera un fourreau rouge, fendu jusqu'à la hanche. C'est la première fois qu'elle se permet une telle audace.

Une *standing ovation* l'accueille. Surprise, elle recule, s'incline puis se casse en deux pour son fameux salut : par trois fois, ses cheveux rasent la scène. Ce public qui l'attendait depuis des années crie son amour. La salle est composée à 50 pour cent d'Américains. S'y ajoutent des Français — peu nombreux à New York —, des Italiens, des Espagnols, des Grecs, des Arabes, des Juifs, des Japonais...

« Le triomphe de Dalida, c'est le rêve de l'ONU », dira *France-Soir.*

Elle s'attendait si peu à cet accueil délirant qu'elle pleure de joie et de surprise. Elle chante en six langues. Dès qu'elle entame une chanson dans un idiome donné, la communauté concernée applaudit. Pour *Salma,* elle enchaîne l'arabe et l'hébreu, l'un derrière l'autre...

La folie se déclenche avec *Génération 78,* dans lequel elle reprend ses premiers tubes. Un tonnerre d'applaudissements secoue alors cette salle vénérable. Elle terminera avec *Ça me fait rêver,* autre pot-pourri de ses succès.

La salle explose encore lors du *Lambeth Walk.* Une nouveauté. Juste avant de partir aux USA, Orlando a vu un documentaire sur les années quarante à la télévision :

« En arrière-fond musical, on entendait le *Lambeth Walk.* Cet air oublié avait connu autrefois un incroyable succès. Ma mère le chantait à la maison, et quand les cousines mariées à des Anglais venaient la voir, elles marchaient là-dessus toutes ensemble en se tapant sur les cuisses. »

A l'origine, ce classique cockney faisait partie de la comédie musicale *Me and My Girl.* Orlando se dit qu'il n'y a pas de temps à perdre. Pierre Delanoé écrit un nouveau texte :

J'ai l'impression bizarre
De faire danser l'histoire
De revenir au temps
De Grand-Maman.

Amadeo, avec qui Dalida travaille pour la première fois, invente une chorégraphie. Dalida chante donc le vieil air en français et le lance à la télévision en dansant à l'ancienne. Elle l'emmène dans ses bagages aux USA et l'y chante en anglais, « pour le *fun* », comme on dit au Québec.

Et puis, bien sûr, à Carnegie hall, elle interprète *Gigi.* Avant de la chanter, Dalida a expliqué l'histoire en anglais. Chaque fois qu'elle trébuchait sur un mot, la salle, sympathique, soufflait.

Cette soirée a passé si vite... Elle se termine par une demi-heure d'applaudissements frénétiques. Deux mille cinq cents personnes dansent dans la salle.

« On n'avait pas vu un tel succès depuis Joséphine Baker ! » s'écrie le directeur du Carnegie Hall. Jacqueline Cartier écrira :

« Le public debout refusait de partir, réclamant Dalida sur l'air des lampions. On se serait cru à l'Olympia et non à Carnegie Hall, cette salle plus grande que Pleyel, blanche et froide comme un sorbet. » (*France-Soir,* 2.12.78.)

Dalida first star on Broadway, clamera la première page de l'*Evening Times.*

« Dalida n'est pas une chanteuse, c'est une religion », ajoute le journal, reprenant la phrase d'un spectateur.

Après le spectacle, le clan se retrouve chez Sardi's, célèbre restaurant italien décoré de caricatures d'artistes. Certains admirateurs suivent Dalida jusque-là... Elle n'en revient toujours pas :

« Ils ne me connaissent pas, comment est-ce possible ? » répète-t-elle. (*Marie-Claire,* février 1979.)

Le succès se confirmera les deux soirs suivants et la presse s'en fera largement l'écho. Pour le *New York Times,* Dalida est « une bête de scène à la dimension internationale ». Pour le *Herald Tribune,* « la plus époustouflante des artistes françaises venues à New York. Une tragédienne de la chanson ».

Et, pour *New York Magazine,* « Dalida est une artiste de scène stupéfiante, féline, avec une crinière couleur de champagne rosé, une voix à la fois profonde, rauque et douce. Une Streisand qui aurait fréquenté l'école Berlitz... »

Avant le dîner, pendant que Dalida se change, Orlando téléphone à son frère aîné :

« Ta sœur a cassé la baraque à New York ! »

Dans la salle se trouvaient aussi des professionnels, comme Ruby Smart, productrice du célèbre *No, no, Nanette.* Et Lester Wilson, chorégraphe de Travolta pour *Saturday Night Fever.* Lester Wilson, qui a travaillé en France, connaît déjà Dalida. Il l'a vue répéter son Olympia. Il est très impressionné par le Carnegie Show :

« J'ai envie de monter une chorégraphie avec vous. Quand vous marchez, vous dansez déjà. »

Régine a organisé un pot après le souper. Dalida s'amuse, mais son plaisir est un peu gâché, car elle doit repartir en tournée le lendemain. Cet emploi du temps l'angoisse et l'empêche de savourer son triomphe. Orlando la met au lit et va finir la soirée au Club 54, où le New York branché se déchaîne.

Le réveil à l'aube est douloureux : Dalida est cassée par l'émotion et déçue de quitter la ville qui lui a fait fête. La troupe part en car. Orlando, Christian Lefort, son distributeur canadien, Roland Ribet et Dalida prennent l'avion pour Montréal, puis une voiture les conduit sur la route enneigée jusqu'à Québec. Par les vitres de la limousine défilent les blanches solitudes, les fermes isolées, les paysages de carte de Noël. Dalida aime ces féeries hivernales, pourtant elle arrive assez mal en point et très fatiguée.

La salle est pleine, mais son vieil ennemi, le trou de mémoire, la guette. Dans *J'attendrai,* cette fois-là, c'est parfois le public qui attend. Mais elle se reprend. Comme d'habitude, le spectacle continue...

Folies de fans

Début 79, Ruby Smart tient parole et appelle Roland Ribet :

« Je voudrais m'occuper de Dalida. J'ai eu une idée. »

Elle vient à Paris pour prendre contact, au cours d'un dîner rue d'Orchampt. Verdict :

« She's a lady, a great star. »

Les discussions professionnelles se passent sans Dalida — que ce genre de choses ennuie. Ruby Smart veut monter autour de la chanteuse une comédie musicale, qui se jouerait à Broadway et en tournée. Elle laisse un contrat et repart.

Orlando et Roland Ribet le lisent soigneusement et le montrent à Dalida. Elle éclate de rire :

« C'est le même que celui proposé par Norman Grantz il y a vingt ans ! Mêmes clauses, mêmes obligations ! »

En effet, il stipule que Dalida devrait rester un an aux USA, et ne rien faire sans l'accord de la production.

« Je ne suis plus une débutante ! proteste-t-elle. Je sais ce que j'ai ici, pas ce que je trouverai là-bas ! Et je ne sais pas si je pourrai rester loin de ma famille, de mes amis et de ma maison ! »

Lucide, elle conclut :

« Il faut être réaliste. On ne commence pas une carrière à quarante-six ans... »

Yolanda freine. Elle a construit cette Dalida qui est sortie d'elle, elle en a payé le prix, atteint un certain équilibre. Elle hésite à remettre tout cela en cause pour une aventure incertaine. Ça fait tellement de « si » dans la balance...

« A vingt-cinq ans, ça m'aurait amusée, dit-elle oubliant que, à cet âge-là, les mêmes doutes l'avaient emporté. Mais j'ai fait carrière dans cette moitié-ci du monde. New York restera mon plus beau souvenir. Je préfère revenir y chanter en guest-star. »

Devant son refus, Ruby Smart revient à Paris. Elle tente de convaincre Dalida en discutant avec elle. Rien à faire. Déçue, la productrice respecte sa décision :

« Je ne peux pas vous assurer du succès. A votre place, je réagirais peut-être de la même façon... »

Un contrat américain est le rêve de beaucoup d'artistes, mais Dalida garde la tête froide. Le plus déçu, c'est Roland Ribet :

« Ah, si j'avais commencé avec elle tout de suite ! Là, on aurait conquis l'Amérique ! »

« D'une certaine manière, j'ai fait ouf, dit Orlando. Je n'ai pas essayé de la persuader. Mais on avait goûté à la dimension américaine. Pour la prochaine étape en France, je voyais grand. L'Olympia était devenu trop petit. »

En attendant, Dalida enregistre une deuxième chanson en égyptien, toujours sur une musique de Jeff Barnell. *Helwa ya baladi* (« Qu'il est beau mon pays ») démarre comme une fusée et gagne tout le Moyen-Orient. Selon Jeff Barnell, « cette chanson, presque plus que *Salma ya salama,* demeure un classique du répertoire de Dalida dans les pays arabes ».

La discomania continue à déferler sur l'Europe. Dans les boîtes, les fiévreux du samedi soir se déchaînent, risquant allégrement claquages et lumbagos. Chemises moulantes sur torses avantageux, pattes d'éléphant ramasse-miettes et boots à talons continuent à faire rage. Les fabriquants de gomina en faillite retrouvent une seconde jeunesse. Après la période hippie efféminée, on observe un retour de la mode macho, mais au second degré. Le rétro-clin d'œil devient la nouvelle modernité.

Une tendance « gay » suit ce courant. Aux USA, il s'incarne dans le groupe « Village People ».

Toto Cutugno propose alors à Orlando une chanson : *Laissez-moi danser* (« Monday-Tuesday »). Les paroles sont de Pierre Delanoé. Une fois de plus, elles disent Dalida :

Laissez-moi danser
Laissez-moi chanter
Laissez-moi aller jusqu'au bout du rêve.

Depuis toujours, elle poursuit ce rêve. Carnegie Hall en a été une étape. Elle va en aborder une autre.

Orlando décide une fois de plus de traiter cette mélodie en disco. Dalida la chantera en français, et un chœur d'hommes, du style « YMCA », lui répondra en anglais. Dans la chorégraphie, derrière la chanteuse, les boys représentent toutes les classes sociales : l'ouvrier, le blouson noir, le sportif... Puisqu'elle est « toutes les femmes », elle doit avoir tous les hommes, n'est-ce pas ? Elle, devant eux, c'est la vamp pailletée. A Jeff Barnell qui s'étonne d'une silhouette si juvénile, elle répond :

« Faire rêver les gens, c'est mon boulot... »

Avec *Monday Tuesday,* la nouvelle incarnation de Dalida est prête. L'expérience américaine a libéré en elle une envie et elle ose le grand spectacle. Le soir, pour le chanter, elle change plusieurs fois de fourreau rutilant ; l'après-midi, elle l'interprète en pantalon collant, bustier et blouson.

Une fois de plus elle conquiert la jeunesse : *Monday Tuesday* devient le tube de l'été 79. Elle ne se contente plus de rénover d'anciens succès, mais réinvente le disco avec une vraie mélodie et des paroles qui font sens. Sa capacité de renouvellement surprend même ses fans. A la télévision, elle dit :

« Chaque fois que je chante une nouvelle chanson, je débute, c'est comme la première fois. Il faut faire son travail sérieusement, sans jamais se prendre au sérieux. »

Et aussi :

« Je ne m'adapte pas à la mode. Je prends la mode, et je l'adapte à mon personnage. Tout change. Les bouddhistes disent qu'il n'y a que le changement qui ne change pas. »

Le public rencontre cette Dalida 79 lors d'un « Numéro un » chez les Carpentier. L'émission a un ton hollywoodien : entourée de danseurs, Dalida chante, danse, joue la comédie. Version moderne de Salomé et de la danse des sept voiles : elle est tour à tour motocycliste gainée de cuir noir, meneuse de revue sud-américaine, ou charmeuse du music-hall des années trente, lorsque dix boys l'entraînent dans le *Lambeth Walk,* qu'elle enregistre pour la première fois en anglais.

Ce *Lambeth Walk* lui gagne aussi le public britannique. Les 7 et 8 juin, elle participe à un grand show télévisé à Londres. On la photographie en compagnie des « pearlies », cockneys en costume traditionnel orné d'innombrables boutons de nacre. En septembre, elle chante au Royal Albert Hall, la plus prestigieuse salle de concert de Grande-Bretagne.

Et, le 1er, 2 et 3 juin, elle fait son retour au Caire : pour la première fois, elle va y chanter en égyptien. Une foule l'attend à l'aéroport. Dans la rue, c'est la folie. Jusqu'au Mena House Oberoi, luxueux palace colonial rénové où Dalida loge dans la partie ancienne qui donne sur les pyramides, la voiture avance au pas. Des mains innombrables tapent sur les vitres. Tout cet amour ravit Dalida qui déclare à la conférence de presse :

« Mieux vaut tard que jamais. On garde toujours le meilleur pour la fin. »

La première soirée a lieu au Mena House, devant l'intelligentsia cairote : artistes, écrivains, gens des médias. Ambiance très snob. Mais Dalida commence par deux chansons en arabe, et c'est le délire.

Pourtant, ce qu'elle attend vraiment, c'est la confrontation avec le peuple qui aura lieu le lendemain au Guezireh Sporting Club, dans un stade de vingt mille places. Dans le ciel bleu sombre de la nuit égyptienne, les étoiles semblent plus brillantes que partout au monde. L'air retentit des youyous des femmes. Le public, debout, scande : « Notre Dalida, notre Dalida ! »

Lorsqu'elle apparaît, les spectateurs ne la reconnaissent pas : la dernière fois qu'ils l'ont vue, elle s'habillait de blanc, très sobre. Là, elle porte un fourreau brodé de perles fendu haut sur la jambe. Un deuxième choc se produit lorsqu'elle chante *Helwa ya baladi.* Pour le public, c'est un hymne à l'Egypte. Le silence se fait, étrange chez cet auditoire très expansif. Alors, la brise du désert descend, rendant plus légère encore la nuit du Caire, et jouant avec ses cheveux. Les gens se dressent et crient : « *Tani !* (bis) » Elle doit bisser cet air avant de continuer son tour de chant.

Elle termine avec *Salma ya salama.* Tous montent alors sur leurs chaises et chantent en dansant à l'orientale, balançant les bras en l'air. Emue, Dalida retrouve son pays.

Le lendemain, le président Sadate la reçoit une demi-heure en privé. Dalida l'admire et l'appelle « l'homme de la paix, celui qui a tout compris ». Elle ne se doute pas qu'elle parle à un futur martyr. On lui propose même de se rendre à la Chambre des députés pour prononcer un discours. Très touchée, elle refuse :

« Ma place n'est pas là-bas. Je me sentirais ridicule. »

Elle enchaîne par une tournée dans les Emirats. Après Carnegie Hall, elle devient aussi une chanteuse de la High Society. C'est encore une autre incarnation. Elle en est fière, mais, plus tard, elle se rendra compte que cela l'a coupée de ses vraies racines.

Après une tournée française en juillet, elle décompresse. Cette fois, elle ne se rend pas dans sa maison de Corse mais loue une luxueuse villa à Saint-Tropez où elle passe le mois d'août en compagnie des Pitchal. D'habitude, Orlando ne partage pas ses vacances, mais, cette fois, il la rejoint pour quelques jours. La carrière de Dalida est à son comble et, de ce point de vue, elle nage dans le bonheur. Mais, avec Richard, les choses continuent à se dégrader. Elle dit :

« Richard a du mal à suivre, tant pis. Il faut qu'il m'accepte comme je suis. Je ne changerai pas. »

Elle essaie de faire disparaître les problèmes en évitant d'y penser. A quarante-six ans, elle redoute ce qui pourrait déranger un bonheur durement acquis et qu'elle sent fragile. Elle ne veut pas s'encombrer de soucis : elle a tant d'autres choses à vivre... Une fois de plus, Dalida impose silence à Yolanda...

Le 12 janvier 1979, dans l'émission « Tapis rouge » sur RTL, Michel Clair dit d'elle :

« Elle est sans doute un des derniers monstres sacrés de notre époque ; une petite sœur de Maria Callas et une cousine d'Edith Piaf. Née sous le signe du Capricorne, celui des gens qui ont la tête froide et le cœur chaud, elle a toujours quelque chose de pathétique et de fatal. Créature ondulante, incarnation scintillante du mythe éternel de l'amour, de quelles épreuves elle a payé le prix exorbitant de sa réussite ! »

Michel Clair s'interroge sur ce mélange d'adulation et de condescendance qui accueille toujours Dalida, et qui frappait déjà Bruno Coquatrix :

« Il y aura toujours des intellectuels de gauche ou de droite pour sourire quand une héroïne de *France-Dimanche* ou de la presse du cœur se met à réfléchir sur sa propre destinée, comme si la réflexion était interdite aux saltimbanques. Dalida, cette femme qui n'a jamais cessé de se débattre avec sa propre angoisse, a réussi à échapper à cette ségrégation. »

Oui, désormais, elle a besoin d'autres espaces. Richard le sent. Depuis l'accident, ses vieilles peurs refont surface. Il répète à Dalida qu'il ne se sent plus en sûreté dans sa maison. Il croit que le monde lui en veut : pour un regard de travers, sa vie est menacée.

Mais n'est-ce pas sa vie avec elle qu'il sent menacée ? Il ne peut pas se l'avouer.

« Tu te fais des idées. J'adore Montmartre », répond Dalida.

Richard préfère les beaux quartiers, répète que ses amis habitent Neuilly : c'est plus sûr.

« Ici, on n'est pas tranquilles, la porte sonne tout le temps. Les fans sont dehors et crient ton nom. »

C'est surtout vrai le mercredi, jour de congé scolaire. A l'égard de ses adorateurs, Dalida fait preuve d'une grande patience. Toujours très gentille, elle prend le temps de dire un mot, de signer un autographe. Seules les « vestales » l'agacent. Car, généralement, ce sont des filles. Dalida compte dans son fan-club 60 pour cent de femmes, pour qui elle est une mère, une fille, une sœur... Cinq ou six d'entre elles campent devant la maison, rue d'Orchampt, du matin au soir. Quand elles voient l'Austin arriver, elles se battent pour ouvrir la portière.

Cette adoration perpétuelle représente une sérieuse intrusion dans sa vie privée. Quand elle sort sans maquillage, quand elle ne se sent pas bien — ou quand François Mitterrand, alors président de la République, viendra la voir —, elles sont au courant.

Elle tente de les raisonner :

« Ecoutez, les enfants, vous m'aimez, d'accord ! Vous n'avez donc rien à faire dans la vie, pour rester là toute la journée sous la pluie ? Pensez plutôt à votre avenir ! »

Elle les exhorte en vain : ces filles ont renoncé à vivre, collées en esprit à leur idole qui aime, travaille, existe à leur place. Deux d'entre elles se sont découvert une vocation de chiffonnière et font les poubelles rue Lepic, devant l'entrée de service. Elle doit tout brûler avant de jeter...

Les hommes fans sont beaucoup plus discrets et timides. Mais rien ni personne n'arrête ces filles qui ont entre dix-huit et vingt-cinq ans. L'une d'elles, handicapée, reçoit une petite pension, qu'elle complète avec les subsides de ses parents. Munie en permanence d'un mini-magnétophone, elle enregistre toujours le même message de l'idole :

« Ça va, Patricia ? Bonjour, au revoir ! »

Jusqu'au-boutiste, Patricia a quitté le domicile de ses parents pour aller s'installer rue Lepic, puis rue d'Orchampt. Dès que Dalida sort de chez elle, elle doit affronter ces regards qui la dévorent. Le magnétophone finit par lui taper sur les nerfs :

« Patricia, arrête d'enregistrer ! »

Chaque fois, Patricia lui attrappe la main et l'embrasse.

« Non, Patricia, ça suffit... »

Dalida, elle, est « rôdée ». Richard, lui, ne parvient pas à s'y faire. Il oscille entre les accès de mansuétude — un jour, en l'absence de Dalida, il fait entrer les « vestales » pour leur montrer la maison — et de mauvaise humeur : là, il les rudoie.

Son malaise finit par influencer Dalida. A Neuilly, elle est séduite par le calme, la discrétion. Les habitants du lieu, à l'aise et blasés, s'occupent de leurs affaires. Elle n'aurait pas l'impression d'être, comme à Montmartre, une attraction touristique...

Richard sait prendre Dalida par son point faible : sa passion de l'aménagement. Elle achète un terrain rue Péronnet. Comme elle adore la décoration, la construction des maisons, elle est très excitée de faire les plans. La maison de Corse est à peine terminée, mais déjà son nouveau palais l'obsède. Elle appelle l'architecte à minuit pour modifier un détail...

« On lui déconseillait ce projet, dit Orlando. On lui disait : " Tu risques de t'y sentir isolée. " En fait, on avait peur de l'y savoir seule avec Richard. »

« De toute façon, je ne vends pas ma maison de Montmartre, répond Dalida. Celle de Neuilly ne sera prête que dans deux ou trois ans. Et si, une fois installée là-bas, je ne m'y sens pas bien, je retournerai rue d'Orchampt. »

Fin 79, sa carrière au zénith, elle voit grand. La construction de la nouvelle maison coûte très cher et absorbe presque toutes ses économies.

« C'est une folie, tu vas te ruiner » objecte vainement Orlando.

Mais puisque la réalité rejoint souvent ses rêves les plus fous...

Palais des Sports

En juillet, Dalida passe au très chic Sporting Club de Monte-Carlo. Roland Ribet l'y rejoint et annonce :

« J'ai reçu un coup de fil de la productrice Jacky Lombard. Elle amène en France les plus grandes stars américaines : Michael Jackson, Madonna, Diana Ross... »

Jackie Lombard n'a jusqu'ici jamais voulu s'occuper d'un artiste français. Elle propose pourtant à Roland Ribet de produire Dalida dans un spectacle au Palais des Sports.

Très excité, Roland Ribet court à l'hôtel de Dalida pour lui annoncer la nouvelle. Seuls Johnny Halliday et quelques pop-stars étrangères se sont jusqu'alors produits au Palais des Sports. Tous des hommes. Pour la première fois, une femme chantera dans cette salle immense où peuvent tenir plus de cinq mille personnes...

A l'époque, c'est le lieu le plus grand. L'Olympia n'a que deux mille places, et ni le Zénith ni Bercy n'existent encore. Pour Dalida, c'est un pas de géant. Jackie Lombard paraît très confiante :

« Je suis sûre qu'elle remplira. Au stade où elle en est, elle peut tout se permettre. »

Dalida est ravie : le projet répond parfaitement à cette envie de « plus grand » qui la tient depuis l'Amérique. En même temps, elle a peur :

« C'est immense, c'est pour les hommes ! Les ballets de Béjart se donnent là ! [Une admiration réciproque la lie au chorégraphe.]

— Qu'à cela ne tienne, répond Orlando, pourquoi pas ? Il faut trouver un très grand chorégraphe pour faire un véritable show à l'américaine. On va réfléchir... »

Orlando est allé rejoindre Dalida à Saint-Tropez pour les derniers jours du mois d'août. Cet été-là, *Monday Tuesday* est numéro un dans les hit-parades et discothèques. Le téléphone sonne : Roland Ribet a reçu un nouvel appel de Jackie Lombard. La productrice a obtenu la salle du Palais des Sports pour la première quinzaine de janvier 1980.

« Vous êtes fous ! proteste Dalida. Vous allez me tuer ! Je ne pourrai pas être prête pour un show dans quatre mois ! Je n'ai jamais fait de show à l'américaine ! »

Elle est terrifiée.

« Bon, Jackie Lombard t'en parlera directement », dit Orlando.

La productrice rappelle cinq minutes plus tard. D'emblée Dalida trouve sa voix très sympathique. Les deux femmes vont très bien s'entendre. Jackie Lombard est une fofolle géniale, sensible et généreuse, très positive aussi, à l'américaine. Elle vient voir Dalida à Saint-Tropez et, très vite, Jackie et Dalida deviennent d'excellentes amies.

« A New York, j'ai rencontré Lester Wilson, se rappelle Dalida.

— Je le connais ! s'écrie Jackie. Je suis sûre qu'il sera ravi de venir travailler en France. »

De son côté, Thominet, patron du Palais des Sports, est prêt à entrer dans la production. A l'idée de cette course contre la montre, Orlando reste partagé entre le ravissement et l'effroi. Soudain, Dalida décide :

« Jetons-nous à l'eau. Je rentre à Paris et je signe le contrat. »

Mis au courant, ses amis l'encouragent. Richard, lui, semble plus froid. Il dit d'abord, d'un ton peu convaincu :

« Oui, chérie, c'est formidable. »

Puis il ajoute :

« Mais c'est grand... »

Dalida ne prête plus attention à ces attitudes décourageantes. Elle a tout fait pour amener Richard à exister par lui-même et constate qu'il a systématiquement tout détruit. Après la peinture, l'écriture et la chanson, il s'est mis à la sculpture. Il fait de grands animaux de métal. Très décoratifs, spectaculaires, ils sont sans doute ce qu'il a réussi de mieux. Mais, là aussi, dès que ça commence à marcher, il arrête. Dalida ne se fait plus d'illusions. Alors, elle, elle va de l'avant. Tant pis... Elle préfère vivre « comme si ». La période de vérité à tout prix est terminée. La vérité, souvent, ça fait mal, et on n'y peut pas grand-chose... Elle chante dans *Monday Tuesday :*

Moi je vis d'amour et de danse
Je vis comme si j'étais éternelle

Comme si les nouvelles
Etaient sans problème
J'ai tout le temps d'écrire mes mémoires
A l'encre bleue...

De retour à Paris, elle se sent gonflée à bloc, très optimiste. Avant les vacances, elle a signé des contrats pour se rendre au Liban et en Syrie. Si elle avait su qu'elle ferait le Palais des Sports, elle aurait refusé de partir là-bas. Elle a à peine le temps de changer de valises...

Au Liban, à nouveau, la guerre fait rage. Le public libanais salue son courage. Descendue au légendaire *Royal Garden,* elle dit :

« Je suis simplement venue ici pour essayer, si c'est possible, de réconcilier en chansons ces gens faits pour vivre ensemble. »

Elle chante au milieu des ruines et des soldats en armes. Elle tient à se promener dans les rues pour se mêler à un peuple martyrisé. On la photographie devant les tanks, signant des autographes. Les murs des casernes de Beyrouth sont couverts de ses photos. Les soldats lui écrivent. L'un d'eux envoie une lettre chaque jour. Pour les Libanais aussi, *Helwa ya baladi* sonne comme un hymne national.

Le public syrien, lui, la voit pour la première fois. On lui demande de supprimer de son tour de chant *Salma ya salama* qui rappelle trop la rencontre Sadate-Begin. Elle refuse :

« Je le chantais bien avant ça ! »

A Paris, Jackie Lombard a déjà fixé un rendez-vous avec Lester Wilson. Dalida est heureuse de retrouver celui-ci rue d'Orchampt, en présence de Roland Ribet. Elle a ses chansons de scène, où elle se défend toute seule. Maintenant, il lui faut trouver un répertoire plus « show ».

Lester Wilson se jette dans le projet corps et âme. Le Palais des Sports l'enthousiasme. Il veut amener avec lui « les six meilleurs danseurs d'Amérique » :

« Ils te porteront, tu te sentiras en confiance ! »

Le reste du casting se fait à Paris. La date si proche n'effraie pas Wilson. Il repart pour New York en assurant :

« Dans quinze jours, je te dirai comment je vois le show. »

De son côté, Dalida donne consigne à Roland Ribet de ne plus lui prendre un seul gala avant la date fatidique :

« Je dois me concentrer. »

« J'avais déjà dans ma manche deux tubes énormes, dit Orlando. Le premier, *Comme disait Mistinguett* ("... je ne serais pas Dalida si je n'étais pas comme ça "). Une chanson clin d'œil, des paroles de Pierre Delanoé et Pascal Sevran sur une musique de Jean-Jacques Debout. Le deuxième : *Il faut danser reggae,* une biguine avec des paroles de Charles Level sur une musique de Cutugno. Je voyais venir la fin du disco, le début de l'époque reggae. Les deux titres figureront au hit-parade. »

Orlando contacte aussi l'équipe gagnante de *Gigi,* Michaele et Paul Sébastien :

« Il faut trouver quelque chose d'énorme pour la fin du spectacle. Et si on faisait la suite de *Gigi* ? »

Tout le monde trouve l'idée excellente. On passera de la tarentelle napolitaine au tempo actuel, le disco. Encore un clin d'œil.

Quelques jours plus tard, Michaele appelle :

« Je crois que j'ai trouvé. Cette fois, on envoie *Gigi* au paradis. Ça sera *Gigi in paradisco* ! »

Le premier *Gigi* durait sept minutes. Le second, treize. Pour Dalida, c'est une nouvelle occasion d'explorer la comédie. Dalida parle à Gigi. Tué par la femme du colonel, il se trouve au paradis, où il met tout sens dessus dessous. Lester Wilson écoute la chanson et décide que, dans la première partie, les danseurs représenteront le peuple de Naples. Puis, comme par un coup de baguette magique, ils se déshabillent sur scène. Vêtus seulement d'une combinaison, ils se retrouvent au paradis.

A cette époque, Max Guazzini travaille encore avec Orlando. Il lui fait écouter la très belle chanson de Kurt Weill, *Alabama Song.* Avec le chorégraphe, Orlando décide d'en faire un tableau à part, très différent du reste. L'atmosphère rappellera le film *Cabaret,* lui-même inspiré de Kurt Weill.

Lester Wilson souhaite aussi que Dalida reprenne la chanson *Money Money,* sur laquelle il prévoit une chorégraphie nouvelle dans un décor très original. Il prévient Dalida :

« Prépare-toi ! Tu vas arriver sur scène comme le Bon Dieu t'a faite !

— Toute nue ? s'écrie-t-elle.

— Non, mais on en aura l'impression. »

Elément important du décor, un grand toboggan illuminé. Les danseurs le descendent et déboulent sur scène. Michel Frénay, couturier des spectacles, spécialiste des shows télévisés, qui a travaillé en Amérique, crée pour Dalida un collant couleur chair brodé de perles, qui donne une impression de nudité à la Joséphine Baker.

Lester Wilson souhaite aussi que trois chansons, *Alabama Song, Money Money* et le *Lambeth Walk,* soient chantées en anglais. Il sera présent à l'enregistrement pour corriger la prononciation de Dalida. Il a amené avec lui ses six danseurs fétiches. Une Noire très belle, sa collaboratrice, aide Dalida pour l'enregistrement en anglais de *Money Money.*

Ainsi entourée, Dalida est en pleine euphorie. Mais à mesure que les jours passent, la peur et l'angoisse montent. Elle craint qu'une partie de son public se sente frustrée :

« Je veux garder mes morceaux forts pour moi toute seule afin que le public retrouve la chanteuse. »

Lester Wilson acquiesce :

« La première partie sera comme un feu d'artifice. Puis, on te laisse chanter, et enfin, on reprend le show. »

La chanson d'entrée sera *Je suis toutes les femmes.* Elle est écrite par l'équipe de *Gigi.* Lester Wilson fait paraître Dalida sur scène dans un glamour jazz, drapée dans une extraordinaire cape de plumes de cygne blanches. Le refrain monte sur un rythme très Broadway. Puis, les danseurs arrivent...

Le 5 janvier est là, comme dans un rêve. C'est le jour de la première répétition. Dans la salle de la SFP, rue des Alouettes, Dalida est sur un nuage. Autour d'elle, une attention respectueuse. Attachée de presse du Palais des Sports, Nicole Gonzales complète une équipe très soudée.

Dalida n'avait jamais vraiment dansé. En plus des répétitions, elle prend des cours avec la collaboratrice de Lester Wilson. La discipline technique est un enfer. Travaillant toute la journée, elle perd trois kilos, ce qui la ravit.

« La danse, dit-elle, m'a permis de prendre conscience de mon corps. Avant, j'étais empêtrée dans mes mouvements. Sur scène, j'avais peur de bouger. Je me sentais lourde et gauche. L'Amérique m'a fait comprendre l'importance du mouvement. C'est ce qui explique en grande partie la supériorité des artistes américains. Ils savent se déplacer, ils ont le sens du geste et de l'attitude en fonction d'un espace donné. C'est ce que je m'efforce d'acquérir. La danse est une des meilleures manières de découvrir la complicité qui existe entre sa tête et son corps. » (*Jours de France,* 24.11.79.)

Elle ajoute :

« Les Latins, curieusement, sont prudes. La religion y est sans doute très inconsciemment pour quelque chose. Je suis méditerranéenne. Je n'avais pas osé, jusqu'à présent, montrer mes jambes sur scène. »

Richard est très compréhensif. Il a toujours eu l'intelligence de ne pas se mettre entre Dalida et son métier. A part quelques moment de folie, il la laisse en paix. Il sait qu'elle joue gros. Pendant la journée, il sculpte. Le soir, il masse Dalida pour la détendre. Elle se dit :

« Je suis bien avec lui, malgré tout. »

La presse aussi, coopère. Le Palais des Sports l'amuse et l'intrigue. Elle joue cette carte à fond. Les journalistes admirent que, à quarante-sept ans, plus mince et belle que jamais, Dalida ose démarrer une nouvelle carrière de show-woman.

« L'essentiel, affirme-t-elle, c'est d'évoluer et de ne pas devenir une caricature de soi-même. » (*Modes de Paris* le 24.7.79.)

Elle justifie, sans en être dupe, son besoin constant de se dépasser :

« Le succès, c'est la réalisation d'un désir. Une quête d'amour. Nous avons tous besoin d'être aimés. Chez un artiste, cette quête est plus spectaculaire. Pour lui, cet amour est plus grand. Il se retrouve donc encore plus seul. » (*Le Parisien libéré,* 10.8.79.)

Elle constate aussi :

« C'est dans la solitude que j'arrive à communiquer avec les gens. »

Pour un tel spectacle, il faut une affiche choc. Orlando y travaille. Plusieurs séances de photos sont faites dans des lieux différents. Le Paradis latin prête ses décors pour une séance style « Broadway ». Afin d'obtenir un grand choix de clichés, Dalida change plusieurs fois de vêtements.

Quand les Ektachromes arrivent sur son bureau, Orlando est embarrassé. Surtout ne pas se tromper dans le choix ! Finalement, il sélectionne deux photos de la même série. Dalida, penchée en arrière à la Dietrich, une jambe devant l'autre, un genou plié, assise sur un tabouret devant des miroirs, porte une veste de smoking rouge à paillettes sur gilet blanc à nœud papillon noir et collant de danseuse. Elle est coiffée d'un chapeau haut de forme. L'autre cliché, qui fera sensation, la montre dans ce même costume, assise à califourchon sur une chaise de bistrot. Ses talons aiguille mettent en valeur ses jambes longues et fuselées. La presse, admirative, demandera pourquoi elle a mis si longtemps à dévoiler son anatomie...

Un accord passé avec Carrère, son nouveau distributeur, prévoit un budget publicitaire grandiose. L'affichage doit être à la hauteur de l'événement. Un matin, Paris en s'éveillant découvre encore une nouvelle Dalida. Dans les stations de métro, une blonde incendiaire, à cheval sur une chaise, sourit aux usagers. Stupéfiant au milieu des sapins et des décors de Noël.

Cet affichage commence un mois à l'avance, ce qui serait impossible aujourd'hui. Au bureau, le téléphone sonne sans cesse pour des félicitations. Pour Dalida, arrivée seule et perdue un soir de Noël 1954, c'est un conte de fées. Elle meurt d'envie de voir ça. Travaillant la journée entière, elle n'a même pas le temps d'acheter ses cadeaux de Noël, rituel auquel elle tient pourtant beaucoup. Un soir, elle part dans sa Mini Austin avec Orlando et des amis, un fichu sur la tête. Elle se gare devant l'entrée de la station Montparnasse. Ils descendent et prennent un billet. Dalida, émerveillée, voit se succéder les affiches le long du tapis roulant. Malgré le foulard et les lunettes noires, les gens la reconnaissent et sourient.

Ça ne lui suffit pas ; elle veut encore faire le tour de Paris pour contempler l'affichage de plein air. A Broadway, Orlando a été impressionné par l'affiche de Diana Ross, « la plus longue du monde ». Résultat : à Saint-Lazare, dans l'immense salle des Pas-Perdus, le panneau représentant Dalida va d'une porte à l'autre.

« C'est le plus bel affichage de ma vie ! » s'écrie-t-elle les larmes aux yeux.

Du 5 au 20 janvier 1980, dans ce temple de la danse, du rock et du patin à glace qu'est le Palais des Sports, dix-sept représentations exceptionnelles sont prévues. Couverte de plumes et de strass par Michel Frénay, Dalida changera douze fois de costume en deux heures dix de spectacle. Autour d'elle, douze danseurs, trente musiciens. Les éclairages sont réglés par les techniciens de Neil Diamond. Soixante-seize mille spectateurs sont attendus.

La première soirée publique aura lieu le samedi 5 janvier.

La date approche et l'angoisse de Dalida augmente encore. Elle a tout appris en deux mois, sans compter le temps consacré à donner des interviews aux journaux et à la télévision pour assurer la promotion. Elle est prête, mais le montage du spectacle n'est pas encore au point. Un filage a lieu dans l'après-midi du 5. Il s'agit de chronométrer le temps nécessaire entre un numéro et l'autre, pour pouvoir changer les décors.

Les changements de robe sont compliqués, très rapides. Pour la première fois, Dalida a pris une habilleuse, Jacqueline Maleco. Celle-ci a été pendant longtemps celle de Line Renaud au Casino de Paris.

« Line Renaud avait cessé de se produire, raconte Jacqueline. Elle n'avait plus besoin de moi. Avec son accord, je suis allée travailler pour Dalida. Je l'avais toujours beaucoup aimée. Pudique, il lui était difficile de se déshabiller devant quelqu'un. Son caractère italien n'était pas facile. Heureusement je m'adapte aisément. Elle n'avait qu'une minute pour se changer, et pas le temps de mettre un peignoir. Je devais la guider. Les dix-neuf jours du Palais des Sports ont été délicats. Après, on est partis en tournée, elle s'était habituée à moi, ça allait. J'acceptais son côté soupe au lait car c'était une femme extraordinaire, sincère en amitié comme en amour. Avec le temps, nous sommes devenues comme des sœurs. Je suis restée avec elle jusqu'à la fin... »

Funky Lady

Le jour de la première publique, le 5 janvier, le spectacle doit commencer à vingt et une heures. A dix-neuf heures, le filage prévu l'après-midi n'a pas encore eu lieu. Orlando va trouver Thominet et Jackie Lombard :

« On court à la catastrophe !

— La salle est archicomble, répond Thominet. On doit absolument faire cette première.

— Mais on court à l'échafaud, il y aura des blancs ! »

Thominet reste optimiste :

« On fera le filage devant le public. »

Pour couronner le tout, Dalida est si stressée qu'elle a mal à la gorge...

On fait face mais le retard s'accumule. Les portes s'ouvrent à vingt et une heures au lieu de vingt heures. Le spectacle commence à vingt et une heures trente. L'équipe croise les doigts : personne ne sait comment ça va se passer. Orlando et Rosy sont terrifiés.

Après un ballet d'introduction de cinq minutes, deux portes géantes s'ouvrent. L'une d'elles manque s'écrouler au passage sur Dalida. Elle entre en scène, superbe, dans une robe entièrement perlée de blanc, sur fond de scène laquée noire, immense. Le décor est très simple : Lester Wilson aime jouer avec les lumières. La chanteuse est dédoublée par un jeu de glaces : de nombreuses Dalida avancent en même temps, illustrant la première chanson, *Je suis toutes les femmes.* La première partie doit être magnifique, car la critique se décide à l'entracte.

Cette partie se termine par *Gigi in paradisco,* que Dalida chante dans une combinaison dorée très moulante. Le temps pour se changer est insuffisant et l'habilleuse affolée. Quand Dalida entre en scène pour *Gigi,* elle s'aperçoit que son costume est mis à l'envers. Cela la gêne pour danser, bride la poitrine. Heureusement, le public ne se rend compte de rien.

La deuxième partie démarre. On doit monter les décors avec une énorme machine : les danseurs arrivent en glissant par un toboggan. La durée nécessaire pour l'installer n'a pu être chronométrée. Dalida entame ses grandes chansons : *Je suis malade, Il avait dix-huit ans.* Puis arrive le moment de *Money money.* Dalida quitte alors la scène et se trompe. Au lieu de sortir à gauche elle sort à droite, provoquant un moment de panique.

« J'étais dans la salle pour surveiller le son, raconte Orlando. Tout d'un coup je l'entends crier : " Attendez, il y a eu un accident ! " S'étant trompée, elle se retrouvait dans le noir, avec seulement quelques secondes pour se changer et mettre le costume couleur chair, impalpable, nuageux, de *Money money.* »

Le public, souvent très jeune, doit patienter dix minutes. La compréhension et la sympathie de la salle sont frappantes. Les gens attendent dans un silence religieux, qu'ils rompent de temps en temps par des applaudissements destinés à encourager la star. Finalement, elle peut reprendre. *Money money* est un enchantement. *France-Soir* titrera le lendemain : « Dalida a déjà gagné... »

Le spectacle se termine très tard, dans un triomphe. Cette soirée a été l'une des plus difficiles de la carrière de Dalida. Rosy a mal au ventre de peur, Orlando est blanc comme un linge. Antoine, le fidèle, « toujours efficace », comme le note Dalida dans son journal, continue d'encourager la chanteuse épuisée.

Dès sa sortie de scène, Orlando organise une réunion : il décide de changer l'ordre de la deuxième partie, d'avancer *Dix-huit ans* et *Je suis malade,* que Dalida chantera devant le rideau fermé. Pendant ce temps-là, derrière, on montera *Money money...* La réunion se termine à quatre heures. Lorsque Dalida rentre à cinq heures du matin, elle a une extinction de voix, à force de crier pour passer ses nerfs...

Pourtant, le lendemain dimanche, elle doit assurer deux spectacles, achetés d'avance par des entreprises. La première matinée commence à quinze heures trente. A treize heures, Dalida n'est pas là. Orlando appelle rue d'Orchampt et tombe sur Nono.

« Dalida est aphone, explique celle-ci, elle ne peut pas chanter. »

La peur ressentie la veille a provoqué un stress très violent. Elle est assommée de fatigue et découragée.

« Tu me la passes », dit Orlando.

« Pour la première fois, explique-t-il, j'ai dû assumer une position de force vis-à-vis de ma sœur. Si je ne réagissais pas, tout était fichu. »

« S'il le faut, martèle-t-il, on fera un peu de play-back, mais tu assures le spectacle. Sinon, tu seras la risée de tout Paris. Le Palais des Sports est le temple des hommes et on t'attend au tournant. Tu prends la voiture, c'est un ordre. »

« Quand un artiste a peur, il faut le bousculer », conclut-il.

Plus tard, Dalida avouera :

« Si mon frère ne s'était pas montré si ferme, je n'aurais pas continué l'aventure... »

Et voilà : trois quarts d'heure plus tard, Dalida est dans sa loge et se maquille. Orlando continue à diriger les opérations :

« Les morceaux les plus forts, tu les chanteras. Pour les chorégraphies difficiles, on fera du play-back. A mesure que ta voix reviendra, on fera disparaître le play-back. »

Par la suite, il sera gardé seulement pour quatre numéros sur deux heures de spectacle : les chorégraphies les plus exigeantes, où chanter et danser en même temps est presque impossible.

Quelques années plus tard, on s'apercevra que les stars qui ont fait rêver sur le petit écran chantaient en play-back. Et que les Américains, tels que Michael Jackson ou Madonna, l'utilisent sur scène dès qu'il y a une chorégraphie compliquée.

Par-dessus le marché, Dalida reçoit un sale coup de la presse. *Charlie-Hebdo* fait sa une avec un montage de l'affiche vendu en poster avec le magazine. Ce montage donne l'impression d'une photo pornographique. Plus de dossier de chaise à l'endroit stratégique, pas de body non plus : elle paraît nue à partir de la taille.

« J'ai pu cacher ça à Dalida, dit Orlando. Elle avait vraiment autre chose à faire. Mais on était catastrophés : la belle image était abîmée. »

Orlando contacte Me Kam. Il veut faire appel immédiatement.

« Le poster était affiché, on le voyait dans toutes les rédactions, raconte l'avocat. J'ai obtenu la saisie — ce qui est énorme. Le Professeur Choron est venu au tribunal, et bien entendu, il a amusé tout le monde. Dalida était très affectée. »

Le temps que la saisie ait lieu, beaucoup de journaux ont été vendus. Le procès même fait un effet boule de neige. La presse en parle, répercutant l'affaire.

Enfin, le mercredi, soir de la « première pour tous les métiers », tout se passe parfaitement. Le spectacle est cette fois bien en place. Les critiques sont excellentes, mais les envieux qui ne trouvent plus rien à se mettre sous la dent se rabattent sur les quatre chorégraphies en play-back. L'œil averti des professionnels du premier rang repère que dans *Money money,* lorsque Dalida est portée en l'air par quatre garçons, il lui est impossible de chanter : sa voix tremblerait.

Les plus malins se contentent de parler tout bas. Ainsi ils se protègent et l'effet « secret » est efficace. Nicoletta, elle, est du genre fonceuse. Quelques jours plus tard, dans un article de *France-Soir* signé Philippe Bouvard, paraît une déclaration de Nicoletta :

« Dalida fait un peu de conserve dans son spectacle. »

Bien entendu, d'autres journaux reprendront cette phrase.

« Mon sang n'a fait qu'un tour, raconte Orlando avec humour. J'ai répondu assez vivement : " Nicoletta ferait mieux de chanter en direct et de parler en play-back. " Ça a fait la une. Il y a eu quelques prises de bec entre Nicoletta et moi. Dalida, drapée dans sa dignité, ne daignait pas répondre. Mais elle était blessée, car elle aimait beaucoup Nicoletta, croyait cette amitié réciproque. Et Dalida ne disait jamais de mal de personne... »

Avec le recul, Orlando pense que tout ça ne volait pas très haut :

« J'ai fini par comprendre que Nicoletta, elle aussi, avait été une victime de cette affaire. Le parisianisme s'était servi d'elle. Je lui en ai voulu quelque temps. Et puis, un soir, j'ai accompagné Dalida à l'Hôtel de Ville où Jacques Chirac donnait une réception pour les artistes. Nicoletta et moi sommes tombés dans les bras l'un de l'autre. Je savais qu'au fond elle aussi aimait beaucoup Dalida. Elle lui avait d'ailleurs écrit une lettre d'excuses : elle ne s'était pas rendu compte que ses propos auraient un tel retentissement. Dalida avait répondu qu'elle ne lui en tenait pas rigueur. »

Le Palais des Sports affiche complet.

Michel Cressole écrit dans *Libération* :

« Dalida, femme sauvage ou Gilda en pailleté classique de luxe, est une authentique personnalité du spectacle. Son pot-pourri en ballet est un chef-d'œuvre de la comédie musicale. Les Français sont des pions qui tirent sur tout ce qui bouge. Leur haine goguenarde de son style funky de toujours n'est qu'un réflexe de classe des petits épargnants de la vie. »

Et, dans *Le Quotidien de Paris,* Jean-Pierre Enard s'émerveille :

« Dalida c'est la France, la France profonde, la vraie. On a voulu nous faire croire que nous étions transformés par les espoirs de 68 et ses désillusions : ce ne sont là que des phénomènes marginaux. Notre vérité se trouve chez Dalida. Regardez, dans les fêtes de famille, sur les plages en été, dans les bals populaires, la seule qui les réunit tous sur la piste de danse, c'est elle, c'est Dalida. »

Elle comprend cela, le soir de la « première pour tous les métiers », lorsque, à l'issue de la représentation, une réception est organisée. Gérard Pédron, ami et fan de toujours, propriétaire des « Jardins du Louvre », s'est chargé de la réception. Sur la petite place entourée de boutiques, devant son restaurant, une grande tente occupe l'espace. L'intérieur est décoré comme un temple égyptien. Partout, des fleurs, des bougies. Au centre, sous une pyramide, la table principale.

Cinq cents personnes sont conviées. Dais rouge, tapis rouge, garde républicaine à l'entrée. Au dessert, quatre beaux garçons, habillés comme au temps des pharaons, apportent une pièce montée géante en forme de pyramide. François et Danièle Mitterrand sont là, Aragon côtoie le duc d'Orléans.

« Je suis amoureux de Dalida depuis vingt ans », déclare le fou d'Elsa.

Quand Dalida arrive, épuisée mais soulagée, les invités se lèvent et l'acclament. Elle trouve encore la force d'aller les saluer table par table, accompagnée d'Orlando, qui lui souffle les noms de ceux que la fatigue l'empêche de reconnaître. Pour chacun, elle a un mot gentil. Son seul repas sera un morceau de la pièce montée. Pourtant, ce soir-là, elle est la reine de Paris...

Rencontre avec l'Ange bleu

Les dix-huit représentations font salle comble et le Palais des Sports, qui ne donne jamais de soirées le dimanche, en rajoute pour ceux qui n'ont pu se procurer de place. Aussitôt après, elle enchaîne avec une tournée dans toute la France. Elle exige de donner le même spectacle qu'à Paris : même décor, même nombre de danseurs, de camions de matériel... D'habitude, en province, on n'emmène que l'essentiel. Comme les salles sont moins grandes, les producteurs bougonnent : opération blanche, on ne gagne pas d'argent. Mais Dalida ne doit pas décevoir cette « France profonde » qui est son public le plus fidèle. Pendant plusieurs années, par la suite, elle gardera le même spectacle, ramené à une dimension plus accessible.

Plusieurs nouvelles chansons font date : *Il faut danser reggae, Mistinguett, Je suis toutes les femmes,* et surtout *Gigi in paradisco* qui grimpe au hit-parade. Et le 30 janvier, au Moulin-Rouge, elle est la vedette, avec Jerry Lewis, du gala de l'Unicef.

L'affaire *Charlie-Hebdo* connaît un rebond. On continue à en parler en ville. Me Kam, qui est ami avec Philippe Bouvard, déjeune chez celui-ci tous les samedis. Un jour, on y parle du fameux montage et l'avocat est sur la sellette. La table est contre lui. Il a comme voisin Jean Dutourd qu'il ne connaît pas.

« Dites donc, si vous étiez dans le prochain *Charlie-Hebdo,* qu'est-ce que vous feriez ?

— Je ne poursuivrais certainement pas », répond l'académicien.

Une semaine plus tard, il a à son tour droit au traitement « poster sexy », façon Dalida...

« On a cru que j'avais téléguidé le coup, mais pas du tout ! » Me Kam en rit encore...

Le pape vient à Paris. Il se retrouve lui aussi dans *Charlie,* chaussé des escarpins et coiffé du chapeau haut de forme fatidique. Finalement, le Professeur Choron s'explique sur sa curieuse fixation. C'est tout juste s'il ne s'estime pas victime de harcèlement sexuel :

« Dalida, c'est elle qui m'a provoqué. J'ai vécu entre ses jambes pendant quinze jours. Il y avait des affiches partout, j'étais obsédé par ses jambes. Ça m'empêchait de dormir, de manger, de travailler. Il fallait que je sorte de cette obsession. J'ai donc fini par trouver ce qui m'obsédait : ce n'était même pas ses cuisses, mais le chapeau qu'elle avait entre les jambes. Alors, j'ai enlevé le chapeau. » (*Adjectif,* juin 80.)

Dalida, femme phallique. Celle qui échapperait à la castration, le sort de toutes les autres. D'ailleurs, *Gigi l'amoroso* est devenu l'hymne des homos. Les magazines gays américains appellent Dalida « the supreme star ». Une nouvelle chanson, *Depuis qu'il vient chez nous,* raconte la douleur d'une femme qui découvre l'attirance de son mari pour un adolescent. Dalida déclare :

« L'homosexualité ou plutôt la bisexualité est inscrite dans la nature humaine au départ. Le reste n'est qu'une question de proportion, qui varie de un à cent. » (*Gai-Pied,* février 80.)

Elle dit aussi :

« Je suis sûrement, dans l'inconscient des homos, la femme qu'ils auraient voulu être, la mère qu'ils n'ont pas eue. Ajoutez à cela la magie qui entoure une vedette de music-hall. L'homosexualité n'est pas une qualité, ce n'est sûrement pas un défaut. Je ne juge pas les hommes en fonction de leur race, de leurs mœurs et de leur religion. » (*Play-Boy,* mars 82.)

Peu à peu, les homosexuels vont faire d'elle une déesse, une image, isolée du réel.

« Le revers de la médaille de cet amour que les homosexuels ont eu pour Dalida, dit Dominique Besnehard, qui fut l'agent de Dalida au cinéma et son ami, c'est qu'ils ont contribué à la couper du monde et de la réalité. Surtout les dernières années, à mesure que l'admiration montait. Quand on aime trop, on est tenté d'emprisonner l'autre, de le figer dans l'idéal. Quand je l'ai rencontrée, cette image de Dalida était déjà créée, elle me semblait lointaine, une vraie étoile, et j'avais du mal à atteindre, derrière cela, la femme qu'elle était tout simplement. »

Les travestis l'imitent de plus en plus. Sa longévité professionnelle fournit un thème de choix au plus doué — et au plus méchant — des imitateurs, Thierry Le Luron. Il défile sur scène entouré de bandelettes : c'est le « Ramsès Walk ». Rira bien qui rira la dernière : en février 80, Le Luron ainsi momifié s'étale sur la scène du théâtre Marigny. La vengeance des pharaons ?

Les attaques peinent Dalida, mais son indomptable énergie reprend toujours le dessus. Elle déclare :

« Je ferai mes adieux en l'an 2000. » (*France-Soir,* 26.4.80.)

On la compare à Dietrich, qui a traversé l'histoire et le temps sans renoncer ni se soumettre. En Marlène elle a un peu un modèle. D'ailleurs, les deux femmes se sont rencontrées, grâce à Me Kam qui est l'avocat de l'une et de l'autre.

Peu après la disparition de Tenco, alors que Dalida se trouvait à l'hôpital entre la vie et la mort, Marlène Dietrich dit à l'avocat :

« J'ai prié toute la nuit pour une femme merveilleuse. »

Plus tard, Me Kam rapporte ces propos à Dalida. Stupéfaite, elle l'écoute avec une grande attention.

« Quand j'étais petite, s'écrie-t-elle, je me suis fait punir parce que je voulais aller voir Marlène Dietrich dans son film *Kismet.* »

Me Kam organise une rencontre au restaurant Le Pactole en présence du consul de Finlande. L'ambiance est d'abord formelle. Les deux femmes s'évaluent, se détaillent. Puis Dalida :

« J'étais à l'Olympia, et comme je suis très perfectionniste, les machinistes m'ont dit : " Une enquiquineuse pareille, à part vous il n'y en a qu'une, c'est Marlène Dietrich ! " »

Marlène éclate de rire. Les deux femmes sont ravies, la glace est brisée.

A la fin du déjeuner, toutes deux se lèvent. Alors, Marlène se penche et baise la main de Dalida.

« Nous vivons dans un monde où la galanterie se perd », dit-elle de sa voix rauque, inimitable.

Le lendemain, Dalida recevra quatre-vingts roses signées « Marlène Dietrich ».

Trop tard...

En 1980, nouvelle année de tous les succès, Dalida a quarante-sept ans et paraît invulnérable. Les grandes douleurs se sont endormies, mais elles sont encore là, comme dans certaines maladies mortelles qui connaissent des rémissions.

Elle a abandonné la « méthode » boulimique, constatant que cela provoquait des malaises et que la tête lui tournait. Sa discipline alimentaire n'en est que plus stricte, elle ne peut se permettre aucun écart.

« Garder sa ligne représentait un très grand sacrifice, dit Orlando, car elle aimait manger. »

Un autre problème a plus sûrement miné la santé de Dalida. En 1977, elle ne se sent pas très bien, consulte un médecin. On découvre un gros fibrome. Elle se pose alors à nouveau la question d'être mère. Comme si le fibrome occupait la place d'un enfant qu'elle n'a pu avoir. Mais l'horloge biologique tourne très vite et, depuis dix ans qu'elle s'est fait avorter de l'enfant de Lucio, elle n'est plus jamais tombée enceinte. Dans les années soixante-dix, les traitements contre la stérilité n'ont pas encore connu les progrès considérables apparus depuis. Le médecin est formel : ce fibrome, il faut l'enlever. L'opération la privera définitivement de la possibilité d'être mère. Il la rassure malgré tout : elle restera néanmoins femme. Même si elle n'a plus ses règles...

Le choc est terrible. Ainsi cette maternité à la fois redoutée et tant fantasmée ne sera jamais. Le regret l'étreint. Elle se souvient. A part Lucien Morisse, aucun des hommes qu'elle a aimés ne lui a paru un père possible. Et Lucien, qui disait que c'était trop tôt, a bien eu des enfants avec sa première femme, avec la troisième. Pourquoi pas avec elle ? Lui aussi la voulait idéale... Une femme fatale ne grossit pas, n'allaite pas, ne change pas les couches... Encore une fois, Yolanda sort de l'ombre et vient réclamer son dû. Dalida ne peut plus maintenant lui dire :

« Ton tour viendra, il y a le temps... »

Elle pense à Lucio. Lucio dont elle n'a pas gardé l'enfant, parce que lui était déjà comme un enfant. Lucio qui, à Noël, sous le sapin, jouait avec les petites voitures de son neveu Luigino. Lucio qui a continué à lui écrire pendant des années. Les enveloppes à l'écriture un peu enfantine, avec *personale* écrit en travers. Lucio dont elle a gardé les lettres, qui lui dédiait des fables, des poésies, qui détaillait ses dépenses à la lire près, pour montrer qu'il ne profitait pas d'elle :

« J'ai cherché dans toutes les librairies d'occasion de la ville et j'ai trouvé tous les livres de seconde main... Ils sont en bon état et me feront le même usage... Ça fait 2 000 lires de moins... »

Lucio qui lui écrivait encore :

« Mon professeur de philosophie m'a félicité. Non seulement je comprends son raisonnement, mais je peux même le terminer avant lui... Je me souviens de ce que tu m'as dit : que tu voulais être fière de moi. Tu seras fière de moi. Je t'ordonne de m'écrire ! »

Elle n'a plus de nouvelles de Lucio depuis quelques années. Finalement il s'est lassé. Elle ne répondait pas. Lucio trop jeune, sans situation, un père impossible...

Maintenant, elle se pose la question : qu'est-ce que c'est, un père possible ? Elle n'a jamais su. Cette poursuite d'un mort qui a endeuillé et stérilisé sa vie entière... Est-ce que le monde n'est pas plein d'anciens enfants qui, comme elle, ont eu des pères impossibles, et est-ce que le monde ne tourne pas avec ça, malgré la douleur ? Est-ce que la paternité ce n'est pas cela : quelque chose après quoi on court et sur quoi on a toujours des doutes, des refus, des regrets ? Est-ce que le monde ne tourne pas aussi avec des mères pas assez bonnes, comme elle craignait de l'être ? Elle se rappelle encore. Alors qu'elle était dans un état brumeux, le souvenir est d'une clarté effrayante. Elle se voit montant dans l'avion en partance pour Paris. Un matin froid, ou bien le froid était-il celui des instruments du médecin, qui aurait contaminé son corps ? Le gris cotonneux des nuages dans l'avion. Elle est seule. Elle serre l'oscar dans ses bras. C'est comme si elle l'avait échangé contre l'enfant...

Elle pleure. Elle a toujours voulu trop bien faire, a-t-elle eu tort ? Son enfance manquée, solitaire. Elle a survécu en se disant que rien plus tard ne serait trop beau. Mais elle n'a jamais pu imaginer, pour son enfant, autre chose que cette même détresse. Intolérable...

Le docteur l'a dit : c'est le boucher clandestin qui l'a avortée en Italie.
Elle pensait toujours : « J'attendrai. » Elle le chantait :

Le temps passe et court
En battant tristement
Dans mon cœur si lourd...

Et maintenant, c'est trop tard...

Dans la clinique du 12e arrondissement où elle est opérée, Richard a fait installer un lit de camp dans la chambre, pour être près d'elle à chaque instant. Il est conscient du drame qui se joue. Et de ses retombées désastreuses pour leur amour. A cette époque Richard, toujours aussi beau, a lui aussi un masque tragique. La gaieté et l'arrogance factices du play-boy ont disparu, le regard est empreint d'une tristesse insondable. Elle voulait qu'il soit enfin lui-même, il l'est devenu ; qu'est-ce que c'est sinon cet infini désarroi ? Et si la belle image inventée, les enfantillages pseudo-aristocratiques étaient sa seule protection contre les attaques de la vie ? Certains êtres naissent psychiquement dépourvus de peau, il leur faut bien s'en fabriquer une...

C'était très important pour Richard d'avoir un enfant d'elle. Alors, peut-être l'aurait-elle accepté à son niveau. Il aurait pu se sentir vraiment un homme...

L'amour en fuite

L'opération s'est bien passée mais le fibrome l'avait beaucoup fatiguée. La fatigue s'est attardée, elle s'est incrustée en elle comme un hôte indésirable qu'on ne parvient pas à chasser. Un abattement comme elle n'en avait jamais connu, le sentiment d'à quoi bon, des moments de dégoût, de découragement. Elle a combattu cela avec le Palais des Sports. Mais l'effort gigantesque fourni, quelques degrés de plus grimpés, elle regarde en bas, elle est prise d'une espèce de vertige. Le monde est très loin. Il lui semble qu'elle s'en détache de plus en plus. Elle a du mal à toucher les choses, entre ses doigts ça se délite.

Au réveil, comme toujours, elle va devant le miroir. Elle s'y dirige à tâtons, encore un peu endormie. Sa clarté impitoyable dissipe les ombres de la nuit.

« Miroir, mon beau miroir, dis-moi qui est la plus belle en ce royaume... »

C'est elle. Elle entend la voix de Giuseppina qui disait :

« Plus tard, ma fille, tu seras la plus belle... »

Elle a gagné. Mais aussi elle a perdu. Car elle entend toujours Guiseppina :

« Quand est-ce que je serrerai sur mon cœur le fils de ma Yolanda ? »

Pourquoi ne pas adopter ? Tenter de rendre heureux un enfant dont la détresse est encore plus grande que celle qu'elle a connue ? Elle y pense, mais tout de suite elle est inquiète. Elle se dit qu'elle ne saurait pas qui sont les vrais parents. Avec un enfant qui ne serait pas de son sang il lui semble qu'elle saurait encore moins être une bonne mère. Et si elle ne pouvait pas lui faire oublier qu'au début de sa vie on ne l'a pas voulu, on n'a pas pu... A un enfant adopté, il faut donner encore plus d'amour, de sécurité. Et elle qui doit si souvent s'absenter pour son travail... Terrorisée, elle entend l'enfant imaginaire lui dire un jour :

« Si j'avais été ton vrai enfant, tu ne m'aurais pas laissé seul... »

Et Saint-Germain... Eternel enfant lui-même, qu'elle n'est pas parvenue à sécuriser malgré ses efforts, de plus en plus imprévisible, inquiétant, Saint-Germain avec qui elle sait, de façon évidente, cruelle, que tout lentement se termine...

Non, décidément, c'est impossible. Une fois de plus, elle enferme Yolanda dans un placard, avec les robes qu'elle ne met plus, les correspondances jaunies, les souvenirs rouillés, les vieilles blessures. Travailler encore plus. Combien de triomphes nécessaires pour oublier la défaite intime, et jusqu'à quand ?

Après le Palais des Sports, tournée d'hiver et tournée d'été. Elle ne supporte pas de revenir dans la maison de Corse aménagée pour le couple solaire qu'elle croyait former avec Richard. En guise de consolation, et comme pour conjurer le sort, elle enregistre alors *Rio do Brasil,* au rythme d'une samba d'été. Elle ondule dans une robe moulante avec turban rouge assorti. Les caméras de la télévision la filment. De toutes ses forces, elle donne l'image d'un bonheur d'été. Parfois, pourtant, une absence traverse son regard, un instant le sourire se fige. C'est très bref. Qui s'en aperçoit ? A peine elle-même. La discipline de l'oubli fonctionne bien.

A la rentrée, elle s'étonne de voir roussir les feuilles sous sa fenêtre. L'automne, déjà... On lui apporte une musique québecoise dont elle fait refaire le texte. Ce sera *A ma manière.* Elle y fait ses adieux au soleil. Jusque-là ses chansons décrivaient sa vie. Désormais elles seront prémonitoires. Comme si quelque chose, dans le rythme du temps, s'emballait...

Elle enregistre aussi le futuriste *Chanteur des années 80.* Un texte, une musique durs, heurtés, à la façon de l'époque qui vient. Les punks *no future* cèdent la place aux yuppies « après moi le déluge ». Tant pis pour ceux qui ne savent pas nager.

Tu ne connais que le soleil des rayons laser
Qui brûle un peu ta peau à chacun de tes concerts
Laisse un peu d'amour,

chante-t-elle comme une prière désespérée, presque une menace. Pour l'occasion, elle quitte ses paillettes et apparaît gainée de cuir noir et or, tenue dessinée par Claude Lecoutre. Une main porte un gant noir, l'autre est nue. La main nue représente pureté et douceur, la main gantée symbolise la mort, qui hante déjà une époque où s'annoncent sida, guerres, exclusion. Le « truc » du gant unique, Michaël Jackson le reprendra.

Cette dissymétrie reflète le déséquilibre de la vie de Dalida. La part d'ombre : violence, tumulte, incontrôlé. La part lumineuse : générosité, sérénité, beauté. Depuis toujours l'une et l'autre s'affrontent en elle comme en tout être humain. Mais la plupart des gens, pour survivre, apprennent à fermer les yeux sur leurs zones souterraines. En Dalida le combat ne cessera jamais. Sans doute parce qu'elle pressent que les forces obscures, menaçantes, pourraient un jour l'emporter. Après la période madone, où elle les niait, la période vamp, où elle tentait de les circonscrire par la sensualité, elle montre cette lutte au grand jour. Comme pour dire :

« Voilà. C'est aussi moi. »

Pour combattre en plein jour les forces sombres, ou pour baisser la garde, déjà ? La main « claire » est nue et sans défense. La partie « claire » de la chanson résonne comme une plainte :

Laisse un peu d'amour...

Comme si, dès cette période, la coupe était pleine. En plus de la stérilité, de la fatigue et du temps qui passe : l'amour en fuite.

Voilà trois ans déjà que ses rapports avec Richard se détériorent. Depuis son opération, depuis le coup de feu malencontreux. Trois ans qu'elle se dit : « Je vais devoir le quitter. »

Mais n'y a-t-il pas eu des moments, au plus fort même de la passion, où cette angoisse l'étreignait soudain ? Alors, quand l'amour faiblit...

Le Palais des Sports, c'est la goutte d'eau qui a fait déborder le vase. Elle a beaucoup supporté de Richard ces dernières années. Son retour au donjuanisme, seul moyen pour lui de restaurer momentanément une confiance en lui défaillante. Longtemps elle a fermé les yeux, consciente qu'il s'agissait d'une réaction à ce qu'elle appelle à répétition, dans son journal, « mon problème sexuel ». Freud parle de cette disjonction du courant sexuel et du courant tendre, qu'il attribue principalement aux hommes. « Là où ils désirent, ils n'aiment pas, là où ils aiment, ils ne désirent pas. » Richard, lui, l'aime et la désire aussi, c'est elle qui s'est bloquée. Elle le sait, elle l'écrit.

Richard fait partie de ces hommes pour qui l'amour physique est essentiel. La sensualité animale, presque prédatrice, de cet homme, qui l'avait d'abord fascinée, lui paraît maintenant bestiale, lui fait presque horreur. Elle est devenue plus compréhensive, grâce à l'analyse, à l'égard des faiblesses masculines. Si Richard veut satisfaire ses désirs ailleurs...

Seulement, il le dit, elle reste pour lui la femme totale. Elle l'a changé, il ne peut plus se satisfaire de conquêtes faciles, elles ont maintenant un goût de trop peu. L'indulgence de Dalida lui apparaît comme un rejet supplémentaire.

Alors, selon son habitude, il provoque. Il s'en prend à ses amies. Il ne peut pas l'avoir, elle, il possédera ce qu'elle a de plus proche. Si certaines refusent, indignées, d'autres trahissent. Parfois gênées, parfois triomphantes. L'instinct de rivalité si puissant chez certaines femmes, pour qui il est un ingrédient du désir. Pour certaines, d'ailleurs, avoir l'homme de Dalida est une façon de s'identifier à celle qu'elles jalousent et admirent...

Elle refuse d'entrer dans ce jeu. Non content de faire le vide autour d'elle, Richard pousse la surenchère. Amène des femmes chez elle pendant son absence. Fait visiter le château et plus encore. S'en vante, ses conquêtes aussi...

Dalida n'attend plus rien de lui. Il ne le supporte pas : le déséquilibre s'est accentué à l'excès.

« Pendant toutes les soirées au Palais des Sports, raconte Orlando, Richard n'arrêtait pas de taquiner la troupe. Il embêtait les danseuses et il se disputait avec tout le monde. Pendant que Dalida chantait sur scène, il faisait le fou dans les coulisses. On avait peur de sa conduite. Il ne faisait plus rien, rien n'avait marché, il avait compris qu'il n'y arriverait jamais. »

Richard se dégrade. Toujours amoureux de la femme, il est jaloux de l'artiste. Il joue Dalida contre Yolanda.

« Au début, dit encore Orlando, tous les hommes de Dalida tombaient amoureux de la star. Dans un second temps, ils étaient surpris, contents ou déçus de trouver Yolanda, une femme simple, douce, hypersensible. En privé, elle avait les qualités et les défauts d'une femme, elle était l'opposé de la créature fatale que son image publique laissait imaginer. Comme la femme privée était très attachante, ils en venaient tous à l'aimer, et ils s'y attachaient maladivement. Même Lucien, le seul à l'avoir connue avant, et qui avait tant voulu qu'elle devienne une star. Alors, quand elle redevenait l'artiste, ils ne pouvaient pas le supporter. Ils vivaient avec deux femmes qui étaient en fait la même. »

Un jour, à la fin de l'année 80, Richard et Dalida sont sur la route. Dalida est fatiguée.

« J'ai besoin de calme, conduis moins vite, réclame-t-elle.

— Bon, répond Richard, alors on crèvera tous les deux. »

Il fonce droit dans un mur et s'arrête au tout dernier moment. Dalida a eu vraiment très peur. Elle se dit que, dans un moment de folie, il pourrait mettre sa menace à exécution.

Le béret

Cette idée la hante désormais. Elle ne supporte plus d'être en voiture avec lui : ça la terrorise. Mais c'est lui enlever sa dernière utilité. Quand elle dit :

« Aujourd'hui, je préfère partir seule », il encaisse, sachant qu'il n'a pas le choix, puis se venge sur d'autres. Il vient au bureau et menace Rosy, dont il supporte mal la lucidité. Elle trouve Dalida trop indulgente :

« Elle avait très envie qu'on l'aime. Elle avait l'âme d'un bon Samaritain. Richard, elle trouvait toujours que ce n'était pas sa faute. Pour elle il fallait toujours aider. »

« On se rendait compte qu'il disjonctait de plus en plus, conclut Orlando. Après, il se mettait à genoux et il demandait pardon à Rosy. Il suppliait : " Ne dis rien à Dalida ! " »

Convaincu de la nécessité d'être ferme, Orlando tient tête à Richard et ne laisse rien passer. Mais ses propos de plus en plus agressifs lui deviennent insupportables :

« Je ne pouvais plus l'entendre dire dans le dos de Dalida : " Elle devient emmerdante, comme toutes les stars vieillissantes. " »

Orlando lui répond :

« Elle devient de plus en plus belle, et sa carrière va de mieux en mieux. Si tu ne supportes pas son succès, tu n'as qu'à réussir toi-même. »

Richard est humilié. Dalida pense maintenant à mettre en vente la maison de Marina di Fiori, lieu de leurs escapades amoureuses. Elle ne le fera pas : elle l'aime, cette maison, avec l'immense baie vitrée surplombant la baie de Porto-Vecchio. A l'horizon, la mer, les montagnes. Plus près, les taches roses des fleurs de laurier. A l'intérieur, des dalles pain brûlé au sol, de grands espaces immaculés. Peu de meubles, des niches dans les murs, des divans et des fauteuils de rotin laqué. La chambre de Dalida, donnant sur la mer, est en camaïeu de bleus et de blancs. Au-dessus du lit, une croix d'émail bleu.

Lorsqu'elle est à Paris elle a souvent besoin de campagne, de verdure. Le dimanche, elle a pris l'habitude d'aller aux Quatre-Saisons, l'auberge de Gérard Pédron, en bord de forêt près de L'Isle-Adam. Un lieu rustique, paisible. Au-dessus du restaurant se trouve un appartement où l'après-midi, avec Gérard et des amis, elle joue au rami d'une façon originale. Elle a elle-même établi les règles de ce jeu franco-italo-égyptien. Elle ne fréquente plus les casinos et joue « pour rire ». L'ambiance est détendue, sympathique. Vers vingt et une heures trente, ils descendent à l'auberge où ils dînent ensemble à une grande table située à l'abri des regards indiscrets.

Malgré tout, on sait qu'elle est là, et les gens viennent pour elle. Quand elle parle, ils se taisent pour l'écouter.

Elle s'habille très simplement, en pull et en jeans. Quand ses cheveux ne sont pas apprêtés, elle porte un béret. Elle en a une collection, de différentes couleurs. A l'auberge, elle se sent comme chez elle.

Un soir, après un après-midi consacré au jeu, la petite bande descend comme d'habitude dans le salon situé à part, réservé pour Dalida. Richard est un peu agité. En prenant place à table autour du couple, les convives sentent une tension dans l'air. Comme souvent, Dalida porte son béret. Richard commence à la taquiner.

« Enlève ça ! Pourquoi tu ne l'enlèves pas ?

— Je ne suis pas en représentation, répond Dalida. C'est une soirée entre amis. »

Richard fait tomber le béret d'un revers de main. Le geste est maladroit. Dalida n'apprécie pas cette humiliation publique. Dans d'autres circonstances, elle aurait ri. Là, c'est une fois de trop.

« Ne te permets plus jamais ça ! »

Elle sait que Richard a fait ça parce qu'il y avait du monde, par besoin de montrer que c'est lui qui commande. Toujours son côté macho :

« Moi, une femme, j'en fais ce que je veux ! »

C'est pour ça qu'elle l'a remis à sa place. Il se vexe, le ton monte. Tout le monde est gêné. Orlando tente de calmer le jeu :

« Vous n'allez pas commencer à vous disputer pour des bêtises ! »

Il a compris que quelque chose vient de se casser. Alors que d'habitude Dalida calme Richard très vite, là, tout se précipite. Il s'en prend maintenant aux autres convives. A l'égard de Dalida, il a quelques commentaires peu aimables, tout en essayant de mettre Orlando de son côté :

« Ta sœur, si tu n'étais pas là... »

Il se fait rabrouer :

« Ma sœur n'a besoin de personne pour être star. Et toi, tu ne lui parles pas sur ce ton ! »

Richard se lève. Robuste, enflammé de colère, il menace Orlando, qui ne se laisse pas faire et attrape un chandelier :

« Si tu t'approches... »

Alors Dalida se lève, furieuse :

« Si tu touches à un cheveu de la tête de mon frère, je te renvoie en prison ! »

Richard est surpris. Elle se dirige vers lui, hors d'elle. A table, personne n'a rien avalé depuis le début de l'algarade.

Voyant que Dalida ne plaisante pas, Richard s'apaise enfin. En un instant, il est doux comme un agneau, mais Dalida n'oubliera jamais cette scène pénible. Pour la première fois, il a osé la bousculer devant ses amis. Il y a maintenant quelque chose de dégradant dans leurs rapports. Ce soir-là, en son for intérieur, elle décide de rompre.

Les amis, désolés, s'appliquent à alléger l'atmosphère. Mais, au moment de partir, Richard s'installe au volant. Orlando et Dalida sont inquiets. Gérard Pédron propose de les raccompagner.

« Non, dit Dalida. Ça ira. Il a fait sa crise. C'est fini. Il est calme, je n'ai pas peur. »

Elle donne le change, mais ne prononce pas un mot durant le trajet. Richard tente de se rattraper. Il lui parle gentiment, tendrement même. Ça ne prend pas. Lorsque le couple le dépose, Orlando est très inquiet. Plus tard, Gérard Pédron l'appelle pour savoir s'ils sont bien rentrés.

« Ça ne va pas, soupire Orlando. Il perd de plus en plus les pédales. Il n'y a plus d'amour entre eux. Ma sœur n'a pas à supporter ça. »

Orlando organise une réunion avec Gérard et Graziano. Ce dernier est mis au courant de l'incident. Orlando dit ce qu'il a sur le cœur. Quelque temps plus tôt, son frère aîné l'a appelé, mécontent. Dans la salle de jeux où il travaille, une cliente lui a dit :

« Je connais la maison de votre sœur. Richard m'a emmenée la visiter. »

« On cachait ces choses-là à Dalida, reprend Orlando. Je me sentais divisé. Je me disais : ils ont vécu ensemble neuf ans. Il est fou, mais il tient à elle à sa façon. »

Orlando se dit qu'il a fermé les yeux sur beaucoup de choses, mais que Dalida doit savoir ce qui se passe chez elle lorsqu'elle n'est pas là. Il en parle aussi avec Rosy. Une autre réunion est organisée, au bureau, pour Dalida. On la met au courant. Il s'avère qu'elle n'est pas dupe :

« Ne vous inquiétez pas. Même si je ne vois pas ce qui se passe, je sens tout. C'est terminé avec Richard, mais je ne peux pas le mettre à la rue comme ça. Je vais lui parler et lui trouver un endroit où s'installer. »

La séparation

La nuit du béret, Dalida fait pour la première fois chambre à part. Elle exile Richard dans la chambre d'amis et s'enferme à clé dans la sienne. Le lendemain, Richard est effondré. Il la supplie, va jusqu'à lui embrasser les pieds et les mains. C'est trop tard, elle lui a pardonné trop souvent. Elle lui parle fermement :

« Je ne peux plus fermer les yeux. Tu dois trouver autre chose. Nos routes se séparent. Maintenant, il faut préserver les bons souvenirs. On se souviendra des beaux moments. »

Terrifié, Richard pleure. Il a ce regard d'enfant en détresse qui touchait autrefois en Dalida un point très sensible. Ce point-là est mort.

Peu à peu, Richard, horrifié, comprend qu'elle ne fléchira pas. Chaque jour, elle lui demande calmement :

« Tu as trouvé quelque chose ? »

Non. Il ne cherche rien, il est comme paralysé. Il sait qu'il ne perd pas seulement une femme aimée : c'est une vie qui s'en va. La plus stable, la plus confortable qu'il ait jamais connue. Dalida avait tissé autour de lui une sorte de cocon protecteur. La maison avait été redécorée selon ses goûts. Mais, dans l'atelier, le matériel de peinture et de sculpture est abandonné, poussiéreux.

Elle doit même s'occuper de son départ. Puisqu'il aime Neuilly, elle demande à Rosy d'y trouver un petit appartement. Elle paiera le loyer pendant un an, le temps qu'il reprenne ses marques. Il refuse tout ce qu'on lui propose. Dalida doit finalement lui dire :

« Voilà, c'est ça ou la porte. »

Il comprend qu'elle est inébranlable. Il prend ses valises et quitte la rue d'Orchampt. Mais le soir, très souvent, il se rend chez Graziano pour attendre Dalida. Elle ne montre rien, mais intérieurement, elle est dévastée de voir cet homme portant beau se décomposer sous ses yeux. Elle savait que le Richard frimeur et flambeur était un déguisement qui cachait une grande faiblesse, pourtant elle a mal. Le déguisement, elle s'aperçoit qu'elle l'aimait. Il avait du panache, à une époque où le panache se fait rare.

Voyant que Dalida ne cède toujours pas, Richard s'énerve, lui envoie d'abord des lettres très gentilles, et ensuite très insultantes. Il vient rue d'Orchampt, essaie d'entrer et menace le personnel. Un midi, il vient chercher le chien qu'il lui avait offert. Il sait que ça lui fera de la peine, qu'elle réagira.

Effectivement, prévenue par la femme de chambre, Dalida sort furieuse :

« Laisse le chien ! C'est la dernière fois que tu mets les pieds ici ! »

Sa colère provoque ce qu'elle voulait éviter : le grand déballage, les échanges pénibles et blessants où l'on prononce malgré soi des mots qu'on ne pourra pas oublier, qui abîment irrémédiablement ces bons souvenirs qu'elle tenait à préserver. L'explication se termine crescendo :

« Ça me dégoûte d'avoir partagé ma vie avec toi ! crie-t-elle. Neuf ans de fichus ! Et je ne me laisserai plus ridiculiser ! »

Elle se tient en haut de l'escalier, le chien sous le bras. Elle est mince et fragile, mais sa voix a une force énorme. Elle prend Richard par le bras et le jette dehors.

Sa provocation a marché, mais pas comme il l'espérait. Il se poste devant chez Orlando et attend qu'il sorte. Il le supplie alors d'intervenir :

« Je l'adore ! J'ai fait des conneries, mais c'est parce qu'elle ne m'aime plus !

— Tu as fait trop de bêtises, dit Orlando, et gâché trop de choses. Dalida t'a pris en main pendant neuf ans, maintenant c'est ton tour. Et si tu l'aimes laisse-la en paix. Je ne peux plus rien pour toi. »

Orlando non plus n'est pas insensible à la détresse de Richard :

« Je savais qu'il ne nous voulait pas de mal, mais son côté destructeur était trop fort. »

Incapable de vivre seul, Richard se réfugie chez une amie. Il continue pourtant à assiéger Dalida par téléphone. Celle-ci doit laisser le répondeur branché en permanence. Alors, il recommence à écrire :

« Je ne peux vivre sans toi. Il n'y a que toi qui comptes ! »

Il continue à hanter, le soir, Da Graziano.

Mais, pour Dalida, quand c'est fini, c'est fini.

Lunettes noires

Elle se soigne toujours avec son remède de cheval habituel : le travail. La productrice Jackie Lombard lui propose de reprendre le spectacle du Palais des Sports à l'Olympia, la salle qui l'a vue naître, pour fêter ses vingt-cinq ans de carrière. Ses noces d'argent avec la chanson, il est normal de les célébrer avec le public dont elle dit qu'il est son mari et son amant le plus fidèle...

Elle a déjà reçu toutes les distinctions possibles : médailles, oscars, disques d'or et de platine. Pourquoi ne pas créer un disque de diamant ? Elle sera la première à le recevoir (le deuxième sera le jeune homme étranger qui n'a pas changé, Julio Iglesias).

La première est prévue pour la fin mars. Le spectacle avait déjà été modifié pour une scène plus petite. Larry Vickers, chorégraphe de Shirley McLaine, l'adapte pour l'Olympia. Dalida rajoute une importante partie de tour de chant comprenant de nouvelles chansons : *Une femme à quarante ans,* et *Il pleut sur Bruxelles,* un hommage à Jacques Brel disparu, écrit par Michel Jouvaud sur une musique de Jeff Barnell.

Richard pense-t-il qu'elle en profitera pour chanter *Quand je n'aime plus je m'en vais* ? Une fois de plus, il la menace :

« Je ne te laisserai pas chanter. »

Au début, on doit surveiller la salle. Finalement il ne se montrera pas. Après l'immense salle du Palais des Sports, le public, ravi, a l'impression de retrouver Dalida, de la sentir à nouveau très proche. Elle adore cette impression de communion, l'extase de faire partie d'un grand tout. Sentiment de retour aux origines, fusion au goût de paradis perdu. Là seulement Yolanda et Dalida se rejoignent, là seulement l'anxiété s'apaise enfin...

Le 18 mars 1981, c'est la première et le disque de diamant lui est remis par Michel Drucker, pour quatre-vingt-cinq millions de disques vendus dans le monde, pour cinquante-cinq disques d'or, interprétés en sept langues, et pour l'ensemble de sa carrière. Le spectacle est dédié à l'Association internationale contre la faim. La recette de la soirée du 25 mars sera versée au profit de cette organisation.

Pour chanter un pot-pourri de ses premiers succès, Dalida a revêtu la robe de velours rouge à bustier et jupe abat-jour créée par Jean Dessès pour son premier passage à Paris en vedette à Bobino. Le public en est profondément touché. Le style « 50 » est revenu à la mode et la robe lui va toujours très bien, mais il a fallu la reprendre, car Dalida est plus mince.

« Il demeure en elle une limpidité désarmante, écrit R. Cannavo dans *Le Matin.* Elle a conservé des allures enfantines avec ses mains plaquées contre le corps, ses regards incrédules masquant mal une émotion brumeuse et cette manière de retrait lorsque, intimidée par les clameurs, elle s'incline vers la salle, éperdue, avec gravité et une imperceptible raideur qui par instants la rend pathétique. »

Elle avoue à Georges-Marc Benamou :

« J'ai transformé ma souffrance en une carrière. » (*Le Quotidien de Paris,* 18.3.81.)

Ce pathétique, l'écrivain Hervé Guibert, qui fait son portrait pour *Le Monde,* ne le voit pas, plus sensible au glamour qui le masque :

« A partir du moment où l'on franchissait le portail de son petit château dans le 18e arrondissement, tout se finissait en " a ". La bonne, Andrea, portait un tablier blanc. Et le carlin, Pacha, ne voulait pas lâcher le pied du visiteur. Il dut attendre dans un grand salon, entre des cigognes argentées, des masques de pharaons, des icônes, des chats abyssins, des lampes-poulpes et l'intégrale d'*A la recherche du temps perdu* en collection blanche. Enfin, arriva Dalida elle-même, un gilet de cuir de couleur chameau sur un chemisier ouvert, sa magnifique chevelure sertie par le diadème d'une paire de lunettes noires. »

Et elle chante :

Avec des faux pas, des faux plis
Chacun de nous porte sa vie
A sa manière (...)
Pour tous les chagrins que je traîne
J'ai mis ma vie en quarantaine...

Le Président

Richard parti, elle est soulagée, mais sa vie lui paraît vide, vide, vide. Elle erre dans la maison de Neuilly encore inachevée. Elle l'avait fait construire pour faire plaisir à Richard. Elle ne parvient pas à s'y sentir chez elle. D'ailleurs, à Montmartre, la période d'insécurité se termine. Le quartier a été rénové, les célébrités reviennent. Elle ne peut se décider à quitter la rue d'Orchampt.

La nouvelle demeure est pourtant somptueuse avec ses fenêtres à l'orientale, son patio et son immense jardin d'hiver. Peut-être trop, justement. Elle dit :

« J'aimerais y vivre comme dans une maison de vacances. »

En fait, c'est un éléphant blanc qui la ruine. Mais, désemparée, elle continue à courir les antiquaires, à choisir avec son décorateur tissus rares et matériaux luxueux. Quelque chose la dépasse. Comme si sa vie était devenue plus grande qu'elle...

Quelque chose la dépasse aussi du côté d'un autre ordre de grandeur. François Mitterrand est un ami de longue date, elle continue à le voir souvent ainsi que sa famille. Or, en avril 81, alors qu'elle termine son Olympia, la campagne pour l'élection du président de la République bat son plein. François Mitterrand se présente pour la troisième fois et les chances sont en sa faveur.

L'homme a bien changé depuis dix ans qu'elle le connaît. L'image est prise en charge par le publicitaire Jacques Séguéla. Les canines trop longues ont été limées, les favoris raccourcis. Le sourire s'élargit, la silhouette est très droite, le torse bombé, la garde-robe plus jeune et décontractée, la diction onctueuse. Le candidat socialiste apparaît comme l'homme de l'avenir, face à un Giscard crispé sur des positions aristocratiques, que sa brillante intelligence fait paraître méprisant. En même temps, Mitterrand a su garder un certain lien avec des traditions qu'on commence à regretter de voir se défaire. Le slogan « La force tranquille », la représentation, sur l'affiche de la campagne, du candidat en marcheur solide, sur fond de village pour résidence secondaire, rassure. Mai 68 a voulu tuer les pères, les fils devenus adultes se sentent bien seuls. Mitterrand excelle à cacher la main de fer dans le gant de velours, son air jouisseur est tempéré d'une allure austère, il a l'apparence d'un père moderne, pas trop fouettard mais sur qui on peut compter.

Lors de la campagne précédente, Dalida s'était sentie enrôlée malgré elle, on le lui a fait payer et elle en a été échaudée. Pourtant, une fois de plus, sa générosité, le désir d'aider l'ami et de soutenir celui qu'elle admire toujours vont la piéger. D'autant que cette fois, la troisième, ça passe ou ça casse, et elle le sait.

Roger Hanin demande à Dalida de faire son tour de chant à Lille où le candidat socialiste doit prononcer un discours, quelques jours avant le premier tour, le 21 avril. La chanteuse n'a toujours pas les idées à gauche. Sa réussite est pour elle la preuve qu'à force de travail et de volonté, d'où qu'on vienne, on peut s'en sortir. D'un autre côté, elle a le cœur large et les idées de partage prônées par les socialistes trouvent chez elle un écho — comme d'ailleurs à cette époque chez beaucoup de Français qui n'ont rien, eux non plus, de militants du programme commun. La France a envie de renouveau. Et puis, François Mitterrand n'est pas un socialiste comme les autres. En est-il un, d'ailleurs ? L'un de ses atouts, c'est d'avoir l'air, tout en tenant un discours de gauche, d'un homme de droite. Dalida a confiance en lui et ce discours la séduit.

Une fois de plus elle se dit qu'elle a bien, par le passé, chanté sans états d'âme pour divers courants politiques sans pour autant se sentir engagée. Dix ans plus tôt, Giscard était ministre des Finances, et Dalida s'est produite pour lui sous un énorme chapiteau dressé place Clichy, sur l'emplacement d'un cinéma légendaire. Elle avait remporté un triomphe, mais Giscard n'avait pu assister à la soirée. Dalida avait été vexée. Son amour-propre de femme et de star en avait été piqué... Et puis, l'amitié c'est l'amitié... Elle ne sait pas encore qu'en politique, ce mot n'a pas le même sens que dans la vie courante...

Elle accepte. L'ascension obstinée de Mitterrand, son charisme très affirmé la subjuguent. Cet homme a compris que les femmes ont un rôle essentiel à jouer dans la modernité, il faut leur donner leur chance. Il sait voir en elles autre chose que des objets sexuels, dépasser la misogynie traditionnelle dans les milieux du pouvoir pour utiliser à son profit leur loyauté, leur acharnement au travail, leur sens du sacrifice et de l'effacement et leur ambition. Tout au long de son règne, il saura merveilleusement s'en servir. Pour le futur président, Dalida est une de ces femmes utiles. Une parmi d'autres, qu'on met en veilleuse lorsque son utilité n'est plus aussi apparente. Mais le cynisme qui permettra à Mitterrand d'amener la gauche au pouvoir et qui le fera comparer au prince de Machiavel, Dalida ne le voit pas. L'homme en privé sait être chaleureux, attentif aux êtres, elle continue à voir en lui un esthète, un poète et un penseur, plus qu'un politique. Elle lui fait confiance. Avec sa spontanéité habituelle et une naïveté qui va cette fois lui coûter très cher, elle va se laisser glisser dans la politique, un monde dont elle ignore les règles et les dangers.

« Au début, quand elle a signé le contrat pour Lille, dit Orlando, c'était un gala comme un autre. On ne s'est rendu compte qu'ensuite qu'elle participait à un meeting politique. »

Elle commence alors à se poser des questions :

« Si je fais ça, les gens vont penser que je me jette dans la campagne... Mais pour les médias, vu l'amitié qui me lie aux Mitterrand depuis tant d'années, de toute façon ce sera pareil... Même si je ne fais pas de politique, je serai quand même à côté de mes amis... »

L'amitié, la loyauté : elle ne prend pas ces mots à la légère. Mais elle ne mesure pas les effets du pouvoir. Il donne aux hommes qui l'exercent, aux yeux de certaines femmes, une qualité hypnotisante. Les repères s'en trouvent brouillés. Attrait irrésistible d'une paternité mythique. Dalida est de ces femmes-là. Elle ne sait pas encore à quel point.

A Lille, Dalida chante devant un public immense. La gigantesque salle du Palais des Sports de la ville est pleine à craquer. Les militants sont venus de tout le Nord, de tout le Pas-de-Calais. Aux revers, les roses rouges. C'est le dernier meeting régional de l'homme qui soulève, ici encore plus qu'ailleurs sans doute, un très grand espoir. Lille est de tradition socialiste, la région est touchée par la crise des mines et du textile. Le choix du lieu est donc symbolique.

Sur les côtés de la scène, des écrans géants reproduisent l'image agrandie de la chanteuse. Ressent-elle déjà une impression de démesure, pressent-elle cette hubris, cet orgueil qui défie les dieux et le destin dans la mythologie grecque ?

Elle commence son show de l'Olympia en attendant la venue de François Mitterrand. Il arrive en plein milieu, attend la fin de *Je suis malade.* Alors les trompettes retentissent, interrompant le spectacle. Applaudi frénétiquement, François Mitterrand va directement jusqu'à la scène. D'en bas, il salue Dalida, lui tend la main avant de s'asseoir. La foule hurle :

« Dalida avec nous ! Dalida — Mitterrand ! »

La communion avec une foule a toujours été le plus grand bonheur de Dalida. Elle est grisée de constater à quel point elle est arrivée. Dans un moment d'extrême euphorie, perdant le sens de la perspective, elle se voit comme la favorite du roi — et en même temps, comme la Marianne de la République...

Les clameurs s'apaisent. François Mitterrand s'assoit au premier rang, à côté de Mauroy et des futurs ministres. Il attend la fin du tour de chant de Dalida, puis monte sur scène et lui donne l'accolade. Sous les paillettes de la combinaison *Gigi in paradisco,* elle est presque nue. Dans le public, c'est le délire. Elle comprend alors qu'elle ne pourra plus faire marche arrière. Malgré elle, elle se trouve politiquement impliquée.

Pour les socialistes, la très grande popularité de Dalida représente un bel atout. Sept ans plus tôt, le parti à la rose était défendu par Juliette Gréco, à l'audience beaucoup plus étroite et à l'image élitiste...

Dalida s'expliquera dans la presse à l'occasion d'un article rédigé par Pascal Sevran pour *Le Matin de Paris* : « Pourquoi je vote pour François Mitterrand » :

« Plus le temps passe, plus je crois aux vertus de la vérité. Il faut avoir le courage de dire ce que l'on croit, ce que l'on est. Chanter, danser ou jouer la comédie n'interdit pas de penser. Personne ne s'étonne, aux Etats-Unis, d'entendre Jane Fonda, Robert Redford ou Frank Sinatra prendre la parole sur des sujets graves. On ne les met pas à l'index. La célébrité ne donne pas tous les droits, elle n'oblige pas pour autant au silence. »

Elle qui, au début de sa carrière, n'avait pas voix au chapitre, qu'on prenait pour une belle fille sans cervelle, tient aujourd'hui sa revanche. Elle ne se prive donc pas de développer ses raisons :

« La politique, c'est défendre une idée et les idées, ce sont les hommes qui les trouvent. Moi, je vote pour un homme que je connais et dont j'apprécie la sagesse intérieure, les qualités humaines et intellectuelles. Un homme au-dessus de tout soupçon : 61 pour cent des jeunes se déclarent en sa faveur, c'est un signe, non ? »

Mais elle déclare au *Soir* de Bruxelles :

« Je ne fais pas de politique. Je ne suis pas une militante. Je suis une citoyenne qui va voter, car il faut voter, et je dis pour qui. Je ne fais pas campagne. C'est pour un homme que je vote. C'est souvent comme cela. Rappelez-vous de Gaulle. Votait-on pour un parti ? Non, on votait pour de Gaulle. »

Elle répète, comme une incantation :

« Je suis sûre de l'honnêteté intellectuelle de Mitterrand... »

Elle n'est d'ailleurs pas la seule. Si Bardot et Delon ont choisi Giscard, Depardieu et Truffaut déclarent aussi leur allégeance à Mitterrand. On ne le leur reprochera pas. A Dalida, si. Alors ? La peau nue, les paillettes, un scintillement dans l'œil du candidat ? Un murmure court. La presse italienne n'y va pas par quatre chemins :

« Mitterrand et Dalida, presque un amour... », imprime *L'Occhio.* Les photos de Lille seront publiées jusqu'en Amérique.

Arrive le 10 mai 1981, jour de la victoire de François Mitterrand. Dalida chante à Abu Dhabi. Elle est la première chanteuse française à se produire là-bas. Elle y est somptueusement accueillie, mais doit modifier quelques numéros : le contrat exige que certaines robes, trop provocantes, soient changées...

Lors de cette tournée dans les Emirats, elle parle politique avec les membres des gouvernements locaux comme si elle était elle-même politicienne. Elle en est fière...

Le soir du gala, avant qu'elle entre en scène, à dix-neuf heures trente, Jacques Attali lui annonce au téléphone que Mitterrand est élu.

« Garde le secret jusqu'à vingt heures », demande-t-il.

Il racontera dans *Verbatim* que, bien sûr, deux minutes après, tout Paris était au courant...

Peu après, le téléphone sonne chez Orlando, qui se trouve là avec Pascal Sevran. C'est Dalida :

« Mitterrand est président ! Surtout, ne dites rien jusqu'à vingt heures ! »

Orlando apprend ainsi le résultat de l'élection par un coup de fil de l'autre bout du monde. Il est ému : elle vient de si loin, la petite fille de Choubra...

Aussitôt après, Dalida se précipite dans le couloir et crie aux musiciens :

« Ça y est, Mitterrand est le président de la France ! » Ceux-ci boudent : ils n'ont pas voté pour lui. Elle, naïve, ne comprend pas ce manque d'enthousiasme...

Elle est déçue de ne pas se trouver en France pour partager la joie des gens.

A la Bastille, le temps est plutôt à la pluie. Une foule en délire danse la farandole autour du Génie, en brandissant des roses et en criant : « On a gagné ! »

Et, pendant ce temps-là, Dalida, toujours à Abu Dhabi, se rend compte, le soir même, que les gens ne portent plus sur elle le même regard. Dans leurs yeux, elle lit un mélange d'admiration et de jalousie...

Son retour en France sera bien différent de ce qu'elle espérait. Presque tous ses amis ont voté contre la gauche. Une distance s'est instaurée. Elle en souffre déjà. Elle tente de leur faire comprendre, en leur parlant gentiment, que pour elle rien n'a changé. En vain.

« Le lendemain même de l'élection, raconte Orlando, un ami de longue date m'a appelé : " Ta sœur était déjà la reine à la télé, maintenant elle sera l'impératrice ! " Je n'ai jamais oublié ce coup de fil. »

Pauvre Dalida, qui s'imagine que la politique, c'est une bataille pour les idées ! C'est d'abord une bataille pour le pouvoir, elle est une des rares à ne pas s'en être encore aperçues. Public, amis, médias la croient désormais protégée et se figurent qu'elle a tout à ses pieds. Le temps se chargera de démentir ce fantasme...

Au Panthéon

Quelques jours après l'élection, Dalida, de retour à Paris, donne un grand dîner pour fêter la victoire. Au menu, huîtres et fruits de mer, les mets préférés du nouveau président. Elle l'a invité, ainsi que sa famille et ses proches. Elle devient alors amie avec Jack Lang, qu'elle avait déjà rencontré. On la traite presque comme si c'était elle qui avait gagné. Les amis de Mitterrand connaissent le faible qu'a pour elle « le Président qui aimait les femmes ». Déjà, quelques mauvaises langues l'appellent « la fiancée de Mitterrand »...

Dans le cercle socialiste, les regards ont changé aussi. S'y mêlent l'admiration et la crainte. On croit qu'elle a l'oreille du Prince. En cas de besoin, peut-être pourrait-elle glisser un mot ? On ignore qu'elle ne se permettrait pas de parler politique avec celui que la presse appellera bientôt « Dieu »...

Le 21 mai à dix-huit heures, Mitterrand remonte la rue Soufflot en direction du Panthéon. Il s'apprête à se recueillir sur la tombe de Jean Jaurès, père du socialisme français, de Victor Schoelcher, émancipateur des Noirs des Antilles et de Guyane, et de Jean Moulin, héros de la Résistance. Cette cérémonie, pensée en fonction de la télévision, se veut à la fois solennelle et chaleureuse, elle doit donner le ton du nouveau régime. François Mitterrand marche lentement, une rose à la main. Le visage est grave, l'expression presque impériale. La teinte et l'aspect de la peau font penser à du marbre, comme si le pouvoir, déjà, ou la conviction d'appartenir à l'Histoire l'avaient pétrifié. Milan Kundera écrira dans *L'Immortalité* que le Président « voulait ressembler aux morts », et Claude Sarraute dira dans *Le Monde* : « C'était plus qu'un acte de respect, un acte de foi. » (Cité par F.O. Giesbert, *Le Président.*)

L'entrée du Panthéon est encadrée par les troupes à cheval de la garde républicaine. L'orchestre de Paris joue l'*Hymne à la joie,* mais les cris de la foule se répercutent comme le grondement de la mer. La place, habituellement presque déserte, se reconnaît à peine. Derrière Mitterrand, à quelques mètres, les invités sont au coude à coude. Derrière eux, la foule est difficilement contenue. Dalida, au premier rang, est au bras de Willy Brandt et de Gaston Defferre. Elle porte une robe rose — personne ne croira qu'elle ne l'a pas fait exprès.

« Vous vous souvenez, glisse Defferre, c'est moi qui vous avais présentée au Président ! »

Le Président monte les marches de l'édifice aux allures de temple néo-classique. Lorsqu'il en ressort, quelques minutes plus tôt que prévu, alors que l'orchestre joue *La Marseillaise,* la pluie tombe à verse.

Les photos du Panthéon seront publiées partout. Dans sa robe rose, Dalida ne passe pas inaperçue parmi les costumes sombres des hommes qui l'entourent.

Le Canard enchaîné se demande :

« Où Mitterrand va-t-il pouvoir caser Dalida dans son gouvernement d'après les législatives ? »

En juin, Dalida rétorque dans *Libération* :

« Les chars russes ne sont pas arrivés en France, que je sache. »

Mais le mal est fait, les médias lui en veulent, elle leur échappe et ils n'aiment pas ça. La presse commence à l'appeler la « panthère rose », l'« égérie de Mitterrand ». Lui-même se verra affublé du sobriquet de « Mimi l'amoroso »...

Pourtant, Dalida a réussi sous de Gaulle, a été vedette sous Pompidou et star sous Giscard. Au début du premier septennat de Mitterrand, elle n'a l'impression de trahir personne en jouant le rôle d'une égérie... Elle est fidèle et soutient son ami ; se défiler aurait été pour elle une trahison.

L'après-midi de la cérémonie Dalida doit enregistrer deux chansons pour une émission de télévision avec Guy Lux. Elle se trouve dans sa voiture avec Max Guazzini, Orlando et Antoine quand, à l'Etoile, ils tombent sur un embouteillage monstre. Une foule entoure l'Arc de triomphe où Mitterrand, le matin, a déposé une gerbe.

Le public reconnaît la chanteuse et tape sur les vitres en criant :

« Dalida ! Dalida ! »

On frôle l'émeute. Les gens l'ont vue à la télévision un peu plus tôt. Dalida sort alors de la voiture. On l'attrape, la soulève et la porte en triomphe devant l'Arc du même nom :

« C'est la copine du Président ! Regarde la gerbe qu'a déposée ton copain ! »

Dalida n'a jamais pu vaincre sa peur de la foule lorsque celle-ci l'approche de trop près. Elle est à la fois flattée et effrayée. Mais elle a appris à contrôler ce genre de situation. Elle cache son appréhension et sourit :

« Je suis très en retard, faites-moi un passage ! »

Elle prend les choses en main, fait le service d'ordre. Et la voiture peut continuer son chemin...

Le 1er juin, jour de la fête des Fleurs, les fleuristes désignent Dalida pour remettre à la première dame de France le traditionnel bouquet de roses. Conduite par Max Guazzini, la voiture de la chanteuse franchit pour la première fois le portail de l'Elysée. En passant devant les gardes en armes, Dalida se sent gonflée de fierté. Le Président n'est pas présent, mais Danièle Mitterrand et Christine Gouze-Rénal l'accueillent sur le perron. Avec les représentants des rosiers de France, elle remet le bouquet à la Présidente. Les représentants se retirent. Danielle Mitterrand quitte alors l'attitude protocolaire pour redevenir l'amie :

« Ne pars pas, on va déjeuner !

— Mais un ami très proche m'accompagne ! » dit Dalida, désignant Max en retrait.

Danielle Mitterrand l'invite aussi. Elle fait d'abord visiter l'Elysée à Dalida. Celle-ci est très impressionnée par le lit immense de Charles de Gaulle...

Le déjeuner a lieu dans un salon privé. L'ambiance est très amicale.

« On était dans un autre monde », dit Orlando.

Spontanément, Dalida propose :

« Si vous ne faites rien ce soir, venez donc dîner à la maison !

— Je ne connais pas l'emploi du temps du Président, objecte Danielle.

— Ça ne fait rien, dit Dalida, il nous rejoindra plus tard... »

Le dîner se passe dans une joyeuse ambiance. Pascal Sevran, prévenu, en vacances chez ses parents dans le Limousin, est remonté à Paris en poussant au maximum son Austin. Jack Lang est également présent.

Le lendemain, chez Graziano, Dalida tombe sur la journaliste Michèle Decamp — qu'elle connaît. Elle lui raconte la journée de la veille. Elle ne se rend pas compte que tout cela est du domaine de l'officiel. Le lendemain, *France-Soir* titre : « Dalida à l'Elysée, l'Elysée chez Dalida ».

Dalida, stupéfaite, commence à comprendre que, désormais, chaque chose qu'elle va dire, chaque geste qu'elle va faire seront médiatisés. Elle devra se surveiller sans cesse...

État de grâce

La vague qui a emporté la France ne va pas tarder à refluer. Le peuple est divisé, partagé entre l'envie du changement et la peur des conséquences. Les gens espèrent une distribution plus équitable des ressources, mais ils craignent un ébranlement du système qui leur retirerait un peu de ce confort durement gagné. La désillusion poindra vite, mais pour l'instant, c'est encore la grande aventure. Et Dalida est heureuse de la vivre, de participer au mouvement d'émotion. Elle était Dalida, chanteuse populaire ; elle est devenue Dalida, chanteuse populaire votant pour Mitterrand. Un engrenage.

« Elle n'avait pas besoin de ça », dit Orlando.

D'une certaine façon, si. Pour remplir le vide de sa vie sans Richard. Toujours il lui faut du dramatique, et si possible du grandiose. Le défi l'excite. Côté carrière, bien sûr, ça marche toujours, mais aucun projet immédiat ne la comble, après la gageure du Palais des Sports. Elle s'est habituée à l'adrénaline qui monte sous l'effet du risque et du pari. Femme de feu, elle a toujours besoin de s'enflammer pour quelque chose, et cette campagne est venue remplir sa vie.

Avec son appétit de culture, sa frustration de savoir, elle espère trouver dans l'entourage présidentiel un havre d'intellectualisme, des gens dont la conversation, les idées lui ouvriront de nouveaux horizons. Jacques Attali l'impressionne. Cette autodidacte idéalise les intellectuels.

Elle rencontre Lionel Jospin, dont elle apprécie l'honnêteté, et Bertrand Delanoë, porte-parole du gouvernement, avec qui elle se liera d'une amitié durable. A la suite d'un dîner chez Pascal Sevran, elle va devenir très amie avec le couple Attali. Toute la soirée, elle questionne Jacques Attali sur le programme du PS, qu'elle connaît mal. L'impôt sur la fortune lui fait peur, l'alliance avec les communistes aussi. Elle lui semble de plus maladroite, car, pour y avoir voyagé, elle prévoit l'effondrement des régimes de l'Est. Elle se souvient que lorsqu'elle était enfant son père avait peur de Staline. Au fond d'elle-même, elle croit que Mitterrand, comme de Gaulle, est la grande figure historique qui redonnera confiance à la France.

Elle ne sait ni tricher ni composer. Avec ses hommes, politiques ou pas, c'est tout ou rien. Et si, en amour, le refus des concessions est difficile, en politique il est suicidaire...

Peu à peu, elle rencontre tous les membres du gouvernement et tient table ouverte pour eux rue d'Orchampt. Ce qui, d'ailleurs, lui coûte une fortune, mais elle n'y pense même pas. Ces folies donnent du piment à sa vie. Orlando tente toujours de la freiner :

« Les médias sont en train de te politiser à mort !

— Qu'importe, répond-elle, c'est nouveau pour moi, une autre étape de ma vie ! Jusqu'ici, je n'ai fait que chanter. Maintenant, j'ai autre chose... »

Elle se réjouit de voir les journaux la prendre au sérieux :

« Pour une fois, Dalida pense ! »

Elle ne détecte pas l'ironie qui pointe — ou, du moins, elle l'a vue pointer depuis si longtemps qu'elle n'y prend plus garde. Elle ne veut pas savoir ce que ça donnera dans l'avenir, vit à fond le présent :

« Demain, on verra. »

Elle a toujours su s'arranger avec demain, et le présent est rarement assez fort pour la satisfaire. Mieux qu'aucun homme, Mitterrand se laisse mettre sur un piédestal. Les autres étaient toujours réticents, gênés, prêts à redescendre. Chez Mitterrand, c'est professionnel. L'œil sur les lendemains de l'Histoire, il s'y sent bien. Cet homme plutôt petit excelle à se donner une stature. Dalida n'est pas la seule à adorer ça. Même quand ça se gâtera, la tontonmania, forme hystérique du mitterrandisme, continuera à faire des ravages dans un pays qui a tellement envie de croire à un idéal.

Elle y fait à peine attention. Elle ne voit pas que, prise dans le tourbillon, elle n'a plus le temps ni la distance pour penser vraiment. Son frère aîné, qui ne fait pas du tout partie de ce monde, lui parle très franchement :

« Tu es folle, tu soutiens des idées qui ne sont pas les tiennes.

— J'ai voté pour l'homme, pas pour les idées », répond-elle.

Elle ne voit même plus ses contradictions. Son frère aîné en arrive à se brouiller avec elle et avec Orlando qui continue comme toujours à soutenir sa sœur.

« Jamais vous ne pourrez lui enlever cette étiquette politique ! » tempête en vain l'aîné.

La lune de miel entre François Mitterrand et les Français va durer six mois. Le pays voit la vie en rose et Dalida aussi (évidemment, elle le chante !). Prise dans le tourbillon de la gloire, la tête lui tourne. Claude Estier, directeur de *L'Unité,* député européen à Strasbourg, est le candidat du PS dans le 18ᵉ arrondissement. Il lui demande de l'accompagner dans sa tournée au moins une fois, le 18 juin. Cela se passe devant témoins. Une phrase lui traverse la tête :

« Où je vais ? »

Elle n'ose pas refuser. Elle regrette tout de suite. Orlando est effrayé : la glissade continue. D'ailleurs la rue Lepic est raide, mais Dalida la connaît si bien.

« Rien qu'un petit tour au marché aux fleurs », se répète-t-elle.

On parle d'elle pour incarner la nouvelle Marianne des mairies. Elle pose de profil, le bonnet phrygien sur la tête...

Au cours d'un grand dîner chez elle, le Président est l'invité d'honneur. Comme d'habitude, Dalida ne fait pas la cuisine, mais supervise tout. Elle continue à dresser elle-même le couvert et composer les bouquets. Son personnel est maintenant français. Hélène, excellente cuisinière, est une virtuose de la pâtisserie.

Occupée à jouer son rôle d'hôtesse, Dalida laisse les hommes parler politique. Mitterrand doit prononcer un premier discours devant l'Assemblée européenne. Le Président demande à Attali de lire le texte. Celui-ci s'exécute au dessert. Juste comme il termine, Hélène présente au président un merveilleux gâteau au chocolat, sa spécialité. Il accepte une tranche et, réfléchissant au discours, se retourne vers Attali :

« Qui a fait ça ? »

Dalida, qui était partie à la cuisine vérifier que tout allait bien, revient alors.

« C'est Hélène ! » s'écrie-t-elle radieuse, la tête pleine de son gâteau. Tout le monde éclate de rire...

Jack Lang demande à Pascal Sevran d'être « Monsieur Chanson ». Il ne restera pas longtemps à ce poste, mais commence à gravir les échelons d'une très belle carrière. Il sait être habile, tout en restant fidèle à ses opinions — et à la chanson française. Auteur lui-même, Sevran croit aux textes. L'âge des interprètes n'est pas pour lui un handicap, la nouveauté à tout prix ne l'obsède pas. Il se bâtit une belle popularité. Dalida a été à l'origine de sa réussite. Il le reconnaît et lui restera toujours fidèle.

Chaque année, le dimanche de Pentecôte, Mitterrand escalade la roche de Solutré. Il est suivi dans cette expédition par des familiers, des gens du cru et des journalistes. Charles Hernu et Jack Lang sont présents. Tous transpirent, emboîtant le pas au Président qui brandit gaillardement son bâton de marche. La roche, il est vrai, n'excède pas une hauteur de 495 mètres.

Dalida, qui chantait en Suisse la veille, arrive à temps pour le déjeuner qui se déroule dans une villa appartenant à la belle-famille du Président. La famille et un comité restreint de ministres y sont conviés. Au dessert, on déguste une pièce montée en forme d'arc de triomphe...

Ce n'est pas la première fois que Dalida participe à cette fête. Elle ne se rend pas à la marche, reste avec les femmes : Danielle Mitterrand, Christine Gouze-Rénal, Monique Lang.

Les paparazzi sont à l'affût. Une photo prise au téléobjectif paraîtra dans *Paris Match*. François Mitterrand y a l'allure d'un gentleman-farmer : polo, casquette, verre de vin à la main, gai, détendu. A côté de lui, Dalida, dont la main paraît posée sur l'auguste épaule. Ce cliché d'une scène pourtant innocente fera fantasmer beaucoup de monde...

Dalida et lui se voient moins souvent, mais parfois... Ainsi, ce jour d'août, en début d'après-midi. Dalida, en tournée, a relâche. Le personnel est en congé. Elle est seule dans la maison, avec son amie Nono qui occupe l'étage supérieur.

Le téléphone sonne : c'est Lui.

« J'ai deux heures de libres. J'aimerais bien picorer un plat de fruits de mer avec vous. J'arrive. »

Il raccroche. Les fruits de mer, il adore ça, et c'est comme un code entre eux. Dalida n'a pas eu le temps de lui dire qu'elle prend l'avion de six heures, pour être une heure après sur le lieu du spectacle. Elle appelle Nono :

« Vite, rends-moi service ! Commande tout de suite des fruits de mer chez Charlot ! »

Les deux femmes s'affairent à dresser la table. Nono ne s'étonne pas que l'envie de fruits de mer vienne à l'homme illustre en plein après-midi. Mais, pendant qu'elle se coiffe, Dalida pense en souriant aux catleyas de Proust, son écrivain préféré...

Le Président se gare rue Lepic. Il monte à pied, seul, sans gardes du corps, la ruelle séparant la rue Lepic du portail de Dalida. Pour lui, c'est un moment de récréation. Bon vivant, il considère que se priver des plaisirs de la vie appauvrit un homme. Doué d'un humour pince-sans-rire, il vient parfois voir son amie coiffé d'une casquette :

« Comment ça me va ? »

Il mange de bon appétit. Dalida fait semblant, par politesse, car elle ne peut rien avaler avant de chanter. Comme d'habitude, ils ne parlent pas de politique, seulement de philosophie ou de littérature. Il est toujours souriant, détendu. Elle admire cette parfaite maîtrise de soi et s'émerveille de voir que rien ne peut le faire sortir de son calme. Dalida, par contre, est nerveuse : elle voit que l'heure tourne et craint de manquer son avion. L'homme l'impressionne beaucoup et elle n'ose rien dire...

Enfin, il se décide à prendre congé. Elle le raccompagne à la porte, très soulagée... Celle-ci à peine refermée, elle se jette sur son sac, pendant que Nono file sortir la voiture. Quand Dalida arrive à l'aéroport, l'embarquement est terminé. Parce que c'est elle, on la laisse passer. Dans l'avion, heureuse, elle pense :

« Ce que j'aime chez lui, c'est le jeu, c'est l'imprévu... On ne sait jamais ce qui va se passer... »

Effectivement. Il prend des risques, ça l'amuse. Résultat : un matin, Dalida est réveillée par des marteaux piqueurs. Les services secrets ont décidé d'illuminer *a giorno* la rue afin que nul ne puisse s'y embusquer...

Elle s'étonne de constater à quel point l'homme est resté le même : de bonne humeur et sans façons. Elle le vouvoie, n'emploie jamais son prénom, l'appelle toujours « Monsieur le Président ». Son charisme et sa simplicité même imposent distance et respect.

Vacances à Beverly Hills

L'état de grâce continue — celui de la France et le sien — lorsqu'elle repart en tournée. Elle s'est organisée pour minimiser le stress, profiter de quelques moments de détente volés. Lorsqu'elle ne se produit pas trop loin, elle s'arrange pour rentrer dormir chez elle, quitte à prendre un petit avion le lendemain. Retrouver « les grilles de sa maison » lui fait toujours du bien. Et, lorsqu'elle chante dans des villes éloignées, elle adore descendre dans les châteaux-relais. Chaque fois, c'est la découverte d'un coin de terroir, d'un moment d'histoire.

Tout est organisé à l'avance. Comme le spectacle finit tard et qu'elle ne peut pas manger avant de chanter, la direction de l'hôtel, prévenue, organise un souper pour Dalida et son équipe. A cette heure, en province, les restaurants sont fermés.

Quand même, c'est plus dur depuis que Richard est parti. Elle est soulagée qu'il ne conduise plus la voiture. Mais elle a retrouvé la froideur des chambres d'hôtel et la tristesse des couloirs déserts. Le réconfort d'une épaule aimante lui manque lors des inévitables accrocs des tournées : retards, accident du car qui transporte la technique, déficiences du matériel... Or il est très important d'être exacte, car elle a besoin de répéter en arrivant, pour calmer l'angoisse. Elle veut placer les retours son à sa manière, régler les lumières, faire la balance de l'orchestre. Certains instruments sont pour elle des repères infaillibles.

Après la répétition, il lui faut un temps de repos. Elle continue à placer elle-même ses rouleaux et donne toujours le dernier coup de peigne, même si le coiffeur est là. Elle se maquille, se concentre et fait le vide. Une demi-heure avant le tour de chant, encore une minirépétition. Elle donne ses consignes :

« Antoine, tu feras signe à tel endroit. Guy, je veux des enchaînements plus rapides ! »

Elle n'aime pas attendre l'arrêt des applaudissements pour commencer la chanson suivante : le spectacle doit être très rythmé. Mais si elle se sent lasse, elle demande :

« Guy, ce soir, celle-là, plus lente, j'ai besoin de respirer. Et celle-là, plus rapide, sinon, ça me fatigue. »

Elle appelle Jacqueline, son habilleuse :

« La première chose que je vais mettre, c'est les chaussures. Pour la robe, tu commences par la fermeture derrière et non par les manches, ça ira plus vite. »

Tout ça mis au point, elle est rassurée :

« Allez, on y va ! »

Lorsqu'elle n'a pas eu le temps de tout régler « à sa manière », elle entre en scène angoissée, et alors le trou de mémoire la guette. Quand les mots s'obstinent à manquer, tant pis, elle reprend trois fois s'il le faut. Elle veut absolument vaincre le blanc, le remplir : elle redoute que, sinon, le trou ne s'installe dans l'inconscient...

Antoine est là pour la soutenir dans ces moments difficiles. Il lui souffle depuis les coulisses. Et elle :

« Crie plus fort ! »

Le public adore ces failles : un instant, l'image trop lisse se déchire, et l'être humain apparaît dans sa vérité. Elle a l'intelligence de l'accepter et d'en rendre la salle complice :

« Je n'ai pas pu répéter. On va faire le ménage sur scène. La vraie répétition, je vais la faire devant vous. »

« Oui, oui ! » crient les spectateurs très amusés.

Dans ces moments, sa nature volcanique ressort. Elle est le chef, entraîne tout le monde et emporte le morceau.

Certains chanteurs aiment les « faux rideaux », pensant faire plaisir au public, qui croit qu'on lui chante une chanson de plus, alors que tout a été réglé à l'avance : avec l'orchestre, on ne peut pas improviser. Si elle veut remercier, elle revient sur scène plusieurs fois. Si la salle insiste, elle reprend alors *Bambino,* retiré depuis longtemps.

A la fin de cette tournée d'été, elle doit aller retrouver des amis du métier à Los Angeles. Le dollar, très bas, est avantageux. Orlando, ses amis Bob Otovic et Gérard Pédron ont loué une maison à Beverly Hills, en face de celle de Sammy Davis junior. Décorée par Rizzoli dans le style californien, la villa et sa piscine sont somptueuses. Le personnel est mexicain, la cuisinière, plantureuse, spécialiste des margaritas. Dalida adore les plats tex-mex.

Elle est venue avec son amie Leila Milcic, productrice de « La une est à vous » et de « Succès fou ». Le carlin de Dalida et le scottish-terrier de Leila font assez bon ménage. Ces deux semaines californiennes passent comme un rêve. Michel Drucker, Sheila, Line Renaud viennent en visite. Line connaît les bons restaurants français locaux comme L'Orangerie. *Jours de France* vient de faire une couverture Dalida-Julio Iglesias, car ils ont chanté en duo *La Vie en rose* lors d'un gala. La petite colonie française parle donc beaucoup de Dalida qui est sans cesse conviée à des cocktails et à des galas. Les Américains, eux aussi, s'arrachent l'« amie intime du Président ».

En rentrant, elle passe par New York. Elle va voir Jacques Morali, qui s'occupe des Village People. Il veut lui faire entendre une chanson, *Quand je n'aime plus je m'en vais.* Morali, en plein succès américain, lui rappelle que, dix ans auparavant, il allait, avec son copain Hervé Villard, chanter et gratter de la guitare rue d'Orchampt, sous les fenêtres de Dalida, dans l'espoir de la voir sortir...

De retour à Paris, elle repart aussitôt pour l'Allemagne où elle reçoit le Golden Europa, qui récompense là-bas la chanteuse la plus populaire de l'année.

A Montmartre, les amis l'entourent. Les dimanches sont des plages de gaieté, elle déteste chanter ce jour-là. Les intimes se retrouvent l'après-midi, pour la traditionnelle partie de cartes qui a lieu dans le hall de sa maison, où une table de jeu est installée. Puis, c'est le dîner : Dalida, en jeans et nattes, mélange les ingrédients d'une gigantesque salade, fait cuire des spaghettis qu'elle accompagne de viande froide. Autour de l'immense table, on fait la revue de presse de la semaine. Dalida ne supporte pas qu'on médise de ses collègues chanteurs. Pascal Sevran a l'humour caustique, et elle aime rire. Mais elle rappelle vite à l'ordre les mauvaises langues :

« Les enfants, vous avez une demi-heure pour dire du mal des gens. Pendant ce temps je quitte la table. Je déteste qu'on dise du mal de moi, alors c'est logique, je n'aime pas non plus qu'on en dise des autres. »

C'est à ce moment-là qu'elle monte à la salle de bains faire son rituel « lavage d'estomac ». Comme si elle rejetait alors ces médisances qui lui ont fait tant de mal...

Avec l'élection de Mitterrand, les conversations du clan deviennent politiques. Il y a les pour et les contre. Le ton monte :

« Et toi qui as voté pour eux ! »

L'atmosphère s'empoisonne et Dalida n'en peut plus. Ça durera un an. Ensuite, heureusement, les propos retrouvent variété et légèreté.

Comme pour s'étourdir, elle a recommencé à sortir beaucoup. Invitée à toutes les soirées, elle est prise dans un véritable tourbillon. On s'arrache la « panthère rose », l'« ambassadrice de la rose », la « fiancée du Président ». Elle est l'invitée officielle d'une grande soirée donnée par Charles Hernu pour l'armée au Cercle national des officiers. Elle est au Grand Prix de L'Oréal à Longchamp, à la soirée Cartier... Les journaux se demandent sérieusement si elle sera nommée ambassadrice d'Egypte ou ministre de la Culture...

Mais elle commence à devenir lucide. Au cours d'un dîner chez elle, Mitterrand, assis à sa droite, lui prend la main et dit :

« Si je n'avais pas été élu, ils ne vous auraient pas ratée.

— D'une façon comme d'une autre, répond-elle, ils ne me rateront pas. »

Certains signes, déjà, sont éloquents. Pendant sa tournée d'été, le personnel de maison de Dalida appelle Orlando au bureau :

« Venez vite ! La cour et le jardin sont remplis de prospectus. Je n'ose pas vous répéter le texte. »

Orlando se précipite. Le jardin côté rue d'Orchampt et la cour donnant sur la rue Lepic sont inondés de papiers jetés par-dessus le mur. Un ramassis d'insultes et de menaces d'inspiration extrême droite, commençant par « on te fera la peau » et se terminant par « sale pute de Mitterrand ». Des amabilités du même acabit sont graffitées sur les murs de la maison de Neuilly. La rue Lepic, une partie de Montmartre sont inondés également.

Orlando fait nettoyer la cour et le jardin. Il informe Bertrand Delanoë. Pas Dalida. On ne veut pas la peiner. Elle ne l'apprendra jamais.

A la radio, le nom de Dalida revient sans cesse dans la bouche des chansonniers. Cette médiatisation devient lourde à porter et à supporter. On parle plus souvent d'elle que de Mme Mitterrand, ce n'est pas normal. Son rôle est ambigu. Plusieurs fois, elle est invitée aux projections privées de films à l'Elysée. Quand elle arrive au volant de sa petite Austin, les gardes, qui ont reçu des consignes, lui ouvrent la porte. Elle ressent un vague malaise.

Fin 81, cela se précise. Elle est attaquée de tous côtés : radio, télé, journaux. Déprimée, elle se confie à Danielle Mitterrand :

« Je ne comprends pas. On essaie de diviser mon public.

— Nous aussi, nous sommes attaqués », répond Danielle.

Dalida se dit :

« Ce n'est quand même pas la même chose. Moi, je ne suis pas à l'Elysée, et eux, ils n'ont pas à affronter un public dans une salle ! »

Elle s'interroge : la France est-elle une démocratie lorsque, en disant simplement pour qui on vote, on est mis à l'index ? Elle commence aussi à se demander de quel côté est son public. Et si elle s'était trompée ? S'il était plus conservateur qu'elle ne le croyait, et se sentait trahi ? L'idée l'inquiète : ce public, elle a tant besoin de faire un avec lui...

Elle enterre 81 en souhaitant la bonne année à tous les Français dans le show des Carpentier, le 1er janvier. Ses vœux seront diffusés dans l'Europe entière, apparaissant simultanément sur les écrans belges, allemands, hollandais, luxembourgeois, espagnols et français. Elle prend soin d'y inviter des collègues qui ont voté Giscard. Elle déteste être en situation de conflit, voudrait retrouver l'harmonie. Guy Béart lui écrit une chanson. *Si la France...* Il y est question de « la main gauche et la main droite enfin réunies ». Pour Dalida, l'idée d'une France coupée en deux est douloureuse. Elle a le désir d'un seul peuple, surmontant les divisions. Quand elle parle ainsi, les politiques sourient, pourtant c'est prémonitoire : dans quelques années, ce sera la cohabitation. Mitterrand, lors de son deuxième septennat, tentera d'élargir sa majorité. A la fin du deuxième septennat, Balladur prêchera la réconciliation, et ensuite, Chirac, élu à son tour président, dira que le clivage gauche-droite est dépassé.

Etat de choc

Début 82, l'euphorie retombe. Principal responsable : le chômage. Les « trente glorieuses » sont terminées. Pour certains, les années quatre-vingt seront très prospères, mais elle verront se mettre en place une société à deux vitesses. On n'en mesure pas encore la gravité. Ce n'est pas un retour à l'ancien système, celui des pauvres et des nantis, où les pauvres étaient démunis et les nantis à l'abri, une fois pour toutes. Non, maintenant, personne n'est plus sûr de rien. Du jour au lendemain, n'importe qui peut verser de la catégorie privilégiée dans l'autre. De plus en plus souvent, quand Dalida signe des autographes à la fin de ses galas, les gens lui posent des questions sur l'emploi. Elle ne sait quoi répondre et en est gênée.

En ce début d'année, *Paris Match* publie un sondage sur les femmes qui ont le plus influencé les Français en 81. Simone Veil vient en numéro un, Edith Cresson en deuxième et Dalida en troisième, devant Danielle Mitterrand. Elle est la seule artiste du show-business à se trouver classée. Elle est contente mais son malaise augmente. L'importance qu'on lui accorde l'effraie. Jusque-là tout était clair, elle existait par son travail. Aujourd'hui, c'est plus flou.

Elle a toujours été aimée des femmes ; celles-ci forment une grande partie de son public. Or, il lui semble que l'attitude des femmes, et surtout des femmes de l'Elysée, est en train de changer. Si Danielle Mitterrand est toujours très amicale, d'autres regards se font moins aimables. Elle n'a pas d'homme dans sa vie. Parfois, Orlando l'escorte. Le plus souvent, elle se rend seule aux invitations. Belle, sensuelle, élégante, brillante : son arrivée ne passe jamais inaperçue.

Si les hommes l'accueillent volontiers, les épouses la surveillent. A Orlando, elle peut communiquer son souci :

« Ce n'est pas bien. Les hommes me font la cour, ça les amuse, mais moi, j'ai l'impression d'être une courtisane. »

Etre une femme libre n'exclut ni la pudeur ni la sensibilité, mais la nuance a du mal à passer. De petites phrases la piquent. Des ragots filtrent jusqu'aux journaux, dont les allusions deviennent gênantes. Comme la vapeur est en train de s'inverser, les journalistes exploitent les occasions de persifler.

La phase de séduction est terminée. Mitterrand et les socialistes doivent tenir leurs promesses. On passe aux choses sérieuses. Dalida comprend que sa place est de moins en moins sous les lauriers du pouvoir. Elle ne remplacera pas Bardot dans le rôle de Marianne. Après tout, elle est d'origine italienne, née sur les bords du Nil.

Jack Lang veut décorer Dalida et l'appelle plusieurs fois à ce propos. Mais elle a déjà reçu la plupart des grandes décorations sous de Gaulle, et décline l'offre. D'autant qu'elle imagine ce qu'on dirait immédiatement :

« C'est pour ça qu'elle les a soutenus. Maintenant, elle a sa récompense. »

Quelques années plus tard, Orlando recevra un appel de l'Elysée, proposant d'accorder la Légion d'honneur à Dalida :

« Je pensais qu'elle la méritait et qu'elle accepterait. Mais quand je lui en ai parlé, elle a fait un geste de la main signifiant qu'elle n'en avait pas besoin : " Non, on dirait que c'est de la complaisance. " »

Tant pis : la Légion d'honneur, elle ne l'aura jamais.

Pour les médias, elle est un bouc émissaire. C'est d'autant plus facile qu'elle est célèbre. Elle a de l'influence mais elle n'a pas de pouvoir, et elle ne peut se défendre. Lors d'un dîner, Orlando s'en plaint à Dany Saval :

« Si les choses allaient comme promis, répond celle-ci, elle serait devenue sainte Dalida. »

Au début de l'année 1982, les demandes de galas diminuent. Le boycott est lancé. Ses disques passent à la radio accompagnés de commentaires désobligeants ou de plaisanteries. La gauche lui propose bien quelquefois de venir chanter... mais gratis !

« Je ne suis pas la chanteuse de la gauche mais celle de tous les Français, proteste-t-elle auprès de son imprésario. Chanter est mon métier. Quand je chante, on me paie. »

A gauche, on sait qu'elle est attaquée, mais on ne pense pas à l'aider. Elle se dit que le public lui en veut peut-être parce que, de représentante du peuple, elle semble passée à ce qu'on commence à appeler la gauche caviar, gauche à laquelle le peuple, le vrai, reproche son opportunisme, son snobisme, son hypocrisie. On la voit trop avec des gens chics, et comme elle devient la coqueluche des intellectuels, on finit par croire qu'elle en est une.

Le bruit court qu'elle est en analyse avec Lacan. En fait, elle a assisté deux fois au fameux séminaire de la faculté de droit où se presse tout Paris. Dans une bousculade quasiment mystique, les étudiants y voisinent avec des comtesses sous une forêt de micros. Comme tout le monde ou presque, elle n'a rien compris à ses propos sybillins mais elle a trouvé le Maître très élégant et admiré son sens de la mise en scène : « Je me souviens de ses fameux cigares aux formes bizarres, comme torsadés. C'était pour lui, je crois, une forme de provocation. Cet homme-là ne faisait pas les choses sans en être conscient ! » (*Libération,* 11.9.81.)

Auparavant, fin 81 avait eu lieu à l'Assemblée un débat sur les crédits du ministère de la Culture. Monique Lang s'était chargée des invitations.

« Ils étaient venus, ils étaient tous là. Qui ça ? Rien de vraiment culturel ni de vraiment socialiste ne peut se passer sans Dalida », avait écrit *Libération.*

Elle ne sait plus quoi faire. Si elle vient, on la voit trop, si elle reste chez elle, elle semble atteinte du syndrôme de Garbo. Colette Godard écrit dans *Le Monde :*

« Dalida n'est pas une légende, elle est un rêve incarné, un rêve qui ramasse les lieux communs attachés à une certaine idée féminine, n'en laisse échapper aucun. Son talent est là, dans ce portrait sans faille, plus que dans sa manière de chanter. Dalida réussit à introduire les clichés — les signes, pourrait-on dire — des héroïnes éternelles, de Mimi à Gilda, en passant par Jeanne d'Arc, en trois minutes de chansons. »

Et, pour *Rock and Folk :*

« La Marianne de la France rose n'est plus une star, elle est un culte. » (01.82).

Adieu, patrie ingrate...

L'histoire d'amour entre Dalida et les journalistes a toujours eu une composante passionnelle. Et quand les médias portent quelqu'un au pinacle, ils sont vite titillés par l'envie de l'en faire redescendre. Cela leur assure à nouveau une prise, et puis, d'un sens comme de l'autre, c'est de la copie... Et la copie, c'est la nouveauté. Donc, vive l'aller-retour.

Se figurant que Dalida tire maints avantages de la situation, bien loin d'imaginer qu'elle n'en obtiendra que des revers, ils ne ressentent aucune culpabilité en la prenant pour cible. Son incursion en politique va presque permettre à ses ennemis de réussir ce qu'ils n'ont jamais pu faire auparavant : diviser son public.

Pourtant, loin de jouer les Pompadour triomphantes, Dalida se montre déjà déçue et dégoûtée :

« Le monde politique est un panier de crabes, plus loin on s'en tient et mieux on se porte. »

La prédiction de son frère aîné se réalise, et elle commence à regretter de s'être laissé emporter par la vague rose. Pourtant elle reste fière d'avoir agi par amitié et d'être allée jusqu'au bout. La cabale, elle connaît pour l'avoir affrontée une première fois lors de sa séparation d'avec Lucien Morisse et une deuxième en Italie après la mort de Tenco et son triomphe à Canzonissima. Chaque fois, on lui en a voulu d'oser aller vers ses envies.

Elle fait face une nouvelle fois avec dignité, suscitant le respect de ses adversaires. Elle se retire peu à peu, trouvant des prétextes pour refuser les invitations. Elle sent que sa discrétion soulage l'entourage du Président.

Mais, pour une star, l'absence est encore une forme de présence. Elle ne se rend pas à la garden-party de l'Elysée en juillet 1982. Malgré cela, au journal télévisé de vingt heures, Christine Ockrent annonce :

« Et, bien sûr, l'inévitable Dalida. »

Orlando envoie un communiqué de presse :

« Dalida ne s'est encore jamais dédoublée. Si Jeanne d'Arc entendait des voix, les journalistes, eux, ont des visions. »

Elle est blessée, désemparée. La situation est incontrôlable. Elle est passée dans une autre dimension. Elle croyait pouvoir se promener dans ce monde de la politique, tout en restant elle-même. Elle s'est trompée. Le pouvoir est d'abord un leurre, il existe parce qu'on y croit. Ceux qui gravitent autour de lui en deviennent les satellites.

Ses rapports avec le Président étaient placés sous le signe du jeu et de la liberté. L'imprévu et la discrétion les teintaient de grâce. Maintenant que François Mitterrand a accédé au pouvoir suprême, tout devient lourd, tout se fige. En l'homme même quelque chose a changé. Ce teint très blanc, très lisse, presque cireux, une certaine raideur, par moments une immobilité de statue...

Il s'anime aux moments volés qu'ils parviennent encore à partager. Instants d'insouciance où Dalida respire. L'image qu'on lui renvoie de leurs rapports, le rôle qu'on lui attribue, le poids et les motivations qu'on lui prête, tout cela n'a rien à voir avec elle. On fantasme en elle la favorite, celle qui échappe à la loi commune par le bon plaisir du Prince, et qui doit être l'esclave de ce bon plaisir.

Le jeu devient pervers, elle décide de fuir.

« Le moment est peut-être venu pour moi de prendre une année sabbatique, dit-elle à Orlando. Je ne ferai pas de télévision, pas d'enregistrements. Dis à mon impresario d'accepter tous les galas à l'étranger. Je vais faire un tour du monde. Je ne chanterai pas en France pendant un an. »

Et, pendant un an, fidèle à sa décision, elle triomphera dans les salles du monde entier. Elle s'est décidée à mettre en vente la villa de Neuilly :

« Là-bas, j'aurais l'impression d'être une colonelle en retraite ! »

La grande maison blanche au patio fleuri appartient elle aussi à cette période de démesure, de perte de contact avec des racines qu'elle voudrait retrouver. Mais c'est trop tard...

C'est elle qui a décidé de partir, mais choisit-on jamais vraiment l'exil ? Ce mot est chargé de tristes souvenirs. Elle se sentait tellement chez elle en France qu'elle pensait ne jamais avoir à en fuir. Mais elle ne voit plus d'autre solution que le départ et le silence. Ce n'est pas seulement la presse qui la blesse, mais son public qui croit lui aussi à l'image maléfique, ressuscitant cette Dalida qui doit pour exister séduire l'homme fort et trahir. Fantasme de revanche de ses débuts qu'elle croyait avoir effacé en venant à Paris et en transformant un « l » en « d »... Effacé en existant grâce à son talent, seulement grâce à son talent...

Aveuglé par le mirage du pouvoir, son public, qui l'avait suivie dans ses pires drames, ne voit pas qu'elle en vit un de plus. C'est là le pire : le lien fusionnel et télépathique semble rompu. Ce lien qui seul supprime en elle l'angoisse...

L'histoire familiale qu'elle croyait avoir conjurée resurgit, ainsi que la tourmente du déracinement :

« Dans toutes les élections, des artistes se sont présentés pour un parti, mais jamais personne ensuite n'a été médiatisé et agressé de la sorte. Peut-être qu'ils ne me considèrent pas vraiment comme française. Si j'étais née sur les bords de la Seine et non sur les rives du Nil, on me déroulerait le tapis rouge... »

Dalida, écrit *Le Figaro,* « a influencé les incertains ». Et donc joué à part entière et malgré elle un jeu qui n'était pas le sien.

Un dernier incident la décide à partir. Elle a toujours aimé le sport et voue au foot une tendresse particulière. Enfant, taper dans un ballon avec ses frères lui avait permis de dépasser ses complexes. Cette année-là, la coupe du monde de football a lieu en Espagne. Orlando a l'idée de lui faire chanter la chanson du Mundial. Les Stones avaient bien chanté pour encourager l'équipe anglaise, Dominguez l'espagnole et Diana Ross l'américaine !

Bien entendu, la chanson ne fait pas dans le raffinement : c'est un air entraînant qu'on doit pouvoir clamer sur les stades et dans les bus de supporters, pour encourager l'équipe. Dalida l'enregistre avec les chœurs de l'Opéra et des amateurs. Orlando en a écrit les paroles avec Michel Jouvaud :

Quand s'allumeront les lumières sur le stade de Madrid,
C'est Marianne qui sera fière de chanter Rouget de Lisle.

Elle prend plaisir à se faire photographier avec Platini, comme autrefois avec Anquetil lors du Tour. Qu'a-t-elle fait ! L'Elysée, ça ne lui suffit pas ! Il lui faut en plus devenir l'égérie des stades, la mascotte des mâles musclés ! La femme fatale s'en prend maintenant à nos sportifs ! Trop, c'est trop ! Les médias lui tombent dessus à bras raccourcis :

« Un vrai petit chef-d'œuvre de lyrisme cocardier », ironise *L'Express.* Et, pour *Le Monde :*

« Madame Dalida espère ainsi remonter au box-office de la popularité. Désormais, elle brandira avec son poing le coq gaulois ! »

Richard Cannavo, dans *Le Matin de Paris* écrit : « Carton rouge pour Dalida ! »

Au cours d'un dîner, elle se confie à un couple ami, Maurice Siegel, patron de *VSD,* et sa femme :

« Je me sens mal, on me dévisage constamment, mes collègues me jalousent. J'ai l'impression d'étouffer, envie d'arrêter. »

Maurice Siegel lui reproche de se draper dans sa dignité :

« Sors de ta réserve ! Je t'ouvre mes pages... »

Dans *VSD,* Dalida ne mâche pas ses mots :

« Tous les ratés règlent leurs comptes sur ma tête. Pour la première fois de ma vie, je ne me sens plus aussi bien dans ce pays que j'avais fait mien, où je vis depuis vingt-cinq ans. Alors je m'en vais, le temps de laisser les esprits se calmer. J'ai la chance qu'on me réclame partout, ça me réchauffe le cœur.

« Je ne fais pas de politique. Je suis une pasionaria, mais dans mon métier. Avec le socialisme, je n'ai rien à gagner, j'ai fait ma carrière sous les régimes précédents.

« Je ne suis pas déçue par le socialisme mais par l'intendance. Par ceux qui veulent être bien en cour et qui font du zèle. La télévision, par exemple, n'a jamais été aussi morose... »

Alors, fin 82, elle tourne en Allemagne, en Amérique du Sud, en Espagne, en Arabie, en Pologne. Avec son emphase inimitable, la presse italienne lui fait dire :

« Adieu, patrie ingrate, je chante pour les sheiks ! » (*Grand Hôtel,* 21.1.83.)

Dernier rendez-vous

Pendant ce temps-là, rue d'Orchampt, à la télévision et à la radio, les lettres affluent, lui demandant de rester en France. Dalida constate néanmoins que, pour la première fois, une partie de son public est atteint. En avril 82, le guide *Gault-Millau* demande : « Qui aimeriez vous ne pas inviter chez vous ? » A ce hit-parade des hôtes indésirables, Dalida occupe la cinquième place et François Mitterrand la sixième. Décidément... Et dans un nouveau sondage sur les gens les plus aimés et les moins aimés, Dalida, qui occupait jusque-là la première place de la popularité, partage avec Serge Gainsbourg le dernier rang des chanteurs. Gainsbourg, autre « étranger », coupable de chanter *La Marseillaise* à sa manière...

Signe des temps nouveaux ? Mais si, chez l'interprète d'*Aux armes, etc.,* la provocation est une stratégie, chez Dalida elle est involontaire. D'où ce sentiment d'un « malgré moi, contre moi », insupportable.

Elle pense rester deux ans absente :

« Je vais me faire oublier, dit-elle. Prendre l'air en attendant que ça se calme. »

Finalement, ça ne prendra qu'un an. Constatant le départ de Dalida, la presse fait volte-face. Elle laisse un vide. On s'aperçoit qu'elle est la dernière grande dame du music-hall. Elle est devenue une institution. Culpabilité et remords s'ensuivent.

On veut la remettre sur son socle. La partie fidèle de son public se mobilise. Les sacs de courrier sont de plus en plus nombreux, les coups de téléphone submergent radio, télé, journaux :

« Elle fait partie de la famille. Elle nous manque ! »

Elle en est touchée, réconfortée. Certains journalistes font eux aussi contrepoids. Au *Nouvel Observateur,* Jean-François Josselin prend sa défense :

« Mitterrand à l'Elysée, Dalida est retournée à ses planches et à ses spots. Simplement, elle a été un peu victime du " changement ", dans la mesure où les producteurs des émissions de variétés, comme Guy Lux, Danièle Gilbert ou les Carpentier ont été virés au profit des " intellos " de la chanson française. Pleins feux sur Catherine Ribeiro. Exit Dalida. Elle accepte l'éclipse. Bien.

« Ce qu'elle accepte moins, en revanche, c'est une campagne sournoise selon laquelle Dalida, soutenue par le pouvoir socialiste, mobiliserait la télé. C'est le contraire qui se passe. Ça doit faire au moins six mois qu'on n'a pas vu la flamboyante lionne tournoyer sous les lasers » (11.12.82).

Ces marques de soutien la décident à réduire la durée de son exil.

Peu avant son départ, elle a reçu un coup de téléphone de l'Elysée. Le Président a appris son désarroi, son désir de fuite. Une distance s'était instaurée entre eux. Il lui accorde une audience privée.

« Qu'est-ce qui se passe ? Est-ce qu'on vous a déçue ? »

Dalida explique :

« Pas vous, Monsieur le Président, mais, depuis votre élection, je suis devenue la cible favorite des attaques... Quand je passe à la télévision, ce qui m'arrive beaucoup moins souvent qu'avant, on dit que je suis imposée par le pouvoir. Ça me devient insupportable, on boycotte mon travail. »

Le Président l'invite le soir même rue de Bièvre. Orlando l'accompagne. Présents, Danielle, Christine, Mario Soares, les Lang. L'ambiance est familiale et bon enfant. On tente de la persuader qu'elle subit l'inévitable revers de la médaille. On veut la réconforter, mais cette tentative de rapprochement vient trop tard. Quelque chose en elle a été cassé : un optimisme, une foi naïve. On lui a assigné des limites. D'où le sentiment d'étouffer.

Cette soirée ne la fait pas changer d'avis. Elle part quand même. Elle ne reviendra pas rue de Bièvre. Elle ne reverra jamais François Mitterrand en privé.

Un homme agréable à embrasser

En avril 1983, son tour du monde accompli, elle est de retour. Elle n'avait pas enregistré depuis un an et demi. Son nouvel album, *Des petits mots,* est plein de belles chansons inconsciemment prémonitoires : *Mourir sur scène, Bravo, Lucas, Partir ou mourir.*

Les Carpentier, qui n'ont pas encore complètement disparu du paysage, l'ont contactée :

« A ton retour chez nous, tu auras un show à ta disposition. Tu pourras choisir ton entourage et faire connaître tes nouvelles chansons. »

Elle invite Alain Delon et, belle joueuse, Thierry Le Luron pour lui donner la réplique. Le show est annoncé à grand bruit par la presse pour le 6 mai 1983.

Mais, au début d'avril 83, son amie Line Renaud organise une grande fête au Paradis latin pour les soixante-quinze ans de son mari, le légendaire Loulou Gasté. Au cours de cette soirée, les artistes invités doivent y aller chacun d'une chanson de Loulou. Cette suggestion est acceptée avec enthousiasme. Dalida interprétera *Le Soir.*

La salle du Paradis latin est bondée. Tout le show-business est présent. A la table centrale, Line Renaud est flanquée de Loulou et de Jacques Chirac, avec qui elle est très amie, puis Dany Saval et Michel Drucker. Orlando et Dalida, resplendissante dans une robe bleue perlée de Michel Frénay, sont assis à la table de gauche (!).

Avant le début du spectacle, Dany Saval glisse en plaisantant à Jacques Chirac :

« Regardez comme ils sont beaux, les chanteurs de droite ! A gauche, ils sont moins bien, non ?

— Vous oubliez Dalida, qui est très belle, répond le maire de Paris.

— Oui, mais elle n'a jamais été de gauche ! rétorque Dany. Elle est amie avec le Président, c'est différent ! »

Dans une ambiance détendue et chaleureuse, les artistes se succèdent sur scène. Ils sont très applaudis. A son tour, Dalida se lève et se dirige vers le micro, paralysée par le trac. Elle ne connaît pas très bien cette chanson, qu'elle n'a jamais interprétée, et elle sent que la salle, dont les sympathies sont à droite, est un peu froide. C'est sa première prestation depuis son retour, et cela se passe devant ses collègues, le public le plus exigeant qui soit.

Au beau milieu de la chanson, son vieil ennemi le trou de mémoire, provoqué par l'appréhension, apparaît. Elle s'arrête, puis recommence sous des applaudissements polis. Au même endroit, à nouveau, le trou. Mêmes applaudissements du bout des doigts.

Exaspérée, elle s'écrie :

« Line, viens la chanter avec moi ! »

Très sportive, Line vole au secours de Dalida et la rejoint sur scène, sous des applaudissements beaucoup plus nourris. En professionnelles aguerries, les deux femmes font de ce contretemps un atout. Lorsqu'elles chantent :

Le soir tu es à moi,
Et quand tu es près de moi...

elles jouent sur l'ambiguïté et se regardent langoureusement.

La salle croule sous les rires et les applaudissements. Les rancœurs tombent, on bisse, on demande à Loulou de monter sur scène. Dalida et Line reprennent la chanson avec Loulou au milieu, qu'elles font semblant de s'arracher. Le ratage se transforme en clou de la soirée...

Pour revenir à sa place, Dalida doit passer devant Jacques Chirac. Celui-ci se lève pour lui serrer la main. Line, qui la suit, pousse Dalida vers le maire de Paris. Galant, il ouvre des bras dans lesquels Dalida s'empresse de tomber. Plusieurs fois, enlacés, ils s'embrassent, prolongeant en riant l'atmosphère de la chanson. Les photographes en folie se précipitent. Ils piétinent les gens, bousculent les chaises et montent sur les tables. Dans la mêlée, Line Renaud tombe entre deux fauteuils. Les artistes s'écartent, abandonnant le champ aux mitrailleurs qui crient « La bise, la bise ! ». Pour ramener le calme, Dalida et Chirac s'embrassent à nouveau.

Ce geste marque le retour de Dalida dans la famille du show-business. La salle, tapant dans ses mains, scande :

« Dalida avec nous ! »

Dalida et Chirac, toujours debout, sont ovationnés. Dalida, les larmes aux yeux, sourit à l'homme qui vient de lui sauver la mise. Elle ne pense qu'une chose : on va enfin arrêter de lui coller l'étiquette qui l'a marginalisée...

« Qu'est-ce qu'ils penseront demain à l'Elysée ? » glisse Michel Drucker à Orlando.

Dans la liesse générale, on remarque à peine quelques regards féminins jaloux : une fois de plus, Dalida s'en est sortie, elle a retourné la situation en sa faveur. D'ailleurs, elle confirme :

« Je n'ai jamais appartenu à un parti. Je chante pour tous les Français. La cabale est terminée. »

Croit-elle... Le lendemain, l'avis de la presse est différent :

« La droite a récupéré Dalida ! »

De l'autre côté, la « bise » ne plaît pas. D'autant qu'un changement de gouvernement a eu lieu le même soir... Le sourire en coin, elle constate :

« La politique me poursuit. Quand j'en sors d'un pied, j'y retourne de l'autre... »

Elle refuse pourtant de se repentir :

« J'embrasse Chirac comme n'importe qui ! C'est si drôle et si naturel ! En plus, c'est un très bel homme. Il est même mieux en vrai qu'à la télé ! Et d'un sympathique ! C'est très agréable de l'embrasser. Il a vraiment l'allure d'un séducteur ! » (*Jours de France,* avril 83.)

L'épisode de la bise sera commenté à perte de vue. Le Luron en profite pour adapter La Fontaine à sa façon :

La fourmi ayant chanté tout l'été
Se trouva fort dépourvue
Quand la bise fut venue...

Il écrit de plus un sketch, qu'il interprétera avec Dalida comme partenaire dans le show des Carpentier. Le Luron y est en Chirac. Dans son bureau, sous un portrait « officiel » de Line Renaud, il dicte à sa secrétaire (jouée par Dalida) une lettre qu'il adresse à Dalida, la star de ses rêves, pour l'inviter à dîner :

« Vos jambes sont longues comme un septennat de Mitterrand... »

L'effet est hilarant, mais l'émission prend l'allure d'un règlement de comptes avec le gouvernement. Orlando s'en aperçoit en regardant le montage. Dalida ne vérifie jamais rien, elle accorde sa confiance.

Lorsque le show passe, le public est divisé une fois de plus. L'Audimat est très élevé. Mais, si certains jubilent, d'autres se sentent trahis. Lorsqu'elle voit l'émission, Dalida est choquée. Elle regrette alors de ne pas l'avoir visionnée avant :

« On va croire que je suis ingrate, que j'ai retourné ma veste. »

Une fois de plus, sa spontanéité lui a joué un vilain tour. A partir de ce jour, elle refuse de parler de politique. Elle sait que la cassette a été visionnée à l'Elysée. A cette période, Dalida décline les invitations. De Mitterrand, elle se dit :

« Je le reverrai quand il ne sera plus président. »

Erreur. L'affaire de la bise et du show Le Luron va jeter un grand froid. Non seulement elle ne reverra pas François Mitterrand, mais, de plus, l'absence de ce dernier sera très remarquée aux obsèques de Dalida, quatre ans plus tard.

« Je n'ai jamais compris, dit Orlando. J'ai été peiné et déçu ainsi que tous ceux qui aimaient Dalida. Seule Christine Gouze-Rénal et Roger Hanin étaient présents. Le Président et sa famille se sont manifestés seulement par écrit. Un homme réputé pour sa fidélité envers ses amis... »

Pour l'instant, Dalida pense seulement qu'elle est délivrée d'un grand poids :

« Je reviens le cœur en fête. La meilleure chose, en cas de panique, c'est de répondre par le silence et le travail. Les choses ont repris leur juste place. » (*France-Soir,* 14.4.83.)

Dalida reverra Jacques Chirac quelques semaines plus tard. Le maire de Paris invite alors toutes les vedettes de la chanson à une grande soirée à la mairie. Il fait le tour des tables. Plusieurs artistes se produisent de manière improvisée. Dalida porte ce soir-là un pantalon de Latex lamé noir qui met en valeur sa silhouette. Jacques Chirac, qui est placé à la table d'honneur, au milieu de la salle, vient s'installer à celle de Dalida. Ils sympathisent. Ils se retrouveront au Noël des enfants déshérités organisés par *France-Soir.* Et, par la suite, Dalida le reverra dans d'autres réceptions officielles. Certes, cet homme si agréable à embrasser lui paraît avoir la stature d'un futur président. Mais, échaudée, elle dit désormais :

« J'appartiens à tout le monde, et tout le monde m'appartient. »

Jamais plus

Si l'épisode de la bise est une plaisante revanche, la déception causée par la période « panthère rose » laisse en Dalida un durable goût d'amertume. Elle refuse de s'étendre là-dessus — c'est sa nouvelle méthode devant les blessures de la vie, les ignorer lorsqu'elle ne peut rien y faire —, mais elle a le sentiment d'avoir été utilisée. Directement, lui-même, François Mitterrand ne lui a pas fait de mal. Il ne s'en est pas donné beaucoup non plus pour la réconforter. Pris par les responsabilités de l'Etat, peut-être n'a-t-il pas compris dans quoi elle se débattait. Si la politique s'encombrait des douleurs des femmes, alors où irait-on ? Ce grand séducteur avait l'embarras du choix et, comme la plupart des hommes de pouvoir, changeait de favoris assez souvent. Puisqu'il y avait toujours des gens qui ne demandaient qu'à prendre cette place... Lorsqu'on pense aux circonstances du suicide de Dalida, quelques années plus tard, on ne peut s'empêcher de se demander dans quelle mesure elle n'a pas anticipé la série de morts qui joncheront la scène du second septennat, dans une fin de règne shakespearienne qui marquerait, pour la France, la fin des espoirs d'une génération de gauche issue de Mai 68. Une autre période s'ouvrait, une nostalgie de l'ordre, une peur du chaos, une inquiétude devant la désagrégation sociale soudain accélérée. On ne peut guère, comme certains n'ont pas hésité à le faire, rendre un seul homme responsable de bouleversements d'échelle mondiale. On ne peut pas non plus rendre François Mitterrand responsable de la mort de Dalida. Ce serait absurde et injuste. On peut seulement remarquer que la politique meurtrit facilement les êtres fragiles, surtout lorsque de grands espoirs ont été suscités, d'autant plus lorsque cette fragilité est cachée. Et la meurtrissure peut être d'autant plus grave qu'elle est interne, qu'elle s'ajoute à d'autres meurtrissures et que, comme dans certaines maladies mortelles, on n'en décèle l'impact que trop tard.

Dalida reprend sa place, mais rien ne sera comme avant. Le sentiment d'avoir été rejetée par un pays qu'elle croyait sien ramène à la surface d'anciens traumatismes. Une méfiance s'est installée en elle qu'elle ne parviendra jamais à vaincre et qui la maintiendra désormais dans un isolement néfaste. Celui-ci s'ajoute à la solitude privée. La brèche ouverte entre Dalida et son public ne se refermera qu'après sa disparition. La naïveté disparue est remplacée par une lassitude, et cette lassitude va se développer jusqu'à devenir mortelle, sans que rien ni personne n'ait le pouvoir de l'arrêter. Elle dit :

« Je suis devenue complètement apolitique. J'ai fait une expérience qui m'a coûté cher moralement. Alors, non, jamais plus ! » (*Le Courrier picard.*)

On le pressent déjà ce « jamais plus » dépressif, évoquant le *nevermore* du lamento d'Edgar Poe, lorsqu'elle chante, le 6 mai, dans le « Spécial » des Carpentier :

Ma vie a brillé sous trop de lumières
Je ne veux pas partir dans l'ombre
Moi je veux mourir fusillée de lasers
Devant une salle comble.

C'est encore plus manifeste lorsqu'elle chante :

Téléphonez-moi
Je n'attends que ça...

C'est si flagrant qu'on pense alors à du badinage. Pourtant elle met les points sur les i :

« Les gens pensent que je suis convoitée, demandée, débordée. Et personne n'ose plus me téléphoner. Le succès isole complètement. J'en souffre, mais on s'habitue à tout... J'ai un caractère plutôt solitaire, ça ne m'effraie pas. Mais on prend vite des habitudes de célibataire, et ce n'est pas bien. »

Et aussi, comme un appel au secours :

« La vedette qui se suicide le jour de Noël parce qu'elle est seule, ça existe. » (*Le Courrier picard.*)

La mort, la solitude, elle en parle aussi dans une interview de Pascal Sevran :

« Même à deux, j'ai souvent été seule. Je m'arrange avec mon destin. Après tout, pouvoir supporter la solitude est aussi un privilège. Mes rapports avec les hommes sont ambigus, comme en décalage entre moi et moi, la chanteuse et la femme. Je ne demande rien, je n'attends rien. L'amour ne se décrète pas, il s'offre. »

Quant à l'angoisse, elle n'espère plus parvenir à la vaincre, mais elle pense avoir la force d'en faire du positif :

« L'angoisse fait partie d'une certaine névrose personnelle. Il n'y a pas d'artiste sans angoisse. Adler l'a bien résumé : " La névrose est un essai dont un homme de génie est la réussite. " Il y a ceux qui creusent leur tombe, et ceux qui construisent les cathédrales. J'ai connu le malheur absolu, voilà pourquoi j'ai retrouvé la force de construire. » (*Play-Boy,* février 82.)

D'ores et déjà se fait en elle un travail qui l'amène à s'approprier sa mort, à l'intégrer dans le processus de son existence. Elle affirme, à propos de *Mourir sur scène :*

« Je n'aimerais pas qu'on me vole ma mort, car elle fait partie de ma vie. »

Elle chante aussi *Lucas,* sur un texte de Michaele. L'histoire d'une femme et d'un petit garçon qui n'est pas le sien. Cette blessure non plus ne cicatrisera pas :

« C'est le regret de ma vie de ne pas avoir d'enfant. A l'époque, je n'ai pas pris le temps d'en faire un. Je pensais que c'était incompatible avec ma vie. Mais comment font mes collègues ? Ce n'est pas une question de temps, mais d'amour. Je me suis trompée sur toute la ligne. Adopter ? Est-ce qu'on donne un enfant à une femme seule ? On m'a dit que non. » (*France-Soir,* 14 avril 83.)

Mélancolique, elle caresse ses deux carlins, Pacha et Vizir, qui ont remplacé Gerda mort depuis deux ans. Leur air dédaigneux dissimule des trésors d'affection. Elle fait un bilan de sa traversée du désert :

« J'ai compris l'importance de mon public, je le garde. C'est une histoire d'amour : on se sépare, on se retrouve. » (*Le Courrier picard,* 28.4.83.)

Avec soulagement et délice, comme lorsque se rejoignent deux amants que la vie a momentanément séparés. Plus que jamais, c'est « un échange permanent ». Elle n'est pas prête à se retirer :

« De temps en temps, il m'arrive de penser : " Oh, j'en ai assez ! je veux me reposer ! " Mais c'est un état qui ne dure jamais longtemps, car en réalité j'ai besoin de ce métier. Les angoisses qu'il provoque font partie de mon caractère : elles me sont nécessaires ! Toute petite déjà, alors que j'allais à l'école, dès que j'avais terminé un travail, je me disais : " Et maintenant, que vais-je faire ? " » (*Télé-Magazine,* 16.4.83.)

Cléopâtre

Depuis longtemps, on l'appelle « la Callas du peuple », « la Callas des variétés ». Ça lui fait plaisir, bien sûr, parce que ça la replace dans l'univers de son père. Sa vie évoque celle d'une héroïne d'opéra, la *Tosca* ou la *Dame aux Camélias,* avec son goût de l'excès et du don de soi, ses affrontements avec la fatalité. Lorsqu'elle chante ses airs douloureux, perce dans sa voix quelque chose de l'abandon de Madame Butterfly : une féminité de l'extrême, au voisinage du gouffre.

La Callas, diva des divas, avait aussi cette particularité de se confondre, le temps passant, avec les héroïnes qu'elle incarnait. Comme si ce malheur était contagieux, comme si, surtout, il fallait l'avoir éprouvé pour le chanter. La grande cantatrice se sacrifie à son art.

Entre Dalida et la Callas, que de points communs ! Dalida y pense souvent. Même si Maria a choisi l'univers plutôt élitiste et confiné de l'opéra, et elle l'air des rues de la chanson populaire.

Maria, d'abord assez laide, grasse, binoclarde. De cette enveloppe, à force de volonté et de privations, émergera un cygne noir. Maria prise en main par un Pygmalion et qui s'ennuie et qui le quitte. Dalida se souvient du cri de Lucien :

« Je ne serai pas un Meneghini ! »

Les deux femmes se sont connues, elles se sont rencontrées à des soirées. Dalida est allée écouter la Callas chanter, et Callas, un jour, est venue écouter Dalida à l'Olympia. Durant leur carrière, on a comparé leur port de reine, leur talent de comédienne, la structure de leur visage. Dalida n'admire pas seulement la Callas parce qu'elle a sculpté son corps comme une statue. Elle a aussi su redonner vie et modernité à l'opéra.

Ces similitudes frappent l'auteur J.-Y. Rogale, qui envoie à Dalida, début 83, un synopsis sur la vie de la diva. Pour lui, Dalida serait l'interprète idéale. Mais, d'emblée, elle est contre :

« Une chanteuse de musique légère ne peut pas interpréter une chanteuse lyrique. Dalida avec la voix de Callas, ou Dalida chantant Callas, ce ne serait pas crédible. »

Par conscience professionnelle, elle lit le scénario. Le portrait de la cantatrice ne correspond pas à l'image qu'elle s'en fait et elle refuse le projet.

A cette période, pourtant, elle a bien une idée d'opéra dans la tête. Mais il s'agit d'un opéra-rock. L'appellation est trompeuse : on n'y trouve pas forcément du rock. Mais, à la différence de la comédie musicale qui est à la fois chantée et parlée, l'opéra-rock est entièrement chanté, sur de la musique légère, moderne.

Depuis le Palais des Sports et l'Olympia 81, Dalida cherche un projet grandiose. Toujours résonne en elle la voix de la petite fille rentrant de l'école :

« Et maintenant, qu'est-ce que je vais faire ? »

La fuite en avant professionnelle comme remède au sentiment du vide et de la perte : cela la mène depuis le début...

Ce n'est pas la première fois qu'on propose à Dalida d'incarner une héroïne. Jacques Morali est venu de New York la voir au Palais des Sports. Il lui a dit :

« Dans cette direction, tu ne peux pas aller plus loin. Mais, à New York, on donne une comédie musicale inspirée de la vie d'Eva Peron. Ça fait un malheur. Avec ton tempérament de meneuse de foules, je te verrais très bien en Evita. »

Le personnage fascine Dalida. Elle pressent entre cette femme et elle des correspondances. Très tôt orpheline d'un père qu'elle a à peine connu, Evita est élevée dans la pauvreté par une mère courageuse. Brune, elle se teint en blonde et semble alors changer de personnalité. Ses cheveux lui font un halo de sainteté. Cette séductrice s'attache à un homme qui représente une figure paternelle et tente de freiner son instinct de destruction. Elle se frotte à la politique et s'y brûle. Malade, elle passe les dernières années de sa vie à se dévouer pour le peuple auquel l'attache un lien presque mystique. Evita, qui souffre de sa stérilité, devient la mère symbolique du peuple argentin. On la voit tantôt comme l'ange de la mort, tantôt comme une sainte. Disparue, elle suscite un véritable culte...

La productrice Jackie Lombard, contactée, est fascinée. R. Ribet, cependant, s'interroge : cette histoire lointaine intéressera-t-elle les Français ?

Jackie Lombard se fait envoyer le script de Londres. La production originale, qui hésite à monter *Evita* en France, considère que seule Dalida rendrait le personnage crédible.

Lors des vacances passées à Los Angeles en 1981, Dalida et Orlando étaient allés voir *Evita.*

« Ça nous avait emballés, dit Orlando. Mais on s'était aperçus que le premier acte était interprété par une vedette et le second par une autre. Des artistes connues, mais non des stars. De plus, un soir sur deux, deux autres vedettes prenaient le relais, comme à l'opéra. Une ligne mélodique très étendue interdisait de chanter ça tous les jours. C'était un vrai problème, car le public n'aurait pas accepté qu'une remplaçante prenne la place de Dalida une fois sur deux. »

Dalida, très accrochée, commence quand même à travailler le rôle chez elle avec Guy Motta. Mais elle n'est pas une chanteuse lyrique et la partition s'étend sur plus de trois octaves.

« Ça touche à la limite de tes possibilités vocales, constate Guy. Si tu chantes ça tous les soirs, au bout de quelques jours tu seras aphone. »

Dalida ne donne donc pas suite à *Evita,* pas plus qu'au projet Callas.

Orlando pense alors à une personnalité qui avait fasciné leur enfance cairote : Cléopâtre. L'idée de l'opéra-rock resurgit. Il se souvient d'Elizabeth Taylor incarnant la reine d'Egypte. Pourquoi pas Dalida, dont les origines et le physique s'y prêteraient très bien ? En fait, depuis toujours, il rêvait de voir sa sœur en Cléopâtre...

Alain Boublil et Robert Hossein sont contactés. Boublil écrit un synopsis, mais Dalida préférerait quelque chose de plus hollywoodien. Quant à Hossein, il est pris par d'autres projets.

A Bercy, Dalida et Orlando voient l'*Aïda* de Vittorio Rossi. Très impressionnée par sa mise en scène, Dalida demande à son imprésario de contacter Rossi et la productrice. Rendez-vous est pris. Rossi est un admirateur de Dalida. Il lui rappelle qu'en 1960 il avait été premier assistant à la mise en scène de son film, *Parlez-moi d'amour.* La rencontre se passe très bien et le projet démarre.

Il va démarrer pendant trois ans. Ce n'est pas étonnant pour un spectacle d'une telle ampleur. Le plus difficile est le choix du compositeur. Il y a de nombreuses tentatives, mais rien de concluant. Beaucoup de temps se passe en rencontres entre Dalida, Roland Ribet, Jackie Lombard et Vittorio Rossi. Ce dernier écrit à son tour un synopsis. Sa Cléopâtre se promène entre l'Egypte ancienne et la période contemporaine. Rossi souhaite rendre le personnage plus crédible, plus proche des spectateurs. Ainsi Dalida la femme et Cléopâtre le mythe se fondraient en un.

De plus en plus, Dalida s'imagine en Cléopâtre, héroïne qui a toujours fait rêver le monde. Quelle revanche ! Pourtant, ce n'est pas évident : selon les historiens, Cléopâtre serait morte à l'âge de dix-sept ou dix-huit ans. Mais l'espérance de vie était alors si brève, surtout pour les femmes, qu'on pourrait multiplier aujourd'hui son âge par trois. Ce qui alors, calcule Dalida, correspondrait au sien...

Robert Thominet, du Palais des Sports, n'est pas d'accord :

« C'est Marc-Antoine qui va avoir une attaque ! s'écrie-t-il. Elle n'a plus l'âge de jouer le rôle ! »

Orlando réplique :

« Monsieur Thominet devrait savoir que, depuis toujours, les actrices ou les chanteuses sur scène n'ont pas l'âge de leurs héroïnes, mais celui de leur talent. Sinon, il n'y aurait plus de spectacles ! »

Le choix des acteurs qui joueront César et Marc-Antoine est difficile, car ils doivent savoir chanter. Et puis, il y a un problème de salle : la plupart sont trop petites...

Au bout de deux ans de discussions, on n'a guère avancé.

« Par la suite, ce sera mon plus grand regret, avoue Orlando. La seule chose qu'elle n'aura pas pu faire, c'était Cléopâtre. Quand elle s'en ira, le projet prenait forme, il devenait enfin réalisable... »

La seule chose qu'elle n'aura pas faite... C'est si peu et c'est tellement par comparaison avec la plupart des vies... Oui, mais peu de gens sont aussi entiers qu'elle :

« Au départ, je voulais réussir et j'avais tout cristallisé, tout fixé, tout canalisé sur un seul point. Je crois que c'est comme ça qu'on réussit. Pas seulement dans une carrière, dans tout. » (*Play-Boy,* février 82.)

Et encore :

« Depuis que je suis enfant, je veux réussir. Il y a des gens qui ont envie de réussir, d'autres pas. Ça n'a à voir ni avec le talent ni avec le courage. C'est inconscient. » (*Elle*, 13.7.81.)

Jusqu'ici, elle a monté les marches du succès. Elle est si près du sommet. Ne peut pas s'arrêter, n'ose pas regarder en bas. Le vertige monte. Trouver autre chose, encore, encore...

Sacrifice

En mai 83, elle déclare :

« Il n'est pas chanteur, je ne veux pas lui rendre la vie difficile avec la publicité, tout ça. Mais il est merveilleux. Ça fait un an que ça dure. Ah, être amoureuse ! Ça vous rend lumineux, extraordinaire. Je le souhaite à tout le monde. »

De qui parle-t-elle ? Encore une prémonition ? Son nouveau chevalier servant, Karim, est un jeune homme d'origine franco-égyptienne, aviateur sur une ligne privée. Il est très beau, grand, athlétique. Elle le rencontre en mars 83 chez Graziano :

« Tout de suite, ils se sont plu, raconte celui-ci. Il était fan d'elle depuis toujours, elle l'éblouissait. Ce soir-là il lui a fait tous les compliments de la terre. Ils ont décidé de se revoir.

« Il travaillait souvent tard. Je leur préparais à dîner au restaurant. Presque tous les soirs, on se retrouvait, Dalida, Anouk Aimée et moi, on attendait Karim qui arrivait vers onze heures. Ça a duré un an. On pensait qu'il était très amoureux. Puis on a eu l'impression qu'il avait en fait un autre but. Dalida s'est sentie trahie : elle lui avait ouvert la porte... »

Cette porte s'ouvre pour lui lorsque, un soir, Roger Hanin et Christine Gouze-Rénal dînent à la table à côté. Les deux couples se réunissent pour le café. Roger Hanin prépare un film. Frappé par l'allure du jeune homme, il l'engage.

Dalida, qui prenait son compagnon pour un innocent, perçoit bientôt chez lui un côté arriviste qui la déçoit. Karim l'avait escortée à des soirées, et quand les premières photos du couple étaient sorties dans la presse, il l'avait culpabilisée, se plaignant d'avoir perdu son travail à cause de cette publicité intempestive. Quelques mois plus tard, il saute sur l'occasion de faire du cinéma, et la publicité ne le gênera alors nullement.

Cette liaison, qui n'était pas très sérieuse, s'arrête bientôt. Le tournage d'un feuilleton à l'étranger dans lequel le jeune homme s'est vu confier un rôle met un point final à l'aventure. Pendant qu'il est là-bas,

Karim ne donne aucune nouvelle. Au retour, il prétexte le mauvais état du réseau téléphonique.

« Même dans le désert, il n'y a pas que les cactus qui poussent, répond Dalida. Il y a aussi des téléphones. »

Bien qu'elle l'ait rapidement catalogué, c'est une déception de plus :

« Elle était fleur bleue, donnait tout d'elle, repartait de zéro chaque fois, reprend Graziano. Là elle s'est dit qu'elle avait la puissance, mais qu'en tant que femme elle avait été trahie. Ça lui a fait prendre conscience de son âge. »

Même si Dalida, au fond d'elle-même, n'a pas accordé tant d'importance à une liaison qu'elle savait éphémère, la désinvolture du jeune homme représente une défaite intime. Défaite symbolisée par le désastreux changement de coiffure qu'elle risque en juin 83, sur les (mauvais) conseils d'un ami. Après tout, pourquoi ne pas changer de style ? Elle se coiffe de la même manière depuis si longtemps, une coupe plus légère lui donnerait peut-être ce coup de jeune dont elle pense avoir besoin. Elle en parle avec François Solvinto, son coiffeur. Après avoir longtemps hésité, elle sacrifie cette longue crinière qui agissait sur le public comme un fétiche :

« Mes cheveux, ce sont les miens, vous voulez tirer dessus ? Les gens le font dans les galas. Ils croient que c'est un postiche », avait-elle déclaré à *Façade.*

Seul un désarroi profond a pu l'amener à sacrifier son meilleur accessoire de scène. Lorsqu'elle apparaît chez Guy Lux les cheveux courts, les téléspectateurs ont un choc. Très vite, Dalida va se repentir de cette décision. Malgré l'aide du coiffeur Georges Saint-Gilles, elle ne retrouvera jamais la même masse de cheveux. Pourquoi s'infliger à elle-même la punition imaginée par Giuseppina après le concours de Miss Ondine ?

Ses boucles sacrifiées, elle se sent dénudée, presque violée. Certains soirs, elle pleure :

« Je me sens toute nue. Quelque chose me manque. Je ne suis plus la même. »

Ses cheveux, c'était l'affirmation de son désir de séduire. Désir qui, maintenant, s'affaiblit. Peut-être parce qu'elle a eu tout ou presque ? Parce qu'elle a fait le tour de cette comédie du sexe ? La séduction, qui la dopait, la fatigue. Elle se dit que l'amour est souvent un leurre, qui sert à masquer d'autres insécurités, d'autres faiblesses. Elle y a trop cru pour y croire encore. Comme si, avec Richard, elle s'était trompée une fois de trop. Les mécanismes du jeu amoureux apparaissent, la répétition entraîne le désenchantement. Deux ans plus tôt, elle disait encore :

« Ce qui recule l'âge à l'infini, c'est le désir de réussir, d'avancer, de changer, de vivre pleinement le moment présent. La vie, ce doit être ça : le désir. Tant que vous en avez vous êtes en mouvement et tant que vous êtes en mouvement vous êtes vivant et jeune. » (*Elle,* 13.7.81.)

Cette idéologie du désir triomphant, invincible, a imprégné les années cinquante, soixante et soixante-dix. Elle a vécu cette euphorie, cru qu'on pouvait éternellement repousser les limites. Les années quatre-vingt sont marquées par un essoufflement. La sexualité montre ses limites, elle va même, avec l'apparition du sida, apparaître comme dangereuse, mortifère. On a cru que la révolution sexuelle permettait une communion, on s'aperçoit qu'elle débouche sur une autre solitude, non moins implacable. Le culte d'Eros entraîne celui de la jeunesse, et l'individu mûrissant, que nul ne révère plus pour sa sagesse et l'expérience acquise, se sent exclu. Quels que soient les efforts pour retarder l'échéance, chaque jour est comme une minuscule perte supplémentaire...

Drame à Saint-Tropez

Toujours elle repart. Oublie Karim, ferme encore une porte. Une fois de plus la tragédie la touche et cela contribue peut-être à éloigner le jeune homme. Depuis qu'elle a coupé ses cheveux, quelque chose d'une désolation rôde. Un pressentiment vague.

L'horreur frappe le 20 juillet 1983 à vingt-deux heures trente. Richard Chanfray est découvert suicidé dans un sentier de Ramatuelle. Il avait quarante-trois ans.

Un promeneur a donné l'alarme. Richard gisait là depuis deux jours dans une R25 blanche de location avec Paula, sa compagne. Après avoir absorbé des barbituriques, le couple s'est asphyxié en respirant les gaz ramenés dans la voiture par un tuyau de caoutchouc branché sur le pot d'échappement. Les vitres avaient été calfeutrées. Celui qui se rêvait en héros romantique et croyait qu'un destin d'exception le vengerait d'une enfance difficile et d'une jeunesse livrée aux tentations n'a trouvé que la mort pour s'accomplir. Il entre ainsi dans la légende du roman noir, formant avec sa dernière amie un de ces couples maudits qu'exaltent les feuilletons populaires.

Dalida voit les choses de façon moins romanesque. Richard était au bout du rouleau. Il a succombé à la lassitude fatale de ceux qui se sont trop longtemps battus contre le destin.

Cet homme, pour elle, c'était d'abord une souffrance d'enfant. A ceux qui partagent cela, elle a toujours pardonné, car elle les comprend trop bien. Elle sait que cette hypersensibilité peut conduire à la folie. Folie de la mort, tentation du nirvana. Pour être délivré, enfin.

Richard courait à sa perte. Le quitter avant qu'il ne l'entraîne avait été pour Dalida un réflexe de sauvegarde. Ne réussissant plus à l'aider, elle ne pouvait que se protéger. Peut-être en le quittant provoqueraitelle en lui le choc salutaire... ? Un an auparavant, Dalida l'avait revu par hasard.

« Elle était passée me prendre au restaurant, un lundi à quatorze heures, pour aller au marché aux puces, raconte Graziano. Elle adorait chiner là-bas. Tout d'un coup, Saint-Germain entre dans le restaurant, il venait me dire bonjour. Il a vu Dalida au bar. Il est allé vers elle et il l'a prise dans ses bras. »

Ce jour-là, Dalida porte une fourrure que Richard lui avait offerte. Lorsqu'il la voit, les larmes lui montent aux yeux. Il est évident qu'il l'aime toujours.

« Je suis si heureux de voir que tu portes ma fourrure », dit-il.

Richard, Dalida et Graziano prennent un café ensemble. Puis Dalida veut partir. Une fois dehors, elle dit à Graziano :

« C'est drôle, la vie ! je suis contente de l'avoir revu. Il va bien, ça me fait plaisir. »

Une fois de plus, Richard portait beau, et Dalida avait voulu croire à l'image...

« Dalida avait vécu ses plus belles années de femme avec lui, ajoute Graziano. Ça avait été la période grandiose de sa carrière. Elle rayonnait de beauté et de bonheur. Leur rencontre avait été très forte. Si elle n'avait pas eu le courage de le quitter, ça aurait pu se terminer en tragédie pour elle aussi. Pourtant, même après, elle l'aimait encore. »

Quelques jours avant sa mort, Richard déclarait à un journaliste que Dalida avait été le grand amour de sa vie.

Dalida adore qu'on lui tire les cartes. Elle n'y croit pas mais ça l'amuse.

« Je le faisais régulièrement pour elle, dit Graziano. Un soir, au jardin, elle me l'a demandé une fois de plus. J'ai regardé les cartes et j'ai dit : " Quelqu'un va mourir, c'est Saint-Germain. " On a appris son suicide trois jours plus tard. »

La dernière année de sa vie, Richard vit à Louveciennes avec Paula. Ils y louent une grande villa avec piscine, cinq mille mètres carrés de terrain, y sont servis par deux maîtres d'hôtel et deux femmes de chambre. Cette façade luxueuse dissimule une descente aux enfers. Guy Motta, le pianiste de Dalida, qui habite lui aussi Louveciennes, est resté très ami avec Richard et fréquente le couple.

« Richard et elle nous avaient emprunté cent quarante mille francs. »

Le propriétaire de la maison n'est plus payé, les domestiques non plus. Le couple se déchire. A l'issue de ces crises, Richard se retrouve à la porte de la villa et finit ses nuits dans sa voiture.

Depuis deux ans, les cheveux de Richard grisonnent, il commence à vieillir. Quand il se regarde dans une glace, il ne peut pas le supporter. Plusieurs fois, Guy le voit pleurer, déprimé de perdre sa jeunesse et d'avoir raté sa vie. Plusieurs personnes tentent pourtant de l'aider. Un Saoudien, ami de sa compagne, veut faire de lui l'hôte d'une boîte de nuit. Francis Lopez songe à le faire jouer Cagliostro dans une opérette. Ces projets ne se réalisent pas.

Guy Motta sait à quel point Richard regrette Dalida et combien il est perdu sans elle.

« J'ai souvent pensé qu'il se suiciderait. Je l'ai dit à Dali mais elle ne pouvait pas le croire. Il avait crié au loup trop souvent. »

Un soir, Richard passe voir les Motta. Il décrit à Guy, de façon détaillée, comment il se tuerait si jamais un jour il trouvait le courage de passer à l'acte.

N'ayant pas de nouvelles, Guy téléphone quelques jours plus tard à la villa. Paula a dit qu'elle partait en Alsace, mais Guy n'y croit pas. Il questionne le maître d'hôtel :

« Frédéric, où est Madame ?

— Dans le Midi », finit par répondre l'employé.

Le couple descend d'habitude à Saint-Tropez, à l'hôtel de Paris. Guy Motta appelle là-bas. Paula répond. Il raccroche. Il appelle alors Blanche, la mère de Richard, qui vit à Hyères.

« Ton fils est chez toi ?

— Non...

— Prends ta voiture, va tout de suite à Saint-Tropez ! »

C'est le samedi. Blanche téléphone à l'hôtel. Richard la rassure. Tout va bien...

Le lundi matin, le téléphone sonne chez les Motta. C'est Blanche. « Elle hurlait : " Je ne t'ai pas cru ! " »

Absences répétées

Le téléphone sonne chez Orlando à huit heures trente du matin. C'est Philippe de Fontréaux, le rédacteur en chef de *France-Dimanche :*

« Est-ce que tu es au courant ? Richard s'est suicidé. On les a retrouvés tous les deux, morts dans la voiture. »

Catastrophé, Orlando ne veut pas réveiller sa sœur avec cette mauvaise nouvelle. Mais le téléphone n'arrête plus de sonner. Il donne rendez-vous à Dalida au bureau. Une horde de photographes la traque depuis la rue d'Orchampt. Dalida répète simplement :

« C'était fatal... »

Elle savait que Richard, les derniers temps, vivait dans un désordre total, traqué par les impôts.

Cette mort marque le début d'une nouvelle période de rumination, d'interrogation incessante, comme après la disparition de Tenco. Bien que le choc ait été moins brutal, car elle a eu le temps de s'y préparer. Mais cet enchaînement de morts autour d'elle ! En quoi est-elle responsable ? Elle se torture...

« C'était le troisième coup de marteau qu'elle recevait sur la tête, continue Orlando. Elle se disait : “ Trois hommes, trois suicides ! ” Ni Lucien ni Richard n'étaient encore avec elle lorsqu'ils se sont tués. Pourtant... »

A partir de là, elle va très mal supporter de penser à sa vie. Trop douloureux.

« Les années qui ont suivi, elle n'en pouvait plus qu'on lui fasse tout le temps son curriculum vitae. Elle affichait un visage serein, mais elle se sentait marquée. Les gens disaient : “ Quelle fatalité ! ” Elle le voyait dans leurs yeux. Elle a commencé à avoir peur. A ce moment-là, elle ne voulait plus parler que du bonheur. »

Comme si le malheur était prêt à fondre au simple appel de son nom.

Les amis de Richard souhaitent qu'elle assiste aux funérailles, dans le Midi. Elle ne se laisse pas influencer.

« Il n'est pas question que j'y aille. Je vois déjà la ruée des photographes et les titres dans les journaux. Ce genre de spectacle morbide, j'ai assez donné. L'étiquette de fréquentatrice de cimetières, j'en ai marre. Marre aussi d'être la cible des gens. De toute manière, je ne peux plus rien faire pour Richard. »

Elle refuse toute interview. Elle ne peut que dire encore :

« C'était inévitable. C'était sa seule porte de sortie. »

La mort de Richard est un chagrin très profond. Si profond qu'elle craint de s'y noyer. Elle ne peut que maintenir la tête hors de cette eau noire. Elle le fait avec son courage habituel, mais il a changé de nuance : c'est le courage du désespoir. Elle qui a toujours cherché la vérité et voulu la dire ne peut plus la supporter. Trop dur. Les trois hommes de sa vie, morts...

Elle se repasse à l'infini le film de ses échecs. Impossible d'effacer ces images. En août 83, elle part se reposer dans sa maison de Corse. Des fidèles l'accompagnent : Rosy, Antoine, Graziano, son neveu Luigi. Mais le souvenir de Richard est partout.

Son frère aîné lui est d'un grand réconfort. Elle l'aime profondément et le voit régulièrement. Il est le seul de son entourage qui ne lui parle pas métier. Il la protège. Ses deux fils, Luigi et Roberto, les neveux de Dalida, ont six ans de différence. Elle les adore tous les deux, mais elle a un faible pour Luigi dont elle est la marraine. Elle se reproche de ne pas les voir assez souvent :

« C'est ma seule famille », dit-elle, et elle se culpabilise.

A l'automne, sa liaison avec Karim terminée, elle se retrouve seule. Tino Rossi est mort en septembre, encore un morceau de sa jeunesse qui sombre, souvenir de la « chanson méditerranéenne ». Heureusement, ses cheveux repoussent. Georges Saint-Gilles lui fait de savants dégradés qui dissimulent le désastre. *Actuel,* le magazine des « branchés », la compte parmi les « déçus du socialisme ».

Orlando demande à Jeff Barnell d'adapter pour elle *Smile,* la musique du film *Les Temps modernes,* composée par Charlie Chaplin. Le titre français est *Femme,* l'arrangement très rythmé et dansant. Réticente, Oona Chaplin demande à écouter l'enregistrement avant de donner son autorisation. Elle est séduite : la mélodie s'en trouve rajeunie, ce tempo rapide ne la déforme pas et l'interprétation de Dalida est émouvante. Avec sa bénédiction, le disque sort en France.

La chanson est lancée dans l'émission de Guy Lux, « Cadence trois ». Dalida porte une robe jaune, la même que celle, turquoise, utilisée au Palais des Sports pour *Il faut danser reggae.* Elle danse sur une chorégraphie de Larry Vickers, des boys derrière elle. Tout se passe bien, et pourtant...

« Généralement, raconte Orlando, j'assistais à la répétition quand l'émission était en direct. Après, je laissais Dalida avec Antoine, et je rentrais à la maison pour la regarder. Ce soir-là, j'étais donc assis devant mon poste. J'ai vu Dalida entrer en scène. Très belle, impeccable. Pourtant quelque chose clochait. Je l'ai remarqué dès qu'elle a commencé. Le chant et la chorégraphie étaient parfaitement exécutés, mais il y avait un manque. Elle faisait tout comme une automate. Son regard lumineux, sensuel, s'était éteint. Ça se produisait pour la première fois. »

Les téléspectateurs ne se doutent de rien.

« Mais moi, je sentais que quelque chose était cassé. Ça avait atteint son travail. Ce soir-là elle faisait ce qu'on lui disait de faire, mais pas plus. Je me suis un peu affolé, parce qu'elle donnait toujours un plus, elle allait au maximum d'elle-même. Quelque chose, dans sa façon de bouger, n'était pas normal. »

Le lendemain, Orlando, très inquiet, téléphone à Larry Vickers.

« Comment as-tu trouvé Dalida hier soir ? Moi, je ne l'ai pas trouvée la même. »

Larry Vickers hésite :

« Je ne saurais pas l'expliquer. Mais tu as raison, il y a quelque chose de différent. »

En fait, Larry Vickers a senti un problème au cours des dix jours de répétition des chorégraphies.

« Je l'ai trouvée en baisse de tonus, comme absente. »

Ce qui l'a surtout frappé, c'est que, habituellement, elle aimait mettre la patte à toutes les chorégraphies. Là, elle n'a rien dit. Comme si elle était lasse.

« Je n'ai pas retrouvé la même passion. D'habitude elle était plus enthousiaste pendant les répétitions qu'après. »

Pour Dalida, le plus beau moment est toujours celui de la création. Mais là, cette docilité inhabituelle, une sorte de désintérêt...

Autour de lui, Orlando enquête. Personne ne s'est rendu compte de rien.

« Mais oui, je l'ai trouvée très bien », lui répond-on.

Il n'en pense pas moins. Ce soir-là un déclic s'est produit. Il décide de surveiller discrètement sa sœur.

« De jour en jour, je me suis convaincu que quelque chose ne tournait pas rond. C'était surtout sa démarche. Quand Dalida marchait, on aurait dit qu'elle dansait. Même dans la rue, même sans se savoir observée.

Les hanches balançaient légèrement, un pied venait se poser devant l'autre. Elle avait gardé sa démarche de mannequin, mais elle l'avait personnalisée. Personne n'a jamais marché comme elle, à part Rita Hayworth et Joséphine Baker. »

Mais là, pour la première fois, elle marche normalement, comme n'importe quelle femme...

« Et puis, cette lumière du regard qui avait baissé d'intensité... »

Pour la remettre en forme, Orlando tente d'appliquer une recette jusque-là infaillible : le travail. Titiller son perfectionnisme...

« Comme tu espaces tes galas, dit-il, tes chorégraphies sont toujours les mêmes. Tu n'as plus d'incitation à t'améliorer. Si tu prenais à nouveau des cours de danse, ça te ferait du bien... »

Dalida lui jette un drôle de regard :

« Je ne sais pas pourquoi tu me demandes ça... Mais, si tu veux, d'accord... »

Sans en avoir la moindre envie, elle se rend chez une ancienne danseuse reconvertie dans l'enseignement. Celle-ci rassure Orlando :

« Ne vous alarmez pas trop. Dalida n'a pas besoin d'une aide professionnelle. Son tonus dépend de son humeur du jour. Parfois, elle est comme une reine. D'autres jours elle n'a envie de rien. Ce n'est pas une question de travail. C'est quelque chose qui se passe à l'intérieur d'elle-même. »

Au bout de quelques cours, Dalida arrête. Elle dit à Rosy, un jour, au bureau :

« Mais qu'est-ce qu'il a, mon frère ! Il croit que je suis devenue gâteuse, que j'ai besoin de réapprendre ce que je sais déjà et que j'ai créé moi-même, ma démarche, tout ça !

— Mais non, répond Rosy, il pense que ça te ferait du bien de te remettre en forme.

— De toute façon, j'arrête les cours. Je n'ai besoin de personne. Si j'ai envie, je sais toujours me débrouiller. Mais c'est l'envie... »

Elle ne finit pas sa phrase :

« Passons à autre chose... »

Quand elle ne veut pas répondre, Dalida s'arrête net...

La diva

A cinquante ans, malgré une certaine lassitude, Dalida croit toujours à la séduction. Elle déclare au *Gai Pied Hebdo* le 10 septembre 1983 :

« Je ne suis pas une militante féministe, mais je m'intéresse aux problèmes des femmes. La femme ne peut être l'égale de l'homme que si elle reste vraiment femme. Il ne faut pas que nous perdions notre côté " séductrice ". »

Malgré les craintes d'Orlando, elle fait alors à la télévision un retour triomphal. Elle y est habillée par Azzaro dont les fourreaux mettent son corps en valeur. On l'appelle la « diva ».

Souvent, aussi, Jean-Claude Jitrois, qui deviendra le favori des stars de *Dallas* et *Dynasty,* Linda Evans et Joan Collins, l'habille de cuir des pieds à la tête. Pour retrouver ce tonus qui lui manque, elle prend des cocktails de vitamines, à l'américaine.

En mars 84, à Audenarde, petite ville au sud de Gand, ses fans déchaînés se ruent sur scène, les bras chargés de fleurs. Dalida se boucle dans sa loge. Les fans scandent son nom et tapent des pieds. Le plancher cède. Heureusement la loge reste intacte. Des ambulances arrivent pour emporter les blessés. Dalida veut sortir pour porter secours à ses fans. Mais on redoute la reprise de l'émeute, et on l'emmène par une porte dérobée...

Les homos lui vouent un culte de plus en plus fervent. Elle a autour d'elle une véritable cour de chevaliers servants gays.

« J'aime leur compagnie, dit-elle. Ils sont souvent plus cultivés et plus amusants que les hétéros. Leur sensibilité un peu féminine leur donne quelque chose de plus. »

A l'automne, elle retourne chanter en Algérie, après de nombreuses années d'absence. Au stade d'Alger, on joue à guichets fermés. Dix mille personnes sont venues entendre la première chanteuse française qui ait remis les pieds dans le pays après l'indépendance. Il y a autant de monde dedans que dehors. Les officiels s'alignent sur les gradins. Elle qui avait pourtant été la mascotte des paras pendant la guerre...

L'islamisme n'a pas encore divisé le pays. A un journaliste qui lui demande le secret de sa longévité, elle répond :

« Je suis l'ange gardien des familles. C'est une femme qui me l'a écrit. Les femmes m'adorent parce qu'elles se retrouvent toutes en moi. Je suis leur porte-drapeau. »

Ce soir-là, elle interprète quatre chansons en arabe. De la première à la dernière, le public chante alors avec elle et monte sur les chaises. Même les dames snobs se lèvent pour lancer des youyous et danser. La foule crie :

« Dalida est à nous ! »

Après le spectacle, un dîner diplomatique a lieu en son honneur. A la télévision française, Guy Lux déclare :

« L'Algérie s'enflamme pour Dalida ! »

Heureux temps...

L'âge dangereux

Pour les cinquante ans de sa sœur, le 17 janvier 1983, Orlando a envoyé à Dalida une gerbe de cinquante roses blanches avec ces mots : « Bon anniversaire, courage pour les cinquante ans à venir. Je t'embrasse affectueusement. »

Après avoir reçu la corbeille, elle l'appelle, en pleurs. Elle le remercie mais ne peut s'empêcher de dire :

« Mon Dieu, quand j'ai reçu le petit mot... Cinquante ans, ça m'a sauté au visage... J'ai pris conscience pour la première fois que le temps passe... J'ai éclaté en sanglots... »

A force de constater que sa beauté durait, que son corps restait jeune, Dalida avait fini par ignorer la fuite des années. Là, soudain, c'est le choc. Elle se regarde dans la glace. Elle se voit en pleine beauté, pourtant rien ne sera jamais pareil. Cette beauté n'est plus un acquis, mais un sursis. Et elle est indispensable à son travail, sans lequel elle ne saurait vivre. Pour elle, plus peut-être que pour une autre femme, c'est grave.

Jusque-là, elle ne craignait pas de dire son âge : au contraire elle en tirait fierté. Maintenant elle demande à Orlando, avec beaucoup de délicatesse :

« S'il te plaît, à partir d'aujourd'hui, je ne veux plus qu'on me souhaite mon anniversaire. »

Cette date fatidique sera pour elle la sonnerie d'un glas.

« Maintenant, dit-elle, chaque année compte. Avec chaque année qui passera, la vie sera pour moi plus difficile. La Dalida que vous avez connue, dansant comme une folle, vous devez commencer à l'oublier. Il y a certaines choses que je ne pourrai plus faire. Ou du moins, plus de la même manière. »

Orlando constate avec une inquiétude croissante que les moments d'absence se répètent. La baisse de tonus ressemble à une habitude. Dalida s'installe dans un ailleurs silencieux. Un jour, au bureau, Orlando prend son courage à deux mains :

« Je craignais ses foudres. Quand on abordait un sujet dont elle n'avait pas envie de parler, elle montait sur ses grands chevaux. Elle faisait taire n'importe qui dans la minute. »

Il décide pourtant de prendre le risque. Il se demande si sa sœur n'aurait pas « des problèmes de femme ».

Contrairement à ce qu'il redoutait, Dalida ne se met pas en colère. Elle écoute Orlando et Rosy très calmement. Elle reconnaît qu'un changement se produit en elle, qu'elle ne parvient pas à maîtriser. Elle prend rendez-vous chez un gynécologue. Douée d'une santé de fer, elle va rarement consulter. Croyant ses problèmes réglés de ce côté-là depuis qu'elle a été opérée, elle n'a pas vu de spécialiste depuis des années.

Après l'opération, elle n'a plus eu de règles. Elle est stupéfaite du diagnostic :

« Madame, vous avez commencé votre ménopause depuis un an. »

Souvent, les femmes préfèrent ne pas parler de la ménopause, comme si le simple fait de prononcer ce mot suffisait à les faire passer d'emblée dans l'automne. Or, de ce point de vue, le sort est injuste : certaines traversent l'« âge dangereux » sans s'en apercevoir, d'autres souffrent de malaises bien connus, insomnies, bouffées de chaleur et changements d'humeur ; chez d'autres encore peuvent se déclencher états dépressifs, crises suicidaires et même psychoses.

Avec ses antécédents, Dalida aurait dû s'alerter. Mais, bien qu'elle affirme avoir eu plus peur de vieillir à vingt ans qu'à cinquante, elle est entrée dans cette dernière partie de sa vie qui sera pour elle l'ère du silence. Jusque-là, elle s'était battue pour vaincre le sort contraire, elle avait cherché la vérité dans les mots. Maintenant, son refus de dire et même de penser correspond à une conviction que la défaite s'approche, inéluctable. Ses affirmations de sérénité sont une dénégation, une manière de se rassurer en se dissimulant un trouble intérieur qu'elle ne se sent pas capable d'affronter.

Le sentiment d'à quoi bon, l'affaiblissement du désir, les sautes d'humeur sont des signes de ce bouleversement ignoré. La mort de Richard, avec qui elle croyait pouvoir finir sa vie, est intervenue comme un couperet dont la chute la sépare à jamais de ses triomphes de femme.

Elle est désarmée. Elle ne sait se battre que pour gagner, non pour accepter ce qu'elle ne peut empêcher. Le Dr Rosenbaum lui explique qu'un traitement hormonal permet de traverser plus aisément cette période, d'en atténuer les symptômes. Mais il aurait dû être entrepris un an plus tôt. Il va quand même essayer de la remettre sur pied, de rattraper le retard.

Elle comprend alors l'origine probable de ce sentiment d'insécurité, de ce manque de confiance en elle. Devant chaque nouvelle tâche, au lieu de se passionner, elle s'affole. La perspective de l'opéra-rock *Cléopâtre* l'inquiète :

« Je n'aurai pas le temps, je ne serai pas prête... »

Ses trous de mémoire s'accentuent, ainsi que ses moments d'absence. C'est caractéristique de cette pathologie. Cette femme si forte semble aujourd'hui très fragile. Cette fragilité a toujours existé, mais elle était comme une veine courant à travers la roche de sa robustesse.

Physiquement, c'est manifeste. Les gens qui la voient à cette époque la décrivent « menue, tellement mince ». Elle n'a jamais été très grande mais elle en donnait l'impression. Il y a quelque chose de perdu dans l'expression du visage. Pour un rien, les larmes lui montent aux yeux, incontrôlables...

Sur scène, l'illusion fonctionne toujours. Seuls les fans qui la suivent depuis ses débuts se rendent compte qu'elle n'a plus la même envie d'interpréter ses chansons fantaisistes et légères qui s'accompagnent de chorégraphies endiablées.

A force de croire qu'elle n'est plus capable de faire comme avant, qu'elle perd ses moyens, elle s'influence elle-même. Chanter ne lui demande pas davantage d'efforts, mais danser l'exténue.

Elle prend conscience, soudain, qu'elle ne s'est jamais arrêtée. Sa fatigue n'est pas seulement conjoncturelle ; elle vient de très loin.

Volontariste, elle a toujours cru qu'il ne fallait pas « s'écouter ». Maintenant, c'est trop tard, quelque chose s'est tu en elle et cela la terrifie...

« Dalida idéale »

C'est dans ce contexte que Jean-Claude Averty, l'enfant terrible de la télévision, le magicien de la vidéo, propose à Dalida de lui consacrer un show. Pour le réalisateur, « Dalida idéale » sera le nouvel épisode d'une série commencée dans les années soixante ; il a déjà travaillé avec Montand, Brassens, BB, Jeanne Moreau.

« Je prends une vedette, généralement consacrée par les médias, et dont on se fait une certaine idée. Et j'essaie, avec sa complicité, de proposer une image nouvelle, différente », déclare-t-il.

Dalida et Averty n'ont jamais collaboré. Averty a l'air bourru mais son regard pétille de malice. Dalida, qui craignait d'abord de passer à la fameuse moulinette, dira ensuite son plaisir de travailler avec un réalisateur à la vision aussi personnelle. Pour sa part, Averty avoue :

« Je suis un vieil imbécile. Au départ, j'avais des prétentions vis-à-vis d'elle. »

Il s'aperçoit qu'on peut « faire autre chose » avec Dalida. Il apprécie sa gentillesse, son intelligence, sa sensibilité.

« Nous avons eu, elle et moi, une réelle complicité. Elle passe bien à l'image, elle est souple, c'est un merveilleux objet de spectacle. On l'imagine dans une comédie musicale, ou meneuse de revue. »

Libération conclut :

« Une étrange rencontre entre le magicien de l'électronique et la chanteuse la plus kitsch de ces trois dernières décennies » (6.4.84).

Le tournage a lieu en mars au studio des Buttes-Chaumont. Il dure un peu moins d'un mois. Le spectacle sera un des premiers shows lancés sur vidéocassette, avec une exclusivité de six mois précédant la diffusion télévisée.

Coproducteur, Orlando écrit l'argument : un survol de la carrière de Dalida depuis ses débuts. Dalida s'est aperçue que :

« Dans certaines familles il y a un culte de Dalida. Les enfants viennent au monde et grandissent en écoutant Dalida, parce que leur père ou leur mère passent mes disques. Chaque fois que je participe à

“ L’école des fans ”, je suis surprise et ravie de voir tous ces petits chanter *Bambino.* (*Numéro Un,* 04.84.)

Averty cultive lui aussi la nostalgie :

« Je m’intéresse à hier, c’est la seule chose qui me passionne. Le passé, c’est la seule réalité. On passe son temps à reconstituer ses rêves, dans sa tête ou sur un écran. »

Pour Averty, qui se plaint qu’à cause de ses audaces on l’empêche de tourner, ce spectacle sera l’occasion de toucher à nouveau un large public.

Même si ces deux personnalités opposées que sont Averty et Dalida se séduisent mutuellement, le tournage n’en est pas moins difficile. Doutant d’elle-même, la chanteuse guette avec anxiété les signes négatifs. Chaque matin lorsqu’elle se réveille, Dalida, comme depuis longtemps, se regarde dans le miroir, puis elle se pèse. Lorsqu’elle constate qu’elle a pris cinq cents grammes ou même un kilo, elle se met à la diète et n’absorbe que du thé au lait très sucré pendant un ou deux jours pour les reperdre.

Son regard de Vénus est un élément de sa personnalité, elle le sait mais, depuis un certain temps, quelque chose semble sur le point de lui échapper.

Cela se produit le premier matin du tournage de « Dalida idéale ». Lorsqu’elle s’inspecte dans la glace au réveil, une mauvaise surprise l’attend. Son regard est instable, son œil faible est très douloureux.

Immédiatement, l’angoisse monte. Chez elle, le talon d’Achille, c’est le regard...

« Ça commence mal... Mon Dieu, comment je vais faire, toute la journée devant les caméras... »

Elle confie à Orlando :

« Si je n’avais pas eu cette insécurité, j’aurais mangé la terre entière ! Le cinéma m’a fait peur, parce que je craignais que mon regard ne me joue des tours. C’est pour ça que je me suis contentée de faire quelques films. »

Depuis quelque temps, quand ses yeux lui posaient problème, elle prétextait une maladie. A la télévision, on croyait à un caprice. Mais ce premier matin du tournage, c’est trop tard pour renoncer. Elle sait que le show est très important pour Averty. Elle se ressaisit, arrive à l’heure au studio. Michel Deruelle, le plus grand maquilleur du cinéma français, la maquille et Georges Saint-Gilles la coiffe.

Lorsqu’elle arrive dans sa vaste loge, les robes sont exposées sur des cintres. Le show comporte quarante-deux changements de costume. Les plus grands couturiers, Dior, Saint-Laurent, Givenchy, Nina Ricci, Paco Rabanne, Pierre Balmain, Jean-Claude Jitrois, Azzaro, ont prêté des robes. Cela aurait dû être pour elle un vrai plaisir, mais elle est trop préoccupée.

Elle se réjouissait aussi de travailler à la manière d’Averty, car celui-ci, excité par le projet, veut essayer une nouvelle technique afin de donner une image originale de Dalida. En contrepartie, il demande beaucoup d'efforts à la vedette. Des plans de cinq secondes sont tournés de cinq manières différentes.

Lorsqu'elle est prête, Dalida fait appeler Averty dans sa loge. L'entourage a déjà remarqué qu'elle est très perturbée : elle sait se battre contre tout, pas contre son regard...

« Je regrette, mes yeux vont me jouer des tours », prévient-elle.

Averty est connu pour son caractère très difficile. Il a la réputation de bousculer son équipe. Mais connaître le point faible de Dalida le touche. Il sera avec elle d'une gentillesse, d'une patience exceptionnelles.

« Je vais te filmer sous tes meilleurs angles », assure-t-il.

Il commence par des plans éloignés. Chaque fois, avant de commencer, Dalida s'adresse en italien à Orlando :

« Comment vont les yeux ? »

Chaque instant de cette journée, elle pense à ses yeux. Elle ne parvient pas à se libérer de cette obsession. Le lendemain se passe un peu mieux. Mais pendant trois semaines, chaque matin, l'angoisse la saisit au réveil. L'état psychique influence beaucoup les yeux : si elle y pense, le problème augmente. Et comme les changements de robe sont très fatigants, ce tournage qu'elle attendait avec impatience devient un calvaire.

Averty la rassure autant qu'il peut :

« Ce n'est pas grave, Dalida, les gens vous aiment avec ce regard. »

« Elle avait besoin qu'on la serre de près sur un plateau, dira-t-il plus tard. Dès qu'on n'était plus à ses côtés, son visage se défaisait. C'est pour ça que je l'aimais, c'est pour ça qu'elle a représenté un moment important de ma vie. » (*Figaro-Magazine,* 9.5.87.)

Averty travaille dans la dentelle. Les jours où Dalida va bien, il en profite pour faire tous les gros plans. La réussite est totale.

« Dalida et Jean-Christophe Averty ont réalisé le show le plus fastueux de l'histoire de la télévision, " Le show des shows " », écrit la presse.

« C'est mon testament », dit Dalida.

Le côté inquiétant de cette déclaration ne frappe personne. De même, Averty déclare :

« Le show existera encore quand nous serons tous morts et j'ai voulu donner de Dalida l'image la plus élaborée, la plus sophistiquée. »

La cassette vidéo se classera parmi les meilleures ventes, devant *Apocalypse now, Les Aventuriers de l'arche perdue, David Bowie en concert.*

Au montage, Averty a éliminé les gros plans les plus gênants. Pourtant, lorsqu'elle se visionne, Dalida remarque un trouble indéfinissable dans son regard. Cela la rend très malheureuse. Pour tenter de le cacher, elle garde souvent les yeux mi-clos. Elle paraît ainsi plus fragile et émouvante. Sans se douter du martyre qu'elle endure, le public l'en aimera d'autant plus, mais elle reste inconsolable et répète :

« Pour la première fois, mon regard m'a trahie. »

De nouveau, quelque chose cède en elle. Dans sa tête, la fêlure s'agrandit. Elle ne fera plus jamais confiance à ses yeux. Chaque matin, pendant le reste de son existence, elle se lèvera dans l'angoisse. Elle se dit :

« J'ai cherché la lumière toute ma vie. Peut-être que trente-six ans sous les lumières, c'était trop. »

Pour une émission des Carpentier, un jour, elle chante avec Julio Iglesias *La Vie en rose.* Un duo très glamour et sentiment. Elle possède parfaitement l'art de placer son visage. Chaque fois que Julio la serre dans ses bras, elle recule. Pendant la deuxième répétition, il se rend en régie et dit à Maritie Carpentier :

« Je ne comprends pas. Je la sens distante, comme si elle m'évitait. C'est supposé être un duo d'amour. Je veux savoir pourquoi elle ne m'aime pas. »

Iglesias est pourtant bien disposé à l'égard de Dalida. Quelques années auparavant, alors qu'on lui demandait quelle était sa chanteuse préférée, il avait répondu « Dalida ». Après sa disparition, il dira à la télévision qu'il a pleuré à l'annonce de sa mort.

Ce jour-là, on recommence à répéter *La Vie en rose.* Orlando prend un instant Dalida à part et lui dit en secret :

« Tu es un peu froide. Montre-toi plus coopérative.

— J'ai compris, s'exclame soudain Iglesias. Elle cherche la lumière ! Elle est maligne, elle sait que quand on danse je lui fais de l'ombre avec mon visage, alors elle recule la tête ! Professionnelle à ce point-là ! »

Par la suite, tout se passera bien. A la fin du tournage, ils s'embrassent et dînent ensemble.

« Aujourd'hui, j'ai appris quelque chose », reconnaît Julio.

Dalida a besoin de vivre sous des éclairages très forts. Elle recherche ce type de mystère presque surréaliste que la grande lumière engendre. Et cette lumière sans laquelle elle ne peut vivre devient son ennemie...

A sa manière

A dater du show Averty, les yeux de Dalida vont la faire souffrir de plus en plus. Sur le conseil d'une amie, elle se rend chez un spécialiste, qui lui fait porter des lentilles pour renforcer l'œil faible. Elle lit trop, ce qui est mauvais pour elle. Pendant un certain temps, le regard est à nouveau stabilisé.

Pour lui faire retrouver le contact avec la partie très populaire de son public, son imprésario a prévu de lui faire sillonner la France. Elle reçoit beaucoup de lettres qui lui disent : « Dalida, c'est nous qui avons fait de toi une chanteuse populaire, mais on ne te voit plus... »

Les gens ne peuvent plus la regarder qu'à la télévision. Depuis trois ou quatre ans, ses galas sont trop onéreux, elle est devenue une artiste pour les riches... Un soir, à l'occasion d'un tour de chant privé à Athènes réservé à trois cent cinquante personnes venues des Emirats, elle gagne autant qu'une vedette du cinéma français en deux mois de tournage.

Cette tournée populaire est un sacrifice, mais elle estime le devoir à ceux qui achètent ses disques et qui l'aiment :

« Ils ont le droit de me voir. C'est mon vrai public, il souffre avec moi, il a le cœur sur la main. »

Elle vient d'enregistrer *Innamorata* et *Soleil soleil,* qu'on entend beaucoup sur les radios et qui sera un succès non seulement en France mais aussi en Espagne et en Italie. La première tournée, avec Europe 1, dure de la mi-mai au 15 juin. Puis, elle se « repose » quinze jours. Pendant ce temps-là, Orlando programme les émissions de télévision.

Elle chante *Innamorata* en direct à « Cadence Trois » de Guy Lux. Elle porte un fourreau noir moulant de chez Nina Ricci. Passionnée, elle lève un bras vers les projecteurs : un sein sort du décolleté. Elle lève l'autre bras, les deux seins se libèrent... Le lendemain, la presse fait de l'esprit : « Cachez ce sein... », « Une chanteuse en formes », « Décadence trois », « Dalida enlève le haut ». *Ici Paris* constate qu'elle a une poitrine de jeune fille. Elle répond en riant :

« Vous savez, une véritable chanteuse, pour faire passer l'émotion, doit se déshabiller un peu... »

Et elle cite Brassens :

Quand Margot dégrafait son corsage,
Tous les gars du village étaient là...

Du 1er juillet au 16 août, elle reprend la tournée, parcourant alors le Sud-Ouest avec Sud-Radio. Elle passe dans cent cinquante villes et parcourt quinze mille kilomètres. Cet été-là est exceptionnellement froid. Presque chaque soir, elle affronte la pluie et le vent, retrouve les aléas du plein air comme à ses débuts. C'est dur, mais elle est contente. Ce bain de foule la régénère, elle se moque de la fatigue.

« Je ne gagne pas beaucoup d'argent, mais je m'en fiche », assure-t-elle.

Elle en profite et elle a raison. Ce sera sa dernière grande tournée des villes de France.

Les fans de Dalida inscrits au Club font coïncider leurs vacances avec les dates des tournées. Lors de ces retrouvailles, le courrier afflue à nouveau. Des milliers de lettres, auxquelles sa secrétaire répond en envoyant les cartes postales que Dalida a signées à l'avance. Mais chaque fois que Dalida reçoit une lettre de quelqu'un qui va mal et souffre, elle répond elle-même. Pour ces fans, elle est « Maman ». La mère idéale, celle qui comprendrait tout, qui saurait apaiser les pires douleurs, vaincre les plus tenaces solitudes.

« Toi seule peux comprendre... »

« Je n'ai personne d'autre à qui me confier... », disent les feuilles de papier quadrillé. Dalida se moque bien des fautes d'orthographe et des figures de style maladroites. Seule l'émotion lui va droit au cœur. Plus elle-même s'approche du désespoir, plus elle assume ce rôle de consolatrice, car elle sait qu'un mot réconfortant peut parfois sauver.

La tournée finie, elle part quinze jours à Saint-Barthélemy chez un ami, Claude Lecoutre. Créateur du costume de cuir de *Chanteur des années quatre-vingt,* c'est aussi un partenaire de gin-rummy. Il va la chercher à Pointe-à-Pitre avec son avion privé et l'emmène dans sa luxueuse villa au bord de l'eau.

« Personne ne te connaît ici, lui dit-il. Tu vas voir d'autres gens et te changer les idées. »

Ils font des promenades en mer et pique-niquent dans de petites îles, dînent au restaurant « La banane » où le propriétaire, Jean-Marie Rivière, la fait rire. Elle se remet difficilement de sa tournée. Elle est heureuse de son travail, mais en lambeaux de fatigue. L'épuisement se porte à nouveau sur ses yeux. Malgré cet entourage amical, elle se trouve seule, sans amour...

La mer et le soleil la soignent. Elle bronze, récupère physiquement et, à son retour à Paris, elle paraît en forme. Mais le manque d'enfant se fait sentir avec de plus en plus d'insistance. Elle se reproche d'avoir retardé l'échéance jusqu'au moment où ce n'était plus possible. Elle se dit que cela seul aurait pu donner un sens à sa vie.

La lassitude monte. Elle n'a plus rien à quoi s'accrocher. Richard, éternel enfant, satisfaisait d'une certaine façon ce besoin. Le manque est cruel, le travail ne suffit plus. Les maisons sont vides, trop grandes, remplies d'échos. Seul le passé y murmure. Dans les chambres d'hôtel, la tristesse flotte, insistante comme un brouillard. Cet enfant impossible la hante désormais comme un fantôme. Si elle l'avait eu à temps, pense-t-elle, il aurait moins de vingt ans aujourd'hui et serait un compagnon. Et même s'il avait dix ans, il resterait avec elle en ces années où elle a tant besoin d'affection.

Indéfiniment, elle ressasse des bilans. Une mécanique infernale lui répète qu'elle a raté sa vie. Dans les interviews, elle en parle avec une insistance masochiste, comme pour se punir d'un crime imaginaire. Peut-être d'avoir trop bien réussi, d'être allée trop haut ? Elle ne voit plus le bonheur, les grands moments. Le gris a tout envahi. La vie a les teintes écœurantes du dégoût.

Dans la lutte entre Dalida et Yolanda, Dalida semble avoir gagné. La chanteuse a effacé la femme, mais l'esprit de Yolanda pleure dans la nuit et demande son dû :

« Tu m'as oubliée... Comment as-tu pu... »

Cette bataille l'a menée à un déséquilibre, une frustration profonde. Comme dans un cauchemar, la femme resurgit, malade, défaite, demandant des comptes, rendant l'artiste responsable de son échec. Dalida ne sait pas lui répondre que toutes les vies sont un peu ratées, qu'on ne peut jamais tout avoir, que le secret du bonheur est d'aimer ce qu'on a et d'en tirer tout le parti possible. La dépression l'empêche de penser ainsi. Elle se dit qu'en donnant tout à son métier, elle s'est dévorée elle-même, elle a oublié de nourrir l'avenir.

Le métier qu'elle a embrassé n'est ni frivolité ni paillettes. Cela, c'est l'illusion donnée aux autres. La réalité, c'est le sacrifice et le dépouillement. Rester en haut de l'affiche requiert un effort constant. L'énergie déployée, le temps consacré, le travail de l'image et la distance de la célébrité rendent très difficiles le développement de rapports affectifs profonds et durables. Et elle n'est pas femme à se contenter de moins.

Elle ne regrette pas son choix. Elle sait qu'elle a assumé son destin, mais malgré tout la souffrance est là.

Ses insomnies, de plus en plus longues, sont peuplées par ces ruminations, interminables séances de torture. Ne s'est-elle pas trompée dans le choix des hommes, de tous ses hommes, et si oui pourquoi, comment ? Elle cherche le moment où cela a mal tourné, débusque l'erreur. Les visages aimés se fragmentent en un kaléidoscope douloureux. Elle comprend qu'ils ne pouvaient accepter de la suivre, de renoncer à leur vie propre. Elle faisait « un métier d'homme ». Les femmes acceptent de passer en second, pour beaucoup d'entre elles, « épouse » est un métier. Les hommes ne trouvent pas leur bonheur dans l'effacement.

Elle est pourtant devenue moins exigeante...

« Je ne demande pas beaucoup, se dit-elle, une présence, quelqu'un en qui je puisse avoir confiance... »

Un souffle, dans la nuit, à côté du sien...

« Avec les années, ça va devenir de plus en plus difficile. Que se passera-t-il quand les lumières s'arrêteront de briller ? »

Elle est envahie par le sentiment de l'impuissance, de l'insoluble. Elle a toujours tout décidé dans sa vie et ne peut accepter ce glissement de terrain. De plus en plus souvent, elle se dit :

« Quand je m'en irai, je le ferai à ma manière. C'est moi qui baisserai le rideau. »

Il lui semble que sa vie n'est plus qu'un spectacle et que les coulisses sont désertes.

« Même ça, personne ne le décidera pour moi. »

Cette pensée finit par lui apparaître comme une consolation. Enfin, les bruits discordants se taisent, les images cessent de défiler à toute allure. Le sommeil s'étend sur elle comme un voile d'oubli aux petites heures de la nuit, dans la chambre où une veilleuse reste allumée pour tenir à distance le loup du cauchemar. Dehors, bientôt, Paris s'éveille, les rues de Montmartre s'animent, des gens partent au travail le visage gris de fatigue, les boulangeries proposent leurs croissants. Dans un arbre, sous la fenêtre, un oiseau chante le matin. Il n'a rien, l'oiseau, c'est un moineau de Paris au maigre plumage, il est à la merci de la pluie et du vent, et pourtant, il chante. Partie au pays de l'oubli, Dalida ne l'entend pas. Mais ressentir les joies minuscules, comme cet oiseau, est un grand trésor...

Lorsqu'elle se réveille, l'oiseau ne chante plus.

Au fil des années, elle s'est construit sa propre statue. Mais les atteintes du temps rendent encore plus émouvantes les statues de pierre. Pour les femmes de chair, il en va rarement de même... Elle ne peut admettre de s'enfermer chez elle, de vivre en semi-recluse, comme Garbo, comme Dietrich, pour attendre que l'absence fasse son œuvre et la transforme en mythe indestructible, car désincarné. Non. Comme certaines plantes elle doit, pour vivre, rester en pleine lumière.

Les concessions, elle n'en a jamais fait, et la résignation lui est étrangère. On lui fait observer que plus elle avance en âge, plus sa couverture de presse augmente. Elle est la dernière grande du music-hall. Ce mot même, « dernière », sonne lugubrement. Sa longévité fascine, on lui en parle sans arrêt. Elle se dit qu'on lui demande l'impossible, tout en attendant la chute. Le matin, dans le miroir, elle traque les premières rides. Se dit qu'il existe la chirurgie esthétique, le jour où... Mais le plus habile chirurgien ne ramène pas la véritable jeunesse...

On lui demande à quel âge elle envisage de s'arrêter :

« Je ferai mes adieux en l'an 2000. Mais tout dépend comment je serai à cet âge-là. Joséphine Baker était sublime à soixante-dix ans. Ne vous inquiétez pas, je ne tiens pas à être ridicule. » (*Le Quotidien de Paris*, 7.12.84.)

Pourtant, Orlando voit la femme s'enfoncer dans le désarroi :

« Pourquoi ne retournerais-tu pas en psychanalyse ?

— Qu'est-ce que vous en savez, de la psychanalyse ? se révolte-t-elle. C'est la descente aux enfers ! Vous n'imaginez pas par quoi on passe ! Je ne pense pas que je pourrais à nouveau le supporter. Je risquerais de ne pas en revenir. »

Perte de confiance, appréhension de tout. Au moment d'entreprendre un voyage, elle demande deux ou trois fois si les choses sont en ordre. Elle craint l'erreur.

« Je me suis trompée, mais où ? »

Dans ce doute, le piège est partout. Le travail, autrefois son sauveur, devient presque un ennemi. Elle s'en méfie. Pense parfois à arrêter mais se donne de bonnes raisons de ne pas le faire. Alors, ce tournoiement dépressif ne finirait plus. Elle craint de se voir happée par le vide.

Heureusement, à ce moment-là, à nouveau le téléphone sonne.

Téléphonez-moi
Je n'attends que ça...

Elle se répète, comme une chanson trop apprise :

« Mon public. Mon équipe qui travaille pour moi, qui dépend de moi. L'argent. »

On la croit riche, elle ne l'est pas tant que ça. L'argent, elle en a beaucoup gagné, mais elle n'a rien d'une femme d'affaires. Le jeu lui a autrefois coûté très cher, jusqu'à ce qu'elle soit interdite de casinos. Elle dépense une fortune pour ses robes de scène. Vrai tempérament d'artiste, elle dit :

« L'argent est fait pour être dépensé. »

Sa passion pour les maisons la ruine. Elle n'arrête pas de faire redécorer la rue d'Orchampt.

« Avec les sommes qu'elle a déboursées pour ça, dit Orlando, elle aurait pu en acheter cinq autres. »

En vingt-cinq ans passés rue d'Orchampt, le rez-de-jardin qui lui sert de bureau et de studio — justement le lieu de travail — n'a jamais été terminé. Elle est avec sa maison comme avec un homme, ça n'est jamais ça.

La maison de Neuilly, elle l'a vendue à perte, pendant une période de mévente. Elle n'a pas de conseiller financier pour l'aider à faire des placements judicieux. Elle n'a pas pensé à assurer ses vieux jours — sait-elle qu'elle s'en ira avant ?

Et pourtant... En décembre, les yeux cachés par des lunettes noires, elle part dans le golfe pour une tournée des Mille et Une Nuits. Elle est de plus en plus adulée au Moyen-Orient. Elle a annulé une autre tournée en octobre, pour le Koweit : on lui reprochait ses bras nus. Dans les journaux locaux, son décolleté était recouvert à l'encre noire. Elle se rend quand même à Oman, Dubai, Bahrein, Abu Dhabi.

A Abu Dhabi, dans un hôtel au faste princier, elle est logée dans une suite gigantesque. En arrivant, elle a remarqué un groupe de Saoudiens accompagnés de gardes du corps. Alors qu'elle rentre de son gala, un secrétaire frappe à la porte.

« Le prince voudrait prendre un whisky avec vous. Pour un million de nouveaux francs. Sans ambiguïté. »

Ça fait cher du verre. A ce prix-là, l'ambiguïté n'est pas de trop, quoi qu'en prétende l'émissaire.

Elle répond par la porte entrebâillée :

« Vous allez dire à votre prince qu'en matière de whisky je n'aime que les doubles ! »

Elle claque la porte au nez du secrétaire. Elle rit. Elle se souvient d'avoir chanté à l'Olympia, en 1981, devant une salle vide qui lui avait rapporté davantage qu'une pleine. Perdu dans un désert de fauteuils, un émir, accompagné seulement de son secrétaire et de ses gardes du corps...

L'espoir des radios libres

Avec l'arrivée de François Mitterrand, la bande FM a explosé en France. Les radios libres sont officiellement reconnues après le 10 mai. Une multitude d'entre elles naissent, dont seules quelques-unes perdureront. C'est un nouvel âge d'or de la radio, un mouvement sympathique, très populaire auprès de la jeunesse. Une période d'expérimentation un peu brouillonne, de créativité joyeuse, où se côtoient le meilleur et le pire. On espère que la chanson française pourra retrouver ainsi un oxygène dont elle a bien besoin et que ces stations aideront les artistes qui ne peuvent se faire entendre sur les radios traditionnelles, réservées aux stars.

Le monde de la musique et du show-business se réjouit, et Dalida avec lui. Elle regrette la disparition des premières parties de spectacle qui donnaient leur chance aux nouveaux venus. Elle-même l'a ainsi permis à Claude Nougaro, Michel Polnareff, Jean Ferrat, Nicolas Peyrac, Hervé Vilard. Et à ses propres débuts, des vedettes confirmées comme Charles Aznavour, Gilbert Bécaud lui avaient donné sa chance. Elle espère que la bande FM pourra à sa manière remplir ce rôle, et elle est à cent pour cent pour.

Max Guazzini a cessé de travailler avec elle pour reprendre ses études. Désireux de s'assurer un avenir plus stable, il a entrepris une carrière d'avocat. Mais il reste très attiré par le show-business et toujours très proche de Dalida.

Dans la galaxie FM, une radio fait déjà beaucoup de bruit : NRJ. Très écoutée par les jeunes, elle attire la jalousie et dérange même les grandes stations leaders habituées à faire la loi et qui voient cette percée d'un mauvais œil. Le patron en est Jean-Claude Baudecroux. L'idée d'origine vient de sa mère, qui adore Dalida.

Au cours d'un dîner réunissant Dalida, Bertrand Delanoë, Max Guazzini et Orlando, la conversation roule sur NRJ. La Haute Autorité lui reproche sa trop grande puissance qui pose des problèmes aux radios établies.

Max connaît toutes les ficelles du show-business. Dalida pense que s'il entrait à NRJ, il pourrait y être bénéfique. Max sympathisera avec Jean-Paul Baudecroux et deviendra, en 1982, l'avocat de la station. Il se consacrera dès lors entièrement à NRJ.

Dalida appuie Max à fond. Elle organise des dîners où il rencontre des personnes très utiles et demande à Bertrand Delanoë d'aider la station. NRJ obtient une écoute confortable et un nouveau statut.

A cause de ses compétences et de son dévouement, Max se voit attribuer la responsabilité des programmes musicaux. Il deviendra ensuite le numéro deux de NRJ derrière Baudecroux. L'écoute monte et la station se taille une part importante du marché.

En 1984, le gouvernement se rend compte que le nombre de stations est devenu trop important. NRJ crée des relais à travers toute la France. Le 27 novembre, le comité des sages de la Haute Autorité se réunit. Six radios sont dans le collimateur dont NRJ. On reproche à cette dernière son émetteur trop puissant — quatre-vingts fois la puissance autorisée — et l'occupation d'une fréquence qui ne lui a pas été attribuée et qui occasionne le brouillage d'autres radios... Le 30 novembre, NRJ apprend qu'elle va être suspendue. Mais Michèle Cotta hésite encore. L'enjeu est très important. Le 4 décembre, la Haute Autorité décide une suspension d'autorisation.

Le principe même des radios libres est remis en question. Max Guazzini décide de lancer des appels aux auditeurs. NRJ diffuse le message : le lendemain à cinq heures, la police saisira les émetteurs et la radio devra se taire.

Les auditeurs réagissent. Le standard est pris d'assaut. Les jeunes ne peuvent admettre de revenir à la radio de papa. Les animateurs leur demandent alors de venir soutenir la station en se rendant sur place pour empêcher l'action de la police.

Baudecroux décide d'alerter aussi les stars. A sept heures du soir, Max, presque en larmes, téléphone à Dalida :

« Demain, à cinq heures, la bande FM va mourir et NRJ avec. Il faut faire quelque chose ! Pourrais-tu intervenir sur l'antenne pour nous sauver ? »

Dalida téléphone à Jacques Attali et tombe sur sa femme :

« C'est une faute énorme d'interdire la bande FM. Vous allez vous rendre très impopulaires auprès des jeunes ; il faut mettre le Président au courant. »

Jacques Attali se trouve alors à Dublin, ainsi que François Mitterrand, pour le conseil européen sur le vin. Attali prévient François Mitterrand.

Accompagnée d'Orlando, Dalida se rend à la station. Lorsqu'ils arrivent, il y a déjà beaucoup de monde. De nombreux artistes se sont déplacés. L'arrivée de Dalida ne passe pas inaperçue. On l'applaudit et Max la serre dans ses bras. Baudecroux la fait très vite entrer dans son bureau et lui demande de les aider encore.

Sur les ondes, Dalida appelle tous les jeunes qui ont soutenu NRJ à se rendre le 8 décembre à une manifestation en faveur de la FM qui ira du Châtelet à la Bastille. Des milliers de coups de téléphone arrivent à NRJ. Dalida appelle à nouveau Jacques Attali. Elle apprend que le Président n'a pas encore pris de décision.

La veillée de NRJ se prolonge toute la nuit en attendant la saisie. Les heures passant, l'angoisse monte. Dalida ne dit rien, mais elle est persuadée que le Président ne laissera pas faire : d'une manière ou d'une autre, il interviendra.

Vers quatre heures du matin, elle quitte la station. La décision présidentielle tombe peu avant cinq heures : NRJ et les autres radios en danger ne seront pas saisies.

Max Guazzini dira :

« Par son geste, Dalida n'a pas sauvé seulement NRJ, mais toute la bande FM. »

La manifestation du 8 décembre 84 est quand même maintenue. Une foule énorme se retrouve au Châtelet et s'amplifie au long du parcours.

Bien entendu, Dalida est présente. Lorsque les manifestants se mettent en marche, ils la portent à bout de bras. Sachant qu'elle les a sauvés, NRJ fait d'elle sa marraine officielle. Pour que les gens puissent la voir, on la fait monter sur le toit d'une estafette munie d'un haut-parleur. Ce véhicule indique les mouvements à la foule, car le risque d'émeute est réel.

Le temps est froid et le vent perçant. Figure de proue dans son manteau de renard et ses lunettes noires, cheveux au vent, Dalida vibre et frissonne. Elle est le point de mire des télévisions et des radios. Une fois de plus, elle a agi par impulsion, pour une cause qu'elle croit bonne.

Pour la première fois, elle prend position contre le gouvernement en place, ce gouvernement qu'elle a contribué à faire élire. Les médias interpréteront son geste comme une prise de distance.

Alors que la foule approche de la République, la menace d'émeute se précise. Le public veut toucher Dalida. Elle doit quitter le cortège. Le service d'ordre de NRJ profite d'un moment où l'estafette se trouve immobilisée. Délicatement, ils la font descendre, la soulèvent et, de bras en bras, la portent jusqu'au trottoir où une voiture avec deux gardes du corps attend pour l'emmener. Sans que le public s'en aperçoive, ils s'y engouffrent puis, sirènes hurlantes, filent par une petite rue de traverse.

Pendant quelques jours, les radios chanteront les louanges de Dalida. Elle aussi est contente : elle pense être intervenue en faveur de la jeunesse. Son geste était désintéressé puisqu'elle a fait carrière avec les grandes radios. Son espoir d'ouvrir les portes à une nouvelle génération de la chanson sera vite déçu. Les radios FM ne tarderont pas à se mettre au service du monopole anglo-saxon et on y entendra de moins en moins de chansons françaises.

Dalida elle-même, fin 85 et pendant presque toute l'année 86, disparaîtra des ondes de NRJ. Max, attristé, ne peut rien faire.

« Au stade où elle en est, Dalida n'a plus besoin de NRJ », dira Baudecroux à Orlando.

Dalida accueillera cette déconvenue sans se plaindre ni protester, en se drapant dans le manteau de sa dignité. Elle gardera son amitié à Max Guazzini et Jean-Paul Baudecroux. Orlando, par contre, le prend très mal et restera en froid avec eux pendant un an.

Une nouvelle société se met en place dans les années quatre-vingt. On la dit « libérale avancée ». Elle est bien loin de ce grand élan populaire de construction d'un pays neuf, plus vivant, plus juste, plus créatif, auquel Dalida, avec beaucoup de Français, croyait participer en votant pour la gauche. A la rude école du pouvoir, les socialistes vont devoir sortir de l'utopie pour devenir « raisonnables ».

Comment Dalida peut-elle trouver sa place dans ce monde-là ? Ce désarroi, cette tristesse, elle les partage avec beaucoup d'autres, mais cette idée n'a rien de réconfortant.

Avec NRJ, les choses s'arrangeront à l'automne 86, lors de la sortie du film *Le Sixième Jour.* On entendra alors à nouveau la voix de Dalida sur cette station. Max, resté proche de la famille, est soulagé. L'amitié ne se démentira plus. Une injustice se trouve réparée, car, en soutenant la FM, Dalida s'était attiré un peu de rancune des grandes radios.

Mais, là aussi, cette humeur se transformera en admiration : elle n'a pas hésité à prendre des risques pour une cause qu'elle croyait juste. Conservatrice d'un côté, révolutionnaire de l'autre. Comme toujours, à sa manière...

Des yeux de cristal

Et, à nouveau, Dalida attend le miracle dont elle ne peut se passer.

« J'ai besoin de passion. Je suis incapable de vivre sans amour, soupire-t-elle. Je devrais sortir davantage, aller dans les soirées, me montrer un peu plus. »

Elle n'a jamais aimé les mondanités. Par moments, elle se raisonne, devient lucide, se dit qu'il faut moins attendre de la vie et des hommes ; mais le naturel revient au galop :

« Quand je suis amoureuse, rien d'autre que lui ne compte ; je ne pense qu'à lui. Je ne vis que pour lui. Je n'accomplis pas un geste sans le voir et le sentir au plus profond de moi-même. Même sur scène, chacune des chansons que je chante est chantée pour lui. Etre amoureuse signifie que je suis prisonnière de l'homme de ma vie. Sa prisonnière et sa chose. » (*Jours de France,* 22.12.84.)

En ces temps de tiédeur sentimentale, de tels propos ne sont-ils pas de nature à faire fuir les hommes plutôt qu'à les attirer ? Décidément, en ce début d'année 85, la tendresse se fait rare. Françoise Sagan — dont Dalida s'était gentiment moquée au début de sa carrière en chantant *Moi, je préfère Mozart* — l'attaque par voie de presse. Elle lui reproche d'avoir embrassé Chirac :

« Assoupie dans un rêve noirâtre teinté de rouge, Dalida n'a dû qu'à un baiser de Monsieur Chirac, promu soudain chevalier de légende, de se réveiller intacte de ce cauchemar, libérée de cette infamante étiquette de socialiste », écrit la romancière.

« Vlan dans le minois de Madame Dalida », conclut *Le Canard enchaîné.* Dans ce genre de situation, Dalida reste sereine.

« J'ai une grande admiration pour Françoise Sagan. J'ai lu presque tous ses romans. Je n'ai rien à ajouter. »

A côté de ces vétilles, le mal aux yeux qui poursuit Dalida fait de sa vie un enfer. Les verres de contact ne suffisent plus.

« J'ai commencé ma vie avec des lunettes, je crois que je finirai avec », se résigne-t-elle. Elle appréhende de retourner voir un médecin :

« Je n'ai pas le courage. J'ai déjà subi trois opérations. Je n'y crois plus. »

Orlando tente de la convaincre :

« La médecine a accompli des progrès énormes... »

Elle se laisse fléchir, consulte un premier spécialiste, le Pr Pouliquen, à l'Hôtel-Dieu. Il recommande deux opérations dans le même œil, pour obtenir un équilibre définitif.

Mais Dalida a peur. Elle est très amie avec Jacqueline Stone, la mère du réalisateur Oliver Stone. Celle-ci se trouve alors à Paris. Dalida lui annonce qu'elle part pour un show télévisé au Canada.

« Profites-en, dit Jacqueline, je connais le plus grand spécialiste des yeux à Boston. Si tu veux, je t'organise un rendez-vous. Tu pourras faire ça en une journée. Prends ton dossier, les ordonnances, les diagnostics et les radios. »

Don't touch, dit l'ophtalmologue de Boston. Les deux opérations proposées par le médecin français lui paraissent un peu risquées. Il recommande de ne rien faire. Inutile de venir en Amérique :

« Vous avez en France les meilleurs spécialistes des yeux. »

Dalida rentre à Paris très déçue, son problème intact.

Elle doit assister à une grande soirée pour les quarante ans du Lido. Elle s'y rend dans une robe de Diamant Noir, ses cheveux relevés en chignon par Georges Saint-Gilles, qui l'escorte. En guise de lunettes, elle porte un extraordinaire masque en forme de diadème, surmonté d'une sorte d'aigrette. Ce spectaculaire modèle de Mikli fait sensation : peu de gens la reconnaissent. On se demande qui est la mystérieuse dame masquée derrière ces griffes de diamant. Applaudie par la salle, elle se retrouve à la une des journaux. On croit à une excentricité. Seule son amie Jacqueline Cartier lui demande à l'oreille si elle s'est fait opérer des yeux. Une fois de plus elle a su tirer partie de sa faiblesse pour créer l'événement.

Mais elle ne peut pas recommencer chaque fois. Elle s'enferme chez elle et souffre dans une angoissante pénombre. Au cours d'une émission de télévision, son regard l'a lâchée. Ensuite, elle a exigé qu'on lui projette l'enregistrement, mais en se voyant, elle a éclaté en sanglots. Depuis, elle refuse les propositions du petit écran. Les producteurs ne comprennent pas que les lumières des projecteurs lui soient devenues insupportables.

« Je continuerai à faire des disques, dit-elle. Je chanterai sur scène, car là les gros plans n'existent pas. Chaque spectateur fait son propre cadrage. Mais j'arrête la télévision, car je ne suis plus une gamine. Je ne peux pas aller jouer les sex symbols avec un regard qui me trahit. »

Son fidèle ami Marc Delachaux l'envoie aux Quinze-Vingts consulter le Dr Godet-Joly. Cette femme remarquable s'étonne de trouver Dalida si vulnérable et humble, et la traite comme sa fille. Elle comprend que les stars sont fragiles et souffrent comme tout le monde.

Elle pense pouvoir mettre fin au calvaire d'une vie. Elle rassure Dalida : elle procédera à une seule opération pour stabiliser l'œil. Pas question de pratiquer sur une star, pour qui l'image est vitale, une intervention à risques.

« Quoi qu'il arrive, affirme-t-elle, ce ne pourra qu'être mieux. »

Elle prend contact avec le Pr Pouliquen et discute avec lui de ce qu'il juge souhaitable. Ce dernier assistera d'ailleurs à l'opération.

Commence alors une période d'examens. Il faut faire des radios, prendre la mesure des yeux. Cela doit s'effectuer en plusieurs temps pour voir comment le strabisme évolue. Une quinzaine de visites sont nécessaires.

Plusieurs médecins sont présents. Dalida rencontre alors le Dr Chancel. Elle va se lier d'amitié avec lui et avec sa femme. Quelques années plus tard, Luigi, le neveu de Dalida, sera atteint d'une grave maladie des yeux. Dalida étant alors disparue depuis deux ans, le Dr Chancel soignera le jeune homme en souvenir d'elle.

Dalida entre à l'hôpital le 8 avril 1985 au soir. Cette nuit-là, malgré les sédatifs, elle ne peut dormir. Elle grignote une aile de poulet en parcourant les télégrammes d'encouragement envoyés par des amis et d'autres artistes. Parmi les socialistes, seuls Charles Hernu et Bertrand Delanoë lui écrivent un mot. Elle est déçue de ne recevoir aucun signe de l'Elysée. En revanche, elle sera surprise, en rentrant chez elle, de trouver une énorme gerbe de roses de la part de Jacques Chirac, ami de fraîche date pourtant...

Le lendemain matin à huit heures quinze, elle entre en salle pour une opération d'une heure et demie sur l'œil droit. On emploie une nouvelle technique venue d'Allemagne. Les médecins craignent que le nerf optique n'ait été fragilisé par les trois opérations subies dans l'enfance. Lorsqu'il est très tendu, ce nerf est comme du cristal et peut casser dès qu'on le touche.

On autorise Jacqueline, son habilleuse, à dormir près d'elle. L'épreuve du bandeau sur les yeux rappelle à Dalida trop de souvenirs pénibles.

Peu à peu, Jacqueline devient une présence constante dans la vie de Dalida. Cette femme aux formes généreuses lui rappelle un peu sa mère. Et Dalida, cernée par l'angoisse, a de plus en plus besoin d'être rassurée, apaisée, comme une enfant.

Le jour suivant, on enlève le bandeau. Mme Godet-Joly est rassurée : tout s'est bien passé.

« Donnez-moi un miroir ! » exige Dalida.

Elle s'assure que les deux pupilles sont sauvées. Mais l'œil est encore injecté de sang. Dalida repose la tête sur l'oreiller, éclate en sanglots.

Puis elle s'endort. Un cauchemar de vingt-neuf ans, empirant au fil des années, vient de prendre fin...

Deux cerbères taillés en armoire à glace montent la garde devant la porte de la chambre. En bas, devant l'hôpital, le troupeau des photographes piétine et piaffe, interdite d'entrée. Un reporter de *Match* réussit à déjouer cette vigilance et à s'introduire dans la chambre. Dalida repose dans son lit, ses lunettes noires sur le nez, une énorme gerbe de roses à son chevet. Quelques jours plus tard, résignée, elle donnera une interview pour accompagner la photo qui sort en exclusivité :

« La vie se charge tous les jours de nous blesser. Et nous, les artistes, sommes encore plus vulnérables. Les événements qui nous concernent sont divulgués et la souffrance devient plus grande. »

Au bout de trois jours d'hospitalisation, elle rentre chez elle et commence une convalescence d'un mois et demi. Peu à peu, l'effet de l'anesthésie, pénible dans le cas d'une opération de l'œil, se dissipe.

Sa maison est transformée en jungle tropicale. Plantes, fleurs, télégrammes et lettres s'entassent. Elle accomplit sa gymnastique rééducatrice. Le blanc de l'œil reprend son apparence normale. Tout semble rentré dans l'ordre. Elle se rétablit doucement.

Dalida chouchoute ses deux carlins, Pacha le beige et Vizir le noir. Elle ne craint pas d'habiller Vizir en enfant pour poser devant un photographe. Souriante, elle le tient sur ses genoux. L'image serre le cœur.

Un nouveau regard

Elle prépare son nouvel enregistrement de l'été, *Reviens-moi.* Encore la nostalgie. Le passé semble avoir envahi sa vie, les souvenirs dominent, les regrets aussi, comme si ce qui l'attend se trouvait déjà en arrière.

Deux émissions de télévision sont prévues, une avec les Carpentier et une autre avec Guy Lux où elle doit interpréter sa nouvelle chanson. L'émission de Guy Lux doit être enregistrée en public. Dalida sait qu'on la guette, qu'on attend son nouveau regard. En arrivant sur le plateau, elle sent qu'on fixe ses yeux. La gêne l'envahit. Deux mois après l'opération, son regard est encore un peu fatigué. Mais, au moment d'exécuter la chanson, sa maîtrise coutumière revient. Le public, comme pour saluer son courage, lui fait un double triomphe.

Elle a sous-estimé l'effet de l'émotion, le choc d'être à nouveau devant les caméras, assaillie par les lumières, livrée en pâture à des millions de téléspectateurs. Soudain, au milieu de la chanson, elle perd son assurance à peine retrouvée. Son œil lui fait un peu mal. Les spectateurs ne s'aperçoivent de rien, mais elle a tellement l'habitude de contrôler son regard qu'elle sent la plus petite alarme. A nouveau quelque chose lui échappe. La panique l'envahit. Elle réussit à terminer puis elle court s'enfermer dans sa loge. Orlando se précipite. Déprimée, Dalida pleure comme une petite fille.

« Tout s'est bien passé, voyons, la rassure-t-il.

— Non, non, quelque chose ne va pas ! Il y a encore une faiblesse, ce n'est pas fini. D'un moment à l'autre ça peut céder à nouveau. »

Le lendemain à la première heure, après une nuit de tourment, Orlando appelle Mme Godet-Joly pour demander un rendez-vous urgent. Elle tombe des nues :

« L'opération a parfaitement réussi !

— Non, non, il faut que je vous voie ! » supplie Dalida.

La sentant à bout de nerfs, Mme Godet-Joly lui accorde un rendez-vous privé à onze heures.

En attendant, Dalida se lamente :

« Ça fait quatre fois que je passe sur le billard. Je ne le supporterai pas une fois de plus. J'ai trop souffert à cause de ça. Si ça recommence, je préfère en finir avec ce métier, et même avec la vie ! »

Dans sa tête, la fêlure vient encore de s'agrandir. Jusque-là dominait en elle l'amour de la vie. La tentation de la mort sera désormais un refrain. Comme un affreux réconfort : le désir de se laisser couler, d'arrêter de se débattre. Se reposer, enfin. Comme en 1967, dormir, dormir... Les rêves éveillés qui l'ont tant fait vivre et espérer, elle n'y croit plus. Le pays des songes est désormais de l'autre côté du miroir. Un miroir qu'elle aspire à briser...

A onze heures, dans son cabinet, le Dr Godet-Joly ausculte Dalida. Elle a appelé les autres médecins en consultation.

« Je l'ai senti hier à la télé, au moment de fixer l'objectif, explique Dalida. Là j'ai su que mon œil allait me jouer des tours. Je vais refaire l'expérience devant vous. Je vais vous regarder droit dans les yeux. Au bout de quelques instants, vous allez vous apercevoir que mon œil devient légèrement convergent. »

Pour éviter cela, elle avait l'habitude de regarder vers l'infini, ce qui ajoutait d'ailleurs du mystère à son regard.

Mais là, elle les fixe, ils sont tout près. Au bout de quelques secondes, les médecins doivent se rendre à l'évidence : l'œil bouge.

Ils se réunissent et discutent pendant plus d'une heure. Ils concluent que l'œil droit, opéré quatre fois et affaibli au long des années, n'est plus porteur et se laisse diriger par l'œil gauche. C'est pour cela qu'il joue des tours. Ils décident de ne plus y toucher, car le maximum a été fait et une opération supplémentaire pourrait faire perdre la vue de ce côté.

Seule solution : opérer l'autre œil, le bon, en le faisant diverger d'un millimètre. Le gauche entraînera alors l'œil malade qui sera obligé de le suivre. Dalida retrouvera son regard de Vénus. Mais cela nécessite une cinquième opération. Et toucher à l'œil sain ne comporte-t-il pas un risque ?

A cette idée, Dalida se sent glacée de terreur. Mais elle aimait son regard troublant, qui était devenu, avec ses cheveux, une arme de séduction et une partie intégrante de sa personnalité.

« Je joue le tout pour le tout, décide-t-elle. Cette fois, ça passe ou ça casse. Allez-y... »

Ceux-ci préféreraient attendre deux ou trois mois pour être sûrs, et pour qu'elle ait le temps de se remettre. Mais attendre encore est insupportable : Dalida se fait réopérer comme on se jette à l'eau.

« Faites ça le plus tôt possible ! »

L'intervention sur l'autre œil est pratiquée le lendemain 11 juin. Elle dure une heure, et, cette fois, contrairement à la précédente, Dalida souffre beaucoup à son réveil. Mais l'épreuve du miroir est concluante. L'œil est rouge, tuméfié, pourtant Dalida voit que son regard est redevenu tel qu'elle l'aimait. Cette fois, la réussite est totale.

Cette seconde opération a eu lieu dans le plus grand secret. Dalida ne le révélera qu'ensuite. Elle sort au bout de trois jours, toujours avec des lunettes noires, mais la gêne oculaire a disparu.

Deux opérations — cinq en tout dans sa vie. Et tant d'années passées à se restreindre pour garder la ligne. Peu de femmes auront tant sacrifié à leur beauté. A son public, Dalida aura tout donné.

Elle passe encore un mois et demi dans la pénombre, sans lire ni regarder la télévision, sans pouvoir se maquiller. Une heure de lumière par jour, consacrée à la douloureuse gymnastique oculaire. Mais elle dit :

« Je n'ai plus honte de regarder les gens en face. Je revis. »

Dès qu'elle peut à nouveau affronter la pleine lumière, elle descend dans son jardin. Elle supporte, sans aucune douleur, l'éclat du soleil. Elle comprend alors qu'elle est vraiment sortie du cauchemar. Elle ose mettre le pied hors de son royaume pour affronter le monde extérieur :

« Les yeux des gens dans la rue ont été mon plus beau miroir. Ils me souriaient... »

Le jeu de la vérité

Retrouver son regard : encore une bataille gagnée. Elle a toujours voulu être impeccable, se surpasser, étonner. Elle refuse cette évidence : les êtres s'usent, on ne vit pas toujours à cent à l'heure comme à vingt ans. Il faut savoir se ménager et accepter ses limites. Où sont ces « chemins de la sagesse » où elle voulait tant aller ? S'arrêter serait trop angoissant. Comme un pilote de Formule Un, elle est accrochée à la vitesse, au risque, à la victoire. Sa vie est une course.

Le projet *Cléopâtre* n'est pas encore prêt. Mais, au mois de mai 85, entre ses deux opérations, se déroule à Cannes le festival du cinéma. Cette année-là, on parle beaucoup de Youssef Chahine.

Il y a bien longtemps, sur un tournage, trois débutants s'étaient rencontrés. Une Miss Egypte aux airs de gitane rebelle qui ne s'appelait pas encore Dalida, un apprenti séducteur de l'écran, Omar Sharif, et un assistant à la réalisation, Youssef Chahine. Dalida était alors la doublure de Rita Hayworth, Omar Sharif lui aussi débutait, et l'assistant Chahine s'apprêtait à tourner son premier film, *Duel dans le ciel,* avec pour premier rôle... Omar Sharif.

Chahine dira :

« Je me souviens de la première fois où je l'ai rencontrée. C'était en 1950, j'avais vingt-quatre ans. J'étais en salle de montage et quelqu'un est entré en compagnie d'une petite jeune fille. On me l'a présentée comme quelqu'un voulant faire du cinéma. A cette époque je n'étais même pas un faiseur de petites vedettes, je commençais à peine. »

Les trois ont fait bien du chemin. Youssef Chahine est devenu le plus grand metteur en scène du Moyen-Orient, très coté en France où ses films passent souvent dans les cinémas d'art et d'essai. Il vient de réaliser *Adieu Bonaparte,* une grosse coproduction franco-égyptienne, qu'on présente à Cannes. Sa vision de Napoléon, très personnelle, est controversée, mais la beauté du film est indéniable.

Jean-Pierre Elkabbach interviewe Chahine au journal télévisé. Interrogé sur ses projets, il répond que son prochain film sera *Le Sixième Jour,* une adaptation d'un roman d'Andrée Chédid. La vedette : Dalida. Il rêve depuis toujours de la diriger, assure-t-il, d'ailleurs il l'avait remarquée trente ans plus tôt lors du tournage d'*Un verre, une cigarette* et lui avait dit alors :

« Un jour, je te ferai tourner. »

Plongée dans les affres du regard de cristal, Dalida apprend avec stupéfaction la nouvelle par un coup de fil d'Elkabbach. Chahine ne lui avait rien demandé. Certes, pendant toutes ces années, ils ont gardé des rapports affectueux. Chaque fois qu'elle retournait chanter en Egypte, il assistait à ses récitals et le soir, souvent, l'invitait à dîner chez lui. Sa femme Colette, d'origine française, préparait les plats orientaux favoris de Dalida. De même, lorsqu'il vient à Paris, le metteur en scène téléphone à Dalida et ils se voient.

La presse, sur les dents en période de festival, titre : « Dalida, retour aux sources », et se rue sur elle pour obtenir des interviews.

« Je n'en sais pas plus que vous », avoue-t-elle. Mais elle savoure la merveilleuse nouvelle. D'autant qu'elle connaît et aime déjà l'œuvre d'Andrée Chédid, née elle aussi au Caire et mère du chanteur Louis Chédid. Elle rencontre la romancière et lit *Le Sixième Jour.*

L'histoire est très émouvante. Au cours des années quarante, une épidémie de choléra sévit au Caire. Une grand-mère, Saddika, veut à tout prix sauver son petit-fils âgé de six ans, atteint par la maladie. Une légende raconte que s'il voit la mer il sera tiré d'affaire. Le sixième jour est la période cruciale pour la maladie. Saddika emmène l'enfant à Alexandrie. Le sixième jour, malgré ses efforts, il meurt.

Chahine a obtenu de l'auteur du roman de modifier la trame et d'introduire parallèlement une histoire d'amour. Un jeune homme, montreur de singes, courtise Saddika. Celle-ci refuse cet amour, car la culpabilité est trop forte. Magnifique portrait de la femme orientale, riche d'un sens du sacrifice mais freinée par le tabou de la sexualité, le récit traite des forces essentielles de la destruction et de la résurrection.

Saddika est un personnage très fort et pour l'incarner, déclare Chahine à *France-Soir,* « je voulais Dalida, sa voix, son visage. Je sais qu'elle a les tripes de la Magnani ».

Le tournage doit avoir lieu au Caire en octobre. Lorsque Chahine rentre de Cannes, Dalida lui dit :

« Jo, tu fais les choses en grand ! Tu annonces ça à la presse avant de me demander quoi que ce soit ! »

Mais le pari la passionne et l'excite, et Chahine le sait. Jouer une grand-mère ne l'effraie pas. En Egypte, les filles sont mariées à quinze ou seize ans. Dans le film, Dalida a quarante-six ans.

« Pour faire ma rentrée au cinéma, je dois casser mon image. Les films légers aux héroïnes sexy, j'en ai déjà tourné huit, tous oubliables. Par contre, ce rôle de composition à l'opposé de mon personnage, c'est un défi. En paysanne digne et pauvre, voilée d'un tchador, sans un gramme de maquillage et dont pas un cheveu ne dépasse, je pourrai montrer que je suis une vraie comédienne, et même une tragédienne, comme je l'ai toujours rêvé. »

Cette lassitude qu'elle ressent, cette espèce de découragement qui lui pèse, n'est-ce pas le poids de trente ans de chansons ? Elle a envie d'autre chose. Elle est allée presqu'au bout de son rêve. Ce qui reste encore à conquérir, c'est de faire du cinéma avec, pour la première fois, un vrai rôle dans un vrai film tourné par un vrai réalisateur. Elle s'y voyait déjà enfant lorsqu'elle assistait aux projections en plein air du cinéma de son oncle...

Dans une émission de Jean-Pierre Elkabbach sur Europe 1, elle dit oui à Jo Chahine. En précisant que ce oui sera définitif lorsqu'elle aura lu le scénario.

Mais ce scénario n'est pas prêt, et le tournage est retardé. En attendant, pour ne pas s'épuiser, Dalida choisit ses galas. Casino de Knokke-le-Zoute, Palm Beach de Cannes, Sporting-Club de Monte-Carlo. Le 16 août, elle se produit à Londres devant une cour d'émirs et... lady Diana, encore très sage, qui lui dit qu'elle est sa chanteuse préférée.

Ensuite, elle passe en Corse des vacances tranquilles. La réussite des opérations lui a redonné bon moral, mais cette tension l'a beaucoup fatiguée. Et, bien qu'elle n'appréhende plus autant, le matin, l'épreuve du miroir, par moments le doute revient, l'angoisse de l'avenir la hante.

C'est dans ce climat que Patrick Sabatier, alors l'animateur chéri des familles, le gendre idéal au sourire étincelant comme la fortune, le père Noël des oubliés méritants, la sollicite pour participer au « Jeu de la vérité ». Pressentie plusieurs fois dans le passé, Dalida avait toujours refusé. Mais, pendant l'été, un sondage demande au public quelles vedettes il souhaiterait pouvoir mettre à nu pendant l'émission. Simone Signoret et Dalida arrivent en tête. Dalida considère qu'elle ne peut plus se dérober. La date du 11 octobre est fixée.

Elle appréhende beaucoup cette soirée. Le jeu peut confirmer ou défaire des stars apparemment indéboulonnables. La catastrophe qui engloutit Chantal Goya, dont la carrière est brisée en une heure parce qu'elle y a perdu son sang-froid, restera dans les mémoires. Alors...

« Je me suis longtemps demandé si j'avais envie de faire un strip-tease moral. On a tellement insisté que j'ai fini par trouver merveilleuse l'idée de me montrer telle que je suis. Même si certaines questions sont perfides, je répondrai, parce que je me suis donné une règle, qui fait partie de ma discipline : répondre à toutes les questions, quelles qu'elles soient. Mais je souhaite que ça se passe avec dignité et sérénité. Ma vie est déjà tellement connue... Je n'ai rien à cacher, vraiment, je peux parler de tout... »

Elle s'attend au pire :

« On peut me demander pourquoi j'ai eu dans ma vie des hommes qui se sont suicidés. Le suicide est un moment, maladif, de désespoir. Je n'ai pas été le seul amour de ces hommes... Les gens pensent que certains êtres portent malheur. C'est une question à laquelle je ne me déroberai pas. » *(Confidences.)*

Au cours de ce même mois d'octobre, elle sort un nouveau 45 tours. Encore des chansons d'amour et d'exil : *Le Temps d'aimer, Le Vénitien de Levallois.* Elle y proclame que l'amour est lié à un état d'enfance et affirme :

« Si je tombais amoureuse aujourd'hui, je saurais mieux aimer. »

Le soir du « Jeu de la vérité », surprise : les questions ne sont pas méchantes. Au contraire, on sent chez le public un désir d'aider Dalida et même de la réconforter. Certains ne parviennent même pas à l'interroger, mais déversent dans le micro des tombereaux d'admiration balbutiante.

Dalida se montre à la fois fragile et grande dame. D'une suprême élégance, à la fois naturelle et d'une distance amusée, elle supprime le voyeurisme parfois gênant dans lequel il arrive à l'émission de verser. Elle prête d'abord le serment rituel :

« Je jure de dire la vérité, toute ma vérité. »

Et elle ajoute :

« Je n'ai pas peur des questions. J'ai peur de moi, de ne pas trouver les mots justes pour m'exprimer. »

Elle conclut l'émission par le plus bel aveu :

« Le public a pour moi le visage de l'amour. »

Ce soir-là, Charles Trenet, qu'elle admire et dont elle a repris plu-

sieurs chansons, est assis devant son poste. Cette dernière phrase le frappe si profondément qu'il en écrira pour Dalida *Le Visage de l'amour.* Pour la première fois de sa longue carrière, il écrit pour un autre que lui. Dalida est ravie que le grand poète de la chanson lui fasse cet honneur. Elle prépare justement l'enregistrement d'un nouvel album. Le « fou chantant » vient dîner rue d'Orchampt. Puis, dans le studio du rez-de-chaussée, il joue lui-même sa composition au piano. Ils évoquent « Coup de chapeau au passé », dans lequel Dalida avait repris *La Mer* et *Que reste-t-il de nos amours ?* Trenet lui avait alors envoyé une lettre bouleversante adressée à « Dalida, la sirène de ma mer ». Il l'appelait aussi la « pharaonne de la chanson », la « voyante extra-lucide de la chanson ». Il dira à *VSD* :
« Dalida est une personnalité extraordinaire de la chanson française. Voilà une femme dont j'ai suivi toute la carrière, et pour la première fois je viens de lui écrire une chanson. J'attends beaucoup de cette interprétation, mais elle va en suer, car j'ai la réputation d'écrire des choses inchantables pour les autres. »

Trenet n'est pas le seul à se trouver impressionné par la prestation de Dalida au « Jeu de la vérité ». L'écrivain Patrick Grainville y va de sa plume baroque dans *VSD :*

« Dalida ? Un cas ! Longévité sidérante. La roucoulade inusable, la tresse andalouse, le trémolo velouté, le strass immémorial, un monument rutilant ! L'œillade toute neuve et recentrée. Dalida m'a touché. Tremblement de trouille. Et ces fans, mes enfants ! Des légions à genoux qui l'interrogeaient en vrac sur le strabisme, le suicide, le sida, le lifting, la retraite, les robes, la psychanalyse et l'énergie cosmique ! Une idolâtrie si tenace relève des mystères insondables de l'inconscient collectif. » (*VSD,* 15.10.85.)

Même *Le Canard* fond :

« Les genoux serrés, le regard droit, elle s'est bien battue, la belle chérie à la chevelure de feu. On a cru, un instant, qu'elle se laisserait acculer par les méchants. On lui demandait pourquoi, après avoir soutenu Mitterrand de toute sa ferveur, elle avait délibérément fait une grosse bise à Jacques Chirac devant les caméras de télé. Comme si une dame de qualité (il n'y a pas de situation fausse pour une femme intelligente) ne pouvait pas aimer deux hommes sinon en même temps (et encore), du moins à la fois... » (16.10.85.)

Dalida profite de ce « Jeu de la vérité » pour servir une cause qui lui tient à cœur. Ce même automne, Line Renaud organise, avec l'appui de Dalida, une action contre le sida. L'amitié entre les deux femmes est ancienne. Dalida n'a pas oublié qu'après sa tentative de suicide Line appelait Orlando tous les soirs, du Casino de Paris où avait lieu sa revue, pour prendre des nouvelles. Lorsque Dalida était sortie de clinique, Line lui avait proposé de venir se reposer dans sa maison des environs de Paris, à La Jonchère. Dalida avait refusé, mais elle s'était sentie très touchée.

L'été 85, comme chaque année, Orlando a passé ses vacances en

Toscane, sur la côte, à Forte dei Marmi, chez Paolo, son ami de vingt ans. Paolo adore Dalida depuis l'enfance, et son hôtel, la Pensione Miramare, est consacré à la gloire de la chanteuse.

Un jour, sur la plage, Orlando feuillette les journaux avec un ami de la famille, Denis Goise. On commence à parler d'une nouvelle épidémie, le sida. Un gala vient d'avoir lieu à Los Angeles sous le patronage d'Elizabeth Taylor avec un grand nombre d'artistes, pour aider la recherche médicale.

« Pourquoi ne pas faire la même chose en France ? se dit Orlando. J'en parle à Dalida en rentrant. »

Le milieu des années quatre-vingt sonne le glas d'une période de liberté sexuelle. On sait que l'hécatombe a commencé. Dalida trouve l'idée d'Orlando excellente.

« Mais pour organiser ça bien, il ne faut pas être seule. Je vais en parler à Line Renaud. C'est la reine de l'organisation pour ces choses-là. »

Elle invite Line à dîner. Emballée par l'idée, celle-ci mène l'affaire de main de maître et Dalida l'aide du mieux qu'elle peut. Line organise au Paradis latin une soirée de gala avec places à deux mille francs, tombola, vente aux enchères. Dalida a annoncé la nouvelle croisade au « Jeu de la vérité » et demandé aux artistes d'y apporter leur contribution. Chez Line, elle colle des timbres sur les enveloppes pour que les invitations partent à temps. Le 25 novembre, Liz Taylor, les Chirac, Simone Veil et d'autres personnalités répondent à l'appel. Le sida et la mobilisation qui l'accompagne symbolisent les difficultés de l'époque qui commence, et marquent le début de l'ère humanitaire, où une nouvelle solidarité va tenter de renouer les brins d'un tissu social qui se défait.

Le visage de l'amour

Le titre du nouvel album de Dalida sera celui de la chanson écrite pour elle par Trenet : *Le Visage de l'amour.* Un titre qui lui va si bien. Car pour elle, l'amour a de nouveau un visage.

Le 30 décembre 1985 paraît dans la presse une photo de Dalida radieuse en robe rouge brodée de perles, au bras d'un homme brun et souriant. Elle et lui se sont rencontrés en avril 1985. La chanteuse, qui n'a pas de généraliste attitré, a décidé de surveiller sa santé de plus près. Elle veut se faire examiner pour vérifier si tout va bien.

« J'ai un médecin formidable, conseillé par le Pr Rosenbaum », lui dit Rosy. Elle prend rendez-vous pour Dalida.

François X a quarante-cinq ans. Entre Dalida et lui, le contact est chaleureux et le courant passe.

« Il n'est pas mal, ton docteur », dit Dalida à Rosy en rentrant.

Dalida n'est pas une femme à coups de foudre.

« Pour moi, ça commence doucement. Je suis romantique, j'aime qu'on me fasse la cour, que l'on se voie, se revoie, de plus en plus tendrement. A présent, faire la cour à une femme, ça ne se fait plus. C'est devenu : " Tu me plais, viens ! " Quel dommage ! La cour, je ne connais rien de mieux pour stimuler les sens, susciter les émotions. »

Elle ne vit pas sa féminité de façon passive, mais considère qu'une femme ne doit pas trop vite montrer son intérêt :

« Généralement, c'est la femme qui choisit et s'arrange pour amener l'homme élu à faire les premiers pas. Toute l'astuce féminine est là, tout l'art de la séduction aussi. » (*Jours de France,* 22.12.84.)

Le Dr X a ordonné un examen général. Dalida doit le revoir lorsque les résultats seront là. Quand elle revient, elle est très en forme, avec à nouveau une étincelle dans l'œil.

La visite se prolonge : tous les deux ont beaucoup de choses à se dire. Dalida connaît de nombreux médecins et ils se découvrent des relations communes. Cela lui donne l'occasion de s'écrier :

« Je fais mon prochain dîner avec des gens que vous connaissez. Vous viendrez ? »

Il vient. Très vite, la relation n'est plus d'ordre professionnel. François fascine Dalida parce qu'il n'a rien à voir avec le monde du spectacle. Avec lui, elle peut aborder des sujets différents. Il a une autre mentalité, une autre façon de voir la vie. Il s'intéresse davantage à la femme qu'à l'artiste, et c'est ce qu'elle recherche depuis quelque temps.

Ils apprennent à mieux se connaître. Pendant plusieurs mois, personne n'est au courant, et lui n'est pas avide de publicité. Cette clandestinité tranquille amuse Dalida.

Cet été-là, comme d'habitude, elle invite des amis en Corse. La dernière semaine, presque tout le monde est parti sauf Jacqueline, l'habilleuse, qui assume le rôle de dame de compagnie. Elle n'a plus de famille et, quelques années plus tôt, elle a perdu son logement : Dalida l'a alors prise avec elle rue d'Orchampt.

Dalida demande à François si cela lui ferait plaisir de venir passer un week-end prolongé dans sa villa pour la dernière semaine d'août. Elle ne veut pas mélanger ses amis avec cet homme qu'elle vient de rencontrer et tient à garder secret. « Pour vivre heureux vivons cachés » : telle est sa nouvelle philosophie, « Jeu de la vérité » nonobstant.

Lorsque le médecin arrive, Dalida est reposée, bronzée. Ses cheveux sont blondis par le soleil — son meilleur couturier, dit-elle toujours. Une collection de maillots de charme met son corps en valeur.

Pendant ces trois jours de rêve, ils échangent un premier baiser. Ils se croient seuls au monde mais Jacqueline les surprend et s'éclipse sans qu'ils s'aperçoivent de rien. Dalida lui a fait comprendre qu'elle avait besoin de tranquillité et elle marche sur la pointe des pieds...

Dalida et son nouvel ami passent de longues heures allongés près de la piscine, sur la terrasse donnant sur la baie, dans un décor de feuilleton romantique. De retour à Paris, ils ne se quittent plus, tout en continuant à vivre chacun chez soi. Dalida prend toujours un plaisir fou à jouer les maîtresses de maison. Elle prépare de somptueux dîners en tête à tête. Argenterie, bougies, fleurs...

Elle continue à ne parler à personne de ce qui lui arrive, mais Orlando et l'entourage ne sont pas dupes.

« Elle était amoureuse, ça se voyait à un kilomètre. Elle avait les yeux brillants, le visage radieux. »

Personne ne pose de questions. Dalida sait qu'ils savent, mais leur est reconnaissante de faire comme si de rien n'était. Elle ne provoque aucune rencontre avec sa famille ou ses amis. Elle continue à les recevoir le dimanche. Mais, contrairement aux autres hommes de sa vie, François n'est jamais présent à ces réunions.

Dalida et lui se montrent en public pour la première fois fin septembre, à la première du *Jules César* de Robert Hossein. Ensuite, plutôt que d'aller chez Graziano où ils risquent de rencontrer Orlando et ses copains, ils dînent au Beauvilliers, dont le patron est un ami de Dalida.

Le 16 octobre, François escorte Dalida à la première d'Henri Salvador au Palais des Congrès. Elle ne se cache plus mais continue à protéger son idylle de l'entourage proche. Elle ne veut pas donner d'explications ni répondre à des questions.

Orlando ne s'inquiète pas :

« Si elle est heureuse, il ne faut pas la déranger. Elle veut vivre son amour à sa façon, faisons semblant de continuer à ne rien savoir. »

Dalida a connu trop de déceptions. De nombreux malentendus ont été provoqués par le côté public de sa vie. Elle ne veut pas exposer François à des difficultés qu'il ignore. Et elle veut avoir le temps de tester ses propres sentiments.

Ensemble, ils parlent souvent du sida. Médecin, il s'intéresse de près à la mystérieuse maladie. Dalida l'a amené au dîner organisé par Line Renaud avec les principaux spécialistes, dans le but de déterminer où et comment agir. Dalida se sent en accord avec la réaction éthique et humanitaire qui s'amorce. Elle a toujours accepté d'aider des œuvres caritatives, elle le fait encore davantage et chante à plusieurs galas pour l'Unicef, pour Noël au Cœur, à l'intention des enfants démunis.

Elle perd d'ailleurs un substitut d'enfant lorsque meurt Pacha, son carlin beige. Les deux chiens Pacha et Vizir n'étaient pas de trop pour compenser la mort de Gerda, offert par Saint-Germain. Dalida s'est prise de passion pour ces animaux aristocratiques et fragiles, favoris de la reine Victoria. Elle est déchirée par le chagrin de Vizir, le noir, celui qui reste. Les deux animaux étaient inséparables. Vizir ne mange plus, erre à travers la maison à la recherche du compagnon perdu et se cache dans un coin pour hurler à la mort, désespéré. Malgré l'amour nouveau, une perte de plus...

Le Sixième Jour

Le réveillon de Noël 85 se passe comme d'habitude en famille. Mais cette fois, Dalida prévient :

« On dînera un peu plus tôt. A une heure du matin, je suis invitée à une soirée. Il faudra qu'on se quitte vers minuit et demi. »

Pendant le rituel échange de cadeaux, Orlando s'inquiète. Dalida va sortir seule à cette heure avec la foule dans les rues ?

Jacqueline, complice, le prend à part :

« Ne te fais pas de souci. Elle ne bougera pas. Le docteur va venir. Elle a inventé une histoire. »

Orlando rit. Il comprend pourquoi Dalida a à peine mangé. Il continue à faire semblant de ne rien voir, mais se réjouit du développement de l'idylle. Ce soir de réveillon, Orlando pense que la mauvaise passe de Dalida est terminée. Il ne peut imaginer qu'elle est une femme changée à ce point.

A une heure moins le quart, les invités sont partis. François, divorcé, a réveillonné en famille, de son côté, avec sa mère et sa fille. Puis il rejoint Dalida. Ils réveillonnent une deuxième fois en amoureux.

Ils dîneront à nouveau ensemble pour le jour de l'an. Ce premier jour de l'année 1986 se termine d'ailleurs avec un très beau cadeau pour Dalida.

Orlando se repose chez lui, fatigué par le réveillon. Vers dix-neuf heures, il reçoit un coup de fil du Caire. Après des mois de silence, Chahine appelle :

« J'arrive demain. On commence le tournage dans quelques jours. J'espère que Dalida est libre. Sinon, il faut qu'elle se libère pour trois mois.

— Quoi ! s'écrie Orlando. Pendant des mois il n'y avait rien de nouveau, et tu m'appelles maintenant ! Elle a des engagements, je ne suis pas sûr qu'elle puisse annuler tous les galas pour lesquels elle a signé.

— Je dîne avec elle demain soir », rétroque Chahine avant de raccrocher.

Orlando appelle sa sœur :

« Tu ne croiras jamais qui vient d'appeler ! Il veut immédiatement commencer le tournage ! »

Dalida éclate de rire :

« Il est fou ! Il a toujours été fou ! Il ne changera jamais ! Je croyais que le projet était à l'eau ! »

Le lendemain, au dîner, Chahine confirme : le tournage commence dans quinze jours. Orlando exige un mois. Dalida est affolée. Elle a quitté l'Egypte depuis plus de trente ans. Elle chante bien quelques chansons en égyptien, mais ne le pratique plus. Et son personnage doit s'exprimer avec l'accent d'une paysanne, différent du parler cairote. Le scénario comporte de longues tirades...

Qu'à cela ne tienne !

« Dès demain, assène Chahine, tu commences à travailler avec un répétiteur. Tu vas réapprendre l'arabe. »

Dalida devra, par-dessus le marché, faire un aller et retour au Caire pour essayer son costume de pauvre lavandière : un tchador usagé...

La panique l'envahit. Elle la domine comme elle peut :

« Je dois faire face. Je ne vais pas laisser passer l'occasion. J'attendais ça depuis si longtemps... »

Son nouvel amour lui infuse de la force. Personne, pas même elle, n'imagine à quel point la faille en elle s'est agrandie. Elle est comme un vase de prix, apparemment intact, sur lequel seul un œil très exercé distinguerait la fêlure très fine qui le brisera en deux au moindre choc...

Chahine lui explique comment il a remanié le scénario. De son côté, Orlando discute avec le producteur, Humbert Balsan. Coproduction franco-égyptienne, *Le Sixième Jour* sera tourné en deux versions, française et égyptienne. Le tournage doit durer jusqu'en avril. Dalida ne pourra pas être prête avant la fin du mois.

Elle travaille comme jamais. Elle réapprend l'égyptien. Son professeur est sidéré par la rapidité de ses progrès. Chahine a prévu de la doubler si jamais elle trouvait trop difficile d'interpréter le rôle dans le parler campagnard. Finalement, ce ne sera pas nécessaire.

Elle effectue l'aller-retour prévu pour l'essai du maquillage et des costumes. Chahine souhaite qu'elle ne soit presque pas maquillée : certes, elle joue une grand-mère très jeune, mais il s'agit quand même d'une femme éprouvée par la vie. Son partenaire sera Mohsen Mohieddine, l'acteur fétiche de Chahine. Il a beaucoup de talent, mais pas le physique de Gary Cooper. Si Dalida se présente en pin-up, le public aura du mal à croire qu'elle puisse être troublée par le jeune homme. Pleine d'admiration pour son metteur en scène, Dalida n'envisage pas les conséquences psychologiques de ces éléments.

Orlando et Roland Ribet parviennent à annuler ses contrats jusqu'à fin avril. En un temps record, tout est organisé, discuté, signé. Dalida demande encore une semaine de rallonge, car elle a accepté très à l'avance le tournage d'une publicité pour le déodorant d'ambiance Wizard. Elle doit honorer ce contrat très bien rémunéré. Curieuse préparation au rôle tragique qui va suivre : elle vante gaiement les mérites de Wizard sur l'air de *Gigi l'amoroso*... Le spot aura tellement de succès qu'elle continuera pendant deux ans.

Avant la fin de l'année 85, Dalida a entrepris l'enregistrement de son nouvel album, *Le Visage de l'amour.* Il réunit douze titres dans lesquels elle se raconte plus que jamais. Depuis l'été, elle répétait :

« Pour une fois, je voudrais enregistrer des chansons qui ne soient pas forcément des tubes, mais qui me ressemblent telle que je suis actuellement. »

« C'est-à-dire, un calme inquiétant », pense Orlando, qui chasse très vite cette pensée de son esprit. Plusieurs titres très autobiographiques sont de Didier Barbelivien : *Les Hommes de ma vie, Parce que je ne t'aime plus.* Ils représentent une sorte de bilan, une explication et une justification de sa vie, de son rapport à l'amour et aux hommes qu'elle a connus.

Avant son départ pour Le Caire le 20 janvier, elle termine les trois dernières chansons de cet album, qui sortira pendant le tournage en Egypte. Le disque ne pourra pas bénéficier de la promotion intensive habituelle, puisque Dalida ne sera pas là pour monter au créneau. Elle est impliquée à fond dans le film :

« Pendant et après le tournage, je mets la chanteuse de côté. Je veux que ce soit une année ciné. »

Ce dernier disque ne fera pas date parce que, d'avance, elle a décidé de ne pas le défendre... Comme si, son succès de chanteuse, elle en avait assez...

Dans cette période de préparation très intense avant le départ, elle voit moins François. *Le Sixième Jour,* elle l'a décidé, marquera un tournant dans sa carrière et dans sa vie. Ce genre de film est toujours un pari. Elle n'a pas le droit, pense-t-elle, de décevoir ceux qui espèrent en elle... Chahine, « tendre et tyrannique » selon les mots de Dalida, va devenir pour elle, l'espace de quelques mois, une nouvelle incarnation du père — exigeant, imprévisible, insaisissable, tant admiré mais finalement décevant...

Le pays d'enfance

Juste comme Dalida boucle ses valises se produit un coup de théâtre à la fois ridicule et catastrophique. Dans *France-Dimanche,* un article farfelu annonce qu'elle veut vendre sa maison de Montmartre pour s'installer avec son beau médecin, avec qui elle a l'intention de fonder un foyer. Lorsqu'elle tombe sur ces lignes, elle est déjà dans l'avion. De son côté, François les lit aussi...

Elle réfléchit. Elle sait que cet homme a été échaudé par une relation conjugale difficile. Elle apprécie sa gentillesse, sa disponibilité. Un compagnon charmant, à la conversation et aux manières agréables. Mais il préserve toujours une certaine distance. Il travaille beaucoup. Dans ses moments de loisir, il veut prendre du bon temps et profiter de la vie.

« Au fond de lui, dit Orlando, il n'était pas prêt à assumer une liaison sérieuse. L'idée l'effrayait. Il craignait que les femmes ne lui mettent le grappin dessus. »

Tant que la relation reste légère, tout se passe bien. Mais lorsque la liaison se prolonge et prend une tournure sérieuse, cet homme se retire. Il retourne à une adolescence éternelle. On appelle ça « le complexe de Peter Pan ».

Or Dalida, à ses dépens, a toujours été sensible, chez les hommes, à ce côté « charmant irresponsable ». Il permet à son côté maternel de s'épanouir. Mais une mère, même si on l'aime plus que tout au monde, on aspire toujours à la quitter...

François connaît mal le monde des médias. Le coup de la maison à vendre, c'est ce qu'on appelle, dans l'argot de la presse, un « marronnier ». C'est-à-dire un de ces sujets increvables qu'on ressort en cas de manque de copie. En fait, la cause de ce papier, c'est la discrétion observée par Dalida à propos de son dernier amour. Le docteur, on l'a vu avec elle, mais on n'a rien à en dire. Il faut bien trouver quelque chose. C'est le dilemme des stars. Plus elles veulent protéger leur vie privée, plus le mystère croît. L'imagination supplée alors à la réalité défaillante. Après tout, cette histoire de maison, ce n'est pas méchant...

Il n'y a même pas eu extrapolation. Simplement, c'est faux. Mais François est convaincu que Dalida est la source de la nouvelle.

Dans l'avion, elle est inquiète. Qu'est-ce que François va bien pouvoir penser de ça ? Certes, elle ne s'est jamais montrée à lui sous ce jour. Oui, mais quand un homme a déjà ce genre de peur dans la tête... Et puis, elle a tellement déclaré, par le passé, qu'elle se sentait seule et que son grand regret était de ne pas avoir fondé un foyer durable...

En arrivant au Caire, Dalida téléphone à François pour expliquer qu'il y a méprise.

« Je n'y suis pour rien. Je n'ai jamais dit ça. Je n'ai aucune intention de vendre ma maison. »

Pourtant, elle sent un changement dans sa voix. Le mal est fait, la stratégie de retrait amorcée. Où sont passées la tendresse, la légèreté ? Il avait été question, avant son départ, que François lui rende deux ou trois visites éclair en Egypte pendant le tournage. Il n'en parle plus. Quoi qu'elle dise, elle a l'impression qu'il ne la croit pas. C'est affreux, dans ces cas-là, quand on n'a que le téléphone... Parfois un regard, une pression de la main dénoue le malentendu, apaise la tension... Mais cet éloignement géographique, ces kilomètres entre eux qui semblent renforcer la distance affective...

Par la fenêtre de sa chambre d'hôtel, elle voit Le Caire à ses pieds. Les eaux paresseuses du Nil, les tons ocrés des pierres, les maisons qui grimpent les unes sur les autres comme des falaises. Autour d'elle, des fleurs, ces fruits locaux qu'elle aime tant.

« A quoi bon tout cela, se dit-elle, si je ne peux même pas avoir, dans ma vie privée, le luxe de la vérité ? »

Elle appelle Orlando, lui fait des reproches. Dans ses rapports avec la presse, il a toujours su huiler les rouages. Elle veut savoir s'il a « parlé » au journal.

« Je savais qu'un article allait sortir, mais je n'en connaissais pas le contenu, se défend-il. Jamais je ne me serais permis de raconter ça. »

Rien n'apaise Dalida. Elle est angoissée, furieuse. Cette pression affective, c'est trop au seuil d'une aventure cinématographique qu'elle pressent difficile, alors qu'elle est coupée pour plusieurs mois de son nouvel amour. Elle souffre, il faut trouver un coupable.

Orlando est ulcéré. Sa sœur est devenue très difficile. Il ne sait plus comment la prendre. Lui aussi est blessé par la façon dont, depuis quelque temps, elle le met à distance.

« Si c'est ça, répond-il, je veux bien, à partir de maintenant, continuer à m'occuper de la presse en ce qui concerne ta carrière. Mais quand il s'agira de ta vie privée, je te les enverrai directement. Je n'ai pas envie de porter le chapeau. S'ils se permettent d'écrire des choses fausses à propos de tes hommes, je n'y peux rien. Ça retombe toujours sur moi, puisque c'est moi qui suis en contact avec la presse. »

Dalida renvoie la balle.

« Tu as raison. Donne-moi le numéro de téléphone de Philippe de Fontréaux, le rédacteur en chef. »

Elle l'appelle. La conversation se passe dans le tact et la diplomatie.

« A partir de maintenant, quand ça concerne ma vie privée, demande-moi si je suis d'accord. Je ne peux plus supporter qu'on dise des choses erronées, surtout quand je fréquente quelqu'un qui, pour des raisons professionnelles, se doit de mener une vie discrète. »

Philippe de Fontréaux a très bien compris.

« Ne crains rien. Parole d'honneur. La prochaine fois, on te consulte. »

Il explique qu'en fait, le bruit avait couru qu'elle voulait vendre cette maison où elle avait trop de mauvais souvenirs.

Au Caire, les décors du film sont prêts. Presque tout a été reconstitué en studio. Ce qui, malgré l'amour de Chahine pour le cinéma américain, n'a rien d'hollywoodien. « Les studios Galal » sont en fait une vieille bâtisse décatie. De petites pièces y ont été ménagées, qui servent de loges, de rangements pour les costumes, et de bureau du producteur exécutif. A côté, deux hangars abritent les décors :

« Voir d'abord les films de Chahine et découvrir ensuite qu'ils sortent de ces lieux, de ces conditions de travail, c'est mesurer combien le résultat de chaque plan relève du tour de force, d'une prouesse technique réalisée sur la corde raide. » (*Cahiers du Cinéma,* juillet 86.)

Le lieu est néanmoins pittoresque, chargé d'âme et d'histoire. Des trésors s'y dissimulent. En poussant une porte, on ne sait jamais sur quoi on va tomber...

Le tournage démarre. Pourtant, Dalida, qui s'en faisait une joie, n'est pas heureuse. Elle pense à François. Elle sent que quelque chose ne va pas du tout. Elle tente de se rassurer en se répétant :

« Quand on se verra, on aura une vraie conservation. Finalement, il comprendra. Là, on est trop loin. »

Elle doit se dominer. Faire taire son cœur, une fois de plus, au profit de son travail. Se concentrer pour entrer dans la peau de son rôle. Son statut d'enfant du pays lui permet de s'adapter.

Entre Dalida et Chahine, heureusement, les rapports sont pleins de compréhension et de respect.

« J'aime le show-business, dit-il. C'est un métier où tu donnes aux autres. Si tu as du talent, il ne t'appartient pas. Dès qu'il commence à t'appartenir, que tu deviens une vedette, une star, c'est atroce. Dalida, en devenant tout ça, ne l'a jamais été. Elle est restée un être humain avec un tempérament extraordinaire. Cet amour de la solitude, cette faculté de compréhension des autres, cette capacité soudaine à remanier l'arabe. C'est cette assiduité à respecter ce que je crois dû aux autres qui me la fait aimer à ce point. »

Le personnage de Saddika est d'une tristesse sourde, insondable. Une Dalida inquiète et déprimée l'incarne plus facilement qu'elle ne l'aurait fait si elle s'était sentie heureuse et aimée.

Sur le film plane une atmosphère de mort. Quelque chose de lourd et d'épuisant. Dalida a du mal à apprendre par cœur ses dialogues en égyptien. Avant de parler arabe, elle doit d'abord réfléchir en français. Chahine a pour méthode de bien expliquer aux acteurs, dans un premier temps, ce qu'il attend d'eux. Ensuite, il tourne. La première prise est forcément la bonne : il n'y en a jamais de seconde. Il faut donc y aller d'emblée. Tout donner, tout de suite. L'effort est énorme.

Le réalisateur en est conscient :

« Elle a été adoptée très vite et elle a donné une leçon de discipline à tous, dit-il de sa vedette. Elle prend des risques mais elle sait que ça vaut la peine. Elle a parfaitement senti la nécessité de ce rôle pour elle et l'a assumé entièrement. »

Pour faciliter le travail de Dalida, il tourne les scènes dans l'ordre chronologique. Les conditions sont quand même très dures. Formé à Hollywood, Chahine dit tout devoir à l'Amérique. Pourtant...

La loge de Dalida est minuscule. Une cellule monastique, peinte en bleu. Pas de climatisation. Un miroir à ampoules, une tringle porte-manteaux, une table recouverte de toile cirée. Elle ne se plaint pas. Elle s'y enferme avec Jacqueline, qui accompagne le tournage.

« Le cinéma, dit-on, c'est une longue attente. »

Parfois, elle reste là une journée, dans la chaleur, pour tourner une scène qui à l'écran durera trois secondes. Et pendant les heures vides, elle rumine. De nouveau le passé envahit l'avenir. L'absence de maquillage, son visage cadré de noir par le voile, sans les mèches vaporeuses qui l'adoucissent d'habitude, tout cela forme, dans le miroir de la loge aux lumières crues, l'image d'une femme dont la jeunesse s'enfuit.

Elle n'a sans doute jamais été aussi belle. Cette beauté épurée est un hommage difficile à soutenir. C'est la grandeur tragique d'une femme en deuil, impuissante à sauver l'être qu'elle aime le plus. C'est l'histoire de sa vie.

« Cherche au fond de toi ta douleur et offre-la-moi », dit Chahine. Pour un acteur, un tel rôle peut être thérapeutique. On risque tout, quelque chose de soi vient à la lumière, on en est éclairé, on passe à autre chose. Mais, à ce stade, Dalida n'est pas entièrement une actrice. La femme affleure.

« Jo est un voleur d'âme, dit Dalida. J'ai perdu mon identité, je suis comme elle. Le rôle de Saddika est très profond, il passe par toutes les sensations humaines. »

Yolanda prend sa revanche. A travers ce rôle, elle va vivre, mais ce qu'elle a à vivre, c'est un immense arriéré de douleur. Elle est restée dans l'ombre trop longtemps, et Saddika elle-même est comme une grande ombre.

Pour l'instant, Dalida n'en prend pas encore la mesure. Une idée domine : tenir le coup. Montrer enfin qu'elle est une actrice. Le dernier défi.

Dalida laisse la femme en elle se jeter sous l'objectif de la caméra. Faire de l'art avec sa peine, elle sait. Mais les émotions prennent leur revanche, ce sont elles qui se servent de l'art. Signe de tension extrême, elle a recommencé à fumer, des Carlton 100. Elle avait arrêté dix ans auparavant.

Chaque soir, le tournage terminé, elle rentre à son hôtel. Une tour située sur une île-jardin, au milieu du Nil. Un bel endroit, très calme, entre le ciel et l'eau. Le professeur d'arabe vient encore lui faire répéter les répliques du lendemain pour que la langue soit parfaite. Après certaines prises de vue, l'équipe égyptienne, admirative, applaudit le tour de force. Cela l'émeut beaucoup mais elle n'a pas le temps de se reposer. La fatigue s'abat sur elle comme un tchador pesant, invisible.

Le professeur parti, la nuit tombée, elle est épuisée mais insomniaque. Comme elle l'a fait dans tant d'endroits du monde, elle épie la rumeur de la ville.

Le silence dans la chambre est oppressant. Lorsque le téléphone sonne, ce n'est jamais la bonne voix au bout du fil. François n'a pas rappelé. Ce silence résonne dans la nuit et la rend si malheureuse et triste. Plusieurs fois, elle tente d'appeler, mais il n'est pas là. A mesure que les jours passent, elle comprend que c'est plus grave qu'elle ne croyait. François la fuit. Cette perte se répercute sur celle de Saddika. L'espoir s'amenuise chaque jour. Le travail et la vie se répondent et se rejoignent. Dalida n'a plus besoin d'aller chercher au fond d'elle-même sa douleur. Elle est là, en surface. Il lui semble qu'elle n'a plus rien d'autre à donner.

Un jour, elle parvient quand même à joindre François. Elle veut savoir s'il compte prendre un week-end pour venir au Caire comme prévu. Il ne refuse pas franchement mais trouve des excuses : trop de travail... Plusieurs fois, il reporte son arrivée. De tout le tournage, il ne lui écrit pas une seule fois. Il n'appelle pas non plus, sous prétexte qu'il ne peut pas la joindre sur le plateau. Voit-il maintenant Dalida en Saddika ?

Dalida est obsédée par l'idée de rentrer à Paris, d'avoir avec lui l'explication qui clarifiera enfin les choses. Elle se dit :

« On sera face à face, il me verra, il comprendra que je suis toujours la même, il saura bien que cette histoire de journal, je n'y suis pour rien. Je le convaincrai, le malentendu se dissipera. »

Il faut tenir. Serrer les dents. Elle l'a fait très souvent. Mais les événements se liguent contre elle. Le tournage se prolongera jusqu'à fin mars. Car, dans la première semaine du mois, des émeutes éclatent au Caire. Deux mille policiers, trop mal payés, se révoltent contre le pouvoir. La ville immense — quatorze millions d'habitants — est à feu et à sang. Les émeutiers s'en prennent aux signes de richesse occidentale. Ils paraissent insolents dans ce pays à la démocratie galopante, où le rêve nassérien a fait long feu.

En une nuit, les hôtels, restaurants et boîtes de nuit qui se succèdent le long de la route des Pyramides sont attaqués. Le Mena House est endommagé. La révolte dure trente-six heures. Le bilan sera de trente-six morts et trois cents blessés, dont cinq touristes français.

Le couvre-feu dure quatre jours. Le tournage est arrêté. Chahine a d'abord pensé s'enfermer dans les studios avec les quatre-vingts personnes de l'équipe et continuer à tourner en vivant sur place. Mais le terrain voisin appartient à l'armée, et le studio Galal est décrété zone militaire d'urgence. Le travail est donc arrêté et Dalida reste enfermée dans sa suite. Une fois de plus, passé et présent se mêlent. Le film comporte un arrière-plan politique. En 1947, au moment où se propage le choléra, les étudiants nationalistes luttent contre les Anglais. Pour Dalida, cette période, ce n'est pas seulement le deuil de son père, c'est aussi le début de la fin pour les Européens. Cette émeute lui rappelle également celle de 1952 : à travers la ville en flammes, elle courait pour rejoindre Armando, son premier amour, son premier chagrin.

Elle se dit que pour elle aujourd'hui c'est encore un autre monde qui se termine. Celui de sa séduction irrésistible.

Il lui semble que la violence monte et l'isole. Elle fredonne la chanson *Pour te dire que je t'aime,* Stevie Wonder adapté par Barbelivien :

L'année nouvelle
Ne nous verra pas autrement
Que partagés
De séparations en cris d'amour étonnants
Aucun voyage
Aucun visage
Aucun rivage
N'a pu me faire pleurer autant
Mais je dois dire

Qu'aucun sourire
N'a su me faire souffrir
D'amour si tendrement.

Déception

Emprisonnée dans sa suite aux parois de verre, Dalida entend la déflagration des armes légères, le grondement des canons, le roulement des chars. Des hélicoptères tournent dans le bleu comme d'énormes corbeaux mécaniques. Si cela se prolonge, le tournage sera mis en danger.

Heureusement, au bout de quelques jours le calme revient. Dans une ville silencieuse, l'équipe reprend le chemin des studios. Et soudain, Dalida se dit qu'au même endroit, trente ans plus tôt, elle doublait Rita Hayworth, son idole. Comme elle, Margarita Cansino, pour réussir, s'était transformée. Elle avait maigri, changé de nom, éclairci ses cheveux et s'était même épilé le front pour qu'il paraisse plus haut. Maintenant, Rita s'est enfoncée dans la nuit de la maladie et c'est Dalida la vedette.

Elle reprend courage. Se répète que c'est le rôle de sa vie et que rien ne saurait l'en détourner. Le tournage a repris dans des conditions encore plus difficiles. La poussière s'insinue partout. A cette époque de l'année, au Caire, il fait chaud dans la journée, froid le soir. Ces changements de température sont fatigants. Dalida en avait perdu l'habitude. Les frontières entre fiction et réalité se brouillent et, pour elle, c'est déstabilisant. Pendant ce temps, à Paris, Vittorio Rossi a enfin mis au point le scénario de *Cléopâtre.* Lui aussi est angoissé et a besoin de voir Dalida pour qu'elle approuve son travail. Orlando doit lui expliquer que c'est impossible. Elle est trop impliquée dans son rôle, et lui parler d'autre chose risquerait de la déconcentrer. Vittorio Rossi devra attendre.

En France, on ne parle que de politique, car les élections législatives ont eu lieu en février 1986. C'est la première cohabitation. Mitterrand et Chirac se regardent en chiens de faïence. La presse a recommencé à parler de « Mimi l'amoroso » qui a perdu sa Dalida. « Elle refuse désormais de désigner son Bambino dans la course présidentielle », soupirent les journalistes privés de pittoresque.

Pendant une semaine, Dalida ne participe pas au tournage. Elle en profite pour faire un saut à Paris, car elle est toujours très inquiète du silence de François. Elle fait de gros efforts pour garder confiance. Mais pendant les cinq jours de son séjour, elle ne le verra qu'une seule fois pour un dîner en tête à tête. Lorsqu'elle arrive, il est paraît-il parti en week-end avec sa mère, et, le reste du temps, son travail l'accapare. Dalida n'est pas dupe mais ne parvient toujours pas à s'expliquer un changement si radical.

Elle repart aussi inquiète qu'elle était venue. Rien ne reste de la chaleur de leurs anciens échanges. Leur entrevue a été presque banale.

Elle n'a rien dit de sa déception à Orlando et Rosy qui s'aperçoivent pourtant de quelque chose : à nouveau, la lumière dans ses yeux s'est éteinte. Dalida a retrouvé son regard absent des mauvais jours et sa propension au silence. Elle a seulement dit, d'une voix détachée et un peu blanche, que le tournage se passait bien et qu'elle était contente de son travail. Orlando et Rosy se préparent à une période difficile...

Lors de la dernière semaine de tournage, Chahine a accepté la présence de la presse occidentale. Les journalistes assistent aux scènes finales et peuvent interviewer Dalida. Frédéric Mitterrand lui dédie un « Etoiles et toiles » dans lequel figure une interview exclusive filmée. L'agence Sigma a, elle, l'exclusivité des photos.

La médiatisation du tournage est très importante. On flaire le chef-d'œuvre. Journalistes et photographes trouvent Dalida heureuse et disponible. Elle cache bien ses peines de cœur. Pour l'instant, elle est fière d'avoir gagné son pari.

Pourtant, elle a téléphoné à Orlando pour lui demander un service : « Je voudrais que tu m'envoies un télégramme au Caire, disant que je dois rentrer à Paris. Dis que le metteur en scène de *Cléopâtre* réclame ma présence pour ce projet très important.

— Mais il te reste une semaine de tournage, s'étonne Orlando.

— Non, je n'ai plus qu'une scène. Je ne vois pas pourquoi j'attendrais encore. Chahine peut bien la tourner avant. Les autres attendront une journée que je termine. Ensuite on n'aura plus besoin de moi. »

Elle sait qu'à Paris elle devra encore travailler, car ses producteurs français et égyptiens ont décidé qu'il serait impensable de la doubler en arabe : sa voix est trop connue et le public oriental ne l'acceptera pas. Pour certaines scènes, croyant qu'elle serait doublée, on a laissé passer des erreurs. Elle devra donc se doubler en arabe en même temps qu'elle enregistrera la version française.

Orlando accepte d'être complice dans l'affaire du télégramme. Pâques a lieu une semaine plus tard et Dalida a l'intention de passer le week-end pascal en compagnie de François. Confrontée à l'éloignement de celui-ci, elle pense devoir réagir très vite. Leur séparation dure depuis trop longtemps, ils deviennent étrangers l'un à l'autre. Elle veut sauver ce qu'elle imagine encore être son bonheur.

Le télégramme part, Chahine accepte et Dalida tourne la dernière scène. Dès le lendemain, elle reprend l'avion pour Paris.

A son soulagement se mêle une certaine nostalgie. Pendant ces trois mois passés en Egypte, elle s'est aperçue que ce pays si pauvre possède une autre richesse : ces trésors affectifs des petites gens que Chahine excelle à montrer dans ses films. Dans cette société, personne ne se sent seul. Les vieux qui, en Europe, deviennent presque des parias sociaux, ne sont jamais abandonnés là-bas. Toujours un voisin vient prendre de leurs nouvelles. Dalida a retrouvé cette chaleur de l'enfance qui compense bien des manques. Quel contraste avec un Paris qui paraît soudain trop gris, et pas seulement par son ciel. Des gens pressés, stressés, à qui la télévision tient lieu de conversation arborent des mines renfrognées. Personne n'a le temps de s'occuper des autres.

« En France, se dit-elle, quand on est seul, on est vraiment seul. »

Cette constatation fait grandir en elle la peur d'une solitude absolue, irrémédiable. C'est cette peur qui la fait s'accrocher à ce que au fond d'elle-même, elle sait perdu d'avance. Elle ne veut pas se rendre à l'évidence, car l'évidence a le goût insupportable de l'abandon.

« Ce tournage m'a beaucoup apporté, dit-elle. J'ai rencontré une partie de moi-même que j'avais oubliée. »

Cette part de l'ombre, comment l'assumer ? Le changement qui s'est opéré en elle ces dernières années est radical. Peu auparavant, elle aurait pris sans hésiter la décision d'arrêter l'histoire. Tout au long de sa vie, elle a écrit elle-même le mot « fin ».

« Quand je n'aime plus je m'en vais. »

Et là, pour la première fois, elle n'a pas le courage de tourner le dos. De refermer la porte. De repartir seule sur le chemin.

« Je ne la comprenais plus, dit Orlando. Qu'est-ce qui pouvait bien se passer dans sa tête ? Cette peur, c'était comme si pour elle, cette histoire terminée, il n'y aurait plus d'après. »

Elle insiste, elle s'accroche, comme pour se blesser encore davantage. Orlando en souffre d'autant plus qu'il ne peut rien faire.

Pourtant, Dalida est soulagée en rentrant à Paris. Elle croit que son ciel va s'éclaircir, qu'elle pourra oublier Saddika la douloureuse. Elle n'en peut plus d'incarner cette femme frustrée qui n'ose pas vivre sa vie, cette Orientale culpabilisée que le passé poursuit, que l'avenir affole, qui se rétracte devant un homme. Le tournage est derrière elle comme un exploit. Elle a travaillé très dur, mérité le repos. Elle va pouvoir s'occuper de sa vie, enfin.

Ce genre de décision est plus facile à prendre qu'à appliquer. A l'arrivée, une nouvelle déception l'attend. L'élu de son cœur est absent de Paris. Il est parti, elle ne sait pas où ni avec qui. Le week-end d'amoureux qu'elle se promettait, elle le passera seule. Une fois de plus elle remâche le moindre mot, la plus légère intonation. Sans s'avouer que lorsque l'autre vous devient opaque c'est qu'il n'aime plus. Se répète comme un refrain :

« Pourquoi, pourquoi ? Au téléphone on était pourtant convenus de se voir... »

La France fête Pâques en famille. Les cloches de l'église proche sonnent à toute volée et rue Lepic les passants portent des cartons de gâteaux. Dalida, elle, tente de cacher aux siens son égarement. Sa fierté profonde lui dicte encore de ne pas se montrer si vulnérable. Elle n'avait pas hésité à le faire aux pires moments du passé. Résultat, on l'a protégée. Surprotégée même. Cela lui a permis de survivre, de se reconstituer, mais au prix d'être isolée du monde. Une fois de plus Lucio lui revient en mémoire. Un amour qui ne cadrait pas avec l'idée que ses proches se faisaient d'elle. Même s'ils faisaient l'effort d'accepter. Sa famille a toujours tellement compté... Et son frère, n'a-t-elle pas aimé son frère au point d'en faire un obstacle entre les hommes et elle ?

Maintenant, elle ne veut plus d'interférences. Depuis la catastrophe évitée de justesse en 1967, elle a joué les belles au bois dormant. Mais les princes charmants d'aujourd'hui ne bravent plus les ronces. Ils sont habitués à des princesses peu farouches, qui viennent les chercher. Dalida croit pouvoir abattre ces murs qui l'entourent. Elle poursuit encore un rêve éveillé que son isolement de vedette n'a fait que renforcer : redevenir Yolanda, cette femme ordinaire qui affronte des réalités simples.

Elle reste seule entre les murs de son château, la princesse si belle. Fuie par un seul, elle croit que le monde entier la délaisse. Elle a voulu tout avoir pour plaire et ce tout effraie sans doute un homme qui ne se sent pas entièrement à la hauteur. Mais elle ne peut pas le voir ainsi. Saddika, la femme voilée, interdite de séduction, colle encore à elle.

Jacqueline est l'unique compagne de ces moments difficiles. Elle aussi se sent impuissante à aider Dalida. Les jours passant, à mesure qu'elle constate les dégâts, Jacqueline s'emplit de ressentiment à l'égard de l'homme qui en est la cause :

« A ce moment-là de sa vie, tous les voyages la fatiguaient, se souvient-elle. L'effort du tournage avait été terrible. Lever à cinq heures du matin, quinze heures de travail par jour... Sur le moment, ça ne se voyait pas. Dans le feu de l'action, elle avait l'air en pleine forme. C'est au retour qu'elle a été mal. Elle ruminait sans arrêt sa déception. Elle ne comprenait pas parce qu'elle était entière, en amour comme en amitié. Elle se sentait trahie. Elle s'était attendue à beaucoup de choses en revenant. »

Témoin impuissant de la mélancolie de Dalida, Jacqueline est seule dans la confidence. Elle a l'impression d'assister à une manipulation. Orlando et Rosy se doutent de ce qui se passent mais par discrétion ils n'osent toujours pas intervenir.

« Le docteur, il aurait dû arrêter, raconte Jacqueline. Chez lui, il y avait un mélange de lâcheté, d'indécision, de jeu. Il était content d'être vu à son bras, mais ne voulait pas assumer. Dalida s'est fait des illusions jusqu'à la fin. Elle avait cru que celui-là serait le bon. Quatre à cinq ans de moins qu'elle, un médecin. Elle respectait ça. »

« S'il n'avait pas été mon frère... »

A partir de ce week-end de Pâques, selon Orlando, le second calvaire de Dalida a commencé. Le dernier. Le premier, c'était l'affaire Tenco.

Cette fois, rien de spectaculaire. Pas de grand choc extérieur justifiant un brusque effondrement. Au fond d'elle-même, elle le sait, François n'était pas pour elle un grand amour. C'était un homme charmant qui avait l'air de se trouver là où il fallait au bon moment, quelqu'un qui tergiverse et ne sait pas ce qu'il veut. A une autre époque, elle aurait compris d'emblée, elle aurait ri, haussé les épaules. Mais lorsqu'une maison est fragile, une légère secousse sismique, à peine perceptible, suffit à miner les fondations. La maison reste debout. D'autres secousses, encore plus légères, agrandissent la faille secrète. De l'extérieur on ne voit toujours rien.

« Il laissait traîner, raconte Jacqueline. Elle, elle se disait : " Encore un qui me lâche. " Elle n'avait plus le courage de supporter ça. Elle avait tellement espéré, ça l'a détruite. »

Elle se dit que, d'une façon ou d'une autre, ils l'ont tous laissée tomber, même si c'est elle qui partait. « Quand je n'aime plus je m'en vais », c'était la nique au destin. Depuis le départ d'Armando, partir pour que l'autre ne puisse pas vous faire défaut. Parce qu'on ne pourrait pas le supporter. Ce qui est remonté pendant le tournage, cette partie inconnue d'elle-même avec laquelle elle a repris contact, c'est peut-être ça. La strate la plus ancienne de douleur, enfouie sous les défenses. Pour tout donner dans le film, elle a dû accepter de la mettre à nu. Elle s'est décapée couche après couche. Cette âme que Chahine lui a volée avec sa bénédiction, l'a-t-elle jamais retrouvée ?

Au bout de quelques semaines, le doublage commence. Cette obligation la tire de sa morosité. Ce sont les seuls moments calmes, un peu heureux. Travailler n'est plus qu'une fuite. Le tournage du *Sixième Jour* aura été le dernier moment d'enthousiasme et de joie de créer.

Mais Saddika lui colle si bien à la peau qu'elle ne peut envisager de se remettre à chanter. Au mois de mai, elle doit partir au Québec pour un gala privé. Elle annule.

« Ça fait quatre mois que je n'ai pas chanté. J'ai presque oublié les paroles de mes chansons. Je suis encore dans le film. Vous n'imaginez pas l'effort psychique terrible que j'ai fourni. Je suis mortellement fatiguée. Je n'ai pas la force de me remettre à faire un show. »

Cette décision est si contraire à ses habitudes que l'entourage en est ébranlé. L'homme qui l'avait engagée est au désespoir car il l'adore. En un autre temps, cela aurait suffi à faire revenir Dalida sur sa décision. Plus maintenant. Elle répète :

« C'est une année-cinéma, mon année sabbatique. Je ne suis pas dans l'humeur pour reprendre un tour de chant. »

L'entourage l'accepte sans être dupe :

« On savait bien que sa fatigue venait de ce qu'elle était malheureuse », dit Orlando.

Avec François, les rencontres se font de plus en plus rares. Leurs rapports prennent une tonalité amicale. Il vient dîner et repart sitôt le repas terminé. Ou bien, au dernier moment, il appelle pour annuler. Dit qu'il n'est pas libre, sans fournir d'explication. Cette attitude entretient chez Dalida le doute, l'incertitude, le sentiment que les choses lui échappent. Par un méchant tour du destin, l'histoire de Samson et Dalila, mythe fondateur de sa personnalité, se retourne. Elle est la force séduite et réduite par la faiblesse.

Cette faiblesse de celui qu'elle croit encore aimer, Dalida la sent bien désormais. Elle tente de le rassurer. Elle lui fait comprendre qu'elle ne cherche en lui ni mari ni amant : seulement la compagnie d'un ami. Puisqu'il ne semble pas vouloir être davantage. Par peur de le perdre, elle prend les devants, modifie d'elle-même la tonalité de leurs rapports.

Elle ne peut s'empêcher de se livrer devant la presse à un exercice d'autoflagellation masochiste. Par besoin de se confier à un public qu'elle ne peut pas affronter directement, mais qui garde encore pour elle le « visage de l'amour ». Ressasse et souligne ses échecs :

« Je suis une femme seule, complètement seule. Tous mes amours ont été des échecs. Je n'ai jamais connu le véritable amour. »

Lorsqu'on lui demande quel aurait été pour elle l'homme idéal, elle a à l'égard de son frère un véritable cri :

Il me connaît jusqu'à la pointe des doigts. Entre nous, c'est vraiment passionnel. C'est l'homme de ma vie, mon compagnon de toujours. Je crois bien que, s'il n'avait pas été mon frère, je l'aurais épousé. » (*Confidences,* hors série, mai 87.)

Pourtant, elle continue à tenir Orlando à distance, ainsi que le reste de ses proches. Seule Jacqueline est là constamment, fidèle comme une ombre. Est-ce que l'intensité et la nature de son amour pour son jeune frère ne lui sont pas apparus au Caire, est-ce que cela ne fait pas aussi partie de cet aspect inconnu d'elle-même avec lequel elle a, trop tard, établi contact ? Avec Orlando, elle a vécu l'inceste idéalisé. Cet « inceste de citron » qui ne se réalisera jamais et qui, par cela même, reste toujours présent lui apparaît désormais comme le grand amour de sa vie. Le seul impossible et qui rend peut-être impossible tous les autres.

Est-ce pour cela qu'elle met à distance cette famille trop proche et trop aimée, à laquelle la relie depuis toujours un cordon impossible à couper ? Prend elle alors ce choc-là en pleine face ? Elle s'est tellement appuyée sur Orlando. Maintenant, elle veut vivre sa vie. Marcher seule serait le moyen de trouver l'autre. Enfin. Elle va s'imposer trop tard une tâche au-dessus de ses forces. Car marcher seule, elle s'apercevra qu'elle ne le peut pas...

Le sentiment de l'échec se lit dans son regard. Au fond des yeux pourtant réparés, un insondable égarement. Dans *Le Sixième Jour,* elle est confrontée sans cesse à la question de la mort et à la maternité manquée. Ses rapports avec le jeune acteur qui joue son petit-fils l'ont beaucoup marquée. Elle a établi avec le garçonnet un contact profond qui lui a fait sentir ce qu'elle avait manqué. A la fin, Saddika s'en va seule. Sans mari, sans enfant, sans amour. L'angoisse qui émane du film n'est sans doute pas étrangère à son désir d'écourter le tournage afin de rentrer au plus vite à Paris. Pour se prouver que quelqu'un l'attend. Seulement, justement, personne ne l'a attendue. Yolanda s'est retrouvée aussi seule que Saddika.

Aujourd'hui, lui semble-t-il, elle aurait enfin été capable d'aimer un homme tel qu'il est, sans trop en attendre. Avec François, elle met pour la première fois en acte ses bonnes résolutions. Il n'est plus pour elle question de passion ni de bague au doigt. Seulement d'affection, de bonne compagnie. Pas d'excès. Elle ne brûle plus. Mais quand on a en face de soi un homme aussi tiède... Quelqu'un pour qui le simple fait que la relation dure depuis quelques mois est déjà lourd... Elle voit que malgré sa bonne volonté, une fois de plus tout casse. Quoi qu'elle fasse de toute façon, c'est la même chose. Alors elle ne va plus pouvoir rien faire...

« Pourtant, dit Orlando, au fond d'elle-même, il lui manquait toujours la robe blanche, avec le voile, la fleur d'oranger. »

Ce mariage avec Lucien, en robe lilas, couleur demi-deuil...

Un deuil qu'elle vit maintenant. Pendant des mois, elle va se sentir encore dans le film. Ne parvient pas à reprendre vraiment pied dans la réalité. Paris si familier lui semble étranger. Elle n'est plus nulle part chez elle. Dans sa maison déserte le téléphone reste muet.

« Téléphonez-moi, je n'attends que ça... »

Elle qui a fait tant d'efforts pour cet homme, tant essayé de ne pas lui faire sentir le poids de l'artiste... Elle qui voulait tellement être elle-même, trouver le chemin de l'harmonie... Soudain tout cela n'a plus aucun sens...

Elle ne tolère plus que Jacqueline, qui semble porter, comme elle, le poids d'une tristesse indicible. La fin d'une liaison qu'elle a voulue secrète, pour laquelle elle s'est coupée des autres, la laisse démunie. La tentative pour se protéger des regards d'autrui n'a servi qu'à l'isoler davantage. Elle n'a plus autour d'elle d'amis gais, positifs, qui la sortiraient de là. Et comme elle refuse de parler de ce qu'elle vit, elle s'emmure encore.

Inlassablement elle se souvient. Elle a toujours eu une appréhension par rapport au cinéma. La peur d'une trop grande lumière. Comme si elle se doutait... Elle répétait :

« Sur scène, il n'y a pas de gros plans. »

Elle mettait ça sur le compte de ses yeux. Et si le mal aux yeux était aussi un signal, une façon de dire l'indicible, et finalement de se protéger ? Au cinéma, elle ne dirige pas : elle est dirigée. Si elle s'est toujours arrangée pour avoir le contrôle, n'est-ce pas par crainte de ce qui pourrait surgir ? De ce qui serait là, tapi dans l'ombre, dans cette obscurité qui l'a toujours effrayée ?

Le Sixième Jour, vingt-huitième film de Chahine, n'ira pas à Cannes, où on a pourtant toujours aimé le réalisateur. A la place, ce sera Venise. Maintenant, un trac en chassant un autre, elle craint de se voir sur l'écran.

Elle lit le scénario que Rossi lui a confié, une fantaisie onirique sur le thème de Cléopâtre. Rossi visionne *Le Sixième Jour* et en sort plus que jamais convaincu : Dalida est sa Cléopâtre idéale. Mais, dans sa tête à elle, l'histoire de la reine d'Egypte se mélange avec la sienne. Encore un destin tragique, la trahison, la mort, l'échec après la gloire.

De toute façon, l'opéra-rock ne sera pas monté avant un an. Rossi, l'homme des grands espaces théâtraux, cherche encore une salle. Il a songé à Bercy, abandonne l'idée au profit d'un lieu moins gigantesque où il sera possible de jouer plus longtemps. Il a soigné sa dramaturgie, se chargera lui-même de la mise en scène et des costumes. Pour les rôles de César et d'Antoine, on prévoit Anthony Perkins, Omar Sharif. Ennio Morricone est pressenti pour la musique. Mais le calendrier ne convient pas...

Dans cette attente, Dalida vit son retour à Paris comme un nouvel exil. Elle dit :

« Le meilleur somnifère, c'est un homme. Hélas, je dors seule. Mais je serais vraiment malheureuse si j'abandonnais mon travail et la chanson. »

Alors, en mai, elle participe à quelques émissions télévisées pour présenter l'album sorti au début de l'année. Mais le cœur n'y est pas. Elle le fait mécaniquement, par devoir, sans sa verve et son charisme habituels. L'album, sans doute pour cette raison, ne rencontre pas le succès escompté. Le public est habitué à ce que Dalida lui donne tout.

Saddika la hante encore. Cette féminité orientale à la fois puissante et victime, elle y a vu depuis toujours un danger. C'est elle qu'elle fuyait enfant, en jouant au football avec ses frères. Au doublage elle s'est aperçue que sa voix, sur la bande sonore, changeait lorsque revenaient certains souvenirs. La presse la compare à nouveau à Callas, qui fut la « Médée » de Pasolini. On peut se demander d'ailleurs si, une fois de plus, ce rôle qu'elle a assumé ne lui vient pas de cette médiumnité qui la conduit à ressentir à l'avance, si souvent, la sensibilité de l'époque. Lorsque le film sort, une femme en tchador et ses problèmes, vue de Paris, semble exotique. Mais quelques années plus tard...

A la télévision, chez Michel Drucker, elle chante son nouveau titre, *Parce que je ne t'aime plus,* avec des gestes ralentis, une tristesse infinie dans les yeux.

Le 20 juillet, elle part pour une semaine aux Seychelles. Travail et vacances. Elle y donne deux récitals et fait l'ouverture du festival de cinéma au Théâtre de l'Anse-Royale de Mahé. Ces îles de rêve sont devenues le rendez-vous mondial des voyages de noces. Croyait-elle que le charme exceptionnel des lieux recollerait l'idylle, est-ce pour cela qu'elle a accepté ces galas ? Elle a invité François à l'accompagner. Il a répondu qu'il n'était pas disponible. Alors, Rosy vient ainsi qu'Antoine.

Rosy ne l'avait pas vue sur scène depuis longtemps. La voix de Dalida lui paraît toujours aussi puissante. Elle chante les chansons tristes admirablement, avec un déchirement poignant. Mais les chorégraphies manquent de punch.

« Oui, soupire Dalida. Les chansons que j'aime, je m'en tire très bien. Mais les chorégraphies... J'en ai tellement marre de lever la jambe... »

Alors Rosy, elle aussi, se rend à l'évidence : quelque chose est bien cassé. Comme si Dalida n'y croyait plus...

La douceur du climat, les paysages de matin du monde, les petites îles à l'innocence de paradis perdu la laissent indifférente. Elle passe quelques jours à l'île Denis, où des gens fortunés jouent aux Robinsons. A Praslin, elle se repose dans un bungalow édénique. Elle aime la plage du film *Emmanuelle,* ses rouleaux qui se brisent au pied d'une forêt en bord de mer. Mais Rosy et Antoine, qui se donnent un mal fou pour la distraire, ont l'impression de la traîner. Sur la plage, on la photographie dans une posture à la Bo Derek. Le corps est toujours parfait, la photo sera reprise partout. Mais quand on montre à Dalida les clichés, elle est détachée. Rien ne semble plus lui faire plaisir.

« Des photos, encore des photos ! s'écrie-t-elle. Je ne sais plus quelle pose prendre. J'ai l'impression de devenir une caricature de moi-même. »

Elle rentre à Paris. Les projections privées du *Sixième Jour* ont lieu à Montmartre, avenue Junot, au Studio 13, le cinéma de Claude Lelouch, où le film est projeté en version égyptienne originale ; il avait reçu une subvention du ministère de la Culture et Monique et Jack Lang sont là. Orlando a invité un ami, Dominique Besnehard, agent artistique chez Artmedia, dont le flair pour détecter le talent est connu. Il a rencontré Dalida quelque temps plus tôt et veut être parmi les premiers à voir Le Sixième Jour. Il sort de la projection bouleversé : il connaissait Dalida chanteuse, il voit maintenant en elle une grande tragédienne. Il souhaite prendre en main sa carrière et commence à chercher des idées pour elle. Pour lui comme pour Chahine, c'est une nouvelle Magnani. Il dit à Orlando :

« Elle devrait faire sa rentrée au théâtre... Elle serait formidable...

C'est la seule chose qu'elle n'ait pas faite... Depuis les pièces bibliques des bonnes sœurs du Caire... »

Pendant des mois, la presse va parler du film de Chahine, pourtant pas encore sorti dans les salles publiques. Jamais elle n'a été aussi encensée. On l'appelle la « dame du Nil », le « diamant du Nil ».

« Elle rentre au cinéma par la grande porte », écrit la presse italienne.

Elle se prête à toutes les interviews. Ne se protège plus et dit avec une sincérité stupéfiante des choses qu'elle aurait gardées pour elle avant. Les journalistes sont ébahis. Ceux qui ne la connaissaient pas encore s'attendaient à une diva. Pourtant, on ne se demande pas pourquoi elle se livre ainsi. Se prépare-t-elle déjà à partir ? Sa dernière tentative pour préserver les secrets de sa vie est terminée. Elle n'est pourtant pas en mal de publicité. On l'adule, on la réclame, mais elle refuse de prendre le moindre gala pour l'été.

« Je suis trop fatiguée. Qu'on me laisse me reposer un peu. »

Rosy s'alarme de la voir recommencer à fumer.

« Laisse-moi. Tu m'as entendue chanter. La cigarette ne me nuit pas vocalement. Maintenant, je n'ai plus besoin de me priver. »

En août, elle veut retourner en Corse. Elle fait et défait la liste des invités. Cette fois, François a accepté de venir. Elle l'attend du 15 au 25 août. Dalida voit bien qu'entre eux l'amour s'éteint mais elle persiste à croire que le feu couve encore sous les braises et qu'il pourrait reprendre. Lorsqu'il arrive, Dalida a préparé un dîner raffiné. Les amis sont là, la maison est pleine. Trois jours passent dans la bonne humeur. A l'horizon, la mer est parfaitement calme. Dalida prend le soleil et le monde est envahi de bleu.

Le téléphone sonne. C'est la sœur de François. Elle lui demande de rentrer pour une affaire de famille à régler d'urgence. A la villa, personne n'est dupe : ni les amis, ni Dalida. Ils sont convaincus que le coup de fil était convenu d'avance.

« Encore sa peur d'une liaison suivie », soupire Dalida.

Tout d'un coup, le monde est moins bleu. Cet homme distille son amour à doses homéopathiques. Comme elle a lu et relu Freud, elle se dit qu'elle nage en plein Oedipe. Pour François, elle est la mère interdite. Celle près de qui parfois on est tenté de revenir. Celle qu'il faut absolument quitter...

Elle soupire encore :

« Ça me tue... »

« Cet homme avait un énorme respect pour elle, raconte Orlando. Et en même temps, il en avait peur. Plus tard, il m'a raconté qu'un jour, voulant téléphoner à sa mère, il avait fait le numéro de Dalida. Il m'a dit aussi qu'il n'avait jamais compris pourquoi Dalida l'avait tenu à l'écart de la famille... »

Affalée sur un transat, elle se repose comme si de rien n'était. Les amis sont là, il ne faut pas gâcher leur séjour. Mais cette quiétude n'est plus qu'un simulacre. Elle a recommencé à ruminer :

« C'est quand je suis partie tourner *Le Sixième Jour* qu'il s'est éloigné.

Un film où je jouais le rôle d'une grand-mère. Une femme qui veut sauver son enfant de la mort et qui ne peut pas. Une mère, ça apporte à la fois la vie et la mort. »

Lorsque François quitte la maison blanche au bord de la baie, le rêve de Dalida part avec lui.

« Il n'a pas pu rester trois jours de plus... Comme s'il fallait toujours qu'il m'enlève quelque chose... »

Trois jours de plus qui l'auraient épargnée...

« Peur, peur, peur. Peur de donner de l'amour, peur de donner du bonheur, peur de donner de l'espoir. Pourquoi les hommes ont-ils si peur des femmes ? Je n'ai pourtant rien de bien redoutable... »

Les vacances sont gâchées. D'autant plus qu'elle joue la comédie, fait semblant d'être heureuse. Et, à l'intérieur, derrière le masque, à nouveau l'angoisse, le vide...

Elle ne rompt pas. S'accroche encore... L'amour, cette fois, pourtant, elle n'y croit plus. Mais elle aussi est gouvernée par la peur. Pas la peur fondamentale des femmes, celle de ne plus plaire, non, même pas ça. Celle d'avoir à recommencer. Recommencer à séduire. Ce qu'elle faisait naturellement, joyeusement, apparaît comme un labeur épuisant, une comédie au-dessus de ses forces. Parce qu'elle en connaît tous les ressorts. Le jeu ne l'amuse plus, ne l'excite plus, ne la charme plus. Les personnages changent de costume mais la fin de la pièce est toujours la même. Elle, seule sur le théâtre intérieur de sa vie, encore. Seule après tant d'efforts qui lui paraissent dérisoires. Elle se dit qu'elle est allée « jusqu'au bout du rêve ». C'est ce qu'elle voulait, c'est ce qu'elle a chanté :

C'est fini... C'est fini la comédie...

Certaines femmes prennent ça très bien. Comme un soulagement :

« Ouf... Maintenant je vais pouvoir m'occuper d'autre chose... Vivre un peu pour moi... »

Mais Dalida n'a pas trouvé ce qu'elle voulait au bout du rêve. L'amour, le vrai, est toujours terre inconnue. Elle n'est qu'au milieu de cet océan et ses forces la lâchent. Elle est comme ces naufragés qui s'engourdissent et cèdent à une inertie terrible et réconfortante.

Elle le pressentait déjà avant les vacances que c'était fini. C'est pour cela qu'elle faisait et défaisait sa liste d'invités. Quelque chose se délitait malgré elle. Malgré l'invitation, les fleurs, le menu de fête qu'elle notait sur un petit carnet. Le vieux problème qui la torturait vingt ans plus tôt revient en force. Il y a en elle deux personnes : celle qui n'en peut plus et celle qui fait encore semblant.

Car, avant de partir, elle a fait une chose terrible. Elle a donné rendez-vous chez elle au notaire de la famille, Mme Tronchida. En secret. Elle a rédigé un testament. Pendant le mois de juillet, elle l'a modifié deux ou trois fois. En septembre, en rentrant, elle signe l'acte final.

Elle avait accompli le même geste en 1967. Juste avant sa tentative de suicide. Toujours très organisée, elle ne peut pas penser à partir sans mettre ses papiers en ordre. Sans doute alors est-elle encore divisée entre la mort et la vie. Elle se dit :

« Au cas où je ne pourrais plus... Tout serait prêt... »

Pendant les mois qui vont suivre, elle luttera avec elle-même, tentera de retarder la décision. Ce sera son dernier combat. Mais ce n'est plus qu'une question de temps. Depuis que le ciel de Corse s'est assombri règne à nouveau l'obsession de la mort. Le nuage gris la suit partout. Il enveloppe la maison de la rue d'Orchampt. C'est cela, finalement, qui était au bout du rêve. Cesser de souffrir. Elle aspire à un sommeil bienheureux qui ouvrirait la porte d'un au-delà, d'une autre vie. D'un au-delà du destin...

A Jacqueline impuissante, elle répète :

« Je n'ai jamais demandé à venir sur terre. J'arrêterai quand je le voudrai. »

Je me reposerai de tout

Pourtant, que de projets de travail, encore... Orlando a invité à une projection du *Sixième Jour* Michel Jouveau, l'auteur de *Mourir sur scène,* ainsi que les compositeurs Dunoyer et Kochmann. L'idée est de faire une chanson racontant l'histoire. La musique, originale, ne figurera pas dans le film, mais le 45 tours sera lancé au moment de sa sortie.

Dominique Besnehard songe toujours à une rentrée au théâtre. Il voudrait monter avec Dalida une pièce d'Eduardo de Filippo, *Filomena Marturano.* Il en existe déjà une version filmée, *Mariage à l'italienne,* avec Sofia Loren et Marcello Mastroianni. Et, souvent, Dalida rencontre Vittorio Rossi, avec qui elle discute de *Cléopâtre.*

Le 27 septembre, elle s'envole à nouveau pour Le Caire où doit avoir lieu la première mondiale du *Sixième Jour.* Chahine a souhaité qu'elle ait lieu à Choubra, au cinéma Le Moderne, le lundi 29.

Elle est arrivée exprès deux jours plus tôt, le samedi, pour accomplir un pèlerinage à sa demeure natale. Elle se dit qu'elle la verra peut-être pour la dernière fois. De nouveau, on a construit dans la petite rue. Elle doit la parcourir trois fois pour reconnaître la maison, tellement tout a changé. Mais les habitants se souviennent d'elle et la fêtent.

« Je la suivais du regard, raconte Orlando. Elle avait revu la maison deux fois depuis son départ du Caire et, à chaque occasion, elle en avait été bouleversée. »

Là, il s'étonne : elle est calme, son regard lointain mais scrutateur détaille chaque pierre, chaque angle de mur, chaque barreau du balcon.

Ses yeux s'emplissent de larmes qui ne couleront pas. Aucun excès d'émotion. Elle reste ainsi, digne et immobile, pendant un quart d'heure.

Puis elle dit :

« J'ai envie d'aller une rue plus loin, voir l'église Sainte-Thérèse où j'allais chaque dimanche à la messe, où j'ai fait ma communion. »

Il est quatorze heures. L'endroit est fermé. On va chercher le prêtre. Il s'agit toujours du père Gabriel qui l'a baptisée. Très ému, le vieil homme lui ouvre les portes de son église.

Dalida, Orlando et le prêtre descendent l'escalier qui mène à une reconstitution du tombeau de Thérèse de Lisieux, avec, sous verre, une relique. Les deux hommes, comprenant que Dalida désire rester seule, remontent. Pour elle, Thérèse est quelqu'un de très spécial. C'est la sainte de son enfance, à qui elle confiait ses peines, ses espoirs et ses bonheurs. Thérèse qui disait dans ses « derniers entretiens » :

« J'ai rêvé pendant le silence que vous me disiez : Vous allez être bien fatiguée, quand la communauté va venir, d'être regardée par toutes les sœurs et obligée de leur parler un peu. Je vous ai répondu : Oui mais, quand je serai là-haut je me reposerai de tout. »

Elle aussi voudrait se reposer de tout. Que confie-t-elle à la sainte, ce jour-là, dans la pénombre, près de la réplique du tombeau ? Lorsqu'elle remonte, son calme est devenu plus profond. Une tristesse particulière se lit sur son visage. Une tristesse sans désespoir. Thérèse est la sainte qui, ayant connu si tôt deuil et abandon, en décharge les êtres et leur offre en échange un amour infini. Dalida pensait toujours à sainte Thérèse lorsque ses yeux la faisaient souffrir. Lors de sa dernière opération, elle serrait dans sa main une médaille de la « Petite fleur » de Lisieux.

Après avoir remonté l'escalier, Dalida s'agenouille dans l'église et se recueille encore un moment. Puis elle allume, devant les statues de la Vierge et de sainte Thérèse, un véritable buisson de cierges. Avant de sortir, elle va encore regarder le bénitier près duquel elle suivait la messe à côté de Carlo, son premier amour. Elle était à peine une jeune fille alors. Carlo lui prenait la main pendant l'office et laissait pour elle, derrière le bénitier, des billets naïfs et tendres.

Au sortir de l'église, elle hésite un instant dans la lumière éblouissante de l'Egypte. Puis elle remonte dans la limousine aux vitres fumées qui la ramène au *Méridien.* Au loin, dans la chaleur, les pyramides tremblent.

Le lundi, jour de la première, Dalida sort de l'hôtel vêtue d'une longue robe de mousseline bleue. Elle monte à nouveau dans une limousine noire aux vitres fumées. Chahine a donné rendez-vous à l'équipe au pont de Choubra. Ce quartier islamo-chrétien situé au nord-ouest du Caire compte aujourd'hui trois millions d'habitants.

Lorsque Dalida arrive au point convenu, on la fait changer de voiture. Avec Mohsen Mohieddine, elle s'installe dans une décapotable. Ainsi, la foule pourra les voir. Le reste de la troupe suit dans une camionnette.

Pour arriver au Moderne, la voiture doit traverser le quartier en empruntant l'artère principale. Plus elle avance et plus il y a de monde. Rues et trottoirs disparaissent sous une marée humaine. Des grappes de femmes sont suspendues aux balcons. Des fenêtres, les enfants lancent du jasmin. Dalida passe en souriant sous cette neige odorante. La foule scande son nom. Un orchestre joue ses airs les plus célèbres. Sa voix s'échappe de centaines de transistors. Au-dessus de ce tintamarre planent les youyous aigus des femmes. La foule se rue sur la voiture qui roule au pas. Des bras, des mains innombrables se tendent pour toucher Dalida, caresser ses cheveux.

« Le Caire a été son dernier grand triomphe, raconte Orlando. C'est là qu'elle a commencé, et c'est là qu'on l'a fêtée une dernière fois. Je suis content qu'elle ait eu ça. »

La maison natale de Dalida est située à mi-chemin du pont de Choubra et du cinéma. Entravée par la foule, la voiture roule de plus en plus lentement. Chahine s'inquiète : la projection va être retardée. Autour de Dalida, imperturbable, le délire monte. Craignant l'émeute, le réalisateur veut la faire sortir de la décapotable et la faire monter dans le camion avec le reste de l'équipe, pour la protéger.

Mais, de la tête, Dalida refuse de bouger :

« Non, pas pour l'instant. »

Très vite, Orlando comprend. Elle veut passer en triomphe devant sa maison. Et, lorsqu'elle y arrive, Dalida se lève dans la voiture. D'un signe de la main, elle salue la maison et l'église Sainte-Thérèse qui se trouve tout près. Ses yeux s'emplissent de larmes, qu'elle laissera couler cette fois sur son visage qui resplendit de fierté.

« L'entrée de Dalida à Choubra vaut bien l'entrée de Cléopâtre à Rome », écrira la presse égyptienne. En cet instant, comme dans le scénario de Vittorio Rossi, la vie de Dalida et celle de la reine d'Egypte se confondent...

Après un signe d'adieu à sa rue d'enfance, elle dit :

« Maintenant, je vais dans la camionnette, sinon demain on sera encore là. »

Arrivée devant le cinéma, lorsqu'elle descend du véhicule, la foule la porte en triomphe, criant :

« Tu fais concurrence à Moubarak ! »

Douze cents personnes s'entassent dans la vieille salle de quartier dont les fauteuils fatigués gémissent. Dehors grondent ceux qui n'ont pas pu entrer. Les lumières s'éteignent, et la projection commence avec deux heures de retard. Au bout d'un quart d'heure, pour raisons de sécurité, Dalida doit sortir par une porte dérobée. Mais elle dit :

« Le 29 septembre 1986 restera un des plus beaux jours de ma carrière. »

A Paris, la nouvelle de son triomphe l'a précédée. Le jour même de son arrivée, Jean-Pierre Elkabbach la veut pour le journal d'Europe Un à dix-huit heures trente. Et là, Dalida se montre aussi enthousiaste qu'un enfant à son premier Noël.

Pourtant, quelques jours après son retour du Caire, elle décommande une séance d'enregistrement de la chanson *Le Sixième Jour.* Elle annulera cette séance par trois fois. Elle si longtemps insomniaque souffre alors du contraire. L'hypersomnie est un symptôme possible de la dépression nerveuse. Incapacité d'affronter la réalité ou bien le besoin de repos est-il si grand ? Ou encore, simplement, pour la première fois de sa vie, le refus de chanter ?

Lorsque, finalement, l'enregistrement peut avoir lieu, elle se montre indifférente.

« Ce n'est pas la musique du film. Je voudrais qu'il soit question de l'actrice, pas de la chanteuse. »

Mais, le 21 octobre, Dalida repart pour Los Angeles où elle doit assurer deux récitals produits par Simon Azoulay. Le Shrine Auditorium, salle de sept mille places où chaque année sont décernés les Awards, est bourré à craquer le second soir, le bouche-à-oreille du premier ayant fonctionné.

A nouveau Dalida est acclamée, ovationnée. Sur scène elle est parfaite. Mais elle est parvenue à LA épuisée. Après onze heures de vol, une foule d'amis et de fans l'attendaient à l'aéroport. Elle a dû affronter une conférence de presse et donner de nombreuses interviews. Dès son arrivée à l'hôtel, elle s'est enfermée dans sa chambre sans avoir la force de dîner et a dormi jusqu'au lendemain.

Curieusement, Dalida refuse qu'on parle, à Paris, des deux récitals de LA. Comme si, décidément, elle ne supportait plus la chanteuse en elle. Cette chanteuse qu'elle persiste à juger responsable de la faillite de sa vie de femme. Ses immenses efforts pour prouver qu'elle était la plus belle n'avaient-ils pas pour but de parvenir à s'aimer enfin ? Elle ne se bat plus contre un obstacle extérieur, mais intérieur. Le dédoublement la torture plus que jamais.

Est-ce que, dans la dernière partie de sa carrière de chanteuse, elle n'est pas allée trop loin dans les paillettes, est-ce qu'elle ne s'est pas un peu égarée dans ce monde de danseurs, de plumes, de lasers ?

« J'en ai marre de lever la jambe », répète-t-elle.

Est-ce que, poussée par le désir de se renouveler et par le succès de ses grands shows, elle ne s'est pas trouvée coupée de ce qui, dans la chanson, coïncidait le plus profondément avec elle-même : l'émotion pure et simple, le contact proche avec ce public populaire qui l'aimait du fond du cœur ? Avec ce qui faisait de son travail sur scène une thérapie et une catharsis ? N'a-t-elle pas laissé un peu de son âme au milieu des boys et des froufrous ?

Quelques jours plus tard, elle appelle Orlando au bureau :

« Il n'y a rien à faire pour moi ? »

Depuis longtemps, le travail est pour elle une drogue et, comme toutes les drogues, celle-ci finit par ne plus procurer le plaisir escompté. Mais le travail est aussi un moyen de s'échapper de cette prison psychique qui se referme sur elle.

Elle parle à Orlando de refaire un Olympia.

« Comme autrefois... On balance les chorégraphies et les costumes... J'ai envie de retrouver mon vrai public de chanteuse, celui de mes débuts. Deux ou trois changements de robe pour faire plaisir aux gens, des musiciens cachés derrière un tulle. Moi seule face aux gens qui m'aiment vraiment avec mes belles chansons de scène : *Mourir sur scène, Bravo, A ma manière, Partir ou mourir.* Plus de show. Etre une tragédienne seule sur scène sans tralalas ni paillettes pour retrouver mes racines de chanteuse. Retrouver Paris, mon Paris. »

Depuis cinq ans, elle n'a pas chanté à l'Olympia. La productrice de *Cléopâtre* déconseille le projet :

« Pour donner tout son relief à un événement énorme comme *Cléopâtre,* mieux vaut ne pas te produire à Paris avant. »

Mais justement, l'énorme, c'est ça qui l'écrase et qui l'effraie.

« Ne pas lui avoir fait faire son retour aux sources restera un de mes grands regrets, dit Orlando. J'avais toujours exaucé tous ses souhaits. D'ailleurs son public ne demandait que ça, et elle le sentait. »

Les ambitions, les siennes et celles des autres pour elle sont allées si loin qu'elle s'y sent engloutie. Perdue au carrefour de ces routes qui s'ouvrent, comme dans une forêt. Avec la peur de rester seule face à elle-même, cette « elle-même » qu'elle a perdue de vue, qu'elle ne reconnaît plus. Etrangère au paradis, mais ce paradis-là vu de près ressemble à l'enfer.

Elle a tellement essayé de s'élever. Chaque jour, une marche de plus. Jusqu'au vertige, jusqu'à manquer d'air et perdre appui. Des souvenirs tournent dans sa tête.

« Après ta naissance tu étais toute bleue », lui avait dit sa mère.

D'emblée pour elle la vie si proche de la mort.

« Je suis malade, se dit-elle, j'ai toujours été malade. »

Sa solitude incommensurable, qui prend racine au-delà d'elle-même, plus loin que les mots. Des mots elle en a mis dessus pourtant, des mots-pansements qui n'arrêtent pas cette hémorragie d'être :

Je suis seule sans toi
Comme un orphelin
Dans un dortoir
Quand tu t'en vas
Je suis malade
Complètement malade
Comme quand ma mère sortait le soir
Me laissant seule avec mon désespoir.

L'angoisse informe, hideuse, innommable, est tapie au plus profond. On ne se débarrasse pas de ses bases, si invivables soient-elles. On ne peut pas se déraciner soi-même. Ou bien, on en meurt.

« Elle a toujours vécu la peur au ventre, dit Orlando. Cette peur-là ne l'a jamais quittée. La peur d'elle-même. »

On a beau lui dire : « Vis l'instant, profite, sois contente du résultat obtenu », elle ne sait pas, n'a jamais su. Vit comme poursuivie, toujours tendue vers l'avant. Et maintenant :

Je suis fatiguée
Je suis épuisée
De faire semblant d'être heureuse quand ils sont là
Pourtant moi j'avais du talent avant ta peau
Cet amour me tue...

L'amour, ou l'absence d'amour. Ce qui revient au même, un jour, parce que ça n'est jamais ça, ne suffit jamais.

Nuit après nuit, elle fait ce rêve : elle est au théâtre, elle n'a plus de voix, elle ne peut plus chanter.

Elle a vécu avec l'infini devant elle pour conjurer le passé. Mais, à cinquante ans, elle a pris conscience que tout n'était plus possible :

« Chaque année compte double. Mes forces me quittent. »

Chaque matin, au réveil, Jacqueline la trouve dans son boudoir, aménagé comme une loge, scrutant son visage pour repérer si une ride n'est pas née pendant la nuit. D'un ton désolé, elle dit :

« J'ai cinquante-trois ans. »

Entre le 16 novembre et le 8 décembre, elle participe, pour la promotion du film, à treize émissions de télévision. Huit à neuf heures d'interviews par jour. Elle se rend à toutes les émissions où on l'invite et s'investit sans penser que ce battage est peut-être excessif. Les gens auront l'impression d'avoir vu le film sans entrer dans une salle...

Le Sixième Jour sort en France le 3 décembre et les critiques sont époustouflantes. Elle est reconnue, enfin, comme une grande actrice, sa performance est perçue comme exceptionnelle. Lorsque Dalida lit ces éloges, elle dit :

« J'ai gagné ce combat. J'ai montré que je peux faire autre chose que des trucs à paillettes... »

Pour les *Cahiers du Cinéma :*

« Il faut redire ce que la beauté du film doit au personnage de Saddika, et ce que la beauté du personnage doit à l'interprétation de Dalida. Rarement une comédienne se sera fondue, avec une telle conviction, dans le personnage mélodramatique qu'imposait une telle partition, en prenant de tels risques. Le film, en échange, récompense largement l'effort fourni par la chanteuse, donnant d'elle une image généreuse, émouvante. Il y a de la majesté dans ce personnage, et, bien sûr, de la grandeur » (déc. 86).

Et, pour *Première :*

« Elle est méconnaissable. On dirait qu'elle a fait ça toute sa vie. Dalida étonne, convainc et émeut en faisant voler son image en éclats. »

Elle ne se fait aucune illusion quant aux chances d'un succès populaire pour *Le Sixième Jour.* Elle dit :

« C'est un film d'une autre culture. La version originale est égyptienne. La France n'est pas habituée à ce cinéma-là. C'est de l'art et essai. On ne touchera qu'un public de cinéphiles. »

Mais elle espère que cela lui ouvrira les portes d'un autre cinéma, plus grand public. Et, en effet, les projets affluent. Dominique Besnehard lui a déjà fait lire plusieurs scénarios. Elle a refusé ces propositions, trouvant ces rôles trop proches de celui du *Sixième Jour.*

Elle reçoit à dîner, avec Frédéric Mitterrand et Dominique Besnehard, le réalisateur Régis Wargnier, dont le premier film *La Femme de ma vie* a rencontré un énorme succès. Dominique Besnehard lui donne à lire *La Gloire de Dina,* beau et émouvant roman de Michel del Castillo sur sa mère. Il est question d'en faire une série télévisée, superproduction coûteuse où le personnage de Dina traverserait les époques. Dominique Besnehard est absolument convaincu qu'un avenir de tragédienne et de comédienne attend Dalida.

Et, un matin, les murs de Paris se couvrent d'affiches. Le visage de Dalida, encadré par le tchador, apparaît en gros plan, d'une beauté austère et pure. Derrière elle, le regard émerveillé de Mohsen Mohieddine.

Les Parisiens qui vont prendre le métro découvrent cette Dalida-là avec stupéfaction, et ont parfois un mouvement de recul. Qu'est-ce qu'on lui a fait, à leur Dalida nationale, ange des familles et idole chamarrée de la France profonde ?

« Tu écriras mes Mémoires »

Le 10 décembre, pour la première fois depuis longtemps, Dalida revient à l'Elysée. Cohabitation oblige, Mitterrand et Chirac reçoivent le monde du cinéma. Pour cette grande soirée, Dalida porte un tailleur à jupe longue cousue de sequins. Ses cheveux sont coiffés d'un béret assorti. Elle a retrouvé sa crinière, mais ne veut pas paraître trop différente du personnage du Sixième Jour.

Ironie du sort, elle se trouve face à Mitterrand et Chirac côte à côte... François Mitterrand lui serre la main, tout en la félicitant pour son interprétation, tandis que Chirac, chaleureux, la serre dans ses bras... Et, à nouveau, Dalida sent peser sur elle le regard des femmes... Elle est très belle, ce soir-là, très en forme... Quelque chose dans ce rendez-vous l'amuse...

Le lundi 22 décembre, elle dîne avec Jean-Louis Livi, qui dirige alors Artmédia, et Dominique Besnehard. Jean-Louis Livi souhaite la rencontrer pour parler de projets cinématographiques. Dans sa robe-manteau de Diamant Noir aux manches ourlées de vison, elle est superbe.

Jean-Louis Livi est impressionné par sa beauté. Dominique Besnehard, qui la connaît mieux, ressent un malaise :

« C'était une dame. Elle était impressionnante. D'ailleurs, quand Orlando parlait d'elle, il l'appelait comme ça : " la dame "... Parmi les stars, seule Catherine Deneuve m'a fait une impression comparable. Un sentiment de distance, d'une aura... Je m'entendais bien avec elle. Je suis direct et franc et elle appréciait ça. Orlando me disait qu'elle m'aimait beaucoup, que je lui faisais du bien et que je devrais la voir davantage, l'appeler de temps en temps... Ce n'est pas que je n'en avais pas envie mais une timidité me retenait. Je n'osais pas. Maintenant, je le regrette. J'aurais dû faire l'effort de surmonter ça. Mais c'était cette distance qu'elle mettait... Pas exprès mais par ce qu'elle dégageait, comme si elle avait été enfermée dans un cercle magique... C'était comme une reine...

« Ce soir-là, par contre, quelque chose d'autre m'a frappé. Il y avait une absence dans ses yeux. Comme si elle était ailleurs. Dans un autre monde. Quelque chose de mystique. Par moments, c'était comme si elle était déjà partie. Physiquement bien sûr elle était là mais quelque chose en elle s'était éloigné. Même Jean-Louis l'a remarqué. Puis, elle revenait, elle souriait. »

Le 11 janvier 1987, Coluche est interviewé par Philippe Labro dans *Télé-7-Jours.* Le comique vient de tourner *Tchao Pantin.* Ce film très acclamé semble lui ouvrir les portes d'un autre cinéma. On le prend au sérieux, enfin, et il n'en est pas fâché.

Coluche et Dalida : deux personnalités apparemment totalement opposées. Pourtant, l'un comme l'autre, d'origine italienne, ont commencé leur vie dans la pauvreté. L'un comme l'autre sont en passe de devenir des mythes nationaux. L'un comme l'autre suscitent à la fois beaucoup de respect et un certain dédain. L'un comme l'autre sont aimés du public parce qu'ils se donnent à fond, sans rien épargner d'eux-mêmes, l'un comme l'autre s'apprêtent à le payer de leur vie et l'un comme l'autre deviendront des figures cultes après leur disparition...

Dans cette interview, Coluche se livre à une comparaison entre lui et Dalida. Il pense qu'ils ont quelque chose en commun :

« Dalida n'a jamais écrit ni une musique ni des paroles de sa vie. Or tout le monde ou presque connaît quinze chansons de Dalida. Elle n'en a jamais écrit une seule, mais parce qu'elle les a tellement habitées, parce qu'elle a tellement mis sa vie en jeu avec, c'est elle, Dalida, quoi, et le mec qui a écrit la chanson, il est inconnu, lui. Elle existe, personne ne peut penser qu'elle n'existe pas. »

Pour Dalida, ce mois de janvier 87 est crucial. Il marque le début d'un nouvel et définitif hiver du cœur. Il n'y a toujours personne dans sa vie. En décembre, trois jours avant la sortie du film, elle s'est rendue à une soirée de gala au Privilège. Elle y a retrouvé Ugo Tognazzi, son ancien partenaire dans *Ménage à l'italienne* tourné en 1965. Si loin déjà, et un cinéma bien différent de ce qu'elle fait aujourd'hui. Une émotion l'étreint. Tognazzi semble très heureux de la revoir. Mais Dalida, ce soir-là, n'a pas d'homme à son bras. Elle est accompagnée, non par François mais par sa fille, curieuse de découvrir le monde du show-business...

Noël 87 est le plus triste. Comme d'habitude, elle a convié la famille, quelques amis. Elle fait de son mieux pour être une hôtesse charmante et donner le change.

« Mais on la sentait malheureuse, dit Orlando. Elle se souvenait sûrement que l'année précédente elle avait passé les fêtes avec François. »

L'ambiance est lourde. Presque toute la soirée, elle se cantonne dans cette absence, cette manière de se retirer de la vie quand c'est trop difficile. Ce ne sont plus seulement des moments. Le rôle qu'elle joue est un voile très mince, qui ne dissimule plus l'éloignement.

Au moment de l'ouverture des cadeaux, elle embrasse son frère aîné avec sa phrase rituelle :

« Voilà mon frère préféré. »

« Depuis quelque temps, ils se voyaient plus souvent, dit Orlando. Ils ne parlaient pas de travail, seulement de la famille. Pour elle, c'était merveilleux. »

Avec Bruno-Orlando, bien sûr, c'est différent. L'amour est si fort qu'il en devient conflictuel, ils se chamaillent comme des amoureux. En parlant de l'aîné comme de son frère préféré, elle provoque un peu le plus jeune. Mais, peu après, au bureau, elle prendra Orlando dans ses bras. Il se rétracte, car il est toujours un peu distant avec ceux qu'il aime. Alors, Dalida : « Un jour, tu regretteras de ne pas m'avoir embrassée plus souvent ! »

Ce soir-là, elle ne se contente pas de s'absenter en pensée, plusieurs fois elle monte dans sa chambre, pour en redescendre un quart d'heure plus tard. Que va-t-elle abriter dans ces moments de fuite ? Quelle souffrance cachée, quel deuil pudique, quel regret ?

Dans ces moments de fête, ou lors des occasions professionnelles qu'elle tente d'éviter, elle est toujours impeccable. Mais, le reste du temps, elle fait ce que jamais, au cours de sa vie, elle ne s'était autorisé : elle se laisse aller. Elle passe des journées entières dans sa chambre, en peignoir, sans maquillage, jouant aux cartes avec Jacqueline, et fumant cigarette sur cigarette.

« Elle voulait toujours que je sois près d'elle, dit Jacqueline. Parfois, elle restait deux heures sans dire un mot. Et tout d'un coup : “ Pourquoi tu ne parles pas ? ” »

Parfois Dalida s'endort, sans prévenir, au milieu de la journée. Comme sonnée.

« Je devais rester pour la réveiller, quand ça la prenait. Les derniers mois c'était comme ça. J'essayais de la tirer de là. Elle qui s'était toujours coiffée elle-même n'en avait plus le courage. Je m'en occupais : rouleaux, brushing. Ça l'apaisait. Je ne la lâchais pas. Par moments ça allait mieux, elle reprenait le dessus. Alors, on en profitait, on sortait beaucoup. On allait au cinéma, on faisait les magasins. Je respirais. Puis, elle retombait... »

Sa tentative pour protéger son dernier amour a bouleversé une routine de vie qui, si elle lui pesait d'un côté, la stabilisait pourtant de l'autre. Cette tentative pour se rapprocher d'un homme l'a coupée de ses amis. Les réunions rituelles du dimanche n'ont plus lieu, une habitude de quinze ans s'en trouve brisée.

« Comment est-ce qu'il n'a pas pu voir, le docteur, dans quel état elle était ? demande Jacqueline. Un homme qui était médecin justement... »

Plus tard, il dira à Orlando qu'il ne s'est pas rendu compte. Mais peut-être a-t-il pressenti qu'on lui demandait un sauvetage dont il ne se sentait pas capable. Peut-être Dalida n'avait-elle pas choisi un médecin par hasard. Dernier espoir de l'homme qui la guérirait des autres...

Entre sa vie privée et professionnelle, elle a tiré un épais rideau. Elle qui disait encore, il n'y a pas si longtemps, au « Jeu de la vérité » :

« Je n'ai rien à cacher. Je n'ai pas de secrets pour mon public. »

Le drame c'est qu'elle n'a vraiment plus rien à cacher : derrière le rideau, la scène est vide...

Avec tout le monde, elle a pris ses distances. Tout le monde, y compris elle-même. Au bureau, elle se fait de plus en plus rare. Elle n'y vient que quand le travail l'y oblige. Dès qu'elle a fini ce qu'elle devait faire, elle repart. Auparavant, elle adorait s'attarder, parler de tout et de rien avec Rosy...

« Avant, dit Orlando, elle soupirait : " Quand je n'ai rien à faire, je m'ennuie. " Elle proposait toujours de venir aider. C'était moi qui protestais : " Voyons, ce n'est pas ta place ! " »

Devant ces changements, Orlando se pose de plus en plus de questions. Tente vainement de comprendre :

« Peut-être que tu n'as simplement plus envie de chanter... Que tu es fatiguée...

— Non, tout va bien... », répondait-elle pourtant.

A son regard, Orlando sent qu'elle attend que la conversation se termine. Elle ne confie plus rien, semble perpétuellement hors d'atteinte.

Les rares fois où il l'accompagne dans des sorties, Orlando remarque qu'elle va la tête basse, que son regard fuit les gens. Une fois de plus, il tente une explication :

« Parfois, j'ai l'impression que tu ne sais plus qui tu es. Au lieu de te mettre en avant, tu t'amoindris, tu te retires.

— Pas du tout, répond-elle, je sais qui je suis. Je suis quelqu'un de très humble... »

« Elle avait toujours été simple, dit Orlando. Là, elle tombait dans l'excès... »

Le ressort du narcissisme est cassé. Une idée l'obsède :

« C'est parce qu'on m'aime trop en public qu'on ne m'aime pas en privé. »

L'amour de tous la coupe de l'amour d'un seul. Le piège est infernal. N'osant pas être elle-même, elle se sent personne.

Au bureau, tous sont affolés. Ils ne savent quoi faire, n'osent pas lui parler, de peur de l'ennuyer. Le moindre petit problème prend des proportions énormes.

Jacqueline est sa dernière confidente. L'habilleuse a eu une enfance très difficile. Elle a très tôt perdu ses parents. Les deux femmes communient dans la souffrance et le deuil, accrochées l'une à l'autre par l'expérience de la tristesse.

« Elle ne faisait plus un pas sans Jacqueline, dit Orlando. Comme une enfant avec sa nounou. Jacqueline était comme une projection de sa mère. Mais Dalida aurait eu besoin de gens qui la secouent, qui la fassent rire... Des gens plus toniques. Jacqueline elle-même était dépendante de Dalida. Lorsque ma sœur sortait sans elle, Jacqueline s'angoissait. »

Ses sorties se réduisent encore. Même le cinéma, le shopping... Elle ne va plus qu'au restaurant de Graziano, qui reste pour elle un second foyer. Elle s'y rend toujours accompagnée de Jacqueline.

« Comment, dit Graziano, une belle femme comme toi, tu n'as pas d'autres amis ! »

Jacqueline sait bien que ça ne va pas. Mais, fidèle, elle s'interdit de parler de peur que ses confidences reviennent aux oreilles de Dalida. Elle-même dépressive, elle parvient difficilement à pousser Dalida à sortir. Mais, peut-être est-ce parce que Jacqueline ne lui demande pas d'efforts que Dalida peut rester avec elle...

Elle voit encore une dernière amie : Anouk Aimée habite Montmartre et dîne elle aussi souvent chez Graziano. Dalida s'y rend désormais plus tôt, pour éviter de rencontrer des gens.

« Moi, je venais dîner plus tard, dit Orlando. Quand je la voyais avec Anouk, je me réjouissais. Anouk aussi était seule. Ensemble, elles parlaient de la vie, du travail, de tout. »

Graziano, lui aussi, est très inquiet. Une fois Dalida partie, Orlando et lui parlent pendant des heures de ce qui ne va pas chez elle. Un jour, enfin, elle se confie à Graziano. Lui parle de son mal de vivre. Son sentiment d'avoir trop fait, trop donné.

« Mais non, dit Graziano. Tu as devant toi beaucoup de belles choses, une nouvelle carrière de comédienne. »

Elle s'en réjouit, mais reste distante. C'est plutôt pour elle comme une façon de passer le temps. Tout d'un coup, elle dit :

« Parfois, j'ai envie de me foutre en l'air. Si je décide de m'en aller, cette fois je ne me raterai pas. Je sais exactement les doses qu'il faut prendre.

— Tu ne vas pas faire de bêtises ! » s'écrie Graziano.

Dalida se reprend :

« Mais non. Je dis ça comme ça. Ça va... »

François est une présence de plus en plus lointaine dans sa vie. Continue à se décommander à la dernière minute. Même l'amitié semble être lourde à porter pour lui...

« Elle acceptait toutes les critiques concernant le travail, raconte Antoine. En ce qui concerne sa vie privée, elle ne supportait plus qu'on lui dise quoi que ce soit. Elle se punissait de ne pas avoir eu d'enfant, d'avoir privilégié son travail plutôt que sa vie privée. Ça devenait très dur, je ne parvenais plus à la cerner. J'avais toujours réussi à lui redonner confiance quand ça n'allait pas et à la faire rire, mais là, je n'y parvenais plus. J'avais l'impression qu'elle se forçait pour tout, même pour nous sourire. Je me doutais qu'elle vivait dans un désespoir total. »

Antoine voudrait pouvoir rendre à Dalida ce qu'elle lui a donné :

« Je me souvenais de ses réserves de tendresse, de l'amour qu'elle savait dispenser. Quand ça n'allait pas, elle arrivait toujours à vous tirer de là. En 81-82, j'ai traversé une période de déprime. A toute heure elle appelait, elle venait à mon chevet. A part ma mère, personne ne m'a donné autant de bonheur. Elle m'a apporté un équilibre dont je profite encore aujourd'hui. Pour moi comme pour beaucoup de gens, elle représentait un idéal de mère. Sa délicatesse et son intuition étaient sans faute.

« Mais elle aussi cherchait un idéal, et elle ne l'a jamais trouvé. Elle ne voyait jamais le mal chez les autres. Avec la politique, elle a tout donné, et elle a tout pris sur la figure. Elle est montée trop haut, ça a suscité des jalousies horribles. Elle était sans défense devant la haine, parce qu'il n'y en avait pas en elle. Elle avait le cœur brisé. »

« Le docteur, dit Orlando, ce n'était pas " parce que c'était lui ". Avec quelqu'un d'autre, à ce moment-là de sa vie, elle aurait réagi de la même manière. Plutôt que de courir vers d'autres horizons, elle s'accrochait par peur. Lasse de séduire, d'une autre aventure... »

La voyant découragée, Orlando lui dit :

« Tu imagines combien d'hommes dans le monde tu dois faire rêver ?

— Oui, répond-elle, mais pour trouver quelqu'un qui me convienne à moi, c'est beaucoup plus difficile que vous ne pensez. J'ai donné neuf ans de ma vie à Richard. Maintenant, c'est trop dur de recommencer. Je me dis : " A quoi bon, jusqu'où ? " »

Elle s'enferme dans un Sunset Boulevard. Même le lèche-vitrines est maintenant au-dessus de ses forces. Quand elle a besoin d'une robe, elle envoie Orlando et Antoine chez le couturier. On lui apporte plusieurs modèles, elle choisit.

Orlando ose à peine téléphoner. Il ne le fait que si c'est urgent. Il ne veut pas qu'elle se sente espionnée. Elle lui répond d'une voix de somnambule qui l'effraie. Elle vit à l'envers, prend le jour pour la nuit. Désormais elle fuit la lumière, recherche l'obscurité. En venant porter du courrier au bureau, Juan, le majordome, confie à Rosy :

« Madame ne va pas bien. L'autre jour, je l'ai trouvée près de la cheminée. Elle pleurait. »

La nuit, elle regarde vidéo sur vidéo, jusqu'au lever du jour. Les images font reculer les ombres. La passion des livres, ces amis des heures de solitude depuis son premier suicide, l'a quittée. Elle est devenue passive, préfère se laisser porter par les images.

A cinq heures du matin, elle s'endort. Elle se réveille en milieu d'après-midi. Le jour bruit de fantômes et d'exigences impossibles. Si elle a une obligation professionnelle dans la journée, elle prend du Guronsan pour se donner un coup de fouet. Il lui devient très difficile de donner des interviews, et elle fait parfois des déclarations inquiétantes. Elle répète :

« Je n'ai plus qu'une envie. Dormir. »

Même le Dr Pitchal, son vieil ami, ne peut plus rien :

« On ne peut pas forcer à parler quelqu'un qui n'en a pas envie, dit-il. C'est dangereux. »

Orlando craint le pire.

« Elle est dépressive sans le savoir », dit-il à Rosy.

Toute tentative d'intervention se solde par des disputes et des cris. Dalida part en claquant la porte. Orlando n'en peut plus :

« C'est un enfer de voir l'être qu'on aime le plus au monde s'enfoncer comme ça. »

Son « année cinéma » terminée, il voudrait qu'elle enregistre un nouveau disque, car les autres projets sont à plus long terme. Elle accepte. Tout d'un coup, elle a un sursaut, téléphone au bureau :

« Et la pièce ? Il faut que j'aie le texte, qu'on commence à répéter !

— Ce n'est pas encore prêt.

— Alors, quand est-ce que je retravaille ?

— On t'a pris des galas en Turquie, en Allemagne et à Moscou, dit Orlando. Après ça, on te laisse un mois pour te reposer.

— Mais je ne peux pas apprendre une pièce en deux minutes ! »

Cette agitation est une autre forme de fuite. Elle réagit contre elle-même.

« Après, on t'a prévu une tournée en Chine...

— Oui, mais pourquoi si tard ! » se lamente-t-elle.

Elle s'ennuie. Elle n'invite plus personne à dîner. Pourtant, curieusement, la maison est de plus en plus fleurie. Avec l'estaffette de Graziano, elle va à Rungis choisir des bouquets. Sa demeure est remplie de fleurs. Comme une chambre de malade. Ou comme une tombe...

Jean Sobieski, qui vit aux USA, vient à Paris. Il veut présenter sa fille à Dalida et l'emmener à son exposition de peinture. Dalida demande à Rosy de l'accompagner. En arrivant, Rosy trouve Jean Sobieski et sa fille dans le salon où règne une quasi-obscurité. En plein jour, les persiennes sont fermées. L'atmosphère est sinistre. Rosy demande au personnel d'ouvrir les volets. Il n'en a plus l'habitude : Dalida ne descend plus, se cantonne dans sa chambre...

Pour faire plaisir à Jean, Dalida se rend à son exposition. Ce sera une de ses dernières sorties. Son univers se rétrécit. Elle passe les quatre derniers mois de sa vie dans sa chambre à coucher, allongée sur son lit, entourée d'objets, de livres, de cassettes.

« Elle préparait son départ, dit Orlando. Elle disposait ses objets favoris autour d'elle, comme les pharaons. »

Jacqueline reste à sa disposition vingt-quatre heures sur vingt-quatre. Les deux femmes jouent au gin-rummy pendant des heures.

Depuis un an elle a un nouveau petit carlin, Rajah. Elle a parcouru cinq cents kilomètres pour aller le chercher, contre l'avis d'Orlando qui craint la fragilité de ces chiens et la peine de Dalida quand ils meurent. Rajah court partout dans la maison. Seul il apporte un peu de vie entre ces murs.

Pour un rien, les yeux de Dalida se remplissent de larmes.

L'instinct de mort a repris le dessus. Dalida est comme la petite chèvre de monsieur Seguin, qui se bat vaillamment, toute la nuit, avec le loup. Le loup de Dalida, c'est la solitude, le temps, la mort.

« Elle ne supportait pas la perspective de vieillir, dit Jacqueline. De perdre sa beauté. Elle avait réussi à retarder ça très longtemps. Elle ne supportait plus la lumière, ni les miroirs. Tout ce qu'elle aimait avant. Je la surveillais. Elle était obsédée par ses yeux ; elle traquait la moindre ride. »

Orlando relance la question d'un nouveau disque :

« Ce film où la mort est à côté de toi, dans tes yeux, a impressionné le public. Il te faut des chansons gaies. Il faut te débarrasser de l'image de la dame noire. »

Dalida a un sourire amer.

« Est-ce que tu lis toujours dans mes pensées ? » demande-t-elle.

« C'est vrai, dit Orlando, on avait des phénomènes de télépathie, on avait vécu en osmose, on faisait parfois les mêmes rêves au cours de la même nuit. Alors, percevoir ça en elle sans plus pouvoir l'atteindre, c'était effrayant. »

Le samedi 7 mars, Georges Cravenne, organisateur des Césars, invite Dalida à remettre le prix de la meilleure musique de film. Ce sera sa dernière sortie officielle. Elle a fait l'effort d'aller chez Azzaro, choisir une robe bleue bordée de fourrure. Après la cérémonie, elle se rend en voiture au Fouquet's où un souper officiel a lieu.

C'est un samedi soir, la foule se presse sur les Champs-Elysées. Les gens reconnaissent Dalida, klaxonnent, descendent de voiture pour lui demander des autographes. Etrangement, elle signe avec plaisir.

« On n'en finira pas, dit Orlando.

— Laisse-moi faire, répond-elle. Ils sont gentils, j'ai envie d'être gentille avec eux, moi aussi. »

Lorsqu'elle descend de voiture, la foule massée à l'entrée du restaurant l'ovationne et crie son nom. Elle en est touchée.

Un éditeur l'appelle pour lui demander d'écrire ses Mémoires. Elle refuse.

« C'est trop tôt. Je n'en ai pas envie pour l'instant. J'y penserai plus tard. »

Elle y pense quand même, trie ses papiers. Jette ce qu'elle ne veut pas qu'on sache, garde le reste, dans des enveloppes cachetées.

« Une vie n'est terminée que lorsqu'on la quitte. Je n'ai pas de mémoire, tu en as pour deux. Tu écriras mes Mémoires », dit-elle à Orlando.

A partir de janvier, plus aucune date, aucun rendez-vous, ne figure sur son agenda.

Dernier public

Et, encore, parfois, entre les journées voilées d'une brume uniformément grise, des moments d'éclaircie. Elle se réveille. C'est le milieu de l'après-midi. Tout à l'heure, à la grille de la maison, on a sonné. Une jeune fille, une inconnue. Elle vient, de l'autre bout de la France, tenter sa chance à Paris. Elle est arrivée ce même jour dans la capitale. Elle se rend tout de suite rue d'Orchampt.

« Je voudrais voir Madame Dalida.

— Madame Dalida n'est pas encore réveillée. »

La jeune fille croit qu'on lui ment pour se débarrasser d'elle. Elle tend un morceau de papier. Dessus, son nom et son téléphone.

« Oui, oui, elle vous appellera. »

Descendant la rue d'Orchampt, l'ingénue jette un dernier regard sur le château de la Belle.

« J'étais naïve. J'ai vraiment cru qu'elle allait m'appeler. Elle chantait qu'il fallait lui téléphoner. Quand même, je me suis dit : " Ça ne peut pas être vrai, qu'elle n'était pas encore réveillée. A quatre heures... " »

Si. C'est vrai. Ce jour-là, il fait beau. Le printemps commence. A Montmartre, c'est la plus jolie saison. Dalida sent que le brouillard se lève — celui qu'elle a dans la tête. A-t-elle perçu quelque chose de cette jeunesse qui s'éloigne à regret en pensant à elle ?

« Je dois réagir... Recommencer à sortir... Retrouver quelqu'un... Qui sait ? »

Elle jette le fatidique regard dans le miroir, pour voir si, aujourd'hui, il est son ennemi. Elle veut être belle, très belle. Pour revivre ou pour mourir ? Quand elle dit : « retrouver quelqu'un », qu'est-ce que ça veut dire ? Quelqu'un ici ou quelqu'un là-haut ? Quelqu'un qu'elle aimerait ou quelqu'un qu'elle aurait aimé ?

« Il faut que je change d'air... De paysage... »

De quel air, de quel paysage parle-t-elle ? Veut-elle arriver très belle au pays où ils l'attendent, ces hommes qui l'ont tant aimée ?

La thalassothérapie est à la mode. On dit que ça fait des miracles. Les *beautiful people* fatigués se précipitent à Quiberon chez Louison Bobet.

« Je vais y aller, ça me remettra en forme. »

Quand il entend ça, Orlando est content. C'est bon signe : Dalida s'intéresse à nouveau à elle-même. En même temps, il a un doute :

« Dans ces centres, quand on se sent seul, ça peut être démoralisant. Le cadre est monacal, les idées tournent à vide. Parfois, on déprime. »

Rosy propose d'accompagner Dalida mais elle refuse.

« Non, tu es très occupée en ce moment avec le bureau. Je prendrai Jacqueline avec moi. »

Elle séjourne à Quiberon du 11 au 18 avril et y fait des rencontres : Nadine de Rothschild, Marina Vlady et un des dirigeants de la cinquième chaîne d'alors. L'homme est sous le charme, ils décident de se revoir à Paris. Dalida retrouve le courage de projeter un dîner : le jeudi 14 mai, chez elle, elle convie Philippe X et Nadine.

Nadine de Rothschild dira plus tard qu'elle a été très frappée en rencontrant Dalida : jamais elle n'avait vu une femme aussi triste. Elle reste dans son coin et ne bouge presque pas. Faire connaissance semble exiger d'elle un grand effort. Les derniers jours seulement, elle semble émerger de sa léthargie.

A son retour, Orlando et Rosy constatent, soulagés, qu'elle paraît un peu mieux. Elle parle du dîner qu'elle a prévu, donne l'impression de chercher à émerger du brouillard. Elle vient au bureau, soulève son T-shirt et dit à Rosy :

« Regarde, plus de cellulite ! Toi aussi, tu devrais y aller !

— Tu as un corps de jeune fille ! » s'exclame Rosy.

Dans les yeux de Dalida, une lumière resplendissante est revenue.

« Ce jour-là, elle est restée longtemps, dit Orlando. On l'a sentie beaucoup plus proche de nous à nouveau. »

Pour la première fois depuis longtemps, elle ose dire :

« Je sens que j'ai des admirateurs. »

Elle pense surtout à un peintre italien, rencontré en mars chez un couple d'amis, les Morvan. Le peintre, très bel homme, porte le nom prédestiné de Ferdinando Colloretti, et Dalida et lui ont sympathisé. Le lendemain du dîner chez les Morvan, il se rendait à New York. Là-bas, un chauffeur de taxi lui avait demandé d'où il venait.

« Je suis italien, mais j'habite Paris.

— En France, répond alors le chauffeur, vous avez une grande chanteuse : Dalida. J'ai vu son show au Carnegie Hall. »

Le chauffeur avait sorti une cassette et la voix de Dalida avait empli le taxi new-yorkais. Ferdinando Colloretti fut très frappé par cette coïncidence. A son retour à Paris, il avait invité Dalida à son vernissage, le 2 avril. Dalida avait accepté d'y aller avec les Morvan et le courant avait passé.

« Donc, il y avait quelques signes positifs, dit Orlando. Jusqu'à la fin, elle a retardé l'échéance. Elle a absolument tout essayé pour s'en sortir. »

Mais l'ombre est devenue la plus forte. Et quand Rosy, enhardie par l'étincelle de son regard, l'encourage à sortir avec le peintre, tout de suite Dalida rentre dans sa coquille :

« Ah non, vous n'allez pas recommencer à vous faire des illusions ! D'ailleurs, je ne sais pas pourquoi je vous parle de ça... »

A un moment où Dalida est absente, Jacqueline se dispute avec François :

« Pourquoi ne lui dites-vous pas franchement que tout est fini ? »

Lui proteste : Dalida sait bien que ce n'est plus comme avant. Depuis des mois, il ne le lui a pas caché. En fait il ne veut ni rompre ni s'engager. Une fois de plus Jacqueline est sidérée. Ne se rend-il pas compte de l'effet d'un tel comportement sur une femme aussi fragile ? Il affirmera plus tard qu'il ne s'est aperçu de rien, car Dalida jouait devant lui une comédie efficace, assurait que tout allait bien...

La plupart de ceux qui l'approchent alors comprennent qu'ils ont affaire à une femme blessée. Quand Orlando passe la voir, l'après-midi, rue d'Orchampt, il la trouve en train de tricoter et s'étonne.

« Je fais des écharpes, dit-elle. Il y en aura une pour chacun de vous : toi, mon frère aîné, Rosy, Antoine. Ainsi, vous aurez quelque chose que j'aurai fait de mes mains. »

Cette phrase glace Orlando. Il se souvient que lorsque Saint-Germain était en prison, elle confectionnait des coussins. Pour amortir le choc... Ou parce que, comme chez Giuseppina, coudre est une manière d'atténuer l'absence... Lui reviennent en mémoire ces mots d'*Avec le temps* : *Couvre-toi bien surtout, ne prends pas froid...*

Orlando se demande si, chez Dalida, coudre ou tricoter ne signifie pas la fin de l'amour. Pour ne pas être trop pessimiste, il chasse cette idée.

Le 24 avril, Dalida se rend à Neuilly, accompagnée d'Antoine. Elle a rendez-vous chez Jacques Morali à qui Orlando a demandé d'écrire les chansons du prochain disque. Il pense que Morali saura leur donner un son nouveau.

Ce jour-là, une dame chic, très NAP, voit sortir d'une Mini Austin une silhouette familière vêtue d'un pantalon fuseau, de ballerines et d'une marinière à rayures.

« Mais c'est Dalida ! » s'écrie la dame.

Antoine acquiesce.

« Comme elle est jeune ! Elle est encore plus belle au naturel qu'à la télé ! »

Dalida est émue par cette remarque, comme elle est touchée de constater que Morali a revêtu en son honneur un costume et une cravate. Elle le taquine à ce propos. Avec lui, d'ailleurs, elle ne répète que des chansons gaies. Elle aime particulièrement *La Magie des mots,* sur des paroles de Jean-Pierre Lang.

Soudain, Morali imite la démarche de femme fatale de Dalida. Il se dandine et elle éclate de rire. On fixe les dates de l'enregistrement en studio. Ce soir-là, Morali téléphone à Orlando et à Max Guazzini :

« J'ai trouvé Dalida en pleine voix et en pleine forme. Ça m'a vraiment fait plaisir de la revoir comme ça. »

Le 27 avril, Dalida doit aller chanter en Turquie, à Antalya, le Deauville turc, devant un parterre élégant et en présence du président de la République ottomane. Apparemment, la vie repart, puisqu'elle recommence à travailler. Elle décide qu'elle appellera Colloretti à son retour : ils ont projeté de dîner ensemble. Rendez-vous a également été pris avec François.

Le lundi 27, la sono et la technique partent très tôt. Ensuite, les danseurs et les musiciens vont faire enregistrer les bagages. Dalida doit partir un peu plus tard avec Roland Ribet et Jacqueline.

En arrivant à l'aéroport, elle s'aperçoit que la technique est toujours là : un des techniciens ne s'est pas réveillé. Les malles de costumes et une partie du matériel sont encore à Paris. Ce genre de contretemps rend toujours Dalida très nerveuse.

A l'aéroport d'Istanbul, Dalida doit prendre un autre vol en direction d'Antalya. Lorsqu'elle arrive, il fait très froid et humide. Elle est accueillie à sa descente d'avion par Erkann Ozerman, imprésario et ami de longue date.

Lorsque Ozerman voit Dalida, il se tourne vers Roland Ribet :

« Qu'est-ce qu'elle a ? Est-ce qu'elle est malade ?

— Mais non, dit Roland Ribet, elle va très bien, pourquoi dis-tu ça ? »

Erkann Ozerman ressent une gêne.

« Après tout, se rassure-t-il, j'ai l'habitude de la voir en pleine lumière. Mais là, fatiguée, dans l'ombre... C'est peut-être ça qui me gêne... »

Rosy, Roland Ribet et Erkann Ozerman s'évertuent à faire venir les bagages retardés, mais il n'y a plus de vol avant le lendemain. Très débrouillard et connu sur place, Erkann, après un nombre incroyable de coups de téléphone, parvient à affréter un petit avion militaire. Les caisses énormes n'y entrent pas. Ils doivent donc en extraire les robes et les costumes, les mettre dans des sacs poubelle et laisser les caissons vides dans un hangar de l'aéroport. Mais l'avion doit attendre l'autorisation de décoller : le ciel est embouteillé.

Une fois sur place, Dalida est obligée de commencer à répéter avec un matériel incomplet. Au dernier moment, elle repère les robes dans les sacs de plastique.

« Quoi, s'écrie-t-elle, des sacs poubelle ! »

Jacqueline est affolée, Dalida à bout de nerfs. Transie, elle répète vêtue d'un jean et d'un pull de fortune trouvé sur place, ses rouleaux sur la tête. Dehors, déjà, le public attend. Elle termine la répétition de la dernière chanson juste comme les spectateurs entrent dans la salle. La voyant ainsi accoutrée, ils sont ravis. Dalida, elle, est furieuse :

« Il ne faut pas montrer ça, ça casse la magie ! »

Elle craint pour sa voix. Elle a mal dormi, à l'hôtel les draps étaient humides et elle a eu froid.

Elle s'enferme dans sa loge et commence à se maquiller. Personne n'ose frapper à sa porte. Pendant ce temps, la salle se remplit. On annonce l'arrivée du président de la République turque. Un téméraire se décide enfin à frapper :

« Etes-vous prête ? Tout le monde est là !

— Ils attendront, répond-elle. Je ne peux pas tout faire. »

Dans la salle, les officiels murmurent :

« On ne peut pas faire attendre le Président ! »

Le président Evren est âgé et fatigué. Il a une longue journée derrière lui. Son entourage demande à Ozerman si le spectacle comporte deux parties. En entendant cela, le Président s'approche :

« C'est honteux ! Dalida est venue jusqu'ici, et moi, je resterai jusqu'à la dernière minute. Je ne quitterai pas la salle avant elle. »

Enfin, la porte de la loge s'ouvre et Dalida paraît, belle, impeccablement coiffée et habillée. Comme si aucun contretemps ne s'était produit. Tout le monde soupire de soulagement.

« Son entrée en scène, ce soir-là, dit Ozerman, c'était un miracle du show-business. Elle était sublime. »

Dans la salle, les femmes braquent leurs jumelles, sidérées. Et là, Dalida chante mieux que jamais. Comme si elle voulait prouver quelque chose. Roland Ribet, Antoine et Erkann Ozerman sont frappés par sa façon d'interpréter *Mourir sur scène.* Elle y met une force et une violence incroyables. Pense-t-elle que c'est la dernière fois qu'elle monte en scène ? Le public est en délire.

Pourtant, le jeudi 30 avril au soir, quand Dalida est de retour à Paris, elle est à bout. Enervée, lasse de tout, elle a aussi peu d'énergie qu'un chiffon. Déprimée, elle pleure en racontant à Rosy, au téléphone, l'histoire des robes de prix dans des sacs poubelle.

« Les contrariétés, je n'en peux plus. Tout ça, j'en ai marre. »

Elle n'appelle pas Orlando à qui elle ne veut pas montrer son mal-être.

Rosy, de son côté, appelle Orlando :

« Ta sœur est dans un état... »

Il est alarmé par la façon dont Dalida dramatise des choses sans importance, elle qui faisait toujours face à tout. L'avion affrété à Istanbul était à son compte, ce qui la prive d'une bonne partie de son cachet. Des problèmes de ce genre, elle en a connu bien d'autres. Là, elle en fait une montagne. Répète :

« J'en ai par-dessus la tête de ce métier. Je veux arrêter. »

Quand le rideau un jour tombera

Le vendredi 1er mai, la maison se remplit de petits bouquets envoyés par des admirateurs. L'odeur fraîche et légère du muguet emplit la maison, murmurant qu'on pense à elle. Mais, vers midi, le téléphone a sonné : François. Le lendemain, il devait l'accompagner au théâtre Mogador, voir le spectacle de Jérôme Savary, *Cabaret,* et dîner ensuite. Il ne la verra que le mercredi suivant.

Dalida est effondrée. Cette fois, entre eux, c'est fini... Toujours il annule à la dernière minute...

Roland Ribet devait lui aussi être au théâtre. Elle l'appelle à son tour.

« On ne sera que deux, je viendrai seule... »

A sa voix, Roland comprend que ça ne va pas.

Ce vendredi après-midi, Orlando et François Solvinto doivent venir rue d'Orchampt à quinze heures. Le coiffeur doit faire essayer à Dalida plusieurs perruques courtes en vue d'une séance de photos prévue le dimanche. Un reportage de l'agence Denis Taranto pour *Jours de France.* Très glamour, en robe du soir, avec des coiffures différentes, Dalida sera photographiée devant les plus beaux monuments de Paris.

Orlando trouve Dalida dans son boudoir, assise devant sa coiffeuse. François Solvinto est déjà là. Tout de suite, il sait que sa sœur va très mal. Les mots se bousculent alors qu'elle lui explique les problèmes rencontrés en Turquie :

« Les robes dans les sacs poubelles... Le froid... »

Elle éclate en sanglots.

Jacqueline insiste en apportant les sacs :

« Regarde... »

Orlando foudroie Jacqueline du regard. Au fond de lui-même, en voyant sa sœur pleurer, il a le désir de la prendre dans ses bras, de la réconforter et de lui demander :

« Ce n'est pas la Turquie qui te met dans cet état ! Qu'est-ce qui ne va pas dans ta vie ? Pourquoi ne te confies-tu pas comme avant ? »

« Au lieu de ça, déplore-t-il, j'ai fait tout le contraire. Je me suis braqué contre Jacqueline. Ce n'était pas la première galère de la carrière de ma sœur, on en avait connu de bien pires... »

Il dit à Dalida :

« Arrête ! Je ne peux pas supporter de te voir pleurer ! »

Il quitte le boudoir, sort sur le balcon. La discussion s'arrête là. Dalida se reprend très vite. Le lendemain, Orlando doit revenir avec le coiffeur pour choisir des robes.

« Au moment de la quitter, dit-il, j'ai regardé ma sœur. Par la fenêtre de sa chambre, ouverte sur la terrasse, Dalida contemplait Paris. Elle écoutait les dernières instructions dans un calme étrange. Elle était d'une beauté absolue. Sans aucun maquillage, les cheveux tirés, son visage était parfaitement serein. Son regard portait sur l'infini. Elle ne nous entendait plus. Je la voyais pour la dernière fois. »

Sur la pointe des pieds, Orlando et le coiffeur quittent la maison par la porte de service. En traversant la petite cour, ils se regardent, atterrés. Jamais Orlando ne s'est senti aussi impuissant. Il rentre chez lui désespéré. Il a envie de retourner chez Dalida, la supplier d'oublier son amour-propre et de lui ouvrir son cœur. Mais il se dit : « La nuit porte conseil. Quand on est nerveux, les mots dépassent parfois la pensée. Je lui parlerai demain. »

En quittant la maison, Orlando a demandé à Jacqueline :

« Qu'est-ce qui s'est passé ?

— Le docteur... » a-t-elle répondu.

Orlando se sent empli de colère...

Le vendredi soir, Dalida s'enferme dans son bureau pendant deux heures.

Jacqueline se tourmente. « Mais qu'est-ce qu'elle fait ? »

A l'heure du dîner, Dalida descend dans la cuisine. Pour accompagner Jacqueline, elle s'assoit, sans toucher à son assiette.

Le samedi 2 mai, Dalida se réveille plus tôt que d'habitude. Jacqueline et le personnel sont surpris. Ils ne savent pas que le conflit avec elle-même est terminé ; Dalida, toujours très calme, est presque souriante. Ils ne l'ont pas vue ainsi depuis longtemps. Vingt ans plus tôt elle avait joué la même comédie à Orlando et Rosy, prétendant qu'elle partait en Italie...

Ils ignorent aussi qu'avant de descendre, elle a téléphoné à Roland Ribet pour annuler le rendez-vous du soir.

« Le spectacle plus le dîner, ça nous mènerait trop tard. Je suis encore fatiguée par mon voyage en Turquie. Je préfère me coucher tôt, je dois être en forme pour la séance de photos... »

Vers quatorze heures, devant Jacqueline, elle appelle Graziano :

« Lundi, on va à Rungis acheter des plantes. Il commence à faire beau, j'ai envie de fleurir ma terrasse. »

En début d'après-midi, Denis Taranto arrive un peu en avance, avec le photographe et le coiffeur. Orlando est en rendez-vous à l'extérieur. Solvinto fait les dernières retouches aux perruques, et Dalida, avec Taranto, choisit les robes qu'elle doit porter le lendemain pour le reportage. Lorsque Orlando téléphone pour annoncer son arrivée, ils sont déjà partis. Depuis la veille, il n'a pas cessé d'avoir envie de voir Dalida. Il se sentait noué, l'angoisse montait. Pendant son rendez-vous, il s'impatientait. Il voulait courir chez sa sœur, lui parler, la consoler. Faire la paix, abattre ce mur qui les sépare depuis quelques mois...

Dalida le rassure. Sa voix est détendue, très gentille, comme aux beaux jours.

« Ce n'est pas la peine de te déranger. On a tout choisi, tout réglé... »

Il insiste. Et elle :

« Mais non, tout va bien, tu verras les robes demain ! »

Aujourd'hui, Orlando est sûr que Dalida, ce jour-là, a tout fait pour ne pas le rencontrer.

« Si elle m'avait vu, elle aurait peut-être changé d'avis. Au dernier moment, elle n'aurait peut-être pas eu le courage. Une fois de plus, elle aurait retardé l'échéance... »

Pourtant, en raccrochant, il se sent un peu soulagé.

Mais ce jour-là, le temps est à l'orage et il fait très froid. Pour le lendemain, la météo annonce pluie et vent. Orlando craint que sa sœur ne s'enrhume si elle pose en robe légère. Et, le lundi, elle doit enregistrer son nouveau disque... Il rappelle donc quelques minutes plus tard :

« Repoussons les photos d'une semaine. A ce moment-là, tu auras fini d'enregistrer. Je préviens tout le monde. »

Dalida paraît soulagée :

« Tu as raison, je n'y avais pas pensé. Il vaut mieux terminer le disque avant. Mais je dois te quitter, il faut que je me prépare pour le théâtre.

— Fais-toi très belle, répond Orlando. Ce soir, je veux que tu sois la plus belle. »

Dalida répond :

« Ne t'inquiète pas. Je serai belle. »

Elle appelle Jacqueline.

« Je sors ce soir. Profite de ta soirée de liberté. »

Elle donne également congé au personnel :

« Je ne dînerai pas ici. Vous pouvez partir plus tôt. »

Elle plaisante avec eux, joue avec son chien Rajah, finit de se préparer.

Lorsqu'un peu plus tard elle sort son Austin de la cour donnant sur la rue d'Orchampt, elle dit encore à Jacqueline :

« Ne m'attends pas. On dînera après le spectacle. Couche-toi en rentrant. Je ne serai pas là avant trois heures. Demain, qu'on ne me dérange surtout pas avant dix-sept heures. J'ai besoin de récupérer. J'ai le temps de dormir, la séance de photos est reportée.

— Tu as raison de partir un peu plus tôt, répond Jacqueline. Rue de Mogador, c'est difficile de se garer. »

Jacqueline regarde Dalida partir en voiture et va à son tour dîner chez des amis.

Dalida fait le tour du pâté de maisons. Elle revient par la rue Lepic. Elle se gare un instant devant le bar La Divette, proche de l'entrée de service. Là, une boîte aux lettres. Une voisine la voit descendre et glisser une enveloppe dans la fente. Dessus est inscrit un nom aimé...

Elle remonte en voiture, s'engage alors dans la ruelle qui la ramène rue d'Orchampt. Elle ouvre de nouveau le portail et l'Austin reprend sa place dans la cour. Dalida referme la grille et rentre dans sa maison vide, silencieuse.

Elle enferme Rajah dans la cuisine. Elle ne veut pas qu'il vienne, tout à l'heure, gratter à la porte de sa chambre. Elle prend un verre et le remplit de whisky dans le bar du salon. Elle monte dans sa chambre, ferme la porte derrière elle. Lentement, précautionneusement, elle se déshabille, se démaquille. Elle brosse longuement ses cheveux. Elle revêt un pyjama de satin blanc, la robe de chambre assortie. Elle enlève ses verres de contact, chausse ses lunettes de lecture. Sur une feuille de papier, elle griffonne quelques mots. Elle la pose bien en évidence sur sa table de chevet.

Dans son boudoir, elle ouvre le placard à pharmacie. De plusieurs flacons de somnifères, elle extrait cent vingt cachets.

A ce moment précis, le peintre Colloretti est à Montmartre. Il ne comprend pas pourquoi Dalida ne l'a pas appelé comme convenu. Il ignore qu'elle n'a pu se procurer son numéro, car leur amie commune, Patrizia Morvan, est en week-end à Deauville. Lui-même n'a pas celui de Dalida sur lui.

Sur une impulsion, il vient rue d'Orchampt. Deux fois, trois fois, son doigt s'arrête juste au-dessus de la sonnette. Il se dit :

« Ce n'est pas n'importe qui, c'est Dalida. Je ne peux pas débarquer comme ça sans prévenir. »

Il repart. Cette fois-là, le destin n'est pas intervenu. Comme si l'heure avait vraiment sonné.

Avec soin, Dalida défait son lit. Elle s'y installe en position demi-assise, le dos appuyé contre deux oreillers. Dans une main, le verre de whisky, dans l'autre les cachets. Elle sait que l'alcool en augmente l'effet. L'un après l'autre, elle les avale. Lorsque c'est fini, sa main s'approche de la veilleuse et l'éteint. Pour la première fois de sa vie, elle dormira sans lumière. Elle n'a plus peur de l'obscurité.

Ce soir-là, Orlando dîne chez Graziano avec Dominique Besnehard. Tous les trois parlent de Dalida.

« Tu devrais appeler ma sœur plus souvent pour tenter de la distraire, dit Orlando à Dominique. Elle ne va pas très bien en ce moment. Je crois qu'elle a un chagrin d'amour. »

Dominique habite alors en banlieue. Orlando lui propose de rester dormir chez lui dans la chambre d'ami. Avant de se retirer, il lui dit :

« Si ma sœur ne met pas de l'ordre dans sa vie privée, ça ne m'étonnerait pas qu'un de ces jours elle mette fin à sa vie. »

Jacqueline rentre à minuit. Sa chambre se trouve sur le même palier que celle de Dalida. La porte de la chambre d'en face est fermée et aucune lumière ne filtre. Jacqueline croit que Dalida n'est pas encore rentrée. Elle se couche et s'endort.

Lorsqu'elle se réveille, la porte de Dalida est toujours fermée et la maison, si grande, si vide, est plongée dans un silence irréel. Ce n'est pas inhabituel à cette heure et Jacqueline ne s'en étonne pas. Elle suppose que Dalida est rentrée à trois heures du matin, comme prévu.

« Les derniers temps, elle avait besoin de sommeil, c'était devenu essentiel pour elle. »

A cinq heures, toujours pas de bruit. Avec précaution, Jacqueline pénètre dans la chambre. Elle s'étonne de l'obscurité et allume. Dalida est sur son lit, à demi assise, impeccablement coiffée, toujours appuyée contre les oreillers. Elle a ses lunettes de lecture sur le nez. Une main, qui repose sur le lit, tient encore le verre.

Jacqueline comprend. Elle crie :

« Pourquoi ne m'as-tu pas appelée ? »

Le silence lui répond.

Jacqueline se traîne jusqu'au téléphone. Elle appelle Graziano, Orlando, lui, est en studio avec Antoine. Ils enregistrent l'orchestration des nouvelles chansons. Quelques minutes plus tard, Graziano, Rosy, et le frère aîné sont là. A Orlando, on a seulement dit :

« C'est Dalida. C'est très grave. Viens tout de suite. »

Il se précipite rue d'Orchampt avec Antoine. Il entre, seul, dans la chambre, s'avance vers Dalida.

« J'ai pris sa main. Je l'ai serrée très fort entre les miennes. Elle était glacée. »

Il pousse un hurlement :

« Mais elle est morte ! »

Le Samu arrive. Les médecins diront que le cœur a lâché très vite. Dalida s'est éteinte vers onze heures du matin.

Sur la table de nuit, le papier griffonné :

« La vie m'est insupportable. Pardonnez-moi. »

Quarante-huit heures plus tard, la lettre postée le samedi soir arrive à destination :

« Lundi, quand tu recevras ma lettre, je ne serai plus de ce monde. Cette lettre sera notre secret [...].

« Dalida. »

*

Dalida repose près de chez elle, dans la partie haute du cimetière de Montmartre. La tombe domine Paris. En contrebas, les arbres qu'elle aimait. Un lierre tenace et romantique glisse entre les sépultures. Orlando a fait sculpter par Aslan une Dalida grandeur nature, qui semble veiller sur elle-même. Drapée de blanc, elle s'avance, cheveux au vent. Derrière elle, une sorte d'arc de triomphe avec un soleil dont les rayons lui font une auréole. L'endroit a un grand charme, on y respire une paix bucolique. Au palmarès des cimetières de France, cette demeure est la plus fleurie.

Yolanda s'est sacrifiée. Elle est partie pour que Dalida vive, toujours.

A Montmartre, une place porte son nom.

Bibliographie

A. Alvarez, *Le Dieu sauvage,* Mercure de France, 1972.
J. Barnell, *Dalida, histoire d'une femme,* Lattès, 1994.
La Bible de Jérusalem, Desclée de Brouwer, 1975.
C. Brécourt-Villars, *D'Annunzio et la Duse, les amants de Venise,* Stock, 1994.
A. Desjardins, *Les Chemins de la sagesse,* La Table ronde.
E. Drewermann, *Le Mensonge et le Suicide,* Cerf, 1992.
Encyclopedia Universalis : « L'Egypte », vol. 5.
G. Farcet, *A. Desjardins ou l'aventure de la sagesse,* La Table ronde, 1987.
A. Gallimard, *Dalida mon amour,* éd. NRJ, 1989.
F.-O. Giesbert, *Le Président,* Seuil, 1990.
Y. Guilbert, *La Chanson de ma vie,* Grasset, 1927.
G. Greer, *Le Passage, l'expérience de la ménopause,* Plon, 1992.
Lama Denis Teundroup, *A. Desjardins, dialogue à deux voies,* La Table ronde, Paris, 1993.
A. Raymond, *Le Caire,* Fayard, 1993.
L. Rioux, *50 ans de chanson française,* L'Archipel, 1992.
V. Rousselet-Blanc, *Les Fans,* Lattès, 1995.
Sainte Thérèse de l'Enfant Jésus et de la Sainte Face, *J'entre dans la vie, derniers entretiens,* 1973.
P. Sevran, *Dalida, la gloire et les larmes,* Guy Authier, 1976.

Remerciements

Je remercie Orlando, Olivier Orban, Patrick de Bourgues, et Dominique Besnehard, sans la confiance, la complicité et les conseils desquels ce livre n'aurait pu exister. Je remercie aussi ceux qui, ayant bien connu Dalida, m'ont parlé d'elle avec tout leur cœur : Antoine Angellelli, Rosy Gigliotti, Graziano, Jacqueline Maleco, Guy Motta, Erkann Ozerman. Je remercie également les personnes « anonymes » qui, ayant côtoyé Dalida un jour ou l'ayant simplement beaucoup aimée, m'ont permis d'enrichir ce portrait. Je remercie enfin les journalistes et organes des médias cités dans cet ouvrage et qui m'ont permis de vérifier, préciser et compléter le souvenir.

Cet ouvrage a été composé
par l'imprimerie BUSSIÈRE
et imprimé sur presse CAMERON
dans les ateliers
de Bussière Camedan Imprimeries
à Saint-Amand-Montrond (Cher)
en novembre 1995

N° d'édition : 12583. N° d'impression : 2599-1/2400.
Dépôt légal : novembre 1995
Imprimé en France